Horst Hilpert

# Sportrecht und Sportrechtsprechung im In- und Ausland

# Sportrecht und Sportrechtsprechung im In- und Ausland

von

HORST HILPERT
Präsident des Landesarbeitsgerichts a.D.
Vorsitzender des Kontrollausschusses des DFB

RECHT

De Gruyter Recht · Berlin

Zitiervorschlag: *Hilpert* Sportrecht II 7 S. 194

∞ Gedruckt auf säurefreiem Papier, das die US-ANSI-Norm über Haltbarkeit erfüllt.

ISBN 978-3-89949-383-2

*Bibliografische Information der Deutschen Nationalbibliothek*

Die Deutsche Nationalbibliothek verzeichnet diese Publikation in der Deutschen Nationalbibliografie; detaillierte bibliografische Daten sind im Internet über <http://dnb.d-nb.de> abrufbar.



Printed in Germany

Datenkonvertierung/Satz: Werksatz Schmidt & Schulz, Gräfenhainichen
Druck und Bindung: Hubert & Co., Göttingen
Einbandgestaltung: Martin Zech, Bremen
Umschlagfoto: Donny Harder Jr /www.morguefile.com

# Vorwort*

Anfang der 70er Jahre hat die Gerichtsbarkeit des Fußballs dokumentiert, dass sie bereit ist, staatliches Recht in ihre Spruchpraxis einzubeziehen. Im Rahmen der Vereinsautonomie war der Deutsche Fußball-Bund (DFB) seitdem bestrebt, seine Rechtsordnung sportgerecht und gleichzeitig im Geiste des Grundgesetzes auszugestalten.

Das so geschaffene Rechtsgebäude des DFB ist Vorbild auch für andere Sportverbände in Deutschland und über die nationalen Grenzen hinaus. Diese unter Sportjuristen unbestrittene Sonderstellung des DFB rechtfertigt es, im Rahmen des Titels des Buchs „Sportrecht und Sportrechtsprechung im In- und Ausland" von seinem Regelwerk und seiner Rechtsprechung auszugehen. Dargestellt werden Entscheidungen in- und ausländischer Sportinstanzen in den letzten 30 Jahren.

Bewusst wurde ferner an einigen Nahtstellen des Buchs die geschichtliche Entwicklung einzelner Rechtsbereiche im In- und Ausland beleuchtet, wodurch das Verständnis für die jetzige Rechtslage erleichtert wird.

Das Buch nennt sich weder „Lehrbuch" noch „Kommentar", auch nicht „Handbuch" oder „Nachschlagewerk". Es enthält Strukturen von allen und vermischt sie teilweise. Es will bewusst kein rein rechtswissenschaftliches Werk sein. Mit Vorbedacht wird, eingebettet in die Darstellung der materiellen Rechtslage, zu Einzelgebieten eine Fülle von Rechtstatsachen in Gestalt von Einzelfallentscheidungen eingebaut, also eine Kombination von Sportrecht und Sportrechtsprechung angeboten.

Durch die Nachweise aus der Judikatur soll gleichsam wie in einem Kaleidoskop ein Bild der Rechtsfindung im Sport gezeichnet werden, das als Nachschlagewerk für vergleichbare Fälle dienen kann, aber auch An-

* Dieses Buch baut auf der grundlegenden Untersuchung des Verfassers zum Thema: Organisation und Tätigkeit von Verbandsgerichten, veröffentlicht in Bayerische Verwaltungsblätter, 1988, S. 161 ff. und 198 ff., auf. Der Publikation lagen die Prüfung der Satzungswerke von 40 deutschen Spitzensportverbänden zugrunde. Mittlerweile sind Änderungen durch Rechtssetzung des staatlichen Gesetzgebers und der Verbände, durch eine Unzahl von Grundsatzentscheidungen der inländischen und der europäischen Instanzen erfolgt, die in die nunmehrige Darstellung über die Sportrechtsprechung einbezogen sind.

sätze zur Entscheidungsfindung bei Neulandfällen bietet. Die gewählte Darstellungsweise soll das Buch auch für Nichtjuristen öffnen. Deshalb halten sich rechtstheoretische Ausführungen in Grenzen. Einzelne Anekdoten aus dem Sektor Sport schmücken den Text aus.

Bewusst ist bei dem gewählten Mixed aus Lehrbuch und Kommentar bzw. Handbuch/Nachschlagewerk auch an vielen Stellen eine Wiedergabe von Zeitungsberichten zu den Einzelfällen einbezogen worden. Der Blickwinkel des Journalisten ist für den Juristen durchaus manchmal eine Bereicherung; der journalistische Stil der Fallschilderung erhöht zudem die Spannung. Die stellenweise wiedergegebene Kritik der Medien an den Entscheidungen ist eine nicht uninteressante Ergänzung bei der Darstellung der Produkte der Rechtsfindung.

Schiedsrichter und Sportrichter sind bestrebt, das Recht im Sport durch ihre „Urteile“ (Pfiffe) im Spiel anzuwenden, was im folgenden Werk nachgezeichnet wird. Der Begriff „Sportrechtsprechung“ im Buchtitel ist im doppelten Sinne zu verstehen: als Rechtsprechung **im Sport** und Rechtsprechung **zur Sportrechtsprechung**.

Bei dem Umfang des Sportrechts zur heutigen Zeit kann man auch in einem breit angelegten Werk stets nur Teilaspekte daraus ansprechen. So wurde der ursprünglich geplante Teil „Sportrecht in Europa“ weggelassen und den diesbezüglichen Spezialisten vorbehalten, um den Gesamtumfang im Rahmen zu halten.

Sehr zu danken habe ich Frau Cäcilia und Herrn Jörg Kreutzer, die bei der Erstellung des Manuskripts und dessen äußerer Gestaltung wertvolle Hilfe geleistet haben.

Bexbach (Saar), im Oktober 2006** *Horst Hilpert*

** Wichtige Informationen sind noch bis Januar 2007 eingefügt worden.

# Inhaltsübersicht

# Literaturverzeichnis

Das Literaturverzeichnis ist in der in der juristischen Literatur üblichen Form ausgestaltet. Fundstellen aus Lehrbüchern, Handbüchern, Kommentaren, Büchern, Zeitschriften u. a. werden in alphabetischer Reihenfolge aufgeführt. Belege aus Medienberichten werden als allgemeinkundige Tatsachen nicht abgedruckt.


*Adolphsen, Jens:* Internationale Dopingstrafe, 2003, 561 ff.

*Arens, Wolfgang:* „Der deutsche Bosmann“, in SpuRt 1997, 126 ff.

*Ashelm, Michael:* Beutezug durch Europa, in FAZ vom 17.9.2006.

*Bauer, Siegfried:* Das Fernsehauge – Fluch oder Segen? – Zur Diskussion, herausgegeben vom DFB.

*Bitter, Jürgen:* Deutschlands Fußball, Das Lexikon, 2000.

*Breucker, Marius:* Sicherheitsmaßnahmen für die Fußballweltmeisterschaft 2006, in NJW 2006, 1233 ff.

*Buchberger, Markus:* Das Verbandsstrafverfahren deutscher Sportverbände – zur Anwendung rechtsstaatlicher Verfahrensgrundsätze, in SpuRt 1996, S. 122 ff. und 157 ff.

*Buhmann, Horst:* Der Sieg in Olympia, 1975, S. 108 ff., 112.

*Burckhardt, Jacob:* Griechische Kulturgeschichte, IV 90.

*Burmeister, Joachim:* Sportverbandswesen und Verfassungsrecht, in DÖV 1978, 1 ff.

*Dähnhardt, Ernst-Harald:* Aufgabe und Funktion eines Schiedsrichters, Schriftenreihe Württembergischer Fußballverband, Bd. 25, S. 24.

*Eilers, Goetz:* Verantwortlichkeit der verschiedenen Beteiligten – Versuch einer Abgrenzung der Zuständigkeiten, in Schriftenreihe Württembergischer Fußballverband, Heft 13, S. 18 f.

*Eilers, Goetz:* Doppelpass mit Justitia – Sport-Rechtsprechung und Rechtsprechung zum Sport, in „100 Jahre DFB“, S. 538 ff.

*Eilers, Goetz:* Tatsachenentscheidung oder Regelverstoß? in SpuRt 1994, 79 ff.

*Engelbrecht, Georg:* Sportgerichtsbarkeit versus ordentliche Gerichtsbarkeit, AnwBl 12/2001, S. 637 ff.

*Eufe, Tillmann:* Die Unschuldsvermutung in Dopingverfahren.

*Fischer, Ulrich:* Ist der schwarze Mann noch weiß? Über pfeifende Wetter und wettende Pfeifer, in SpuRt 2005, 45 ff.

*Fritzweiler, Jochen/Pfister, Bernhard/Summerer, Thomas:* Praxishandbuch Sportrecht, 1998.

*Götze, Stephan/Lauterbach, Kathrin:* Rechtsfragen der Anwendung des Videobeweises im Fußballsport, in SpuRt 1995, 145 ff.

*Grunsky, Wolfgang:* Sportrecht heute – aus zivilrechtlicher und zivilprozessualer Sicht, in Schriftenreihe Württembergischer Fußballverband, Heft 43, S. 136 ff.

*Haas, Ulrich/Adolphsen, Jens:* Sanktionen der Sportverbände vor ordentlichen Gerichten, in NJW 1996, 2351 ff.

*Handbuch des Sportrechts:* Herausgegeben von *Haas Ulrich, Haug Tanja, Reschke Eike*, 2006 (im Folgenden SportR abgekürzt).

*Hantke, Dietmar:* Brauchen wir eine Sport-Schiedsgerichtsbarkeit? in SpuRt 1998, S. 186 ff.

*Hausch, Tobias:* Zulässigkeit von Lizenzspielerverträgen – ein Tummelfeld von Begründungsversuchen, in SpuRt 2003, 103.

*Hebeler, Timo:* Das Staatsziel Sport – Verfehlte Verfassungsgebung, in SpuRt 2006, 221 ff.

*Heger, Martin:* Die Strafbarkeit von Doping nach dem Arzneimittelgesetz, in SpuRt 2001, 92 ff.

*Heimann, Karl-Heinz:* Ein langer, steiniger Weg (Profi-Fußball und Bundesliga), in „100 Jahre DFB", Die Geschichte des Deutschen Fußballs, Sportverlag Berlin, 2000.

*Hesselmann, Markus:* Zum Guten des Spiels, in Schiedsrichterzeitung, Heft 5/2006, S. 4.

*Hilpert, Horst:* Organisation und Tätigkeit von Verbandsgerichten, in Bayerische Verwaltungsblätter 1988, S. 161 ff. und 198 ff.

*Hilpert, Horst:* Notwendigkeit einer Anklageinstanz, in Schriftenreihe Württembergischer Fußballverband, Heft 38, S. 43–49, ferner abgedruckt in SpuRt 1996, 50 ff.

*Hilpert, Horst:* Tatsachenentscheidung und Fernsehbeweis in Sportgerichtsverfahren, in Schriftenreiche Württembergischer Fußballverband, Nr. 38, S. 25 ff.

*Hilpert, Horst:* Sport und Arbeitsrecht, in Recht der Arbeit 1997, S. 92 ff.

*Hilpert, Horst:* Tatsachenentscheidung und Regelverstoß im Fußball – Neuere Entwicklungen und Tendenzen, in: SpuRt 1999, 49 ff.

*Hofmann, Karsten:* Das Internationale Sportschiedsgericht (CAS) in Lausanne, in SpuRt 2002, 7 ff.

*Homer:* Ilias, Übersetzung von Thassilo von Scheffen, 23. Gesang, S. 260 ff.

*Hund, Horst:* Brauchen wir die „unabhängige Staatsanwaltschaft"? in ZRP 1994, 470 f.

*Imping, Andreas:* Die arbeitsrechtliche Stellung des Fußballspielers, 1996.

*Juncker, Wolfgang:* Beamtenrecht für das Saarland, 2003.

*Kauffmann, Hans:* Verbandsrechtsprechung im Sport: Schriftenreihe Württembergischer Fußballverband, Heft 24, 1988, S. 6 ff.

*Kindler:* Einseitige Verlängerungsklausel in Arbeitsverträgen des Berufsfußballers, in NZA 2000, 744.

*König, Bernhard:* Sind Schiedsabreden auf den CAS/TAS wirksam? in SpuRt 2004, 137 ff.

*Körner, Harald Hans:* Kronzeugenregelung zur Dopingbekämpfung nur durch die Justiz, in SpuRt 2002, S. 226 ff.

*Krähe, Christian:* Sportschiedsgerichtsverfahren im Arbeitsrecht, in Spurt 2004, 204 ff.

*Krähe, Christian:* Pro und Contra: Argumente gegen ein Anti-Doping-Gesetz, in SpuRt 2006, S. 194.

*Lenz, Tobias/Imping, Andreas:* Tatsachenentscheidungen: Bindung und Ausnahmen, in SpuRt 1994, 225 ff.

*Lieb, Manfred:* Der Schiedsrichter – Erfüllungsgehilfe? in Schriftenreihe Württembergischer Fußballverband, Heft 25, S. 48 ff.

*Martens, Dirk-Reiner/Oschütz, Frank:* Die Entscheidungen des TAS in Sydney, in SpuRt 2001, S. 4 ff.

*Martens, Karsten:* Jan Ullrich und die Unschuldsvermutung, in SpuRt 2006, S. 177 ff.

*Meyer-Goßner, Lutz:* Strafprozessordnung, 49. Auflage, 2006.

*Michel, Rudi:* Fußballkrawalle, in Schriftenreihe Württembergischer Fußballverband, Heft 13, S. 71.

*Netzle, Stephan:* Harmonisierung als wirksames Rezept gegen Doping, in SpuRt 2003, 186 ff.

*Nolte, Martin:* Sport und Recht, 2004.

*Nolte, Martin:* Perspektiven des Sportrechts, in Beiträgen zum Sportrecht, Hrsg. Klaus Vieweg, S. 128.

*Novak, Michael:* Frauen am Ball, in „100 Jahre DFB", S. 489 ff.

*Otto:* Die preußische Staatsanwaltschaft, 1899, S. 10 f.

*Palandt-Heinrichs:* BGB, 63. Auflage, 2004.

*Petri, Grischka:* Das Instrument der Schutzsperre und seine Legitimität, in SpuRt 2006, 105 f.

*Pfister, Bernhard:* Die persönliche Verantwortlichkeit des Schiedsrichters in zivil- und strafrechtlicher Hinsicht, in Schriftenreihe Württembergischer Fußballverband, Heft 25, 61 ff.

*Pfister, Bernhard:* Autonomie des Sports, sporttypisches Verhalten und staatliches Recht, Festschrift für Werner Lorenz zum 70. Geburtstag, 199.

*Pfister, Bernhard:* Ein grundlegendes Urteil des TAS zu Dopingregeln des IOC, in SpuRt 2003, 16.

*Pflister, Bernhard:* Schiedsgerichtsverfahren vor dem TAS in (Sport-)Arbeitssachen, in Spurt 2006, 137.

*Poschenrieder, Franz-Joachim:* Sport als Arbeit, Diss., München, 1997, S. 216 ff.

*Radbruch, Gustav:* Gesetzliches Recht und übergesetzliches Recht, in SJZ 1946, 105 f.

*Radbruch, Gustav:* Einführung in die Rechtswissenschaft, 1952, 9. Auflage, S. 177.

*Rauball, Reinhard:* Bundesliga-Skandal 1972.

*Rawls, John:* in Höffe (Hrsg.), Gerechtigkeit als Fairness.

*Reichert, Bernhard:* Handbuch des Vereins- und Verbandsrechts, 8. Auflage, 2001.

*Reinhardt, Michael:* Sportverbandsgerichtsbarkeit und Doppelbestrafungsverbot, in SpuRt 2001, S. 45 ff.

*Reuter Dieter (Hrsg.):* Einbindung des nationalen Sportrechts in internationale Bezüge, S. 1 ff.

*Röhricht, Volker:* Probleme des Beweisrechts im Sport – Verbandssanktionen, in Schriftenreihe Württembergischer Fußballverband, Nr. 43, S. 15 ff.

*Röhricht, Volker:* Sport und Recht, Heft 22, Sportgerichtsbarkeit.

*Roth, Hans/Walther, Fridolin:* Der Fall Sion – zur nachträglichen Teilnahme eines Fußballvereins an einer laufenden Meisterschaft, in SpuRt 2005, S. 195 ff. und S. 230 ff.

*Rybak, Frank:* Das Rechtsverhältnis zwischen dem Lizenzfußballspieler und seinem Verein.

*Schäfer:* Anspruch und Wirklichkeit – eine staatsanwaltschaftliche Reflexion, in NJW 1994, 2875, 2876.

*Schickhardt, Christoph:* Sportgerichtsbarkeit in Deutschland – Praxis, Bedeutung, Grenzen (Triberger Symposium am 9./10.11.2000).

*Schild, Wolfgang:* Sportregeln und Rechtsnormen, in Schriftenreihe Württembergischer Fußballverband, Nr. 46, S. 19 ff.

*Schimke, Martin:* Sportrecht, 1996.

*Schmidt, Eberhard:* Einführung in die Geschichte der deutschen Strafrechtspflege, 3. Auflage 1965.

*Sengle, Alfred:* Verrechtlichung des Sports in „Sportrecht damals und heute", in Schriftenreihe Württembergischer Fußballverband, Heft 43, 2001.

*Siekmann, Robert C. R.:* Übersicht über die internationalen Verbandsregelungen zum Verschuldensprinzip, zur Beweislast und zur Sanktionshöhe, in Röhricht/Vieweg (Hrsg.) Doping-Forum

*Stein/Jonas/Schlosser:* Kommentar zur ZPO, 2002.

*Steiner, Udo:* Amateurfußball und Grundrechte, Schriftenreihe des Württembergischen Fußballverbandes, Heft 12, 1980, S. 7.

*Steiner, Udo:* Verfassungsfragen des Sports, in NJW 1991, 2729 ff.

*Steiner, Udo:* Sportrecht heute – aus verfassungsrechtlicher und öffentlich-rechtlicher Sicht, in Schriftenreihe Württembergischer Fußballverband, Heft 43, S. 110 f.

*Steiner, Udo:* Sport und Justiz, in Gedächtnisschrift für Joachim Burmeister, S. 413 ff.

*Steiner, Udo:* Doping aus verfassungsrechtlicher Sicht, in Doping-Forum S. 125 ff.

*Steiner, Udo:* Die Autonomie des Sports, 2003.

*Steiner, Udo:* Gegenwartsfragen des Sportrechts (Ausgewählte Schriften, herausgegeben von Tettinger/Vieweg, 2004).

*Steiner, Udo:* Bemerkungen zum Verhältnis von Staat und Sport in Deutschland, in Festschrift für Volker Röhricht, 2005, S. 1227.

*Steiner, Udo:* Die Fußballweltmeisterschaft 2006 in Deutschland als Staats-, Rechts- und Fiskalereignis, in DVÖ 7/2006, S. 2651.

*Stemmler, Theo:* Kleine Geschichte des Fußballs, Insel Verlag, 1998.

*Stöber, Kurt:* Handbuch zum Vereinsrecht, 7. Auflage, 1997.

*Summerer, Thomas:* Internationales Sportrecht vor dem Staatlichen Richter in der Bundesrepublik Deutschland, Diss., München, 1989, in SportR 80/00/11, S. 37 f.

*Teichler, Hans-Joachim/Hauk, Gerhard:* Illustrierte Geschichte des Arbeitersports: Darin Teichler: „Jahn – ein deutscher Revolutionär?", S. 9 ff., 1987, Dietz-Verlag.

*Tröndle, Herbert/Fischer, Thomas:* Strafgesetzbuch und Nebengesetze, 53. Auflage, 2006.

*Vieweg, Klaus:* Die gerichtliche Nachprüfung von Vereinsstrafen und -entscheidungen, in JZ 1984, 167 ff., 172.

*Vieweg, Klaus:* Staatliches Anti-Doping-Gesetz oder Selbstregulierung des Sports? in SpuRt 2006, S. 194 f.

*Vollkommer, Max:* Zum Rechtsschutz von Lizenzspielern und Lizenzvereinen durch staatliche Gerichte gegenüber der sogenannten Sportgerichtsbarkeit des DFB, RdA 1982, 16 ff., 37.

*von Münch, Ingo:* Rechtsgutachten im Auftrag des Deutschen Sportbunds: Die Stellung des Sports in der modernen Verfassungsordnung unseres Sozial- und Kulturstaats, S. 49.

*von Savigny:* Denkschrift von 1848.

*Waske, Thomas:* Nochmals: Die Angst des DFB-Sportgerichts vor der Tatsachenentscheidung, in SpuRt 1994, 189 f.

*Weeber, Karl-Wilhelm:* Die unheiligen Spiele, das antike Olympia zwischen Legende und Wirklichkeit, 1991, Artemis Verlag.

*Wehlen, Rainer:* Regeln und Sprache des Sports, Bände 1 und 2.

*Westermann, Harm-Peter:* Fairness als Rechtsbegriff, in Schriftenreihe Württembergischer Fußballverband, Heft 46, S. 79 f.

*Wolf, Manfred:* In dubio pro arbitro, in Württembergischer Fußballverband, Heft 19, 70 ff.

*Wüterich, Christoph/Breucker, Matthias:* Plädoyer für eine Kronzeugenregelung zur Dopingbekämpfung, in SpuRt 2002, S. 133 ff.

*Young, D. C.:* How the amateurs won the olympics, in Raschke (Hrsg.), The Archaeology of the Olympics, 55 ff., 57.

*Zachariae:* Die Gebrechen und die Reform des deutschen Strafverfahrens, 1846, S. 143.

*Zwangziger, Theo/Tietz, Oliver:* Fußball – mehr als ein 1:0, in „100 Jahre DFB“, S. 513 ff.

## Abkürzungsverzeichnis

Die Abkürzungen richten sich nach Kirchner/Butz, Abkürzungsverzeichnis der Rechtssprache, 2003. Als Abkürzungen im Sportrecht kommen hinzu:

| | |
|---|---|
| ADC | Anti-Doping-Code des IOC |
| BDG | Bund Deutscher Gewichtheber |
| BDR | Bund Deutscher Radfahrer |
| BGH | Bundesgerichtshof |
| BGHZ | Entscheidungen des BGH in Zivilsachen |
| CAS | Court of Arbitration for Sport (Sportschiedsgerichtshof des IOC) |
| CDF | FIFA-Disziplinarreglement |
| DABV | Deutscher Amateur-Box-Verband |
| DBB | Deutscher Basketball-Bund |
| DBSV | Deutscher Bob- und Schlittensportverband |
| DBV | Deutscher Badminton-Verband |
| DEB | Deutscher Eishockey-Bund |
| DEL | Deutsche Eishockey-Liga |
| DEU | Deutsche Eislauf-Union |
| DFB | Deutscher Fußball-Bund |
| DHB | Deutscher Handball-Bund |
| DHoB | Deutscher Hockey-Bund |
| DLV | Deutscher Leichtathletik-Verband |
| DOSB | Deutscher Olympischer Sportbund |
| DRB | Deutscher Ringer-Bund |
| DRV | Deutscher Rugby-Verband |
| DRV | Deutscher Ruder-Verband |
| DSB | Deutscher Sportbund |
| DSchüB | Deutscher Schützenbund |
| DSV | Deutscher Ski-Verband |
| DSV | Deutscher Segler-Verband |
| DTB | Deutscher Tennis-Bund |
| DTTB | Deutscher Tischtennis Bund |
| DTuB | Deutscher Turner-Bund |
| DVV | Deutscher Volleyball-Verband |
| EMRK | Europäische Menschenrechtskonvention |
| EuGH | Gerichtshof der Europäischen Gemeinschaften |
| FIFA | Fédération Internationale de Football Association (Internationaler Fußball-Verband) |

| | |
|---|---|
| FIGC | Federzione Italiana Giuoco Calcio (Internationaler Fußballverband Italiens) |
| FIS | Fédèration Internationale de Ski (Internationaler Skiverband) |
| FN | Deutsche Reiterliche Vereinigung (Féderation Equestre Nationale) |
| IAAF | International Association of Athletics Federations (Internationaler Leichtathletik-Verband) |
| IBC | International Boxing Council |
| IBF | International Boxing Federation |
| ICAS | Council of Arbitration for Sport |
| IFAB | International Football Association Board |
| IIHF | International Ice Hockey Federation (Eishockey-Weltverband) |
| IOC/IOK | International Olympic Commitee/Internationales Olympisches Komitee |
| KAPOVAZ | Kapazitätsorientierte variable Arbeitszeit |
| LOS | Lizenzordnung Spieler |
| NADA | Nationale Anti-Doping-Agentur |
| NADC | Nationaler Anti-Doping-Code |
| NBA | National Basketball Association |
| NBA | National Basketball Association (USA) |
| NFL | National Football League |
| NGOs | Non Government Organisations |
| NHL | National Hockey League |
| NJW | Neue Juristische Wochenschrift |
| NOC/NOK | National Olympic Commitee/Nationales Olympisches Komitee |
| ONS | Oberste Nationale Sportkommission für den Automobilsport in Deutschland |
| RAF | Rote Armee Fraktion |
| RuVO | Rechts- und Verfahrensordnung des DFB |
| SID | Sport-Informations-Dienst |
| SJZ | Süddeutsche Juristenzeitung |
| SportR | Sportrecht |
| SpuRt | Zeitschrift für Sport und Recht |
| TAS | Tribunal Arbitral du Sport (Sportschiedsgerichtshof des IOC) |
| UCI | Union Cycliste Internationale (Internationale Radfahrer-Union) |
| UEFA | Union des Associations Européennes de Football (Europäische Fußball-Union) |
| VdV | Verband der Vertragsspieler |
| VersR | Zeitschrift für Versicherungsrecht |
| WADC | World-Anti-Doping-Code |
| WBA | World Boxing Association |
| WBC | World Boxing Council |
| WBF | World Boxing Federation |
| WFV | Schriftenreihe des Württembergischen Fußballverbands e.V. (mit Heft-Nr.) |

# I. Teil
# Geschichte der Sportrechtsprechung

## Kapitel 1:
## Zeit des Rechtsfriedens bis Anfang der 70er Jahre *

Sportrechtsprechung ist eine Sparte der Disziplin „Recht". Das zarte Pflänzchen Sportrechtsprechung hat sich seit Ende der 60er Jahre zu einer stattlichen Pflanze im großen Garten der Disziplin „Recht" entwickelt. Anschaulich ist dies zu demonstrieren durch die Tatsache, dass 1970 in meinem Bücherschrank eine einsame Broschüre *„Sport und Recht"* von *Fritz Werner* (Tübingen, 1968) zu finden war. Bis dahin war das Sportrecht eine „terra incognita", ein weißer Fleck in der Landschaft der juristischen Literatur. 35 Jahre später dehnen sich die Publikationen zum Thema Sportrecht über mehrere Meter in den Bücherregalen aus. Darunter sind zahlreiche „Sportgerichtsentscheidungen". 1

Auf einer Vortragsveranstaltung zum Thema „Sportrecht" wurde ich in der Diskussion gefragt: *„Wie lange gibt es eigentlich schon Sportrechtsprechung?"* Nach kurzem Nachdenken und in dem Bemühen, keine unpräzise Antwort zu geben, antwortete ich: *„Die Fußballgerichtsbarkeit und deren wichtigste Sanktionsart, der Feldverweis, haben einen Vorgänger, der auf die ersten Tage der Menschheit zurückgeht"*, und berief mich auf das Buch der Bücher, in diesem auf das Erste Buch Moses im Alten Testament, wo der Verweis von Adam und Eva aus dem Paradies, dem ersten Spielfeld der Menschheit, berichtet wird. Auf diesen Feldverweis sind aber schwerlich die selbstverständlichen rechtsstaatlichen Prinzipien, die im heutigen Sportstrafverfahren Allgemeingut sind, anzuwenden. Ein Strafrechtsverteidiger der Moderne würde bei dem Verweis durch die allerhöchste Autorität als Richter und zugleich als Vollstrecker die Verletzung des Prinzips „nulla poena sine lege", des rechtlichen Gehörs, sowie an- 2

* Im Folgenden werden die der staatlichen Rechtsordnung und Gerichtsstruktur entliehenen Begriffe „Rechtsprechung", „Gerichte", „Urteile" etc. der Einfachheit halber ohne Anführungszeichen übernommen, ohne sich dabei einer Usurpation staatlich gepachteter Begriffe schuldig machen zu wollen. Die größere Anschaulichkeit rechtfertigt diesen Schritt.

gesichts der Tragkraft des Apfelbaums des Verhältnismäßigkeitsgrundsatzes als himmlische Rechtsbrüche rügen. Vielleicht würde er aber auch seinem Mandanten raten, den himmlischen Urteilsspruch hinzunehmen, da Verfahrensfehler im Endergebnis nicht bereits einen Freispruch auslösen.

3 Bis hin zu dem Wendepunkt 1970 sind sicherlich von irdischen Richtern viele Millionen von „Entscheiden" in sportlichen Wettkämpfen getroffen worden, über die man allenfalls in den Geschichtsbüchern, nicht aber in spezieller sportrechtlicher Literatur nachlesen kann. Diese Kampfrichterentscheide sind der Sportrechtsprechung im weiteren Sinne zuzuordnen. Sie ergehen meist in Sekundenschnelle, werden nicht begründet und sofort vollstreckt, denn das Spiel geht weiter und sollte – wenn möglich – nicht unterbrochen werden. Der Schiedsrichter entscheidet in erster und letzter Instanz. Ganz ausnahmsweise ist in jüngerer Zeit versucht worden, insoweit in exzeptionell gelagerten Fällen eine Auflockerung anzustreben. Bei allen diesen Bemühungen um die Gerechtigkeit im Einzelfall soll der hehre Satz des Fußballs nicht erschüttert werden: „Mit dem Schlusspfiff des Schiedsrichters steht das Ergebnis des Spieles ein für allemal fest." Diese goldene Regel des Fußballs gilt letztlich bei allen Entscheidungen in anderen Sportarten ebenfalls, ja für den Sport insgesamt mit seiner langen geschichtlichen Tradition.

4 Wenn man der Geschichte des Fußballspiels nachgeht, so reihen sich Mythen und Legenden um dessen Ursprünge. Manche Forscher[1] behaupten, schon im 3. Jahrtausend vor Christi Geburt sei ein altchinesisches Spiel überliefert, das übersetzt hieß: *„den Ball mit dem Fuß spielen"*. Der chinesische Philosoph Konfuzius (551–479 v. Chr.) ermahnte die Fußballer seiner Zeit, was unsere heutigen Amateure wie Profis auch beherzigen sollten: „Der Gewinner sollte nicht hochmütig werden und der Verlierer nicht den Mut verlieren."

5 Im Mittelalter bildeten sich auch in Europa Ballspiele mit dem Fuß heraus[2]. Dabei ist schwer zu unterscheiden, ob zuerst in Frankreich oder in England der Urfußball auf dem alten Kontinent gespielt wurde. Es wird sogar von Massenraufereien um den Ball berichtet. Der später allmächtige Lord-Protektor Oliver Cromwell soll während seiner Studentenzeit (1616–1617) an seinem College in Cambridge einer der besten Fußballspieler gewesen sein. Kennzeichnend für den damaligen Fußball der Frühzeit war über Jahrhunderte hinweg eine gewollte Regellosigkeit.

[1] *Stemmler*, aaO.

[2] So und im Nachfolgenden *Stemmler*, aaO., S. 22 ff.

Dabei überlebte der Fußball in den Public Schools. Der Weg aus dem Regelchaos brachte das erste Regelwerk von 1846 mit über 37 Regeln, in dem auch die später so wichtige Abseitsregel enthalten war. 1862 wurde ein Fußballmatch in Cambridge mit noch heute gültigen Bestimmungen ausgetragen:

- Die Mannschaft besteht aus 11 Spielern, angeführt von einem Captain.
- Ein Schiedsrichter ist obligatorisch.
- Das Spielfeld misst 150 × 100 Yards.
- Die Spielzeit beträgt 75 Minuten; bei Halbzeit werden die Seiten gewechselt.

Am 8. Dezember 1863 wurde in einem Londoner Gasthaus ein Regelwerk verabschiedet, das aus 13 Regeln, anspruchsvoll „Laws" (Gesetze) genannt, bestand. 1871 zählte die Football Association als Mitglieder 50 Clubs, 1888 bereits 1.000 und 1905 nicht weniger als 10.000.

Nach Deutschland wurde das Fußballspiel durch Geschäftsleute, Studenten **6**
und Schüler gebracht. Der Deutsche Fußball-Bund wurde am 28. Januar 1900 in Leipzig gegründet. 86 Vereine entsandten 36 Mitglieder zum Gründungsakt. Das erste Endspiel um die deutsche Meisterschaft sahen 1903 nicht mehr als 2.000 Zuschauer. Das englische Cup-Finale 1901 hatte 110.000 Zuschauer angezogen. Das erste inoffizielle Länderspiel in Berlin hatte 1.500 Zuschauer angelockt. Deutschland verlor gegen England mit 2:13.

Der stärkste Widerstand kam aus den Reihen der stramm deutsch orientierten Turner, die „urdeutsche" Spiele wie Schlag- oder Faustball bevorzugten. Der Lehrer Friedrich Ludwig Jahn (Turnvater Jahn) hatte in der ersten Hälfte des 19. Jahrhunderts eine mächtige Bewegung ausgelöst und das Turnwesen zur ersten freien und öffentlichen Formierung des Bürgertums geführt – außerhalb der Schule in freier Gemeinschaft von Schülern, Studenten und Handwerkersöhnen einschließlich des weiblichen Geschlechts. Das turn-brüderliche „Du", die turnerisch zweckmäßige Gleichtracht, die Mitglieder frei von Standes- und Herkunftsunterschieden, insbesondere das Ideal der Körperertüchtigung waren Grundlagen des enormen Zulaufs, trotz zeitweiser jahrzehntelanger staatlicher Turnverbote[3]. Auf dem am 2./3. April 1848 nach Hanau einberufenen Turntag wurde der „Deutsche Turnerbund" gegründet. In der zweiten Hälfte des 19. Jahrhunderts belief sich dessen Mitgliederzahl auf über eine halbe Million.

[3] *Teichler*, aaO., S. 9.

7 Seit der Jahrhundertwende wurde das Fußballspiel in Deutschland allmählich gesellschaftsfähig[4], was heute selbstverständlich ist. Von Fußballrichtern und Verbandsurteilen ist in dieser Fußballgeschichte noch nichts zu lesen. Gleichwohl wurde bei den Matches seit der Einführung des Referees zigtausendfach Fußballrechtsprechung ausgeübt.

8 Schon in sehr frühen Zeiten waren dagegen bei den Olympischen Spielen im alten Griechenland Richter, und zwar die Hellanodiken, d. h. Kampfrichter der Griechen, im Einsatz. Der Beginn der Olympischen Zeitrechnung wird in den Geschichtsbüchern auf 776 v. Chr. festgelegt[5]. Als Sportarten wurden damals bzw. in der Folge veranstaltet: Faustkampf, Stadionlauf, Ringen, Wagenrennen, Diskuswerfen, Speerwurf, Weitspringen u. a. sowie Kombinationen der vorgenannten Disziplinen. Die Griechenrichter zogen vor dem ersten Startschuss des olympischen Programms mit den Athleten und ihrer Trainern sowie den Festgesandtschaften aus anderen griechischen Städten in einer feierlichen Prozession von Elis ins etwa 60 km entfernte Olympia. Die Festversammlung brachte zunächst an den Herrn des Heiligen Hains, den Göttervater Zeus, ein Opfer dar. Darauf folgte wie bei der Neuauflage der Olympischen Spiele seit 1896 die Ableistung des Olympischen Eids, der auch noch in der jüngsten Neuzeit, wenn auch in etwas weniger feierlicher Form, zum Zeremoniell gehört. Die Aktiven und ihre Betreuer mussten schwören, dass sie sich keinen Verstoß gegen die olympischen Regeln zuschulden kommen lassen, eine schon damals wie auch heute nicht unbedingt gewährleistete entsprechende Verhaltensweise im Ernstfall. Es folgten dann jeweils olympische Wettkämpfe im 4-Jahres-Rhythmus.

Ein trauriger Höhepunkt in Gestalt einer Rechtsbeugung durch die Hellanodiken ist überliefert: Kaiser Nero war in der Konkurrenz mit Zehngespannen als Wagenlenker während der wilden Jagd durch das Stadion plötzlich im Staub der Arena gelandet und kam trotz zahlreicher helfender Hände nicht ins Ziel. Eine geschickte Regie hinter den Kulissen richtete es ein, dass Gott-Kaiser gleichwohl den Olivenzweig als Sieger des Wettbewerbs erhielt. Die Hellanodiken spielten mit und wurden von Nero mit einer runden Million Sesterzen dafür belohnt. Das war sicher der absolute Tiefpunkt des Kampfrichterwesens bei den Olympischen Spielen der Antike.

[4] So und im Vorhergehenden *Stemmler*, der sich auf die Lektüre von über 100 inländischen und ausländischen Autoren zu der Thematik stützt (aaO., S. 137).

[5] Hier und im Folgenden beruht der Bericht im Wesentlichen auf *Weeber*, aaO., S. 15 ff.

Klarzustellen ist aber, dass der Wiederbegründer der Olympischen Spiele in der Neuzeit – die erste Olympiade neuer Zeitrechnung fand 1896 traditionsbewusst in Athen statt –, der französische Baron Pierre de Coubertin, sich zwar auf das angebliche Amateur-Ideal im Sinne des Vorbilds der Olympischen Spiele der Antike berief, was aber schlicht eine Geschichtsverfälschung darstellte. Der zweckfreie sportliche Wettkampf, die Vorstellung vom agonalen griechischen Menschen, die der Schweizer Kulturhistoriker *Jacob Burckhardt*[6] auch im 20. Jahrhundert verwirklichen wollte, stimmt nicht mit dem Sportlerbild der Antike überein. Es ging auch damals nicht um Agon, den Wettkampf an sich, den Sieg ohne praktischen Nutzen. Kennzeichnend für die früh-griechische Welt schildert *Homer* im *23. Gesang der Ilias*[7], dass vor dem Wettkampf der Athleten Achill die Kampfpreise wie folgt vorstellte: *„... Rosse ... und Stiere ... und wohlgegürtete Weiber und graugehärtetes Eisen"*. Dem Sieger des Wagenrennens setzte er aus: *„...ein Weib, bewandert mit trefflichen Künsten"*, dem Zweiten *„eine Stute, sechsjährig, ungezügelt, im trächtigen Schoß ein Maultier"*, dem Vierten noch *„zwei Pfund Goldes"*. Selbst den Begriff des „Amateurs" kannte das alte Griechenland nicht, geschweige denn die Sache selbst. Auch was man im letzten Jahrhundert und bis heute unter dem sportlichen Ethos des Fair-Play-Gedankens versteht, war im Altertum allenfalls in Ansätzen bekannt[8]. 9

Im Europa der Neuzeit wurden Amateur-Clubs gegründet, in denen sich die Etablierten von der Konkurrenz der Sportler aus anderen sozialen Schichten abschotteten. Die, die sich selbst als Gentlemen definierten, überließen das Feld des bezahlten Sports großzügig der Arbeiterklasse. Die Statuten definierten als „Profi" jeden, „der Handwerker oder Arbeiter ist"[9]. Dem Gentleman war damit die Peinlichkeit erspart, sich mit Angehörigen der Arbeiterklasse gemein machen zu müssen. Noch viel wichtiger war aber der Eliteklasse, dass sie dadurch der unangenehmen Konkurrenz der Profis – diese durften nicht in den reinen Amateur-Wettbewerben starten – aus dem Wege ging und den Sieg in diesen Wettkämpfen der „Edlen" unter sich selbst ausmachen konnte. So durfte der Sport-Amateur ab dem Viktorianischen Zeitalter als Edelmann dem Sport als Freizeitbeschäftigung huldigen und dabei mit anderen ambitionierten Standesgenossen um die Siegestrophäe streiten.

6 *Burckhardt*, aaO., S. 96.
7 *Homer*, aaO., S. 2001.
8 Siehe auch *Hilpert*, in RdA 1997, S. 92, 93.
9 *Weeber*, aaO., S. 68.

Mit dem Zauberwort „Amateurwesen" berief sich Coubertin aber zu Unrecht auf das klassische Hellas, von dem andererseits nur wenige Ansätze für eine Gliederung der Athleten in diese beiden Gruppierungen überliefert sind. Die Legende vom antiken Olympia der Amateure wurde zwar in schöngeistigen Reden und mit viel Pathos immer wieder beschworen, sie gewann aber auch durch ständiges Wiederholen nicht an Wahrheitsgehalt. Sicherlich stammte in der archaischen Zeit ein großer Teil der Olympia-Teilnehmer aus der führenden Schicht der griechischen Städte.

**10** In Athen hatte Solon bereits 594 v. Chr. ein staatliches Sportförderungsgesetz eingeführt, wonach Olympioniken von ihrer Heimatstadt hohe materielle Belohnungen für einen Sieg winkten. Überliefert ist zwar, dass der erste Olympiasieger der Antike im Jahre 776 v. Chr., ein Eleer namens Koroibos, von Beruf Koch, den olympischen Stadionlauf (192 m) gewann und als Preis einen Apfel erhielt. Einige Zeit später wurde ein Kranz aus Zweigen vom wilden Olivenbaum in Olympia dem besten Athleten als Siegeszeichen übergestreift. Aber bereits die Ethymologie lässt einen hellhörig werden: „athletes", d. h. der Wettkämpfer, leitet sich von „athlon" ab, was „Kampfpreis, Belohnung" bedeutet. Die Sieger wurden demzufolge nicht nur mit Kränzen belohnt. Als weiterer Anreiz – für viele der wichtigere – wurden neben der symbolischen Ehrung Geldpreise überreicht. Zumindest in der hellenistisch-römischen Zeit wurde das Sportwesen vollständig professionalisiert. Die Athleten konnten sich ihren Ruhm versilbern lassen. Beste Verdienstmöglichkeiten waren den Auserwählten eröffnet. Stattliche Startgelder wurden den Olympiasiegern dann für die Teilnahme an einem nachfolgenden Wettkampf bezahlt (ähnlich heute z. B. die sog. „Kirmes-Rennen" nach der Tour de France, bei denen der Toursieger so viel als Startgelder erhält, dass er die vollständige Verteilung seines Siegesgeldes als Toursieger an seine Helfer in der Mannschaft kompensieren kann). So wurden wie auch heute Ausnahmeathleten mit besonders üppigen Startgeldern geködert. Als Sponsoren fungierten die Heimatstädte, die sich bei ihrer Sportprominenz großzügig zeigten. Eine nicht unbeträchtliche materielle Zuwendung war die vereinzelt praktizierte unentgeltliche Speisung auf Lebenszeit. Eine lukrative Vergünstigung war auch die Freistellung des einheimischen Olympiasiegers von allen staatlichen Abgaben und Steuern auf Lebenszeit. Direkte materielle Zuwendungen sind zumindest seit dem 6. Jahrhundert v. Chr. überliefert[10]. Ein siegreicher Athener erhielt nach Solons

[10] *Buhmann*, aaO., S. 108 ff., 113.

Gesetzeswerk eine Belohnung von 500 Drachmen, was damals dem Gegenwert von 100 Ochsen oder 500 Schafen entsprach. Solche ansehnlichen Erträge verleiteten manche Athleten zur Bestechung des Gegners, was die Hellanodiken mit saftigen Geldstrafen ahndeten. Es wird berichtet, dass sich im Jahre 12 v. Chr. zwei Väter „geeinigt" hatten, wessen Sohn den Olympiatitel im Ringkampf erringen solle. Die Griechen-Richter bestraften die Väter drakonisch: Sie selbst hatten den Eid ablegen müssen, dass sie ihr Urteil „nach Recht und ohne Geschenke abgeben".

Die finanzielle Unabhängigkeit der Hellanodiken war gewährleistet; sie waren fast nur Aristokraten, die keiner Erwerbstätigkeit nachgingen, wobei ihre finanzielle Unabhängigkeit ein guter Schutz vor Versuchungen, die in Gestalt von Bestechungsgeldern an sie herangetragen wurden, war. Um sich und ihren Anordnungen Geltung zu verschaffen, stand ihnen ein stattliches Arsenal von Sanktionsmöglichkeiten zur Verfügung, von dem sie nach der Überlieferung ungehemmt Gebrauch machten. Als Strafmaßnahmen waren angedroht und wurden verhängt: körperliche Züchtigung, Verhängung von Geldbußen, Ausschluss von der Teilnahme an Olympischen Spielen etc. Gegen die Rechtssprüche der Hellanodiken in erster Instanz war Berufung möglich, über die die Boulé, besetzt wie der Olympische Rat von Elis, zu befinden hatte. Diese konnte aber nicht die Entscheidung der Vorinstanz aufheben und etwa einen anderen Athleten zum Sieger erklären, sondern lediglich festgestellte Fehlentscheidungen rügen und die verantwortlichen Hellanodiken zur Rechenschaft ziehen.

Deswegen war naturgemäß die Anrufung der Berufungsinstanz selten. Einzelfälle der Bestrafung von Hellanodiken sind überliefert. Eine drakonische Maßnahme stand den Hellanodiken zur Verfügung. Sie hatten Hilfsorgane, die Peitschen trugen. Für Regelverletzungen und grobe Fouls, z. B. für einen Frühstart beim Laufwettbewerb, traten diese mit der Peitsche in Aktion, so auch fürs Beinstellen des Gegners. Die oft als allzu streng gerügte Sportgerichtsbarkeit des DFB ist demgegenüber zahm wie ein Lamm. Formalverstöße wurden von den Spielleitern besonders hart bestraft, was auch von manchen heutigen Olympia-Offiziellen berichtet wird, die auf die Einhaltung „der guten Ordnung" oft sehr großen Wert legen.

Das bei den Olympischen Spielen 1972 in München von IOC-Präsiden- **11**
ten Avery Brundage verkündete „*The show must go on*" oder typisch amerikanisch „business as usual" praktizierten die Hellanodiken auch schon: Als beim Pankration (einer Mischung aus Boxen und Ringen) ein Ringer verstarb, just als sein Gegner zuvor den Kampf wegen eines

Zehenbruchs aufgegeben hatte, walteten die Kampfrichter ihres Amtes, bekränzten den Leichnam des Verstorbenen und erklärten ihn zum Sieger.

12 Zum Beweis für die Unhaltbarkeit der Berufung auf die Olympiade im alten Griechenland bezüglich des damals angeblich schon gehuldigten Amateur-Ideals soll zum Abschluss auf die Rückbetrachtung des Sports in der Antike noch auf *Theogenes von Thasos* hingewiesen werden, einen Schwerathleten, der in in zwei Disziplinen, im Boxen und im Pankration, erfolgreich war. 22 Jahre lang dominierte er die Wettkämpfe und zog als Dominator von Stadt zu Stadt – vergleichbar dem modernen Wanderzirkus der Skiläufer, Tennisspieler, Radprofis und Leichtathleten unserer Tage. Die Zahl seiner Siege in seinem Sportlerleben belief sich auf über 1.300. Auch nach den Begriffen des 21. Jahrhunderts war *Theogenes* Vollprofi, der über zwei Jahrzehnte hinweg Hochleistungssport betrieben hat. Obwohl er von Hause aus begütert war, waren zur Deckung einer Reihe von Ausgaben für Reisen, Unterkunft, Trainer usw. höchste Spesensummen erforderlich. Was als Gesamteinnahmen in dem Sportlerleben des Theogenes zusammengekommen ist, hat niemand gezählt. Wie die Hellanodiken aber seine finanzielle Situation einschätzten, lässt sich aus der Höhe der von ihnen gegen den Sportler verhängten Geldstrafe ableiten, weil er sich nach einem Sieg im Faustkampf im olympischen Finale des Pankrations nicht mehr voll einsetzte. Sie verurteilten ihn zu der gewaltigen Summe von 12.000 Drachmen, was damals etwa 33 Jahreseinkommen (!) einer Arbeiterfamilie entsprach – das Urteil wurde im Jahre 480 v. Chr. verhängt. Die Hellanodiken haben sich sicherlich bei der Bemessung der Strafhöhe – wie heute – an dem Einkommen des Athleten aus dem Sport orientiert.

An dieser Stelle ist es mir ein Bedürfnis, dem Verfasser von *„Die unheiligen Spiele", Karl-Wilhelm Weeber (Das antike Olympia zwischen Legende und Wirklichkeit)* außer der Bekanntgabe der Fundstelle in den Fußnoten im Text Dank zu sagen für die zahlreichen Fundstellen und Anknüpfungspunkte für Sportentscheidungen in der Antike, die diesen Teil meines Werks erst ermöglichten.

13 Jede Begründung für das Gebot der Einhaltung des strengen Amateurstatuts mit dem Charakter der Olympischen Spiele in der Antike wird damit ad absurdum geführt. Gleichwohl ist mit diesem Vorbild und der Berufung auf einen geschichtlichen „edlen" Amateurgedanken viel Schindluder getrieben worden. Einigen großen Sportlern der Welt und Olympiasiegern ist die Ehre genommen, ihre Siege aberkannt, die Trophäen zurückverlangt und die Athleten sind teilweise in den Abgrund getreten worden. Die von *Karl-Wilhelm Weeber* (aaO.) ausgewerteten Quellen ver-

mitteln Ergebnisse, die der Öffentlichkeit bisher nicht bekannt waren, da diese jahrzehntelang zielgerichtet irregeführt worden war. Die Altertumswissenschaft hat diese Entmythologisierung der ehrwürdigen Vorbilder im alten Griechenland längst vollzogen. Der „Profi-Status" damaliger Olympiasieger, ja teilweise das dolce vita der damaligen Helden rückt vieles ins rechte Licht, was zu lange glorifiziert worden ist[11]. Eine Legendenvernichtung soll damit nicht betrieben werden. Dem schlauen französischen Adligen Pierre de Coubertin ist mit der Vision der „Wiederbelebung" des Sportgeistes der Antike ein Trick gelungen, mit dem der moderne Olympia-Gedanke den entscheidenden Anschub erhielt. Nach seinem Tod am 2. September 1937 wurde das Herz von Coubertin wunschgemäß am Austragungsort der Olympischen Spiele unter einer Stele beigesetzt. Das ihm zugeschriebene Zitat *„Dabei sein ist alles"* wird heute allenfalls noch ironisch als Trost für unglückliche Verlierer benutzt.

Weniger edel sind aber einige Fehlurteile aus dem Weltsport im vergangenen Jahrhundert, die ihre Legitimation in einem zu keiner Zeit gerechtfertigten Amateurstatut suchten.

Einer der größten Athleten aller Zeiten war der Indianer James Thorpe, **14**
der bei den Olympischen Spielen im Jahr 1912 in Stockholm die Goldmedaillen im Fünf- und Zehnkampf in der Disziplin Leichtathletik errang. Der schwedische König überreichte ihm die Medaillen mit den Worten: *„Mr. Thorpe, Sie sind der größte Athlet der Welt"*, worauf die unsterbliche Antwort Thorpes folgte: „Danke, König". Weil der Olympiasieger in den Jahren 1910–1912 kurzfristig als Halbprofi Baseball für 15 Dollar die Woche gespielt hatte, wurde er bald disqualifiziert, seine Olympiasiege wurden aus den offiziellen Aufzeichnungen gestrichen und seine Medaillen zurückgefordert. Als Thorpe später von Journalisten zum herausragenden Athleten in der ersten Hälfte des 20. Jahrhunderts gewählt wurde, scheiterten die Preisverleiher mit ihrem Versuch, die Olympia-Offiziellen zu einer erneuten Prüfung der Disqualifikation zu bewegen. Avery Brundage, der spätere Präsident des IOC, blieb stur. Er betonte, *„Regel sei Regel"*. Dabei kann sich heute jeder eine Meinung bilden, ob die humanistisch gebildeten Edel-Olympioniken de Coubertin und Brundage aus purer Ignoranz handelten oder mit raffinierter Methode und skrupelloser Geschichtsverfälschung eine zum Vorbild hochstilisierte Ideologie bemühten, um James Thorpe auf einem vermeintlich uralten Altar des Amateurwesens zu opfern[12]. Erst nach dem Abdanken von

[11] *Weeber*, aaO., Schutzumschlag.

[12] *Weeber*, aaO., S. 66–68.

Avery Brundage wurden die Trophäen von dessen Nachfolger als IOC-Präsident Juan Antonio Samaranch 30 Jahre nach dem Tod von James Thorpe schamvoll an die Kinder des Olympiasiegers wieder ausgehändigt[13].

15 Die gleiche Stringenz legte das IOC 25 Jahre nach den Olympischen Spielen in Stockholm an den Tag, als es dem „fliegenden Finnen" Paovo Nurmi 9 Goldmedaillen wegen Verstoßes gegen das Amateurstatut aberkannte und ihn auf Lebenszeit sperrte. Nurmi wurde immerhin vor den Olympischen Spielen 1952 in seinem Heimatland Finnland rehabilitiert, damit er in Helsinki das olympische Feuer anzünden konnte.

Diese spätere Aktion zeigt die Peinlichkeit der vorangegangenen Aktionen. Beide Rechtssprüche der höchsten olympischen Institution sind bis heute unlöschbare Schandflecken in der olympischen Tradition.

Zwischenzeitlich sind die Grenzen zwischen Amateursport und Professionalismus aufgehoben. Es fällt kaum mehr auf, dass bei den Spielen der Welt alle vier Jahre nebeneinander lupenreine Amateure und millionenschwere Berufssportler starten. Boris Becker, Miguel Indurain, Steffi Graf durften sich bereits in den 90er Jahren um olympisches Gold bemühen. Der Sport ist kein Selbstzweck mehr, sondern ein Sektor der Arbeit geworden[14]. Das edle Leitmotto *„Dabei sein ist alles!"* erhält neuen Inhalt, wenn ein Tennisspieler 6:0, 6:0 in kurzer Zeit gegen den Profi verliert oder ein Radfahrer von dem Champion mehrfach überrundet wird.

Willi Daume, der bekannte deutsche Sportfunktionär, berichtete, dass IOC-Präsident Avery Brundage, einer der reichsten Männer der USA, noch 1972 bei den Olympischen Spielen in München höchstpersönlich von Haus zu Haus ging und sogar Reisetaschen mit Symbolen von Luftlinien beanstandete[15]. Daume meinte angesichts des Überholens der Bestimmungen über den lupenreinen, allein um der Ehre willen kämpfenden Athleten spätestens seit den Olympischen Spielen in Los Angeles 1984: *„Brundage würde sich, wenn er wüsste, was zwischenzeitlich offen an Geld fließt, im Grabe umdrehen wie ein Ventilator"*. Zwischenzeitlich werden vom IOC hohe Geldprämien als offizielle Sieggelder an die Athleten gezahlt, die alle vier Jahre beträchtlich erhöht werden. Der Kreis zu Solon hat sich geschlossen.

[13] *Hilpert*, in RdA 1997, S. 94.
[14] *Hilpert*, in RdA 1997, S. 94.
[15] Interview im Spiegel Nr. 1/1986, S. 133.

Aber auch in Deutschland bekannte man sich bis zum Ende der 40er 16
Jahre zum reinen Fußball-Amateur auch im Spitzenbereich, ehe dann sukzessive Gehaltsgrenzen eingeführt wurden, und zwar für den sog. Vertragsspieler in Höhe von monatlich 320 DM brutto, die nach Verhandlungen mit dem Bundesfinanzminister 1954 auf 320 DM netto erhöht wurden; mit Beginn der Bundesliga 1963 stieg die Gehaltsobergrenze auf 1.200 DM brutto (Regionalliga-Spieler 600 DM brutto) an. Um die Dimensionen zu veranschaulichen, sei daran erinnert, dass Helmut Schön seine Arbeit beim DFB im Jahre 1959 als Herberger-Assistent mit 1.100 DM im Monat begann. Erst 1973 genehmigte der Bundesliga-Ausschuss Zahlungen, die bei Beckenbauer an eine Million DM im Jahr heranreichten, bei Breitner, Netzer, Overath sich um 150.000 bis 250.000 DM im Jahr einpendelten, was heute Spitzenverdiener im Ausland im Fußball teilweise als Wochenverdienst erhalten. Zwischenzeitlich ist auch in Deutschland dem freien Spiel der Kräfte bei dem Vertragspoker von Spielern und Vereinen um die Gehaltshöhe freier Lauf gelassen.

Ende der 20er Jahre war der Fußballsport zu einem Zuschauersport ersten Ranges mit entsprechend hohen Vereinseinnahmen angestiegen. An der Spitze war der seit 1924 kometenhaft aufgestiegene FC Schalke 04, der sich zu einem Zuschauermagneten 1. Klasse entwickelt hatte. Mehr als naheliegend war, dass die Spieler, die die Massen anlockten, an den Einnahmen partizipieren wollten, was vereinsseitig auch gewährt wurde. Die Spruchkammer des Westdeutschen Spielverbandes erklärte durch Urteil vom 25. August 1930, fast alle Spieler der ersten Mannschaft des FC Schalke 04 „wegen vielfältigen Verstoßes gegen das Amateurstatut zu Berufsspielern" und schloss den FC Schalke 04 mit sofortiger Wirkung vom Spielbetrieb des Verbandes aus. Das Urteil schlug „Auf Schalke" wie eine Bombe ein. In die dem Verein zur Last gelegten Satzungsverstöße offensichtlich tief verstrickt, beging der Finanzobmann der Schalker, Willi Nier, im Hauptberuf ein pflichtbewusster Bankkaufmann, Selbstmord, – wie es hieß, weil er die Schmach nicht ertragen konnte. Die Sympathiekundgebungen in der Öffentlichkeit für die Schalker, deren Spieler, darunter die Nationalspieler Fritz Szepan und Ernst Kuzorra, die den lockenden Angeboten aus dem Ausland standgehalten hatten und bei dem Verein geblieben waren, schlugen hoch unter Unterstützung der Presse, sodass die Sperre nach 9 Monaten vom Westdeutschen Fußballverband aufgehoben wurde und das erste Spiel der alten Meisterelf am 1. Juni 1931 in der Glückauf-Kampfbahn in Gelsenkirchen gegen Fortuna Düsseldorf stattfand[16]. Eine Demonstration

16 *Heimann*, aaO., S. 388, 389.

der Macht der Menge und der Presse, die einem rechtsstaatlichen Vereinssystem mit selbst geschaffenem Rechtsschutz grundsätzlich nicht zur Ehre gereicht, der aber durch das Rechtsinstitut der Amnestie bei extremen Härtefällen Rechnung getragen werden konnte. Immerhin packte man das Problem der unerlaubten Zahlungen nunmehr verbandsseitig an.

**17** Ein Präzedenzfall ist das Schalker Urteil jedenfalls bis zur Aufhebung der Obergrenzen für Spieler Ende der 70er Jahre nicht geworden. Übrigens traf den jungen Sepp Herberger ebenfalls der Bannstrahl der lebenslänglichen Sperre, weil er für den Wechsel vom SV Waldhof Mannheim zum VfR Mannheim Geld genommen hatte. Die Sperre wurde später auf ein Jahr herabgesetzt. Gelegentlich sind kleinere Sanktionen durch Verbandsgerichte bekannt geworden, sei es, dass, falls vorhanden, die vereinsrechtlichen Staatsanwaltschaften in den Verbänden nicht energisch genug ermittelten, sei es, dass Vereine und Spieler geschickter und verdeckter paktierten. Jedoch war es ein „langer, steiniger Weg"[17] bis zur Normalität, die auch im Fußball dem freien Spiel der Kräfte ihren Lauf ließ. Es war gut, dass dieser Zustand erreicht war, bevor die Vereinseinnahmen insbesondere durch die horrenden Einnahmen aus Werbeverträgen und aus Fernsehgeldern explodierten. Festzuhalten ist, dass jedenfalls zur Zeit der manchmal kärglichen Gehaltsobergrenzen kein Spieler den Weg über die Einfallstore der Grundrechte (Art. 2 und Art. 12 GG) in die Generalklauseln des BGB zu den staatlichen Gerichten gegangen ist. Bei den Rechtsberatern und Rechtsgelehrten der damaligen Zeit war die Vereinsautonomie noch eine „heilige Kuh", die niemand zu schlachten wagte.

**18** Nicht nur der Spitzenfußball hat sich seitdem verbessert, auch die Aggressivität der Bekämpfer der Verbandsmacht hat deutlich zugenommen, in allererster Linie mit dem „Rückenwind aus Europa". Angefangen von den Grundsatzentscheidungen des EuGH in den Fällen Walrave und Koch (1974) und in Sachen Donà/Montero (1976) wird zwar einerseits die Vereinbarkeit sportlich motivierter Differenzierungen mit dem EGV betont, jedoch andererseits der Auffassung entgegengetreten, den Sport vom Anwendungsbereich des EGV ganz oder teilweise auszunehmen[18]. Aus den Blütenträumen riss der EuGH manche Pro-domo-Interpreten der vorstehenden Urteile in dem berühmten Bosmann-Urteil[19],

[17] So *Heimann*, aaO., S. 387.
[18] EuGH, Slg. 1974, S. 1405, und Slg. 1976, S. 1333.
[19] In SpuRt 1996, 60.

wonach die Beschränkung des Geltungsbereichs der Grundfreiheiten nicht herangezogen werden kann, um sportliche Tätigkeiten im Ganzen vom Geltungsbereich des Vertrags auszuschließen. Beschränkungen bei der Aufstellung von Nationalmannschaften sind unbedenklich, nicht aber solche bei Vereinsmannschaften. In der richtungweisenden Bosmann-Entscheidung – sie wurde oft als Jahrhunderturteil bezeichnet – erklärte der EuGH die Transferbestimmungen und die Ausländerklauseln professioneller Sportverbände für mit EG-Recht unvereinbar[20]. Die FIFA hatte bis dahin die Brisanz der Materie für das Innenleben ihrer Nationalverbände nicht richtig eingeschätzt. Viele Kritiker haben die fehlende Weitsicht des Weltfußballverbandes gerügt und ins Feld geführt, dass dieser längere Zeit vor den Schlussanträgen des Generalstaatsanwalts Carl Otto Lenz vom 20. September 1995[21] eine vergleichsweise Regelung mit dem Kläger Bosmann hätte anstreben sollen, was nach aller Erfahrung die Grundsatzentscheidung des EuGH doch um mehrere Jahre – mangels Kläger bzw. Vorlagebeschlüssen nationaler Gerichte – hinausgeschoben hätte. Manche Einsicht kommt auch den allmächtigen FIFA-Oberen zu spät!

Bevor die Wende hinsichtlich der Anrufungsfreudigkeit von staatlichen Instanzen Mitte der 70er Jahre erreicht war, sollen noch wenige Entscheidungen in dem Kapitel „Geschichte der Sportrechtsprechung“ referiert werden, die mit Verbandsrecht gelöst wurden bzw. bei denen eine Verbandsinstanz schon gar nicht angerufen worden ist. 19

Der berühmteste Sportrechtsfall aller Zeiten ist das 40 Jahre lang von den Fußball-Fans und von vielen Rechtsgelehrten heftig diskutierte „Wembley-Tor“: Beim Stande von 2:2 im Endspiel der Fußballweltmeisterschaft zwischen Deutschland und dem Gastgeberland England im Londoner Wembley-Stadion schoss der Engländer Geoff Hurst im Strafraum stehend auf das deutsche Tor, wo Türhüter Hans Tilkowski den Ball an die Latte lenkte, von wo er *auf* die Torlinie zurückprallte, so 12.000 angereiste Fans aus Deutschland, oder wie 76.000 frenetisch ihre Mannschaft anfeuernde Briten durch ihre rosa-roten nationalen Brillen – subjektiv ehrlich – glaubten, *hinter* der Torlinie aufprallte. Wolfgang Weber, Abwehrspieler der deutschen Nationalelf, jagte den Ball über die Querlatte. Der Schweizer Schiedsrichter Gottfried Dienst hatte keinen genauen Überblick. Er ging auf seinen russischen Linienrichter Tofik 20

20 Auf das Bosmann-Urteil wird in dem besonderen Teil zur nationalen und internationalen Sportrechtsprechung nochmals eingegangen werden.

21 EuGRZ 1995, 459 ff.

Bachramow zu. Augenzeugen berichten von Gestikulationen, Kauderwelsch (der Russe sprach kein Wort Englisch) und Kopfnicken. Die Szene endete mit dem aus dem deutschen Blickwinkel unverständlichen Torentscheid zum 3:2 für England durch Schiedsrichter Dienst. England war Weltmeister.

**21** Keine FIFA-Instanz, kein staatliches Gericht wurde von deutscher Seite angerufen, nicht allein aus Fairness-Gründen, weil man kein schlechter Verlierer sein wollte, sondern aus der mehr oder weniger unbewusst richtigen Grundauffassung, dass gegen das Tor, das Schiedsrichter Dienst gegeben hatte, auch mit allen juristischen Kunstgriffen nichts zu machen sei. Es geht um die im Fußball „heilige Kuh" der Tatsachenentscheidung des Schiedsrichters: Er hatte mit Hilfe seines Assistenten den Ball hinter der Linie gesehen. Nicht ernst gemeinte Stimmen haben angeregt, man solle den Fall wegen der Feststellung der höheren Gerechtigkeit dem Europäischen Gerichtshof zur Entscheidung vorlegen. Auch die Erklärung des damaligen Bundespräsidenten Heinrich Lübke, es sei kein Tor gewesen, war für Fußballdeutschland nur ein schwacher Trost.

**22** Weil die Suche nach der Wahrheit im Falle des Wembley-Tors immer wieder den insoweit sich auf neue wissenschaftliche Erkenntnisse Berufenden Schlagzeilen in den Head-Lines unserer Printmedien verspricht oder auch weil sie tatsächlich meinen, den Stein der Weisen gefunden zu haben, kommen z. B. Wissenschaftler von der Oxford-Universität aufgrund einer „neuen TV-Technik mit einer mehrdimensionalen Aufklärung der Bilder" zum Ergebnis „kein Tor!", da der Ball „höchstens einen Zoll hinter dem Vorderstrich der Torlinie war; es fehlten noch dreieinhalb Zoll zu einem echten Tor". Angebliche Äußerungen von Englands Kapitän Bobby Moore kurz vor seinem Tod 1993: *„Der Ball war nicht drin"*, wie in den Memoiren von Tofik Bachramow, er habe wegen der Sichtverdeckung durch den breitschultrigen Engländer Hurst überhaupt nicht gesehen, ob der Ball vor oder hinter der Linie den Boden berührt habe, ändern nichts an dem 3:2 und damit an dem Weltmeisterschaftsgewinn der Engländer im Jahre 1966.

**23** Nach den Fußball-Regeln entscheidet allein der Schiedsrichter, ob er ein Tor gibt oder nicht. Dabei handelt es sich um eine unumstößliche Tatsachenentscheidung. Voraussetzung für eine Torerzielung ist nach Regel 10 der Fußballregeln, dass der Ball vollständig die Torlinie zwischen den Torpfosten und unter der Querlatte überquert hat. Nach Regel 5 entscheidet darüber der Schiedsrichter, dessen Entscheidung über Tatsachen, die mit dem Spiel zusammenhängen, endgültig ist (so Entscheidungen des International Football Association Board). Die Torentscheidung des Schiedsrichters ist unerschütterlich und von keiner Seite aufhebbar. Neuerdings hat die FIFA anklingen lassen, dass von diesem hehren Grundsatz „Roma locuta, causa finita" äußerstenfalls dann eine Ausnahme gemacht werden könnte, wenn der entscheidende Schiedsrichter „manipuliert" gewesen sei (s. unten II, 4).

Nach Presseberichten hat ein französischer Anwalt angekündigt, Protest **24**
gegen die Wertung des WM-Endspiels am 9. Juli 2006 im Berliner Olympia-Stadion zwischen Italien und Frankreich (Sieger nach Elfmeterschießen: Italien) einzulegen, da der 4. Offizielle Medine vor seiner per Sender erfolgten Mitteilung an den Schiedsrichter über den Kopfstoß von Zinedine Zidane seine Wahrnehmung auf dem Monitor auf der Laufbahn gemacht habe, was unzulässig wäre, da Spielsituationen nicht mit der Fernsehkamera bewertet werden dürfen, soweit es um das Spielergebnis geht. Über den Fortgang des Verfahrens war bisher nichts zu vernehmen, der 4. Offizielle hat wohl sicherlich die Meldung aufgrund eigener Beobachtung auf dem grünen Rasen gemacht und nicht wegen seines Eindrucks vom Fernsehbild am Rande des Spielfelds.

## Kapitel 2: Sport und Gesellschaft

25 Zu den Untersuchungen der Rechtsprechung der Verbandsinstanzen und etwaiger Entscheidungen staatlicher Gerichte bis zum 8. Jahrzehnt des 20. Jahrhunderts soll übergeleitet werden durch eine kurze Schilderung der Beziehung zwischen Fußball und unserer Gesellschaft, da diese eine wichtige Rahmenbedingung bei der Sportausübung und der Betrachtung durch die Millionen Fernsehzuschauer, die ihre Kommentare in der täglichen Umwelt zu dem Fußballgeschehen und seinen Begleitumständen abgeben, darstellt.

26 Sicherlich wurde in Deutschland seit der Gründung des ersten Vereins, des BFC Germania 1888 in Berlin, mit breiter Aufmerksamkeit Fußball gespielt, wobei manche Kreise es sich früher zur Ehre geraten ließen, noch nie ein Fußballspiel gesehen zu haben.

Ein fundamentaler Wandel trat insoweit ein, als am 4. Juli 1954 im Hörfunkprogramm Herbert Zimmermann über den Äther rief: *„Rahn schießt – Toor, Toor, Tor"* und nach wenigen Minuten anfügte: *„Das Spiel ist aus. Deutschland ist Weltmeister. Schlägt Ungarn im Finale von Bern!"* Die danach einsetzende Euphorie in Deutschland war unbeschreiblich, es war eine große irrationale Freude. Sie wurde bei den nachfolgenden Weltmeisterschaftssiegen deutscher Mannschaften in den Jahren 1974 und 1990 nicht einmal annähernd erreicht, am ehesten noch bei der WM 2006 in Deutschland, als „nur" der dritte Platz nach großartigen Spielen in grandioser Stimmung gegen Portugal in Stuttgart erreicht wurde, weil sich dieses Stimmungshoch auf das ganze Land erstreckte.

27 Der 54er Sieg hatte aber Langzeitwirkung. Das damals sich gerade entwickelnde Wirtschaftswunder sei durch das „Wunder von Bern" mit vorangetrieben worden. Das Selbstbewusstsein der Deutschen im In- und Ausland ist erheblich gestiegen. Nach und nach ist der Fußball uneingeschränkt gesellschaftsfähig geworden. Er ist heute ein Stück Kultur in unserem Land. Einige kleine Beispiele für diese These:

- Bekannte Namen aus Dichtung und Kunst gaben den in Deutschland verkehrenden ICEs den Namen: *Johann Wolfgang von Goethe, Joseph Haydn, Wilhelm von Humboldt* u. a., um nur wenige Größen aus der deutschen Geschichte zu nennen. Den ICE von Hamburg nach Zürich zierte um die Jahrhundertwende der Name eines Fußballweisen: *„Seppl Herberger"*.

- Im Jahre 1996 empfingen über der deutschen Grenze in der Eifel ein Luftwaffengeschwader der Bundeswehr den aus England heimkehrenden Europameister Deutschland und eskortierte dessen erfolgreiche Fußballer bis zum Landeflugplatz in Köln/Wahn.
- Als Deutschland das Fußball-Endspiel bei der Weltmeisterschaft in Tokio im Jahre 2002 erreicht hatte, flogen die gesamte Politikprominenz, die Spitzen vieler Wirtschaftszweige und Größen aus Kunst und Kultur die 10.000 km nach Yokohama, um die 90 Minuten Endspiel live mitzuerleben.
- Bei dem diesjährigen WM-Endspiel am 9. Juli 2006 im Berliner Olympia-Stadion waren selbstverständlich Bundespräsident und Bundeskanzlerin zugegen mit ihren Gästen, den Staatspräsidenten der Endspielteilnehmer Italien und Frankreich. So viel Prominenz zieht wohl kein anderes Ereignis an, allenfalls noch Olympische Spiele im eigenen Land.

Ebenso reichen an die Quoten der Fernsehanstalten beim End- und beim Eröffnungsspiel (rund 1,5 Milliarden Zuschauer in der Welt) nur noch die Zahl der Betrachter bei der ersten Mondlandung eines Menschen in etwa heran. Der Sport ist im 21. Jahrhundert uneingeschränkt gesellschaftlich anerkannt und eine feste Größe in dieser. Wenn es noch eines Beweises bedurft hätte, hat die WM 2006 („Deutschland. Ein Sommermärchen") gezeigt, dass der Fußball in Deutschland ein Stück Kultur ist. Ich glaube, ich habe nicht die schwarz-rot-goldene Vereinsbrille auf, wenn ich nach meinen Eindrücken während der WM feststelle, ein Land hat gelernt, „sich selbst zu mögen", und eine neue natürliche Beziehung zu seinen nationalen Symbolen gefunden (Nationalhymne, Flagge). Zudem hat das Verhalten der gesamten Bevölkerung ein neues „Standing" der Republik in der weiten Welt herbeiführt: *„Dem Fußball sei Dank"*, sagen auch die Politiker.

Um die geänderte Beziehung zum Fußball von Grund auf zu veran- **28**
schaulichen, gebe ich zum Abschluss „halb ernst gemeint, halb zum Scherz" einen poetischen Vergleich à la Cantona zum Besten. Der Franzose, ein brillanter Fußballer, war der Marlon Brando des englischen Fußballs, der zudem häufig gesperrt wurde, u. a. als er einen ihn anpöbelnden Fan im Kung-Fu-Stil mit dem Fußballschuh gegen die Brust trat (Sperre Cantonas durch den englischen Fußballverband für acht Monate). Er glaubte, seine Weisheiten in einem Buch der Welt mitteilen

zu sollen. Sein Werk: „*La philosophie de Cantona*“ avancierte in Frankreich zum Verkaufsschlager. Er malte außerdem und schrieb Gedichte und setzte seine Philosophie von Kunst im Buch mit den Worten um: „*Ein Künstler ist in meinen Augen jemand, der einen dunklen Raum erleuchten kann. Es gibt keinen Unterschied zwischen einem Pass von Pelé und einem Gedicht von Rimbaud.*“ Frei auf deutsche Verhältnisse übertragen könnte ein Fußballfreund hierzulande fabulieren, ihm „bereite eine Glanzparade von Oliver Kahn einen ebensolchen Kunstgenuss wie ein Gedicht von Rainer Maria Rilke oder eine Fuge von Johann Sebastian Bach! Honni soit qui mal y pense!

## Kapitel 3: Zeitraum des Kampfes um das Recht im Fußball ab Anfang der 70er Jahre

Um die Tragweite und die Auswirkungen des Anfang der 70er Jahre einsetzenden Angriffs auf die Regelungsautonomie der Sportverbände zu veranschaulichen, sollen vorweg Zahlen sprechen: Der Deutsche Fußball-Bund hat nach seiner Mitgliederstatistik von 2006 6.351.078 Mitglieder, die in 25.805 Vereinen 171.877 Mannschaften stellen; daraus rekrutieren sich 36 Profivereine der Bundesliga und 2. Bundesliga weitgehend. Eine Hochrechnung des Verfassers im Jahre 1985[22], ausgehend von Verfahrenszahlen für Sportstrafverfahren im Saarland auf die damalige Bundesrepublik, ergab eine geschätzte Zahl von 340.000 im Jahr, die nach der Veränderung der Größenordnung im Jahre 1990 sicherlich im DFB-Profi- und Amateurbereich auf mehr als 400.000 Vereinsstrafverfahren zurückzuführen ist. **29**

In der Bundesrepublik sind im Sport insgesamt 26 Millionen Mitglieder in gut 27.000 Vereinen, die wiederum ca. 60 Fachsportverbänden angehören, organisiert. Die Untergliederungen sind meist hierarchisch strukturiert: Orts-, Kreis-, Bezirks- und Landesebenen sind die einzelnen Stufen, über denen die jeweiligen Bundesverbände eingerichtet sind. Diese sind Mitglieder der Dachorganisation DOSB, der seit 20. Mai 2006 aus einer Fusion zwischen Deutschem Sportbund und Nationalem Olympischem Komitee entstanden ist. **30**

Ein Kennzeichen für dieses nationale Organisationsgefüge in Deutschland ist das Ein-Platz-Prinzip (Ein-Verbands-Prinzip). Danach nimmt satzungsgemäß jeder Sportverband pro Land/Region jeweils nur einen Landes- oder Regionalverband auf. In den meisten Sportverbänden der Welt ist dieses Prinzip ebenfalls verwirklicht. Dadurch wird eine Monopolisierung erreicht, bei der den Spitzenverbänden eine überragende Machtstellung zukommt[23]. Diese als zulässig anzusehende Struktur erleichtert die Rechtsetzung und Bindungswirkung der Entscheidungen **31**

[22] Organisation und Tätigkeit von Verbandsgerichten, aaO., S. 161.

[23] PHB, SportR, *Summerer*, 2/352.

der oberen Verbandsinstanzen und lässt in sportlicher Hinsicht keine Probleme bei der Ermittlung des Meisters einer Sportart aufkommen[24]. Abschreckend sollte für jeden Reformwilligen das Chaos im Berufsboxsport sein, wo fünf Weltboxverbände konkurrieren: World Boxing Council (WBC), die World Boxing Association (WBA), die World Boxing Federation (WBF), die International Boxing Federation (IBF) und der International Boxing Council (IBC). Auch der eingefleischte Boxfan hat insoweit schwerlich den Durchblick, wer der Champion in der betreffenden Gewichtsklasse ist und wer die möglichen Herausforderer sind. Exempla obstant! Im deutschen Sport ist in § 5 Nr. 2 DSB-Satzung normiert, dass für jedes Bundesland nur ein Landessportverband und für jede Sportart nur ein Spitzenverband in den DSB aufgenommen wird. Diese einschneidende Regelung wurde häufiger von Verbänden, denen die Aufnahme verweigert wurde, nicht widerspruchslos hingenommen, wobei ein kartellrechtlicher Aufnahmeanspruch zu diskutieren ist[25]. Bei nicht sachlich gerechtfertigter Aufnahmeverweigerung kann der abgelehnte Bewerber auf Aufnahme klagen (Leistungsklage), wobei der Verband die Darlegungs- und Beweislast für die Rechtfertigung der abgelehnten Aufnahme trägt[26].

**32** Kennzeichnend für die pyramidenförmige Hierarchiestruktur vom Einzelmitglied in dem Basisverein bis hin zum DFB und darüber hinaus auf europäischer und Weltebene ist die sog. Mediatisierung: Die Verbandsgerichtsbarkeit muss doppelt abgesichert sein. Einerseits muss sie in der Satzung des Bundesverbandes vorgesehen sein. Andererseits müssen der Verein, dem das Einzelmitglied angehört, und seine Mitglieder sich der Satzung und der Jurisdiktion der übergeordneten Verbände unterwerfen[27]. Dieser pyramidenförmige Aufbau setzt sich nach oben im Fußball durch entsprechende Klauseln in deren Statuten fort (s. im Anhang UEFA- und FIFA-Recht). Als Extrembeispiel könnte ein übermütiger Flitzer, der sich dem Publikum der Weltöffentlichkeit über die Fernsehkameras beim WM-Endspiel 2006 in Berlin produzieren wollte und von den aufmerksamen Ordnern im letzten Augenblick abgehalten worden sein soll, von der Disziplinarkommission der FIFA wirksam etwa wegen grob unsportlichen Verhaltens zu einem weltweiten Stadionverbot für 5 Jahre verurteilt werden. Voraussetzung wäre, dass sein Heimatverein, in dem er Mitglied und Jugendbetreuer sein soll, eine Unterwerfungsklausel in seiner

[24] PHB, SportR, *Summerer*, 2/109.

[25] Zu den Einzelheiten: PHB, SportR, *Summerer*, 2/110, und *Reichert*, aaO., 648 ff.

[26] *Reichert*, aaO., m.w.N. aus der Rechtsprechung.

[27] BGHZ 28, 135.

Satzung hat, worauf viele DFB-Landesverbände akribisch achten[28]. Jedes Mitglied könnte die Einhaltung dieses rechtswirksamen Verbots gegenüber dem Nestbeschmutzer bei seinen sonntäglichen Sportplatzbesuchen in den heimatlichen Gefilden überwachen. Selbstredend gilt das Sportstrafrecht (siehe nachfolgend II. Teil, Kapitel 1–3) für einen fünfjährigen Mini, die F- bis A-Junioren, die Aktiven und die AH-Spieler einschließlich der weiblichen Fußballerinnen ebenso wie beispielsweise für den Kapitän der deutschen Nationalelf Michael Ballack. Professor Hans Kauffmann, der umsichtige Tagungsleiter zahlreicher „Sport und Recht"-Seminare in der Deutschen Richterakademie in Trier, pflegte eine etwas makaber klingende Weisheit zur Veranschaulichung der Gleichheit vor dem Sportrichter, die aus England überliefert ist, zu zitieren:

*„Auf dem grünen Rasen und unter dem grünen Rasen sind alle gleich."*

Die deutsche staatliche Rechtsetzung hat erfreulicherweise bisher Zurück- **33**
haltung geübt bei der Aufstellung von Regeln für den Sport. So wurde ein staatliches Sportverbandsgesetz, das Eingriffsmöglichkeiten in den inneren Bereich eines Vereins externen Instanzen eröffnen sollte, wie auch eine staatliche Sportgerichtsbarkeit stets von der überwiegenden Mehrheit abgelehnt. Entsprechende parlamentarische Anfragen von Politikern wurden von den jeweiligen Bundesregierungen negativ beantwortet. Dazu steht nicht im Gegensatz, dass derzeit zur Bekämpfung des Dopings diesbezügliche staatliche Strafrechtsregelungen ernsthaft ins Auge gefasst werden. Geltende Bestimmungen wie §§ 21 ff. BGB (Vereins- und Verbandsautonomie) und die durch Art. 2 I und II GG, Art. 9 I gewährten Sportlergrundrechte schreiben die Grundfreiheiten fest, die u. a. durch die Grundfreiheiten des EG-Vertrages (Freizügigkeit gemäß Art. 39 EGV, Dienstleistungsfreiheit nach Art. 49 EGV) erweitert werden. Die Vereinsautonomie, also das Recht, Verhaltenspflichten festzulegen und diese mittels eigener Ordnungs- und Strafgewalt durchzusetzen, ist ebenfalls durch die genannten Bestimmungen garantiert[29]. Die Bemühungen mancher Interessenvertreter, den Sport als Staatsziel in die Landesverfassungen aufzunehmen, waren zwar in vielen Ländern erfolgreich[30], was aber die Rechte der Vereine oder der Sportler nicht nennenswert verbesserte, zumindest fehlt aber ein weiterführendes Konzept. Der Sport *„drohe in der dünnen Luft der Verfassung hängen und schweben zu bleiben"*[31]. Als

[28] Vgl. die Hinweise bei *Hilpert*, aaO., S. 163.
[29] *Palandt-Heinrichs*, aaO., § 25 Nr. 12.
[30] Siehe Zusammenstellung bei *Hebeler*, aaO., S. 221.
[31] *Hebeler*, aaO., S. 225.

Fazit dieser vorweggestellten Übersicht über die Rechtslage zum staatlichen Sportrecht in Deutschland ist dem DOSB-Präsidenten Thomas Bach zuzustimmen, wenn er schon vor 10 Jahren meinte, die Verrechtlichung des Sports sei in vollem Gang. Das ist in einem Rechtsstaat nicht unbedingt ein Manko. Im folgenden II. Teil werden diese Kriterien an den Einzelfallentscheidungen der verschiedenen Sportverbände, in erster Linie aber an der Rechtsprechung der DFB-Gerichte, gemessen.

**34** Vorstehende Rechtspositionen waren herauszuheben, um den Wandel der Rechtsstruktur im deutschen Sportrecht Anfang der 70er Jahre zu veranschaulichen und wenn möglich ansatzweise zu erklären.

Hintergrund war unter anderem die Ende der 60er Jahre zu beobachtende Kommerzialisierung und Professionalisierung des Sportgeschehens. Früher hatte der Sportler, wie in Kapitel 1 dargelegt, die Entscheidung akzeptiert, zumindest respektiert. Eine der edelsten Ausformungen des Fair-Play-Gedankens ist es nämlich, mit Niederlagen, auch mit solchen, die zu Unrecht ergangen sind, zu leben. Sport war aber mittlerweile nicht mehr Freizeitvergnügen, sondern Beruf, oftmals auch Lebensgrundlage geworden. Hinzu kam, dass Rechtsanwälte die Prominenz der Spitzensportler, das mit ihnen und ihren Fällen verbundene breite Medieninteresse und nicht zuletzt den wirtschaftlichen Profit aus einem Verfahren mit hohem Streitwert und der Möglichkeit, mehrere Instanzen zu durchlaufen, zu schätzen gelernt haben. Sie glaubten zudem und propagierten dies in Presseerklärungen, die dem Advokaten alter Schule im wohlverstandenen Interesse ihres Mandanten nicht in den Sinn gekommen wären, die Verbände hätten rechtliche Schlupflöcher en masse in ihrer Satzung versteckt. Einzelne sind zudem nicht davor zurückgeschreckt, in Ehren ergraute und verdiente Vereinsfunktionäre, die juristische Laien waren, auf unteren Verbandsebenen der Lächerlichkeit preiszugeben. Sie mahnten zudem medienwirksam an, es sei Zeit, den Absolutismus der Verbände aufzudecken, um ihn abzuschaffen.

**35** Schlagartig ins Rampenlicht der Öffentlichkeit und ins Blickfeld der Rechtswissenschaftler rückte die Verbandsgerichtsbarkeit durch den sog. Bundesligaskandal im Deutschen Fußball-Bund. Es setzte eine Art „powerplay" auf die Verbandsmacht im Sportbereich ein. Insoweit haben sich aber zwischenzeitlich die Wogen wieder geglättet. Die unterschiedlichen Positionen früher und heute lassen sich in Gestalt der Thesen zweier bekannter Staatsrechtler veranschaulichen. Burmeister wetterte in seiner Antrittsvorlesung im Juni 1977[32]: *„Die selbstgesetzten Statuten der Sport-*

[32] *Burmeister*, aaO., S. 1.

*verbände verachten elementare Rechtsverbürgungen der staatlichen Rechtsordnung und bieten ein Bild geradezu grotesker Erscheinungen individueller Entrechtung"*. In ihren Statuten sei der Strafgebrauch der Verbandsjuristen schon anstößig. In den Wechselbestimmungen im Fußball degradiere man den Sportler zum Handelsobjekt im Profisport, wenn man den Wechsel des Arbeitsplatzes als „Einkauf" und „Verkauf" des Spielers bezeichne. Man wolle damit genau das wiedergeben, was in den einschlägigen Statuten stehe. Die Regelungen erinnerten an Formen der Leibeigenschaft und legten die Frage nahe, ob die Verbände nicht das Instrumentarium für eine moderne Form des Menschenhandels schaffen wollten. *Burmeister* nennt ein nach seiner Meinung anschauliches Beispiel für die Berechtigung der Formulierung, man werden an „Formen der Leibeigenschaft erinnert: Ein sog. Förderer (nicht selten in der Person eines Mitglieds des Vereinsvorstandes) stellt einem lizenzierten Verein (vorzugsweise der 2. Liga) die Transfersumme für den „Ankauf" eines Spielers zur Verfügung mit der Absprache, im Falle eines „späteren Weiterverkaufs" seines Spielers die dabei erzielte Ablösesumme in voller Höhe rückerstattet zu erhalten. Infolge der zu erwartenden Steigerung des „Marktwertes" des Spielers kann der „Verkaufspreis" ein Vielfaches der „Ankaufsumme" betragen, was verdeutlicht, welche Spekulationsmöglichkeiten solches „wirtschaftliches Eigentum" an Spielern bietet.

1986 formuliert dagegen *Ingo von Münch*[33]: *„Der Charakter des Sports als Spiel begrenzt Hypertrophien des Rechts-(Gerichts-)Staates. Mannschaftsaufstellungen per Gerichtsurteil sind vom Rechtsstaat nicht gefordert, schaden dem Sport und letztlich auch dem Rechtsstaat selbst."*

Es ist ein weiter Weg von der Verketzerung des Wildwuchses der Verbandssanktionen und der „Versklavung" der Sportler bis zu dem Postulat der Zurückhaltung gegenüber der Sportgerichtsbarkeit, abgeleitet aus Art. 9 Abs. 1 GG, und der Behauptung, obwohl der Sport im Grundgesetz nicht ausdrücklich genannt werde, sei er ein verfassungsrechtlich geschütztes Rechtsgut. Sicherlich hat die öffentliche Diskussion auch zu einem Reifeprozess bei manchen Verbänden geführt. Während früher viele Sportfunktionäre die Meinung vertraten, sportliche Entscheidungen und deren Überprüfung müsse man dem gesunden Menschenverstand und nicht dem Juristen anvertrauen, hat sich insoweit mit der zunehmenden Kommerzialisierung und Professionalisierung des Sports ein Wandel vollzogen. Andererseits verstärkt sich die Gereiztheit der kritischen Geister,

[33] *von Münch*, aaO., S. 8.

wenn Kommerz im Spiel ist, wozu noch diffuse Anti-Gefühle gegen Eliten bezüglich des Spitzensports hinzukommen mögen[34].

**36** Der Fußball und seine Gerichtsbarkeit hat sich behauptet gegen Burmeister und ähnliche radikale Angreifer, die die Verbandsmacht zähmen wollten. Bezeichnend ist auch ein Kommentar vom 10. Juli 1971 von Dieter Gütt in der ARD mit der Überschrift: *„Schmutzige Stiefel“*.

> ...
> *„Der Skandal im deutschen Fußball ist eine Schande. Selbsternannte Richter und Staatsanwälte untersuchen und urteilen im Namen des Sports. Aus Harakiri breiten sie das Leichentuch der Vertuschung über ihre Affäre. Immer neue Spieler und Vereinsfunktionäre sind in den Strudel der Bestechlichkeit gezogen worden. Ein Ende ist nicht abzusehen.*
> *Und das ist kein Wunder, denn die Statuten des DFB enthüllen, dass sie zur Kriminalität geradezu einladen, wenn dort nicht steht, eine Zahlung von Prämien an andere Mannschaften sei strafbar.*
> ...
> *Auch das Fernsehen wird sich überlegen müssen, ob es einen solchen kriminellen Unsinn, der sich Fußball nennt, noch weiter übertragen soll.*
> ...
> *Die Vereinsmeier und die Kicker, die Bestochenen und die Bestecher und schließlich ein williges Publikum, welches das, was mit schmutzigen Stiefeln geschieht, noch für Sport hält, wäre dann unter sich. Schade für die Gutgläubigen. ...“*[35]

Sicherlich tat der Fußball es sich dabei manchmal schwer und tut sich bis heute immer noch nicht leicht (s. Problematik der Ausbildungs- und Förderungsentschädigungen). In Deutschland, einem *„Land von Fußballfreunden und Fußballexperten“* (so der ehemalige Bundespräsident Johannes Rau) sind durch das Sportgericht bzw. Bundesgericht des DFB damals 53 Spieler, 2 Trainer, 6 Funktionäre, 2 Vereine rechtskräftig verurteilt worden. Das dunkelste Kapitel in der Geschichte der Bundesliga war rechtzeitig vor der ersten Fußballweltmeisterschaft im eigenen Land 1974 abgeschlossen. *„Der Sumpf ist trockengelegt“*, stellte Hans Kindermann fest, der Stuttgarter Landgerichtsdirektor und legendäre Vorsitzende des Kontrollausschusses des DFB, in der Sprache der Journalisten „Chefankläger“ genannt. Der Sport-Informations-Dienst (SID) meldete im Jahre 1973: *„Der größte Skandal der deutschen Fußballgeschichte wird zu den Akten gelegt.“* Begonnen hatte das unschöne Spiel am 6. Juni 1971, als Horst Gregorio Canellas, Präsident der gerade aus der Bundesliga

[34] *von Münch*, aaO., S. 8.
[35] *Reinhard Rauball*, Bundesligaskandal 1972, S. 68, 69.

abgestiegenen Offenbacher Kickers, anlässlich der Feier seines 50. Geburtstages um 12.10 Uhr eine „Bombe" platzen ließ. Er stellte vor Journalisten ein Tonbandgerät auf den Tisch, das die Mitschnitte von Gesprächen enthielt, in denen es um Schmiergeld und Schiebung ging sowie um konspirative Treffen von korrupten Fußball-Profis mit Geldübergaben an dunklen Kanälen und Autobahnraststätten[36].

Hans Kindermann hat selbst eingeräumt: *„Wir hatten Lücken in unserer Rechts- und Verfahrensordnung ... Wir haben unsere Rechtsprechung ständig verbessert. Am Ende kam die beste heraus, die für einen Sportverband denkbar ist."*[37] Er hatte sich also längst abgewandt von dem ihm zugeschriebenen Zitat, „sportliche Entscheidungen müsse man dem gesunden Menschenverstand und nicht dem Juristen anvertrauen".

Bei dem Rückblick auf diesen Kampf ums Recht im Sport, der teilweise als Kampf ums Rechthaben geführt wurde, fällt auf, dass sich in ihn augenfällig auch – wie bereits dargelegt – die Rechtslehre eingemischt hat, was bei vergleichsweise weniger publikumswirksamen neuen Rechtsproblemen, mit denen sich die Judikatur beschäftigt, nicht in diesem Ausmaß der Fall ist. Heute hat sich das Sportrecht in Deutschland längst an einigen Hochschulen als Forschungsgegenstand etabliert. Sport und Gerichte haben zwischenzeitlich ihren Frieden geschlossen. Auch die Lehre ist dem „Friedensvertrag" beigetreten. Zu deren Rolle in den umkämpften 70er Jahren möchte ich ein Bild von einem Fechtkampf malen: Joachim Burmeister hat mit schwerem Säbel gefochten und (im Ergebnis) verloren. Harm Peter Westermann focht mit Teilerfolgen mit dem Degen auf der Seite des in den Bundesligaskandal verwickelten Vereins Arminia Bielefeld u. a. mit seiner Monographie: „Die Verbandsstrafgewalt und das allgemeine Recht" (1972), die die DFB-Instanzen zum Nach- und teilweise Umdenken veranlasste. Als dritter in diesem Gefecht kam Udo Steiner[38] mit dem Florett agierend hinzu. Er betonte insbesondere das ur-sportliche Prinzip des „Fair". Der Sport könne im Rahmen der ihm durch Art. 9 I GG eröffneten substantiellen Autonomie seine sportethischen Vorstellungen staatsfrei definieren und entwickeln. Steiner postuliert: *„Der Staat und seine Gerichtsbarkeit haben das Selbstverständnis des Sports im Konfliktfall nicht anders als das Selbstverständnis von Kirche und von Kunst angemessen zu berücksichtigen."*

36 Mehr zum Bundesligaskandal: *Oscar Beck:* „Wir haben den Sumpf trockengelegt", in 100 Jahre DFB, S. 433, 440.

37 *Beck*, aaO., S. 436.

38 *Steiner*, NJW 1991, 2729, 2730.

Der heftig umkämpfte Wettstreit zwischen Verbandsgerichten und staatlichen Gerichten ging bei einem solchen in der Folge immer mehr Allgemeingut werdenden Verständnis des Sportrechts unentschieden aus. Der Fußball hatte durch seine Gerichtsbarkeit dokumentiert, dass er bereit war, staatliches Recht einzuhalten und die Wertordnung des Grundgesetzes zu respektieren. Er war und ist bemüht, keine Übermoral zu entwickeln, und ist bestrebt, seine Regeln sportgerecht auszulegen und dabei den Geist des „Grundgesetzes" einfließen zu lassen. Das Stadion wird von den Juristen des DFB und dessen Rechtsinstanzen keineswegs als rechtsfreier Raum angesehen. Es wird aber immer darum zu ringen sein, dass der Kernbereich des Sports vom Staat und seinen Instanzen respektiert wird[39].

Zu meiner Bestandsaufnahme über den „Sport im Rechtsstaat heute" soll eine berufenere Stimme, nämlich die des oben bereits bekannt gemachten Florett-Kämpfers und Bundesverfassungsrichters Udo *Steiner*, mit seiner Bilanz aus dem Jahre 2005 zitiert werden[40]:

> *„Der Prozess der Verrechtlichung, die Ausdehnung des Rechts auf immer neue Sachverhalte mit einer bisher unbekannten Tiefendimension drängt sich als juristische Summe der letzten Jahrzehnte auf. Dieser Prozess hat den gesamten Leistungssport erfasst, den Fußball aber wohl mit besonderer Wucht. Dabei hat sich der DFB, ursprünglich Gegenstand harter rechtswissenschaftlicher Kritik als ein rechtsoptimierter Verband herausgebildet …*
> *Die Wettbewerbszulassung von Vereinen hat eine zentrale Bedeutung im Sportrecht gewonnen. Die Spannung zwischen Athletenrechten und Verbandsregeln wird zu einem der höchsten Autonomiekonflikte des Gegenwartssports. Der Sport und insbesondere der Fußball liefern anschauliche Beispiele für diese neue Justierung des Gegenwartssports …*
> *Die Verbände haben eine Art inhaltlicher Teilverstaatlichung ihrer Sonderordnungen unter gleichzeitiger Intensivierung ihres Regelwerks – Binnenverrechtlichung der Sportgerichtsbarkeit und des Sports – hingenommen …*
> *Die Staatliche Gerichtsbarkeit hat sich bis auf weiteres auf eine Art selfrestraint-Formel in Sportgerichtsfragen festgelegt."*

Dieser „Doppelpass mit Justitia"[41], an dem ich fast 30 Jahre lang an vorderster Front im Kontrollausschuss mitgespielt habe, macht den Verfasser ein klein wenig stolz.

[39] *Sengle*, aaO., 91 ff., 106.
[40] *Steiner*, in „Festschrift für Burmann".
[41] Eilers, in 100 Jahre DFB, S. 523 ff.

## Kapitel 4:
## Der Fußball spielt auch in fremden Gefilden

Wenn Festredner davon sprechen, „Fußball – mehr als ein 1:0“, wollen 37
sie keine neue Dimensionen bei den Fußballergebnissen einführen. Der Fußball will vielmehr nicht nur von der Gesellschaft anerkannt werden (s. vorstehend Kapitel 2), er will aus seinem Füllhorn an Notleidende in der Gesellschaft etwas ausschütten. Bereits 1955 begründete der DFB ein Sozialwerk. Vorangetrieben durch seine Präsidenten Hermann Neuberger (von 1974–1992) und Egidius Braun (von 1992–2002) wurde neben Leistungs- und Breitensport das soziale Engagement als dritte Säule der Verbandsarbeit fest etabliert[42]. Aus ihm heraus sind, ohne im Blickpunkt der Öffentlichkeit zu stehen, viele soziale Härten gemildert, menschliche Schicksale aufgegriffen und dann durch Geldleistungen zumindest etwas gelindert worden. Bekannt geworden sind die rechtlich verselbständigten Stiftungen *Fritz-Walter-Stiftung* (ausgerichtet u. a. auf Hilfe im Strafvollzug), die *Mexiko-Hilfe* (Hilfe für Waisenkinder in Mexiko), die *Sepp-Herberger-Stiftung* (Sozialleistungen durch konkrete Lebenshilfen und Suchtprävention), und die *Egidius-Braun-Stiftung* sowie die *Daniel-Nivel-Stiftung* (für den schwerverletzten Gendarmen, der anlässlich der WM 1998 in Frankreich von Hooligans zusammengeschlagen wurde). Durch Benefizspiele der Nationalmannschaft wurden zusätzlich hohe Gelderlöse bei Naturkatastrophen, Unglücksfällen usw. gesammelt und an Bedürftige weitergeleitet. So ist z. B. eine siebenstellige Euro-Zahl bei der Hochwasserkatastrophe in Ostdeutschland im Jahre 2002 nach einem Spiel der Nationalmannschaft gegen die Ausländer in der Bundesliga geleistet worden. Diese dritte Säule des DFB hat – Gott sei Dank – die Verbandsgerichte und die staatlichen Gerichte bisher (!?) noch nicht beschäftigt, sodass sie im Rahmen unserer Thematik nur am Rande zur Abrundung des Bildes vom DFB Erwähnung finden soll.

[42] Vgl. *Zwanziger/Tietz*, aaO., S. 513 f.

## II. Teil
## Rechtsprechung der DFB-Instanzen

### Kapitel 1:
### Der Kontrollausschuss – die Staatsanwaltschaft des DFB *

§ 50 der Satzung des DFB (s. Anhang, III. Teil, Kapitel 1) umschreibt die Aufgaben des Kontrollausschusses und bestimmt ihn damit zum „Wächter der Fußballgesetze". Er ist die Staatsanwaltschaft der Fußballgerichtsbarkeit. Analog der Situation bei der staatlichen Strafrechtspflege ist er ein den Sportgerichten des DFB gleichgeordnetes Organ, dem das Anklagemonopol zusteht. Der Kontrollausschuss hat die Verantwortung für die Rechtmäßigkeit, aber auch für die Gründlichkeit des Ermittlungsverfahrens und dessen Durchführung. Der Kontrollausschuss soll zusammen mit der Gerichtsbarkeit die Grenzen des Fußballsports als attraktive Kampfsportart wahren und abstecken. Seine Zuständigkeit darüber hinaus in einigen Fällen des Verwaltungsbereichs soll hier nicht weiter beleuchtet werden. 1

Neben der globalen Vorgabe in der Satzung sind die verfahrensmäßigen Rechte und Pflichten des Kontrollausschusses im Einzelnen eher rudimentär geregelt. 2

Von den großen deutschen Sportverbänden haben eine vergleichbare „Anklagebehörde" – soweit ersichtlich – nur noch der Deutsche Eishockey-Bund und der Deutsche Tischtennis-Bund. Die somit insgesamt drei Verbände in Deutschland haben sich also für die Trennung von Strafverfolgungs- und Urteilstätigkeit in Sportstrafverfahren entschieden, wie sie sich im staatlichen Rechtssystem herausgebildet hat. 3

Eine solche Waffe, die auch in Eilfällen eine schnelle Eingreiftruppe darstellen kann (entsprechend der Einschätzung der preußischen Staatsanwaltschaft die „Kavallerie" der Sportgerichtsbarkeit des DFB), hat überraschenderweise nicht der Weltfußballverband FIFA. Diese Lücke 4

* Das Kapitel bezieht den Beitrag des Verfassers im Oktober 1995 in Wangen mit dem Thema: Notwendigkeit einer Anklageinstanz (Heft 38, S. 43–49) ein.

erkannte dessen Präsident Joseph S. Blatter im Fall des nachträglich gesperrten deutschen Nationalspielers Torsten Frings nach dem WM-Viertelfinalspiel Deutschland gegen Argentinien am 30. Juni 2006 in Berlin. Bezüglich der Rangeleien und Raufereien nach dem Elfmeterschießen und dem Sieg für Deutschland hatte der amtierende Schiedsrichter manche Verfehlungen nicht wahrgenommen. Die FIFA-Disziplinarkommission erklärte am Morgen des 2. Tages nach dem Spiel, es werde gegen keinen deutschen Spieler ermittelt. Am gleichen Nachmittag nahm sie aber nach Auswertung weiterer TV-Bilder das Verfahren wieder auf, das dann zur Verurteilung von Torsten Frings führte. Dieses „verschleppte" Verfahren hielt Blatter ausdrücklich für verbesserungswürdig. *„Ich nehme auf meine Kappe, dass das Verfahren so lange gedauert hat."* Er erkennt *„Nachholbedarf in der Auswertung von Fernsehbildern, die in einem Disziplinarfall gebraucht werden"*. Die FIFA werde prüfen, wie künftig solche bedauerlichen Pannen vermieden werden können und wird dabei sicherlich die Einrichtung eines Kontrollausschusses ernsthaft in Erwägung ziehen.

**5** Bei diesem Bestreben könnte sie die Gründe, die beim DFB zum Einführen eines Kontrollausschusses geführt haben, heranziehen.

Im deutschen Verbandssystem hat man sich in Parallele zum staatlichen Rechtssystem für die Trennung von Strafverfolgung und Urteilstätigkeit entschieden, wobei ein Blick in die Gründe dafür in der Entwicklung des staatlichen Strafprozesses nützlich sein kann.

**6** Der Ursprung der Staatsanwaltschaft ist in Frankreich zu finden, wo durch das Organisationsgesetz Napoleons von 1810 normiert ist, dass der Staatsanwalt der Wächter des Gesetzes ist. Nach diesem französischen Muster ist die Staatsanwaltschaft in den meisten europäischen Staaten eingerichtet worden, in Deutschland nach längerer Diskussion über diesen gewaltigen Eingriff in das bestehende System[43] durch das Gerichtsverfassungsgesetz vom 27.1.1877.

Die damaligen Argumente pro und kontra Staatsanwaltschaft sowie die zwischenzeitliche rechtswissenschaftliche Auswertung dieser Entwicklung dürften für die Fragestellung nützlich sein, ob eine Notwendigkeit einer Anklageinstanz in Fußballverfahren besteht.

Dabei steht angesichts der Qualität unserer heutigen Sportgerichte sicherlich nicht das zentrale Motiv der preußischen Staatsregierung aus

[43] *Hund*, aaO., S. 470 ff.

den ersten Diskussionen um die Errichtung einer Staatsanwaltschaft in den Jahren ab 1843 im Vordergrund: Gegen die Strafrichter, die im damaligen Inquisitionsprozess aufgrund eines geheimen und schriftlichen Verfahrens entschieden, wurden Klagen der Bevölkerung über gerichtliche Willkür erhoben. *„Unfleiß, Parteilichkeit und Selbstüberhebung"* wurden vorgeworfen, weshalb als Ausweg die Schaffung einer Staatsanwaltschaft mit der neuen Befugnis *„im Interesse des öffentlichen Wohls Rechtsmittel einzulegen"*, befürwortet wurde[44].

Die Schöpfer der Staatsanwaltschaft wollten, wie von Savigny formuliert[45], dass **überall** dem Gesetz Genüge geschehe. Ausdrücklich sollte die Staatsanwaltschaft aufgerufen werden, unnötige Anklagen zu vermeiden und das Strafverfahren in besonderer Weise rechtsstaatlich zu gestalten[46].

Dringend eine Reform erforderte nach Meinung auch eines der großen Strafprozessrechtler des 20. Jahrhunderts[47] die psychologisch unmögliche Lage des Richters im Inquisitionsprozess, dem zugemutet wird, *„bald auf die eine Seite, bald auf die andere Seite zu springen und mit beiden Waffen (nämlich Angriff und Verteidigung) gegen sich selbst zu fechten, zugleich aber auch als Kampfrichter den Streit zu leiten"*[48]. *Gustav Radbruch*[49] warnt vor einem Aufgabenträger, der in Person Richter und Staatsanwalt zugleich ist, und gibt dem wehrlos preisgegebenen Verfolgten nur den Trost des Sprichwortes: *„Wer einen Ankläger zum Richter hat, braucht Gott zum Advokaten"*.

Alle diese historischen Argumente für die Einführung einer selbständigen Strafverfolgungsbehörde auch im Sportrecht haben erhebliches Gewicht: Die erhöhte Garantie der Rechtsstaatlichkeit des Verfahrens rechtfertigt sicher auch verfahrensmäßige Umstände. Das damit verwandte Postulat des *„Fair Trial"*, das in Art. 6 der Menschenrechtskonvention seinen Niederschlag gefunden hat, beinhaltet den aus dem Sport erwachsenen Begriff *„fair"*. Wenn der Gedanke des *Fair Play* als Überschrift für staatliche Verfahrensgesetze fungiert, sollte er auch von den Sportverbänden in **ihrem** Verfahrensrecht angestrebt werden. Damit ist eng verbunden die Forderung nach größtmöglicher Gerechtigkeit, dem die Rechtsmittel-

44 *Otto*, aaO., S. 10 f.
45 *v. Savigny*, aaO., S. 17.
46 *Schäfer*, aaO., S. 2877.
47 *Schmidt Eberhard*, aaO., S. 293.
48 *Zachariae*, aaO., S. 143.
49 *Radbruch*, aaO., S. 177.

befugnis der Sportstaatsanwaltschaft mit dient: Nicht unterschätzen sollte man auch die plastisch aufgezeigten spezifischen Mängel eines Verfahrens, in dem ein allkompetenter Richter das Verfahren einleitet, betreibt und beendet, statt seine gesamte Kraft auf die vornehmste Richtertätigkeit, die Urteilsfällung, zu richten.

**7** Dem Sportstaatsanwalt steht für die Verfolgung der Sportstraftaten ein ähnliches Instrumentarium wie im staatlichen Strafprozess zur Verfügung. Mit dessen Hilfe vernimmt er bei Bedarf Zeugen und Beschuldigte, ermittelt durch schriftliche Anfragen bei den Beschuldigten, Zeugen und Sachverständigen, wertet die Ermittlungsergebnisse aus, klagt an, plädiert in der mündlichen Verhandlung, erklärt Rechtsmittelverzicht, legt Rechtsmittel ein, stellt Verfahren ein (mit oder ohne Auflagen).

Im Vordergrund der Tätigkeit des Kontrollausschusses stehen Anklage- und Einstellungsbeschlüsse, die nach Aufbau und Inhalt wie die entsprechenden staatsanwaltschaftlichen Vorgänge gestaltet sind. Gleiches gilt auch für die Art des Plädoyers und die Abfassung der Rechtsmittelbegründung.

Anklagegrundlage sind in den meisten Fällen die Berichte des Schiedsrichters über die Fehlverhaltensweisen der Spieler oder sonstigen Personen.

**8** Für die Festlegung der Art der Sportverfehlung (Tätlichkeit, rohes Spiel, unsportliches Verhalten, Schiedsrichterbeleidigung u. a.) und für die Strafhöhe zieht der Kontrollausschuss in Fällen aus Bundesliga-Spielen oft zusätzlich vorhandene Fernsehaufnahmen heran, die auch nach FIFA-Recht[50] als „sachdienliches" bzw. als „ergänzendes" Beweismittel zulässig sind und als wesentliche Hilfe, um der Wahrheit nahe zu kommen, bei dem Bemühen um Gerechtigkeit unverzichtbar sind. Ein solches technisches Beweismittel, das etwa auch die Polizei bei Geschwindigkeitskontrollen oder bei verbotenen Ampeldurchfahrten, also bei relativ klar umrissenen Tatbeständen heranzieht, bedarf in der Fußballszene oft einer sehr sorgfältigen Auswertung, um eine sichere Beweisgrundlage darzustellen.

Dem primär im Sportstrafverfahren herangezogenen Bericht des Schiedsrichters könnte man die Rolle des polizeilichen Ermittlungsergebnisses im staatlichen Strafverfahren beimessen. Dabei haben die Schiedsrichter-Feststellungen, da sie von einem zur Beobachtung von Verfehlungen

[50] Art. 11 der Verfahrensordnung der FIFA-Disziplinarkommission, FIFA-Zirkular Nr. 546 vom 25.11.1994.

ausgebildeten „Schnellrichter“ aufgabengemäß getroffen werden, durchaus eine erhöhte Richtigkeitsgewähr, was auch die Rechtfertigung für die Fortdauer der Vorsperre bis zum Urteil ist (Ausnahme: Aufhebung der Sperre durch einstweilige Verfügung). In weit über 90% der Fälle ergibt sich zwischen Schiedsrichter-Feststellungen und Fernsehbild keine Diskrepanz.

Auch unabhängig vom Schiedsrichter-Bericht erhebt der Kontrollausschuss Anklage in geeigneten, jedoch zahlenmäßig seltenen Fällen allein aufgrund von Fernsehbildern (siehe unter II 3).

Anzeigen von betroffenen Vereinen oder auch gesicherte Informationen über unsportliche Äußerungen von Spielern, Trainern bzw. Funktionären können ebenfalls Grund für eine Verfahrenseinleitung sein.

Als wichtige Maxime bei Festlegung der Strafhöhe bemüht sich der Kontrollausschuss, unverhältnismäßige Sanktionen im Falle von Sportstraftaten zu vermeiden. Im Hinblick auf die von einem Millionenpublikum zum Teil in der Zeitlupenaufnahme kontrollierbare Vergleichbarkeit von Feldverweisen ist eine höchst gleichmäßige Strafpraxis Glaubwürdigkeitsvoraussetzung. Internationale Verbände erreichen eine Gleichschaltung, indem sie – etwa bei Dopingverstößen – mit automatischen langwährenden, teilweise sogar mehrjährigen Sanktionen als Mindeststrafen drohen.

Prinzipiell gilt für den Kontrollausschuss das Legalitätsprinzip, das auf- **9**
gelockert wird durch entsprechende Anwendung der Rechtsgedanken der §§ 153, 153a, 153b, 154a StPO, wofür Art. 47 Abs. 1 Unterabs. 2 DFB-Satzung („... kann ... Unsportlichkeiten verfolgen ...“) die Rechtsgrundlage bildet.

Zum Sportgericht kommt **kein** Sportstrafverfahren, ohne dass der Kontrollausschuss Anklage erhoben hat. Dieses Anklagemonopol ist streng durchgeführt und nicht teilweise wie im staatlichen Strafprozess (Beispiel: Privatklageverfahren) aufgelockert. Eine wichtige Wirkung der Anklage- und Einstellungstätigkeit des Kontrollausschusses ist, dass unergiebige Sachverhalte von den Gerichten ferngehalten werden; komplexe Sachverhalte werden in wesentliche und unwesentliche Teile sortiert, Nebensächliches wird aus dem Anklagevorwurf herausgefiltert. Durch die Festlegung des Anklagesatzes wird im Interesse der Verteidigung des Angeklagten der Schuldvorwurf klar umrissen.

Zur Wahrung der Rechtseinheit bzw. zur Klärung von Fragen grundsätzlicher Bedeutung kann der Kontrollausschuss Berufung bzw. Beschwerde einlegen. Das kann zuungunsten des Beschuldigten oder auch zu dessen Gunsten erfolgen.

Eine Rechtsmitteleinlegung zur Wahrung einer einheitlichen Rechtsprechung kommt in Betracht, obwohl es nur **ein** DFB-Sportgericht erster Instanz gibt. Dieser Institution gehört aber außer dem Vorsitzenden eine größere Zahl von Beisitzern an, die in unterschiedlicher Zusammensetzung einen Spruchkörper im Einzelfall bilden, der aus der Natur der Sache heraus auch teilweise unterschiedlich judiziert. Ähnlich wie bei den Strafgerichten in Stadt und Land, wo der Leitende Oberstaatsanwalt die beste Übersicht über Schwankungen der Gerichte bei vergleichbaren Fallkonstellationen hat, kann der Kontrollausschuss in Sportstrafverfahren divergierende Entscheidungen konstatieren und bei Bedarf zu korrigieren versuchen.

**10** Als Fazit vorstehender Übersicht über die Tätigkeit des DFB-Kontrollausschusses ist schwerlich festzustellen, dass sportspezifische Umstände das Vorhandensein einer gesonderten Anklageinstanz neben dem Sportgericht entbehrlich machen. Im Gegenteil: Die dargelegte Bandbreite von Reaktionsmöglichkeiten und die Palette von anzuwendenden Verfahrensprinzipien rechtfertigen sicherlich diese Institution, jedenfalls auf DFB-Ebene für den Fußball der 1. und 2. Bundesliga und der Regionalliga. Komplexe Voruntersuchungen, wie sie von Zeit zu Zeit erforderlich werden, gebieten sie. Dabei muss aber betont werden, dass die Bewältigung der geschilderten Aufgaben durch die ehrenamtlichen Kontrollausschuss-Mitglieder ohne die nachhaltige Unterstützung durch die Rechtsabteilung des DFB mit mehreren hauptamtlichen Volljuristen ausgeschlossen erscheint. Deren ständige Präsenz mit allen Mitteln der modernen Kommunikationstechnik und deren Beratung bei allen Problemstellungen ist für den Kontrollausschuss unverzichtbar. Sie ist auf Landes-, Bezirks- oder gar Kreisebene nicht vorhanden und kann aus finanziellen Gründen auch nicht geschaffen werden.

Diese Realität lässt nach anderen Wegen suchen: Dabei ist die Parallele zum staatlichen Recht, wo im Verkehrsstrafrecht und im Ordnungswidrigkeitenrecht ebenfalls große Verfahrensmengen mit nur eingeschränkter Einschaltung der Staatsanwaltschaft abgewickelt werden, aufschlussreich: Auf diesen Gebieten hilft sich der Staat durch Normierung von Mindest- bzw. Regelstrafen bzw. durch einen Bußgeldkatalog. Beide Wege hat das Sportstrafrecht – bewusst oder intuitiv – schon seit langer Zeit eingeschlagen. Mindeststrafen sind vorgesehen, die in der Praxis dann bei Fehlen von Strafschärfungsgründen die **Regel**strafen werden.

Dieses System der standardisierten Mindeststrafen ist für die Massenfälle im Sportrecht – im Fußballbereich in Deutschland beläuft sich die Verfahrenszahl im Jahr auf über 400.000 – unumgänglich, um die Verfahrensflut durch ehrenamtliche Sportrichter bewältigen zu können.

Die Schaffung einer Zweispurigkeit des Verfahrensganges – zuerst die Anklagebehörde, dann das Sportgericht – wäre hierbei eine Komplizierung und bewirkte eine erhebliche zeitliche Verzögerung des Sportstrafverfahrens, das Vorsperren und allwöchentlichem Spielrhythmus Rechnung zu tragen hat. Diese kann nicht in Kauf genommen werden. Dies gilt dann schon eher für die von Rechtswissenschaftlern gerügte Unerträglichkeit der Doppelrolle des Richters und Anklägers in einer Person[51], was als kleineres Übel hingenommen werden muss. Den Gesichtspunkten der Rechtseinheitlichkeit und der Wahrung des rechtsstaatlichen Verfahrens wird durch die dargestellte standardisierte Mindeststrafe als Regelstrafe in vertretbarem Maße Rechnung getragen. Die Sportgerichte auf unterer Ebene sind somit in der gleichen Lage wie die staatlichen Strafgerichte bis zur Mitte des 19. Jahrhunderts, die ihre Aufgaben auch ohne Staatsanwaltschaft zu bewältigen hatten und bewältigt haben. Sie sprechen Recht im Sport als Richter, wobei sie gleichzeitig gewisse staatsanwaltschaftliche Funktionen ausüben.

Im Resümee habe ich bei einem Referat in Wangen im Oktober 1995 festgestellt:

Eine Anklageinstanz im Sportstrafverfahren auf DFB-Ebene ist unverzichtbar, auf unterer Ebene (Landes-, Bezirks-, Kreisebene) jedoch nicht realisierbar und nicht wünschenswert.

Der Kontrollausschuss des DFB kann und will nicht Ratgeber der FIFA **11**
sein bei deren Untersuchung, ob sie einen Kontrollausschuss in ihr Rechtssystem einbauen will. Wenn er aber durch die positiven Erfahrungen bei seiner eigenen Tätigkeit in den letzten 40 Jahren ein wenig Geburtshelfer sein könnte, würde dies den Verfasser freuen.

Zahlen, Personen und Persönliches sollen das gezeichnete Bild vom Kon- **12**
trollausschuss des DFB in diesem Kapitel abrunden. In meinem Jahresbericht für die Zeitspanne 2001–2004 der letzten Wahlperiode des DFB[52] habe ich referiert, dass in den zurückliegenden 3 Jahren der Kontrollaus-

[51] s. Fußnoten 5, 6, 7.

[52] Berichtsheft für den DFB-Bundestag am 22./23. Oktober 2004 in Osnabrück, S. 126 ff.

schuss 777 Sportstrafverfahren betreffend die Bundesliga, 2. Bundesliga und Frauenbundesliga betrieben hat, wovon 252 Verfahren eingestellt worden sind. Hinzu kamen in der zur Saison 2003/2004 neu eingeführten Regionalliga Nord und Süd sowie der Junioren-Bundesliga 240 Verfahren (bei 61 Einstellungen). Interessant ist, dass sich die von der breiten Öffentlichkeit am meisten beachteten Feldverweise in der Bundesliga und in der 2. Liga auf jeweils etwa 35–40 im Durchschnitt einpendeln, zuzüglich ca. 5 im DFB-Pokal pro Jahr.

Diese Arbeit bewältigt der Kontrollausschuss, dem außer dem Vorsitzenden ein stellvertretender Vorsitzender – derzeit Heinz-Wilhelm Fink (Koblenz) – und bis zu weitere 7 Mitglieder (ab September 2006: 8) angehören [Dr. Ralf Flügge (Remscheid), Horst Fischer (Bad Segeberg), Erwin Bugar (Möckern), Egbert Frey (Landshut), Dr. Wolfgang Zieher (Ulm), Dr. Anton Nachreiner (Gottfrieding) und Dr. Hubertus Behncke (Düsseldorf)]. Der Exprofi Dr. Nachreiner und Dr. Behncke sind auf Vorschlag des Liga-Ausschusses gewählt. Alle Mitglieder des Kontrollausschusses müssen die Befähigung zum Richteramt haben. Sie sind ehrenamtlich tätig.

**13** Ich verstehe den Kontrollausschuss in Sportstrafverfahren nicht als eine Art Gegner des beschuldigten Spielers, des Vereins bzw. des Vereinsfunktionärs, sondern sehe dessen Aufgabe und gleichzeitige Pflicht darin, die Sportgerichte in ihrem Ringen um die Erforschung des Sachverhalts und die richtige Rechtsanwendung zu unterstützen, und während des gesamten Verfahrens Belastung und Entlastung des Beschuldigten gleichermaßen im Auge zu behalten. Der Spieler, der Trainer, die Vereine und ihre Repräsentanten sollen zu ihrem Recht kommen. Auf der Basis dieser Leitvorstellungen bin ich 29 Jahre im Kontrollausschuss tätig, davon fast 15 Jahre als dessen Vorsitzender. Ich habe in dieser Eigenschaft Strafen beantragt gegen einen Großteil der Spieler im deutschen Fußball, sehr wohl auch gegen solche von Rang und Namen. Aus dem Gedächtnis fallen mir aus den 80er Jahren prominente Namen wie Klaus Allofs, Karl-Heinz Rummenigge, Hansi Müller, Bruno Pezzey, Karl-Heinz Förster, Pierre Littbarski, Horst Hrubesch ein, denen in den 90er Jahren u. a. Carsten Jancker, Stefan Effenberg, Mario Basler, Lothar Matthäus folgten. Im jetzigen Jahrtausend hatten wir neben vielen anderen uns mit Bernd Schneider, Sebastian Kehl, Oliver Kahn, Zé Roberto, Lucio, Jens Lehmann und anderen National- und Vereinsspielern zu befassen, zuletzt mit dem Shootingstar Lukas Podolski. Die Palette der prominenten Trainer erstreckt sich u. a. auf Franz Beckenbauer, Winfried Schäfer, Otto Rehhagel, Werner Lorant, Andy Brehme, Eduard Geyer, die der Manager von Rang und Namen auf Uli und Dieter Hoeness. Selbstredend waren auch Vereinspräsidenten von Spitzen- wie von anderen Bundesligavereinen in Verfahren des Kontrollausschusses verstrickt. Auch Schiedsrichter sind angeklagt und verurteilt worden. Da auch die Fußballjustitia blind ist, macht sie entgegen Mutmaßungen und Verschreiens bei Fanatikern nicht halt vor den Großen des deutschen Fußballs wie Bayern München, Borussia Dortmund oder Hamburger Sportverein.

Obwohl es ein Programmpunkt bei meinem Amtseintritt im Oktober **14**
1992 war, die Arbeit des Kontrollausschussvorsitzenden zu entpersonalisieren, ist mir dies nur zum Teil gelungen. Meine Devise sollte sein, je weniger man über den Kontrollausschuss bzw. dessen Vorsitzenden diskutiert, desto besser ist dessen Arbeit – ähnlich wie bei einem guten Schiedsrichter: Wenn man ihn nicht bemerkt, pfeift er normalerweise gut. Die öffentliche Kritik ist – soweit sachlich – willkommen und dient der Verbesserung der Arbeit. Die Fan-Post, die eingeht, wenn ein Prominenter Gegenstand der Anklage ist, ist teils positiv, teils negativ, je nach „Lagerzugehörigkeit" des Absenders. Wenn mein Mitarbeiter, der Leiter der Abteilung Sportgerichtsbarkeit beim DFB Robert Weise, beim Vorsortieren der Posteingänge viele zur Seite legt – er hält nervenschonend für mich exzessive und grob beleidigende Briefe von vornherein zurück –, war das Thema heiß und die Gemüter der Fans erhitzt. Beifalls- und Missfallenskundgebungen sind normal und gleichsam die Kehrseite des Amtes des Chefanklägers. Wenn manche aber trotz der bereits kurz nach Amtsantritt eingerichteten Geheimnummer meines Telefons z. B. den Umweg über einen inhaltlich unverschämten Brief an den Bürgermeister meiner Heimatstadt suchten mit der Aufforderung *„Schmeißt den* ... (unaussprechbare Entgleisung) *aus Eurer Stadt"* ist die Grenze des Erträglichen überschritten. Man kann sich dann nur mit dem Sprichwort *„Der Gerechte muss viel leiden!"* trösten.

## Kapitel 2: Das Verfahrensrecht des DFB

15 Der Deutsche Fußball-Bund sieht in Art. 38 seiner Satzung als Rechtsorgane das Sportgericht und das Bundesgericht vor, deren Besetzung und Zuständigkeit ebenfalls in der Satzung (Art. 39–43) geregelt sind. Als Obersatz für die Strafgewalt des Verbandes ist in Art. 44 normiert, dass *„alle Formen des unsportlichen Verhaltens sowie unter Strafe gestellte Verstöße gegen die Satzungen und Ordnungen des DFB und das Liga-Statut verfolgt werden"*. Es heißt dann weiter: *„Das Nähere regeln die Rechts- und Verfahrensordnung des DFB ..."*. In Art. 44 (2) sind die zulässigen Strafen enumerativ aufgezählt.

16 Der DFB hat sich eine Verfahrensordnung durch seine höchste Instanz, den Bundestag des DFB, gegeben, um die Regeln festzuschreiben, über die Fußballer „über sich selbst zu Gericht sitzen". Er hat damit von seinem Recht als Verein Gebrauch gemacht, sich in freier Selbstbestimmung eine eigene innere Ordnung zu geben[53]. Aufgrund seiner verfassungsrechtlich garantierten Vereinsautonomie (Art. 9 I GG) ist er berechtigt, gegenüber seinen Mitgliedern nach Maßgabe der Satzung Vereinsstrafen zu verhängen[54]. Dabei ist klarzustellen, dass die Vereinsstrafe keine Vertragsstrafe im Sinne der §§ 339ff. BGB ist, sondern ein eigenständiges verbandrechtliches Institut[55]. Sie bezweckt die Durchsetzung und Aufrechterhaltung der Vereinsordnung[56]. Nach den ursprünglichen Vorstellungen der Väter des BGB ist insoweit gemäß § 32 BGB die Mitgliederversammlung berufen, wobei die Satzung – wie beim DFB in Art. 38ff. geschehen – die Strafgewalt anderen Organen (hier dem Sportgericht und als Berufungsinstanz dem Bundesgericht) übertragen kann (§ 40 BGB). Diese auszusprechenden Strafen können nur gegen Mitglieder verhängt werden. Nach Ausscheiden eines Mitglieds ist dessen Bestrafung unzulässig. Nichtmitglieder können sich jedoch durch Vertrag der Strafgewalt des DFB unterwerfen[57], wobei verbandsgerichtliche Maßnahmen auf-

53 *Palandt-Heinrichs*, aaO., § 25 Rn. 7.

54 Ständige Rechtsprechung: BGHZ 21, 370, 373; BGHZ 87, 337.

55 BGHZ 21, 370, 373.

56 *Palandt-Heinrichs*, aaO., § 25 Rn. 12.

57 BGHZ 128, 93.

grund dieser Unterwerfungsvereinbarung ebenso wie vereinsrechtliche Sanktionen gegenüber einem Vereinsmitglied einer eingeschränkten gerichtlichen Kontrolle unterliegen[58]. Die Gerichte des Verbands sind keine Schiedsgerichte im Sinne der §§ 1025ff. ZPO. Ihre Mitglieder sind erfahrene Verbandsjuristen. Die Vorsitzenden und ihre Stellvertreter müssen die Befähigung zum Richteramt, die übrigen Beisitzer sollen diese haben. Die Mitglieder sind *„unabhängig und nur dem geschriebenen und ungeschriebenen Recht des Sports sowie ihrem Gewissen unterworfen"* (§ 3 (2) RuVO). Die interne Konfliktbewältigung beim DFB ist bewusst Verbandsgremien übertragen, die über eine große Sachkunde verfügen. Selbstredend handelt es sich bei ihren Entscheidungen nicht um Rechtsprechung eines unabhängigen Gerichts im Sinne des Art. 92 GG, sondern um eine Entscheidung des Verbandes „in eigener Sache". Die Verwendung der Begriffe „Gericht" in dem Namen der beiden Instanzen des DFB dient nur dem sprachlichen Funktionsvergleich[59]. Dabei handelt es ich trotz der dem staatlichen Strafrecht entliehenen Begriffe „Sportstrafverfahren, Sperrstrafen, Geldstrafen u. a." um **privatrechtliche Sanktionen**[60]. Mit einer Vereinsstrafe wird daher keine diskriminierende Strafe verhängt. Man bemüht sich teils im DFB-Recht um möglichst staatsfreie Begriffe und bezeichnet den zur Rechenschaft gezogenen Sportler nicht als „Beschuldigter" oder „Angeklagter", sondern neutraler als *„Betroffener"*.

Gegen das Grundgesetz verstößt damit das Strafverfahren des DFB per se nicht. Da es kein Strafrecht ist, sondern Zivilrecht, ist die rechtliche Kontrolle in erster Linie am Maßstab des Zivilrechts vorzunehmen[61]. Die somit private „lex sportiva" und deren Verfahrensregeln sind am zwingenden staatlichen Recht zu messen, wobei diese zwingenden Bestimmungen auch für den DFB und seine Mitglieder gelten und etwaigem entgegenstehenden Verbandsrecht vorgehen. Die Autonomie des Sports gestattet lediglich, insoweit von der allgemeinen Rechtsordnung abzuweichen, als dieses Recht dispositiv ist[62]. Die in einem Rechtsstaat selbstverständliche gerichtliche Nachprüfung von Rechtseingriffen erstreckt sich auf Verstöße gegen die guten Sitten, offenbare Unbilligkeit, Satzungsverstöße und bezieht seit 1983 auch die Tatsachenfeststellungen der Vereinsorgane in ihre Überprüfung ein[63]. Sie erfasst somit auch die in diesem **17**

[58] *Haas/Adolphsen*, aaO., S. 2357.
[59] *Schickhardt*, aaO., S. 2.
[60] Ganz herrschende Meinung, vgl. *Stöber*, aaO., Rn. 677.
[61] *Röhricht*, aaO., S. 27.
[62] PHB/*Summerer*, II, 10.
[63] BGHZ 87, 337, 344.

Kapitel zu behandelnden Verfahrensvorschriften, deren Inhalt und deren Anwendung im Einzelfall kontrolliert wird.

18 Deshalb soll u. a. auch, um zu einer größeren Transparenz der Entscheidungsvorgänge beizutragen, nachfolgend ein Überblick über die Entscheidungsvorgänge und deren rechtliche Rahmenbedingungen gegeben werden.

19 Allererste Wirksamkeitsvoraussetzungen der Strafen – von der Verwarnung bis zur Versetzung in eine niedrigere Spielklasse (siehe die einzelnen Strafarten in Art. 44 (2) DFB-Satzung) – ist nach der insoweit strengen Rechtsprechung des BGH seit 1967[64], dass die konkrete Strafe in der Satzung des Verbandes aufgeführt ist. Die Satzung müsse sämtliche das Verbandsleben bestimmende Leitprinzipien und Grundsatzregelungen enthalten. Lediglich Verfahrensvorschriften und Konkretisierungen der Strafnormen oder weniger bedeutsame Angelegenheiten könnten in Nebenordnungen geregelt werden. Die obersten Richter stellen sich einen Idealtyp des beitrittswilligen Mitglieds vor, der vor Eintritt in den Verein sich anhand der Satzung über die im Verein drohenden denkbaren Sanktionen informiert und sich dann ihnen unterwirft; liest er nicht nach, so nimmt er die in der Satzung enthaltenen Rechtsnachteile hin. Nur der Ausschluss aus dem Verband aus wichtigem Grund ist jeder Satzung immanent und braucht nicht ausdrücklich in dieser aufgeführt zu werden[65]. Diesen Anforderungen des BGH ist in Art. 44 (2) DFB-Satzung durch die Aufzählung der Strafarten, die auch in Kombination angewandt werden können, Rechnung getragen. Die kraft ihrer ehrenamtlichen Tätigkeit in Spruchinstanzen rechtserfahrenen Sportrichter des DFB werden nicht auf den Gedanken kommen, von dem vom BGH aufgestellten Erfordernis abzuweichen. Wenn auch nicht ausdrücklich als beherrschende Verfahrensnorm festgeschrieben, sollten Parteien und Richter im Sportstrafverfahren **einen fairen Wettstreit** im Kampf um Verurteilung oder Freispruch führen. *„Fair"* kommt aus der englischen Turfsprache und heißt u. a. auch *„gerecht"* und insbesondere *„eine Niederlage mit Anstand ertragen"*. Dieser Geist sollte bei einem Rechtsstreit aus dem Bereich der *„schönsten Nebensache der Welt"* (so Ortega y Gasset, ein Philosoph mit Neigung zum Sport) stets vor den Schranken des Verbandsgerichts herrschen, auch wenn *„Verlieren eine verdammt schlechte Angelegenheit ist"* (Dettmar Cramer, ein Fußballtrainer mit Neigung zum

[64] BGHZ 29, 352, 358; 47, 172, 177.

[65] *Reichert*, aaO., Rn. 1625.

Philosophieren)[66]. Bei der WM 2006 war in den Stadien als Kundgabe zu lesen: *„Mein Spiel ist Fairness!"* oder *„My game is fair play!"*

Das Gebot des Fair-Hearing ist in Art. 6 ERMK aufgestellt, was als faires Verfahren zu verstehen ist. So hat das Bundesverfassungsgericht in ständiger Rechtsprechung das Gebot des fairen Verfahrens als allgemeines Prozessgrundrecht (abgeleitet aus Art. 2 I GG in Verbindung mit dem Rechtsstaatsprinzip) entwickelt[67]. In den literarischen Veröffentlichungen in Zusammenhang mit den Vorstellungen um Fairness wird am meisten zitiert der Autor John Rawls mit seiner These von Fairness als „Gerechtigkeit in Deutschland"[68]. **20**

Bei all diesen Streitfällen im Kampf um das Recht im Fußball ist in erster Linie zu beachten, dass die ureigene Rechtsquelle des Fußballspiels und des etwaigen Wettstreitens im „Gerichtssaal" danach die Fußball-Regeln der FIFA sind, die autonom gesetztes Recht für deren derzeit 207 Mitgliedsverbände in der Welt und damit auch für den DFB darstellen. Jean-Paul Sartre hat zwar in einer bedenkenswerten Darstellung die These aufgestellt, dass eigentlich das Spiel Fußball sich selbst spiele und deshalb die Mannschaften und die Spieler beider Mannschaften sich spielen ließen. Es setze sich sozusagen hinter dem Willen und dem Rücken der Spieler durch, gestalte deren Aktionen auf ein Zusammenspiel – also auf sich selbst – hin und verwirkliche sich in den Teilnehmern[69].

Von dem Abschweifen auf sicherlich interessante Denkanstöße des großen französischen Philosophen, der in seiner Jugend ein erfolgreicher Fußballer war, kehren wir wieder zurück zu den Grundprinzipien des Strafverfahrensrecht in Fußballdeutschland. **21**

Der DFB hat sich eine Grundregel des Verfahrensrechts und des materiellen Rechts gegeben, wonach sich der Verband und seine Mitglieder sowie die Spieler, Trainer, Schiedsrichter, Funktionsträger und Einzelmitglieder *„zu den Grundsätzen der Integrität, Loyalität, Solidarität und Fairness bekennen und für die Einhaltung dieser Grundsätze und für Ordnung und Recht im Fußball sorgen"*. Diese hehren Postulate sind Programmsätze, manchmal wohl auch Auslegungsregeln bei Grenzfällen, aber schwerlich als konkrete Verfahrensgrundsätze heranzuziehen.

66 *Hilpert*, in RdA., S. 200.
67 BVerfG, in NJW 1994, 1853; in NJW 1995, 1413 und in NJW 1999, 2044.
68 *Westermann*, aaO., S. 80.
69 Zitiert nach *Schild*, aaO., S. 39.

22 Anknüpfend an die weit gefächerten Anforderungen des BGH, die Wirksamkeitsvoraussetzung der Vereinsstrafen sind, sollen diese im Folgenden in einem Anforderungsprofil für das Strafen im DFB-Bereich aufgezeichnet und beleuchtet werden.

23 Außer den beiden bereits vorstehend abgehandelten Kriterien

- Verankerung der Strafen in der Satzung
- Faires Verfahren

umfasst das **Anforderungsprofil** folgende weitere Punkte[70]:

- Stellung des Sportrichters („Gesetzlicher" Richter – Zuständigkeitsregelung – Unabhängigkeit – Unparteilichkeit – Besetzung der Richterbank)
- Prinzip der Gewaltenteilung (Weisungsfreiheit – Inkompatibilitätsregelung – Trennung von Strafverfolgungs- und Urteilstätigkeit)
- Aussageverweigerungsrecht für Verfahrensbeteiligte
- In dubio pro reo
- Einstweiliger Rechtsschutz – Vorsperre
- Rückwirkungsverbot – Keine Doppelbestrafung
- Reformatio in peius
- Vertretung durch Rechtsanwälte
- Kronzeugenregelung
- Legalitäts-, Opportunitätsprinzip
- Rechtliches Gehör
- Mündlichkeit, Unmittelbarkeit, Öffentlichkeit
- Verfahrens- und Beweisregeln
- Technische Beweismittel
- Begründungs- und Mitteilungserfordernis
- Vereinsinternes Rechtsmittelverfahren
- Verfahren gegen Nichtmitglieder
- Verfahrenshindernisse
- Verfahren der Amateurverbände

Weitere Wirksamkeitsvoraussetzungen wie

- Bestimmtheitsgrundsatz
- Verhältnismäßigkeit (Übermaßverbot)
- Verschuldensprinzip

[70] Vgl. PHB/*Summerer* II, 250 ff.; *Buchberger*, aaO., S. 123

tangieren primär den materiell-rechtlichen Bereich und sind deshalb in Teil II Kapitel 3 zu behandeln.

## Stellung des Sportrichters 24

In § 2 RuVO ist geregelt, dass für alle Verstöße gegen die Spielordnung, das Ligastatut sowie für die Anfechtung von Spielwertungen und Spielberechtigungen bei Bundesspielen, außerdem für finanzielle Streitigkeiten aus Anlass der Durchführung von Bundesspielen die Rechtsorgane des DFB (s. dazu § 3 RuVO) allein zuständig sind. Die Rechtsprechung gegen Lizenzspieler obliegt „in jedem Fall den Rechtsorganen des DFB". Im Detail ist in Art. 38 (3) DFB-Satzung die Pflicht der Vorsitzenden der Rechtsorgane statuiert, Geschäftsverteilungspläne aufzustellen. Diese Regelungen sind in Satzung und RuVO im Wesentlichen deckungsgleich normiert, so dass sich an dieser Stelle das Problem des Verhältnisses von Satzung und Nebenordnungen nicht stellt.

Der vorstehend angesprochene Normenzusammenhang betrifft die in einem rechtsstaatlichen Verfahren wichtige Regelung über den **gesetzlichen Richter**, auf den bei der ordentlichen Justiz gemäß Art. 101 I 2 GG ein Anspruch des Rechtsuchenden garantiert ist. Teilweise wird insoweit ein Manko der Sportgerichtsbarkeit gegenüber den staatlichen Gerichten befürchtet, das sich aus der Ehrenamtlichkeit des Sportrichters ergeben soll. In Erfüllung der satzungsrechtlichen Pflicht (Art. 38 (3) DFB-Satzung) werden von den Vorsitzenden des Sport- und des Bundesgerichts des DFB in Anlehnung an die Grundsätze der Geschäftsverteilungspläne nach dem GVG Regelungen aufgestellt, die die Heranziehung der Beisitzer nach abstrakten Kriterien vorsehen. Die Reihenfolge der Heranziehung der Richter ist im Voraus abstrakt festgelegt, die Verhinderung in einem Einzelfall wird festgehalten und die weitere Heranziehung der Richter nach festgelegten Modus überwacht.

Über die in § 3 (2) RuVO normierte Unabhängigkeit der Sportrichter 25
ist bereits oben (Rn. 2) berichtet worden. Die Verpflichtung auf die „geschriebenen und ungeschriebenen Regeln des Sports" und auf ihr Gewissen erinnert zwar noch an Turnvater Jahn und klingt etwas pathetisch, ist aber in Verbindung mit dem bereits abgehandelten ungeschriebenen Sportgrundprinzip des „fair", konkret des „Fair Trials" mit Leben zu erfüllen. Übrigens leitet Ingo von Münch in seinem bereits erwähnten Rechtsgutachten für den Deutschen Sportbund das Gebot des Fair Play aus der im Grundgesetz nicht formulierten politischen Kultur der Demokratie ab.

Die persönliche Unabhängigkeit, die letztlich immer nur durch den Richter selbst verkörpert wird, kann durch regelbare Randpunkte unterstützt werden. Dazu zählt das Verbot für die Mitglieder der Rechtsorgane, in Mitgliedsverbänden oder deren Vereinen eine hauptamtliche berufliche Tätigkeit auszuüben (§ 19 (6) DFB-Satzung). Eine Modifizierung im Sinne einer Öffnung ist in § 47 (6) DFB-Satzung enthalten, wonach in den Kontrollausschuss und in den Schiedsrichterausschuss vom Ligaverband nur Personen vorgeschlagen werden dürfen, die keine Organstellungen im Ligaverband, seinen Mitgliedsverbänden oder Kapitalgesellschaften begleiten dürfen oder keine leitende Angestellte sind.

**26** In § 19 RuVO ist festgeschrieben, dass ein Mitglied eines Rechtsorgans in einem Verfahren nicht mitwirken darf, an dem es selbst oder sein Verein unmittelbar beteiligt ist, oder wenn es sich selbst für befangen hält und das Rechtsorgan ohne Beteiligung des betreffenden Mitglieds entsprechend beschließt. In dieser Vorschrift sind unter einer etwas unpräzisen Überschrift die Ausschluss- und Befangenheitsregelungen der §§ 38 bis 48 ZPO in das Verfahrensrecht des DFB aufgenommen.

**27** Positiv wird sicherlich von den „Gerichtsunterworfenen" empfunden, wenn ähnlich wie z. B. bei der staatlichen Arbeitsgerichtsbarkeit ein Mitglied des gleichen Standes wie der Betroffene dem Spruchkörper bei der Entscheidung über ihn angehört: So sind nach § 38 DFB-Satzung Frauenfußball-, Schiedsrichter-, Jugend-, Fußballlehrer-Beisitzer zu wählen, die in der Dreierbesetzung des Verfahrens des Sportgerichts die Rolle eines voll stimmberechtigten Beisitzers in entsprechenden Verfahren übernehmen.

Alle Sportrichter sind *„nach Sachkompetenz für die ihnen übertragenen Aufgaben"* (§ 47 (3) DFB-Satzung) zu berufen. Für sie sind in den vorstehenden Regelungen Rahmenbedingungen geschaffen, die gute Voraussetzungen für die Besetzung der Richterbank in Sportstrafverfahren schaffen.

Anlässlich der Anfänge der Sportgerichtsbarkeit mag man vielerseits bedauert haben, dass die Strukturveränderungen dem Spielerisch-Zweckfreien, dem mit dem Spiel erstrebten Sich-Lösen von den Zwängen des Alltags, dem „disportare" zuwiderlaufen[71]. Zwischenzeitlich hat der Sport jedenfalls auf der Seite der für ihn Rechtsprechenden hinsichtlich der Einrichtung der Richterbank und deren Zusammenwirken eine Institu-

[71] *Kaufmann*, aaO., S. 7.

tion geschaffen, die zeigt, dass die Zeit des Absolutismus der Verbände vorbei ist und der vom Befehlsempfänger zum mündigen Sportler herangewachsene „Gerichtsunterworfene" eine den Geist des Sports beachtende und dem staatlichen Recht verpflichtete Rechtsprechung erwarten darf. Vonseiten des DFB besteht das Vertrauen auf seine unabhängigen Sportrichter und darauf, dass diese schnell und urteilssicher Recht sprechen. Wenn es bei der Rechtsfindung möglich ist, dass dem Sport kein Schaden zugefügt wird, ist dies zusätzlich begrüßenswert.

Es ist zu prüfen, ob die diesen Richtern zur Verfügung stehenden weiteren Verfahrensvorschriften sich an die staatlichen Prozessvorschriften anlehnen und damit rechtsstaatlichen Anforderungen entsprechen.

## Prinzip der Gewaltenteilung 28

Obwohl eine gesetzlich fixierte Pflicht zur Trennung der Rechtsprechungsaufgaben von der sonstigen Verwaltungstätigkeit des DFB nicht besteht, hat der Verband von der ihm nach § 32 (1) BGB eröffneten Möglichkeit der Übertragung der Rechtsprechungstätigkeit auf die Rechtsorgane Gebrauch gemacht (§ 38 DFB-Satzung). Außer der aus der Unabhängigkeit der Sportrichter abzuleitenden Weisungsfreiheit ist in der Rechts- und Verfahrensordnung eine organisatorische Trennung und Selbständigkeit der Rechtsorgane bei der Entscheidungsfindung vorgesehen. Eine Inkompatibilitätsregelung ist in § 38 (2) Satz 1 DFB-Satzung zudem enthalten, wonach Mitglieder des Bundes- und des Sportgerichts anderen Organen und Ausschüssen des DFB grundsätzlich nicht angehören dürfen. *Buchberger*[72] zieht die für DFB-Präsidium und -Vorstand selbstverständlichen Folgerungen aus der Unabhängigkeit der Rechtsprechung, dass die obersten Verbandsgremien (auch nicht der Bundestag des DFB) die Entscheidungen der Rechtsorgane nicht außer Kraft setzen und durch eigene Ansätze ersetzen können.

## Trennung von Strafverfolgungs- und Urteilstätigkeit 29

Im II. Teil Rn. 5 ff. sind bereits die historischen und rechtstatsächlichen Gründe dargelegt für die in staatlichen Strafverfahren vorgesehene Aufteilung, nämlich in die Rechtsprechung und in die Staatsanwaltschaft als

[72] *Buchberger*, aaO., S. 157.

Ermittlungs- und Verfolgungsbehörde[73]. Diese Errungenschaft der kontinental-europäischen Rechtsentwicklung hat der DFB-Satzungsgeber sich zu Eigen gemacht und im Gegensatz zu den meisten nationalen Sportverbänden und sogar derzeit noch im Gegensatz zu der FIFA sich eine „Kontrollausschuss“ genannte Anklageinstanz geschaffen. Über deren Wirken im konkreten Verfahrensablauf wird noch nachstehend bei der Behandlung der §§ 13–18 RuVO zu berichten sein. Viele andere Verbände überlassen ihren Spielbehörden bzw. auch dem Vorstand die Einleitung der Sportstrafverfahren, was rechtlich nicht verboten ist, in der Auswirkung auf das Verfahren und insbesondere aber auf die Optik des Geschehens untunlich ist.

## 30 Aussageverweigerung

Belehrungen über Aussageverweigerungsrechte des Betroffenen und der Zeugen werden als selbstverständliche Aufgaben durch die Vorsitzenden der Gerichte wahrgenommen. Sie gehören zu den ungeschriebenen Grundsätzen des DFB-Strafverfahrens, die in der ZPO und der StPO detailliert geregelt sind. Ein Unterfall daraus ist in § 16 (6) Satz 3 RuVO angesprochen, nämlich die Ermahnung des Zeugen zur Wahrheit. Sie sind Bestandteil der Hausapotheke der Vorsitzenden im DFB-Bereich, die durchweg langjährige Praxis als Zivil-, Strafrichter und/oder als Staatsanwalt aufzuweisen haben.

## 31 In dubio pro reo

Allgemein wird die Einhaltung dieses Grundsatzes als echter Prüfstein für ein rechtsstaatliches Verfahren angesehen, wozu auch die Einhaltung der sog. Unschuldsvermutung (Art. 6 (2) EMRK) gehört. Der Rechtssatz „in dubio pro reo“ ist in der Verfahrensordnung des DFB nicht enthalten – übrigens auch nicht, soweit ersichtlich, in den Ordnungen anderer deutscher Spitzensportverbände. Er steht aber auch nicht in der StPO, geschweige denn in der ZPO, die – wie dargelegt – primär für das zivilrechtlich orientierte Sportstrafverfahren maßgeblich ist. Dieses bereits von den Römern überlieferte Prinzip ist auch nicht durchweg auf alle Bereiche des Sportstrafverfahrens anzuwenden. Bei den unter II. Teil

[73] *Hilpert*, in Bayerische Verwaltungsblätter, S. 168.

Kapitel 3 abzuhandelnden Dopingvergehen wie auch bei Zuschauerausschreitungen sind Modifikationen dieses hehren Grundsatzes vorzunehmen und die typisch zivilrechtlichen Beweislastregelungen heranzuziehen (s. unten VIII. Teil). Im durchschnittlichen Verfahren mit Disziplinarcharakter ist „in dubio pro reo" als Folge des vom Kontrollausschuss nicht mit zur Verurteilung ausreichenden Sicherheit geführten Nachweises jedenfalls im Endergebnis seinem Rechtsgedanken nach zugrunde zu legen. Es kann sich stets nur im Einzelfall nach dem Ergebnis der richterlichen Überzeugungsbildung zeigen, ob – wie böse Zungen behaupten – statt des „in dubio pro reo" das „in dubio pro arbitro" oberste Maxime ist[74].

## Einstweiliger Rechtsschutz – Vorsperre 32

Soweit dies zur Aufrechterhaltung eines geordneten Rechtswesens oder der sportlichen Disziplin notwendig ist, können die Vorsitzenden der Rechtsorgane schriftlich begründete einstweilige Verfügungen erlassen (§ 21 RuVO). Diese Entscheidungen können ohne mündliche Verhandlung ergehen. Gegen sie kann innerhalb einer Woche Widerspruch eingelegt werden, der keine aufschiebende Wirkung hat. Hier ist eine der Nahtstellen eines rechtsstaatlichen Verfahrens berührt. Zu diesem Themenkreis ist die weltweit im Fußball verbreitete vorläufige Sperre bei einem Feldverweis heranzuziehen. Nach § 4 RuVO ist ein Spieler nach einem Feldverweis in einem Bundesspiel (Rote Karte) bis zur Entscheidung durch die zuständige Instanz gesperrt, ohne dass es eines besonderen Verfahrens oder einer besonderen Benachrichtigung bedarf. Eine automatische Sperre für das nächste Spiel des jeweiligen Wettbewerbs tritt ferner nach Gelb-Rot (§ 11 RuVO) und nach fünf Gelben Karten (§ 15 Nr. 3 SpielO DFL) ein. Diese durch das Verfahren des Schiedsrichters auf dem Spielfeld als Folge eines Feldverweises herbeigeführte Rechtsfolge wird teilweise[75] in Frage gestellt. Durch die „Vorsperre" solle der Sportler, solange das Verfahren zur Überprüfung des Feldverweises innerhalb des Verbandes laufe, „nach allgemeinen rechtsstaatlichen Grundsätzen" nicht von der Teilnahme an Wettkämpfen abgeschnitten werden. In den Vereinsregeln vorgesehene Rechtsbehelfe sollen im Zweifel aufschiebende Wirkung haben[76]. Fußball als schnelllebiger Wettbewerb und die Chancengleichheit der an ihm teilnehmenden Vereine fordern aber

[74] *Hilpert*, in Bayerische Verwaltungsblätter, S. 168.
[75] PHB/*Summerer*, II, 275.
[76] *Palandt-Heinrichs*, § 25 Rn. 19.

unabweislich eine Sperre auch vor Rechtskraft des Verfahrens, ohne eine aufschiebende Wirkung zuzulassen. Das Bayerische Oberste Landgericht[77] lässt eine solche Ausnahme zu, wenn die Vereinssatzung dies ausdrücklich vorsieht. Diesem Erfordernis hat der DFB in § 44 (2) seiner Satzung Rechnung getragen, wo es heißt:

> *„Bei einem Feldverweis ist der Spieler bis zur Entscheidung durch das zuständige Rechtsorgan vorläufig gesperrt".*

Nach OLG Köln[78] widerspreche es rechtsstaatlichen Verfahrensgrundsätzen, wenn der sofortige Vollzug nicht auf solche Fälle beschränkt werde, *„in denen besondere Umstände dies rechtfertigen"*. Die Grundregeln für einen sportgerechten Ablauf einer Meisterschaftsrunde, die einen des Feldes verwiesenen Spieler nicht am nachfolgenden Wettbewerb zulassen, stellen solche Rechtfertigungsgründe dar.

Eine Entschärfung der Problematik wird dadurch erzielt, dass nach FIFA-Disziplinarreglement (CDF) ein Feldverweis immer zu einer automatischen Sperre für das nächste Spiel führt (Art. 19 (4) CDF). Diese Vorschrift gilt zwingend bei allen FIFA-Mitgliedern, also auch für den deutschen Fußball.

In praxi wird diesen Einwänden durch eine entsprechende umgehende Terminierung der mündlichen Verhandlung bzw. durch die Entscheidung im schriftlichen Verfahren jeweils **vor dem nächsten Spieltag** voll Rechnung getragen. Hier zeigt sich zudem ein Phänomen, das jeder erfahrene Strafrichter aus dem staatlichen Bereich zur Genüge kennt. Ein Strafverfahren, das mit der zu erwartenden Folge einem Angeklagten unangenehm ist, wird mit oft legalen Mitteln um eine geraume Zeit durch Vertagungs- und Beweisanträge hinausgezögert. Dies ist ganz anders, wenn der Angeklagte in Untersuchungshaft sitzt; dann hat er an einer schnellen Verhandlung durchaus ein Interesse. Ganz ähnlich ist die Situation im Sportstrafverfahren. In fast 30 Jahren Kontrollausschusstätigkeit sind die Fälle an einer Hand abzuzählen, in denen eine mündliche Verhandlung vertagt wurde, wenn der Spieler vorgesperrt war. Ein solcher Spieler will schnell wissen, ob und wie lange er gesperrt wird, sein Trainer kann dann entsprechend disponieren. In Verfahren gegen Vereine, wo das Institut der Vorsperre grundsätzlich nicht zur Anwendung kommt, kommt es schon vor, dass Terminverschiebungen und Terminvertagungen von dem Verteidiger angestrebt werden.

[77] BayObLGZ 88, 170.
[78] In NJW-RR 1993, 891; siehe auch *Stöber*, aaO., Rn. 696.

Bei Verstößen gegen Anti-Doping-Vorschriften des DFB ist ein Disziplinarverfahren einzuleiten. Darunter „kann auch der Erlass provisorischer Maßnahmen" fallen (§ 16 (1) Anti-Doping-Richtlinien 2006). Insoweit sind einstweilige Verfügungen angesprochen, die zur Aufrechterhaltung der sportlichen Disziplin (bei Doping: Sauberkeit des Sports) notwendig erscheinen (§ 21 RuVO). Nach Abs. 3 dieser Vorschrift ist Widerspruch gegen die Eilentscheidung zulässig, der keine aufschiebende Wirkung hat. Auch insoweit ist die Reinerhaltung des Sportbetriebs ein „besonderer Umstand" im Sinne obiger Rechtsprechung, und der ordnungsgemäße Ablauf der Wettbewerbe verlangt dies zwingend. Man stelle sich vor, ein vorläufig gesperrter Leichtathlet würde nach Widerspruchseinlegung beim 100-Meter-Endlauf der Olympischen Spiele an den Start gehen: Ein anderer Athlet wird um seinen Startplatz gebracht, die Platzierungen beim Ergebnis werden bei Schuldigsprechung des Athleten durcheinander gewürfelt. 33

## Rückwirkungsverbot – ne bis in idem 34

Gemäß Art. 103 II GG kann eine Tat nur bestraft werden, wenn die Strafbarkeit gesetzlich bestimmt war, bevor die Tat begangen wurde. Ein neuer Sanktionstatbestand darf also nicht rückwirkend auf ein früheres Verhalten des Betroffenen zu dessen Nachteil angewendet werden. Der verfassungs- und strafrechtliche Grundsatz „nulla poene sine lege" gilt auch im Vereinsrecht, wobei eine neue lex sportiva eine Änderung erst für die Zukunft eröffnet[79]. Wie beim staatlichen Strafrecht muss die sportliche Strafnorm zur Zeit der Vornahme der Handlung bereits bestanden haben[80].

Gemäß Art. 103 III GG darf niemand wegen derselben Tat aufgrund der allgemeinen Strafgesetze mehrmals bestraft werden. Unter „allgemeinen Strafgesetzen" im Sinne dieser Verfassungsnorm sind die Kriminalstrafgesetze zu verstehen[81]. Dieser Grundsatz des „ne bis in idem" wird als allgemeines Rechtsprinzip[82] verbandsintern von den Verbänden, so auch vom DFB – obwohl ungeschrieben – als Vereinsrecht (Doppelbestrafungsverbot) beherzigt. Gegenteilige Entscheidungen sind nicht bekannt ge- 35

79 PHB/*Summerer*, II., 255.
80 BGHZ 55, 381, 385.
81 BverfGE 21, 378, 383.
82 So *Nolte*, aaO., S. 210.

worden. *Summerer*[83] ist beizupflichten, dass die separate Bestrafung eines Sportlers durch den Weltverband einen Verstoß gegen das Verbot der Doppelbestrafung darstellen kann, wenn zuvor gegen den Sportler durch den nationalen Verband eine Sanktion in gleicher Sache verhängt worden ist [so auch LG München I in SpuRt 1995, 161 ff., 167 (Krabbe-Urteil)].

**36** *Summerers* weitere Folgerung, dass ebenso wenig eine Vereinsstrafe **und** eine etwaige staatliche Strafe kumulativ verhängt werden dürfen, erweckt aber Zweifel: Im staatlichen Recht ist der vergleichbare Fall der staatlichen Strafe und der staatlichen Disziplinarmaßnahme als Doppelahndung für den gleichen Sachverhalt zumindest dann möglich, wenn eine Kürzung der Dienstbezüge zusätzlich erforderlich ist, um den Beamten zur Erfüllung seiner Dienstpflichten anzuhalten. Allgemeingut ist, dass nach der Bestrafung eines Beamten wegen eines bestimmten Sachverhalts mit einer Geld- oder gar einer Freiheitsstrafe die disziplinarrechtliche Entfernung aus dem Beamtenverhältnis wegen derselben Tat möglich bleibt[84]. Die Besonderheiten des Vereinsrechts können ebenso eine vereinsseitige Strafe zusätzlich unumgänglich machen, etwa beispielsweise weil eine Veruntreuung durch den Vereinskassierer seine Entfernung aus dem Vereinsamt zumindest für eine längere Zeit (befristetes Funktionsverbot gemäß § 44 (2)e DFB-Satzung) unerlässlich erscheinen lässt, um die Vereinsmitglieder vor seiner „schädlichen Amtsführung" zu schützen, und zwar auch, wenn wegen derselben Tat ein Strafgericht ihn zu einer Freiheitsstrafe (mit Bewährung) oder einer Geldstrafe verurteilt hatte. Gegen eine Kumulation spricht zwar[85], dass auch im verbandsinternen Bereich ein Bedarf an Rechtsfrieden besteht. Dieser Gedanke muss aber zurücktreten, wenn der Vereinszweck und dessen Schutzvorschriften eine Kumulation von staatlichen Strafen und Vereinsstrafen gebieten und dies dann nicht an einem Verbot der „Mehrfachbestrafung" scheitern darf. Da auch Einstellungen der Staatsanwaltschaft wegen des gleichen Sachverhalts nach § 170 (2) StPO oder etwa solche nach §§ 153, 153a und 154 StPO zum Abschluss des staatlichen Strafverfahrens und demzufolge als Hinderungsgrund anzunehmen wären, könnte durch eilige Bemühungen von Sportlern „um staatsanwaltschaftliche Abschlussmaßnahmen" eine nicht hinnehmbare Sperre für die Verbandsinstanzen aufgebaut werden. Evident wird die Unhaltbarkeit der undifferenzierten These von *Summerer*[86], eine Vereinsstrafe und eine etwaige staatliche Strafe dürften

[83] aaO., Rn. 256.
[84] *Juncker*, aaO., Rn. 522.
[85] *Buchberger*, aaO., S. 175.
[86] aaO., Rn. 256.

nicht kumulativ verhängt werden, wenn etwa eine Geld- oder Freiheitsstrafe des Staates einen im Vereinsleben untragbaren Funktionsträger vereinsrechtlich ungeschoren davonkommen lassen würde. Bei einem wichtigen Grund für den Ausschluss aus dem Verein ist unbestritten, dass ohne Relevanz des Grundsatzes „ne bis in idem" nach BGB eine vereinsseitige Reinigungsmaßnahme unbedenklich zulässig bleiben muss. So erklärt *Buchberger*[87] die Unbedenklichkeit des Nebeneinanders beider Sanktionen schlicht als „anerkannt". Die von ihm als Beleg angeführte Entscheidung des BGH[88] hält eine Vereinsstrafe dann für gesetzwidrig, wenn sie *„den Boden des Privatrechts verlasse und eine Anmaßung öffentlicher Strafgewalt darstellen würde"*. Das sei aber nicht bereits dann gegeben, wenn der Tatbestand, an den die Vereinsstrafe geknüpft ist, zugleich den Tatbestand eines Strafgesetzes erfüllt. Die Rechtsordnung verbiete nämlich nicht, Handlungen, die mit öffentlicher Strafe bedroht seien, unter eine privatrechtliche Strafe zu stellen. In letzterem Fall läge keine Anmaßung öffentlicher Strafgewalt vor. Die Unbedenklichkeit des Nebeneinanders von Vereinsstrafe und staatlicher Strafe bei gleichem Sachverhalt ist damit nicht direkt höchstrichterlich bestätigt. Eine sinngemäße Anwendung des Grundsatzes „ne bis in idem" auf diese Konstellation ist damit nicht belegt. *Reinhardt*[89] lässt als „Diskussionsgrundlage mit Thesencharakter" nach eingehender Würdigung des Pro und Kontra eine Doppelahndung zu, sodass eine zuvor erfolgte Verbandsstrafe einem Strafurteil bzw. -befehl nicht im Wege stehe. Eine Parallele zum herkömmlichen Nebeneinander von Kriminal- und Disziplinarmaßnahme könne aber wegen der Eigenheiten der Sportgerichtsbarkeit doch nicht gezogen werden, vielmehr gelte der Grundsatz „ne bis in idem" im Verhältnis von Sportgerichtsbarkeit und staatlicher Strafgerichtsbarkeit uneingeschränkt. Die gegenteilige herrschende Meinung müsse deshalb im Interesse der Autonomie und der Rechtssicherheit für die Sportbeteiligten rasch revidiert werden (so *Reinhardt*). Sicherlich lässt die Staatsanwaltschaft in der Praxis bei der Prüfung des öffentlichen Interesses an der Strafverfolgung die „Befriedung durch eine Ahndung der Sportrichter" mit maßgeblich sein und klagt sehr restriktiv bei strafbaren Handlungen im Fußballspiel an. Verwehrt darf ihr das aber nicht sein, wie im reziproken Fall mangels gegenteiliger gesetzlicher Regelung den Sportgerichten nach Verfahrenseinstellung der Staatsanwaltschaft die Tätigkeit nicht verwehrt sein darf.

87 aaO., S. 125.
88 BGHZ 21, 370, 374.
89 aaO., in SpuRt 2001, S. 45 ff.

Fazit: Das Verbot des mehrmaligen Strafens ein und derselben Tat bezieht sich nur auf die „allgemeinen Strafgesetze“ (so Wortlaut des Art. 103 III GG). Es kann sicherlich als allgemeiner Vereinsrechtsgrundsatz insoweit herangezogen werden, dass eine rechtskräftige Vereinsstrafe wegen desselben Sachverhalts grundsätzlich eine erneute Vereinssanktion verbietet, und zwar eine solche entweder durch dasselbe Vereinsorgan, aber auch durch ein im Aufbau der Vereinsstruktur zuständiges Vereinsgericht eines übergeordneten und auch untergeordneten Verbands. Es gilt somit lediglich für das horizontale Verhältnis zwischen den Sportgerichten, während es den staatlichen Strafanspruch ebenso unberührt lässt, wie umgekehrt die staatliche Entscheidung keine Ahndung durch Sportgerichte verbietet[90]. Weitergehende Wirkung im Sinne von *Summerer* und *Reinhardt* kommt ihm aber schwerlich zu. Die Annahme eines Hindernisses für das Strafen durch den Staat wäre anmaßend, eine umgekehrte Sperre ein staatlicher Eingriff in die Vereinsautonomie.

## 37 Reformatio in peius

In § 28 RuVO ist festgelegt, dass, wenn ein von einem Urteil Betroffener Berufung einlegt, das Bundesgericht auf seine Berufung hin weder eine höhere Strafe aussprechen kann noch eine Entscheidung fällen darf, die dem Berufungskläger Nachteile gegenüber der angefochtenen Entscheidung bringen würde. Ein Verschlechterungsverbot ist ferner lapidar in Art. 129 (3) CDF ausgesprochen, wo es heißt: *„Entscheidungen können nicht zum Nachteil der Berufung einlegenden Partei geändert werden“.*

In der Verfahrensordnung der UEFA war dagegen bis vor kurzem ausdrücklich vorgesehen, dass die Berufungsinstanz die Befugnis zur Abänderung der Entscheidung zum Nachteil der Beschwerde führenden Partei hat. Sicherlich war ein Effekt dieser Regelung, dass durch sie die Rechtsmittelfreudigkeit reduziert werden sollte. Aus der Zeit, in der der Grundsatz reformatio in peius bei der UEFA noch nicht galt, ist ein Präzedenzfall überliefert, der eine Warnung vor jeder Berufungseinlegung sein konnte: Im Jahre 1980 war UEFA-Pokalsieger West Ham United nach Ausschreitungen englischer Rowdys in Madrid beim FC Castilla zunächst mit einer Platzsperre für zwei Heimspiele bestraft worden, was das Spielen auf einem fremden Platz in angemessener Entfernung von dem heimischen Stadion selbstverständlich bei voller Einnahmemöglich-

90 *Nolte*, aaO., S. 210; *Steiner*, Die Autonomie des Sports, S. 18; *Eufe*, aaO., S. 55.

keit eröffnet hätte. Auf die nur vom Verein eingelegte Berufung wurde das Urteil in ein „Heimspiel unter Ausschluss der Öffentlichkeit" geändert, was einen Einnahmeverlust in Millionenhöhe bedeutete[91].

Erfreulicherweise hat sich die UEFA mittlerweile auch insoweit der kontinental-europäischen Rechtstradition angeschlossen und in Art. 62 (3) ihrer RPO nunmehr normiert:

> *„Hat der Beschuldigte allein Berufung eingelegt oder hat sie der Disziplinarinspektor ausdrücklich zu dessen Gunsten ergriffen, so darf keine schärfere Bestrafung erfolgen."*

## Vertretung durch Rechtsanwälte

Bis zur grundlegenden Neufassung der RuVO am 30. April 2001 war in § 10 Nr. 5 RuVO a. F. vorgesehen, dass der für den Betroffenen auftretende Beistand Mitglied in einem dem Verband angeschlossenen Verein sein muss. Eine solche Regelung ist von der höchstrichterlichen Rechtsprechung[92] nicht beanstandet worden, da sich ein Vereinsmitglied in vereinsinternen Konfliktfällen selbst mit dem Verein bzw. mit einem Vereinsorgan interessengemäß auseinandersetzen könne und deshalb seine Vertretung durch einen vereinsfremden Dritten grundsätzlich nicht geboten sei. Eine Ausnahme hiervon wurde gemacht, wenn der Verein sich selbst anwaltlich beraten bzw. vertreten ließ. In diesem Fall müsse es dem betroffenen Mitglied bereits aus Gründen der Waffengleichheit gestattet sein, seinerseits zur Beratung oder zu seiner Vertretung einen Rechtsanwalt hinzuzuziehen[93].

In praxi hat sich die vom DFB geforderte Beschränkung auf einen Rechtsanwalt, der bereits eine gewisse Zeit Vereinsmitglied ist, als Formalie erwiesen, der unschwer Rechnung getragen wurde, ohne den durchaus denkbaren Streit auszutragen, ob eine solche Einschränkung rechtlich haltbar ist oder nicht. Da es sich bei den Sportstrafverfahren vor den Schranken der DFB-Sportgerichte durchweg um Fälle von einiger Bedeutung und einem entsprechenden Streitwert handelte, wurden durch – auch rückwirkende – Vereinsbeitritte diese Verfahrensbarrieren auf einfache Art aus dem Weg geräumt.

[91] *Hilpert*, in Bayerische Verwaltungsblätter, aaO., S. 137.

[92] BGH, in NJW 1984, 1884, und in NJW 1971, 879.

[93] BGH, in NJW 1971, 879.

Die mittlerweile erfolgte Aufhebung jeglicher Einschränkung der Vertretung durch Rechtsanwälte war demzufolge nur ein weiterer Schritt zum umfassenden „Fair Trial" und der völligen Waffengleichheit der Angreifer- und der Verteidigerseite in DFB-Sportstrafverfahren. Die mit Volljuristen besetzte Richter- und Anklagebank in Verfahren nach der RuVO braucht einen Anwalt auf der Verteidigerseite – auch nicht einen öfter insoweit auftretenden sog. Prominentenanwalt – keineswegs zu fürchten.

## 39 Kronzeugenregelung

Art. 11.1 des NADA-Anti-Doping-Codes enthält folgende Kronzeugenregelung:

> *„Wenn der Athlet die NADA oder einen nationalen Sportverband maßgeblich bei der Aufdeckung oder dem Nachweis eines Verstoßes gegen die Anti-Doping-Bestimmungen durch Athletenbetreuer und andere Personen unterstützt hat und die NADA oder ein nationaler Sportfachverband dadurch einen Verstoß gegen Anti-Doping-Bestimmungen durch eine andere Person aufdeckt oder nachweist, kann die Dauer der Sperre reduziert werden ..."*

Die reduzierte Sperre dürfe nicht weniger als die Hälfte der ansonsten anwendbaren Mindestdauer der Sperre betragen; bei lebenslanger Sperre dürfe die Mindestdauer nicht unter acht Jahren liegen.

Unstreitig besteht seit Jahren bei der Verfolgung von Dopingvergehen und hinsichtlich der Sanktionierung derselben ein erhebliches Defizit. Da der organisierte Sport im Kampf um das Dopingunwesen alle verfügbaren Mittel auszuschöpfen trachtet, ist man nach heftiger Diskussion um das Pro und Kontra zu der Kronzeugenregelung in den Anti-Doping-Bestimmungen gekommen. Ein von den Verbänden mit großem Aufwand eingerichtetes Kontrollsystem blieb hinsichtlich einer präventiven Wirkung defizitär.

Unabhängig von den Meinungsunterschieden betreffend eine Kronzeugenregelung auf dem Gebiet des staatlichen Strafrechts ist auch eine Kronzeugenregelung in den Regelwerken der Sportverbände keineswegs unumstritten. *Wüterich/Breucker*[94] sehen den präventiven Effekt einer Kronzeugenregelung in der Verunsicherung einer illegal handelnden Gruppierung.

[94] aaO., 133, 134.

Sie begründen dies wie folgt:

> *„Dieser Effekt wirkt sich dort aus, wo von einem weitgehend geschlossenen Kreis von Tätern und Mitwissern gesprochen werden kann. Alle Gruppierungen benötigen als Fundament für ihre Tätigkeit der systematischen Begehung von Regelverstößen ein hohes Maß an Sicherheit, damit der Einzelne unentdeckt bleibt und nicht belangt wird. Diese Sicherheit wird durch unverbrüchliche Solidarität mit ‚blindem' gegenseitigen Vertrauen vermittelt. Die Gewissheit, kein Gruppenmitglied werde je ‚auspacken', fördert die Bereitschaft zur Tatbegehung."*

Wenn aufgrund der Kronzeugenregelung derjenige, der die Taten der ganzen Gruppe offenbart, straffrei bleibe, die anderen aber sanktioniert werden, werde dieses „Grundvertrauen" gestört.

Die staatlichen Kronzeugenregelungen – u. a. für den Betäubungsmittelbereich und für die terroristischen Straftaten – haben unterschiedliche Ergebnisse gezeigt. Der Gewaltverzicht der RAF 1992 und deren Auflösung im Jahre 1998 sind darauf zurückzuführen, aber auch noch auf andere Ursachen.

Athleten einerseits und Arzt, Trainer, Manager sowie teilweise Sponsoren andererseits bilden eine verschworene Einheit; deren unerlässlich nötige enge Gemeinschaft und ihre unverbrüchliche Solidarität verschaffen den Athleten das Gefühl, das Dopingvergehen ungestört und vor Entdeckungen geschützt begehen zu können[95].

Das im staatlichen Straffrecht von den zahlreichen Gegnern einer Kron- **40**
zeugenregelung betonte Legalitätsprinzip gilt im Verbands- und im DFB-Recht nicht in seiner strikten Ausformung. Ein möglicher Einwand, eine Kronzeugenaussage könne sich im Nachhinein als unwahr herausstellen, ist m. E. nicht durchschlagend, da dies ein allgemeines Risiko jeder richterlichen Beweiswürdigung ist.

Gegen das Plädoyer der beiden Verfasser in SpuRt 2002, 133ff. wendet sich *Körner*[96] mit beachtlichen Argumenten aus der Praxis der Staatsanwaltschaft. Der Verfasser ist als Oberstaatsanwalt Leiter der Zentralstelle für die Bekämpfung der Betäubungsmittelkriminalität bei dem Generalstaatsanwalt in Frankfurt am Main (ZfB). Er warnt davor, die Kronzeugenregelung im Sanktionensystem der Sportverbände zu verankern und sie den Verbandsjuristen anzuvertrauen. Seine These, der Sport könne Dopingmissbrauch und andere unlautere Wettkampfmethoden

95 *Wüterich/Breucker*, aaO., S. 135.
96 aaO., S. 2264.

(wie Korruption, Manipulation von Spielen, Wettbetrügereien) schwerlich allein ohne die Hilfe der Polizei aufklären und bewältigen, kann diesseits nur bestätigt werden. Aus den Erfahrungen als Vorsitzender des DFB-Kontrollausschusses mit derartigen Machenschaften, insbesondere mit den Manipulationen im sog. Hoyzer-Skandal 2005 (s. unten III. Teil), kann *Körner* voll beigepflichtet werden. Solche Verfahren offenbaren eine Fülle von Fakten, Querverbindungen, Mittelsmännern, Geldbriefträgern, die die Sportgerichtsbarkeit mit ihren fehlenden Sanktionsmöglichkeiten gegenüber Nichtmitgliedern und fehlenden Zwangsmaßnahmen gegen Beweispersonen, die sich nicht den DFB-Organen öffnen wollen, nicht bewältigen kann. Der schnelle Ermittlungserfolg im Hoyzer-Skandal mit Verfahrensabschlüssen zumindest in wesentlichen Teilen nach wenigen Wochen, insgesamt in weniger als sechs Monaten, war durch die dem Sport und seinen Bedürfnissen aufgeschlossene Staatsanwaltschaft Berlin und deren Sonderkommission möglich. Kurzfristige Aktenüberlassung des DFB an diese, nachdem Teilgeständnisse von den Zentralpersonen des Skandals bereits in den ersten Tagen nach der Aufdeckung bei den Vernehmungen durch Sportgerichts- und Kontrollausschussvorsitzende abgelegt worden waren, einerseits und andererseits Gewährung von Akteneinsicht in die staatlichen Ermittlungsakten ermöglichten ein enges Zusammenarbeiten und wechselseitiges Vorantreiben beider voneinander unabhängiger Verfahren auf staatlichem und DFB-Sektor. Richterliche Vernehmungen der Haupttäter in einem frühen Stadium, die zu mehreren Haftbefehlen führten, schufen verwertbare Aussagen, die Grundlagen für Vorsperrenanträge des Kontrollausschusses und Anklagen durch diesen waren, sowie insbesondere unter erheblichem Zeitdruck stehende Einspruchsverfahren (Weitergang von Pokalrunden und Meisterschaften der Liga des DFB) zur Erledigung kommen ließen. Eine Kronzeugenregelung bestand zu dieser Zeit und besteht heute noch nicht beim DFB. Das Bündnis zwischen der Staatsanwaltschaft und der Kripo Berlin ließ einer solchen Hilfe, wenn es denn eine wäre, nicht nachtrauern. Andererseits muss offen dargelegt werden, dass ein solches gut geöltes Räderwerk bei der Ermittlungstätigkeit wesentlich von den handelnden Personen im staatlichen Bereich abhängt. Der Kontrollausschuss des DFB ist mit einigen anderen Verfahrenskomplexen, wenn auch mit etwas geringerem Ausmaß, befasst, wo eine solche fruchtbare und vertrauensvolle Zusammenarbeit wegen Bedenken, Verfahrensgeheimhaltung und allzu großer Vorsicht bei der durch einen bevollmächtigten Rechtsanwalt (Nr. 185 III Richtlinien für das Strafverfahren und das Bußgeldverfahren) vorzunehmenden Akteneinsicht seitens der Sportankläger nicht zustande kommt. Bei den ersten verantwortlichen Vernehmungen der betroffenen Schiedsrichter in der Hoyzer-Affäre ist natürlich der legitime Hinweis durch den „Fußballstaatsanwalt" erfolgt, dass eine offene Einräumung eines Sachverhalts bei der Strafzumessung einen anerkannten Strafmilderungsgrund darstellen werde. Seitens des Kontrollausschusses wird nach den in kleineren, mittleren und großen Sportstrafverfahren gemachten Erfahrungen eine Ergänzung des Sanktionssystems des DFB um eine Kronzeugenregelung nicht befürwortet. Die fehlenden Erfolg versprechenden Ermittlungsmethoden (V-Leute, verdeckte Ermittler, Telefonüberwachung, Beschlagnahmen von Beweismitteln) würden in vereinsrechtlichen Verfahren als flankierende Maßnahmen zur Kronzeugenregelung nicht zur Verfügung stehen. Falschbelastungen, Phantasiegeschichten, verwaschenen und vernebelten Aussagen könnte nicht mit geeigneten Aufklärungsmöglichkeiten erfolgreich begegnet werden. Dies wird von *Körner*[97] als *„Achillesferse der Kronzeugenregelung"* bei der Überprüfung des Wahrheitsgehalts einer Kronzeugenaussage bezeichnet. Man möge sich vor Augen führen, dass beispielsweise die geballte Macht von Staatsanwaltschaft und Deutschem Leichtathletikverband nicht klären konnte, ob und wer die Zahnpasta von Dieter Baumann manipulierte.

Im Fußballbereich gibt es eine Fallgruppe, bei der man eventuell an eine **41**
beschränkte Kronzeugenregelung denken könnte. Bei Bestrafung von hinter dem Rücken des Schiedsrichters erfolgten „krass sportwidrigen Verhaltensweisen" (Ellenbogenchecks, Spucken u. Ä.) ist außer dem Fernsehbild der betroffene Gegner ein wichtiges Beweismittel zu den Tatumständen, die aus dem Video-Bild nicht deutlich abzulesen sind, wie die Intensität eines Stoßes, der Grad der erlittenen Schmerzen, deren Dauer und das meistens von den Verletzten ausgelöste Vorgeschehen (Beleidigung, Festhalten)[98]. Wenn dieses Opfer eines krass sportwidrigen Verhaltens als Folge des Legalitätsprinzips mit einer Anklage und damit verbundener Sperre rechnen müsste, wäre seine Aussagebereitschaft sicherlich eingeschränkt und der Wahrheitsgehalt seiner Angaben zweifelhaft. Um diese allzu menschliche Reaktion möglichst zu vermeiden, erklärt der Kontrollausschuss in diesen Fällen, dass der Zeuge, wenn er eine dem krass sportwidrigen Verhalten seines Gegenspielers vorangegangene kleinere Unsportlichkeit (z. B. eine Beleidigung) einräumen müsse, deswegen keine Strafverfolgung im Sportgerichtsverfahren zu befürchten habe. Da im Sportstrafverfahren das Opportunitätsprinzip

[97] aaO., S. 277.
[98] Vgl. auch Fall Materazzi/Zidane im Endspiel der WM 2006.

(s. nachfolgend Rn. 28) zur Anwendung kommen kann, handelt es sich insoweit um eine rechtsstaatlich unbedenkliche Verfahrensweise des Kontrollausschusses, zumal in der Regel mangels krasser Sportwidrigkeit des Zeugenverhaltens ohnehin keine Verfolgungsmöglichkeit besteht. Von Seiten des Verfassers, der 30 Jahre im Kontrollausschuss die Entwicklung des Sportverfahrensrechts miterlebt hat, wird die Einführung einer Kronzeugenregelung aus den dargelegten Gründen nicht befürwortet. Mit Wirkung vom 11.11.2006 hat der DFB in § 8 (3)g RuVO eine Strafmilderung bis zur Hälfte ermöglicht, wenn die Unterstützung des Spielers zur Aufdeckung oder zum Nachweis eines Dopingvergehens einer anderen Person führt.

## 42 Legalitäts-, Opportunitätsprinzip

Im staatlichen Recht wird die Arbeit des Staatsanwalts durch das Legalitätsprinzip, aber auch durch dessen Kehrseite das Opportunitätsprinzip bestimmt. Das Legalitätsprinzip (§ 152 (2) StPO) bedeutet Verfolgungszwang, und zwar gegen jeden Verdächtigen. Wenn die Voraussetzungen dafür bestehen, folgt daraus die Pflicht zur Anklage. Dieses Akkusationsprinzip (§ 151 (2) StPO) ist wiederum im deutschen Recht das notwendige Korrelat zum Anklagemonopol der Staatsanwaltschaft (§ 152 (1) StPO). Beim DFB ist dieses Prinzip durchbrochen bei Anzeigen von behaupteten Verstößen gegen DFB-Recht (s. § 13 (1) c) RuVO.

Das Opportunitätsprinzip ist die Ausnahme vom Verfolgungszwang trotz an sich bestehender Voraussetzungen. Die Nichtverfolgung ist nach der StPO von konkreten Wertungs- und Beurteilungskriterien abhängig gemacht, die in §§ 153, 153a, 154 (1) und anderen Vorschriften vorgesehen sind (z. B. *„Schuld gering"*, *„kein öffentliches Interesse"*, *„nicht beträchtlich ins Gewicht fallend"* u. Ä.). Der staatliche Staatsanwalt übt in diesen Fällen kein Wahlrecht aus zwischen Verfolgung und Nichtverfolgung, sondern wendet das Recht an.

Im Rahmen der RuVO geschieht die Einleitung von Verfahren durch den Kontrollausschuss bei Verstößen gegen die Satzungen des DFB und des Ligaverbandes sowie gegen deren Ordnungen wegen Vorfällen, die sich im Zusammenhang mit Bundesspielen ereignet haben (§ 13 (1) a) und b) RuVO). Diese Zuständigkeitsregelung ist Ausfluss von § 50 der Satzung, wonach der Kontrollausschuss *„die Einhaltung der* ... (es folgt eine Aufzählung aller denkbarer Vorschriften im DFB-Recht) ... *zu überwachen und bei Verstößen nach Durchführung einer Voruntersuchung Anklage bei* *den zuständigen Rechtsorganen des DFB und der Mitgliedsverbände zu erheben hat"*. Diese satzungsrechtliche Formulierung klingt wie ein striktes Legalitätsprinzip an, wird aber im nachfolgenden Unterabs. 2 von § 50 (1) DFB-Satzung aufgelockert, indem für den häufigsten Anwendungsfall der Tätigkeit des Kontrollausschusses, nämlich für die Unsportlichkeiten im Zusammenhang mit Bundesspielen die Verfolgung als Kann-Vorschrift ausgebildet ist *(„Er **kann** ... verfolgen")*. Hierdurch und durch die Einstellungsbefugnis des Kontrollausschusses in geeigneten Fällen, gegebenenfalls unter Bedingungen und Auflagen sowie mit Hinweisen nach § 5 (5) RuVO, ist ein Freiraum eröffnet, der u. a. in Ausübung der Rechtsgedanken der §§ 153, 153a, 154, 154a StPO ausgefüllt werden kann, aber auch wegen der für die Sportgerichtsbarkeit niedriger anzusetzenden Unrechtshöhe in Analogie zu § 47 (1) OWiG und § 45 I 1 JGG die Anklage ins pflichtgemäße Ermessen der Verfolgungsinstanz stellen kann. Zur höheren Richtigkeitsgewähr ist zur Einstellung die Zustimmung des Sportgerichts einzuholen. Das in § 50 (1) Unterabs. 2 DFB-Satzung ohne inhaltliche Einschränkung eröffnete *„kann"*, konkretisiert durch die Beschränkung *„auf geeignete Fälle"* in § 5 (5) RuVO, ist auszuüben zur Erfüllung der wichtigsten Aufgabe des DFB, nämlich die Ausübung des Fußballspiels unter Verpflichtung auf den Gedanken des Fair Play zu ermöglichen (so Präambel zur DFB-Verfassung Abs. 3 Sätze 1 und 3). Zu obigem Fall des hinter dem Rücken des Schiedsrichters angegriffenen Spielers, der eine „leichtere Vortat" begangen haben könnte, ist ein Absehen von einer Verfahrenseinleitung nach der bisherigen Praxis des Kontrollausschusses möglich, wobei in den meisten Fällen eine Strafbarkeit des Zeugen ohnehin nicht vorliegt, solange man die Anforderungen an die Verfolgbarkeit des Zeugen bei diesen Sachverhalten – wie bisher im DFB-Bereich, anders wohl die FIFA im Falle Materazzi – auf das hohe Niveau des krass sportwidrigen Verhaltens anhebt (s. unten II 3).

## Rechtliches Gehör 43

Was den Gang des Sportstrafverfahrens angeht, so ist der Anspruch auf rechtliches Gehör nach BGH[99] ein *„Gebot der natürlichen Gerechtigkeit"* und damit ein Hauptbestandteil des Rechtsstreits an sich. Auch in Eilsachen darf grundsätzlich nicht darüber hinweggesehen werden[100]. So

[99] BGHZ 29, 355.
[100] *Hilpert*, in Bayerische Verwaltungsblätter, S. 166.

sieht § 14 RuVO vor, dass von der Einleitung eines Verfahrens der Betroffene unter Darlegung des Vorwurfs und unter Aufforderung zur Stellungnahme mit Fristsetzung unverzüglich zu benachrichtigen ist. Nach Feldverweisen kann die Benachrichtigung und die Aufforderung unterbleiben, weil in diesen Fällen der vorzuwerfende Sachverhalt vom amtierenden Schiedsrichter in dem Spielbericht niedergeschrieben wurde, der dem Spieler nach dem Spiel über den Verein zur Verfügung zu stellen ist.

In der Praxis wird von dem Vorsitzenden streng nach dem Rechtsgedanken der Vorschrift des § 265 StPO verfahren und der Betroffene darauf hingewiesen, wenn eine Veränderung des rechtlichen Gesichtspunktes in Rede steht.

## 44 Mündlichkeit, Unmittelbarkeit, Öffentlichkeit

Aus dem prozessualen Urrecht „rechtliches Gehör“ kann dagegen kein Anspruch auf eine mündliche Verhandlung abgeleitet werden[101]. Eine mündliche Verhandlung ist ausdrücklich in § 15 RuVO in allen Fällen der Einzelrichterentscheidung nicht zwingend vorgesehen, wobei in Fällen von grundsätzlicher Bedeutung der Einzelrichter aber eine solche anordnen kann (§ 15 (3) Unterabs. 2 RuVO). Bei Entscheidungen des Sportgerichts in der Besetzung mit drei Richtern und bei Entscheidungen der Berufungsinstanz ist eine mündliche Verhandlung zwingend, außer bei Einverständnis der Verfahrensbeteiligten oder bei Entscheidungen über Rechtsfragen bei unstreitigem Sachverhalt (§ 16 (2) Unterabs. 2 RuVO). In allen Fällen dürfen selbstverständlich nur solche Umstände zugrunde gelegt werden, zu denen sich der Betroffene und die Anklageinstanz äußern konnten[102].

45 Grundsätzlich ist bei der Beweisaufnahme nach der RuVO das **Unmittelbarkeitsprinzip** einzuhalten (§ 16 (6) S. 4). Bei *„Vorliegen besonderer Umstände“* können Zeugen auch schriftlich oder vorab durch den Vorsitzenden oder ein von ihm beauftragtes Mitglied des Sportgerichts befragt werden, woraufhin das Vernehmungsprotokoll in die mündliche Verhandlung einzuführen ist. Als notwendige Konzession an die modernen Kommunikationsmöglichkeiten ist auch eine telefonische Befragung während der Verhandlung zulässig, wobei Telefonschaltungen mit Bild

[101] *Buchberger*, aaO., S. 134.
[102] LG München I, in SpuRt 1995, 162, 167.

auch schon vereinzelt durchgeführt wurden. Die Verfahrensbeteiligten können selbstverständlich in der Beweisaufnahme Fragen stellen (§ 16 (6) Unterabs. 2 RuVO). Einer kontinental-europäischen Rechtstradition entsprechend haben der Betroffene bzw. die Parteien „das Schlusswort" (§ 16 (6) Unterabs. 2 S. 2 RuVO).

Gemäß § 16 (4) RuVO sind die Verhandlungen der Rechtsorgane **öffentlich** *„für Zuhörer, die den Vereinen der Mitgliedsverbände des DFB oder einem Vertretungs- oder Kontrollorgan einer Tochtergesellschaft angehören"*. Medienvertreter können nach Satz 2 dieser Vorschrift zugelassen werden, was grundsätzlich geschieht. Ähnlich der Praxis bei publikumswirksamen Verfahren bei staatlichen Gerichten können beiden Personengruppen Platzkarten angeboten und kann so eine räumlich bedingte Einschränkung vorgenommen werden. Während der mündlichen Verhandlung sind Film- und Tonaufnahmen nicht zulässig. § 169 (2) GVG, der der grundsätzlichen Überprüfung durch das Bundesverfassungsgericht in medienwirksamen Verfahren standgehalten hat, erklärt *„Ton- und Fernseh-Rundfunkaufnahmen sowie Ton- und Filmaufnahmen zum Zwecke der öffentlichen Vorführung oder Veröffentlichung ihres Inhalts"* für unzulässig. Als Konzession an die interessierte Öffentlichkeit kann die Verkündung des Urteils**tenors** auf Ton- und Bildträger aufgenommen werden. Das führt in entsprechenden für die Medien interessanten Verfahren dazu, dass zehn und mehr Mikrofone und Filmkameras auf den den Urteilstenor verlesenden Vorsitzenden gerichtet sind, die dann schlagartig vor der eigentlichen Urteilsbegründung abgebaut bzw. geschlossen werden müssen. 46

In höchst seltenen Fällen wird beim DFB von der zum Schutz wichtiger Individualinteressen in § 16 (4) S. 4 RuVO eröffneten Möglichkeit, dass das Rechtsorgan durch Beschluss die Öffentlichkeit ausschließt, Gebrauch gemacht; wenn erforderlich, wird dies ohnehin nur auf eng begrenzte Verfahrensabschnitte (z. B. die Vernehmung eines bestimmten Zeugen) erstreckt.

## Verfahrens- und Beweisregeln 47

Allgemeine Verfahrensvorschriften sind in § 16 (1) und (12) RuVO aufgestellt. Sie stellen gängige Prinzipien dar, die auch in staatlichen Verfahrensvorschriften über die Beweisaufnahme im Zivilverfahren, über den Beweis durch Augenschein und den Zeugenbeweis sowie den Beweis durch Urkunden (§§ 355–444 ZPO) enthalten sind. Wenn eine durch die

Rezeption der ZPO in § 16 RuVO nicht vollständig erfasste Verfahrenssituation auftreten sollte, steht nichts entgegen, die entsprechenden Vorschriften der ZPO zur Lückenschließung heranzuziehen.

Diese Anleihe steht den traditionellen Selbstregulierungskräften der Verbandgerichtsbarkeit des DFB gut zu Gesicht bei deren Bemühen um die Wahrheitsfindung mit justizförmigen Erkenntnismitteln und -methoden[103].

Ein spezielles Verfahren sieht § 15 RuVO bei der Entscheidung durch den Einzelrichter in einem beschleunigten Sonderverfahren mit kurzfristiger Strafantragstellung durch den Kontrollausschuss mit zeitlich knapp bemessenen Verfahrensgängen vor. Dieses Verfahren, das sich in der Praxis seit seiner Einführung im Jahre 2001 sehr bewährt hat, wird unten im Anschluss an die Unterfälle des Anforderungsprofils an die DFB-Gerichtsbarkeit in seiner Abwicklung in der Praxis ausführlich dargestellt.

Deutlich wird in § 22 RuVO klargestellt, dass eidesstattliche und ehrenwörtliche Erklärungen als Beweismittel unzulässig sind.

**48** In der teilweise etwas rudimentär aufgestellten Verfahrensordnung des DFB fehlt die vollständige Aufzählung der Beweismittel. Wenn auch ungeschrieben, werden dennoch in ständiger Praxis von der DFB-Gerichtsbarkeit die im Zweiten Buch der ZPO (§§ 355–444) aufgeführten Beweismittel herangezogen:

- Beweis durch Augenschein
- Zeugenbeweis
- Beweis durch Sachverständige
- Beweis durch Urkunden,

wovon Zeugen und Sachverständige sowie sonstige Beweismittel in § 16 (3) (6) RuVO mehr nebenbei Erwähnung finden.

Die häufigste Beweisart ist dabei wie im staatlichen Zivilprozess der Zeugenbeweis, dem seit Ende der 70er Jahre der Augenscheinbeweis den Rang abzulaufen trachtet. Als Zeugen sind in erster Linie, soweit es um Feldverweise geht, der amtierende Schiedsrichter und seine beiden Assistenten (früher Linienrichter genannt) zur Schilderung ihrer Wahrnehmungen berufen, da sie kraft ihres Amtes die diesbezüglichen Fest-

[103] *Hilpert*, in Bayerische Verwaltungsblätter, S. 168.

stellungen über den Sachverhalt, der dem Feldverweis zugrunde liegt, aus der Nähe zum Geschehen festzulegen haben; sie sind zudem während ihrer Schiedsrichterausbildung durch intensive Schulungen auf die bestmögliche Beobachtung der fraglichen Vorgänge trainiert. In der ganz überwiegenden Zahl ihrer Entscheidungen bestehen auch nach Durchführung einer Beweisaufnahme mit anderen Erkenntnismitteln keine vernünftigen Zweifel an der Richtigkeit ihres schriftlichen und im Termin mündlich ergänzten Berichts. Obwohl man meinen sollte, dass Zuschauer schon kraft ihres Namens – sie sind zum Zuschauen ins Stadion gekommen – in zigtausendfacher Zahl den Vorgang auf dem Feld richtig wahrgenommen haben und dem Sportgericht helfen könnten, ist eine Verhandlung nach Feldverweisen ein Phänomen wie im germanischen Prozess: Damals wie heute treten, wenn man sie denn vorlädt, auf der einen Seite eine Masse von Zeugen auf, die die Version des betroffenen Spielers bestätigen, wenn sie mit dessen Verein sympathisieren, wobei sie bereits den Vorgang durch die rosa-rote Vereinsbrille falsch wahrgenommen haben, als Zeugen demnach durchaus subjektiv ehrlich aussagen. Auf der anderen Seite bekunden, falls das Verfahren für die gegnerische Mannschaft von Interesse ist (Sperre des Spielers für kommende Spiele in Konkurrenz zu ihrem Verein) ebenso unisono die diesem Verein zugehörigen Augenzeugen mit Überzeugung einen ganz anderen Sachverhalt. Dieses Phänomen der Beeinflussung der Zeugenaussagen durch ihre Interessenlage ist in der Aussagepsychologie schon immer bekannt und durchaus kein fußballspezifisches Phänomen.

Es bleiben also primär der Schiedsrichter, die Assistenten und der vierte Offizielle in erster Linie als taugliche Beweismittel. Gerade diese haben zumindest in den 70er Jahren, manche Schiedsrichter aber auch noch bis heute, einen heftigen Gegenspieler ausgemacht:

### Technische Beweismittel

Anfang der 70er Jahre wurde vom Sportgericht des Fußball-Regional- **49**
Verbandes Südwest unter Vorsitz von Karl Schuberth, der später (1995–1998) Vorsitzender des Sportgerichts des DFB war, bei einem Feldverweis im Spiel TuS Neuendorf gegen Wormatia Worms ein Film des Südwest-Fernsehens, der in der lokalen Sportschau gelaufen war, in Augenschein genommen und für die Überzeugung des Gerichts über den Sachverhalt, der zum Feldverweis geführt hatte, ausgewertet. Übrigens hat der damals als Zeuge vernommene Schiedsrichter nach Betrachten

des Fernsehbildes eingeräumt, dass er im Spiel den Vorfall nicht ganz richtig wahrgenommen habe, was er jetzt sehe.

**50** In der Folgezeit wurde bundesweit in DFB-Kreisen, aber auch in der sportinteressierten Öffentlichkeit heftig diskutiert, ob die Video-Aufnahme (wegen ihrer Verwendung im Fernsehen als *„Fernsehbeweis"* bezeichnet) ein zulässiges Beweismittel in Sportstrafsachen ist. Am 31. Januar 1977 (Entscheidung Nr. 33/76/77) praktizierte das DFB-Sportgericht zum ersten Mal den Fernsehbeweis in einem Sportstrafverfahren. In der gegen das Urteil eingelegten Berufung führte Hans Kindermann, der wegen seiner Unnachgiebigkeit, aber auch Gradlinigkeit nicht ganz zu Unrecht als *„Robbespierre des Fußballs"* bezeichnet wurde, aus, dass das angefochtene Urteil falsch sei, weil es im Wesentlichen auf Fernsehaufzeichnungen beruhe, die als Beweismittel in Sportstrafverfahren grundsätzlich ungeeignet seien. Letzteres wurde mit dem Standort der Kamera, der Entfernung vom Geschehensort, der Art der verwendeten Kamera und deren fehlender perspektivischer Sicht begründet, was infolge fehlender dritter Dimension die Fernsehaufnahme als der menschlichen Beobachtung gegenüber minderwertig erscheinen ließe. Das DFB-Bundesgericht bestätigte in dem Berufungsverfahren[104] die Tauglichkeit des Fernsehbildes (damals noch beschränkt auf das der öffentlich-rechtlichen Fernsehanstalten) als Beweismittel in Sportgerichtsverfahren. Nach heftigen Geburtswehen hat der DFB, dem in vielen Sportrechtsfragen eine Vorreiterrolle in nationaler und internationaler Hinsicht zukommt, Ende der 70er Jahre endgültig den Rubikon zur uneingeschränkten Wahrheitsfindung im Sportstrafverfahren überschritten[105].

Gleichwohl wurde und wird insbesondere in Schiedsrichterkreisen die Diskussion auch heute noch heftig geführt:

Der gerade von juristischen Laien häufig ins Feld geführte Gleichheitsgedanke ist nicht stichhaltig. Weil nur ein Bruchteil von Spielen vom Fernsehen aufgezeichnet wird, sei es ungerecht, dass ein Spieler in einem vom Fernsehen aufgenommenen Spiel freigesprochen werde, während ein anderer Spieler die Chance der Widerlegung der Schiedsrichter-Aussage mangels Fernsehaufnahme in seinem Spiel nicht habe. Die Zulässigkeit eines Beweismittels im Einzelfall kann aber nicht davon abhängen, ob ein anderer Beschuldigter eine ähnliche Chance aus technischen Gründen zufällig nicht hat. Man denke an den Bankräuber, der von der Video-

[104] Urteil vom 14.3.1977 in SportR 161611.
[105] *Hilpert*, in Schriftenreihe Württembergischer Fußballverband Nr. 38, S. 25, 26.

Kamera im Kassenraum abgebildet wird. Er kann vor dem Strafrichter nicht auf den nicht entdeckten „Kollegen“ in Bankräumen ohne Kameras verweisen. Der weiter vorgebrachte Hinweis auf die fehlende dritte Dimension ist kein Argument gegen die grundsätzliche Zulässigkeit dieses Beweismittels, sondern lediglich eine Aufgabe bei der Würdigung des Beweiswerts der Aufnahmen im Einzelfall. Das Gleiche gilt für die Manipulationsmöglichkeit der Mitarbeiter der Fernsehsender (Gefahr des „Kumpel-Journalismus“), die überdies durch die Konkurrenz der Sender und die Zahl der Kameras in den heutigen Bundesliga-Stadien weitgehend zurückgedrängt ist. Das weitere insoweit häufig gehörte Argument gegen die Fernsehaufnahme und insbesondere die Zeitlupenaufnahme im Gerichtssaal, die Autorität des Unparteiischen, der früher der uneingeschränkte Kronzeuge gewesen ist, werde untergraben, ist durchaus nachvollziehbar. An die physischen und psychischen Fähigkeiten des Schiedsrichters im Hexenkessel eines Fußballstadions mit Kritik und Missfallenskundgebungen von den Zuschauerrängen werden höchste Anforderungen gestellt. In dieser Stresssituation hat er binnen Sekundenschnelle zu beobachten (wie ein Polizist), zu bewerten (wie ein Staatsanwalt), zu entscheiden (wie ein Richter) und auch noch zu vollstrecken (wie ein Justizbeamter). Die Fernsehkamera steht ihm zur Vergewisserung nicht zur Verfügung. Diese schafft, was dem menschlichen Auge nicht möglich ist. Das Fernsehen kann Bilder nach Belieben erstarren oder in Zeitlupentempo laufen lassen, es kann rückblenden, vor allem aber wiederholen. Wer es beim ersten Mal nicht erkannt hat, hat eine zweite, dritte Chance. Niemand kann von einem Schiedsrichter eine perfekte Wahrnehmung aller Vorgänge vor, neben oder gar hinter ihm verlangen. Schon gar nicht verfügt er über eine Zeitmaschine, die ihm eine Reproduktion der Spielvorgänge gestattet. Weil niemand einen solchen Schiedsrichter mit übermenschlichen Fähigkeiten und der Gabe der absolut richtigen Entscheidung verlangen kann, sprechen alle diese Gesichtspunkte **nicht** gegen die Verwertung von Fernsehaufnahmen bei der Verhängung von Disziplinarmaßnahmen nach dem Spiel. Seine Autorität gewinnt der Schiedsrichter durch seine Persönlichkeit und sein Auftreten auf dem Spielfeld und danach. Der Schiedsrichter darf subjektiv sehen und darf irren, da Irren menschlich ist. Überall, wo Menschen handeln, erfolgt eine persönliche Sicht der Dinge, was das objektive Bild der Kamera nicht nur in Fußballangelegenheiten immer wieder vor Augen führt. Auch der Schiedsrichter-Funktionär, der den guten alten Schiedsrichter-Zeiten nachhängt, kann nicht wollen, dass etwa der irrtümlich infolge einer Rückennummerverwechslung vom Feld gestellte Spieler mit der Nr. 6 eine 4-wöchige Sperre absitzen muss, während der wahre Täter mit der Nr. 9 straffrei bleibt, was ein Millionenpublikum vor dem Fernsehen vorgeführt erhält. Es wäre schier unerträglich, wenn gleichwohl der Sportrichter den Kopf in den Sand stecken müsste und diese millionenfach gewonnene Erkenntnis nicht berücksichtigen dürfte. Deshalb gebietet zumindest für das Disziplinarverfahren das Gebot der Gerechtigkeit, das dem Geist des Sports immanent ist, die Verwertung **aller** zur Verfügung stehenden Beweismittel einschließlich der Fernsehbilder. Einem Beweismittelverbot kann man deshalb nicht die Sprache reden, vielleicht aber in Nichtdisziplinarfällen einem Beweisthemenverbot[106] (s. unten II, 4 zur Frage des Einspruchs gegen Spielwertungen).

**51** Vorstehende im DFB-Bereich mittlerweile nach ganz herrschender Meinung bestehende grundsätzliche Zulässigkeit der Fernsehaufnahme im Sportgerichtsverfahren ist seit der Weltmeisterschaft im Jahre 1994 in USA auch Praxis der FIFA. Sie verurteilte den Italiener Tasotti wegen Tätlichkeit zu einer Sperre für acht internationale Spiele, weil er im WM-Spiel dem Spanier Enrique einen Schlag ins Gesicht mit der Folge eines komplizierten Nasenbeinbruchs versetzte, was der amtierende Schiedsrichter nicht gesehen hat und deshalb nicht geahndet hat. Die Disziplinarkommission der FIFA hat zwischenzeitlich durch die Zirkulare Nr. 499 und 546[107] festgelegt:

> *„Autovisuelle Beweismittel dürfen ausschließlich als ergänzende Beweismittel in Disziplinarfällen verwendet werden."*

In dem Begleittext heißt es, der Beizug von technischen Hilfsmitteln sei im Fußball eine heikle Angelegenheit und bedürfe daher klarer juristischer Regelungen. Weiter heißt es in der Begründung:

> *„Die Verwendung von Video-Materialien soll nicht als Mittel zur Einschränkung der Autorität des Schiedsrichters verwendet werden, sondern als Mittel zur bestmöglichen Wahrheitsfindung bei der Festsetzung disziplinarischer Maßnahmen dienen... Ziel des Hilfsmittels ist die Durchsetzung des Fair Play und der Kampf gegen die Missachtung der Spielregeln."*

Videoaufnahmen sollten zudem nur in Ausnahmefällen beigezogen werden und nicht die Regel sein.

Die rote Ampel wird aber von der FIFA weiterhin geschaltet, wenn sie vorschreibt:

[106] *Hilpert*, aaO., S. 26, 27.

[107] FIFA-Schreiben an ihre Nationalverbände vom 25.11.1994.

*„Tatsachenentscheide des Schiedsrichters sind endgültig und nicht anfechtbar und dürfen nicht aufgrund von Videoaufnahmen modifiziert werden (z. B. Abseits, Penalty, Tor etc.).“*

International und national ist die Fernsehaufnahme im Sportgerichtsverfahren somit rechtlich grundsätzlich zulässig. Dabei ist der Fernsehbeweis nie Korrektor oder gar Oberschiedsrichter, d. h., er tritt nicht an die Stelle des Schiedsrichters bei seiner Amtsausübung, wozu auch dessen Zeugenrolle im Sportstrafverfahren gehört. Der Fernsehbeweis wird nicht für das Spiel und dessen Wertung eingesetzt. Insoweit bleibt der Schiedsrichter ein qualifizierter Zeuge, der wie der Polizeibeamte bei Verkehrsdelikten grundsätzlich erhöhte Glaubwürdigkeit genießt. Der Fernsehbeweis ist im Wege der Augenscheineinnahme ein Hilfsmittel für das Gericht zur Ermittlung der vorzuwerfenden Tat und der richtigen Strafhöhe, darf aber nach den Vorstellungen der FIFA nur als Ultima Ratio in Disziplinarverfahren herangezogen werden.

Dem häufigen Appell, die Filmmaterialien nicht „gegen die Schiedsrichter“ einzusetzen, tragen die DFB-Sportinstanzen bestmöglich Rechnung, indem sie bei ihren Entscheidungen und Verhandlungen immer wieder die aufgezeigte Sondersituation des amtierenden Schiedsrichters einerseits und die im Einzelfall ergänzende Erkenntnismöglichkeit der Fernsehkamera andererseits vorwurfsfrei und erklärend darstellen. Diese Zurückhaltung gilt insbesondere bei der vielfachen Verwendung der Zeitlupenaufnahme (Slowmotion und Super-Slowmotion). Deren Beweiswert ist dabei ohnehin nicht so groß, wie vielfach angenommen wird. Sicherlich schafft das Fernsehen, was das menschliche Auge nicht kann. Es lässt Bilder nach Belieben erstarren, in Zeitlupentempo laufen, es kann zurückblenden, vor allem aber wiederholen[108]. Der Sportrichter hat viele Chancen, um sich Gewissheit zu verschaffen. Im Gerichtssaal erlebt man häufiger Überraschungen hinsichtlich des Aussagewerts eines Fernsehbildes: Hat man sich aufgrund der Vorführung eines Bildes bereits eine Meinung über einen bestimmten Tathergang, etwa als Tätlichkeit, gemacht, so staunt zumindest der mit der Problematik nicht Vertraute, wenn unverhofft von dritter Seite ein Film aus einer völlig anderen Kameraperspektive eingebracht wird, der eindeutig zeigt, dass der Schlag überhaupt nicht den Gegenspieler getroffen hat, sodass allenfalls eine Verurteilung wegen versuchter Tätlichkeit übrig bleibt. Bei streitigen Situationen in Sportgerichtsverfahren pflege ich zur Einschränkung der Verzerrungen durch Zeitlupenaufnahmen stets am Ende der Augen-

[108] *Bauer*, aaO., S. 2.

scheineinnahme das Gericht zu bitten, den Vorgang noch einmal in normaler Geschwindigkeit laufen zu lassen, damit der natürliche Ablauf des Geschehens bei den Verfahrensbeteiligten nicht vergessen bleibt.

Wenn auch heute noch Schiedsrichter die Sportschau am Samstagabend als „Horrorschau" betrachten, so bezieht sich das nicht auf Raubeinigkeiten im Spiel, sondern leider auf Tadel, Verspottung und Widerlegungen des Referees von oft vorschnellen Journalisten[109]. Sie setzen sich dabei des Effekts wegen über die gesicherte Erkenntnis hinweg, dass die Fernsehtechnik keineswegs stets eine absolute Gewissheit über die Richtigkeit mancher Entscheidungen herstellen kann. Einige Fernsehjournalisten, denen ihre Meinungsfreiheit sicherlich nicht genommen werden soll, sind oft schnell bei der Hand, eine Szene im Bild in einem bestimmten, aber durchaus nicht zwingenden subjektiv gefärbten Sinne festzuklopfen. Sie suggerieren damit dem Millionenpublikum an den Fernsehgeräten eine bestimmte Interpretation, bei der angebliche grobe Fehler von Schiedsrichter und seinen Assistenten behauptet werden und Spieler vorschnell „freigesprochen" werden. Solche Festlegungen werden oft nach dem Motto „negative Schlagzeilen über den Schiedsrichter verkaufen sich besser als lobende Worte über diesen" in den Sonntagszeitungen und in Boulevardblättern am Montag in dicken Lettern aufgemacht. Ein „Vorurteil" bei den deutschen Fußballfans ist dann schnell gefällt, gegen das Verein, Spieler und insbesondere die Sportgerichtsbarkeit mit einiger Mühe angehen müssen, wenn sie zuständigkeitshalber den Fall zu beurteilen haben. Sie kommen durchaus öfter zu anderen Ergebnissen bezüglich der ersten Folgerungen der Kommentatoren der Sportschau.

Mitte der 90er Jahre hat die Europäische Fußball-Union UEFA bei den Verantwortlichen der Europäischen Fernsehanstalten den wohl kurzsichtigen Versuch unternommen, bei Fernseh-Übertragungen künftig Zeitlupen-Wiederholungen zu unterlassen. Die Reaktionen der Presse *„... nicht praktikabel ... so etwas kann man nur im Rausch fordern"* wurden Gerhard Aigner, dem Generalsekretär der UEFA, entgegen gehalten. Wolf-Dieter Poschmann: *„Das wäre Zensur!"*[110]. Richtig führte Manfred Mertens (SAT 1) aus: *„Das Rad der Zeit lässt sich nicht zurückdrehen; die Zeitlupe gehört zum Zuschauer-Service. Man soll sie jedoch zur Aufklärung und nicht zur Kritik an Schiedsrichtern benutzen."* Das Wembley-Tor sei *„Künstlerpech"* gewesen. Völlig zutreffend sagte Gerd Rubenbauer

109 *Bauer*, aaO., S. 1.
110 SID-EM-Dienst EURO 96 vom 1.7.1996.

(ARD) in der damaligen Situation: *„Die Zeitlupe ist das liebste Spielzeug der Fernsehzuschauer."* So ist häufig auf den Zuschauerrängen im Stadion der spontane Ausspruch nach einem zweifelhaften Tor (vor oder hinter der Linie?) oder auch nach einer umstrittenen Abseitsentscheidung zu vernehmen, man müsse sich dieses nach Rückkehr zuhause sofort in Zeitlupe ansehen. Die Zeitlupenaufnahme wird bei umstrittenen Szenen aus guten Gründen von der Video-Wand im Stadion von der FIFA ferngehalten. Sie hätte sicherlich einen hohen Unterhaltungswert bei den Zuschauern und erhöhte auch den Reiz des Fußballspiels als ständiger Streit- und Diskussionsstoff.

Eine zwar kritische, aber die Grenzen des Referees beachtende Kommentierung sollte insbesondere im Hinblick auf die in großer Zahl die Bundesliga-Berichte betrachtenden Jugendlichen eingehalten werden angesichts des Umstands, dass die absolute Gerechtigkeit im Fußball niemals herbeigeführt werden kann, wobei man immer wieder die Erkenntnis anfügen sollte, ob eine solche Art von Gerechtigkeit nicht gleichzeitig „weniger Fußball" bedeuten würde[111].

Nach einer zugegebenermaßen heftigen Diskussion um die Einführung **52**
des Fernsehbeweises im Sitzungssaal eines Sportgerichts des DFB ist dieser in Disziplinarsachen nach mittlerweile gesicherter Rechtsprechung der DFB-Gerichte – angefangen von dem Urteil des Sportgerichts vom 14.3.1977 (in SportR 16/16/11) über die Entscheidung des DFB-Bundesgerichts vom 24.1.1979 (SportR 16/16/14) oder vom 22.10.1979 (SportR 16/16/19) – ständige Praxis. In letzterer Entscheidung wird angeführt, dass die Sportgerichte zur Ermittlung der Wahrheit die Beweisaufnahme auf alle Umstände und Beweismittel zu erstrecken haben, die der Wahrheitsfindung dienen, wozu Fernsehaufzeichnungen zählen. Man ist sich unter den Sportjuristen sogar weitgehend einig, dass technische Beweismittel den menschlichen Beweismitteln in vielen Fällen überlegen sind. Ein Sportgericht kann sich anhand einer Fernsehaufnahme beispielsweise bei einem rohen Spiel ein viel besseres Bild von den Tatumständen (Grad der Rücksichtslosigkeit und Art der Ausführung des Fouls) machen als durch eine noch so prägnante und umfassende Schilderung des Schiedsrichters. Bald nach der Einführung dieser neuen Art der Beweisführung in Sportstrafverfahren wurde auf Forderung des damaligen Kontrollausschussvorsitzenden Hans Kindermann nach Waffengleichheit entschieden, dass zur Beurteilung von Fouls nach Feldverweisen gegen Spieler

[111] *Bauer*, aaO., S. 4.

der Fernsehbeweis nach Grund und Höhe zugunsten **und** zu Lasten des Spielers zulässig ist.

Etwas zögerlich, dann aber mit der ihr eigenen Konsequenz reagierte die FIFA. Im Jahre 1994 in dem bereits geschilderten Fall Enrique/Tasotti: Sie beschränkte aber in den Zirkularen 499 und 546 den Fernsehbeweis *„ausschließlich als ergänzendes Beweismittel in Disziplinarverfahren"*. Dieser Ausnahmecharakter des Video-Beweises wurde in der Folgezeit von der FIFA zäh verteidigt und uneingeschränkt praktiziert. Auf dem 6. Sportel-Symposium in Monte Carlo 1995 bekräftigte der damalige FIFA-Generalsekretär Joseph S. Blatter in einem Gesprächsforum, bestehend aus führenden Fernsehvertretern aus Europa, Technikern, Schiedsrichtern und Fachleuten aus dem Fußball, nochmals *„die klare Haltung"* (so Originalton Blatter) der FIFA, den Fernsehbeweis nur zur Beurteilung von Disziplinarfällen, insbesondere bei unübersichtlichen Situationen und möglichen Verwechslungen wie auch bei Vorkommnissen hinter dem Rücken des Schiedsrichters zuzulassen. Der Video-Beweis könne herangezogen werden, um über das Ausmaß einer Disziplinarstrafe zu befinden. Dass darunter auch der Grund einer Disziplinarstrafe erfasst werden soll, zeigt der nach dem WM-Halbfinale 2006 zwischen Argentinien und Deutschland herangezogene Fernseh-Film zu dem vom Schiedsrichter nicht wahrgenommenen Fehlverhalten von Torsten Frings, was zum Leidwesen der Fußballfans in Deutschland zu einer Verurteilung des deutschen Nationalspielers führte.

**53** Dieses auf den ersten Blick etwas überraschende Voranschreiten der FIFA, deren Disziplinarkommission in ihrer Entscheidung vom 3. Juli 2006 (Entscheid 060211 GER BER zu Fall Frings) – ohne dies zu problematisieren – die Video-Bilder als Beweismittel herangezogen und erklärt hat, dass sie *„als verlängerter Arm des Schiedsrichters auf dem Platz agiert"* und deshalb von *„einem klassischen Fall der Tatsachenentscheidung"* bzw. einer Verletzung des Grundsatzes der Unumstößlichkeit der Tatsachenentscheidung nicht gesprochen werden könne. Sie urteile im konkreten Fall in Relation und ergänzend zum Schiedsrichter-Team auf dem Platze. Der Fernsehbeweis wird insoweit, als ob dies selbstverständlich sei, herangezogen und verwertet. Einen ersten Schritt in diese – m. E. richtige Richtung – ist die FIFA in ihrem Zirkular Nr. 948 (Version vom 18.01.2005) gegangen, in dem es heißt, die Ton- und Bildaufnahmen in Disziplinarverfahren seien stets als ergänzendes und somit unechtes Beweismittel zulässig, insbesondere für die Strafzumessung. Es heißt dann in dem Zirkular wörtlich:

> *„Als echtes Beweismittel bezüglich Ermittlung des Sachverhalts können Ton- und Bildaufnahmen in den Fällen herangezogen und berücksichtigt werden, in denen* ***der Schiedsrichter eine offensichtliche Fehlentscheidung getroffen hat*** *und darüber hinaus, wenn der Schiedsrichter folgende Verstöße gegen das FIFA-Disziplinarreglement nicht gesehen und gehört hat."*

Es werden dann schwere Verstöße wie Spucken, Körperverletzungen und Tätlichkeiten, schwere Zuwiderhandlungen gegen das Fair Play sowie rassistische Äußerungen und Handlungen aufgeführt.

Auf eine Anfrage des DFB, ob in Fällen möglicher vorsätzlicher Spielmanipulationen durch den Schiedsrichter eine Nutzung von Fernsehbildern im Rahmen der Einspruchsverfahren zulässig ist, hat der Generalsekretär der FIFA Urs Linsi am 4. März 2005 geantwortet, bei Spielmanipulationen durch den Schiedsrichter seien die Fehlentscheidungen offensichtlich. Sie seien von diesem willentlich herbeigeführt. Allein aus diesem Grund erhebe die FIFA in den beschriebenen Fällen **„keine Einwände, TV-Bilder als echte Beweismittel heranzuziehen"**.

Es heißt weiter wörtlich:

> *„... im Gegenteil: Wir erachten es als eine Notwendigkeit, mit Hilfe von Spielmanipulationen und damit einhergehenden gewollt verursachten Fehlentscheidungen konsequent entgegenzutreten, und zwar nicht nur, um gegen den betroffenen Schiedsrichter zu ermitteln, sondern auch,* ***um einen manipulierten Spielausgang in das richtige Licht zu rücken*** *(z. B. durch Spielwiederholungen)".*

Alle an dem Fußballsport Beteiligten dürften von einer Korrektur der Spielleitung ausgehen. In diesem Licht sei die restriktive Auslegung der Tatsachenentscheide zu sehen. Mit krimineller Energie, die mit Spielmanipulationen einhergehe, dürfe und müsse nicht gerechnet werden. Konsequent wird dann auch der TV-Beweis zugelassen.

Nicht unmaßgeblich dürfte für diesen zu begrüßenden Schritt der FIFA in Richtung Gerechtigkeit im Einspruchsverfahren die mittlerweile gefestigte Judikatur des CAS (zuletzt CAS-Schiedsspruch vom 30. April 2006, Az: CAS 2005/A/991) sein: Dieses geht in ständiger Rechtsprechung (vgl. Nachweise in vorstehender Entscheidung in SpuRt 2006, 162, 163) davon aus, dass *„die Anwendung von Spielregeln (‚Rules of the Game'), also der Regeln, welche den korrekten Ablauf des Wettkampfes festlegen,* ***nicht*** *Gegenstand einer gerichtlichen Überprüfung sein kann"*. Davon sei eine **Ausnahme** dann anzunehmen, wenn nachgewiesen werde, dass *„der Schiedsrichter seine Entscheidung gegen Treu und Glauben getroffen hat"*. In seiner berühmten Entscheidung im Falle De Lima (s. unten II, 3 und VI., 3) eröffnet das CAS durchweg eine Überprüfung von Spielfeldentscheiden, wenn der Schiedsrichterentscheid *„willkürlich oder in böser Absicht getroffen wurde"*.

Die FIFA schwenkt offenbar in jüngster Zeit auf diese Linie ein und eröffnet folgerichtig – wie oben dargelegt – auch als logische Folge den Fernsehbeweis in diesen Verfahren. In solchen Ausnahmefällen, die durch die nationale und internationale Rechtsprechung noch näher zu umreißen sein werden, ist somit die Kassette mit den Fernsehaufnahmen nicht mehr von vornherein in Spielwertungsfällen aus dem Sportgerichtssaal verbannt.

**54** Zurückhaltung übt die FIFA weiterhin bezüglich der Einführung weiterer moderner technischer Hilfsmittel oder gar hinsichtlich der Forderung nach einem elektronischen Oberschiedsrichter. Vor der Gefahr eines vorschnellen Handelns schützt insoweit eine uralte FIFA-Institution. Die Änderung der Spielregeln, wozu auch die Einsetzung des Chips im Ball als Kontrolle, ob Tor oder nicht, gehört, sind die Domäne des International Football Association Board (IFAB), der im Weltfußball eine bedeutende Position einnimmt. Er tritt alljährlich zur Diskussion eventueller Regeländerungen zusammen. Interessanterweise besteht er aus vier Vertretern der FIFA und vier Vertretern der britischen Verbände England, Schottland, Wales und Nordirland – eine Anerkennung der historischen Verdienste von Old England um den Weltfußball. Eine Dreiviertelmehrheit (d. h. sechs von acht Stimmen) ist für die Annahme eines Punktes nötig. Unschwer lässt sich aus dieser Konstruktion und angesichts der sicherlich nicht zu avantgardistischen Schritten neigenden Menschen von der Insel ableiten, dass zwar durchaus einige Neuerungen in den letzten Jahrzehnten eingeführt wurden, dass aber eine zögernd-fortschrittliche Grundhaltung vorherrscht. Weltweit gibt es zahlreiche Übernahmen des Video-Beweises: In der amerikanischen Football-Liga können die Head-Coaches in strittigen Entscheidungen den sofortigen Video-Beweis vor Fortsetzung des Spiels verlangen. Der sog. Instant Replay hat in anderen Sportarten (so z. B. beim Baseball, Basketball oder Eishockey in den USA) keineswegs durchschlagenden Erfolg gezeigt und wurde teilweise wieder abgeschafft. Im Fußball haben bisherige Versuche keine befriedigenden Ergebnisse zum Chip im Ball ergeben. Die deutsche Amateur-Nationalmannschaft berichtete von einem frühen Experiment auf ihrer China-Reise 1975. Beim Spiel in Peking habe ein mit einem Monitor ausgestatteter Oberschiedsrichter auf der Tribüne seine Kollegen auf dem Feld ständig zurückgepfiffen. Bei der U-17-WM im Oktober 2005 in Peru wurde der Chip im Ball getestet. Der daraus abgeleitete Wunsch, ihn schon bei der WM 2006 einzusetzen, scheiterte an der mangelnden

Zuverlässigkeit der bisher entwickelten Modelle bei der gebotenen strengen Überprüfung, wobei auch die Manipulation des Chips durch techniksierte Manipulierer des Geräts von außen noch nicht sicher auszuschalten ist. Ein Erlanger Institut ist mit der Entwicklung eines sicheren Systems betraut. Wenn auch die Technik irrt und ein falsches Klingeln den Schiedsrichter irritieren kann, so ist dies schier unerträglich; selbst 100 Kameras bringen keine 100-prozentige Sicherheit in gewissen umstrittenen Fällen. Die zwei Augen des amtierenden Schiedsrichters samt der vier Augen seiner Assistenten können gegebenenfalls zu einer schnellen, jedoch menschlichen und deshalb erträglichen Erkenntnis führen. Das vom Schiedsrichter gegebene 1:0 bleibt und geht unausrottbar in die Tabelle ein. Wenn der Schiedsrichter geirrt haben sollte, so ist dies sicherlich in wichtigen Konstellationen schwer erträglich. Dem Gesichtspunkt der Rechtssicherheit kommt auch im staatlichen Recht jedoch oft Vorrang vor dem Aspekt der Gerechtigkeit zu. Im Sport hilft zudem der Gedanke des Fair Play, Unrecht leichter zu ertragen, zumal die Lebensweisheit von Sepp Herberger, in einer Saison gleiche sich vieles aus, manches für sich hat.

Der Kuriosität halber ist anzumerken, dass der DFB wie auch andere **55**
europäische Fußballverbände sich der FIFA-Auffassung über die Verbannung der Fernsehaufnahme in Spielwertungsfragen beugen, aber deren Mitglied, die UEFA, in ihrer Entscheidung vom 31. August 2001 zum Protest des FC Tirol gegen die Spielwertung des UCI-Qualifikationsspiels gegen Lokomotive Moskau vom 22. August 2001 durch ihren Berufungssenat in den Gründen (S. 12) ausgeführt hat, dass der Schiedsrichter die entscheidungserhebliche zweite Verwarnung erst zugegeben habe, ***„als er die Fernsehaufnahme in Augenschein genommen hatte“***. Weiter führt das Berufungsgericht aus: *„Die Fernsehaufzeichnung zeigt mit aller Deutlichkeit, dass …“*. Ein Regelverstoß wurde als erwiesen angesehen, die Kausalität für den Spielausgang bejaht und das Spielergebnis annulliert. Nach außen ist jedenfalls nichts zu vernehmen gewesen, wie die FIFA auf diese Abweichung von ihren strikten Vorgaben reagiert hat. Reaktionslos ist der Vorgang sicherlich von dem Weltverband nicht hingenommen worden. Dieser hat im Zirkular 948 (Version vom 18.1.2005) noch einmal zusammengefasst:

> *„Als echtes Beweismittel bezüglich der Ermittlung des Sachverhaltes können Ton- und Bildaufnahmen in den Fällen herangezogen und berücksichtigt werden, in denen der Schiedsrichter eine offensichtliche Fehlentscheidung getroffen hat und darüber hinaus, wenn der Schiedsrichter folgende Verstöße gegen das FIFA-Disziplinarreglement nicht gesehen oder gehört hat:*

*1. Schwere Verstöße gemäß Art. 52 FIFA-Disziplinarreglement (z. B. Spucken),*
*2. Körperverletzungen und Tätlichkeiten (Art. 47 und 48 FIFA-Disziplinarreglement),*
*3. schwere Zuwiderhandlungen gegen das Fair Play,*
*4. rassistische Äußerungen oder Handlungen (Art. 55 FIFA-Disziplinarreglement).*

*Des Weiteren sind nur Aufnahmen von den lizenzierten TV-Sendern zugelassen, die innerhalb einer Frist von 72 Stunden der Disziplinarkommission vorgelegt werden müssen; bei Turnieren müssen sie 12 Stunden vor dem nächsten Spiel vorgelegt werden."*

Zur Thematik des technischen Beweismittels „Fernsehaufnahmen bei Disziplinarfällen" könnte somit in der DFB-Sportgerichtsbarkeit ein erfreulicher Schritt in Richtung zur materiellen Gerechtigkeit mit Billigung der FIFA zurückgelegt sein. Zur Klarstellung bleibt aber die fußballimmanente Feststellung, dass auch im Falle der Aufhebung des Feldverweises wegen einer Verwechslung zweier Spieler das objektiv zu Unrecht erfolgte Nichtmitwirken des Spielers, der nichts gemacht hatte, bis zum Spielende hinsichtlich des Spielergebnisses keine Auswirkung haben darf. Diese Zweispurigkeit der Folgen wird oft nicht verstanden, ist aber in dem Fall eröffnet, wenn durch den Fernsehbeweis erreicht werden kann, dass der vom Feld gestellte Spieler jedenfalls wegen eines Vergehens **für die Zukunft nicht** bestraft wird[112]. Man mag sich damit trösten, dass auch Justitia bei den staatlichen Gerichten nicht immer ganz einleuchtende Wege geht, warum nicht auch bei ihrer Schwester im Sportgerichtsverfahren?

Blatter betonte damals wie heute, der er mittlerweile FIFA-Präsident ist, dass Fernsehaufnahmen nie zu einer Modifikation eines Schiedsrichterentscheids im Spiel dienen dürfen. Der französische Sportjournalist Jacques Ferran sagte in Monte Carlo 1995 ganz im Sinne der FIFA im Hinblick auf die Experimentierfreudigkeit mancher internationaler Sportverbände: *„Wenn wir zu vollkommen, zu narrensicher werden, dann nehmen wir dem Sport auch etwas von seinem moralischen Wert weg und machen ihn dadurch weniger attraktiv für den menschlichen Geist."* Ob Abseits zu Recht gewinkt wurde, ein Tor oder ein Elfmeter zu Recht gegeben worden ist, darf mit der Fernsehaufnahme nicht überprüft werden. Damit ist mit der Terminologie der Schiedsrichter gesagt: Die positive oder die negative Tatsachenentscheidung bewirkt im Spielwertungs-

[112] *Hilpert*, in Schriftenreihe Württembergischer Fußballverband Nr. 38, S. 30.

verfahren die Unangreiflichkeit der tatsächlichen Feststellungen des Schiedsrichters für den Spielverlauf[113]. In dieser Verfahrensart kann die Kassette mit der Fernsehaufnahme im Gerichtssaal geschlossen bleiben.

## Begründungs- und Mitteilungserfordernisse 56

Nach § 16 (8) RuVO ist das Urteil des Sportgerichts des DFB – außer bei Terminshinausschiebung bei Fehlen einer Partei (§ 16 (2) S. 2 RuVO) – im Anschluss an die Urteilsberatung, die geheim ist und der Verschwiegenheitspflicht unterliegt (s. näher § 16 (7) Unterabs. 1 RuVO), vom Vorsitzenden zu verkünden und kurz zu begründen. In Fällen von Bedeutung und großem Interesse von Publikum und Medien sehen die amtierenden Vorsitzenden von diesem Privileg des Ordnungsgebers ab und begründen die Entscheidung ausführlich und eingehend.

Das Urteil wird den Parteien zugestellt, falls diese nicht hierauf verzichten. Entsprechende Regelungen über das fakultative Entfallen der schriftlichen Urteilsbegründung finden sich auch in der ZPO (§§ 313a, b, § 495a Abs. 2, 543, 565a) oder in der StPO bei Einverständnis der Verfahrensbeteiligten (§ 267 (4) StPO).

Die schriftliche Begründung der Verbandsurteile hat zu enthalten den vom Gericht angenommenen Sachverhalt, die Würdigung einer gegebenenfalls durchgeführten Beweisaufnahme, die rechtliche Subsumtion und die Strafzumessungserwägungen. Gerade in den Fällen, in denen der Betroffene seine Erwägungen, ob er ein Rechtsmittel einlegen will oder nicht, noch nicht abgeschlossen hat, soll sie ihm die Nahtstellen des Verfahrens – gegebenenfalls unter Angabe von Rechtsprechungsnachweisen – darlegen. Betroffener und Verteidiger können die konkrete Entscheidung damit nachvollziehen und eventuell bestehende Fehler in der tatsächlichen und rechtlichen Bewertung ausmachen[114].

Bei einem Berufungsurteil ist die Kenntnis von den tragenden Urteilsgründen die Grundlage für die Entscheidung des Betroffenen, ob er eventuell ein Schiedsgericht oder ein staatliches Gericht zur Überprüfung heranziehen will.

[113] *Hilpert*, in Schriftenreihe Württembergischer Fußballverband Nr. 38, S. 38.
[114] *Buchberger*, aaO., S. 159.

Zu beachten ist, dass zu einem weiteren Verfahren vor dem ordentlichen Gericht oder vor einem wirksam vereinbarten Schiedsgericht der Verband keine Gründe nachschieben darf[115].

## 57 Vereinsinternes Rechtsmittelverfahren

Eine erhöhte Richtigkeitsgewähr für eine Entscheidung ist wie in der staatlichen Gerichtsbarkeit dann zu bejahen, wenn ein Instanzenzug eröffnet ist. Hierauf weist der Vorsitzende des Sportgerichts den Betroffenen ausdrücklich hin und belehrt ihn über die Fristen und die Formalitäten der Berufungseinlegung (s. § 23 RuVO). Die zweite Instanz des DFB hat die volle Kompetenz zur Tatsachenüberprüfung.

Das Recht zur Berufungseinlegung haben auch die nicht am Verfahren beteiligten Mitgliedsverbände, ihre Vereine und deren Einzelmitglieder sowie Tochtergesellschaften und Spieler, *„die ein unmittelbares berechtigtes Interesse an der Entscheidung nachweisen"* (§ 26 (2) RuVO). Beispielsweise können Tabellennachbarn des im Streit um Punkte obsiegenden Vereins wegen der dadurch eventuell beeinflussten Auf- oder Abstiegsfrage oder der Qualifikation für internationale Wettbewerbe ein Rechtsmittel einlegen. Dieses kann sich auch gegen einzelne Teile des Urteils oder nur gegen das Strafmaß richten, jedoch nicht allein gegen die Kosten- und Gebührenentscheidung. Einer Nachprüfung unterliegt das Urteil nur insoweit, als es angefochten ist (§ 27 RuVO).

Die Geltung des Verbots der Schlechterstellung ist oben (Rn. 23) bereits dargelegt. Grundsätzlich hindert die rechtzeitige Einleitung eines Berufungsverfahrens die Wirksamkeit der erstinstanzlichen Entscheidung, es sei denn, die Vorinstanz hat dies aus Gründen sportlicher Disziplin oder überwiegender Interessen des DFB angeordnet (§ 29 (1) RuVO). Jedoch sind Sperrstrafen, Aufenthaltsverbote und Sperren gegen Trainer ohne besondere Anordnung sofort wirksam (s. Näheres in § 29 (2) RuVO).

[115] PHB/*Summerer* II, 234.

## Verfahren gegen Nichtmitglieder 58

Für Nichtmitglieder begründet die Satzung und die RuVO des DFB keine Mitgliedsrechte und selbstredend keine Mitgliederpflichten, es sei denn, sie haben sich durch vertragliche Vereinbarungen, was rechtlich unbedenklich ist[116], dem DFB-Recht und damit insbesondere auch der Vereinsstrafgewalt des DFB unterworfen[117]. Ohne dass eine formelle Mitgliedschaft bestehen muss, besteht die Verpflichtung des Spielers im Lizenzvertrag zwischen ihm und dem Ligaverband (DFL) zu sportlichem Verhalten und zur Befolgung der Satzung und der Ordnungen des DFB und der DFL (§§ 2, 3 Lizenzspielervertrag). Der Spieler verpflichtet sich, die Maßnahmen des DFB und dessen Entscheidungen zu befolgen. Die vertragliche Anerkennung lässt die DFB-Gerichtsbarkeit für den Lizenzspieler verbindlich werden. Vereinssanktionen werden somit in gleichem Maße wie gegen Mitglieder wirksam.

Zusätzlich ist in § 3 (4) des Lizenzvertrages vorgesehen, dass außer der Vereinsstrafe eine Vertragsstrafe gemäß § 315 BGB ausgesprochen werden kann. Als Vertragsstrafen können Verwarnung, Verweis, Geldstrafen bis zu 100.000 Euro, Sperren auf Zeit oder Dauer, Lizenzentzug - auch in Kombination - verhängt werden. Von dieser Möglichkeit der Vereinbarung einer Vertragsstrafe wird nur selten Gebrauch gemacht. Bei Verstößen gegen die Lizenzierungsauflagen wurden sie aber schon häufiger ausgehandelt.

Einem Nichtmitglied ist ein ausgeschiedenes Mitglied gleichzustellen, falls keine vertragliche Unterwerfung besteht. Mit der Beendigung der Mitgliedschaft erlischt die Befugnis des Vereins, gegen den Betroffenen Sanktionen zu verhängen[118]. Bei einem Austritt aus einem Verein und damit aus dem DFB wird das Verfahren unterbrochen bis zum etwaigen Wiedereintritt; dann kann es fortgesetzt werden. Der Austritt aus dem Verband ist gehäuft im sog. Hoyzer-Skandal von Beschuldigten praktiziert worden, um eine DFB-Strafe, die jeweils vom Kontrollausschuss in der Anklage beantragt war, zu verhindern.

Nach der erfolgten Darlegung des Anforderungsprofils an das Sport- 59
gerichtsverfahren und nach der Feststellung, dass dieses rechtsstaatlichen Erfordernissen Rechnung trägt, soll die

[116] BGHZ 128, 93.

[117] Siehe *Stöber*, aaO., Rn. 732.

[118] *Reichert*, aaO., Rn. 1608.

**tägliche Praxis des Verfahrens 1. Instanz**

dargestellt und erläutert werden. Zum Abschluss des Kapitels 2 des III. Teils sind dann noch die Punkte

- Verfahrenshindernisse, Verfahrensbeendigung,
- Verfahren der Amateurverbände

zu behandeln.

**60** Im Jahre 2000 haben die DFB-Juristen bei den führenden europäischen Fußballnationen England, Holland, Frankreich, Italien und Spanien deren Sportstrafrechtbestimmungen zur Information über die dortige Rechtslage angefordert. Im materiell-rechtlichen Bereich war zu konstatieren, dass die Mindeststrafen dieser Verbände bei den gängigen Sportverfehlungen (unsportliches Verhalten, rohes Spiel, Tätlichkeit gegen Gegner bzw. Schiedsrichter u. a.) im Durchschnitt deutlich unter dem Mindeststrafrahmen des DFB lagen. Insoweit hat letzterer sich zwischenzeitlich angenähert und u. a. die Strafen für rohes Spiel und Tätlichkeiten herabgesetzt. Interessant war aber in erster Linie das in Italien praktizierte Verfahren, das im Regelfall einen Verfahrensabschluss bis zum Montag nach einem Wochenendspieltag gewährleisten soll.

In Anlehnung daran wurde auf DFB-Seite die Regelung des § 15 RuVO eingeführt. Sie bringt wesentliche Neuerungen. Das jetzige Verfahren ist einerseits vereinfacht und beschleunigt, andererseits konsensual. Im Einzelnen:

**61** Nach einem Feldverweis in Meisterschaftsspielen der DFB-Spielklassen stellt der Kontrollausschuss am dem Spieltag nachfolgenden Werktag bis 14.00 Uhr schriftlich Strafantrag beim Einzelrichter.

Zuvor hat er bei dem betroffenen Spieler um Erklärung gebeten, ob dieser dem Strafantrag in der beabsichtigten Anklage zustimmt. Im Falle einer nicht eingehenden Erklärung wird der Strafantrag gleichwohl dem Einzelrichter vorgelegt (§ 15 (2) RuVO).

Damit dieser vorgesehene Ablauf in zeitlicher Hinsicht ermöglicht wird, ist mit dem Vorsitzenden des Schiedsrichterausschusses vereinbart, dass am ersten Werktag nach dem Spieltag, also im Normalfall am Montag bis 8.00 Uhr der Schiedsrichterbericht mit Schilderung des Feldverweises bei der Rechtsabteilung des DFB vorliegt, bei Sonntagsspielen bis 10.00 Uhr am Montag.

Der Kontrollausschussvorsitzende oder sein Vertreter hatten etwaige Feldverweise in den Sportsendungen freitags, samstags und sonntags bereits einmal oder mehrfach betrachtet, sie analysiert durch Wiederholungen und Verzögerungen des Films und sich so einen vorläufigen Eindruck von den begangenen Verfehlungen verschafft. Ähnliche Wahrnehmungen haben der Einzelrichter (in der Regel Dr. Koch) und der Abteilungsleiter Rechtsprechung beim DFB Robert Weise vorgenommen. Ein schnelles Aburteilen am Montag ist möglich, wenn diese drei Verfahrensbeteiligten auf dem gleichen Kenntnisstand über die Taten, die zum Feldverweis führten, sind. Eine böse Zunge hat uns bezichtigt, wir seien von einem Voyeurismus befallen.

Am Montag geht sodann der Spielbericht beim DFB ein. Der Kontrollausschuss bildet sich danach eine einstweilige Meinung über den verwirklichten Tatbestand und insbesondere über die in Betracht kommende Strafhöhe, die verständlicherweise den Spieler am meisten interessiert.

Parallel zu diesen Verfahrensschritten bis hin zur endgültigen Antragstellung des Kontrollausschusses – etwa in der Zeit von 10.00 bis 13.00 Uhr am Montag – besteht für den Spieler, was nicht ausdrücklich in § 15 RuVO erwähnt ist, aber als selbstverständlich aus dem Grundsatz des rechtlichen Gehörs abzuleiten ist, die Möglichkeit, sich in einem eigenen Schriftsatz oder in einem solchen des Vereins bzw. eines Verteidigers zu dem im Spielbericht als Grund für den Feldverweis aufgeführten Sachverhalt zu äußern. Außer in einer solchen Schutzschrift können Spieler/Verein oder Verteidiger mit der Rechtsabteilung des DFB telefonisch Kontakt aufnehmen und um Erläuterung des in Erwägung gezogenen Strafantrags des Kontrollausschusses bitten. Dabei wird von DFB-Seite oft die einschlägige Rechtsprechung zu vergleichbaren Fällen erläutert, was eine wichtige Hilfe für den Spieler bzw. den Verein bei seiner Entschließung sein kann. Seitens des Spielers können in dieser Phase des Verfahrens rechtliche und insbesondere auch tatsächliche Einwände vorgebracht werden, wobei in erster Linie das Verhalten des Gegenspielers **vor** der Tat, die Anlass des Feldverweises war, einzuführen ist, das häufig vom Schiedsrichterteam, weil dessen Aufmerksamkeit noch auf andere Situationen gerichtet war, nicht registriert worden ist. Außer in dieser Form, die an eine Schutzschrift im Zivilprozess erinnert, kann auch fernmündlich mit dem Kontrollausschussvorsitzenden ein Rechtsgespräch geführt werden. Von dieser Möglichkeit wird insbesondere in umstrittenen Fällen und solchen von einiger Bedeutung Gebrauch gemacht. Unter gebührender Berücksichtigung eines solchen eventuellen informatorischen „Zwischenverfahrens“ formuliert der Kontrollausschuss sodann die Anklage und fragt bei dem Spieler an, ob er mit dem nun endgültigen Antrag einverstanden ist oder nicht, wovon Mitteilung an den betroffenen Lizenzverein bzw. dessen Tochtergesellschaft ergeht. Bis 14.00 Uhr ist der Strafantrag unter Anklageerhebung mit der eingeholten Erklärung des Spielers beim Einzelrichter zu stellen. Über diese in § 15 (2) RuVO geregelten Verfahrensschritte werden Muster eines typischen Vorgangs beigefügt sowie Abdruck einer komplexere Sachverhalte enthaltenden Anklageschrift („Hoyzer-Anklage") als Anlagen 1 und 2 zu diesem Verfahrensabschnitt wiedergegeben. Die im Formblatt enthaltenen Verfügungen II und III zur Musteranklage werden ebenfalls abgedruckt.

In diesem Verfahrensabschnitt wird bereits häufig zwischen Spieler/Verein und Kontrollausschuss nach Austausch der wechselseitigen Argumente ein **Konsens** über die Strafsanktion erzielt. Im staatlichen Strafprozess ist eine Verständigung im Gesetz zwar auch nicht vorgesehen, wird aber im Ermittlungsverfahren im Rahmen einer Hauptverhandlung zwischen Angeklagten und Staatsanwalt (nach Verfahrensbeginn auch eventuell dem Gericht) häufig praktiziert. Bedenken gegen diesen „Handel mit der Gerechtigkeit" werden vielerorts erhoben. Sicherlich ist zuzugestehen, dass das bundesdeutsche Strafprozessrecht von Grund auf vergleichsfeindlich ausgestaltet ist. Das Bundesverfassungsgericht[119] hält solche Absprachen zumindest nicht grundsätzlich für unzulässig, stellt aber rechtsstaatliche Schranken auf. Der BGH hat mittlerweile für diese Absprachepraxis Grenzen und Schranken entwickelt. Der erste Schritt ist vom 4. Strafsenat des BGH gegangen worden[120]. Die einzelnen Aspekte des Verständigungsverfahrens wurden in der Folgezeit von Instanzgerichten und auch von einzelnen Senaten des BGH unterschiedlich entschieden. Die abwertende Bezeichnung „Deal im Strafverfahren" soll sich auf unzulässige Absprachen beziehen. Die Einigungsvoraussetzungen, die sich insbesondere auf die Wirkungen eines zugesagten Geständnisses beziehen, sind auf das Sportstrafverfahren des DFB nicht alle übertragbar. Der Große Senat des BGH hat in seinem Urteil vom 3.3.2005[121] die Voraussetzungen im staatlichen Verfahren nochmals fortgeschrieben, sodass letztlich ein eigenständiges konsensuales Verfahren **neben** dem „streitigen" Verfahren praktiziert wird.

[119] BVerfG, in NJW 1987, 2662.
[120] BGHSt 43, 195.
[121] BGH, in NJW 2005, 1440.

In den Sportstrafverfahren sollten solche Annäherungsbestrebungen, wenn sie auf beiden Seiten von dem Fair-Play-Gedanken geleitet werden, nicht ausgeschlossen werden, sondern in geeigneten Fällen durchaus angestrebt werden. Sie bringen in einem frühen Verfahrensstadium Rechtssicherheit für den Spieler, die insbesondere dessen Verein und dessen Trainer die geeigneten Reaktionsmöglichkeiten bei der Trainingsausrichtung auf die Länge der Sperre eröffnet. Wenn im Strafprozess die Verständigung inzwischen als „strafprozessuales Faktum" anerkannt ist[122] und es allgemeine Erkenntnis ist, dass die Strafjustiz die Masse von Verfahren und insbesondere die Großverfahren schwerlich sonst in angemessener Zeit bewältigen könnte, hat sich im Sportstrafverfahren diese frühzeitige Annäherung insbesondere hinsichtlich der für den Betroffenen zentralen Frage der Strafhöhe bewährt. Der Kontrollausschuss gibt bei Einleitung der Gespräche zwischen Einzelrichter, Verteidiger und ihm eine Strafobergrenze bekannt, die nicht überschritten werden soll. Wenn dann im Einzelfall eine aufwendige Beweisaufnahme vermieden werden kann, ist ein gewisser Strafrabatt – wie er beim staatlichen Verfahren ebenfalls praktiziert wird – im Gespräch, was als Voraussetzung eines wechselseitigen Aufeinanderzugehens durchaus nicht bedenklich ist. Der Begriff „Deal" passt hierfür nicht, vielleicht der eines „Agreements unter Sportlern"!

Einem Antrag des Kontrollausschusses, mit dem der Spieler sich einverstanden erklärt hat, hat der Einzelrichter zu entsprechen, *„wenn ihm keine grundsätzlichen Bedenken entgegenstehen"*. Solche wurden seit Einführung der neuen Regelungen nur in seltenen Ausnahmefällen geäußert. In zeitlicher Hinsicht werden deshalb bereits am späten Nachmittag des Montags Entscheidungen vom Einzelrichter gefällt (§ 15 (2) S. 1 RuVO), die den Vermerk tragen: *„Das Urteil ist rechtskräftig"*. In den abendlichen Sportnachrichten bzw. bei großer Aktualität des Falles auch in Tagesschau oder Tagesthemen ist dann bereits eine Meldung über den Verfahrensausgang enthalten. Bei Sonntagsspielen, die abends um 19.00 Uhr enden, ist dann bereits binnen 24 Stunden unter Ausschöpfung aller Beschleunigungsmöglichkeiten, aber auch bei Beachtung aller Verfahrensgarantien ein Verfahren über einen Feldverweis rechtskräftig abgeschlossen. Zahlenmäßig ist dies in den letzten fünf Jahren im Durchschnitt in über 80% von „Roten Karten" der Fall gewesen. Das neu 62

[122] *Meyer-Goßner*, aaO., Einl. 119 a.

strukturierte Einzelrichtersystem hat sich in den letzten sechs Jahren mehr als bewährt.

63 Hat der Einzelrichter die in § 15 (2) RuVO angesprochenen Bedenken, so ordnet er eine mündliche Verhandlung an. Eine dahingehende Anregung kann der Kontrollausschuss auch schon von vornherein stellen, wenn der Sachverhalt höchst unklar ist und es der richterlichen Beweiserhebung bedarf, wobei in dieser Konstellation eine Fixierung eines bestimmten Strafantrages und insbesondere eine Festlegung zur Strafhöhe höchst untunlich ist. Diesen Weg sollte der Kontrollausschuss gehen können, obwohl die RuVO eine solche Verfahrensweise nicht ausdrücklich vorsieht. Die Praxis hat insoweit keine Probleme aufkommen lassen.

64 Bei Nichtzustimmung des Betroffenen soll bis spätestens 10.00 Uhr des folgenden Werktags (also in der Regel bis Dienstag 10.00 Uhr) die Einzelrichterentscheidung ergehen, die *„vom Antrag des Kontrollausschusses und des Spielers unabhängig ist"* (§ 15 (3) S. 1 RuVO). Eine Verschärfung über das vom Kontrollausschuss beantragte Strafmaß hinaus ist jedoch unzulässig (§ 15 (3) S. 2 RuVO). Der Einzelrichter kann also gemäß dem gestellten Strafantrag oder abweichend davon eine andere rechtliche Würdigung vornehmen und/oder eine niedrigere Strafe festsetzen. Er kann außerdem in Fällen von grundsätzlicher Bedeutung eine mündliche Verhandlung anordnen (§ 15 (3) Abs. 2 RuVO).

65 Gegen die Entscheidung des Einzelrichters können der Kontrollausschuss und der Spieler/Verein binnen 24 Stunden nach Zugang der Entscheidung Verhandlung vor dem Sportgericht gemäß § 16 (1) RuVO beantragen, sofern der Einzelrichter von dem jeweiligen Antrag abgewichen ist (Erfordernis der Beschwer). Die Entscheidungen des Sportgerichts ergehen in der Besetzung mit drei Richtern aufgrund mündlicher Verhandlung (Ausnahme § 16 (2): Einverständnis bzw. Entscheidung über Rechtsfragen bei unstreitigem Sachverhalt). Die mündliche Verhandlung vor dem Sportgericht, bei dem in der Regel der zuvor tätig gewordene Einzelrichter der Vorsitzende ist, wird mit einem Urteil abgeschlossen. Die Verfahrensvorschriften für die mündliche Verhandlung erster und zweiter Instanz sind oben bereits dargelegt worden. Wichtig ist dabei, dass nach der ständigen Rechtsprechung wegen des summarischen Charakters der Einzelrichterentscheidung ähnlich wie beim staatlichen Strafbefehlsverfahren in der mündlichen Verhandlung eine Verschlechterung gegenüber dem Betroffenen ausgesprochen werden kann.

66 Das dargestellte Einzelrichterverfahren, das vereinfacht, beschleunigt und in gewissem Maße konsensual ist, hat sich in der Praxis sehr

bewährt. Es verlangt auf DFB-Seite einen hohen Zeiteinsatz von Einzelrichter und Staatsanwalt bei der Beweissicherung und Beweisauswertung der Fernsehaufnahmen (am Wochenende von freitags abends bis montags abends über insgesamt mehr als 10 Stunden), ferner Kenntnisse des Rechtsprechungsstandards bei allen Verfahrensbeteiligten und den Willen zur Kooperation beim Verfahrensablauf. Die Ergebnisse des Verfahrens finden hohe Akzeptanz bei den Vereinen. Die Fußballgerichtsbarkeit des DFB wird von Insidern und von Kennern im In- und Ausland, auch von der Rechtsanwaltschaft und der Rechtslehre, anerkannt. Diese Vorzeigemöglichkeit hat auch Ausstrahlungswirkung auf eine mögliche Angreifbarkeit der Entscheidung vor den staatlichen Gerichten bzw. den statuarischen oder vertraglichen Schiedsgerichten. Externe Experten, die die Verfahrensordnung vieler deutscher Sportverbände kennen, bezeichnen die DFB-Gerichtsbarkeit als Vorbild für andere Sportarten. Die schnelle Klarheit und Rechtssicherheit wird überwiegend im schriftlichen Verfahren herbeigeführt; die Zahl der aufwendigen mündlichen Verhandlungen mit teilweise langen Anreisen zum „Sitz“ des Sportgerichts in Frankfurt liegt unter 5% aller Verfahren, was durchweg begrüßt wird. Das seit 2001 praktizierte Einzelrichtersystem hat längst die Feuerprobe der Bewährung bestanden. Unerlässlich ist aber für sein Funktionieren Professionalität auf Seiten der Verfahrensbeteiligten (mit Ausnahme der Betroffenen).

Ist eine mündliche Verhandlung unumgänglich, wird sie bei Feldverweisen nach Möglichkeit vor dem nächsten Pflichtspieltag durchgeführt. Beim normalen Meisterschaftsbetrieb am jeweiligen Wochenende ist Sitzungstag meistens der Donnerstag, bei englischen Wochen ist der Dienstag bzw. Freitag als Verhandlungstag – wenn Eilbedürftigkeit besteht – vorgesehen.

In Verfahren, denen kein Feldverweis zugrunde liegt, ist große Eile nicht 67
unbedingt geboten. Deswegen sind für diese die kurzen Fristen wie beim Feldverweis nicht maßgebend. Die Aufforderung an den Betroffenen soll eine kurze, d. h. eine angemessene, aber doch tunlich knappe Frist setzen. Für das dann folgende Verfahren gelten die vorstehend abgehandelten Absätze 2–4 des § 15 RuVO entsprechend. Demzufolge ergehen auch beispielsweise in Verfahren gegen Vereine, Vereinsfunktionäre, Trainer oder in seltenen Fällen auch gegen Schiedsrichter Einzelrichterentscheidungen in dem beschriebenen Sinne nach Anklagen durch den Kontrollausschuss. Eine gute Zusammenfassung bietet die von Rainer Koch erstellte Übersicht über das Verfahren vor dem DFB-Sportgericht (s. S. 84).

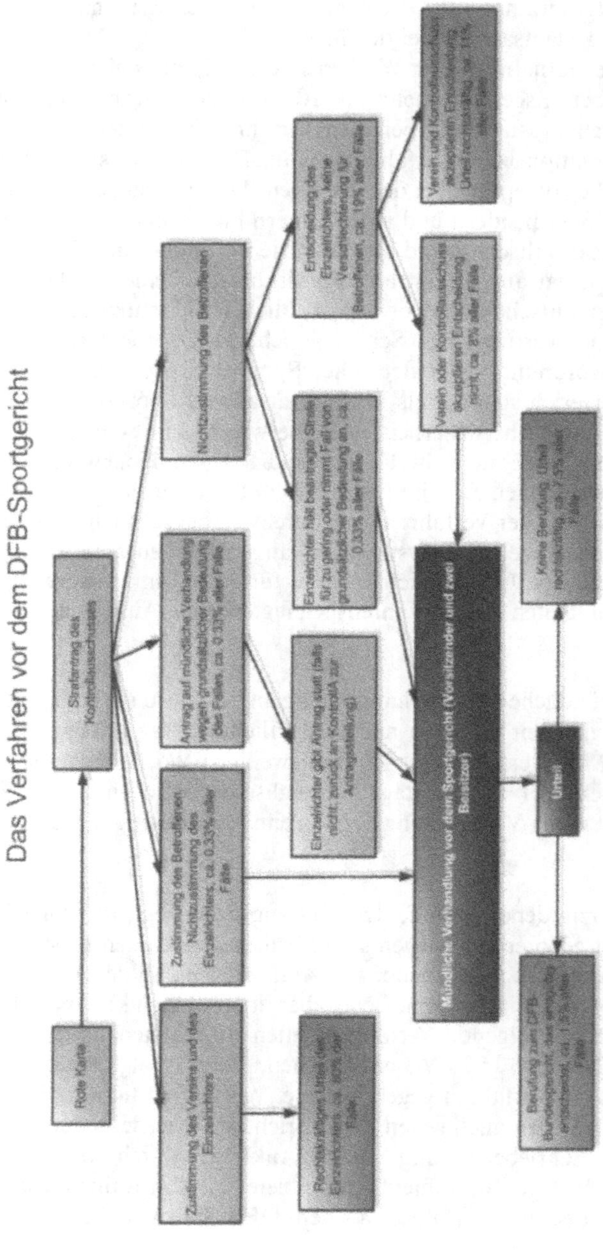
Das Verfahren vor dem DFB-Sportgericht
Rote Karte
Strafantrag des Kontrollausschusses
Zustimmung des Vereins und des Einzelrichters
Zustimmung des Betroffenen. Nichtzustimmung des Einzelrichters, ca. 0,33% aller Fälle
Antrag auf mündliche Verhandlung wegen grundsätzlicher Bedeutung des Falles, ca. 0,33% aller Fälle
Nichtzustimmung des Betroffenen
Rechtskräftiges Urteil des Einzelrichters, ca. 80% der Fälle
Einzelrichter gibt Antrag statt (falls nicht: zurück an KontrollA zur Antragsstellung)
Einzelrichter hält beantragte Strafe für zu gering oder nimmt Fall von grundsätzlicher Bedeutung an, ca. 0,33% aller Fälle
Entscheidung des Einzelrichters, keine Verschlechterung für Betroffenen, ca. 19% aller Fälle
Mündliche Verhandlung vor dem Sportgericht (Vorsitzender und zwei Beisitzer)
Verein oder Kontrollausschuss akzeptieren Entscheidung nicht, ca. 8% aller Fälle
Verein und Kontrollausschuss akzeptieren Entscheidung, Urteil rechtskräftig, ca. 11% aller Fälle
Berufung zum DFB-Bundesgericht, das endgültig entscheidet, ca. 1,5% aller Fälle
Urteil
Keine Berufung, Urteil rechtskräftig, ca. 7,5% aller Fälle

In der Regel enden die richterlichen Verfahren in Form eines Urteils, vereinzelt auch durch Einstellungsbeschluss. Meistens wird die Verfahrensbeendigung ohne Urteil aber durch den Staatsanwalt, also den Kontrollausschuss ausgesprochen, der insoweit durch Verfügung entscheidet.

Eine Einstellungsart ist in § 13 (2) RuVO neu eingeführt worden für den Fall, dass in einem Bundesligaspiel bei einem Feldverweis ein Beobachtungsfehler unterlaufen ist: der Schiedsrichter hat z. B. Täter und Opfer verwechselt. Obwohl nach den Fernsehbildern der Fehler des Referees eindeutig festzustellen war, musste im Falle des Spielers Barbarez (HSV) eine mündliche Verhandlung mit entsprechendem Aufwand für alle Beteiligten durchgeführt werden, die nichts Neues gegenüber dem vorbekannten eindeutigen Sachverhalt brachte und somit zur Einstellung des Verfahrens nach mündlicher Verhandlung führte. Als Folge dieses Verfahrensumwegs ist nunmehr geregelt, dass bei einem offensichtlichen Irrtum des Schiedsrichters im Falle des Feldverweises eines Spielers der Einzelrichter oder das Sportgericht das Verfahren auf Antrag des Kontrollausschusses ohne mündliche Verhandlung einstellen können. Mit der Einstellung ist eine Vorsperre aufzuheben (§ 13 (2) RuVO).

Ein fußballspezifisches Verfahrenshindernis untersagt die Verfolgung **68**
ansonsten durchaus strafwürdigen Fehlverhaltens eines Spielers: Zur abschließenden Beurteilung der Frage, welcher Sachverhalt sich ereignet hat und ob er eine Ahndung mit einer Ermahnung, einer Gelben, einer Gelb-Roten oder einer Roten Karte erfordert oder überhaupt nicht mit einer persönlichen Strafe gegen den Spieler zu ahnden ist, sondern nur eine Spielstrafe (Freistoß, Strafstoß) anzuordnen ist oder aber sogar der Fall ohne jegliche Reaktion zu bleiben hat, ist **allein** der Schiedsrichter berufen. Hat er keine Rote Karte für geboten erachtet, so kann, wenn er den Vorgang gesehen hat, wegen einer darin enthaltenen Sportverfehlung keine Anklage erhoben werden. Die Entscheidung, eine Gelbe oder eine Gelb-Rote Karte zu zeigen oder keine der drei persönlichen Reaktionsmöglichkeiten auf dem Feld auszusprechen, darf nicht zum Nachteil des Sportlers verschlechtert werden, auch wenn dem Unrechtsgehalt der Verfehlung dadurch nicht Rechnung getragen wird. Der Schiedsrichter trifft die „beschränkte" (Gelb, Gelb-Rot) Ahndung und durch eine Nichtbestrafung eine negative Tatsachenentscheidung im Sinne der Fußballregeln. Diese ist nach Entscheidung des BOARD Nr. 1 zu Regel 5 der Fußballregeln (die Entscheidungen des BOARD haben im FIFA-Recht den Charakter eine Regel) **endgültig**. Es besteht für den Kontrollausschuss ein Verfahrenshindernis. Diese Endgültigkeit der Schiedsrichterreaktion ist

Bestandteil eines allgemein anerkannten internationalen Fußballrechtssatzes, der nicht ausdrücklich in den FIFA-Regeln aufgenommen worden ist[123]. Mit dem Schlusspfiff des Referees sollen die Spieler und die Fußballwelt grundsätzlich wissen, ob gegen die Akteure noch eine Sanktion folgen kann. Dies gilt kraft Umkehrschlusses aus § 8 (8) RuVO auch für die Fälle, in denen der Schiedsrichter keine Wahrnehmung über eine Verfehlung des Spielers gemacht hat. Von der Nichtverfolgbarkeit der Tat besteht aber bei Nichtwahrnehmung des Schiedsrichters **eine Ausnahme** in Fällen des sog. krass sportwidrigen Verhaltens (§ 8 (8) RuVO, s. unten unter II 3). In diesem seltenen Ausnahmefall ist auch der Fernsehbeweis eröffnet, während er bei den anderen abgehandelten Fällen fehlender Ahnungsmöglichkeit durch den Kontrollausschuss ausgeschlossen ist. Selbstverständlich ist bei einer Roten Karte die Strafe nachträglich von einem Spiel aufwärts festzusetzen. Bei Gelben bzw. Gelb-Roten Karten ist die Sanktion strikt festgelegt: in ersterem Fall nach fünf Gelben Karten ein Spiel Sperre, bei Gelb-Rot ein Spiel Sperre für das nächste Spiel im gleichen Wettbewerb.

Vorstehend abgehandelte Abgrenzung zwischen den Fällen, in denen eine Verfolgbarkeit über die Ahndung des Schiedsrichters auf dem Spielfeld hinaus möglich ist, und den Fallgruppen, in denen es bei der persönlichen Strafe des Spielers durch den Schiedsrichter verbleiben muss, ist in der Praxis der DFB-Sportgerichte erster und zweiter Instanz gefestigte Rechtsprechung.

## 69 Sonstige Verfahrenshindernisse – Verfahrensbeendigung

Neben dem vorgenannten fußballspezifischen Verfahrenshindernis, das die Einleitung eines Verfahrens durch den Kontrollausschuss ausschließt, ist in § 5 (3) RuVO eine weit gefasste Einstellungsmöglichkeit bei Zustimmung des Sportgerichts eröffnet: In geeigneten Fällen kann davon Gebrauch gemacht werden, gegebenenfalls unter Bedingungen, Auflagen und einem Hinweis, dass das festgestellte Verhalten verboten ist und im Wiederholungsfall eine Anklage erhoben werden kann. Der Anwendungsbereich dieser Ermächtigungsnorm ist breit gefächert. Einige typische Beispielsfälle:

– Ein ehrenamtlicher Vereinspräsident, der sich jahrelang nichts zuschulden kommen ließ, vergisst sich in einer Sondersituation und beleidigt das Schiedsrichtergespann. Er entschuldigt sich am nächsten

[123] *Hilpert*, in Schriftenreihe Württembergischer Fußballverband Nr. 38, S. 30.

Tag von sich aus. In solchen Fällen pflegt der Kontrollausschuss mit Zustimmung des Sportgerichts das Verfahren nach § 5 (5) RuVO einzustellen, wenn der Betroffene eine Geldbuße an eine wohltätige Institution in Höhe eines Betrages, der nach seiner Einkommenssituation angemessen ist, gezahlt und die Zahlung nachgewiesen hat.

- Ein Trainer, der keinerlei sportstrafrechtliche Vorbelastungen hat, äußert sich unmittelbar nach dem Spiel gegenüber dem Fernsehen beleidigend über den Schiedsrichter. Da er ein bekannter Sportler ist, kann er es unschwer ermöglichen, am nächsten Spieltag wieder vom gleichen Sender interviewt zu werden. Wenn er sich dann in gebührender Form vor dem gleichen Millionenpublikum wegen seiner Entgleisung gegenüber dem Schiedsrichter am vorhergehenden Spieltag entschuldigt, kann das Verfahren – auch im Hinblick auf sein einwandfreies Vorleben – ausnahmsweise ohne Sanktion eingestellt werden. Es ist die bestdenkbare Form der Wiedergutmachung erfolgt.
- An dieser Stelle soll auf das Bemühen des Kontrollausschusses hingewiesen werden, dass die Vereine ihre Spieler und Trainer eindringlich darauf hinweisen mögen, unmittelbar nach dem Spiel in der Erregung keine Interviews zu geben, die sie nach dem Duschen bereits bedauern (Stichwort: „keine ungeföhnten Interviews!“).
- Ein Trainer, der über mehr als ein Jahrzehnt in kein Verfahren verwickelt war, äußert sich negativ gegenüber dem Schiedsrichter. Wenn die Verfehlung von geringer Schwere ist, kann das Verfahren etwa gegen Zahlung einer Geldbuße zur Ausbildung der Jungschiedsrichter nach § 5 (5) RuVO eingestellt werden.
- In Fällen von Zuschauerausschreitungen sind manche Vereine „Dauertäter“. Insoweit wird in Analogie zu § 154 StPO das Verfahren, dem eine weniger schwerwiegende Verletzung der Platzdisziplin zugrunde liegt, mit Zustimmung des Sportgerichts eingestellt.
- Im Nationalmannschaftsbereich fällt glücklicherweise höchst selten „Arbeit“ für den Kontrollausschuss an. Ein Beispiel für die Anwendung des Opportunitätsprinzips insoweit ist der Fall des früheren Nationalspielers Stefan Effenberg. Nach den DFB-Statuten kann ein Spieler, der sich weigert, in der Nationalmannschaft zu spielen, für andere Spiele (etwa seines Vereins) gesperrt werden. Da der DFB keine „gezwungenen“ Nationalspieler will, schien es angebracht, von vornherein von der Einleitung eines Verfahrens gegen den widerspenstigen „Effe“ abzusehen.

Nach Abschluss der Voruntersuchung (Ermittlungsverfahren des Kontroll- **70**
ausschusses) wird – wie in der StPO vorgesehen – Anklage zum Sport-

gericht erhoben, wenn genügende Anhaltspunkte hierfür bestehen, d. h. wenn der Betroffene der Sportverfehlung hinreichend verdächtig ist (s. §§ 170 (1) und (2), 203 StPO).

Wenn kein genügender Anlass zur Erhebung der Anklage zu bejahen ist, wozu als Hauptfall das Fehlen eines hinreichenden Tatverdachts gehört, wird das Verfahren entsprechend § 170 (2) StPO durch den Kontrollausschuss eingestellt. Einstellungsgründe können außer in den bereits vorstehend abgehandelten Fällen das Bestehen eines Verfahrenshindernisses oder auch das Ergreifen einer Maßnahme im Rahmen des Opportunitätsprinzips sein.

Zum Abschluss der Darstellung des Sportstrafverfahrens sollen als Muster zwei Fälle einer Anklage des Kontrollausschusses und zwei Fälle einer Einstellungsverfügung abgedruckt werden:

**(Anlage 1: Muster einer Anklage)**

***I. Deutscher Fußball-Bund – Kontrollausschuss***
*An*
*1. Lizenzspieler Markus Mustermann*
*2. FC ABC*

*Per Telefax*
*Nr.*

***Feldverweis des Lizenzspielers Markus Mustermann im Bundesliga-Meisterschaftsspiel FC ABC gegen DEF Fußball AG am 17. März 2001 in ABC***
*Gemäß Nr. 15 Nr. 2 der Rechts- und Verfahrensordnung des DFB beabsichtigt der Kontrollausschuss des DFB beim Einzelrichter des DFB unter Anklageerhebung folgenden Strafantrag zu stellen:*

1. *Lizenzspieler Markus Mustermann (FC ABC) wird wegen eines rohen Spiels gegen den Gegner gemäß § 8 Nr. 1b) der Rechts- und Verfahrensordnung des DFB mit einer Sperre von drei Pflichtspielen belegt. Pflichtspiele sind Meisterschaftsspiele der Spielklasse, in der die Tat begangen worden ist, sowie Vereinspokalspiele des Deutschen Fußball-Bundes auf DFB-Ebene.*
2. *Lizenzspieler Markus Mustermann (FC ABC) ist zusätzlich gemäß § 8 Nr. 5, Satz 2 der Rechts- und Verfahrensordnung des DFB bis einschließlich 07. April 2001 für alle Pflichtspiele anderer Mannschaften seines Vereins gesperrt. Findet das dritte Pflichtspiel gemäß Ziffer 1 bereits vor dem 07. April 2001 statt, so endet die Sperre mit Ablauf des Datums dieses Spiels.*

3. *Die Kosten des Verfahrens trägt Lizenzspieler Markus Mustermann unter Mithaftung des FC ABC.*

*Der Antrag stützt sich auf den in Kopie beigefügten Bericht des Schiedsrichters Robert Recht sowie die Fernsehaufzeichnung SAT 1 (Ran) vom 17. März 2001.*

*Ergänzende Begründung:*

[An dieser Stelle wird normalerweise eine Würdigung der Beweise sowie eine rechtliche Einordnung der Verfehlung vorgenommen und in Orientierung an der Rechtsprechung der DFB-Gerichte das vorgesehene Strafmaß begründet.]

*Unter Hinweis auf § 15 Nr. 2, Satz 2 der Rechts- und Verfahrensordnung des DFB bitte ich um Erklärung bis* ***spätestens 14.00 Uhr****, ob Sie dem vorgenannten Strafantrag zustimmen. Falls diese nicht fristgerecht eingeht, wird der Strafantrag dem Einzelrichter gleichwohl vorgelegt.*

*f.d.R.:* *Mit freundlichen Grüßen*

*Robert Weise* *gez. Horst Hilpert*
*(Abteilungsleiter)* *(Vorsitzender des Kontrollausschusses)*

***II.***
***An den***
***Vorsitzenden des Kontrollausschusses***
***Per Telefax***
***Nr. 069/6788415***

*Dem unter I. genannten Strafantrag des Kontrollausschusses wird*

- O *zugestimmt*
- O *nicht zugestimmt (Begründung siehe Anlage)*

.....................................................................
*Markus Mustermann bzw. bevollmächtigter Vertreter*

***III.***
***An den***
***Vorsitzenden des DFB-Sportgerichtes***
***Herrn Dr. Rainer Koch***

*Ich stelle Strafantrag unter Bezugnahme auf Ziffern I und II, den beigefügten Bericht des Schiedsrichters sowie die Erklärung des Lizenzspielers Mustermann und des FC ABC und beantrage gemäß § 15 Nr. 2 der Rechts- und Verfahrensordnung des DFB Einzelrichterentscheidung.*

*f.d.R.:* *Mit freundlichen Grüßen*

*Robert Weise* *gez. Horst Hilpert*
*(Abteilungsleiter)* *(Vorsitzender des Kontrollausschusses)*

*IV.*

*Es ergeht Einzelrichterentscheid gemäß Antrag des Kontrollausschusses*

*Poing, d. 20. März 2001*

*Dr. Rainer Koch*
*(Vorsitzender des DFB-Sportgerichtes)*

**(Anlage 2)**

***I. Deutscher Fußball-Bund – Kontrollausschuss***

*ANKLAGE*

*An*

*1. Schiedsrichter Robert Hoyzer, zur Zeit in der Justizvollzugsanstalt Moabit in Berlin,*
*2. Rechtsanwalt Dr. Thomas Hermes in Essen*

***Per Telefax an Rechtsanwalt Dr. Hermes***
***per Einschreibebrief mit Rückschrein an Herrn Robert Hoyzer in Berlin***

***Betreffend Vorkommnisse im Zusammenhang mit Meisterschaftsspielen in der Saison 2004/2005 in der 2. Bundesliga und der Regionalliga Nord sowie in dem DFB-Vereinspokalspiel zwischen dem SC Paderborn 07 und dem Hamburger SV am 21. August 2004, wozu das Einspruchsverfahren zwischenzeitlich zwischen den beteiligten Vereinen und dem DFB definitiv abgeschlossen ist.***

*Gemäß §§ 15 und 16 der Rechts- und Verfahrensordnung des DFB (im folgenden RuVO) erhebt der Kontrollausschuss des DFB beim Einzelrichter des DFB Anklage mit den folgenden Vorwürfen und gemäß den nachstehend aufgeführten Vorschriften:*

> *Vorgeworfen wird Robert Hoyzer, dass er sich in fünf Fällen sportstrafrechtlicher Verfehlungen schuldig gemacht hat und dabei schuldhaft gegen § 44 der Satzung, § 1 Nr. 2 der RuVO des DFB i.V. mit § 16 Nr. 1 der Schiedsrichterordnung des DFB verstoßen zu haben.*

*Diese Vorwürfe gründen sich auf folgenden Sachverhalt:*

*1. Vor dem DFB-Vereinspokalspiel zwischen dem SC Paderborn 07 und dem Hamburger SV am 21. August 2004 wurden Schiedsrichter Hoyzer von seinem Bekannten Ante Sapina 18.000 Euro zugesagt für den Fall, dass der SC Paderborn 07 das Spiel gewinnt. Während des Spiels wurden zwei Elfmeter gegen den Ham-*

*burger SV von Schiedsrichter Hoyzer gegeben, die er im Fall einer neutralen Spielleitung nicht gegeben hätte. Kurze Zeit nach Spielende wurden Hoyzer sodann in Berlin 20.000 Euro übergeben, da das Spiel den gewünschten Ausgang (Sieg für den SC Paderborn 07) gefunden hatte und weil Hoyzer erfolgreich bewusst „auf dieses Ergebnis gepfiffen hatte". Robert Hoyzer gesteht, dass er auf das Spiel pflichtwidrig Einfluss genommen hat (Vernehmungsprotokoll der StA vom 28.2.2005, Seite 2)*

2. *Vor dem Meisterschaftsspiel der 2. Bundesliga zwischen der MSV Duisburg GmbH & Co. KG aA und der SpVgg. Greuther Fürth GmbH & Co. KG aA am 26. September 2004 in Duisburg erhielt Schiedsrichter Hoyzer von Ante Sapina einen Anruf mit dem Angebot, etwas Geld zu erhalten, wenn Duisburg das Spiel gewinne. Das Spiel verlief anschließend wie gewollt, ohne dass Schiedsrichter Hoyzer eingreifen musste. Nach Spielende erhielt Schiedsrichter Hoyzer 5.000 Euro von Milan Sapina (Beweis: Geständnis von Robert Hoyzer bei der Vernehmung durch die StA Berlin am 28.1.2005, Seite 9, und Vernehmung durch Dr. Koch und Hilpert am 9.2.2005 in Essen, Seite 2).*

3. *Vor dem Meisterschaftsspiel der 2. Bundesliga zwischen dem LR Ahlen und dem SV Wacker Burghausen am 22. Oktober 2004 wurden Schiedsrichter Hoyzer von Ante Sapina 30.000 Euro angeboten für den Fall, dass LR Ahlen das Spiel gewinnt. Hätte Schiedsrichter Hoyzer sich in dieser Situation nicht durch den wirtschaftlichen Vorteil beeinflussen lassen, hätte er nicht auf Elfmeter entschieden. Er hat sich um des Geldes willen bewusst über die Fußballregeln hinweggesetzt.*

   *Beweis: Robert Hoyzer sagt selbst in seiner Einlassung bei seiner Vernehmung durch den Vorsitzenden des DFB-Sportgerichts Dr. Koch am 9.2.2005, dass das Handspiel nach seiner Ansicht, die nach den Fußballregeln allein maßgeblich ist, klar unabsichtlich gewesen sei, er habe aber gleichwohl auf Strafstoß für Ahlen entschieden.*

   *Der Elfmeter führte zum Endergebnis von 1:0 für den LR Ahlen. Nach Spielende erhielt Schiedsrichter Hoyzer 15.000 Euro von Ante Sapina und am Abend vor dem Meisterschaftsspiel der 2. Bundesliga zwischen der SpVgg. Unterhaching und dem 1. FC Saarbrücken am 28.11.2004 die restlichen 15.000 Euro.*

   *Das Spiel LR Ahlen gegen Wacker Burghausen ist zwischenzeitlich auf Einspruch von Wacker Burghausen durch das Sportgericht am 15. Februar 2005 neu angesetzt worden. Das Urteil ist bis zur Einreichung der Anklage nicht rechtskräftig.*

4. *Vor dem Meisterschaftsspiel der 2. Bundesliga zwischen der SpVgg. Unterhaching und dem 1. FC Saarbrücken am 28.11.2005 erhielt Schiedsrichter Hoyzer von Ante Sapina das Angebot, dass er 35.000 Euro bei einem Sieg der SpVgg. Unterhaching erhalte. Schiedsrichter Hoyzer willigte auch hierzu ein und erhielt noch am Abend vor dem Spiel das Geld. Da er aufgrund des Spielverlaufs einen Spielausgang zugunsten der SpVgg. Unterhaching nicht beeinflussen konnte und er trotz eines für Unterhaching beim Stande von 1:2 zu Unrecht gegebenen Strafstoßes, der durch den Stürmer Copado an die Latte geschossen wurde (Endstand*

*1:3), nichts mehr ausrichten konnte, musste Schiedsrichter Hoyzer das Geld nach Spielende wieder zurückgeben. Das Wetten auf das Spiel in Unterhaching war Bestandteil einer sogenannten Kombiwette, wobei die im Sinne der Wetter ausgegangene Bundesligapaarung 1. FC Kaiserslautern gegen den SC Freiburg (3:0 Endergebnis) am 27.11.2004 einbezogen war (Beweis: Geständnis von Robert Hoyzer).*

5. *Vor dem Meisterschaftsspiel der 2. Bundesliga zwischen dem SC Rot-Weiß Essen und der 1. FC Köln GmbH & Co. KG aA am 22. Oktober 2004 rief Schiedsrichter Hoyzer auf Veranlassung von Ante Sapina bei Schiedsrichter-Assistent Felix Zwayer an und sagte diesem, dass er 500 Euro erhalten würde, wenn er in dem Spiel „mal die Fahne hebe"; gemeint war damit, ein falsches Linienrichtersignal abzugeben. Es sollten hiermit Situationen beeinflusst werden, damit die 1. FC Köln GmbH & Co. KG aA das Spiel gewinne. Das Spiel endete 2:2, was nicht im Sinne des Wetters war (Beweis: Geständnis von Robert Hoyzer und Zeugnis von Schiedsrichterassistent Felix Zwayer bei dessen Vernehmung als Zeuge am 21.1.2005 durch den Kontrollausschussvorsitzenden.).*

*Diese Verhaltensweisen von Robert Hoyzer stellen unsportliches Verhalten gemäß § 1 Nr. 2. der RuVO des DFB dar.*

*Schiedsrichter Hoyzer hat durch sein Fehlverhalten die ihm als Schiedsrichter obliegende Pflicht zur neutralen Spielleitung in gröbster Weise verletzt. Er hat dem Ansehen der Schiedsrichter großen Schaden zugefügt und den Fußballsport in Deutschland ins Mark getroffen. Wer im Sinne der wichtigsten Grundsätze des Sports diesen Sachverhalt zur Kenntnis nimmt, wird eine nähere Begründung dieser rechtlichen Folgerung für entbehrlich halten. Selbstredend ist auch der gescheiterte Versuch der Manipulation unter die Generalklausel des unsportlichen Verhaltens zu subsumieren, ebenso die versuchte Anstiftung zur Manipulation im Falle 5.*

*Als Beweismittel werden angeboten die geständige Einlassung des Robert Hoyzer vor der Staatsanwaltschaft in Berlin und dem Sportgerichtsvorsitzenden Dr. Koch und dem Kontrollausschussvorsitzenden Horst Hilpert i. V. mit den Fernsehaufnahmen zu den betreffenden Spielen, die zum Zwecke der richterlichen Augenscheineinnahme beigezogen werden können. Vernünftige Zweifel an der Richtigkeit des Geständnisses des Robert Hoyzer hinsichtlich des letztlich ihm allein bekannten Manipulationswillens für die Umsetzung seines Vorhabens im Einzelfall auf dem Spielfeld bestehen für den Kontrollausschuss nicht. Weitere Beweismittel, insbesondere Aussagen von Schiedsrichter-Kollegen, werden auf Anforderung vorgelegt.*

*Bei der Bemessung der zu verhängenden Strafen im Einzelnen sind alle für und gegen Hoyzer sprechenden Umstände gebührend zu berücksichtigen und gegeneinander abzuwägen sowie deren Tragweite für die konkrete Strafe zu bewerten.*

*Zu seinen Gunsten ist zu berücksichtigen, dass er nach anfänglichem Leugnen durch sein Geständnis zu den Taten steht und verfahrensmäßig damit einen schwierigen Ermittlungsweg erspart hat. Der Kontrollausschuss war aber zur Zeit der Veröffentlichung des Geständnisses von Robert Hoyzer bei seinen Ermittlungen bereits weit-*

*gehend zu gleichen Erkenntnissen gelangt. Es wird unterstellt, dass er im Ansatz dabei ist, eine innere Umkehr betreffend das Verwerfliche seines Handelns anzustreben. Strafmildernd ist auch zu bedenken, dass er im jugendlichen Alter von 25 Jahren den Versuchungen ausgesetzt worden ist, denen er nach seiner Persönlichkeitsstruktur nicht gewachsen war. Bezüglich der Strafempfänglichkeit ist anzufügen, dass er von den von den staatlichen Gerichten zu erwartenden empfindlichen Strafen außer im Sportstrafrecht tief getroffen werden wird, zumal er in strafrechtlicher Hinsicht Ersttäter ist.*

*Strafschärfend ist in subjektiver Hinsicht zu verwerten, dass er als Motiv seines Handelns vorbehaltlos Geldgier angibt, eine der verwerflichsten Handlungsmaximen, die für einen Richter und natürlich für einen „Richter im Spiel" denkbar sind. Im staatlichen Recht ist ein solches Vergehen eines Richters als Rechtsbeugung unter erhebliche Strafen gestellt. Um persönlich auf großem Fuß leben zu können, hat er den deutschen Fußball in ideeller und materieller Hinsicht erheblich getroffen und in nicht zu überbietender Weise diesem einen immensen Schaden national und in ideeller Hinsicht auch international zugefügt. Er hat die ehrenwerte und angesehene Institution „Schiedsrichter" in den Schmutz gezogen. Achtzigtausend weitere in Deutschland pfeifende Schiedsrichter sind in ihrer sportlichen Grundempfindung zutiefst getroffen und müssen, selbst unschuldig, sich erhebliche Vorwürfe von verallgemeinernden Vereinsanhängern anhören. Dieser Makel ist niemals völlig wieder gutzumachen. Der hohe bei den Wettopfern ausgelöste Schaden wird zwar in erster Linie tragende Erwägung für die staatliche Strafe sein, ist aber auch im Sportstrafverfahren keineswegs unberücksichtigt zu lassen. Bei der Verhandlung über den Einspruch betreffend das Pokalspiel SC Paderborn 07 gegen den HSV wurde die Problematik der Rückabwickelbarkeit von Fußballspielen zumindest im Pokalwettbewerb erkannt und ein Lösungsweg gleichwohl gesucht und gefunden, unter Mitwirkung des Sportgerichtsvorsitzenden und des Vorsitzenden des Kontrollausschusses. Der dabei entstandene negative Eindruck über die sportlich schwerlich durchführbare Wiederholung von Pokalspielen nach Durchführung einer weiteren Pokalrunde wurde durch die Einsicht der Beteiligten (DFB und HSV) zumindest im Ansatz überwunden.*

*Die gegenseitige Abwägung aller für und gegen Hoyzer sprechenden Umstände gebietet nach Auffassung des Kontrollausschusses, der die folgenden Anträge in seiner Sitzung am 16.2.2005 in Frankfurt auf Vorschlag des Vorsitzenden des Kontrollausschusses beschlossen hat, wegen des hohen Unrechts- und Schuldgehalts der Taten die Ausschöpfung der Strafzwecke im obersten Bereich der Strafandrohung und auch unter Heranziehung der in der Satzung des DFB (§ 44 Nr. 3) vorgesehenen Kombination und Kumulation von Strafen.*

*Der Kontrollausschuss beantragt deshalb, gegen Robert Hoyzer folgende Strafen zu verhängen:*

1. *Ein Verbot auf Dauer, ein Amt im DFB, seinen Mitgliedsverbänden und deren Vereine zu betreiben, insbesondere das eines Schiedsrichters (§ 44 Nr. 2e) der Satzung),*

2. *eine Geldstrafe von 50.000 Euro auszusprechen (§ 44 Nr. 2c) der Satzung) sowie*
3. *einen Ausschluss auf Dauer (Lebenszeit gemäß § 44 Nr. 2g) der Satzung.*

*Die Sperre (Nr. 1) und der Ausschluss tragen dem Gedanken Rechnung, dass Robert Hoyzer sich nicht mehr auch bloß als „einfaches" Mitglied des DFB gerieren darf. Der Täter eines solches Versagens in der Rolle des Schiedsrichters kann nicht mehr zur deutschen Fußballgemeinschaft zählen. Bei der Bemessung der Geldstrafe wird der ursprüngliche unrechtmäßige Vorteil (67.000 Euro + Plasmafernseher im Werte von 3.500 Euro), vermindert um die zwischenzeitlich nach seinen Angaben erfolgte Rückgabe von 13.900 Euro, zugrunde gelegt. Durch Manipulation erlangtes Geld darf einem Manipulierer nicht verbleiben, auch wenn dieser es bereits ausgegeben hat.*

*Zum Verfahren wird in erster Linie wegen Vorliegens eines Falles von grundsätzlicher Bedeutung (§ 15 Nr. 3 letzter Absatz der Rechts- und Verfahrensordnung des DFB) eine mündliche Verhandlung vor dem Sportgericht für erforderlich gehalten. Wenn eine Verfahrenserklärung des Robert Hoyzer und insbesondere seines Verteidigers Dr. Hermes unter Zugrundelegen vorstehender Strafanträge in Richtung eines schriftlichen Sportstrafverfahrens vorliegt und einsichtige Gründe dafür vorgeschlagen werden, verschließt sich der Kontrollausschuss nicht einem anderen nach der RuVO vorgesehenen Verfahrensweg.*

*Bei dem Ausschluss von Robert Hoyzer aus dem DFB auf Dauer ist zu beachten, dass diese Trennung von dem bisherigen Mitglied auf der DFB-Satzung (u. a. § 14 Nr. 1c und d i. V. mit der Satzung von Hertha BSC Berlin) (§ 35 der dortigen Satzung) beruht, wonach die Vorschriften und Entscheidungen der DFB-Organe auf alle Mitglieder in rechtlich zulässiger Weise mediatisiert werden.*

*Bei der Geldstrafe wurde von der nach RuVO vorgesehenen fakultativen Möglichkeit (§ 5 Nr. 3 RuVO), Hertha BSC Berlin für die 50.000 Euro haften zu lassen, bewusst nicht Gebrauch gemacht, da das Fehlverhalten seines Mitglieds Robert Hoyzer dem Verein nicht zuzurechnen ist.*

*Die vorstehend beantragten Strafen werden jeweils als Einheitsstrafe verstanden, wobei das Sportgericht in letzter Zeit in Anlehnung an die UEFA-Rechtsprechung bei Tatmehrheit dies als Lösungsansatz angesprochen und danach judiziert hat, eine Verfahrensweise, die der Kontrollausschuss für sachgerecht hält, zumal in der RuVO keine diesen Weg versperrende Regelung enthalten ist.*

*Der Kontrollausschuss beschränkt sich vorläufig auf die Anklage der vorgenannten fünf Fälle. In entsprechender Anwendung zu § 154 StPO wird das Verfahren bezüglich weiterer Fälle, die sich aus den Akten ergeben, vorläufig eingestellt, weil bei den vorliegend zu erwartenden Höchststrafen eine weitere Strafe für den Einzelfall nicht ins Gewicht fallen würde. Auch der Rechtsgedanke des staatlichen Gesetzgebers im Strafrecht, der bei Anwendung der genannten Vorschrift eine Sperre vorsieht, wenn die Aufrechterhaltung der Rechtsordnung eine Einstellung verbietet, im Fußball*

*„die Verteidigung der Fußballordnung und des Fair-Play-Prinzips", steht einer vorläufigen Einstellung nicht entgegen.*

| | |
|---|---|
| *f.d.R.:* | *Mit freundlichen Grüßen* |
| *Robert Weise* | *gez. Horst Hilpert* |
| *(Abteilungsleiter)* | *(Vorsitzender des Kontrollausschusses)* |

Nach einem Rechtsgespräch mit dem Einzelrichter Dr. Koch nahm der Kontrollausschuss den Antrag zu 2 (Geldstrafe über 50.000 Euro) zurück. Nach Einverständniserklärung des Betroffenen, von seinem Verteidiger erklärt, erging das Urteil des Einzelrichters nach dem noch verbliebenen Antrag des Kontrollausschusses. Das Urteil ist rechtskräftig.

**(Anlage 3)**

*Verfügung:* 71

*Der Kontrollausschuss erklärt, dass er mit Zustimmung des Sportgerichts das Sportstrafverfahren gegen nachfolgende Spieler und den Mannschaftsbetreuer entsprechend § 153a StPO einstellen wird, falls jeder der Spieler das Doppelte des erhaltenen Betrages und der Mannschaftsbetreuer das Vierfache an den DFB zur Weiterleitung an eine wohltätige Institution gezahlt hat.*

*Horst Hilpert*
*Vorsitzender des DFB-Kontrollausschusses*

Es handelt sich um Fälle des Kassierens von sog. Siegprämien nach eingetretenem Sieg (s. unten II 3). Die Zustimmung des Sportgerichts wurde in rund 60 Fällen bzw. bei drei verschiedenen Vereinen nach Zahlung der festgesetzten Beträge erteilt und das Verfahren gemäß § 5 (5) RuVO eingestellt.

**(Anlage 4)**

72 ***Einstellung des Verfahrens***

*Gegen den Lizenzspieler Thor Schuss wird kein Verfahren vor dem Sportgericht eingeleitet, da ein hinreichender Anfangsverdacht für ein sportwidriges Verhalten nicht vorliegt.*

*Kontrollausschuss*
*Der Vorsitzende*

Hinsichtlich einer Einstellungsnachricht an den Betroffenen ist zu differenzieren zwischen

- Unterbleiben einer Mitteilung über die Nichteinleitung des Verfahrens an den Betroffenen

und

- Einstellungsmitteilung, wenn er als Beschuldigter vernommen worden ist, ferner, wenn er um einen Bescheid gebeten hat oder ein Interesse daran hat (analog § 170 (2) StPO).

Als Anhang des Verfahrensrechts der DFB-Sportinstanzen soll noch kurz auf das

73 **Sportgerichtsverfahren bei den Landesverbänden im Amateurbereich**

eingegangen werden.

*Schickardt*[24] charakterisiert die von der Öffentlichkeit unbeachtete Abwicklung der unendlich vielen Sportgerichtsfälle als *„etwas rustikal, immer ehrenamtlich und ohne Entgelt außerhalb von jedem Rampenlicht, quasi ‚am Fließband'"*. Es handele sich gleichsam um das „Amtsgericht der Sportgerichtsbarkeit".

Die Zahl im Fußball-Amateurbereich schätzt der Verfasser bei Hochrechnung der von ihm genau ermittelten Fußballstrafverfahren im Saarland von etwa 5.000 im Jahr auf die ca. 80-mal größere Bundesrepublik auf ca. 400.000 Verfahren jährlich.

Um diese Verfahrensmassen allwöchentlich bewältigen zu können, haben die von den jeweiligen Verbandstagen gewählten Sportrichter einen Kata-

124 aaO., S. 9.

log von für bestimmte Begehensformen festgelegten Strafen zur Verfügung. Das Sportstrafrecht hat dabei – bewusst oder intuitiv – einen Weg der leichteren Bewältigung dieser Arbeit eingeschlagen. Es werden die vorgesehenen Mindeststrafen, wenn nicht besondere Strafschärfungsgründe vorliegen, als Regelstrafen verhängt. Dieses System der standardisierten Mindeststrafen ermöglicht die zeitnahe und sachgerechte Bewältigung der Verfahrensflut durch ehrenamtliche Richter. Da man dabei nicht mit Sondervergünstigungen und Ausnahmefällen rechnen kann, ergehen in einem Verfahren, das die obigen Grundprinzipien eines Fair Trial im Groben einzuhalten trachtet, Entscheidungen, die zur Stabilisierung des Normenbewusstseins der Strafunterworfenen beitragen, weil sie zudem deren sportlicher Grundhaltung entsprechen[125] (positive Generalprävention). Es ist dabei gewährleistet, dass ähnliche Fälle ähnlich entschieden werden und häufigere Entscheidungstypen einigermaßen vorhergesehen werden können. Auf diesem Weg wird Gleichbehandlung und damit Rechtssicherheit erreicht. Angesichts des Trends zur Verrechtlichung auch im Sport ist es erstaunlich, dass diese allwöchentliche Urteilstätigkeit von Idealisten des Sports nur in ganz seltenen Ausnahmefällen gerichtlich überprüft wird und so den Sportausübenden sichere Grenzen garantieren kann, damit diese in geregelten Bahnen ihrem Hobby nachgehen können.

[125] *Hilpert*, Bayerische Verwaltungsblätter, S. 302.

## Kapitel 3: Das materielle Sport„straf"recht

74 Der im Fußballleben gängige Sprachgebrauch, der von Sportstrafen und von Sport„straf"verfahren (im Folgenden ohne Anführungszeichen gebraucht) spricht, ist zwar eingebürgert, juristisch aber unscharf; das Sanktions- und Disziplinarrecht der Verbände ist unstreitig[126] Zivilrecht und kein Strafrecht. Dasselbe stellt das CAS auch für das seiner Rechtsprechung zugrunde liegende Schweizer Recht klar[127].

75 Die für das Sanktionsrecht des DFB maßgeblichen Grundtatbestände finden sich in § 7 (betreffend Vereine), § 8 (für Spieler) und § 9 (bezüglich Spieler und Vereine) der Rechts- und Verfahrensordnung. Der Strafrahmen und die Einzelstrafarten sind in § 44 Satzung DFB festgelegt.

Im Folgenden sind vorweg die oben unter II 2 Rn. 23 angekündigten Wirksamkeitsvoraussetzungen in materiell-rechtlicher Hinsicht, nämlich Bestimmtheitsgrundsatz – Verhältnismäßigkeit (Übermaßverbot) – Verschuldensprinzip abzuhandeln, bevor dann im Einzelnen auf die Fälle der Grundtatbestände und auf Einzelfallentscheidungen einzugehen sein wird.

### 76 Bestimmtheitsgrundsatz

Der Bestimmtheitsgrundsatz leitet sich aus Art. 103 II GG ab und gilt uneingeschränkt im Strafrecht. Bezüglich des Vereinsrechts wird teilweise[128] die Meinung vertreten, dass dieser Grundsatz auch dort „voll zum Tragen kommt"[129]. Der Standpunkt des überwiegenden Teils in Literatur und Rechtsprechung geht aber dahin, dass der Grundsatz im Vereinsrecht keine Anwendung findet[130]. Meines Erachtens ist bei den

[126] Vgl. statt vieler *Röhricht*, aaO., S. 23.
[127] TAS/CAS 2001/77/1317 und *Pfister*, in SpuRt 2003, 16.
[128] PHB/*Summerer*, II, 252.
[129] So *Reichert*, aaO., Rn. 292; ferner LG Leipzig, in SpuRt 2005, 208; PHB/*Summerer*, II, 251.
[130] *Haas*, in SportR B, 13 ff.; OLG München, in SpuRt 2001, 64, 67 m. w. N.

Bestimmtheitsanforderungen zu unterscheiden hinsichtlich des sanktionsbedrohten Verhaltens einerseits und den Strafen andererseits. Die Strafen müssen in der Satzung festgelegt sein, damit der beitrittswillige Sportler sich informieren kann, was ihm im äußersten Fall droht. Dies hat in der DFB-Satzung zu geschehen (§ 44). Wenn darin zusätzlich gleichsam in einem umfassenden Obertatbestand „alle Formen des unsportlichen Verhaltens" als zu bestrafen aufgeführt sind, die wiederum in den Ordnungen (hier insbesondere in der Rechts- und Verfahrensordnung) näher zu regeln seien, so wird dadurch dem Gedanken der Vorhersehbarkeit der Sanktionen für den Sportler, aber auch den Bedürfnissen für das sportliche Leben angemessen Rechnung getragen[131]. Allgemein gängige Disziplinartatbestände, die Sanktionen an ein „unsportliches", „sportwidriges" oder „das Ansehen der Sportart schädigendes" Verhalten oder an die „Verletzung der sportlichen Fairness" anknüpfen, werden durchaus als zulässig angesehen[132]. Die einzelnen Formen des unsportlichen Verhaltens werden, wie die DFB-Satzung vorsieht, in Nebenordnungen, in erster Linie in der Rechts- und Verfahrensordnung, lediglich konkretisiert, während die Grundsatz- oder Wesentlichkeitsentscheidung in der Satzung geregelt ist[133].

Bezüglich der Geltung des DFB-Rechts für das Mitglied an der Basis (siehe § 3 (2) DFB-Satzung) bestehen angesichts des pyramidenförmigen Aufbaus der Struktur des DFB (FIFA – UEFA – DFB – Regionalverband – Landesverband – Verein) vom DFB aus gesehen „abwärts" vier Stufen. Bis zur untersten Ebene kann im Wege der Doppelverankerung der Rechtsunterwerfung das Regelwerk des DFB durch Verweisung in der Satzung des am Fuße der Pyramide stehenden Vereins, in dem der Fußballer Mitglied ist, über die Brücke des Rechts der Verbände, in denen der Verein seinerseits Mitglied ist, wirksam „durchgereicht" werden[134]. Die vom DFB empfohlenen Formulierungen, die in der Vereinssatzung (siehe Anhang: Kapitel 5A und B, Satzung des FC Bayern München und des SV Bexbach) umgesetzt sind, sind klar und bestimmt, widerspruchsfrei und verständlich[135]. Es handelt sich um eine Verweisung, d. h. die Verankerung der Regeln des übergeordneten Verbandes ist durch konkrete Benennung in die Satzung des Basisvereins eingebaut.

[131] Siehe auch *Buchberger*, aaO., S. 124.
[132] *Haas*, in SportR B, 63 m. w. N.
[133] PHB/*Summerer*, II, 13; *Haas*, in SportR B, 13.
[134] *Haas*, in SportR B, 11.
[135] *Reichert*, aaO., Rn. 447.

Im Vereinsrecht werden zwei Formen der Verweisung diskutiert: die statische und die dynamische Verweisung.

Im Falle des DFB ist zwar nicht expressis verbis auf dessen Satzung „in der jeweils aktuellen Fassung" Bezug genommen. Eine solche dynamische Verweisung ist aber offensichtlich gewollt. Während eine statische Verweisung rechtlich unbedenklich ist, sind die Meinungen in Literatur und Rechtsprechung zur dynamischen Verweisung geteilt. Für nicht rechtmäßig wird sie mit Hinweis auf §§ 21, 71 BGB gehalten, weil auf der Ebene des Basisvereins die zwingende Registereintragung umgangen werde und zusätzlich zuvor ein Beschluss der jeweiligen Mitgliederversammlung erforderlich sei[136]. Insoweit wird von den Verfechtern dieser Meinung aber selbst eingesehen, dass eine solche Verankerung „von ganz oben nach ganz unten" über sämtliche Vereinsebenen hinweg einen großen Verwaltungs- und Kontrollaufwand erfordere. Nach der im Vordringen befindlichen Meinung zur Zulässigkeit dynamischer Verweisungen wird darauf hingewiesen, dass vereinsrechtlich ein diesbezügliches Verbot nicht bestehe und andernfalls eine unzulässige Selbstbeschränkung der vereinsrechtlichen Willensbildung drohe[137]. Man stelle sich vor, wann bei Ausgehen von einer statischen Verweisung eine vom Bundestag des DFB beschlossene neue Regelung die letzten der sechs Millionen Vereinsmitglieder an der Basis nach Eintragung in das Vereinsregister erreichen wird: zum Teil nie, zum Teil vielleicht nach drei Jahren.

Für Großvereine mit mehreren hierarchischen Stufen ist ein solches Erfordernis nicht praktikabel. Diese Bedürfnisse in der Praxis sind ein weiteres Argument dafür, dass Satzungsregeln in Form von Generaltatbeständen wie „unsportliches Verhalten" ausreichend und auch zulässig sind. Deshalb bedurfte z. B. die auf dem außerordentlichen Bundestag am 8. September 2006 beschlossene Erweiterung des Inhalts und des Strafrahmens für rassistische und menschenverachtende Verfehlungen in der Rechts- und Verfahrensordnung nicht einer weiteren Umsetzung, da sie als Unterformen des in der Satzung genannten unsportlichen Verhaltens erfasst sind. Wenn man das Bestimmtheitserfordernis überhaupt für das Vereinsrecht fordert, so ist diesem in der gelockerten Form, wie vorliegend für das DFB-Recht dargelegt, jedenfalls ausreichend Rechnung getragen[138].

[136] PHB/*Summerer*, II, 153; in der Tendenz wohl ebenso BGH, in NJW 1995, 583, 585.
[137] *Haas*, in SportR B, 17.
[138] *Buchberger*, aaO., S. 124.

## Verhältnismäßigkeitsgrundsatz – Übermaßverbot 77

Der Grundsatz der Verhältnismäßigkeit, der aus dem Übermaßverbot abzuleiten ist, ist ein Grundpfeiler unseres Rechtsstaats. Er gilt auch im Sportrecht, zumal er auch ein Ausfluss des diesen beherrschenden Fair-Play-Prinzips ist. Für das Sportstrafrecht bedeutet dies, dass das zu ahndende Verhalten sowie Art und Umfang der Vereinsstrafe in einem angemessenen Verhältnis zueinander stehen müssen (siehe auch Art. 6 I EMRK Fair Trial). Dabei ist die Suche nach dem Urmeter des Strafens für einen Einzelfall nicht leicht.

Das Übermaßverbot ist ernsthaft zu diskutieren bei den Strafen einiger nationaler und internationaler Verbände bei Dopingvergehen. Darauf wird in dem Sonderteil VIII zum Dopingrecht einzugehen sein.

Im Fußballrecht sind die Grenzen erreicht und auch manchmal überschritten worden bei der Ahndung von Verstößen gegen Formalvorschriften wie die Regelungen über die Folgen einer fehlenden Eintragung in sog. Spielberechtigungslisten oder in Spielberichten oder bei versehentlicher Nichtvorlage von Pässen bzw. bei sonstigen kleineren Formalverstößen (z. B. fehlender Unterschrift auf dem Pass). Wenn in materieller Hinsicht alle Voraussetzungen erfüllt sind, ist im Einzelfall ernsthaft zu prüfen, ob die harte Sanktion des Spielverlusts nur wegen Nichteinhaltung einer untergeordneten Formalie nicht überzogen ist. Das Landgericht Nürnberg-Fürth[139] hat eine Verbandsentscheidung auf Spielverlust für nicht unverhältnismäßig angesehen, die wegen fehlender Eintragung eines Spielers auf dem Spielbericht – der Pass war dem Schiedsrichter sehr wohl vorgelegt worden – ein gewonnenes Spiel für verloren erklärte. Die dies vorschreibende Regelung in der Satzung sei nach Auffassung des Landgerichts *„nicht gänzlich unerträglich und unhaltbar oder treuwidrig"*. Das Sportgericht des DFB hat vergleichbare Fälle bei dem Frauenspiel TuS Niederkirchen gegen VfB Sindelfingen unter Berufung auf den Verhältnismäßigkeitsgrundsatz umgekehrt entschieden und nur eine Geldstrafe, aber keine Spielwertung ausgesprochen. Ähnliche Problemstellungen treten in Bundes-, aber auch in Europapokalspielen auf bei Einsatz eines 4. Amateurs, eines 4. Nicht-EU-Ausländers, wenn dies nur für kurze Zeit (für Sekunden, ja ohne Ballberührung) war und sofort eine Rückwechslung erfolgt ist. Zu beachten ist aber, dass das OLG München diese Vorschriften nicht als Strafsanktionen ansieht; es gehe allein um die

[139] Urteil vom 14.6.2000, in SportR 13/16/15.

Durchsetzung gleicher Wettbewerbsbedingungen für die an Verbandsspielen teilnehmenden Fußballvereine. Ein Verschulden des betreffenden Vereins sei nicht geboten[140].

Immer wieder wird in der Öffentlichkeit bei spektakulären Sportverletzungen von längerer Dauer ins Gespräch gebracht, dem Täter das gleiche Übel zuzufügen, also die Sperre des Verletzers so lange andauern zu lassen, wie der Verletzte nicht spielen kann. Dieses mosaische „Auge um Auge, Zahn um Zahn" ist ein reines Zugeständnis an den Rachegedanken und war teilweise Leitidee des öffentlichen Strafens im Mittelalter[141]. Ein solches Talionsprinzip, das bei einigen Fußballverbänden im Ausland im Ansatz praktiziert werden soll, ist der Sportrechtsprechung im DFB-Bereich fremd; diese orientiert sich bei der Höhe der Strafen an dem konkreten Verschulden und an der Gefährlichkeit des Handelns des Verletzers, aber nicht an unverschuldeten Zufallsfolgen kraft unglücklicher Umstände. Zu diesem Ergebnis kommt auch *Summerer*[142] über das Übermaßverbot, der aber zutreffend darauf hinweist, dass die Bewertung der Schwere der Verletzung natürlich Tatfrage im Einzelfall sei.

Eklatante Beispiele für Verletzungen des Verhältnismäßigkeitsgrundsatzes sind aus dem internationalen Sport bekannt geworden. Sie werden unten im VII. Teil zu referieren sein.

Zu begrüßen ist demgegenüber, dass im DFB-Bereich Verstöße wegen einer zugrunde gelegten Übermoral wohl der Vergangenheit angehören. So weist *Steiner*[143] erfreut darauf hin, dass im Württembergischen Fußballverband eine Verpflichtung des Mannschaftsführers, dem Schiedsrichter nach Spielende zu danken, nicht mehr strafbewehrt ist. Damit würden *„auch die Anforderungen an die Ironiefähigkeit des Schiedsrichters nicht überspannt"*.

Ein Beispiel zum Schluss, das auch angesichts des Bestechungsskandals im Jahre 2005 beim DFB nicht zu einer Reaktion veranlasst: Wenn Fußballtrainer Alexander Ristic regelmäßig vor dem Spielanpfiff auf den Schiedsrichterassistenten zugeht und ihm zwei Bonbons reicht, so ist dies ein Gag, für den jede Strafe übermäßig ist. Ärgerlich, wenn auch gleichwohl nicht sanktionsbedürftig ist es, wenn acht- bis zehnjährige Balljungen bei günstigem Spielstand für ihren Verein die Rückgabe des Balles

[140] Urteil des DFB-Sportgerichts vom 2.3.1995, in SportR 15/16/18.
[141] *Hilpert*, in Bayerische Verwaltungsblätter, aaO., S. 201.
[142] In PHB II, 259.
[143] In Schriftenreihe Württembergischer Fußballverband, Heft 43, S. 112.

mehr oder weniger geschickt verschleppen. Eine Ermahnung durch den Schiedsrichter an den Einsatzleiter der Jungs ist die richtige Reaktion. Der große Strafrechtslehrer Eberhard Schmidt pflegte seinen Studenten das Übermaßverbot mit dem Bild „mit Kanonen auf Spatzen schießen" zu veranschaulichen. Auch die Sportrichter sollten bei ihren Urteilen stets „die Kirche im Dorf lassen".

## Verschuldensprinzip 78

In der Regel setzt eine Vereinsstrafe Verschulden voraus[144]. Die Regelübertretung muss dem Betroffenen vorwerfbar sein, wobei als Begründung manchmal auch die Unschuldsvermutung nach Art. 6 II EMRK herangezogen wird. Im Gegensatz zur persönlichen Bestrafung eines Sportlers mittels einer in die Zukunft wirkenden Sperre ist die bloße Disqualifikation nicht zwangsläufig an ein Verschulden gebunden, wobei eine solche auch nicht zwingend mit einem dauerhaften ethischen Vorwurf behaftet ist[145]. Eine das Verschuldenserfordernis negierende Satzungsbestimmung ist unwirksam. Die FIFA sieht z. B. für Vorfälle in internationalen Begegnungen in Art. 70 ihres Disziplinarreglements eine verschuldensunabhängige Sanktionierung für Verhalten von Zuschauern des Heim- und des Gastvereins vor („ohne dass ihn ein Verschulden trifft"). Auch der BGH[146] hat einmal entschieden, Vereinsstrafen erforderten nicht unbedingt ein Verschulden, was er einschränkte, dies gelte jedenfalls für die Verhängung „kleinerer Vereinsstrafen". Soweit der BGH den Vereinsausschluss als Sanktion meint, ist ihm auf jeden Fall zuzustimmen, da dieser an objektive Umstände anknüpfen darf. Auch bezüglich der Bagatellfälle kann ihm im Ergebnis jedenfalls mit dem Grundsatz „minima non curat praetor" beigepflichtet werden.

Gerade zum Dopingrecht wird vorwiegend im internationalen Bereich das verschuldensunabhängige „strict-liability"-Prinzip befürwortet, was aber mit deutschem Recht nicht vereinbar ist. Der genannte Grundsatz stammt aus dem Haftpflichtrecht und bezeichnet dort eine reine Kausalhaftung eines Schädigers bei besonderen Gefahrenquellen für den einem anderen zugefügten Schaden. *Röhricht*[147] weist darauf hin, dass „strict-

[144] PHB/*Summerer*, aaO., II, 262; *Haas*, in SportR B 101, mit zahlreichen Nachweisen aus der Rechtsprechung.

[145] PHB/*Summerer*, aaO., II, 269.

[146] BGHZ 29, 352, 359.

[147] aaO., S. 23, 24.

liability" im deutschen Rechtskreis ein Fremdkörper sei: *„Das auf die Ausübung der Verbandsstrafgewalt ausstrahlende Menschenbild und die Wertordnung des Grundgesetzes schließen die Verhängung einschneidender disziplinarrechtlicher Strafen gegen einen Menschen ohne dessen persönliche Verantwortung für den ihm zur Last gelegten Regelverstoß aus."* Zulässig sind jedenfalls im Bereich des DFB wie auch bei anderen Nationalverbänden Beweiserleichterungen (Anscheinsbeweis, Beweislastumkehr), insbesondere weil der Beschuldigte der Gefahrenquelle näher ist. Diese Beweislastregelungen sind insbesondere bei dem Befassen mit Zuschauerausschreitungen von Heim- oder Gastvereinen wie auch bei Dopingfällen zu erörtern.

**79** Zur Überleitung zum „Besonderen Teil des Fußballstrafrechts" sollen vorweg die Gründe des Strafens im Sport und die allgemeinen Strafzumessungserwägungen dargestellt werden. Dabei sind nicht alle staatlichen Strafzwecke mit dem gleichen Gewicht auf das Vereinsstrafrecht zu übertragen. Der Gedanke der Sühne für begangenes Unrecht ist hier weniger bedeutsam, vielmehr dürfte Senecas berühmter Satz „nemo prudens punit, quia peccatum est, sed ne peccetur" oberste Richtschnur sein für die Disziplinarstrafen, die über den Ausschluss aus dem Spiel hinausgehen. Insoweit stehen general- und spezialpräventive Gesichtspunkte und auch solche der sportlichen Resozialisierung im Vordergrund[148]. Diese dürfen auch im staatlichen Strafrecht neben der Schuld, die das größte Gewicht bei der Strafzumessung hat, mitschwingen. Nach der Spielraumtheorie gemäß der Rechtsprechung des BGH[149] ist nach dem Maß der Schuld ein konkreter Rahmen für die festzusetzende Strafe zu finden, innerhalb dessen die genannten Präventionszwecke zur Geltung gebracht werden können. Sie können dann aber die Bestimmung der konkreten Strafe dergestalt beeinflussen, dass z. B. aus Gründen der Generalprävention das höchste Grenzmaß gewählt werden darf[150]. Spezialprävention richtet sich insoweit an den Täter, Generalprävention an die übrigen Fußballer des DFB-Spielbetriebs. Welche augenfällige Auswirkungen der Strafzweck der Generalprävention haben kann, soll an einem Beispiel aus der Fußballrechtsgeschichte demonstriert werden. Als Ende der 70er Jahre die DFB-Rechtsprechung Tätlichkeiten hinter dem Rücken des Schiedsrichters, die dieser nicht gesehen und deshalb nicht geahndet hatte, unter dem neu entwickelten Gesichtspunkt des krass

[148] *Hilpert*, in Bayerische Verwaltungsblätter, aaO., S. 198.
[149] BGHSt 7, 28; 20, 2066; 29, 230.
[150] BGHSt 7, 28, 32.

sportwidrigen Verhaltens mit empfindlichen Strafen ahndete, zeigte sich die abschreckende Wirkung schon nach weniger als zehn Präzedenzfällen. Da ein Spieler sich vor dem Auge der Fernsehkamera nie unbeobachtet fühlen konnte, wenn Ball und Schiedsrichter auch noch so weit entfernt sein mochten, sind nach der Ahndung mit empfindlichen Strafen durch die Sportgerichtsbarkeit solche Fälle nur noch vereinzelt aufgetreten. Einer der Betroffenen erklärte bei seiner Vernehmung, sofort nach dem Tritt sei ihm blitzartig der Gedanke gekommen, hoffentlich habe die Fernsehkamera dies nicht aufgenommen. Er habe sofort mit seinen Augen die Richtung der Fernsehkamera auszumachen versucht. Heute mit 20 Kameras in einem Bundesligastadion ist diese Hoffnung auf Nichtaufnahme verschwindend klein. Damals zeigte sich, dass die generalpräventive Wirkung von spürbaren Strafen bei den meisten der potentiellen Täter, die die Sportrechtsprechung von Berufs wegen aufmerksam verfolgen, diesen Gedanken schon vor dem Tritt bzw. dem Ellenbogenstoß auslöst und die grobe Unsportlichkeit von vornherein verhindern half oder auch derzeit noch hilft.

Ebenfalls noch vor den Einzelfallentscheidungen ist darauf hinzuweisen, **80**
dass ein Verschulden in der Form des Vorsatzes oder der Fahrlässigkeit vorliegen kann. Vorsätzliches Handeln ist ein solches mit Wissen und Wollen des Täters, das z. B. bei Schiedsrichterbeleidigung vorliegen muss. Fahrlässiges Handeln, d. h. Nichtentfalten der gebotenen Sorgfalt, reicht bei den meisten der nachfolgend abgehandelten Tatbestände aus, wobei vorsätzliche Tatverwirklichung als schwerere Verfehlung innerhalb des gleichen Tatbestands zu werten ist, was sich bei der Strafhöhe auswirkt. Die Fußballregeln lassen in Regel 12 bei verbotenem Spiel und bei unsportlichem Verhalten Fahrlässigkeit für die Spielstrafe (direkter Freistoß) genügen. Bei den sieben Regelübertretungen, die eine Verwarnung (Gelbe Karte) nach sich ziehen, ist teilweise keine Schuldform genannt, wobei aber bis auf das unsportliche Verhalten, wo wohl fahrlässige Verwirklichung ausreicht, jeweils Vorsatz zu fordern ist. Beim Verlassen des Spielfeldes ist dabei der Begriff „absichtlich" gebraucht, der wohl nach deutschem Sprachgebrauch Vorsatz bedeuten soll. Bei den feldverweiswürdigen Vergehen sind sieben Regelübertretungen aufgeführt, wobei auch nur bei Punkt 4 (Verhinderung „eines Tors oder einer offensichtlichen Torchance durch absichtliches Handspiel") eine Schuldform ausdrücklich genannt ist. Regel 12 sieht für das mit Freistoß/Strafstoß zu ahnende Handspiel ebenfalls Absicht vor. Diese gesteigerte Schuldform ist nach deutschem Strafrecht anzunehmen bei dolus directus ersten Grads, wenn der Wille des Täters auf diesen Erfolg gerichtet ist, es dem

Täter auf den Erfolg ankommt[151]. „Angeschossene Hand" zählt dazu nicht. Auch ist nicht maßgebend, ob die Hand zum Ball geht oder der Ball zur Hand. Der Spieler muss Hand spielen wollen.

Lesenswerte Hinweise zum Verständnis von Verbandsregelungen und gute Vorgaben für das Umgehen mit den Sanktionsnormen liefert der BGH in seinem berühmten Reiter-Urteil[152]. Der BGH geht davon aus, dass ein Sportler sich den einschlägigen Sport- und Wettkampfregelungen seiner Sportart unterstellt, was grundsätzlich keine den persönlichen oder beruflichen Freiheitsraum des Einzelnen in unangemessener Weise einschränkende Maßregel sei. Die Schaffung derartiger Regelwerke sei auch keine sich im rechtsfreien Raum vollziehende willkürliche Maßnahme übermächtiger Verbände. Solche Regelungen haben sich, so der BGH, aus der Eigenart des Sports im Allgemeinen oder der betreffenden Sportart im Besonderen herausentwickelt. Spielregeln dienten je nach der speziellen Sportart vor allem der Gewährleistung der körperlichen Integrität der Teilnehmer..., der Herstellung gleicher Start- und Wettbewerbsbedingungen, dem Ansehen der jeweiligen Sportart sowie der Durchsetzung der organisatorischen Durchführung eines geregelten Sport- und Wettkampfbetriebes. Diese höchstrichterlichen Vorgaben sind auf die Fußballregeln und die Sanktionsregeln des DFB voll übertragbar. Insbesondere berücksichtigt der DFB in seinem Spielbetrieb und dem damit verbundenen Sanktionssystem auch die weltweit akzeptablen Standards des internationalen Fußballverbands, was der BGH ausdrücklich als zulässige Vorgabe aufführt. Wenn auch Sport- und Bundesgericht des DFB lediglich Verfehlungen im deutschen Sportbetrieb abzuurteilen haben, darf bei ihrer Tätigkeit gleichwohl nicht außer Betracht bleiben, dass nicht nur in Cottbus, Hamburg, Köln oder München Fußball gespielt wird, sondern nach den gleichen Regeln auch in London, Kairo oder Rio de Janeiro wie auch auf Barbados, bei den Aborigines in Zentralaustralien oder den Eskimos auf Grönland dem runden Leder nachgejagt wird. 207 Nationen spielen nach den „Fußballregeln" der FIFA, die in 17 Bestimmungen mehr oder weniger klar, aber auf jeden Fall verbindlich das Spiel regeln. Die daraus abzuleitende Universalität der Sportregeln und das Gebot der weltweiten Einheitlichkeit der Fußballentscheidungen setzen einem etwaigen Bemühen um eine deutsche Sonderrechtsprechung zu einem einzelnen Problemfall Grenzen. Die FIFA wacht mit Argusaugen über Abweichler und hat sich in der Vergangen-

151 BGHSt 9, 147; 18, 151.

152 In NJW 1995, 583, 585.

heit auch nicht gescheut, nationale deutsche Urteile zu kassieren (so im Falle der Annullierung des Tors von Sean Dundee im Bundesligaspiel 1860 München gegen Karlsruher SC, siehe unten Kapitel 4, Rn. 110) und dem DFB im Wiederholungsfall sogar Strafen bis hin zum „Ausschluss von der nächsten Weltmeisterschaft“ anzudrohen. Auch der BGH[153] sieht ausdrücklich die Durchsetzung einer einheitlichen internationalen Sportregel als unumgänglich und zu diesem Zweck die Androhung von nachteiligen Folgen für den Fall ihrer Nichtbeachtung als gerechtfertigt an. Der BGH führt aus:

> *„Im Grundsatz nicht anders als alle Normen, die ein bestimmtes soziales Verhalten gebieten, gewinnen sportliche Regeln, da mit ihrer ausschließlich freiwilligen Befolgung nicht gerechnet werden kann, Sinn und Bedeutung innerhalb des sportlichen Geschehens durch die Sanktionen, mit denen die Spiel- und Sportordnung den Regelverstoß belegt. Die Befugnis zur Setzung einer Regel umschließt damit notwendigerweise das Recht zur Anordnung von Sanktionen und zu deren Vollzug im Falle der Regelverletzung.“*

Der BGH stellt auch klar, dass die Schaffung, Fortschreibung und Durchsetzung von Regeln nach dem Verständnis der geltenden deutschen Rechtsordnung ebenso wenig eine staatliche Aufgabe sei wie die Organisation des Spitzen- und Breitensports. Sie sei vielmehr eine von den Verbänden, die sich die Organisation und Pflege der jeweiligen Sportart zum Ziel gesetzt haben, in Ausübung ihrer Verbandsautonomie zu erfüllende Aufgabe.

Mit diesem höchstrichterlichen Rückenwind sollen im Folgenden **81**

**Einzelfallentscheidungen** *

aus der Rechtsprechung im Bereich des Deutschen Fußball-Bundes referiert werden, wobei die jeweilige Reihenfolge der Straftatbestände in §§ 8 (1)a–j, 9 RuVO (Strafen gegen Spieler) und in § 7 (1)a–j (Strafen gegen Vereine) eingehalten wird.

### a) Unsportliches Verhalten (§ 8 (1)a RuVO)

Das Tatbestandsmerkmal „unsportliches Verhalten“ in dieser Norm ist als solches „im engeren Sinne“ zu verstehen. Es stellt eine Art Eingangsfallgruppe bzw. eine Sammelbestimmung dar mit einem relativ niedrigen **82**

[153] In NJW 1995, 585.

* In diesem Teil bleiben die Dopingfälle im deutschen Fußball unbehandelt. Sie werden wegen des Zusammenhangs mit der Gesamtproblematik im VIII. Teil (Sport und Doping) untersucht.

Strafrahmen (Obergrenze: Sperre von sechs Monaten bzw., wenn kein Feldverweis zugrunde lag, je nach Tatverhalten nur Geldstrafe, Verwarnung oder Verweis). Andererseits ist es auch als Auffangtatbestand in Betracht zu ziehen, wenn speziellere Tatbestände nicht greifen. Hiervon zu unterscheiden ist das „unsportliche Verhalten“ in § 44 der DFB-Satzung bzw. in § 1 (4) RuVO („alle Formen des unsportlichen Verhaltens“), das eine Art Oberbegriff für unsportliches Verhalten „im weiteren Sinne“ darstellt.

§ 8 (1) a RuVO erfasst schuldhafte Sportverfehlungen, die nicht unter die sonstigen Straftatbestände des § 8 (1) b–j RuVO zu subsumieren sind. Es sind dies überwiegend leichtere Verfehlungen wie etwa wiederholtes Handspiel ohne Torfolge und – nach Verwarnung – Ballwegtreten zum Zeitgewinn, Festhalten des Gegners, damit dieser den Ball nicht erreicht, u. Ä. Wenn ein Gegenspieler leicht an den Haaren gezogen wird – kräftiges Ziehen wäre eine Tätlichkeit gegen den Gegner – ist unsportliches Verhalten angenommen worden[154], wobei eine Sperre für drei Wochen, längstens für drei Pflichtspiele verhängt wurde. Das DFB-Sportgericht 2. Liga Süd[155] hat einen Spieler wegen unsportlichen Verhaltens verurteilt, weil er dem Schiedsrichter die Gelbe Karte aus der Hemdtasche nahm und sie dem Gegenspieler zeigte; dieser Fall liegt nahe an der Schiedsrichterbeleidigung, weil die Autorität des Referees angegriffen wurde. Viele der vorstehend angesprochenen Fälle sind zum Feldverweis gekommen, weil der Schiedsrichter nach vorangegangener Verwarnung vor Einführung der Gelb-Roten Karte keine andere Möglichkeit der Reaktion hatte. Zwischenzeitlich können solche Wiederholungstaten mit geringerem Unrechts- und Schuldgehalt mit Gelb-Rot und damit mit einer automatischen Sperre von einem Spiel angemessen geahndet werden.

Auch bei dem Tatbestand des unsportlichen Verhaltens kann vorausgegangene Provokation deutlich strafmildernd wirken, wenn z. B. das Publikum einen Spieler als „Stasi-Schwein“ betitelt hat und dieser durch eine unsportliche Gestik gegenüber dem Publikum reagierte.

### b) Rohes Spiel (§ 8 (1) b RuVO)

83 Nach der Legaldefinition in § 8 (1) b 2. Halbsatz 2 RuVO spielt roh, *„wer rücksichtslos im Kampf um den Ball den Gegner verletzt oder gefährdet“*. Rücksichtloses Verhalten in subjektiver Hinsicht wird von der DFB-

[154] Urteil des DFB-Sportgerichts vom 15.4.1999 (Entscheidung Nr. 82/98/99, n. v.)
[155] Urteil vom 28.8.1974 – Entscheidung 1/74/75 – in SportR 17/16/40.

Rechtsprechung[156] angenommen, *„wenn der Täter sich aus eigennützigen Gründen über seine Pflichten gegenüber dem Gegenspieler hinwegsetzt oder aus Gleichgültigkeit seine Bedenken unterdrückt"*. Dies ist z. B. der Fall, wenn der Spieler seinem Gegner in die Beine grätscht, ohne dass für ihn die Möglichkeit besteht, den Ball zu spielen[157]. Gerade die Angriffe in Form des „Sliding Tackling" gegenüber dem den Ball führenden Gegenspieler, um in den Besitz des Balles zu kommen, sind typische Fälle des rohen Spiels, wobei erfahrensgemäß dabei Angriffe von hinten weit schwerwiegender sind als ein Eingreifen von der Seite oder gar von vorne. Beim Angriff von hinten, manchmal auch bei einem solchen von der Seite, bleibt dem betroffenen Spieler keine Möglichkeit, dem Bein/Fuß des Gegners auszuweichen bzw. durch entsprechendes Verhalten den Angriff abzuschwächen und ihm deshalb seine Gefährlichkeit für die eigene Gesundheit zu nehmen. Je höher der Fuß des Angreifers dabei vom Boden abgehoben ist, je gefahrenträchtiger ist dieses Verhalten. Ein rohes Spiel deutlich oberhalb der Mindeststrafe hat das DFB-Bundesgericht[158] angenommen, als ein Spieler seinen Gegenspieler zu Fall brachte, indem er *„bei nassem Rasen aus vollem Lauf mit ausgestrecktem Bein und senkrecht gestellter, mit Metallstollen bewehrter Schuhsohle, nahezu auf dem Rücken liegend in die Beine des Gegners rutscht"*, um unter allen Umständen die Ballannahme und das Weiterspielen durch diesen zu verhindern. Eine Chance, selbst den Ball kontrolliert zu spielen, bestand nicht. Zwar wurde jüngst im DFB-Bereich in Angleichung an das Strafmaß der führenden europäischen Fußballnationen das Strafmaß für rohes Spiel zunächst auf mindestens drei Spiele, dann sogar auf zwei Spiele herabgesetzt. Fälle dieser Art – auch Blutgrätschen genannt – werden aber weiterhin mit Strafen von vier oder gar mehr Spielen belegt. Abzugrenzen sind jeweils aufgrund der inneren Tatseite durchaus gefährliche Verhaltensweisen, wenn sie „nur" auf Unvorsichtigkeit ohne Inkaufnahme bzw. Vorhersehen der Gefährlichkeit beruhen. Auch wenn es nicht unwahrscheinlich ist, dass der Spieler erheblich in seiner Gesundheit gefährdet oder gar verletzt wird, kann lediglich ein gefährliches Spiel aus dem Formenkreis des unsportlichen Verhaltens nach § 8 (1)b RuVO gegeben sein[159], wenn bewusste Rücksichtslosigkeit nicht vorliegt, jedoch sehr wohl fahrlässiges Fehlverhalten gegeben ist mit Straffolge aus § 8 (1)a RuVO von einem Spiel aufwärts. Ein Straferhöhungsgrund bei

[156] Urteil des DFB-Bundesgerichts vom 2.5.1975 (109/74/75) in SportR 17/16/44.
[157] Spruchkammer 2. Liga Nord, Urteil vom 11.10.1979, in SportR 17/16/58.
[158] Urteil vom 14.9.1995, in SportR 17/16/119.
[159] Urteil des DFB-Bundesgerichts vom 2.11.1982 (3/82/83, n.v.)

rohem Spiel wird vom DFB-Kontrollausschuss in der Anklage stets angenommen, wenn eine Verletzung bei dem Gegner eingetreten ist: War diese nach Spielende abgeklungen, so kann der Strafantrag auf drei Spiele Sperre lauten; wenn eine Beeinträchtigung des Verletzten über den Spieltag hinaus besteht, können je nach dem Grad der Tatausführung Sperren für vier und mehr Spieltage angebracht sein. Erfreulich ist insoweit für den Bundesligafußball in den letzten Jahren, dass auf Fouls zurückzuführende längere Verletzungen kaum aufgetreten sind.

### c) Tätlichkeiten gegen Gegner oder Zuschauer (§ 8 (1)c RuVO

84 Solche Tätlichkeiten sind, abgesehen von den Vergehen gegenüber dem Schiedsrichter, die verwerflichsten Verhaltensweisen auf dem Spielfeld. Sie sind folgerichtig für den Regelfall auch mit Sperren von sechs Spielen aufwärts zu ahnden. Tätlichkeit ist gegeben, wenn der Spieler gewollt mit körperlicher Gewalt gegen einen Gegner vorgeht[160]. Treten, Schlagen, Stoßen sind typische Begehungsformen. Unter Schlagen ist dabei der gewollte Gebrauch der Hände oder der Faust gegen den Körper eines anderen zu verstehen. Für eine Tätlichkeit ist nicht erforderlich, dass der Gegner hierbei verletzt wird. Es genügt eine Handlung, die unmittelbar auf den Körper einer anderen Person abzielt mit Beeinträchtigung des körperlichen Wohlbefindens, wobei Schmerzen nicht unbedingt ausgelöst werden müssen[161]. Eine höchst unschöne Unterart der Tätlichkeit ist die „Kopfnuss" und insbesondere das Spucken gegen den Körper des Gegners oder gar in dessen Gesicht. Erreicht die Spucke nicht den Körper, so liegt entweder versuchte Tätlichkeit oder unsportliches Verhalten, je nach Entfernung des Standortes des Spuckers vom Gegenspieler, vor. Für Spucken in den Gesichtsbereich ist die Regelstrafe von sechs Spielen aufwärts anzusetzen. Bei diesem Tatverhalten ist deshalb eine besondere Heimtücke gegeben, weil es oft außerhalb des Wahrnehmungsbereichs des Schiedsrichterteams geschieht. So werden solche Vorgänge auch häufiger nicht von den Fernsehkameras erfasst. International hat das Spucken des schwedischen Nationalspielers Hamrin ins Gesicht des deutschen Verteidigers Erich Juskowiak im Halbfinalspiel bei der Weltmeisterschaft 1958 in Schweden bei dem Spiel Deutschland gegen Schweden die deutsche Öffentlichkeit erregt. Juskowiak revanchierte sich durch eine Tätlichkeit und wurde vom Feld verwiesen. Sepp Herberger ließ die

[160] Spruchkammer 2. Liga Nord, Urteil vom 11.9.1980, in SportR 17/16/84.
[161] Urteil der Spruchkammer der 2. Liga Nord vom 11.9.1980 und vom 10.10.1980, in SportR 17/16/83 und 85.

schlimme Vortat Hamrins nicht als Entschuldigung gelten und sagte zu Juskowiak, ein Nationalspieler werde nicht vom Feld gestellt, er werde nicht mehr zum Kader der Nationalmannschaft gehören; später revidierte er sich aber. Bei der WM 1990 in Italien ist das Spucken des „Lamas" Frank Rijkaard im Spiel Holland gegen Deutschland gegenüber Rudi Völler ein unschöner Meilenstein in der Sportstrafrechtsgeschichte. Nicht jeder Schlag nach dem Gegner ist aber eine Tätlichkeit. Dies hat auch das DFB-Bundesgericht[162] beispielsweise für Reflexbewegungen eines Fußballspielers angenommen, falls Handlungen vorliegen, *„die nicht vom Willen getragen und vom Bewusstsein völlig unkontrolliert sind"*.

Bei Tätlichkeiten ist stets mit Sorgfalt zu untersuchen, ob gegen den Spieler unmittelbar vor seinem Vergehen eine sportwidrige Handlung begangen worden ist (sog. Provokation im Sinne von § 8 (1)c Halbsatz 2 RuVO). Häufig ist nämlich eine Tätlichkeit eine Reaktion auf eine unsportliche Verhaltensweise oder auch manchmal auf eine ungewollte Schmerzenszufügung durch den Gegner. Auch verbale Attacken gehen den Tätlichkeiten oft voraus. In solchen Fällen kann die Strafe auf mindestens drei Wochen herabgesetzt werden. Eine Milderung im gleichen Umfang ist auch bei einem sog. leichteren Fall der Tätlichkeit möglich, der vorliegt, wenn die Tat insbesondere hinsichtlich ihrer Intensität aus dem Rahmen der normalerweise vorkommenden Tatvarianten (Treten, Schlagen, Stoßen, Spucken) herausfällt. Das DFB-Sportgericht[163] hat z. B. bei einer Augenblicksreaktion eines Angegriffenen, der sie auch nicht voll durchführte, einen leichteren Fall angenommen. Bei Eingreifen beider Milderungsgründe beträgt die Mindestsperre zwei Spiele (siehe § 8 (1)c Abs. 2 RuVO). In Grenzfällen zwischen zwei Sperrhöhen wird oft zusätzlich zu einer Spielsperre eine den Einkommensverhältnissen angepasste Geldstrafe ausgesprochen.

Auf dem Gebiet der Tätlichkeit sind von den DFB-Gerichten Sperren bis zu zwölf Wochen bzw. für bis zu zwölf Spielen ausgesprochen worden, teilweise auch für länger. Strafen für Ellenbogenchecks in Richtung Kopf des Gegners, Tritte in den Magen, Schläge gegen den Hals- und Kopfbereich werden auch heute noch, wo die Gerichte milder geworden sind, bei bis zu zehn Spielen angesetzt (insbesondere bei Kopfnuss und bei Spucken).

[162] Urteil vom 14.4.1978 (9/77/78), in SportR 17/16/52.
[163] Urteil vom 19.3.1987 (70/86/87), in SportR 17/16/99.

Gerade bei Tätlichkeiten in Bundesligaspielen, die im Fernsehen vielfach von allen Seiten aus und in Zeitlupe und Super-Slowmotion gezeigt werden, gilt das Augenmerk der Sportgerichte dem Bemühen, gleiche bzw. vergleichbare Taten gleich abzuurteilen. Das Gebot der Gleichheit gilt insoweit auch im Unrecht. Daher sind ungleiche Fälle möglichst entsprechend ihrer Ungleichheit (geringere Schwere, geringere Folgen) ungleich zu behandeln. Im Hinblick auf das aufmerksame Millionenpublikum müssen Kontrollausschuss und Sportgerichte bemüht sein, mögliche Deckungsgleichheit bei Sperren wegen ähnlicher Tätlichkeiten zu erreichen. Gleichwohl werden die Maßstäbe jedoch nicht durch den Ausspruch des früheren UEFA-Generalsekretärs Gerhard Aigner gesetzt, der sagte: *„Die Richter des Fußballs sind die Fans."* Unglückselig wäre nämlich, wenn man eine Straftat bzw. deren Höhe durch Befolgung der Überschrift einer Boulevardzeitung oder gar demoskopischer Umfragen festlegen würde. Ein entscheidender Maßstab bei der Bestimmung der Strafe im Einzelfall ist die ständige Rechtsprechung des Sportgerichts. Sie stellt eine wichtige Richtschnur für die eigene Glaubwürdigkeit und Akzeptanz dar, was der Kontrollausschuss gegebenenfalls durch Einlegung eines Rechtsmittels zu überwachen hat. Ein so gewonnenes Ergebnis hält auch der bei manchen Fällen zahlreich erfolgenden Kritik in Leserbriefen und in größerer Zahl beim DFB eingehenden Beschwerdebriefen stand. Charakteristisch ist, dass die Anhänger der „großen Vereine" im Bundesligafußball häufig beargwöhnen bzw. kritisieren, dass die Spieler ihres Clubs schlechter weggekommen seien, als dies bei einem wegen einer vergleichbaren Tat unlängst verurteilten Spieler eines Konkurrenten der Fall sei. Dabei vernebelt aber das Engagement für den eigenen Club oft den klaren Blick für die Realität. So wird auch ständig behauptet, dass Bayern München von den Sportgerichten bevorteilt würde.

#### d) Tätlichkeiten gegen das Schiedsrichterteam (§ 8 (1)d RuVO)

85 Die hierfür vorgesehene Strafe im Regelfall von sechs Monaten bis zu zwei Jahren zeigt, dass dabei eine grobe und verwerfliche Unsportlichkeit vorliegt. Ein Fall aus der jüngeren Vergangenheit ist das Ausrasten des Nationalspielers Sebastian K. aus Dortmund im Liga-Pokalendspiel Dortmund gegen HSV im Jahre 2004. Als sein Mitspieler die Rote Karte erhalten hatte, stieß K. dem Schiedsrichter mit beiden Händen gegen den Oberkörper, wobei dieser aber ein Umfallen verhindern konnte. Im Hinblick auf die fehlende Intensität des Stoßes konnte – wenn auch mit Bedenken – noch ein unsportliches Verhalten und keine Tätlichkeit angenommen werden, wonach gegen K. dank seines einwandfreien sport-

lichen Vorlebens eine Sperre von acht Spielen (teils für die Bundesliga, teils für den Liga-Pokal) ausgesprochen werden konnte.

In Angleichung an das Sanktionssystem der FIFA und der UEFA wurde vor fünf Jahren statt der Bemessung der Sperren nach Wochen bzw. nach Monaten auch im DFB-Bereich umgestellt auf Sperren für eine bestimmte Zahl von Spielen des Wettbewerbs, in dem die Tat begangen wurde. Bei schwerwiegenden Sportverfehlungen ist nach wie vor die Sperre für Pflichtspiele in allen Wettbewerben und auch für Freundschaftsspiele auszusprechen (§ 8 (5) Abs. 2 Satz 2 RuVO). Das Strafen nach Spielen führt zu größerer Einzelfallgerechtigkeit, da spielfreie Zeiten dem Täter nicht zugute kommen. Als hart empfinden Spieler und Vereine aber eine Sanktion, die sich über das Saisonende hinaus in die neue Spielzeit erstreckt. Es wird insoweit eine größere Strafempfänglichkeit bzw. Strafwirkung als bei Strafen während der Spielzeit angeführt. Häufig unternehmen es die Vereine, diesen Gesichtspunkten mit dem zusätzlichen Hinweis, dass ein Nichteinsatz des Gesperrten in den wichtigen Spielen zu Beginn einer Runde die Planungen des Trainers einengt, in einem Gnadengesuch Gehör zu verschaffen. U. a. aus Gleichbehandlungsgründen sind die diesbezüglichen Gnadenanträge von dem dafür zuständigen DFB-Präsidenten abgelehnt worden. Kein Fall der Tätlichkeit, sondern ein unsportliches Verhalten wurde angenommen, als ein Spieler den Ball mit einem „Drop-Kick" scharf mit Zielrichtung auf den Schiedsrichter abschoss, ohne diesen zu treffen[164]. Auch ein Schiedsrichterassistent war Opfer eines tätlichen Angriffs, als ein Spieler nach dem Abpfiff aus Verärgerung ihm einen Tritt gegen den rechten Fuß versetzte[165].

Die Durchsicht der Entscheidungssammlung und die Rückblende in die eigene Erinnerung ergeben, dass Tätlichkeiten von Gewicht gegen einen Schiedsrichter nur ganz selten im deutschen Spitzenfußball erfolgt sind, was zwar eine Selbstverständlichkeit ist, aber gleichwohl positiv herauszustellen ist. Dies gilt leider nicht in dieser absoluten Form für die Landesverbände, wobei aber vom Zahlenmaterial her zu berücksichtigen ist, dass im Amateurfußball von den Minis bis zu den Senioren rund 50.000 Spiele pro Wochenende stattfinden. Ausschlüsse des Täters auf mehrere Jahre oder gar auf Lebenszeit mussten dort öfters ausgesprochen werden. So verurteilte der Saarländische Fußballverband (878/-06/07) durch Entscheidung vom 4.10.2006 einen Spieler wegen Tätlichkeit gegen den

[164] DFB-Sportgericht, Urteil vom 23.12.1977, in SportR 17/16/35.
[165] Urteil des DFB-Bundesgerichts vom 18.2.1987 (9/86/87), in SportR 17/16/99.

Schiedsrichter zu 24 Monaten Sperre. Sachverhalt nach dem Schiedsrichterbericht: *„Der Spieler stellte sich etwa 5 m vor mich, lief an mit dem Kopf nach unten und rammte mir den Kopf in den Unterleib."*

### e) Beleidigung und Bedrohung des Schiedsrichters (§ 8 (1)e RuVO)

**86** Die Strafen für Beleidigungen des Schiedsrichters pendeln sich bei Sperren für zwei bis vier Spiele ein, wobei in leichteren Fällen auch ein Spiel Sperre verhängt wird. Da es dabei meistens um bestimmte Wörter und Schimpfkanonaden geht, hat die Rechtsprechung eine Rubrizierung in schwere, mittelschwere sowie in leichtere Fälle der Beleidigungsformen entwickelt. Eine Beleidigung ist nach dem Sprachgebrauch des staatlichen Strafgesetzes *„der rechtswidrige Angriff auf die Ehre eines anderen durch vorsätzliche Kundgebung der Missachtung oder der Nichtachtung"*[166]. Sie kann wörtlich oder symbolisch oder durch entsprechende Handlungen begangen werden; eine besondere Beleidigungsabsicht ist nicht erforderlich.

Zu den drei Fallgruppen sollen aus der Kasuistik der Rechtsprechung des DFB-Sportgerichts jeweils einige Beispiele aufgezählt werden:

Gravierende Verunglimpfungen in höchst unschöner, ja hässlicher Form sind Beleidigungen „unter der Gürtellinie", wie z. B.: *„Ich bringe Sie um, Sie Drecksau"*, *„Vielen Dank, Du Dreckarsch"*, *„Alte Drecksau"*, *„Wir sind betrogen worden"*, *„Arschloch"*, *„Idiot"*, das Götzzitat pp.

Als Regelfälle werden von der Rechtsprechung eingeordnet Äußerungen wie *„Heim-Schiedsrichter, der uns um unsere Prämie gebracht hat"*, *„Der Kerl ist ja besoffen"*, *„Pfeife"*, *„Du spinnst"* oder *„Spinnst Du?"*, *„Hoyzer"*, *„Das war eine Sauerei"*, *„Depp"*, *„Wir haben gegen 12 Mann gespielt"* usw.

Als leichtere Fälle wurden nach der Kasuistik der Rechtsprechung beispielsweise folgende Äußerungen angenommen: *„Sie Heini"*, *„Lassen Sie sich in die Liste der Heim-Schiedsrichter eintragen"*, *„Du musst mal einen Schiedsrichterlehrgang machen"*, *„Ordinärer Kerl"*, *„Du bist die größte Pfeife auf dem Platz"*, *„Du Blinder"*, *„Du hast Deine Schiedsrichterprüfung bei Neckermann gemacht"* etc.

Auch symbolische Handlungen können beleidigenden Charakter haben wie die Geste des Geldzählens gegen den Schiedsrichter. Eine Kundgabe

[166] BGHSt 11, 67; 16, 63.

der Missachtung der Schiedsrichterin, aber auch eine Sachbeschädigung (unsportliches Verhalten) ist das Verhalten einer Spielerin nach einem Frauen-Bundesligaspiel, als diese nach dem Schlusspfiff schnurstracks noch in Sportkleidung auf den Parkplatz eilte und aus dem Reifen des Autos der Schiedsrichterin die Luft herausließ. Mehr oder weniger humorvoll sind überlieferte[167] Auszüge aus Schiedsrichterberichten:

- *„Er wurde des Feldes verwiesen, weil er meine Entscheidung mit den lauten Worten ‚Hallodrio' dauernd ignorierte. Zweimal nach seinem Namen befragt, sang er immer wieder vor sich hin: ‚Ach wie schön, dass niemand weiß, dass ich Rumpelstilzchen heiß'."*
- *„Nachdem ich den Spieler X fragte, wie er heißt, sagte er zu mir: ‚Wolfgang Amadeus Mozart', worauf ich ihn des Feldes verwies, da ein solcher Name nicht auf dem Spielbericht stand."*
- *„Als ich nach Spielschluss fragte, ob jemand verletzt sei, sagte Spieler X: ‚Von uns niemand, aber der Schiedsrichter am Kopf'."*

Gleichsam anekdotenhaft soll angeführt werden der umgekehrte Fall der Ehrbeeinträchtigung eines Sportlers durch den Schiedsrichter: In einem Bundesligaspiel fragte der Schiedsrichter Franz Beckenbauer: „Wie heißen Sie?"

Bei mehr oder weniger herabsetzenden Äußerungen über einen Schiedsrichter bei einem Fernsehinterview wird verständlicherweise das Grundrecht der Meinungsfreiheit reklamiert. Dieses deckt sicherlich eine deutliche, aber sachliche Kritik am Schiedsrichter ab, nicht aber eine kränkende Herabsetzung des 23. Sportkameraden vor einem Millionenpublikum. Ein früherer Nationalspieler äußerte in einem Fernsehinterview: „... er hat immer wieder gegen uns gepfiffen. So schlecht und so auffällig darf man es nicht machen ... Ja, ganz einfach, weil wir in den entscheidenden Momenten gegen 12 Mann gespielt haben". Ein Spieler braucht sich sicherlich im Fernsehstudio nicht nach den Regeln des Freiherrn von Knigge zu verhalten, seine Äußerungsfreiheit findet aber eine Grenze im Ehrenschutz des Schiedsrichters. Verstöße dagegen sind nicht nur in höchstem Maße unfair, sondern stellen eine sportstrafrechtliche Verfehlung dar. Man möge sich in die Lage eines Schiedsrichters versetzen, der vor dem Fernsehschirm sitzend aus dem Mund eines Spielers über sich die Äußerung „Scheiß Schiedsrichter" hört. Insoweit ist der gewählte Ort der Missfallensäußerung strafschärfend zu werten.

Für die vorstehend als mittelschwer eingeordneten Fälle der Beleidigungen werden in der Regel zwei Spiele Sperre ausgesprochen, für die der

[167] 100 Jahre DFB, Seite 511.

schlimmsten Kategorie drei und mehr Spiele. Selbstredend ist, dass bei Jugendlichen verbale Entgleisungen gegenüber dem Schiedsrichter deutlich höher zu bestrafen sind, wobei die erzieherische Absicht, aus ihnen faire Sportsleute zu machen, mitschwingen soll. Manche Schiedsrichter, insbesondere in den unteren Spielklassen, haben es sich angewöhnt, bei verbalen Angriffen gegen sie auf dem Spielfeld „die Ohren auf Durchzug zu stellen", d. h., überhaupt nicht auf solche Äußerungen zu reagieren. Sie berichten mit einem gewissen Stolz, dass Spiele mit Vereinen, die seine diesbezügliche Einstellung kennen, in der Folge überhaupt ohne Missfallenskundgebungen durchgeführt werden konnten, mit der Begründung, *„Der will das nicht zur Kenntnis nehmen."*

In Beleidigungsfällen wird im Bundesligaspielbetrieb neben der Sperre häufig zusätzlich eine spürbare Geldstrafe verhängt. Während Geldstrafen wegen Vorfällen im Spielverlauf oftmals großzügig von den Vereinen für die Spieler bezahlt werden, wird diese Freigiebigkeit vernünftigerweise bei Schiedsrichterbeleidigungen nicht praktiziert, sodass die Spieler die Strafen „am eigenen Geldbeutel" spüren. Bei der Bemessung von Geldstrafen ist stets anzustreben, dass für das gleiche Fehlverhalten einem Spitzenverdiener der Bundesliga ein in gleicher Weise spürbarer Verlust wie etwa dem Lizenzspieler mit durchschnittlichem Einkommen in der 2. Liga zugefügt wird. Im staatlichen Strafrecht nennt man dies das Prinzip der Opfergleichheit. In diesen Fällen kann etwa bei einer leichteren Schiedsrichterbeleidigung wie bei dem Ausspruch „Du Blinder" manchmal eine zusätzliche Geldstrafe von 1.000 Euro, manchmal aber auch eine von 10.000 Euro täteradäquat sein.

### f) Straftatbestände nach § 8 (1)f–j RuVO

**87** Die insoweit aufgeführten Sportstraftaten kommen in der Praxis selten vor, wobei auf Bundesebene ein von Spielern verschuldeter Spielabbruch seit mehr als 20 Jahren erfreulicherweise nicht zu konstatieren ist.

### g) Versuchte Tatbegehung (§ 8 (2) RuVO)

**88** Die enumerativ aufgezählten Begehungsformen des § 8 (1)c, d, g, h, i und j können auch in Versuchsform verwirklicht werden. Entsprechend der staatlichen Regelung kann auch hier die Strafe gemildert werden.

### h) Krass sportwidriges Verhalten (§ 8 (8) RuVO)

In § 8 (8) RuVO ist geregelt, dass eine Ahndung auch dann möglich ist, **89**
wenn der Schiedsrichter einen Fall krass sportwidrigen Verhaltens nicht wahrgenommen und damit keine positive oder negative Tatsachenentscheidung darüber getroffen hat. Diese Vorschrift ist entstanden als Reaktion auf die fast komplette Erfassung des Spielgeschehens und damit auch fast aller Sportverfehlungen durch die Fernsehkameras, was Schieds- und Linienrichter selbstverständlich nicht leisten können. So kommt es vor, dass sich Vergehen hinter dem Rücken des Schiedsrichters und außerhalb der Blickrichtung der Schiedsrichterassistenten bzw. des 4. Offiziellen ereignen. Insbesondere von den Gegnern des Fernsehbeweises wurde Ende der 70er Jahre gefordert, dass der Video-Beweis aus Gerechtigkeitserwägungen nicht nur zugunsten eines Spielers, sondern auch zu dessen Lasten von den Sportgerichten zu verwerten sei. Diese Einsicht wurde bald Allgemeingut. So ist auf dem DFB-Bundestag im Jahre 1979 in Berlin die dem jetzigen Tatbestand des § 8 (8) RuVO vorausgehende Norm beschlossen worden. In diesen Fällen soll eine Ausnahme von dem Grundsatz, dass der Schlusspfiff des Schiedsrichters den Schlussstrich unter das Spiel setzt, wegen der besonderen Verwerflichkeit der Tat zugelassen werden[168]. In der Folgezeit wurde die Umschreibung der Tat in § 8 (8) RuVO durch die Rechtsprechung näher erläutert: Krass sportwidrige Handlungen seien gegeben, wenn deren Verfolgung unerlässlich ist. Verwerflich sei ein Verhalten dann, wenn es mit einem erhöhten Grad sittlicher Missbilligung behaftet sei und deshalb einem gesteigerten Unwerturteil unterliege. Dies sei zu bejahen, wenn ein Verstoß gegen die sportliche Disziplin so schwerwiegend sei, dass eine Ahndung durch die Sportgerichte nach allgemeiner Auffassung unerlässlich sei[169]. Nicht jede Tätlichkeit fällt darunter, es müssen weitere Umstände hinzutreten.

Im Folgenden sollen gleichsam in Form eines Kommentars bzw. eines Nachschlagewerks die wichtigsten entschiedenen Fälle krass sportwidrigen Verhaltens in chronologischer Reihenfolge mit den jeweils ausgesprochenen Strafen aufgelistet werden, und zwar mit Angabe des Urteilszeitpunkts und des Aktenzeichens:

a) Urteil des Sportgerichts vom 27.9.1979 (10/79/80):

   *Der Spieler P. versetzte seinem Gegner, mit dem er mit den Armen verharkt war, einen gezielten Schlag in dessen Hoden.*

   *Strafe: 10 Wochen Sperre und 4.000 DM Geldstrafe.*

[168] Urteil des DFB-Bundesgerichts vom 2.4.1979 (15/78/79), in SportR 16/16/14.

[169] Urteil des DFB-Sportgerichts vom 3.12.1998 (48/98/99).

b) Urteil des Sportgerichts vom 24.1.1980 (36/79/80):

*Der Spieler B. stieß mit dem angewinkelten Ellenbogen des linken Arms seinem Gegenspieler an die rechte Kopfseite.*

*Strafe: Sperre für 10 Pflichtspiele und 4.000 DM Geldstrafe.*

c) Urteil des Sportgerichts vom 28.6.1991 (134/90/91):

*Am Boden liegend, schlug Spieler C. mit dem rechten Arm dem neben ihm liegenden Gegenspieler in den Unterleib. Der Schlag wurde im letzten Augenblick etwas abgeschwächt und löste keine Verletzung aus.*

*Strafe: 4 Wochen Sperre unter Annahme eines leichteren Falls der Tätlichkeit.*

d) Urteil des Sportgerichts vom 11.11.1992 (68/92/93):

*Der Spieler L. fasste seinen Gegenspieler an dem Geschlechtsteil und löste bei ihm erhebliche Schmerzen aus.*

*Strafe: 6 Wochen Sperre.*

e) Urteil des Sportgerichts vom 21.6.1996 (130/95/96):

*Der Spieler K. trat seinem Gegenspieler heftig in den Unterleib.*

*Strafe: 3 Monate Sperre, längstens für 12 Pflichtspiele.*

f) Urteil des Sportgerichts vom 20.8.1996 (10/96/97):

*Der Spieler B trat seinem Gegenspieler heftig gegen den Unterleib.*

*Strafe: 10 Wochen Sperre.*

g) Urteil des Sportgerichts vom 3.12.1996 (48/98/99):

*Der Spieler B., entnervt durch das fortwährende ungeahndete Trikotfesthalten seines Gegenspielers, stieß diesem mit dem Knie etwa in Gürtelhöhe in den Unterleib.*

*Strafe: 6 Wochen Sperre und, weil die Sperre zum größten Teil in die Winterpause fiel, eine spürbare, aber der Einkommenssituation von B. angepasste Geldstrafe von 40.000 DM.*

Nicht immer waren die entschiedenen Fälle von krass sportwidrigem Verhalten Tätlichkeiten. So ist auch das Hochstrecken des Mittelfingers („Stinkefinger") gegenüber den Zuschauern als krass sportwidriges Verhalten geahndet worden. Eine Titulierung eines Spielers als *„Stasi-Schwein"* durch die Zuschauer ließ die Erwiderung des Spielers in milderem Licht erscheinen.

Vorstehende Darstellung soll nicht nur zur Information über die Rechtsprechung betreffend gravierende Sportverfehlungen dienen, sondern auch Richtschnur und Leitlinie für die Sportgerichte auf Landesebene bei ihrer Tätigkeit sein. Dabei ist aus obigem zeitlichen Ablauf durchaus eine deutliche Tendenz zur Milderung der Strafhöhe festzustellen. Mit dem Möller-Urteil (nachfolgend i) ist eine Trendwende eingetreten, und die grobe Orientierung für den Einstieg in ein krass sportwidriges Verhalten bei einer anzustrebenden Strafhöhe von zwei Spielen aufwärts vorgenommen worden. Das Sportgericht hat klargestellt, dass primär für „krasse Sportwidrigkeit“ nicht der zur erwartende Strafrahmen von fünf und mehr Spiele aufwärts sei (dieser hat Indizcharakter), sondern das Tatbild im Sinne der oben wiedergegebenen Verwerflichkeit entscheidend ist. Die DFB-Regelung des krass sportwidrigen Verhaltens stellt eine Auflockerung der negativen Tatsachenentscheidung des Schiedsrichters dar. Sie ist aber auf jeden Fall gerechtfertigt. Eine dem deutschen Recht entsprechende Regelung wurde zwischenzeitlich von der UEFA in Art. 10 (2) RPO übernommen.

Ausgehend von dem oben angesprochenen Beschluss des DFB-Bundestags im Jahre 1979 über die Aufnahme der Regelung in die RuVO ist eine neue Seite in dem dicken Buch des Sportstrafrechts aufgeschlagen worden. Diese Entwicklung ist erfreulich. Wie ursprünglich nicht unbedingt vorauszusehen, kamen mittlerweile zu der Tätlichkeit hinter dem Rücken der Schiedsrichter andere besonders verwerfliche Verhaltensweisen hinzu wie die Fälle der „Schwalbe“ bzw. der „Torhand“ oder der „Handabwehr“ (Abwehr eines Schusses vor der Torlinie). Das sind durchaus häufiger vorkommende Varianten des Falschspielens auf dem Spielfeld mit Ergebnisveränderung.

Diese nachstehend abzuhandelnden neuen Tendenzen sollen aber nicht den Blick dafür verschließen, dass die FIFA wohl zu Recht einer extensiven Auslegung eines Begriffs des krass sportwidrigen Verhaltens entgegentritt. Von Dr. Koch, dem Vorsitzenden des Sportgerichts des DFB, war in einem Zeitungsinterview angedacht worden, dass eine nachträgliche Ahndung am grünen Tisch eventuell auch möglich sein könnte, wenn der Schiedsrichter ein schlimmes Vergehen „so nicht wahrgenommen hat“. Es lag ein Fall zugrunde, in dem der Schiedsrichter ein grobes Foulspiel, welches, wie erst nachträglich festgestellt wurde, zu einem Lungenriss führte, mit einer Gelben statt einer wohl auch nach dem Tathergang angebrachten Roten Karte ahndete. Die FIFA versperrte sich einer solchen Tendenz durch Schreiben ihres Generalsekretärs Urs Linsi vom 2.2.2005 an den DFB. Sie führte u. a. aus, dass bei einer Ahndung durch den Schiedsrichter mit der Gelben Karte auf dem Spielfeld *„nicht nachverhandelt werden dürfe, um neu bzw. zusätzlich zu sanktionieren“*. Die Entscheidung des Referees, ob „Gelb“ oder „Rot“ läge in dessen zulässigem Ermessensspielraum.

Wegen der bei der nachträglichen medizinischen Kontrolle gemachten Erkenntnisse über die schweren Folgen der Tat steht es bei nicht zu erahnenden Verletzungen den zuständigen Strafbehörden offen, auf Antrag oder von Amts wegen (Offizialdelikt) zu ermitteln. Bei der angesprochenen grundsätzlichen Erweiterung der Fälle des krass sportwidrigen Verhaltens seien heikle Abgrenzungsprobleme ungebührlich vorprogrammiert. Der Tatsachenentscheid des Schiedsrichters werde überstrapaziert und das Gebot der rechtsgleichen Behandlung könne nicht mehr konsequent nachgelebt werden (so FIFA-Schreiben vom 2.2.2005).

### 90 i) Simulation – Strafbarkeit von Schwalben

Nach meiner Wahl zum Vorsitzenden des Kontrollausschusses auf dem Bundestag des DFB im Oktober 1992 habe ich der Presse drei Ziele genannt, die ich vorrangig anstreben werde, darunter als wichtigstes Ziel die Bekämpfung des Betrugs, der Manipulation, der Schauspielerei im Fußball, um mit den Mitteln des Sportstrafrechts Fairness anzustreben. Manipulation ist das Gegenteil von Fairness. Der insoweit eingeschlagene Weg sollte vorrangig den Fällen der absichtlichen Täuschung des Schiedsrichters im Spiel gelten. Ein entsprechender Tatbestand in der Rechts- und Verfahrensordnung des DFB besteht nicht, sodass ein solches Fehlverhalten unter die Generalklausel des „unsportlichen Verhaltens" zu subsumieren ist. In den Fußballregeln ist in den Entscheidungen des IFAB, die Gesetzescharakter haben, als Nr. 5 normiert: *„Jede Simulation auf dem Spielfeld, deren Absicht es ist, den Schiedsrichter zu täuschen, muss als unsportliches Verhalten bestraft werden."* Gemeint ist nach FIFA-Recht als persönliche Strafe der Ausspruch eine Verwarnung (= Gelbe Karte). Damit kann nach der Systematik der Fußballregeln aber nur eine **versuchte** Täuschung des Schiedsrichters gemeint sein. Dies ergibt sich zum einen aus der relativ niedrigen Straffolge (Gelbe Karte), insbesondere aber daraus, dass der Schiedsrichter auf dem Spielfeld sie sofort ahnden soll. Das kann er aber logischerweise nur, wenn er den Simulanten durchschaut hat. Insoweit wird oft bei der Diskussion zu dieser stets heißen Thematik diese Besonderheit nicht erkannt, wenn behauptet wird, wenn nach der Fußballregel 12 Entscheidung 5 „nur" eine Gelbe Karte zur verhängen sei, könne der Kontrollausschuss eine Simulation nicht nach Spielende mit dem Ziel einer Sperre des Spielers zur Anklage bringen. Dabei übersehen die Kritiker, dass anklagewürdiges Verhalten nur anzunehmen ist, wenn die Täuschung des Schiedsrichters „gelungen ist" und zu dem beabsichtigten Erfolg, nämlich Straf- oder Freistoß für einen Verein nebst Ergebnisveränderung führte (Torerfolg, Feldverweis eines Gegenspielers, erfolgreiche

Handabwehr vor dem Tor), weil der Schiedsrichter den Täter nicht entlarvt hat. Zwar hat der allgegenwärtige FIFA-Boss Joseph S. Blatter sich auch zu dieser Problematik geäußert und Rot für Schwalben gefordert, weil sie „Betrug an Spieler, Schiedsrichter und Zuschauer" seien. Gemeint sein kann als Grundlage für eine Strafe im Spiel regelmäßig jedoch nur eine vom Schiedsrichter erkannte und somit – jedenfalls im Regelfall – eine nicht vollendete Täuschung, also eine solche in Versuchsform.

Das größte Problem, das bei solchen vollendeten Täuschungen zu bewältigen ist, ist der Nachweis einer bewussten und gewollten, also vorsätzlichen Täuschung, wie dies auch bei der staatlichen Betrugsvorschrift erforderlich ist. Auch der wiederholte Blick auf das Fernsehbild lässt oft nicht sicher erkennen, ob der Elfmeter tatsächlich verwirkt oder nur „geschunden" war. Bei vielen Schwalben „gehen die Spieler ab wie Taucher", ohne berührt worden zu sein. Die Presse spricht dabei von „oscarreifen" Vorstellungen. Je besser die schauspielerische Leistung ist, desto schwerer ist sie zu durchschauen und dem Spieler nachzuweisen. Es geht um die innere Tatseite bei dem Spieler. Beweisschwierigkeiten können aber niemals eine Rechtfertigung sein, einen bestimmten Deliktsbereich gleichsam aus der Strafbarkeit im Sport auszuklammern.

Im Ausgangsfall des Lizenzspielers Andreas Möller (Borussia Dortmund), der bis heute als „Präjudiz" fortwährend Gegenstand der Diskussion in den Medien ist, erklärte „Andy" vor der Fernsehkamera (SAT 1), dass er bei jedem anderen Trainer zum Schiedsrichter gegangen wäre und gesagt hätte, dass es kein Elfmeter war, bei Trainer Winfried Schäfer aber nicht. Damit war eingestanden – was auch im Fernsehbild zu sehen war –, dass die Attacke des Gegenspielers Dirk Schuster kein Foul war, sondern Möller „abgehoben hat". Der Schiedsrichter gab Elfmeter für Dortmund, der zum 1:1 Zwischenstand führte (Endstand 2:1 für Dortmund). Das Vortäuschen eines Fouls eines Gegenspielers (Schwalbe) wurde als „unsportliches Verhalten im Sinne von § 1 (1)a RuVO in Form des krass sportwidrigen Verhaltens nach § 5 Nr. 7 RuVO a. F. (jetzt § 8 (8) RuVO)" angeklagt. Krasse Sportwidrigkeit wurde in der Anklageschrift wie folgt begründet:

> *„Die Täuschung ist besonders verwerflich. Sie erfolgte rücksichtslos, aus purem Eigensinn. Die damit einhergehende eklatante Wettbewerbsverzerrung wurde bewusst herbeigeführt. Es können die Entscheidungen über Meisterschaft, Auf- oder Abstieg mit existenzvernichtenden Folgen davon abhängen. Bei Anerkennung des Tors durch den Schiedsrichter ist dieses Ergebnis ‚endgültig' (Regel 5). Ein solcherart erschwindelter* Torvorteil kann, weil krass sportwidrig, nicht ungeahndet bleiben."

Es wurde weiterhin ausgeführt, dass die besondere Verwerflichkeit der Tat auch daraus folge, dass das staatliche Recht vergleichbare Fälle unter dem Gesichtspunkt des Vortäuschens einer Straftat (§ 145d StGB) unter Strafe stellt. Das Sportgericht des DFB ist dieser rechtlichen Wertung in seinem Urteil vom 20. April 1995[170] gefolgt und hat Andreas Möller zu einer Sperre von zwei Wochen, längstens für zwei Pflichtspiele, und zu einer Geldstrafe von 10.000 DM verurteilt, wobei für das relativ niedrige Strafmaß angeführt wurde, dass Möller der erste Spieler sei, der sich wegen einer Schwalbe vor dem Sportgericht hat verantworten müssen. Das Sportgericht betonte überdies, dass Täuschungsversuche durch Schwalben erhebliches sportliches Unrecht seien, die den Schiedsrichter zu einer objektiv falschen Entscheidung mit Folgen (Elfmeter und Tor) veranlasst hätten. Das Urteil wurde rechtskräftig.

Ähnlich ahndungswürdig sind Verstöße gegen die sportliche Ethik beim Vortäuschen „lebensbedrohender" Verletzungen mit dem Ziel, einen Feldverweis des Gegenspielers zu erreichen. Wenn sich Spieler scheinverletzt – obwohl schmerzfrei – am Boden winden und sich von Sanitätern erst „wieder zum Leben erwecken lassen", wäre eine gleiche Sperre wie im Falle Möller zu verhängen, wenn ein täuschungsbedingter Platzverweis des Gegners die Folge war. Krass sportwidrig dürfte auch der Fall des Balldiebs sein: Ein Stürmer „stiehlt" dem zum Abschlag ansetzenden Torhüter den Ball aus der Hand, wobei der Schiedsrichter dies nicht wahrnimmt. Es bleibt bei dem für den Balldieb gegebenen Tor, dieser ist aber zu bestrafen.

Jeweilige Voraussetzung für die Verfolgung einer Täuschungshandlung ist aber stets deren Erfolgsbezogenheit. Nur wenn der Spielverlauf (Schwächung des Gegners) oder das Spielergebnis (Elfmetertor) verfälscht worden sind, liegt eine „erfolgsqualifizierte" Täuschung vor, deren Ahndung unumgänglich ist. In anderen Fällen sollte eine Anklage grundsätzlich nicht erhoben werden.

Überraschend ist, dass eine Schwalbe seit dem Fall Möller ein Jahrzehnt lang nicht mehr zur Verurteilung durch die DFB-Sportgerichte führte. Man könnte dies als Hinweis auf die generalpräventive Wirkung des obigen Sportstrafverfahrens zurückführen. Das ist sicher nur zum Teil richtig. Zum anderen trug sicherlich auch dazu bei, dass in den Medien nicht mehr, wie zum Teil vorher, solche Aktionen als „Schlitzohrigkeit" oder als „Cleverness" positiv dargestellt werden. Große Hindernisse für eine Sanktionierung solcher Fälle sind jedoch die Schwierigkeiten beim Nachweis.

[170] Entscheidung Nr. 130/94/95, in SpuRt 1998, 210 ff.

Als Initiator des damaligen Verfahrens, das mir auch barsche Kritik einbrachte, sehe ich aber nunmehr die Zeit für gekommen, dass man die verbotene Schwalbe mit Torfolge als Tatbestand im FIFA-Disziplinarreglement sanktioniert. Man muss manchmal einen langen Atem haben. Ich spüre seit kurzem Rückenwind auch von FIFA-Seite bei der Bekämpfung der Schauspielerei auf dem grünen Rasen. Bei der Unterart derselben, dem Mimen einer Verletzung, waren früher Deutschland neben England ein Vorbild für gegenteiliges Verhalten, während in südlichen Regionen der „scheintote Spieler", der nach dem Feldverweis des Gegners munter wieder umherlief, häufiger zu sehen war. Zwischenzeitlich sind solche Schlechtigkeiten bei uns in Deutschland häufiger als in den „Herkunftsländern" der Unsitte. Letzter Fall: Urteil des DFB Sportgerichts vom 6.12.2006, durch das gegen Sven Günther (FC Carl Zeiss Jena) wegen krass sportwidrigen Verhaltens eine Sperre von zwei Spielen verhängt wurde. Er hat im Zweitligaspiel beim SC Freiburg am 17.11.2006 den Schiedsrichter durch eine Schwalbe getäuscht, der einen Strafstoß zum 2 : 1 Endstand für Carl Zeiss Jena verhängte.

Trotz der Ablehnung der vorstehend abgehandelten Täuschungsvarianten **91**
soll aber nicht unterschlagen werden, dass es durchaus auch fußballimmanente Täuschungen gibt: Der Außentrick von „Ente" Lippens, der gekonnte Übersteiger, der den Gegner allein stehen lässt, das Durchlassen des Balles unter der Sohle zum Nebenmann unter Irritieren des Abwehrspielers sind Formen des Austricksens des Gegners, die das Fußballherz höher schlagen lassen. Im weiteren Sinne gehört dazu auch das bewusste Aufstellen einer Abseitsfalle. *Westermann*[171] leitet aus dem Fairnessgebot ab, dass man wegen des „Fallenstellens" die gegnerischen Spieler gerade nicht als „abseits stehend" ansehen sollte. Ich meine, dass dies anders zu sehen ist, da hier eine erlaubte, keineswegs unsportliche Ausnutzung der Fußballregeln vorliegt. Der Fußball bringt aber immer wieder neue Varianten an den Tag. So das Zettelstudium von Jens Lehmann vor dem Elfmeterschießen im Viertelfinalspiel gegen Argentinien, bei dem er ein Blatt, auf dem die Rückennummern, Namen und die Art des Elfmeterschießens der einzelnen Argentinier vermerkt waren, herausholte. Dort stand hinter der Nummer des Spielers beispielsweise – *„lange warten, dann links"* – *„kurzer Anlauf, rechts"* – *„links hoch"* u. a. Der vorgesehene 4. Schütze Esteban Cambiasso stand gar nicht auf dem Spickzettel. Lehmann setzte zu einem ostentativen Studium des Stückes Papiers an. Wir wissen nicht, ob Cambiasso durch den Trick verunsichert

[171] aaO., S. 95.

worden ist. Jens Lehmann hielt jedenfalls seinen Schuss, und Deutschland war im Halbfinale. Die Bitte von Sönke Wortmann um den Zettel für die Filmromanze *„Deutschland. Ein Sommermärchen"* schlug Lehmann aus, er wolle dieses wertvolle Stück Papier für karitative Zwecke einsetzen. Jedenfalls war der Spickzettel ein Mittel zum Zweck – eine erlaubte Täuschung! Der Erlös der Zettelversteigerung betrug 1 Million EURO für die Aktion „Ein Herz für Kinder".

### j) Torhand – Torverhinderung mit der Hand

**92** Diese Begehensform, nämlich das vom Schiedsrichtergespann nicht wahrgenommene Erzielen eines Tores mit der Hand (Vorbild: „die Hand Gottes" von Maradona bei der WM 1986) und die unentdeckt gebliebene Handabwehr eines Balles, der ansonsten über die Torlinie gegangen wäre, sind besonders heimtückische und daher sehr unschöne sportliche Entgleisungen.

Die Weichen für eine Ahndung dieser Vorteilserschleichung hat das Bundesgericht in einer Grundsatzentscheidung vom 9.1.1995 (4/94/95) gestellt: Zugrunde lag ein Vorfall in dem Bundesligaspiel 1. FC Kaiserslautern gegen VfB Stuttgart, in dem der Spieler S. ca. 35–40 Meter vor dem Tor sich den Ball mit der Hand vorlegte, weil er ihn anders nicht erreicht hätte, mit dem Ball seinem Gegenspieler davonlief, dann nach einem abgewehrten Torschuss nochmals in Ballbesitz gekommen war, schließlich den Stuttgarter Torwart umspielte und ins Tor schoss. Das Bundesgericht führte aus, dass das Verhalten von S. zwar regelwidrig, somit unsportlich und damit sportwidrig sei. Die Steigerungsform der krassen Sportwidrigkeit sei aber deshalb nicht gegeben, weil das Handspiel nicht unmittelbar zur Torerzielung geführt habe. Das inkriminierte Handspiel sei nicht mehr die allein ausschlaggebende Ursache für das Tor gewesen, sondern ein weiteres, ordnungsgemäßes Spielverhalten und Spielgeschehen im Übrigen. Je mehr Spielzüge zwischen Handspiel und dem Torerfolg lägen, desto „entfernter" und desto geringer sei die Verwerflichkeit des Handspiels für den Torerfolg. Von diesen differenzierenden und überzeugenden Überlegungen ausgehend, stellt das Bundesgericht (Seite 5 der Urteilsgründe) folgende beiden Grundsätze auf:

- Unmittelbare „Torerfolge nach einem Handspiel, d. h. ohne Zwischenstation nach dem Handspiel erzielte Tore führen, wenn der Schiedsrichter die verbotene Spielweise nicht erkannt hat, zur Strafbarkeit nach § 8 (8) RuVO.
- Eine rechtsethische Vergleichbarkeit bestehe zwischen diesem Handtor und den parallel gelagerten Fällen, in denen ein Abwehrspieler den Ball

beim direkten Flug ins Tor im Bereich der Torlinie mit der Hand zur Verhinderung des Tors aufhält, ohne dass es der Schiedsrichter gesehen hat und deshalb keinen Strafstoß verhängt und auch nicht den Spieler des Feldes verwiesen hat, wie es die Fußballregeln in diesem Fall an sich vorsehen. Auch in einem solchen Fall werde vorsätzlich mit den möglichen fatalen Folgen für den Gegner ein Torergebnis krass sportwidrig erschwindelt, was mithin nicht ungeahndet bleiben dürfe.

In der Folge wurden in ständiger Rechtsprechung entsprechend diesen 93
Vorgaben vom Schiedsrichter nicht gesehene Fälle von „Torhand" und „Torverhinderung mit der Hand" in erster Instanz sanktioniert. So versuchte beispielsweise in einem Spiel der 2. Bundesliga zwischen der SpVgg Unterhaching und FSV Zwickau der Unterhachinger Spieler O. mittels eines Flugkopfballs, das Leder in das Zwickauer Tor zu befördern. Als er merkte, dass er den Ball nicht mehr erreichen würde, schlug er ihn mit der Hand seines ausgestreckten rechten Arms ins Tor. Dies bemerkte niemand vom Schiedsrichterteam, weshalb das „Tor" als 1:0 gewertet wurde. Das Sportgericht (Urteil vom 12.3.1998, Az.: 69/97/98) verurteilte den Spieler wegen krass sportwidrigen Verhaltens zu einer Sperre für zwei Pflichtspiele. Eine gleiche Sperre sprach das Sportgericht[172] gegen den Spieler N. aus, der im Bundesligaspiel zwischen Hertha BSC Berlin und VfB Stuttgart sich in der Mitte des Strafraums stehend den Ball mit der Hand absichtlich vorlegte und ihn unmittelbar danach mit dem Fuß über den Stuttgarter Torwart hinweg ins leere Tor zum 2:0 hob.

Ob der Schiedsrichter in solchen Fällen bei Reklamationen durch den Gegner den „Torschützen" befragen soll, ob eine Hand im Spiel war oder nicht, ist zeitweise kontrovers diskutiert worden. Sollte der Angesprochene das Handspiel zugeben, ist keine Ergebnisverfälschung und damit auch kein unsportliches Verhalten erfolgt; wenn der befragte Spieler aber dabei nachweisbar lügt, sollte der Kontrollausschuss ihn wegen unsportlichen Verhaltens anklagen.

### k) Nothand – Notbremse

Im Unrechtsgehalt mit den unter i) abgehandelten Handlungsweisen in 94
etwa vergleichbar sind folgende in der Fußballregel 12 (feldverweiswürdige Vergehen Nr. 5 und 6) genannten beiden Verhaltensweisen:

[172] Urteil vom 15.4.1999 (81/98/99).

- wenn ein Spieler ein Tor oder eine offensichtliche Torchance der gegnerischen Mannschaft durch absichtliches Handspiel verhindert oder zunichte macht (dies gilt nicht für den Torwart in seinem Strafraum);
- wenn ein Spieler einem auf sein Tor zulaufenden Gegenspieler eine offensichtliche Torchance nimmt, indem er eine mit Freistoß oder Strafstoß zu ahndende Regelübertretung begeht.

Der erhebliche Unterschied zu den Fallgruppen oben i) besteht darin, dass hier der Schiedsrichter das Vergehen erkannt hat, es damit mit Feldverweis ahnden konnte und eine Spielstrafe (Freistoß oder Strafstoß) zum eventuellen Ausgleich für die Vereitelung der Torgelegenheit der benachteiligten Mannschaft zusprechen konnte.

Der Begriff „offensichtlich“ wurde vom DFB-Sportgericht als „für jedermann zweifelsfrei erkennbar“ umschrieben[173]. In ständiger Rechtsprechung der DFB-Gerichtsinstanzen erfolgt im Fall der Nothand eine Sperre für zwei Pflichtspiele. Diese wird ausnahmsweise auf eine Sperre für ein Pflichtspiel ermäßigt, wenn als Folge der vom Schiedsrichter verhängten Spielstrafe, nämlich des Strafstoßes oder auch eines Freistoßes, unmittelbar ein Tor erzielt wird. Dem Strafzweck ist damit weitgehend Rechnung getragen, da die Wettbewerbsverzerrung auf der Stelle wieder ausgeglichen worden ist. Es bleibt letztlich nur ein erfolgloser Versuch einer Torchancenvereitelung, was die mildere Strafe rechtfertigen kann. Im Spiel vermag jedenfalls der Schiedsrichter nicht von Rot auf Gelb überzuwechseln, da der Feldverweis logischerweise vor der Spielfortsetzung erfolgen musste, wo der Referee aber noch nicht wissen konnte, ob beispielsweise der gegebene Elfmeter tatsächlich zum Tor führt. Es bleibt aber im letzteren Fall eine Unsportlichkeit, die eine Strafsanktion (Sperre für ein Spiel) nach sich ziehen sollte. Eine Strafe lediglich für ein Spiel wird auch in Erwägung gezogen, wenn das Foul relativ weit vom Tor entfernt begangen wurde, ferner bei einer fahrlässigen sog. fairen Notbremse oder bei nur leichtem Ziehen am Trikot bzw. bei vergleichbaren Fällen. In letzterem Sinne zu bewerten war die Tat des Nürnberger Spielers M. im Spiel seines Clubs gegen Mainz 05 am 30.9.2006[174], wobei noch hinzukam, dass der Strafstoß nicht verwandelt werden konnte.

Unlängst hat der Hamburger Torwart K. in der Champions-League-Partie HSV gegen FC Arsenal einen englischen Angreifer im Strafraum mittels einer Notbremse zu Fall gebracht, weshalb dieser seine offensicht-

[173] Urteil vom 14.3.1995 (107/94/95), in SportR 17/16/117.

[174] Urteil des Sportgerichts vom 1.10.2006 (31/2006/2007).

liche Torchance nicht verwirklichen konnte. Der Elfmeter wurde verwandelt. Die UEFA sprach ebenfalls wie die DFB-Gerichte in diesen Fällen eine Sperre für ein Spiel der Champions-League aus. Zwei Alpha-Fußballer in Deutschland meldeten sich in der Presse zu Wort. Das HSV-Idol Uwe Seeler und „Kaiser" Franz Beckenbauer, beide große Fußballexperten, die wohl selbst von sich nicht behaupten, in gleichem hohen Maße Kenner des Sportrechts zu sein, sprachen sich gegen eine Doppelbestrafung bei einer „Notbremse" aus. *„Der verhängte Elfmeter reicht absolut, da gehört der Tormann nicht nochmals bestraft"*, so Uwe Seeler. *„Ein einziges Delikt, und du wirst zweimal bestraft"*, meinte Beckenbauer. Von Schiedsrichterseite wurde ergänzt, dass in vergleichbaren Fällen in Deutschland bei nationalen Spielen die Schiedsrichter die Regel großzügig auslegen würden, falls nicht vom Torwart ein brutaler Angriff unternommen worden sei. Sie weisen darauf hin, dass der HSV-Torwart dann mit Gelb davongekommen wäre.

Obwohl die Regel 5 „feldverweiswürdiges Vergehen Nr. 5 und 6" nicht in Stein gemeißelt ist, wird der Gralshüter des Fußballrechts, der bereits oben näher beschriebene IFAB, schwerlich allein auf einige Prominentenstimmen in Deutschland hin eine Regeländerung vornehmen. Jedenfalls bleibt unabweisbar nach der derzeitigen Rechtslage nach einer Roten Karte eine Strafe von mindestens einem Spiel. Der Verfasser kann sicherlich keine Patentlösung tafelfertig servieren. Ihm schwebt aber schon seit längerer Zeit bei der Vereitelung einer offensichtlichen Torchance eine Anleihe aus dem Recht des Eishockeys vor. Dort kennt man einen sog. „Strafschuss" (engl. Penalty), bei dem in Fällen wie im Fußball bei Vereitelung einer offensichtlichen Torchance „der Puck von einem Anspielpunkt in der Mitte des Spielfelds aus durch einen Spieler der benachteiligten Mannschaft aus ohne Unterbrechung in Richtung gegnerisches Tor zu spielen ist." Beide Mannschaften haben sich bei der Ausführung des Strafschusses hinter der Mittellinie in der anderen Spielhälfte aufzuhalten. Sobald der den Puck treibende Spieler auf das Tor abgeschossen hat, ist die Handlung beendet. Ähnlich wie bei den Fußballregeln zum Elfmeterschießen ist also kein Nachschuss zulässig.

Ob der BOARD eine Anleihe beim Eishockey-Verband machen wird, erscheint fraglich. Es wäre eine neue „Spielform", was bei dem bewährten Regelwerk des Fußballs nur ganz ausnahmsweise eingeführt wird. Die Chance, die durch den Eingriff des Torwarts oder auch eines Feldspielers vereitelt worden ist, wäre durch eine solche Strafart wiederhergestellt. Begleitend könnte dem Täter wegen seines Versuchs eine Gelbe Karte gezeigt werden. Videant consules!

### l) Rechtsmittel gegen Gelbe Karte – Gelb-Rote Karte – Rote Karte

**95** In der Sprache der Journalisten bringen beide dem Schiedsrichter im Spiel eröffnete Sanktionsarten, die über seinen Schlusspfiff hinaus eine zwingende Sanktionswirkung haben, „Farbe ins Spiel". Eine Gelbe Karte führt nach weiteren vier Gelben Karten zu einer Sperre von einem Spiel, die Gelb-Roten Karten bewirken außer dem Ausschluss für den Spielrest eine Sperre für das nächste Pflichtspiel. Lange Zeit waren beide Sanktionsarten nach FIFA-Recht nicht angreifbar. Im Zuge der nach und nach vollzogenen Liberalisierung im Fußballrecht wurde in die Rechts- und Verfahrensordnung des DFB eine Anfechtungsmöglichkeit für jede der beiden Fälle eröffnet:

- gegen eine Sperre nach Gelb-Rot kann der betroffene Spieler Einspruch einlegen, wenn ein offensichtlicher Irrtum des Schiedsrichters nachgewiesen ist (§ 11 (3) RuVO);
- gegen eine ausgesprochene Verwarnung ist ein Einspruch nur dann zulässig, wenn sich der Schiedsrichter in der Person des Spielers geirrt hat (§ 12 Satz 1 RuVO).

Ein solcher error in persona kommt durchaus öfters vor. Wenn der Schiedsrichter bei seiner Wahrnehmung auf dem Spielfeld oder aber auch bei der Anfertigung seiner Notizen die Rückennummern verwechselt hat, ist dies mit Hilfe des allgegenwärtigen Fernsehens bei den beiden oberen Spielklassen meist unproblematisch nachzuweisen. Manchmal erkennt der Schiedsrichter auf Vorhalt der Verwechslungssituation durch den Verein seinen Irrtum durch Rekonstruktion des Geschehensablaufs von selbst.

Bei Gelb-Rot ist ein Einspruch bei Offensichtlichkeit des Schiedsrichterirrtums zulässig und begründet. Der erste einschlägige Fall im Bundesliga-Fußball war der Feldverweis des HSV-Spielers Barbarez. Das Sportgericht[175] hat ausgeführt, dass ein offensichtlicher Irrtum jedenfalls dann vorliege, „wenn die Entscheidung des Schiedsrichters ohne jeden Zweifel objektiv unrichtig und die Folge eines den Schiedsrichter täuschenden Verhaltens eines anderen Spielers war." Das Sportgericht führt weiter aus, der Schutz der Tatsachenentscheidung des Schiedsrichters gebiete in einem derartigen Fall lediglich die Gültigkeit seiner Entscheidung für die Dauer des Spiels und in Bezug auf das Spielergebnis, verlange dagegen nicht zusätzlich eine weitere Sperre des von einem Feldverweis betroffe-

[175] Urteil vom 10.5.2001 (138/2000/2001), in SportR 2001, S. 258.

nen Spielers. Ein solches täuschendes Verhalten eines Gegenspielers ist aber nicht zwingende Voraussetzung für den Nachweis des speziellen Einspruchsgrunds. Die FIFA[176] hat gefordert, dass ein offensichtlicher Irrtum des Schiedsrichters schon per Definition sofort – d. h. ohne jeden Zweifel – feststellbar sein muss. Wenn Zweifel bestehen bleiben, so ist die Schiedsrichterentscheidung nicht offensichtlich falsch und eine Sperre bleibt die zwingende Folge des Feldverweises. Für die Anwendung des Grundsatzes „in dubio pro reo" ist dabei kein Raum. Die Offensichtlichkeit ist insbesondere ohne Not anzunehmen, wenn der Schiedsrichter – eventuell nach Inaugenscheineinnahme des Fernsehens – selbst nachträglich zu der Erkenntnis gelangt ist, dass er geirrt hat und dies eingesteht.

Die Korrektur einer offensichtlich falschen Disziplinarentscheidung des Schiedsrichters, d. h. einer eindeutig und zweifelsfrei auf einem Irrtum beruhenden Maßnahme, ist nach Art. 81 (2) FIFA-Disziplinarreglement nicht nur bei der Geld-Roten Karte, sondern auch bei einer Roten Karte zulässig.

Oft wird nach Feldverweisen mit „Rot" darüber diskutiert, ob die Rote Karte berechtigt war oder ob der Schiedsrichter sich mit einer Ermahnung oder einer Gelben Karte hätte begnügen können. Der Streit ist hinsichtlich der Anfechtbarkeit müßig. Sportrechtlich fällt die Abwägung zwischen Gelber, Gelb-Roter oder Roter Karte allein in die Zuständigkeit des Schiedsrichters. Dessen Beurteilungsspielraum ist zu respektieren. Seine Entscheidung kann nicht nachträglich durch eine spätere Meidungsbildung etwa anhand von Fernsehbildern ersetzt werden[177]. Bei Ausspruch eines Feldverweises, sei es durch eine Gelb-Rote oder durch eine Rote Karte, ist der Spieler in beiden Fällen bei fehlender offensichtlicher Fehlentscheidung für das nächste Spiel des betreffenden Wettbewerbs gesperrt. Bei Gelb-Rot ist das die Regelstrafe, bei Rot gilt als Folge von Art. 19 (4) Disziplinarreglement der FIFA, dass ein Feldverweis „immer zu einer automatischen Sperre für das nächste Spiel führt." Sie kann vom zuständigen Sportgericht nach FIFA-Recht verlängert werden.

Die automatische Mindeststrafe nach einem Feldverweis wird von Kritikern als rechtsstaatlichen Ansprüchen in Deutschland nicht gerecht werdend und deshalb nichtig angesehen. Dabei wird verkannt, dass eine solche FIFA-Regelung einerseits durch die verfassungsrechtlich garan-

[176] Zirkular Nr. 266 vom 24.9.2002.

[177] *Koch*, in News-Übersicht vom 24.11.2003 im Interview zum Feldverweis von Hasan Salihamidzic (Bayern München).

tierte Vereinsautonomie gedeckt ist. Bei der Feststellung von deren Grenzen bei einem Eingriff in die persönliche Sphäre eines Sportlers ist zusätzlich der wichtige Gesichtspunkt der aus der Universalität des Fußballsports abzuleitenden einheitlichen Handhabung der Schiedsrichterentscheidungen und deren sportstrafrechtlichen Folgen zu beachten. Hinzu kommt, dass bei all diesen Fällen einer Roten Karte vielleicht kein größeres Unrecht und keine große Schuld vorliegen mag. Außer in den Fällen des error in persona ist nach meinen Erfahrungen stets etwas passiert, sei es ein kleines Zupfen am Trikot, ein leichtes Drücken oder eine geringfügige verbale Unsportlichkeit. Da bei dem dann gegebenen unsportlichen Verhalten (§ 8 (1)c RuVO) aber zulässigerweise die unterste Strafe ein Spiel Sperre ist, kann einer solchen festgelegten Mindeststrafe nicht der Makel der Rechtswidrigkeit umgehängt werden. Vernünftige sportspezifische Erwägungen rechtfertigen die kurzzeitige Einschränkung der Berufsausübung des Sportlers und halten einer kritischen verfassungsrechtlichen Prüfung stand.

Der bestehende weite Beurteilungsspielraum des Schiedsrichters bei seiner Festlegung auf eine der drei Sanktionsarten soll mit einem Beispiel aus einem entscheidenden Spiel um die Deutsche Meisterschaft im Münchener Olympiastadion im Jahre 1999 demonstriert werden. Dem amtierenden späteren zweimaligen Weltschiedsrichter Dr. Markus Merk stellt sich folgender Sachverhalt zur Beurteilung:

Merk hatte in der 23. Spielminute dem Stuttgarter Weltklassespieler Krasimir Balakov Gelb gezeigt, weil er bei einem Freistoß der Stuttgarter den Abstand der von den Bayern-Spielern gestellten Mauer als zu gering reklamiert hatte. Dies stellte eine korrekte Entscheidung im Ermessensbereich des Unparteiischen dar; keine Minute später sagte Balakov bei einem Freistoßpfiff für den FC Bayern zum Schiedsrichter: *„Sie messen mit zweierlei Maß."*

Für den Referee Merk bestanden nun mehrere Möglichkeiten der Reaktion:

- Zum einen, nichts zu tun, was wohl schwerlich sachgerecht, aber unangreifbar hinzunehmen gewesen wäre;
- oder die Möglichkeit, die Gelb-Rote Karte zu zeigen, was gerade im Hinblick auf die unmittelbar zuvor ausgesprochene Verwarnung wohl die angemessene Reaktion gewesen wäre;
- oder sogar Rot zu zeigen, weil die Äußerung Balakovs den Vorwurf der Parteilichkeit gegenüber dem Schiedsrichter beinhaltet, was als grob unsportliches Verhalten hätte verstanden werden können.

Wir wissen, dass wir unterschiedliche Schiedsrichter haben, solche mit dirigistischen Methoden wie Colina oder Merk, solche mit mehr kommunikativen Verhaltensweisen wie beispielsweise früher Bernd Heinemann. Dr. Merk zeigte Gelb-Rot; was Heinemann gemacht hätte, ist nicht zu beweisen, sondern nur zu vermuten. Von vielen wäre eine unterbliebene Reaktion als das berühmte „Fingerspitzengefühl" gelobt worden. Ein solches Weiterspielen ohne Maßnahme wäre auch noch ermessensfehlerfrei gewesen. Keine der drei Reaktionsformen war also falsch – eine Konstellation, wie sie auch das staatliche Recht kennt bei Ermessensentscheidungen, wo mehrere Modalitäten des richtigen Verwaltungshandels bestehen, von denen keine als ermessensmissbräuchlich rechtswidrig ist, womit der Bürger auch bei einschneidenden staatlichen Eingriffen leben muss.

Abschließend zu dieser Thematik noch ein weiterer Fall aus dem Bundesligageschehen: Im Bundesligaspiel VfB Stuttgart gegen 1860 München war der Brasilianer Giovanni Elber in der 1. Halbzeit wegen Meckerns verwarnt worden (Gelbe Karte). Demonstrativ kam er in der 2. Spielhälfte mit einem auf den Mund geklebten Pflaster auf das Spielfeld. Ein guter Gag, aber doch wohl eine Unsportlichkeit und eine Provokation des Schiedsrichters vor einem Millionenpublikum zuhause und im Stadion. Schiedsrichter Fleske wandte sich an Spielführer Freddy Bobic, Elber nahm auf dessen Intervention das Pflaster ab. Das Spiel ging weiter, das sog. magische Dreieck Bobic, Elber, Balakov war nicht auseinander gerissen. Es war wohl eine weise Schiedsrichterentscheidung. Hätte Fleske Rot oder Gelb-Rot gezeigt, hätte Elber den Rest des Spieles nicht mehr mitspielen dürfen, was wohl einsichtig gewesen wäre, aber auch im Endkampf um die Meisterschaft beim nächsten Spiel aussetzen müssen. Hier wünschte sich mancher Vereinsverantwortliche eine flexiblere FIFA-Regel, um etwa bei besonders leichten Fällen eines Feldverweises auf eine Geldstrafe ausweichen zu können.

Ergänzend zu den Strafarten bei Spielverfehlungen in Deutschland ist auf die Tendenz der UEFA zur Verfeinerung ihrer Regelauslegung zu den Spielen der UEFA hinzuweisen[178]. Die sog. „Rudelbildung", also das mit diesem Begriff aus dem Tierleben umschriebene gruppendynamische Reklamieren und Rangeln rund um den Schiedsrichter wird künftig strenger geahndet. Überdies sehen Spieler, die Verwarnungen und Platz-

[178] So Bericht von *Hesselmann*, aaO., S. 4.

verweise für den Gegner fordern, künftig selbst „Gelb“. Das Spiel soll laufen, die Fans wollen kein Reklamieren sehen, keine Schauspielerei, kein Ballwegschlagen und keinen sonstigen Kinderkram auf dem Platz, sondern fairen, harten, schnellen Fußball. Mit Hilfe der Schiedsrichter will die UEFA eine neue Kultur auf dem Platz entwickeln.

### m) Straftaten von Trainern und anderen Personen

**96** Trainer können einen großen Teil der in § 8 (1) RuVO aufgeführten Straftatbestände auch vom Spielfeldrand aus begehen. Sie können von dort aus coachen (= straffrei), stören (Straffolge: Abmahnung oder Verweis auf die Tribüne), beleidigen (Bestrafung).

In der Ausbildungsordnung ist für sie in deren § 30 (1) eine Generalklausel des unsportlichen Verhaltens mit einem gesonderten Strafrahmen (Abs. 3) aufgeführt. Wenn ein Trainer gehäuft einschlägig auffällig wird, ist von der Sanktionsart „Aufenthaltsverbot für den Innenraum des Stadions“ Gebrauch zu machen. Im Falle einer Ende 2005 nach einem Spiel von einem Trainer gegenüber einem Spieler begangenen Kopfnuss wurde ein befristetes Verbot zur Ausübung der Trainertätigkeit für die Dauer von drei Monaten festgesetzt. Während dieser Zeit durfte der Trainer keinerlei Tätigkeit für den Verein ausüben; er durfte nicht das Training leiten, keine Spielersitzung durchführen, ja nicht einmal auf Talentsuche gehen.

Bei geringfügigen Verstößen gegen die Trainerpflichten wie etwa das mehrfache Verlassen der Coaching-Zone lässt es der Kontrollausschuss bei Ersttätern bei einem vom Schiedsrichter ausgesprochenen Aufenthaltsverbot für den Rest des Spiels als angemessene Reaktion bewenden. Die Ahndung wird gesteigert über eine Abmahnung bis hin in den Bereich der Geldstrafe, die bei „Großverdienern“ auch fünfstellige Höhen erreichen können.

Aber auch den Fußballtrainern wird das Recht zur angemessenen Meinungsäußerung und zur angemessenen Kritik zugebilligt. So wird immer wieder bei passender und unpassender Gelegenheit die mittlerweile berühmt gewordene Rede des italienischen Trainers in Diensten des FC Bayern München bei einem Fernsehinterview über einzelne Spieler seiner Mannschaft angeführt, die er auch namentlich aufführte: *„Ein Trainer sehen, was passieren in Platz. In diese Spiel es waren zwei, drei oder vier Spieler, die waren schwach wie eine Flasche leer.“* Diese die Spieler schon empfindlich berührende Äußerung, die ja mit den berühmt gewordenen Worten: *„Ich habe fertig“* abschloss, erreicht noch nicht die

Grenzen zur strafbaren Unsportlichkeit – auch wenn sie vor einem Millionenpublikum gemacht wurde, wo stets große Zurückhaltung bei Persönlichkeitseingriffen geboten ist.

Auch andere Vereinsverantwortliche können sich strafbarer Sportvergehen schuldig machen. In Betracht kommen insoweit Vereinsverantwortliche wie Präsidenten, Manager, Geschäftsführer, Vereinsärzte, Masseure, die auf der Bank sitzend vorwiegend sich verbaler Entgleisungen gegenüber dem Schiedsrichterteam schuldig machen. Da es sich insoweit überwiegend um ehrenamtlich Tätige handelt, versucht der Kontrollausschuss stets eine einverständliche Lösung (Zahlung einer angemessenen Geldbuße und Verfahrenseinstellung analog § 153a StPO). Gegen die übrigen „Bankdrücker", die mit dem Fußball Geld verdienen, werden der jeweiligen Einkommenssituation angepasste Geldstrafen beantragt und verhängt.

### n) Rechtliches zum Frauenfußball

Der Fußball ist in den letzten Jahren „weiblicher" geworden. Die Popu- 97
larität des Frauenfußballs wuchs rasch mit der dreißigjährigen Erfolgsbilanz der Nationalmannschaft bei Europa- und Weltmeisterschaften bzw. bei Olympischen Spielen. Zuvor war öfters das Argument zu hören, beim mit Verbissenheit und Zähigkeit geführten Kampf um den Fußball verschwinde die Anmut der weiblichen Bewegung und die wahre Weiblichkeit sei in Gefahr[179]. Noch 1958 erfolgte ein ausdrückliches Verbot für den Frauenfußball auf einem Bundestag des DFB. Erst am 31. Oktober 1970 in Travemünde wurde das Verbot außer Kraft gesetzt für den „Damen-Fußball", wie er damals hieß. 1974 durften die Damen ihren „Deutschen Meister" ermitteln (TuS Wörstadt). Eine Frauen-Nationalmannschaft wurde aufgebaut und feierte ihr Länderspiel-Debüt am 10. November 1982 auf dem Oberwerth in Koblenz nach guter Tradition der männlichen Kollegen gegen die Schweiz (Sieger: Deutschland mit 5 : 1). Im Jahre 1989 wurde die Frauen-Bundesliga – zunächst zweigeteilt – gebildet. 1996 ist als logische Folge der Entwicklung erstmals die Wahl einer „Fußballerin des Jahres" erfolgt: Martina Voss vom FC Rumeln-Kaldenhausen wurde gekürt. Mittlerweile ist Birgit Prinz dreimal zur Weltfußballerin des Jahres gewählt worden. Frauen- und Mädchenfußball ist eine aktuelle Trendsportart. Jährliche Zuwachsraten von mehr als 10% sind noch lange nicht abgeschlossen. Ein fußballbegeisterter

[179] *Novak*, aaO., S. 489.

Bundeskanzler (es gab mehrere), nämlich Helmut Kohl, sagte auf dem DFB-Bundestag in Wiesbaden, sicherlich auch ein wenig populistisch, „*Frauenfußball, mein Steckenpferd.*" Mütter haben zwischenzeitlich viel weniger Bedenken, ihre Töchter zum Fußballspiel zu schicken[180]. Mit ihren Spielen sind die Frauen selbstverständlich an die Fußballregeln gebunden – es gibt keine Sonderbestimmungen für Spielerinnen des weiblichen Geschlechts. Manchmal wird die sog. Schutzhand bei ihnen als frauenspezifisch angewandt. Bei Sportverfehlungen werden sie wie ihre männlichen Kollegen nach den Tatbeständen des § 8 (1) RuVO abgeurteilt. So war eine Weltfußballerin nicht dagegen gefeit, im Spiel eine Tätlichkeit nach vorangegangener Provokation zu begehen und eine Sperre für vier Pflichtspiele zu erhalten.

Den vielleicht reizvollen direkten Vergleich zwischen den beiden Geschlechtern versperrt der DFB in § 33 (3) Spielordnung, der Spiele zwischen Frauen- und Männermannschaften „für nicht statthaft" erklärt. Im Hinblick auf den verfassungsrechtlichen Gleichbehandlungsgrundsatz ist ernsthaft zu prüfen, ob durch dieses Prinzip ein aus der Vereinsautonomie abgeleitetes Verbot wie § 33 (3) Spielordnung DFB, das auch nach FIFA- und UEFA-Recht besteht, ausgeschlossen wird. Das ist zu verneinen. Der Widerstreit zwischen Freiheitsrecht und Verbandsrecht ist nach der vorzunehmenden Interessenabwägung hier zugunsten der Vereinsautonomie zu beantworten. Als Gründe für die Regelung sind in erster Linie anzuführen die erhöhte Verletzungsgefahr mit den in der Regel kräftigeren männlichen Fußballern und das Gebot der Chancengleichheit. Auch das Ansehen der Sportart leidet; es wird berichtet, dass Spiele zwischen männlichen Vereinsspielern im B-Juniorenalter und weiblichen Auswahlmannschaften von aktiven Frauen zweistellig zugunsten der Junioren ausgegangen sind. Das Verbot „von Spielen zwischen den Geschlechtern" wird für den Fußballsport durchweg als gerechtfertigt angesehen[181]. Die geschlechtsspezifische unterschiedliche körperliche Konstitution wird beim Boxen noch deutlicher. Andererseits wird berichtet, dass im Eishockey in den USA die Nationalspielerin Kristine Lilly als Torfrau bei Männermannschaften eingesetzt worden ist[182].

Problematisch wird die Abwägung bei Sportarten, bei denen für beide Geschlechtsgruppen im Hinblick auf die biologische Konstitution eine

[180] *Novak*, aaO., S. 492, 496.
[181] *Haas*, in SportR B, Rn. 73.
[182] *Haas*, aaO.

allgemein vergleichbare Ausgangssituation besteht wie z. B. beim Synchronschwimmen. Beim Schach ist noch eindeutiger ein Argument für getrennte Meisterschaften nicht zu finden. Bei gleichem Leistungsniveau sind Gründe für ein Verbot in diesen Fällen nicht anzuerkennen. In den USA wird die geschlechtsspezifische Diskriminierung im Sport eingehend diskutiert[183].

In Europa hat der um keinen PR-Gag verlegene Vereinspräsident des Serie-A-Clubs AC Perugia, Luciano Gaucci, der schon den Sohn des libyschen Revolutionsführers Gaddafi, Al Saadi Gaddafi, oder eine weibliche Trainerin für seine Profimannschaft unter Vertrag genommen hatte, seine Fühler nach der deutschen Torschützenkönigin beim WM-Gewinn im Jahre 2003, Birgit Prinz, ausgestreckt. Mit dem Argument, dass Frauen auch am Fließband bei FIAT gleichberechtigt neben den Männern arbeiteten, wollte er die Spielerlaubnis für Birgit Prinz beim italienischen Fußballverband Federcalcio (FIGC) in der Profiliga durchsetzen. Selbst ein Angebot für einen 18-monatigen Vertrag in siebenstelliger Eurohöhe ließ die blonde Torjägerin aus Deutschland nicht weich werden; sie sah ihre sportliche Zukunft gefährdet. Also gab sie dem geltungssüchtigen Reinigungsunternehmer, der die Vereinsleitung in Perugia als Hobby betreibt, einen Korb. Prinz: *„Als Glamour-Girl eigne ich mich nicht."* Sie sollte daher nicht, wie Gaucci wollte, mit Männern in der gleichen Mannschaft in der Profiliga spielen. So blieb nur die Schlagzeile; die aufgezeigte Rechtsfrage des Verstoßes gegen den Gleichbehandlungsgrundsatz wurde nicht gerichtlich ausgetragen.

Vorsichtshalber hatte die FIFA am 16. Dezember 2003 ein Schreiben an die FiGC gesandt, in dem es heißt: *„Die Trennung von Geschlechtern auf professionellem Fußball-Level ist in kontinentalen wie im FIFA-Wettbewerben absolut"*, wobei laut FIFA-Pressestelle eine Entscheidung der FIFA-Exekutive aus den 80er Jahren zugrunde lag. Nach Gauccis Vorstellung hätte spätestens der EuGH zu seinen Gunsten entschieden. Vielleicht wird dieser einmal zu dieser Frage angerufen werden. Dann dürfte aber im Rahmen der Interessenabwägung dem Weltfußballverband überlassen bleiben, festzulegen, wie aus sportspezifischen Gründen die in seinem Bereich spielenden Fußballmannschaften auszusehen haben. Das sprichwörtliche schwache Geschlecht soll danach nicht gegen die männlichen Fußballkollegen antreten müssen. Beim Weltschachverband könnte man sich insoweit aber andere Ergebnisse vorstellen.

[183] Haas, in SportR B, Rn. 73, Fn. 173.

### o) Eigene Fußballmoral? – Übermoral?

98 Art. 9 I GG garantiert dem Deutschen Fußball-Bund – gegebenenfalls durch Übernahme der Welt-Fußballregeln der FIFA – die autonome Selbstbestimmung seiner eigenen aus der Gemeinschaft hervorgehenden sportbezogenen Wert- und Maßstabsbildung[184]. Im Rahmen der zulässigen eigenen Sportmoral wird z. B. im Eishockeysport lediglich „eine große Strafe", d. h. ein Verweis vom Eis für die Dauer von nur fünf Minuten, ohne Ersetzungsmöglichkeit durch einen Ersatzmann, verhängt, wenn ein Spieler einen Gegner durch einen „Stockcheck, Stockdegenstoß oder Stockstich" verletzt – bei absichtlicher Verletzung droht eine Matchstrafe[185]. Eine solch niedrige Sanktion ist dem rauen Eishockeysport immanent, eine vergleichbare Tat im Fußball mit dem Schuh statt mit dem Stock würde sicherlich zu vier Spielen Sperre und mehr führen. Im Billardsport würde eine solche Attacke gegen den Gegner mit dem Queue sicherlich zu monatelangen Sperren führen.

Der Ehrenkodex im Sport gestattet durchaus, einen Verweis auf andere Lebenssachverhalte im nichtsportlichen Bereich mit anderem Einordnen nicht zuzulassen. Die meisten Sportarten bekämpfen das Doping in all seinen Verästelungen (s. unten VIII. Teil). Gegen die Verwerflichkeit eines Medikamentendopings kann aber nicht mit Erfolg ins Feld geführt werden, es sei etwa einem Studenten nicht zu verbieten, mittels chemischer Substanzen seine körperliche Belastbarkeit zu erhöhen, um die Grundlage für eine glanzvolle Universitätslaufbahn zu legen. Stimulationsmittel zur Stabilisierung des Wachzustands bei Polizisten oder Astronauten im Sondereinsatz könnten bei medizinischer Kontrolle durchaus rechtlich unbedenklich sein. Einem Fußballverband wie den anderen Sportverbänden muss es dagegen im Rahmen seiner Selbstbestimmung unbenommen bleiben, die Einnahme von Dopingmitteln und die Anwendung von bestimmten unzulässigen Methoden mit dem Ziel der Leistungsförderung gänzlich auszuschließen und entsprechend zu bestrafen[186]. *Steiner* umschreibt in seiner plastischen Art diese Freiheit des Sports dahin, dass der Sport mehr Anstand abfordern könne als Staat und Gesellschaft. Es gebe sicherlich keine justizfreie Räume des Sports, aber justizberuhigte Zonen. In diesen könne sich der Sport entfalten, dürfe sich aber nicht als soziale Macht der Willkürkontrolle durch die staatlichen Gerichte entziehen[187].

184 *Steiner*, aaO., Heft 12, S. 12.
185 *Wehlen*, aaO., Bd. 1, Eishockey, S. 49, 57.
186 *Hilpert*, in Bayerische Verwaltungsblätter, aaO., S. 199.
187 *Steiner*, bei WfV-Sportrechtsseminar am 30.9.2006 in Wangen.

Der Sport darf durchaus von seinen Sportlern die Verwirklichung eigener sportethischer Vorstellungen verlangen. Es steht den staatlichen Gerichten nicht zu, ihre Vorstellungen über die Unbedenklichkeit eines bestimmten Verhaltens über die der Sportgerichte des betroffenen Verbandes zu stellen; dieser Beurteilungsspielraum muss wegen Art. 9 I GG hingenommen werden. So haben wir oben[188] Theogenes von Thasos kennen gelernt. Weil er durch seine Kämpfe in der Sportart Faustkampf ermattet war, verlor er in der anderen Sportart, für die er ebenfalls gemeldet hatte, nämlich im Freistilringen gegen einen Gegner, den er sonst besiegt hätte. Weil er sich zu zwei Kämpfen gemeldet hatte, ohne diese körperlich durchzuhalten, wurde er damals mit einer empfindlichen Geldstrafe belegt[189]. Der zu lässig agierende Fußballprofi, der seine Möglichkeiten nicht ausschöpft, kann vereinsrechtlich oder zumindest arbeitsrechtlich belangt werden. Der Rechtsausschuss des Deutschen Basketballs hat z. B. entschieden, der Grundsatz des Fair Play gebiete es, zu allen Spielen mit der besten Mannschaft anzutreten[190].

Der umgekehrte Fall, dass Fußballer durch Prämien von außerhalb **99** angespornt werden, einen Sieg ihrer Mannschaft in einem Spiel mit allen Kräften anzustreben, ist sowohl im Bundesliga-Skandal I wie auch im Bundesliga-Skandal II aufgetreten. In beiden Fällen ist von Dritten eine Siegprämie für eine Mannschaft ausgelobt und nach Eintritt des Erfolgs bezahlt worden. In den 70er Jahren wurden von einem abstiegsbedrohten Verein (A.) für einen Sieg eines anderen Bundesligavereins (B.) gegen einen Konkurrenten des Vereins A. um den Abstieg, den Verein C., Prämien ausgesetzt. Die Mannschaft B. sollte durch Hergabe all ihrer Möglichkeiten durch den Anreiz einer ansehnlichen Geldzahlung angehalten werden, dem Gegner keinen leichten Sieg zu ermöglichen, vielmehr zum eigenen Sieg zu kommen. Im Jahre 2005 wurde als typischer Fall aber die Siegprämie von Wettern für Siege eines bestimmten Vereins bezahlt. Teilweise wollte der Wetter, dass der Geldempfänger bei seinem Einsatz für den Sieg seiner Mannschaft alles hergibt, damit dieser eintritt, was die Mannschaft ohne Geldauslobung mangels besondere Motivation aus ihrer Tabellensituation heraus nicht getan hätte, etwa weil sie am Ende der Spielrunde im „Niemandsland der Tabelle" ohne Aussicht nach oben oder nach unten steht. Die Eigengesetzlichkeit des Spielbetriebs, die zu gewissen Zeiten auch Mannschaftsleistungen unter der Höchst-

188 I. Teil, Rn. 12.
189 *Schulten*, ‚Der geschenkte Sieg', zitiert nach SportR (Fn. 23) 10.008.
190 Urteil Nr. 20/79.

grenze mit sich bringt, wird insoweit durch Zahlung der Siegprämie verzerrt[191].

Dem vom DFB vertretenen Standpunkt der Strafbarkeit des Zahlens einer Siegprämie als unsportliches Verhalten wird teilweise entgegengehalten, dass eine Geldprämie für eine Leistung, die ein Verein ohnehin pflichtgemäß nach den sportlichen Regeln eines fairen Wettbewerbes anzustreben hat, also für eine sportliche Selbstverständlichkeit, nicht als sportwidrig bewertet werden könne. Der Kontrollausschuss hat derartige Verhaltensweisen in ständiger Praxis sportstrafrechtlich verfolgt, aber das Verfahren auf der Seite der Geldempfänger wegen der geringen Schuld analog § 153a StPO nach Zahlung einer Geldbuße an eine wohltätige Institution in Höhe eines Mehrfachen des empfangenen Betrages mit Zustimmung des Sportgerichts eingestellt. Bei den Geldgebern sind dagegen Sperren wegen unsportlichen Verhaltens erwirkt worden. Die Unsportlichkeit ist bei Siegprämien aus den Begleitumständen der Geldauslobung abzuleiten. Nicht ein generöser Förderer des Vereins setzt Geld aus, um sportliche Vorteile zu erreichen, sondern ein aus eigennützigen Motiven handelnder Dritter, der selbst ganz im Hintergrund bleibt und durch Siegprämien seinen Wetteinsatz rentabel machen will. Das ist sportfremd und unlauter. Das Verhalten erfüllt zudem den Tatbestand der passiven Bestechung (§ 8 (1)j RuVO).

Die verwandten Fälle des Bundesliga-Skandals I sind damals von den DFB-Gerichten in zwei Instanzen in ständiger Rechtsprechung sportstrafrechtlich abgeurteilt worden. Dabei ist als Begründung teils auf die damals abschließende Regelung der Bezüge der Lizenzspieler abgestellt worden, was heute nicht mehr geltendes Recht ist. Aber auch die übrige Begründung des Bundesgerichts[192] trägt die damalige Verurteilung sowohl hinsichtlich der Hingabe der Siegprämie wie auch der Annahme derselben. Sie folgt aus den Begleitumständen, insbesondere den Beweggründen der Handelnden. Das Bundesgericht führt aus:

> *„Hier will ein Bundesligaverein in drastischer Weise einen ihm in sportlicher Weise verbundenen anderen Bundesligaverein in den Abstieg schicken, indem er Spieler eines dritten Vereins mit Hilfe von Geld vor seinen Karren spannt. Solches Geld ist – sportlich gesehen – schmutziges Geld. Das steht dem Sachverhalt nicht nur auf die Stirn geschrieben, sondern wird auch durch die Heimlichkeit offenkundig, mit der diese Geschäfte betrieben werden. Aus dieser Heimlichkeit spricht das schlechte Gewissen. Solches Gebaren trägt auch den Keim weitgehen-*

[191] *Vieweg*, aaO., S. 172.
[192] Urteil vom 27.10.1971 (64/71/72).

*der Unredlichkeit in sich, da es für den Empfänger eines derartigen Angebots nur noch ein Schritt dahin ist, mehr zu verlangen, als angeboten wurde, im Falle der Weigerung möglicherweise mit der Drohung einer eigenen Niederlage verbunden ...“*

Siegprämien sind nach der Auffassung der im Sport Tätigen, seinen Geist Einatmenden und ihn in das sportliche Leben umsetzenden Fußballrichtern nicht hinzunehmen, sondern mit Sanktionen zu belegen. Dadurch wird keine Übermoral des Sports verwirklicht. Sie bewegt sich in der von *Steiner* aufgezeigten justizberuhigten Zone und stellt für staatliche Richter ein Tabu dar (Art. 9 I GG). Selbstverständlich ist eine „erkaufte“ Niederlage als unsportliches Verhalten zu bewerten.

Ebenfalls im Grenzbereich der Übermoral ist jener Fall der Normerschleichung anzusiedeln, als der Spieler O. in einem Bundesligaspiel eine Gelbe Karte durch vorsätzliches Handspiel herbeiführte, um im folgenden Pokalendspiel auf jeden Fall spielen zu können. Sein Trainer rief: *„Mach et, Otze“* von außen zu. Beide wurden mit maßvollen Sanktionen wegen unsportlichen Verhaltens abgeurteilt. Man hätte sie auch unter allgemeiner Missbilligung ohne Strafe allein stehen lassen können.

Die Verwarnungspflicht beim Torjubel, die bereits angesprochen worden ist, reicht schon eher an die Grenze einer Übermoral heran. Die FIFA hat das Trikothochziehen bis zum Kinn schon zugelassen, nur nicht das Hemdausziehen oder das Hochklettern an den Zäunen. Da hier ein relativ geringer Eingriff (Gelbe Karte) in die Rechtssphäre des Fußballers vorliegt, ist die Maßnahme aber nicht übermäßig, sondern eine fußballspezifische Herabsetzung eines Freudenausbruchs, die hinnehmbar ist.

Einen Freibrief für eine durch den Sportler selbst festgelegte Betätigung seines Willens möchte ich aus den Gründen einer allgemeingültigen Sportmoral im Falle des Boxers, der sich als Fallobst für Aufbaukämpfe eines Newcomers im Boxgeschäft zur Verfügung stellt, nicht ausstellen. Wenn der der Börse wegen antretende Boxer fünf Runden lang Schläge seines Gegners nicht abwehrt und eigene nicht austeilt, obwohl er dies jeweils könnte, und sich dann in der 5. Runde k.o. stellt, wobei er noch wach ist, ermöglicht er zwar den vom Promoter für die Kampfbilanz seines Gegners gewünschten K.-o.-Sieg. Er missachtet die Grundregeln des Boxens, nämlich zu kämpfen und sich zu wehren. Er begeht zudem einen Betrug am Publikum, das einen Kampf mit offenem Ausgang, keinen Schaukampf sehen will. Der Boxer handelt deshalb auch grob unsportlich im Sinne der Sportgesetze. Selten wird aber insoweit der wahre Sachverhalt an den Tag kommen.

Zum Abschluss des Kapitels Strafen gegen Spieler, Trainer, Schiedsrichter und andere Personen sollte festgehalten werden, dass Sportmaximen und Sporturteile, wie sie im Einzelnen dargelegt wurden, einerseits den Vorstellungen der Sportjuristen, aber auch der Parallelwertung in der Sportlersphäre entsprechen. Ein staatliches Gericht sollte sich nicht ohne Not über sie hinwegsetzen.

Wenn vorstehend eine breite Palette von Bestrafungen, demnach des Tadels gegen Spieler wegen unfairen Verhaltens ausgebreitet worden ist, ist im Umkehrschluss die Frage zu stellen: „*Wo bleibt das Lob für besonders faire Vertreter der Sparte Fußball?*" Man hat – wie in den Gazetten zu lesen war – früher den „Fairness-Preis des Jahres" vergeben. Wenn dabei beispielsweise ein Spieler prämiert wurde, der dem Schiedsrichter mitteilte, dass der von diesem angezeigte Eckball keiner war, so ist hinsichtlich des Sachverhalts hinzuzufügen, dass das Ergebnis bei dieser Tat schon 4:0 für seine Mannschaft stand. Sportlicher Wert kommt einer solchen Handlungsweise nicht zu, ihr gebührt der Fairness-Preis schwerlich. Eher wäre mit einem solchen eine Handlung eines Profis auszuzeichnen, der in der 83. Spielminute beim Stande von 0:0 und einem ihm nach einer Schwalbe gegebenen Strafstoß den Schiedsrichter aufklärt und die Rücknahme des Elfmeters bewirkt. Das wäre eine Großtat der Fairness.

Lobenswert fair war sicher auch die Geste von Oliver Kahn vor dem Elfmeterschießen im WM-Spiel gegen Argentinien, als er zu Jens Lehmann hinging und ihm Glück für das anschließende Strafstoßschießen wünschte. Die Pressefotografen hielten jedenfalls diesen Augenblick als besonders fotografierwürdig fest.

**100** Im Folgenden soll auf die **Strafen gegen Vereine** übergeleitet werden. Gegen diese können bezüglich der im Katalog des § 7 (1)a–j RuVO aufgeführten Tatbestände die dort angedrohten Strafen verhängt werden. Als insoweit häufigste Verhaltensarten sollen die Fälle „*schuldhaftes Herbeiführen eines Spielabbruchs*" (n) und „*Vorfälle (Zuschauerausschreitungen) vor, während und nach dem Spiel*" (o) behandelt werden.

### p) Herbeiführen eines Spielabbruchs (§§ 7 (1)e, 9a, teilweise in Verbindung mit § 7 (1)c und d RuVO)

**101** Insoweit einleitend ein „frühgeschichtlicher" Spielabbruch – erfreulicherweise der einzige in deutschen Bundesligastadien:

### Das Torpfosten-Urteil

Beim Meisterschaftsspiel der Bundesliga Borussia Mönchengladbach gegen Werder Bremen am 3.4.1971 wurde das Spiel in der 88. Minute beim Stande von 1:1 unterbrochen, da ein Torpfosten in der Platzhälfte der Werder-Mannschaft zwei bis drei Zentimeter unterhalb der Grasnarbe abgebrochen war. Trotz entsprechender Hinweise über den Spielführer Günther N. ist vonseiten des Platzvereins nichts unternommen worden, um das Tor wieder aufzubauen. Der Schiedsrichter brach nach 15 Minuten Wartezeit das Spiel ab. Das Bundesgericht des DFB[193] bestätigte die erstinstanzliche Entscheidung des Sportgerichts[194], das den Platzverein wegen schuldhaften Herbeiführens eines Spielabbruchs zu einer Geldstrafe von 1.500 DM verurteilt hatte und das Spiel mit 0:2 für Mönchengladbach für verloren und für Werder Bremen mit 2:0 für gewonnen gewertet hatte. Tragende Begründung war der festgestellte Verstoß gegen die Pflichten des Platzvereins, für beide Tore Ersatz zur Verfügung zu halten (so ein Rundschreiben des DFB Nr. 1 - 1970/71). Weil bei vorliegender Konstellation eine Umkehr der Beweislast gelte, habe der Platzverein den Nachweis führen müssen, dass ihn kein Verschulden an dem Spielabbruch treffe. Diesen Beweis habe Borussia Mönchengladbach nach der Überzeugung des Gerichts nicht erbracht (wird im Einzelnen ausgeführt)[195].

Bei einem Europapokalspiel im Bernabeu-Stadion von Real Madrid ist Ähnliches passiert. Die Arbeitskolonnen der Königlichen Madrilenen brauchte 40 Minuten bis zur Erneuerung des Torgehäuses. Das Spiel wurde fortgesetzt. Der Platzverein ist empfindlich bestraft worden.

In Deutschland sind im Spitzenfußball seit dem Torpfosten-Urteil sehr häufig Situationen aufgetreten, die kurz vor dem Spielabbruch standen, in den meisten Fällen wegen Zuschauerausschreitungen und Eindringen von Zuschauern in den Innenraum. Sie wurden aber von den Schiedsrichtern sehr gut gemeistert, manchmal mit Hilfe einer Spielunterbrechung für 10–15 Minuten, in denen die Mannschaften zur Beruhigung der Störer auf den Rängen in den Kabinen weilten. Immer wieder ereignen sich Spielabbrüche bei Spielen der unteren Klassen in den Landesverbänden, wo die wenigen Platzordner gewaltbereite Randalen nicht in den Griff bekommen.

193 Urteil vom 19.5.1971 (63/70/71).

194 Urteil vom 29.4.1971 (162/70/71).

195 Vollständiger Text der Urteilsgründe bei *Rauball*, aaO., S. 313.

### q) Zuschauerausschreitungen vor, während und nach dem Spiel (§ 7 (1)c und d RuVO)

**102** Auch insoweit soll mit einem berühmten Fall aus der Sportrechtsgeschichte begonnen werden, nämlich dem

**Büchsenwurf-Urteil:**

Am 20.10.1971 wurde im Spiel um den Pokal der Europäischen Meistervereine zwischen Borussia Mönchengladbach und Internationale Mailand der Inter-Spieler Boninsegna nach 20 Spielminuten von einer durch einen Zuschauer geschleuderten Coca-Cola-Büchse am Kopf getroffen; er wurde verletzt. Das Spiel endete 7:1 für Gladbach. Die Berufungsinstanz der UEFA hat durch Urteil vom 10.11.1971[196] die von der Disziplinarkommission der UEFA beschlossene Wiederholung des Spieles, die Sperre des Stadions in Gladbach für das nächste Spiel eines europäischen Wettbewerbs und die Verhängung einer Geldstrafe von 10.000 CHF bestätigt. Sie hat die erstinstanzliche Entscheidung nur insoweit abgeändert, als das Wiederholungsspiel nicht im neutralen Ausland ausgetragen werden muss, sondern im Inland in einer Entfernung von 100 km Luftlinie von Mönchengladbach stattzufinden hat. Die Berufungsinstanz führte keine eigene Beweisaufnahme durch, sondern erklärte, dass das umfangreiche Aktenmaterial einschließlich vollständiger Tonbandwiedergabe der Verhandlung erster Instanz einen genügenden Einblick in die Sachlage ergebe; die Disziplinarkommission habe das Aktenmaterial richtig gewertet und sich angesichts der sich widersprechenden Parteibehauptungen auf die Aussagen des Schiedsrichters und des offiziellen Delegierten des Spiels gestützt, welche „einen unbedingten Einfluss des Werfers der annähernd gefüllten Büchse auf das Spielfeld“ ergaben. Deutschlands Fußballanhänger hielten in der Mehrzahl das Urteil für falsch, da Boninsegna geschauspielert habe, weil Inter auf der Verliererstraße gewesen sei. Von einem Verschulden des Platzvereins ist in dem Urteil an keiner Stelle etwas zu lesen.

**103** Bei einem vergleichbaren Fall im Spiel Eintracht Frankfurt gegen Bayern München hat ein Einzeltäter eine Münze an den Kopf von Stefan Effenberg geworfen. „Effe“ war kurze Zeit benommen, spielte dann aber weiter. Der Kontrollausschuss des DFB hat das Verfahren mangels Verschuldens des Heimvereins eingestellt.

[196] Abgedruckt bei *Rauball*, aaO., S. 305 ff.

Massiertere Zuschauerausschreitungen wurden in der Rechtsprechung im Profifußball in Deutschland schon seit 40 Jahren behandelt. Dabei hat sich der DFB stets mit der Bewältigung der Ausschreitungen in den Stadien auseinandergesetzt. Zur Bekämpfung des Rowdytums sei die Zusammenarbeit der Vereine und Verbände mit all ihren Funktionsträgern – mit der Polizei, den Städten, der Presse, der Gesellschaft – erforderlich, heißt es im Vorwort zum Richterseminar des Württembergischen Fußballverbandes mit dem Thema „Zuschauerausschreitungen bei Fußballspielen" im September 1980. Damals wie heute wurde die immer aktuelle Frage gestellt: „Wie können wir die Ausschreitungen abstellen?" Soziologen, Psychologen, Pädagogen, Mediziner haben an der Bekämpfung der Aggression mitgewirkt[197]. Außenseiter der Gesellschaft, keine Fans des Fußballs, sondern sog. Fans suchten samstags um halb vier eine Plattform zur Selbstdarstellung auf der spektakulären Bühne der Fußballstadien, was zudem vom Fernsehen in Millionen Haushalte übertragen wurde. Es waren in der Vergangenheit höchst missbilligenswerte Krawalle, Körperverletzungen, Sachbeschädigungen, vereinzelt brutale Schlägereien zwischen gegnerischen Fanclubs. Die Problematik wurde zivilrechtlich unter dem Gesichtspunkt der Veranstalterhaftung[198] behandelt. Experten und Wissenschaftler erforschten die Ursachen für das Fanverhalten. Die Medien unterstützten den Fußball bei der Bekämpfung und Verhinderung des Werfens von Rauchbomben und Leuchtraketen. 104

Auch die Sportrechtsprechung bemühte sich unter Einsatz ihrer Mittel (Spezial-, Generalprävention), die Anstrengungen auf Verbandsseite zu unterstützen. In dieser Zeit sind eine Fülle von Urteilen der DFB-Sportgerichte und der Spruchkammern der 2. Liga Süd und Nord ergangen zu den Pflichten der Vereine zu Vorkehrungen gegenüber Zuschauerausschreitungen, zu den Anforderungen an den Ordnungsdienst, zu den Aufgaben des Platzvereins zur Aufrechterhaltung der Platzdisziplin, zum unbedingten Schutz des Schiedsrichterteams, zur Verhinderung des Eindringens von Zuschauern in den Stadion-Innenbereich (u. a. sog. Flitzer). Zur Information wird auf die Rechtsprechungsübersicht in SportR 18/16/1–24 verwiesen.

Die Bekämpfung exzessiven Fanverhaltens war stets Gegenstand theoretischer Überlegungen und praktischer Umsetzung. Gleichwohl konnte in

[197] *Michel*, aaO., S. 10 f.

[198] *Eilers*, in Schriftenreihe Württembergischer Fußballverband, Heft 13, 18, 24.

den letzten 30 Jahren Gewaltausübung durch Wurfgeschosse aller Art und in jüngerer Zeit insbesondere solche pyrotechnischer Art im Fußballstadion nicht immer verhindert werden. Es kam in einem Fall zu einem tödlichen Zwischenfall am 17. Oktober 1982 im Hamburger Volksparkstadion, als der Fußballfan Adrian M. von Werder Bremen von einem Stein am Kopf getroffen wurde. Er starb am folgenden Tag.

In jüngster Zeit haben rassistische Ausschreitung vom Ausland her kommend, insbesondere aus Italien, andere Exzesse wie das Entzünden und Werfen von Rauchbomben oder Feuerwerkskörpern etwas in den Hintergrund treten lassen.

Bei der Gewaltentfaltung in Stadien hat die Sportgerichtsbarkeit alle ihre Möglichkeiten auszuschöpfen versucht. Bei erstmaligen Vorkommnissen wurde fast immer eine Abmahnung ausgesprochen, im Wiederholungsfall kam es zu Geldstrafen im unteren Bereich, die sich bei einem weiteren Fall binnen Jahresfrist steigerten und dann fünfstellige Dimensionen im Erstligafußball erreichten. So wurde gegen den HSV im Oktober 2006 eine Geldstrafe von 20.000 Euro verhängt[199], weil er nicht verhindert hat – wie schon zuvor in etlichen Fällen –, dass eine abgebrochene Magenbitterflasche in den Strafraum in Torwartnähe geschleudert worden ist (Urteil des Sportgerichts vom 17. Oktober 2006 – 34/2006/2007). In Aachen wurde durch Urteil des Sportgerichts vom 5.12.2003 (78/2003/2004) nach Verletzung des Gästetrainers durch ein Wurfgeschoss das Spiel der Alemannia gegen den 1. FC Nürnberg auf Protest des Clubs neu angesetzt (§ 17 (2)b RuVO), wobei die Austragung unter Ausschluss der Öffentlichkeit (§ 7 (1)d, 4 RuVO, § 44 (2)k der DFB-Satzung) angeordnet wurde. Zusätzlich ist Aachen mit einer Geldstrafe von 50.000 Euro belegt worden. Erstmals wurde damit ein sog. „Geisterspiel" ausgetragen. Dieses verlief ebenso wie alle Spiele in Aachen für den Rest der Saison ohne Zwischenfälle.

Für die Sportgerichtsbarkeit ist die Situation in den betroffenen Stadien während der zurückliegenden Spiele ein wichtiger Maßstab bei schweren Vorfällen hinsichtlich der Antwort auf die Frage, ob noch eine (empfindliche) Geldstrafe oder bereits eine Stadionschließung in Betracht kommt. Beim Spiel des SC Freiburg gegen Bayern München im April 2000 schleuderte ein 16-jähriger Zuschauer einen Golfball an die Schläfe des Gästetorwarts Oliver Kahn. Es war ein nicht vorhersehbarer Einzelfall. Dem Verein SC Freiburg war in der Saison zuvor der Preis für das fairste

[199] Urteil des Sportgerichts vom 17.10.2006 – Nr. 34/2006/2007.

Publikum in heimischen Stadien verliehen worden. Obwohl Kahn heftig blutete und zeitweise benommen war, beließ es das Sportgericht bei einer Geldstrafe von 75.000 Euro.

Auf der Suche nach ausgewogenen Sanktionen für Zuschauerausschrei- **105**
tungen kam das Sportgericht des DFB[200] zu der Form des „eingeschränkten Geisterspiels". Nach mehreren Vorbelastungen kam es beim Meisterschaftsspiel der 2. Bundesliga zwischen dem Karlsruher SC und dem 1. FC Dynamo Dresden in der 65. Spielminute im Block der Dresdener zur Entzündung von bengalischen Feuern mit starker Rauchentwicklung. Zusätzlich wurde aus deren Block eine Vielzahl von Feuerwerkskörpern und Leuchtraketen in das Karlsruher Publikum und auf das Spielfeld geschossen und geworfen. Der Schiedsrichter unterbrach nach Andauern dieser Vorfälle das Spiel und schickte beide Mannschaften in die Kabine. Nach zehnminütiger Unterbrechung konnte die Begegnung wieder angepfiffen und zu Ende gespielt werden. Da ähnliche, wenn auch weniger schwere Vorfälle von Dresdener Anhängern sich in der gleichen Spielzeit bereits bei drei Spielen ereignet hatten, der Club sich erst nach den Vorfällen in Karlsruhe in Zusammenarbeit mit Polizei und Staatsanwaltschaft um die Ermittlung der Täter und um Gewährleistung von Sicherheit und Ordnung in seinen Fanblocks bemüht hatte, erachtete das Sportgericht die Schließung der Stehplatzbereiche für ein Heimspiel als gebotene und notwendige Sanktion. Diese gezielte Maßnahme sei aber andererseits auch ausreichend, *„da die Ausschreitungen bislang durchgängig in diesen Bereichen ausgelöst worden seien und deshalb ein Offenhalten der Sitzplatzbereiche für Heim- und (anteilig) Gastverein noch einmal verantwortet werden könne"*. Dieser Teilausschluss der Öffentlichkeit, d. h. die Sperrung der Stehplatzbereiche, sei als Minus zum vollständigen Ausschluss der Öffentlichkeit nach § 44 (2) DFB-Satzung und § 7 (3) RuVO eine zulässige Sanktion. Außerdem wurde gegen den 1. FC Dynamo Dresden eine Geldstrafe von 40.000 Euro verhängt. Das Urteil wurde ohne Einlegung eines Rechtsmittels rechtskräftig.

Kennzeichnend für alle Verfahren, die Zuschauerausschreitung verschiedenster Art betreffen, wird in den zumeist anwaltlich verfassten Schutzschriften die Frage stereotyp gestellt: *„Was hätte der Verein noch mehr tun können?"* Der Verband wird darauf hingewiesen, dass er das Verschulden des in Anspruch genommenen Vereins zu beweisen habe – was zutreffend ist.

[200] Urteil vom 28.2.2005 (89/2004/2005).

An dieser Weichenstellung für die rechtliche Bewältigung der Problematik nimmt der Kontrollausschuss Hilfe an von der Rechtswissenschaft, die sich zum Teil eingehend mit dieser Problematik befasst hat. Es geht letztlich um die Grenzen der Disziplinargewalt der Verbände gegenüber Sportlern und Vereinen, denen die Verletzung der den Sport- und Spielbetrieb ordnenden verbandsinternen Regelwerke zur Last gelegt wird. Der Kontrollausschuss folgt bei seiner Arbeit den Ausführungen von Volker *Röhricht*, früher Vorsitzender Richter am Bundesgerichtshof an dem für Sportdisziplinarsachen zuständigen Senat. Er hat sich mit den *„Problemen des Beweisrechts im Sport – Verbandssanktionen bei Doping und bei Zuschauerausschreitungen"*[201] auseinandergesetzt. Der Komplex Doping wird insoweit zurückstellt bis zum VIII. Teil „Sport und Doping". Im Folgenden werden die überzeugenden Gedankengänge von Röhricht zusammengefasst wiedergegeben:

Er gehe aus von der in dem Regelwerk des DFB verankerten Verantwortlichkeit der Vereine für die Ordnung und Sicherheit auf dem Platz, dem Stadion oder Stadionbereich vor, während und nach dem Spiel. So wird in § 9a (1) RuVO den Vereinen die Verantwortung übertragen *„für das Verhalten ihrer Spieler, Offiziellen, Mitarbeiter, Erfüllungsgehilfen, Mitglieder, Anhänger, Zuschauer und weiterer Personen, die im Auftrag des Vereins eine Funktion während des Spiels ausüben."* Zwischenzeitlich hat der DFB in Übernahme einer entsprechenden UEFA-Rechtsprechung in § 9a (2) RuVO eine Haftung *„des gastgebenden Vereins und des Gastvereins im Stadionbereich vor, während und nach dem Spiel für Zwischenfälle jeglicher Art"* statuiert.

*Röhricht* stellt die selbstverständliche Tatsache an den Anfang seiner Untersuchung, dass die Beweislast für das die Sicherheit und Ordnung der Spielabwicklung beeinträchtigende Vorkommnis, seine Schwere und seinen Ablauf bei dem **Verband** liege, der die Strafe beantragt und verhängt, was selbstverständlich bei unserer Fragestellung der DFB ist. Dieser hat die Beweislast für den objektiven Geschehensablauf, der den Strafausspruch auslösen soll. Der DFB ist sich dabei durchaus bewusst, dass sein oberster Dachverband, die FIFA, auf dem Boden des insoweit sehr vereins- und verbandsfreundlichen Schweizer Zivilrechts sich eine für die Vereine rigide Zuordnung der Haftung im Sinne eines rein objektiven Normverständnisses „leistet": In Art. 70 Disziplinarreglement der FIFA heißt es: *„Der Heimverband (Gastverband) ist, ohne dass ihn ein*

[201] So Titel des gleichnamigen Beitrags, aaO., S. 15 ff.

*Verschulden trifft, für das ungebührliche Verhalten von Zuschauern (von ihm zurechenbaren Anhängern) verantwortlich."* In Deutschland sind die Schranken der §§ 138, 242 BGB als Messlatte für die Vereinsstrafe deutlich höher aufgebaut.

*Röhricht* knüpft seine Überlegungen im Ausgangspunkt entsprechend der BGH-Rechtsprechung[202] daran an, dass ein Verband zur Verwirklichung seines Zwecks Regeln aufstellen dürfe (Art. 9 I GG). Da mit ausschließlich freiwilliger Rechtsbefolgung nicht gerechnet werden könne, müsse er notwendigerweise auch das Recht zur Androhung von Sanktionen und zu deren Vollzug im Falle der Regelverletzung haben. Eine Unterwerfung unter Regeln des Verbandes, denen ein Verein beigetreten ist, und die Erfüllung etwaiger Sanktionen *„grenze grundsätzlich nicht den rechtlich geschützten Freiheitsraum der Teilnehmer in unangemessener Weise ein"*. So dürfe unbedenklich eine Verbandsstrafe gegen einen Verein verhängt werden, wenn dieser zum Ausbruch oder zum Ablauf der Zuschauerausschreitung in Form eines vorsätzlichen oder fahrlässigen (also schuldhaften) Handelns oder Unterlassens beigetragen habe, weil er geeignete und zumutbare vorbeugende Maßnahmen, insbesondere Sicherheitsvorkehrungen (Platzverein) oder Anhängerbetreuung (Platz- und Gastverein) unterlassen habe. Wenn den Verein aber keine Schuld an den Zuschauerausschreitungen treffe, weil er alles unter den gegebenen Verhältnissen von ihm zumutbar zur Verhinderung der Störung zu Erwartende getan habe oder bei fehlender Kausalität einer zumutbaren Handlung, könne der Verein für die Ausschreitungen nicht verantwortlich gemacht werden, also auch nicht bestraft werden. Es fehle Sanktions**grund** und Sanktions**zweck** für eine Disziplinarstrafe. Die Bestrafung eines Schuldlosen könne weder diesen noch Dritte zu sorgsamer Pflichterfüllung anhalten. Sie diente nicht der Verwirklichung des Verbandszweckes und wäre deshalb auch nicht durch die Disziplinargewalt des Verbands gedeckt. Eine Gefährdungshaftung – wie sie das Haftpflichtrecht kenne – sei nach deutschem Zivilrecht für die hier in Rede stehenden Tatbestände nicht zulässig (anders wohl nach Schweizer Zivilrecht, s. Art. 70 FIFA-Disziplinarreglement, Anhang I). Wer insoweit Disziplinarmaßnahmen verhängen wolle, verstoße gegen das Übermaßverbot, das „in allen zivilisierten Rechtsordnungen" gelte. Damit habe der Verband noch nicht zwingend im Einzelfall die **Beweislast** für die Verantwortlichkeit des Vereins zu tragen. Nach *Röhricht*

[202] BGHZ 128, 93, 98.

> *„müssen Regelungen, die dem Heimverein bei Zuschauerausschreitungen die Darlegungs- und Beweislast dafür auferlegen, dass der Zwischenfall auch bei Anwendung aller ihm durch das Reglement, die Verhältnisse und die konkreten Umstände des einzelnen Spiels abverlangten Sorgfalt eingetreten wäre und damit außerhalb seiner individuellen Verantwortung lag, als grundsätzlich zulässig, weil durch den Verbandszweck gedeckt, gelten."*

Der für die Organisation des Spiels zuständige Heimverein sei „näher dran", Aufklärung darüber zu geben, wie es zu dem ordnungswidrigen Geschehen kommen konnte. Das zivilrechtliche Beweisrecht verteile in vergleichbaren Fällen die Darlegungs- und Beweislast nach „Gefahren- und Einflusssphären", insbesondere dort, wo es um den Nachweis eines subjektiven Tatbestands gehe. Nach *Röhricht* könne eine Verbandsregelung – anders als im Dopingbereich – ohne Verstoß gegen höherrangiges Recht eine **vollständige Beweislastumkehr** vorsehen. Der Verein sei bei Zuschauerausschreitungen ohne Weiteres in der Lage, vollständig und bis ins Detail genau darüber Auskunft zu geben, welche Sicherheitsvorkehrungen er zwecks Verhinderung der Störung der Veranstaltung getroffen habe, und seine diesbezüglichen Behauptungen auch beweisen. Wenn man einen solchen Beweis verlange, fordere man nichts Unmögliches oder Unzumutbares. Der Verband könne wegen seiner Sachferne Darlegungen zu Art und Umfang der vereinsseitig getroffenen Vorkehrungen durch den organisierenden Verein nicht vortragen, ohne gezwungen zu sein, ins Blaue hinein Behauptungen aufzustellen. Art und Umfang der getroffenen Sicherheitsvorkehrungen seien typischerweise Umstände, die in der Einfluss- und Kenntnissphäre des Platzvereins und nicht des Verbandes lägen, was aus rechtlichen Gründen

**eine volle Umkehr der Beweislast zugunsten des Verbandes**

rechtfertige. Der Platzverein müsse deshalb den vollen Beweis dafür erbringen, dass sich der Zwischenfall trotz Beachtung aller unter den gegebenen Umständen voraussehbar gebotener und ihm zumutbarer Sicherheitsvorkehrungen ereignet hat und auch bei Anwendung der gebotenen Sorgfalt ereignet hätte. Das deutsche Zivilrecht kennt ausgehend von einer Beweislast nach Verantwortungssphären in § 282 BGB eine Beweislastumkehr. Auch das nationale Verfassungsrecht schließe sie zumindest nicht aus[203]. *Steiner* verweist bei seinen Überlegungen zum Doping darauf, dass die deutschen Zivilgerichte aus praktischen Gründen des fairen Interessenausgleichs die Beweislast nach Gefahrenberei-

[203] *Steiner*, Doping-Forum, aaO., S. 134.

chen verteilen. Dies stelle kein Sonderbeweisrecht für den Sport dar, vielmehr gehe es um Folgerungen aus Besonderheiten des Sports für das Beweisrecht. Das Bundesverfassungsgericht[204] hat in seiner Entscheidung zu Beweisfragen im Arzthaftungsrecht anerkannt, dass die Herausbildung sachverhalts- und problemspezifischer Beweisregeln durch den Zivilrichter mit dem Grundrecht des fairen Verfahrens (Art. 2 I in Verbindung mit Art. 20 III GG) vereinbar sei.

Eine Umkehr der Beweislast scheide nach *Röhricht*[205] dagegen bei dem Gastverein aus. Es bestehe keine Lebenserfahrung dahingehend, dass ein ungehöriges Verhalten einzelner Fans oder Fangruppen auf ein Verschulden des Gastvereins schließen lassen könne, und zwar in Form eines aktiven Beitrags zu diesem Fehlverhalten oder eines Unterlassens von Maßnahmen, durch die es hätte verhindert werden können. Der Gastverein sei regelmäßig auch nicht „näher dran" als der Verband, Auskunft über die Ursache der Zwischenfälle oder ihre Verhinderungsmöglichkeiten zu geben. Jedenfalls im Regelfall fehlten die Voraussetzungen für eine Umkehr der Beweislast oder für einen Beweis des ersten Anscheins zum Nachteil des Gastvereins.

Diesem Ergebnis möchte ich teilweise zustimmen, und zwar hinsichtlich der Fälle der vereinzelten Ausschreitungen von Fans des Gastvereins (Werfen von Gegenständen, Entzündung von pyrotechnischen Objekten), meine aber, dass gerade bei rassistischen Vorfällen in der Regel ein Gruppenverhalten von Fans des Gastvereins gegeben ist, das vorbeugend beeinflusst werden kann durch Einbindung von Fan-Beauftragten in ihrer Heimatstadt, die Betreuung und Beobachtung bei der Anreise, die meist mit öffentlichen Verkehrsmitteln erfolgt, ferner bei dem Anmarsch zum Stadion, bei dem Aufenthalt im Stadion vor und während des Spiels. Die zugehörigen Fans besuchen keineswegs das erste Mal ein Auswärtsspiel ihrer Mannschaft, sie haben oft Anführer, die den Fan-Beauftragen dem Gesicht nach und oft auch hinsichtlich der Personalien bekannt sind. Es sind eine Reihe von vorbeugenden Einzelmaßnahmen erdacht und entwickelt worden zur Unterbindung gehäufter und gruppenweise geäußerter rassistischer Ausrufe auf der Ebene des Gastvereins, die hier im Rahmen einer rechtlichen Betrachtung dieses Phänomens nicht im Einzelnen dargelegt werden. Sie lassen jedenfalls den Gastverein, der zuhause und dann insbesondere im fremden Stadion diese Störergruppe

[204] BVerfGE 52, 131.

[205] *Röhricht*, aaO., S. 43.

optisch ausmachen kann, jedenfalls „näher dran sein“ als den Verband bei der Antwort auf die Frage, wie es zu den Zwischenfällen gekommen ist und wie sie hätten verhindert werden können. Wenn dann in einem Einzelfall eine Störergruppe mit oder ohne Transparente durch abgestimmte Sprechchöre Urlaute outed oder rassistische Parolen ausruft, so sind dies nach der Lebenserfahrung typische Geschehensabläufe, die auf ein Verschulden des Gastvereins durch Unterlassen rechtzeitig zu treffender geeigneter Gegenmaßnahmen zuhause und insbesondere vor Ort schließen lassen, womit der Anscheinsbeweis (prima facie) eingreift. Der Gastverein kann dann diese Folgerung erschüttern, indem er nachweist, dass er die geeigneten und notwendigen Maßnahmen im konkreten Fall ergriffen hatte. In der Diskussion ist meines Wissens bisher nicht angesprochen worden, dass für den Tatbestand von Zuschauerausschreitungen eine fahrlässige Begehensform ausreicht.

Nach dieser theoretischen Abklärung der Beweissituation bei Zuschauerausschreitungen (Vollbeweis hinsichtlich des Vereinsverschuldens, Beweislastumkehr und Erleichterung der Beweislast durch Anscheinsbeweis) soll auf den in der Saison 2006/2007 in gehäufter Form in den unteren Spielklassen und auf Bundesebene bedauerlicherweise verstärkt zu beobachtenden neuen Trend des Fehlverhaltens auf den Stadionrängen eingegangen werden:

Die FIFA hat bereits zum 1. Juli 2006 Art. 55 ihres Disziplinarreglements (siehe Anhang I) neu gefasst, um der Entwicklung zunehmender diskriminierender, insbesondere rassistischer Gesten und Äußerungen in den Stadien entschieden zu begegnen (so Materialien zu Art. 55). Durch FIFA-Zirkular Nr. 1026 hat sie die Konföderationen und die Nationalverbände auf ihre Verpflichtung hingewiesen, die neue Bestimmung in ihre Regelwerke aufzunehmen und die Sanktionen zu vollziehen. Der DFB hat auf seinem aus anderen Gründen einberufenen außerordentlichen Bundestag am 8.9.2006 § 9 RuVO entsprechend den FIFA-Bestimmungen neu gefasst (siehe RuVO im Anhang III. Teil).

Kontrollausschuss und Sportgerichtsbarkeit mussten aufgrund rassistischer Vorfälle beim DFB-Vereinspokalspiel FC Hansa Rostock II gegen FC Schalke 04 am 9.9.2006 und anlässlich des Bundesligaspiels TSV Alemannia Aachen gegen Borussia Mönchengladbach am 16.9.2006 eingreifen. Durch Urteil des Sportgerichts vom 14.9.2006 (19/2006/2007) wurde der FC Hansa Rostock wegen eines unsportlichen Verhaltens mit einer Geldstrafe in Höhe von 20.000 Euro belegt. Des Weiteren hat die Oberliga-Mannschaft des FC Hansa Rostock (Rostock II) das nächste

Heimspiel in der Meisterschaftsrunde der Oberliga Nordost (Gruppe Nord) unter Ausschluss der Öffentlichkeit auszutragen. Die Entscheidung beruht auf der Feststellung, dass ab der 20. Spielminute aus dem Hauptzuschauerblock des FC Hansa Rostock bei jeder Ballführung des farbigen Schalker Lizenzspielers A. es immer wieder zu lautstarken Affengeräuschen gekommen ist. Nach der vom Schiedsrichter in der Halbzeitpause veranlassten Stadiondurchsage waren in der 2. Halbzeit nur noch vereinzelt Urwaldlaute zu hören. Das Verschulden des Platzvereins wurde in erster Linie vom Sportgericht damit begründet, dass die in der Halbzeit getroffenen Maßnahmen schon in der 1. Halbzeit hätten ergriffen werden müssen. Betreffend das Spiel in Aachen wurde durch Urteil des Einzelrichters vom 27.9.2006 (25/2006/2007) gegen den Platzverein eine Geldstrafe von 50.000 Euro und gegen den Gastverein eine solche in Höhe von 19.000 Euro ausgesprochen. Beide Urteile sind rechtskräftig. Als Sachverhalt wurde zugrunde gelegt: Ab der 50. Spielminute wurde jeweils bei Ballkontakten des farbigen Gästespielers K. aus dem Fanblock der Begriff „Asylbewerber" gerufen. Aus dem Bereich der Gästefans wurde, wenn der dunkelhäutige Aachener Spieler S. am Ball war, von einer großen Personenzahl der Begriff „Asylbewerber" skandiert. Eine vom Schiedsrichter veranlasste Stadionlautsprecherdurchsage – das Spiel wurde für die Zeit der Durchsage unterbrochen – und deren Wiederholung bewirkten, dass im weiteren Verlauf des Spiels keine rassistischen bzw. fremdenfeindlichen Äußerungen mehr gefallen sind. Der Kontrollausschuss ist in beiden Fällen vom positiven Nachweis eines Verschuldens der beiden Vereine ausgegangen. Hilfsweise hat er ausgeführt, wenn der Nachweis nach der Überzeugung des Gerichts nicht gelinge, jedenfalls der Entlastungsbeweis im Sinne von Art. 55 (5) FIFA-Reglement nicht erbracht sei, und weiter hilfsweise, dass ein Verschulden sowohl des Heim- wie auch des Gastvereins diesen nach den Grundsätzen des Anscheinsbeweises anzulasten sei. Da beide Vereine schließlich erfolgreich zur Einstellung der verbalen Entgleisungen beigetragen haben, wurde von den weiteren für den Regelfall angedrohten Sanktionen „Geisterspiel" und Punktabzug abgesehen. Für den Wiederholungsfall wurden dem Heim- und Gastverein die Verhängung dieser zusätzlichen Strafarten in der Anklage angedroht.

Beim Auftreten von bisher in dieser Häufung und Intensität nicht vorgekommenen rassistischen Beleidigungen und Schmährufen gegenüber Spielern durch Zuschauer und der fremdenfeindlichen Hetzereien ist dem Kontrollausschuss bewusst, dass er sportstrafrechtliches Neuland betritt. Von der Durchführung eines Verfahrens geht im Hinblick auf die bundesweite Mitteilung der verhängten Strafen in den Medien eine nachdrückliche Präventionswirkung aus, vor allem in generalpräventiver Hinsicht. Die Sanktionen helfen auch oft, eine allgemeine Bewusstseinsbildung zu erreichen und die fairen couragierten Fans auf den Rängen für die Mithilfe gegen die Aktionen zu gewinnen. Die Chaoten sind in unseren Stadien in der Minderheit, sie müssen vor Ort und hinsichtlich der Folgen in die Schranken gewiesen werden. Hinsichtlich der Strafarten und der Strafhöhe ist sich der Kontrollausschuss bewusst, dass gerade in der derzeit kritischen Phase kein Übermaß und kein Untermaß, sondern Augenmaß, aber auch Härte gefordert sind. Die angedrohten Strafen sind drastisch, was auch schon aus den hoch angesetzten Mindestsanktionen folgt. Bei der Anordnung eines Spiels unter Ausschluss der Öffentlichkeit ist eine enorme wirtschaftliche Auswirkung zu bedenken. Wenn ein „Geisterspiel" in Dortmund, Berlin oder München durchgeführt wird, betragen die Einnahmeverluste pro Spiel ca. 1,5 Millionen Euro.

Soweit die Täter gefasst werden, ist umgehend ein bundesweites Stadionverbot auszusprechen. Ein solches ist in § 9 (2) Satz 2 Halbsatz 1 RuVO n. F. normiert: *„... ein Verbot, sich im gesamten Stadionbereich aufzuhalten."* Vonseiten des Vereins sind zwischenzeitlich nach dem Anfang September 2006 durchgeführten Spiel Rostock II gegen Schalke Stadionverbote ausgesprochen worden. Diese können nicht nur in Sportstrafverfahren angeordnet werden, sondern weit schneller und unkomplizierter in Verfahren nach den „Sicherheitsrichtlinien des DFB". Aus der Verkehrssicherungspflicht können auf dem Heimrecht des Veranstalters beruhende zivilrechtliche Verwirklichungen des quasi-negatorischen Unterlassungsanspruchs des Berechtigten hergeleitet werden. Sie sollen keine Strafsanktionen für begangenes Sportunrecht sein, sondern sie sollen, wie es in § 31 DFB-Sicherheitsrichtlinien in Verbindung mit § 1 (2) heißt, zukünftiges sicherheitsbeeinträchtigendes Verhalten vermeiden und den Betroffenen zur Friedfertigkeit anhalten, um die Sicherheit anlässlich von Fußballspielen zu gewährleisten. Der Vorteil dieser Reaktionsmöglichkeit ist, dass sie sich gegen alle Besucher, nicht nur gegen Mitglieder richten kann.

Sehr wirksam sind auch Regressmaßnahmen auf dem Zivilrechtsweg für namentlich erfasste Täter. Gerade dem Verein Hansa Rostock ist es vor den Zivilgerichten gelungen, gegen drei Personen Ersatzansprüche in Höhe fünfstelliger Beträge für gegen den Verein verhängte DFB-Geldstrafen wegen Auftretens als „Flitzer" im Stadioninnern aus dem Gesichtspunkt der schuldhaften Verletzung des Zuschauervertrags durchzusetzen[206]. Das Risiko, entdeckt und zivilrechtlich in Anspruch genommen zu werden, hält manche Täter doch von der Tat ab. Auf jeden Fall müssen bundesweit von kompetenter Seite für die Vereine Wege und Hilfestellungen zum Zurückdämmen dieser Zeiterscheinung erarbeitet und vorgestellt werden. Ligaverband, DFB, Vereine, Schiedsrichter, Stadionansager, Ordnungsdienst und insbesondere die Spieler, aber auch die Medien und die Polizei können bei dieser wichtigen Aufgabe mitwirken, um wieder eine friedfertige Stimmung in den Arenen herbeizuführen.

Die Sportgerichtsbarkeit muss bei ihrer Rechtsfindung von Fall zu Fall eine Linie zur Einordnung der differenzierten Begehungsformen der Zuschauerausschreitungen finden und dann auch anwenden. Die Schiedsrichter sollen situationsadäquat reagieren, bei trotz Lautsprecherdurchsagen weiterwährenden Schmährufen evtl. durch Spielunterbrechung und Gang in die Kabine mit den Mannschaften für einige Zeit Zeichen setzen, aber nur im alleräußersten Falle zum Spielabbruch greifen. Am 8. Spieltag der Saison 2006/2007 erhielten alle Zuschauer in den Bundesligastadien Rote Karten mit der Aufschrift *„Zeig dem Rassismus die Rote Karte"*, um sie gemeinsam in die Höhe zu halten. Im Jahre 1993 war die Aktion *„Mein Freund – ein Ausländer"* erfolgreich. Das hässliche Gegröle sollte aus unseren Stadien verbannt werden. Seitens des Kontrollausschusses ist für geeignete zukünftige Störfälle angedacht, das von FIFA und UEFA schon seit gut einem Jahrzehnt in etwas anderer Form durchgeführte probate Mittel zur Verminderung von Störaktionen heranzuziehen, das beachtenswerte Wirkung erzielte: Für internationale Spiele werden keine Stehplätze mehr zugelassen, alle Zuschauer müssen sitzen, was die Aggressivität deutlich eindämmt. Für eine bestimmte Gruppe von Bundesligabesuchern, die sich durchaus einen Sitzplatz leisten könnten, ist der Stehplatzblock das Salz in der Suppe des Fußballerlebnisses, das sie hautnah mit Gleichgesinnten den Sieg ihrer Mannschaft erleben und feiern lässt. Die Überlegungen von FIFA/UEFA sollten auch bei rassistischen Schmährufen wirksam umgesetzt werden. So beabsichtigt die Anklageinstanz beim DFB, bei einem zukünftigen dies rechtfertigenden Sachverhalt, der durchaus einen totalen Ausschluss von Zuschauern begründen könnte, beim Sportgericht zu beantragen, eine minderschwere Maßnahme, nämlich ein Spiel ohne Stehplatzbesucher anzuordnen. Diese bereits im Februar 2005 vom Sportgericht des DFB für ein Meisterschaftsspiel der 2. Liga in Dresden entwickelte neue Sanktionsform ist im

206 Urteil des Landgerichts Rostock vom 16.6.2005, in SpuRt 2006, 83.

Maßnahmekatalog des Art. 44 DFB-Satzung nicht ausdrücklich aufgeführt, wo Spielen unter totalem Ausschluss der Öffentlichkeit vorgesehen ist. Sie stellt aber ein wesensgleiches Minus zu einem „Geisterspiel" dar und ist deshalb satzungsgemäß verankert. Sie erzielt eine empfindliche Wirkung und trägt dem Urmeter des Sportstrafens, dem Verhältnismäßigkeitsgrundsatz Rechnung, indem sie zwar leider auch die bloßen „Jubelzuschauer" ausschließt, die aggressiven Schmährufer aber auf jeden Fall aus den Arenen fernhält.

Erfreulicherweise sind bei der WM 2006 in Deutschland keine Sicherheitsprobleme aufgetreten. Dies ist sicherlich auf Prävention durch Polizei und Deutschen Fußball-Bund zurückzuführen[207], aber auch auf etwas Glück.

[207] Siehe *Breucker*, aaO., S. 1233 ff.

## Kapitel 4: Das Spielwertungsverfahren[208]

### a) Die Problemstellung

Im September 2006 wurde aus der 3. brasilianischen Liga berichtet, dass die Schiedsrichterin ein Tor eines Balljungen, der 1 m neben dem Torpfosten gestanden und den Ball um den Pfosten ins Tor gelenkt hatte, zum 1 : 0 für den Platzverein gegeben hat, weil sie unaufmerksam gewesen war. 106

Relativ uninteressant ist, wie der Fall von den brasilianischen Verbandsinstanzen bewertet wurde – das Ergebnis ist mir nicht bekannt. Wichtig ist dagegen:

a) Wie würden Sie (der Leser) entscheiden?
b) Wie würden die DFB-Gerichte den Fall beurteilen?
c) Was würde die FIFA zu dem Fall sagen?
d) Wie würde das CAS das Tor des Balljungen bewerten?

Ich habe zwar einen solchen spektakulären Fall noch nicht erlebt; es wird mir aber berichtet, dass auf der Ebene der unteren Spielklasse solche Konstellationen öfter vorkommen.

Die brasilianische Schiedsrichterin hatte den sofortigen Protest des benachteiligten Vereins zurückgewiesen. Eine solche Ablehnung von Reklamationen von Spielern oder Vereinsfunktionären während des Spiels ist alltäglich und kommt fast in jedem Match vor. Die vorhergegangenen Entscheidungen des Schiedsrichters bleiben bestehen – andernfalls wäre ein Chaos auf dem Spielfeld die Folge. Grundsätzlich muss es dabei nach Ausschöpfung des Instanzenzugs auch bei den Sportgerichten bleiben. Denn nach Fußballregel 5 (Entscheidungen) heißt es:

> *„Seine Entscheidungen über Tatsachen, die mit dem Spiel zusammenhängen, sind endgültig."*

Eine Interpretation dazu enthält Amtliche Entscheidung Nr. 3 der IFAB:

[208] Im Folgenden angelehnt an *Hilpert*, Tatsachenentscheidung und Regelverstoß, in SpuRt 1999, 49 f.

*„Zu den Tatsachen, die mit dem Spiel zusammenhängen, gehören auch das Ergebnis eines Spiels sowie die Entscheidung, ob ein Tor erzielt wurde oder nicht."*

Eine solche Regelung ist grundsätzlich notwendig und richtig. Eine häufige nachträgliche verbandsseitige Abänderung würde zu einer Lähmung des Spielbetriebs führen[209].

Neben dieser FIFA-Regel ist § 17 (2) RuVO des DFB zu sehen, der einen Einspruch gegen die Spielwertung zulässt, *„unter anderem mit folgender sachlicher Begründung ... c) Regelverstoß des Schiedsrichters, wenn der Regelverstoß die Spielwertung als verloren oder unentschieden mit hoher Wahrscheinlichkeit beeinflusst hat"*.

Die Problemstellung ist entweder hinzunehmende Tatsachenentscheidung oder Ergebniskorrektur wegen Regelverstoßes!

**107** Vier Grundsatzentscheidungen der DFB-Sportgerichte sollen zur Erläuterung des Wechselspiels dieser beiden Begriffe dienen:

1) Im Zweitligaspiel Borussia Neunkirchen gegen Stuttgarter Kickers am 21. Oktober 1978 hat der Schiedsrichter ein Tor gegeben, als der Ball am Torgehäuse vorbeigeflogen war, an der Tornetzhalterung abgeprallt und auf der hinteren Tornetzlinie entlanggelaufen war, jedoch nie im Tor war;
2) das „Phantom-Tor" im Spiel Bayern München gegen 1. FC Nürnberg am 23. April 1994, bei dem der Ball seitlich am Torpfosten vorbei ins Aus gegangen war und niemals die Torlinie überschritten hat;
3) das „Nichttor" vom Spiel Schalke 04 gegen Hamburger SV am 27. August 1994, in dem der HSV-Torwart den Ball hinter der Linie herausholte und der Schiedsrichter auf Weiterspielen entschied;
4) am 5. August 1997 unterbrach der Schiedsrichter im Bundesligaspiel 1860 München gegen Karlsruher SC das Spiel durch einen Pfiff wegen eines Foulspiels eines Müncheners. Auf den nach dem Pfiff noch erfolgten Schuss eines Karlsruher Spielers erkannte er auf Tor zum 2:2, wobei er wusste, dass dies nach der Regel nicht zulässig war.

In allen vier Fällen wurde Einspruch gegen die Spielwertung eingelegt. Die DFB-Sportgerichtsbarkeit setzte die Spiele 1, 2 und 4 neu an und wies den Protest im Falle Schalke gegen HSV zurück. Auf Intervention der FIFA blieb es bezüglich der Begegnung 1860 gegen KSC bei der vom Schiedsrichter festgestellten Spielwertung.

[209] PHB/*Summerer*, II, 334.

Eine noch so feinsinnige Unterscheidung zwischen den Begriffen Tatsachenentscheidung und Regelverstoß sollte immer im Auge behalten, dass die Spiele auf dem grünen Rasen und nicht am grünen Tisch entschieden werden, es sei denn...

### b) Die Tatsachenentscheidung

Für die oben wiedergegebene Fußballregel 5 und die Amtliche Entscheidung dazu Nr. 3, die Regelcharakter hat, sprechen gewaltige fußballspezifische Gründe: Wie ein Verein mit den Fehlern seiner Spieler (verschossene Elfmeter, Eigentor, Über-den-Ball-Treten) leben muss, muss der Fußball mit den Fehlern der Schiedsrichter leben. Der Reiz des Fußballsports für Aktive und Zuschauer besteht zu einem großen Teil darin, dass das Spielergebnis mit dem Schlusspfiff des Schiedsrichters grundsätzlich feststeht. **108**

Das Ergebnis bestimmt den Tabellenstand eines Vereins, sodass nicht nur der jeweilige Gegner, sondern auch die übrigen Vereine der Liga von einer möglichen Änderung desselben betroffen sind. Die Tabellenstände müssen jederzeit richtig sein. Mit dem letzten Spieltag einer Saison müssen die Auf- und Absteiger feststehen. Davon hängen Veränderungen in niedrigeren und in höheren Klassen ab. Solche Unsicherheiten würden zumindest für die Dauer eines sportgerichtlichen Verfahrens heraufbeschworen. Würde auch über Schiedsrichterentscheidungen das Damoklesschwert ihrer sportgerichtlichen Aufhebung schweben, so würden erfahrungsgemäß die Schiedsrichter bereits auf dem Spielfeld weniger ernst genommen. Die Wahrung der Autorität der Referees ist aber eine gewichtige Garantie für einen geordneten Spielbetrieb.

Wegen dieser breit gefächerten Betroffenheit besteht ein besonderes Bedürfnis für die Bestandskraft des Spielergebnisses[210].

Die Bindungswirkung von Tatsachenfeststellungen gilt im Fußballsport wie auch in vielen anderen Sportarten[211], was einige Beispiele veranschaulichen sollen:

Wenn der Schiedsrichter den Ball im Strafraum an der Hand des Abwehrspielers gesehen hat, so ist die Strafstoßentscheidung und das gegebenenfalls so erzielte Tor unangreifbar, auch wenn der Ball nicht an der

210 *Wolf*, aaO., S. 81.

211 Wie z. B. Bundesgericht des Deutschen Handball-Bundes, Urteil vom 29.1.1999, in SportR 15/19/8.

Hand des Abwehr-, sondern an der des Angriffspielers war. Das dies eindeutig dokumentierende Fernsehbild bleibt sportrechtlich ohne Relevanz, wie etwa auch die durch die Video-Aufnahme getroffene Feststellung, dass das Foul an einem Stürmer außerhalb des Strafraums gewesen ist, wenn der Schiedsrichter irrtümlich den Tatort innerhalb des 16-Meter-Raumes verlegte.

Der durch die berühmte „Hand Gottes“ erzielte Treffer Maradonas bei der Weltmeisterschaft 1986 brachte Argentinien gegen England eine Runde weiter, auch wenn alle Welt die Manipulation, d. h. wörtlich, den Schlag mit der Hand, am Fernsehschirm gesehen hatte. Sie war aber dem Schiedsrichter verborgen geblieben, weshalb das Tor galt.

Die Privilegierung der Tatsachenentscheidung des Schiedsrichters in der FIFA-Regel bezieht sich über die Spielentscheidung (z. B. technische Spielstrafen wie „Strafstoß“ oder „Eckball“) hinaus auf eine eventuell gleichzeitig getroffene Spielerstrafe (persönliche Strafen wie Feldverweis, etwa wegen eines groben Foulspiels oder einer Notbremse). Das objektiv zu Unrecht erfolgte Nichtmitwirken des Spielers **bis zum Spielende** hat auf das Spielergebnis keinerlei Auswirkungen. Eine gewisse Zweispurigkeit, die oft nicht verstanden wird, wird jedoch in diesem Fall eröffnet, wenn etwa durch Fernsehbeweis erreicht werden kann, dass der betroffene Spieler wegen des Fouls oder des Handspiels für die Zukunft **nicht** bestraft, vielmehr etwa infolge Spielerverwechslung durch den Schiedsrichter freigesprochen wird. Insoweit wird die Endgültigkeit der Tatsachenentscheidung des Schiedsrichters relativiert, wobei die sportspezifischen Gründe für deren Bestandswirkung weitgehend nicht eingreifen. Die eventuell noch verbleibenden Argumente (Wahrung der Autorität des Schiedsrichters) übertrifft die Wahrung der sportlichen Gerechtigkeit an Gewicht.

### c) Der Regelverstoß

**109** Wenn nach Fußballregel 5 nicht generell **die** Entscheidungen des Schiedsrichters, die mit dem Spiel zusammenhängen, endgültig sein sollen, sondern nur die über Tatsachen, die mit dem Spiel zusammenhängen, ist daraus nach allgemeiner Auslegungsregel (Umkehrschluss) abzuleiten, dass die Entscheidung des Schiedsrichters zu anderen Konstellationen als zur Tatsachenfeststellung nicht der Bindungswirkung in Regel 5 unterliegen. Im Bereich des Deutschen Fußball-Bundes ist es Rechtstradition, dass eine begriffliche Zweiteilung zwischen Tatsachenentscheidung und Regelverstoß besteht. Wenn eine solche Differenzierung nicht gewollt sein sollte, hätte eine Formulierung *„Die Entscheidungen des Schiedsrichters, die mit dem Spiel zusammenhängen, sind endgültig"* nahe gelegen. Der Regelverstoß findet folgerichtig in § 17 (2)c RuVO Erwähnung, ohne aber dort näher erläutert zu werden.

Dieser Begriff ist offensichtlich auch bei der UEFA bekannt. In der RPO der UEFA ist zunächst die Endgültigkeit der vom Schiedsrichter auf dem Spielfeld ausgesprochenen Spielstrafe [Art. 20 (1)] festgelegt, wovon in Abs. 2 eine Ausnahme für die Überprüfung der sportlichen Folgen einer vom Schiedsrichter ausgesprochenen Spielstrafe durch die Disziplinarkommission eröffnet ist, wenn der Entscheidung ein offensichtlicher Irrtum des Schiedsrichters zugrunde lag. Angefügt ist in Art. 20 (3) folgende Regelung:

> *„Die Bestimmungen über den Protest gegen die Spielwertung nach einem entscheidenden Regelverstoß des Schiedsrichters bleiben vorbehalten."*

Die Protestgründe sind in Art. 44 RPO aufgeführt, wobei in Parallele zu dem deutschen Rechtsverständnis in Abs. 1 der *„entscheidende Regelverstoß des Schiedsrichters"* genannt ist und daneben in Abs. 3 festgelegt ist, dass *„gegen Tatsachenentscheidungen des Schiedsrichters nicht protestiert werden kann"*. Aus dem oben bereits angewandten argumentum e contrario folgt auch hinsichtlich der RPO der UEFA, dass gegen Entscheidungen des Schiedsrichters, die keine Tatsachenentscheidungen sind, Protest erhoben werden kann – gemeint sind also die zuvor genannten Regelverstöße.

Die FIFA kennt dagegen in ihrem Recht den spezifischen Protestgrund „Regelverstoß" nicht. In den Reglements für die jeweiligen Wettbewerbe der FIFA (so auch für die WM 2006) findet sich zwar eine Vorschrift, die mit „Proteste" überschrieben ist. Diese kann auf Beanstandungen „des Spielfelds, der Spielberechtigung von Spielern, Stadioninstallationen, Bälle etc." gestützt werden. In Art. 14 (4) heißt es dann: *„Proteste gegen Tatsachenentscheidungen des Schiedsrichters sind unzulässig, da diese Entscheide endgültig sind."* Wie mir der Direktor Legal Division Heinz Tännler auf meine Anfrage durch Schreiben vom 10. Oktober 2006 antwortete, seien die Gründe für das Fehlen des Protestgrundes „Regelverstoß" die „Unantastbarkeit der Tatsachenentscheidung des Schiedsrichters – vgl. IFAB Spielregel 5, Entscheidungen des Schiedsrichters – versus Regelverstoß des Schiedsrichters".

Ein Regelverstoß liegt nach DFB-Rechtsverständnis vor, wenn der **110**
Schiedsrichter auf den **von ihm** festgestellten Sachverhalt – auch wenn

dieser dem realen Geschehen nicht entspricht – nicht die richtige Regel angewandt hat, d. h. die falsche Rechtsfolge auf der Basis seiner tatsächlichen Wahrnehmungen ausgesprochen hat, m. a. W., der Schiedsrichter hat aus einer getroffenen Tatsachenfeststellung die falschen Schlüsse gezogen[212].

In den Fällen 1, 2 und 4 bejahten die DFB-Instanzen jeweils einen Regelverstoß, im Falle 3 lehnten sie einen solchen ab.

Fall 1): Beim Spiel der 2. Liga Süd Borussia Neunkirchen gegen Stuttgarter Kickers am 21. Oktober 1978 setzte das Bundesgericht[213] das Spiel neu an: Dies sei in einem extremen Ausnahmefall zulässig, wenn die Fehlerhaftigkeit der Tatsachenentscheidung des Schiedsrichters offenkundig sei. „*Offenkundigkeit liegt vor, wenn für jeden Spieler und Zuschauer, welcher die Spielszene ohne Sichtbehinderung verfolgen konnte, unmittelbar und beweisbar feststand, dass der Ball die Torlinie außerhalb der Torpfosten überquert hatte und hinter dem Tor liegen blieb.*" Diese tragende Begründung des DFB-Bundesgerichts ist ganz im Sinne von Palmström, dass nicht sein kann, was nicht sein darf. Das Oberlandesgericht Saarbrücken[214] machte sich in der unten unter Teil V Rn. 14 angesprochenen Ringerentscheidung zur Feststellung des Zeitpunktes des Gongschlages, der den Kampf beendete, dieses Kriterium zueigen, indem es eine Ausnahme von der grundsätzlichen Unantastbarkeit der Tatsachenentscheidung angenommen hat, „*wenn die Fehlerhaftigkeit der Tatsachenfeststellungen des Kampfgerichts offenkundig ist*".

Dem Lösungsansatz des DFB-Bundesgerichtes, der als Jahrhundertfall apostrophiert wurde, steht dem Wortlaut nach Fußballregel 5 Entscheidung 3 entgegen. Das Bundesgericht führte demgegenüber aus, dass der absolute Zwang, auch in diesem Fall der Regel 5 zu folgen, die Regel zur Farce werden lasse. Die Entscheidung hat zahlreiche Befürworter gefunden[215].

Wohl im Hinblick auf die ebenso zahlreiche Kritik an der „Einzigartigkeitsentscheidung" aus dem Jahre 1978 konstruierte das DFB-Sportgericht[216] im Eingangsfall 2) (Phantom-Tor oder Helmer-Tor) einen Regelverstoß des Schiedsrichters, obwohl die Offenkundigkeit der Torent-

212 *Lenz/Imping*, aaO., S. 276.
213 Urteil Nr. 7/78/79, in SportR 16/16/17).
214 Urteil vom 30.11.1982, in SportR 16/16/32).
215 PHB/*Summerer*, aaO., 2/5/331: „*... eine mutige Entscheidung*"; *Waske*, aaO., S. 189.
216 Urteil vom 26.4.1994, in SportR.

scheidung in diesem Fall noch klarer war als im „Falle Neunkirchen". Der Rechtsfehler und damit der Regelverstoß wurde bei dem „Phantom-Tor" in der mangelnden Kontaktaufnahme des Schiedsrichters zu seinem Linienrichter gesehen, der ihn über das Nichttor hätte aufklären können – der Schiedsrichter sei dazu gehalten gewesen, weil er sich unsicher gefühlt habe. Dieser Versuch, die Tatsachenentscheidung des Schiedsrichters unangetastet zu lassen und eine Lösung zu finden, die das richtige Ergebnis „kein Tor" nicht der Kassation durch die FIFA aussetzt, wird nicht allseits befürwortet[217]. Die FIFA hielt nach Einsicht in die Akte fest, dass der DFB „bei der Neuansetzung des Spiels im Rahmen seiner Kompetenzen gehandelt hat; es bestehe für die FIFA kein Grund zum Eingreifen"[218].

Fall 3): Das dritte Musterbeispiel aus dem Spiel FC Schalke 04 gegen Hamburger SV ist der klassische Fall einer unerschütterlichen Tatsachenentscheidung des Schiedsrichters. Auch wenn der Ball in vollem Umfang die Torlinie überschritten hätte, ist die Feststellung des Schiedsrichters, „er habe den Ball in Richtung Hamburger Torhüter genau verfolgt und sei zur Überzeugung gekommen, dass der Ball nicht mit vollem Umfang die Torlinie überschritten hatte, als er ins Spielfeld zurück abgewehrt wurde", unabänderlich, weshalb der Protest zurückgewiesen worden ist[219]. Ebenso wie im Falle des Phantom-Tors waren die Fernsehbilder aus dem Gerichtssaal verbannt, da nach FIFA[220] die Tatsachenentscheide des Schiedsrichters nicht aufgrund von Videoaufnahmen modifiziert werden dürfen. **111**

Die DFB-Gerichte lassen nach ihrem Verständnis in ständiger Rechtsprechung das Prinzip der Tatsachenentscheidung des Schiedsrichters unangetastet. Deswegen erstaunt es, dass die FIFA – aufgeregt und einen relativ unbedeutenden Fall dramatisierend – einen vom Sportgericht des DFB am 14.6.1995 entschiedenen Protestfall betreffend die Neuansetzung des Zweitligaspiels VfB Leipzig gegen FC Chemnitz wegen eines festgestellten Regelverstoßes des Schiedsrichters sofort aufgriff und eine Stellungnahme seitens des DFB anforderte, da sie „vom International Board" beauftragt sei, die Einhaltung der Tatsachenentscheidung des Schiedsrichters rigide zu überwachen[221].

217 PHB/*Summerer*, II, 338.
218 FIFA Media Release vom 2.5.1994.
219 Urteil des DFB-Bundesgerichts vom 19.10.1994, n. v.
220 Zirkular Nr. 546 vom 25.11.1994.
221 Telefax der FIFA vom 16. Juni 1995.

Die FIFA unterbreitete den Fall der FIFA-Disziplinarkommission, die in ihrer Sitzung vom 19. Juli 1995 in Zürich – nach eigener Beweisaufnahme und zum DFB-Sportgericht abweichender Zeugenwürdigung – „ungeachtet der Entscheidungsgrundlage der deutschen Sportgerichte" den Entscheid fällte, dass

- dem DFB ein Verweis erteilt wird,
- der DFB angewiesen wird, das fragliche Spiel als gültig zu bewerten,
- für den Wiederholungsfall dem DFB eine Strafe bis zum Ausschluss aus dem Weltpokal-Wettbewerb der FIFA androhte.

Diese Entscheidung wurde für **nicht** berufungsfähig deklariert.

Bei der gebotenen Zurückhaltung bei der Kritik einer Entscheidung des Weltfußballverbandes ist doch anzumerken, dass die angedrohte Sanktion im Wiederholungsfall den Verhältnismäßigkeitsgesichtspunkt eklatant verletzt haben dürfte.

Der Unterschied in der Auffassung zwischen FIFA und DFB lag in diesem Fall darin, dass die DFB-Sportgerichte die Verdeckung eines momentanen Irrtums des Schiedsrichters durch Behaupten eines unwahren Sachverhalts als Grundlage seiner – dann – regelgerechten Entscheidung nicht akzeptierten und entsprechend den wahren Tatsachenfeststellungen des Schiedsrichters einen Regelverstoß feststellten. Die FIFA folgte den Angaben des Schiedsrichters über seine behaupteten Feststellungen.

Sie legte demnach ihrer Entscheidung einen anderen Sachverhalt zugrunde, nämlich kein Schlüssigmachen der Aussage des Schiedsrichters. Diese Abweichung ist im Verhältnis eines Untergerichts zu einem Obergericht etwas Normales. Das DFB-Bundesgericht war bei seinem Ausgangspunkt der Meinung, dass Fälle, in denen der Schiedsrichter einen bewusst falschen Sachverhalt zugrunde legt, von dem Regelungsbereich der Regel 5 ausgeklammert sein sollten.

Fall 4): Entsprechend diesem Rechtsgedanken wurde im Musterfall 4 1860 München gegen Karlsruher SC durch die DFB-Sportgerichte 1. und 2. Instanz[222] das Spiel neu angesetzt. Weil die FIFA im Falle 3) andere tatsächliche Feststellungen getroffen hatte, folgerte man bei der Urteilsfindung, dass bei einem nachgewiesenen „Schlüssigmachen" einer Regelentscheidung dadurch, dass der Schiedsrichter bewusst einen anderen Sachverhalt angibt, als er ihn in Wirklichkeit festgestellt hat, die

[222] Urteil des DFB-Bundesgerichts vom 27.10.1997, in SportR 15/16/28.

FIFA keine Einwände erheben werde. Hierfür sprach zudem das logische Argument, dass ansonsten im Falle VfB Leipzig gegen FC Chemnitz die FIFA-Disziplinarkommission überhaupt nicht zur Beweiserhebung hätte kommen dürfen. Ob der Schiedsrichter bei seinem Bericht manipuliert hat oder nicht, hätte dahingestellt bleiben dürfen, da in beiden Fällen der Einspruch unbegründet gewesen wäre.

In der Vorstellung, dass bewusste Sachverhaltsverfälschungen durch den Schiedsrichter den Schutz der Bestandskraft der Regel 5 nicht verdienen, wurde im Eingangsfall 4 bei bewusstem Schlüssigmachen des Schiedsrichterentscheids diese Verfälschung des wahren Sachverhalts durch den Schiedsrichter durch Neuansetzung des Spiels korrigiert.

Dieses Mal reagierte die FIFA in der Form moderat, im Ergebnis aber unnachgiebig. Sie verhängte keine Sanktion gegen den DFB und hob das Urteil auch nicht expressis verbis auf. In dem Schreiben des FIFA-Generalsekretärs an den DFB vom 11. November 1997 wird um Kenntnisnahme gebeten, dass es sich bei dem fraglichen Entscheid um eine Tatsachenentscheidung handelte.

In der Pressemitteilung der FIFA Communication Division vom 12. November 1997 heißt es weitergehender und klarer, dass der Entscheid der DFB-Gerichte für nichtig erklärt worden sei. Dem DFB blieb nichts anderes übrig, als es bei dem auf dem Spielfeld festgestellten Ergebnis von 2:2 zu belassen und die Ergebniskorrektur in der Tabelle rückgängig zu machen.

Die FIFA-Entscheidung setzt sich inhaltlich nicht mit der Begründung des Urteils des DFB-Bundesgerichts auseinander, wonach eine manipulationsfreie Tatsachenentscheidung die Autorität des Schiedsrichters stärke und der Glaubwürdigkeit des fairen Fußballsports diene. Da den FIFA-Juristen aber schwerlich unterstellt werden dürfe, dass sie bewusst eine solche Entscheidung eines Schiedsrichters decken wollen, kann die Entscheidung nur so interpretiert werden, dass von vornherein nicht untersucht werden soll, ob eine versehentlich falsche Tatsachenentscheidung des Schiedsrichters vorliegt, aufgrund derer er seine Entscheidung fällte, oder ob der Schiedsrichter sich – was sicherlich äußerst selten vorkommt – durch eine falsche Aussage über seine Tatsachenwahrnehmungen in die Privilegierung der Tatsachenentscheidung flüchtete, weil er eine falsche Regelanwendung vorgenommen hat. Die inneren Vorgänge bei der Entscheidungsfindung des Schiedsrichters auf dem Spielfeld sollen wohl nach der FIFA-Vorstellung tabu sein: Darüber darf nicht in einem Verfahren gestritten werden. Ein so verstandenes Beweisthemenverbot wahrt die Autorität des Schiedsrichters als Institution und sichert die Endgültigkeit des Spielergebnisses mit dem Schlusspfiff.

Eine im vorstehenden Sinne zu begründende Rechtfertigung der FIFA-Entscheidung im Falle 1860 gegen KSC ist für einen im DFB-Rechtskreis verwurzelten Juristen nachvollziehbar, wenn auch nicht als die beste Lösungsmöglichkeit anzuerkennen. Man könnte damit leben, weil man insoweit zwar etwas an Gerechtigkeit aufgegeben hat, dafür aber an Rechtssicherheit gewonnen hat. Für den DFB stand deshalb ernsthaft im Raum, den Protestgrund des Regelverstoßes in § 17 (2)c RuVO aufzuheben.

Bei der Diskussion, wie auf die FIFA-Entscheidung vom 11. November 1997 zu reagieren sei, wurde nochmals hervorgehoben, dass die Korrektur eines fahrlässigen oder vorsätzlichen Regelverstoßes nicht gegen den Wortlaut der Regel 5 Abschnitt 3 Satz 1 verstößt *(„... Tatsachenentscheidung ist endgültig ...")* und sogar der Wahrung der Autorität des Schiedsrichters eher gerecht wird, als das Zudecken einer Fehlleistung desselben auf dem Gebiet der Regelanwendung. Auch Quantitätsbetrachtungen stehen der Beibehaltung des Protestgrundes des Regelverstoßes nicht entgegen. In den letzten 30 Jahren sind deswegen in deutlich weniger als 1 ‰ Neuansetzungen erfolgt.

Wegen dieser Argumentationslage sah man, solange FIFA-Recht nicht ausdrücklich entgegensteht, von einer Aufhebung des § 17 (2)c Spielordnung ab und fand einen salomonischen Ausweg aus der Vorgabe der FIFA und dem traditionell deutschen Rechtsverständnis zu Regel 5. Durch Beiratsbeschluss vom 18. April 1998 unterwarf sich der DFB der Letztentscheidung der FIFA, ohne den DFB-Rechtsstandpunkt von vornherein aufzugeben. § 18 (6) S. 2 wurde wie folgt ergänzt:

> *„Wird auf Spielwiederholung gemäß § 17 (2)c erkannt, wird die rechtskräftige Entscheidung zur abschließenden Beurteilung der FIFA vorgelegt."*

Diese Kompromissregelung ist ab der Spielzeit 1998/99 in Kraft getreten.

Zufällig gleichzeitig wurde die Entscheidung Nr. 3 der IFAB zur Fußballregel 5 erlassen, wonach zu den Tatsachenentscheidungen des Schiedsrichters auch das Ergebnis des Spiels gehört, das damit endgültig ist. Man könnte darin eine Legaldefinition der Tatsachenentscheidung oder auch eine Fiktion sehen, aber auch einen simplen Trick, wonach durch die Verkündung des Spielergebnisses alle vorherigen richtigen oder falschen Entscheidungen des Schiedsrichters unmaßgeblich und überholt sein sollen. Es ließe sich daraus folgern, dass damit das letzte Kapitel zum Thema Regelverstoß nach § 17 (2)c RuVO geschrieben sei. Weil diese Vorschrift für einen erfolgreichen Einspruch voraussetzt, dass ein Regelverstoß die *„... Spielwertung ... mit hoher Wahrscheinlichkeit beeinflusst hat"*, ist die Spielwertung nach dem Wortlaut dieser Regelergänzung bereits zuvor durch den Schiedsrichter endgültig festgelegt. Vorausgegangene Regelverstöße, auch wenn sie das Ergebnis beeinflusst haben, bleiben unbeachtlich, und die Spielwertung wird mit der Ergebnisverkündung durch den Schiedsrichter ex cathedra endgültig, d. h. für unanfechtbar erklärt. Man könnte daraus folgern, dass § 17 (2)c RuVO damit obsolet geworden ist. Auf Landesebene ist diese Betrachtungsweise praktiziert worden – so in ständiger Rechtsprechung der Spruchkammer Aktiv des Saarländischen Fußballverbandes seit dem Jahre 2000 – auf DFB-Ebene ist eine entsprechende Betrachtungsweise bisher nicht bekannt geworden. Vielleicht hat der Federstrich der IFAB die zahlreichen Abhandlungen über den Regelverstoß im deutschen Fußball zur Makulatur gemacht und die Beiträge in die noch junge Disziplin „Sportrechtsgeschichte" verabschiedet. Zweifel, ob meine vorstehende Interpretation auch der Auffassung der FIFA entspricht, sind mir aber deshalb gekommen, weil zum einen bei einer solchen definitiven Beendigung aller Verfahren über Regelverstöße durch die IFAB-Entscheidung Nr. 3 zu Regel 5 die FIFA normalerweise ein Zirkular an die Mitgliedsverbände zur Interpretation der Änderung gesandt hätte, und zum anderen, weil entsprechende Verfahrensbeendigungen in anderen Nationalverbänden nicht bekannt geworden sind. Überraschend ist, dass bei der Bundesliga und der 2. Liga seit 1998, also in den letzen acht Jahren, kein Einspruchsfall wegen eines Regelverstoßes angefallen ist. Für die nachstehenden Betrachtungen wird obige Interpretation der Entscheidung Nr. 3 zu Regel 5 ausgeklammert.

### d) Eigene Stellungnahme

Aus der Tatsache, dass die FIFA in ihren Statuten und Ordnungen keine **112**
Vorschrift über den Regelverstoß kennt, könnte man ableiten, dass sie dieses Rechtsinstitut bewusst in ihrem Regelwerk nicht zulassen will. Zu diesem Ergebnis kommt sie jedenfalls mit ihrer Regelung, dass die Entscheidungen des Schiedsrichters auf dem Spielfeld endgültig sind. Die FIFA subsumiert unter den in Regel 5 genannten Begriff „Tatsachenentscheidung" beide nach deutscher Rechtsvorstellung durchaus voneinander zu unterscheidenden Begriffe „Tatsachenentscheidung" und „Regelverstoß". Die DFB-Gerichte kennen insoweit diese beiden Arten von Entscheidungen des Schiedsrichters im Spiel: Zum einen seine Fest-

stellungen, von welchem Sachverhalt er in der jeweils zu beurteilenden Situation ausgeht, zum anderen, welche Regel er auf diesen anwendet bzw. welche Schlüsse er aus der getroffenen Tatsachenentscheidung zieht. Er kann in beiden Stadien irren: über Tatsachen, wenn er solche falsch wahrnimmt, seine subjektive Feststellung über einen Sachverhalt ist dann unstreitig allein maßgeblich, auch wenn der Geschehensablauf objektiv ein anderer war. Der Schiedsrichter hat im Anschluss an eine Tatsachenfeststellung die Entscheidung zu treffen, welche Regel darauf anzuwenden ist. Begeht er insoweit einen Fehler, also einen Rechtsirrtum bzw. einen Rechtsverstoß, handelt er also im Sinne des Fußballrechts falsch, so ist nach deutschem Rechtsverständnis – und auch dem anderer kontinentaleuropäischer Fußballnationen – ein Regelverstoß gegeben, der bei Kausalität für den Spielausgang Grundlage eines Spielwertungsverfahrens (Einspruch, Protest) sein kann. Für diesen Fall, für den die FIFA manchmal den Begriff „technischer Irrtum" gebraucht, hat er nach kontinentaleuropäischem Rechtsverständnis kein Privileg, folgenlos zu irren. Die FIFA versteht dagegen den in Regel 5 gebrauchten Begriff „Tatsachenentscheidung" als Entscheidung des Schiedsrichters über Tatsachen **und** über Regeln. So heißt es in der Media-Information der FIFA-Kommission für rechtliche Angelegenheiten vom 12. Dezember 1997 (zum Fall 1860 gegen KSC), dass die Kommission einstimmig bekräftigt habe, *„dass Entscheide, die ein Schiedsrichter während einer Begegnung fällt und die den Verlauf des Spieles betreffen, Tatsachenentscheide sind"*. Der sicherlich recht unliebsamen Diskussion, ob diese Information zwingend ist, könnte der IFAB durch einen Federstrich den Boden entziehen, indem man in Regel 5 sagen würde: *„Die Entscheidungen des Schiedsrichters, die mit dem Spiel zusammenhängen, sind endgültig."* Dann wäre für ein selbständiges Rechtsinstitut „Regelverstoß" kein Raum mehr.

Die beharrliche Verteidigung ihres Standpunkts durch die FIFA beruht selbstverständlich nicht auf ihrer Eigenwilligkeit, sondern auf der im Fußballrecht hoch anzusiedelnden Vorstellung, dass die Endgültigkeit der Feststellung des Spielergebnisses am Spielende und der Schutz der Autorität des Schiedsrichters überragende Werte darstellen. Die Fußballregeln der FIFA sind darauf ausgerichtet, dass das Schiedsrichterteam der alleinige Entscheidungsträger im Spiel ist. Dessen Fehler müssen hingenommen werden. Das ist die Begründung der Tatsachenentscheidung[223]. Da kein Mensch frei von Irrtum ist, gehen der Sport und seine Anhänger davon aus, dass er auch mit Fehlentscheidungen seiner

[223] *Eilers*, in SpuRt 1994, 79, 80.

Schiedsrichter leben muss. Solange diese nicht spielentscheidend sind, ist dies unschwer hinzunehmen. Bei Irrtümern, die sich auf das Ergebnis ausgewirkt haben, ist das Dogma der absoluten Unantastbarkeit der Schiedsrichterentscheidung, wenn diese zudem noch enorme wirtschaftliche Auswirkungen hat, in Frage zu stellen. In der Literatur hat die Begründung des Bundesgerichts im „Fall Neunkirchen"[224], die auf die Offenkundigkeit des Schiedsrichterfehlers abstellt und sich damit auf „extreme Ausnahmefälle beschränkt", viel Sympathie gefunden.

Bei der FIFA ist man sich sehr wohl der Problematik einer absoluten Ausnahmslosigkeit der Regel 5 bewusst. Sie hat deshalb bereits im Vorfeld Barrieren aufgebaut, dass sich die Fragestellung nicht vor den Sportgerichten stellt. So hat sie Fernsehaufnahmen zur Widerlegung der Schiedsrichterangaben verboten. Rechtlich ist diese Maßnahme wohl als Verbot, über das Thema „Inhalt der Schiedsrichterentscheidung und deren Grundlage" Beweis zu erheben, zu werten. Beweisthemenverbote kennt man auch im staatlichen Strafrecht (§ 190 S. 2 StGB). Die Weltfußballorganisation hat in der Folgezeit etwaige drohende Sonderwege bei Tatsachenentscheidungen rigoros unterbunden, auch wenn sie als „Jahrhundertfälle" angesprochen wurden – dem „Fall Neunkirchen" im Jahre 1978 folgte im Jahre 1994, also nach 16 Jahren, der in der Offenkundigkeit der Fehlentscheidung des Schiedsrichters vergleichbare Fall des Phantom-Tors (Fall Helmer).

Interessant ist, wie die FIFA bei einem vom Schiedsrichter selbst eingeräumten Regelverstoß entscheiden würde.

Meines Erachtens sollte man den Lösungsweg über die der extreme Einzigartigkeit nicht völlig aus der Hand geben, insbesondere wenn die sportlichen und wirtschaftlichen Folgen unermesslich sind: Die Fälle Neunkirchen und das Phantom-Tor erfüllen diese Kriterien vielleicht noch nicht; eine extreme Sondersituation etwa bei einem WM-Endspiel infolge eines totalen Blackouts des Schiedsrichters könnte zu einem Umdenken veranlassen. Denn auch im parallelen Bereich des Staats wird postuliert[225], dass die Rechtssicherheit grundsätzlich den Vorrang hat, solange der Widerspruch des positiven Rechts zur Gerechtigkeit **nicht ein so unerträgliches Maß** erreicht hat, dass das Gesetz als unrichtiges Recht der Gerechtigkeit zu weichen hat. Dies gilt um so mehr, als die FIFA durch die Eröffnung der Einspruchsmöglichkeit gegen Karten aller Art

[224] PHB/*Summerer*, II, 337; Lenz/Imping, aaO., S. 227.

[225] *Radbruch*, aaO., S. 105.

schon das Kriterium des offensichtlichen Irrtums des Schiedsrichters in ihr Regelwerk aufgenommen hat.

Ganz ohne von der interessierten Sportwelt wahrgenommen, hat die FIFA in letzter Zeit doch eine kleine Öffnung für eine Abweichung von einer Schiedsrichterentscheidung zugelassen. In dem oben bei der Behandlung des Video-Beweises (II 2 Technische Beweismittel) bereits erwähnten Schreiben des Generalsekretärs der FIFA Urs Linsi vom 4. März 2005 an den DFB auf dessen Anfrage zur Verwertbarkeit der TV-Bilder bei Spielmanipulationen des Schiedsrichters führt die FIFA aus, dass bei diesen eine restriktive Auslegung des Tatsachenentscheids angebracht sei. „Alle an unserem Fußballsport Beteiligten gingen von einer korrekten Spielführung aus und rechneten nicht mit krimineller Energie, die mit Spielmanipulation einhergehe." Einen manipulierten Spielausgang müsse man notfalls mit Hilfe der Korrektur der Tatsachenentscheidung ins rechte Licht rücken.

Die FIFA lässt somit außer der Korrektur von Feldverweisen bei offensichtlichen Fehlern des Schiedsrichters nun auch eine solche bei vorsätzlicher Spielmanipulation zur Relativierung der Tatsachenentscheidung des Schiedsrichters zu. Schutzbedürftig ist der Schiedsrichter in dieser Konstellation nicht, sodass das Argument der Wahrung der Autorität des Schiedsrichters nicht eingreift und dessen dolose Entscheidungen von dem Privileg ausgenommen werden können.

Die FIFA befindet sich bei dieser Aufstellung eines Ausnahmefalles in guter Gesellschaft des CAS[226]. Nach ständiger Praxis schützt dieser Spielfeldentscheidungen und erklärt, dass die Spielregeln („Rules of the game"), welche den korrekten Ablauf des Wettkampfes festlegen, nicht Gegenstand einer richterlichen Überprüfung sein können. Nur wenn die Schiedsrichterentscheidung „willkürlich oder „treuwidrig, d.h. in böser Absicht getroffen worden ist", gelte eine Ausnahme. Zuletzt forderte das CAS in dem spektakulären Fall Vanderlei Cordeiro de Lima, dem unglücklichen Marathonläufer aus Brasilien, der im olympischen Marathonlauf in Athen in Führung liegend kurz vor dem Ziel von einem Zuschauer von der Strecke gedrängt wurde und erst als Dritter ins Ziel kam, von dem Kläger den Nachweis, dass das Verbandsgremium, das seinen Protest verhandelte, seine Entscheidung gegen Treu und Glauben getroffen habe. Nicht jeder unrichtige Schiedsrichterentscheid sei auch

[226] So Urteil des CAS vom 8.9.2005 und vom 30.4.2006, in SpuRt 2006, S. 32 f. und S. 162 ff.

willkürlich. Das CAS[227] definiert den Ausnahmefall dahin, dass ein Sportler erwiesenermaßen bevorteilt oder benachteiligt worden ist, z. B. als Folge einer Bestechung. Die Hürde für einen solchen Nachweis ist hoch. Wäre sie jedoch tiefer, so fährt das CAS fort, bestünde das große Risiko einer Flut von Klagen enttäuschter Wettkämpfer, die nichts unversucht lassen, ihr Resultat am grünen Tisch zu verbessern.

FIFA und CAS begegnen sich also in einem Ausnahmefall (Bestechung des Referees) und in der Begründung weitgehend. Das erhöht einerseits die Glaubwürdigkeit der Entscheidungen beider Gremien und gibt der FIFA Rückenwind bei der Beibehaltung ihrer Linie zur Tatsachenentscheidung und den im DFB-Bereich häufiger reklamierten Fall der „Offenkundigkeit der Fehlentscheidung".

So hart eine solche Entscheidung im Einzelfall ist, so ist die Tendenz einer Beschränkung der Überprüfbarkeit der Entscheidungen auf dem Spielfeld (field of play) sehr zu begrüßen angesichts des dafür sprechenden überragend wichtigen Rechtsguts der Endgültigkeit der Schiedsrichterentscheidungen auf dem grünen Rasen. Übrigens: Ausgehend jedenfalls von den tatsächlichen Feststellungen des DFB in dem Eingangsfall 4) und in dem Verfahren VfB Leipzig gegen FC Chemnitz (dort ging die FIFA von einem anderen Sachverhalt aus), hätten beide Einsprüche die Kriterien der Sonderbehandlung erfüllt, da jeweils der Schiedsrichter zur Verdeckung eines vorausgegangenen Fehlers bewusst eine falsche Entscheidung getroffen hat. Das ist eine treuwidrige und in böser Absicht getroffene Maßnahme des Schiedsrichters im Sinne der CAS-Rechtsprechung.

Eine Recherche hat ergeben, dass das CAS, das seit drei Jahren als Schiedsgericht auch für Streitigkeiten aus dem Fußballbereich zuständig ist (s. Ad-hoc-Kammer bei der WM 2006) bisher keinen Protest- bzw. Einspruchsfall wegen eines Regelverstoßes im Fußball zu entscheiden hatte.

**Fazit aus meiner Sicht:** Das Privileg der Unantastbarkeit der Schieds- **113**
richterentscheidung ist grundsätzlich unangreifbar – mit Ausnahme einer dolosen, bewusst falschen Entscheidung des Schiedsrichters (so FIFA und CAS) sowie bei einer absolut unerträglichen Fehlentscheidung mit unermesslichen Folgen. Letztere war bisher noch nicht da (auch nicht in obigen Fällen 1) bis 4), sie wird hoffentlich so bald auch nicht auftreten. Nur wenn die Glaubwürdigkeit des Fußballs beim Festhalten an der

[227] CAS im Fall de Lima, in SpuRt 2006, S. 32 f.

Schiedsrichterentscheidung erschüttert würde, hat m. E. die Tatsachenentscheidung der Gerechtigkeit im Fußball zu weichen. Die heilige Kuh „Tatsachenentscheidung“ ist nicht generell „zu schlachten“, sondern nur in einem absoluten Ausnahmefall außer Kraft zu setzen, um danach wieder uneingeschränkt Geltung zu erlangen. Einfach wäre es, die derzeitige Rechtsauffassung der FIFA in den Fußballregeln zu verankern, wenn Regel 5 lauten würde:

> *„Die Entscheidungen des Schiedsrichters sind endgültig, ausgenommen vorsätzliche Fehlentscheidungen des Schiedsrichters, die das Spielergebnis beeinflusst haben.“*

De lege ferenda könnte ich mir eine FIFA-Regel 5 (Entscheidung des Schiedsrichters gem. Abs. 1 folgenden Inhalts vorstellen:

> *„Seine Entscheidungen, die mit dem Spiel zusammenhängen, sind endgültig, es sei denn, es liegt ein spielentscheidender, folgenschwerer, offensichtlicher Fehler des Schiedsrichters oder eine bewusste Fehlentscheidung vor.“*

**114** Es steht noch die Antwort auf den Fall des brasilianischen Balljungens aus:

a) Der Leser wird seine Antwort wissen – diese wird sicher nicht einheitlich ausfallen;
b) der DFB wird unter Umständen eventuell wieder die Grundsätze der Offenkundigkeitsentscheidung heranziehen, die bisher nicht ausdrücklich aufgegeben worden sind, oder – was ich glaube – den Protest zurückweisen;
c) + d) FIFA und CAS würden mit Sicherheit das Tor des brasilianischen Nachwuchstorjägers anerkennen.

### c) „Kleinere" Spielwertungsfälle

**115** **Hundebissfall:** Das DFB-Sportgericht[228] setzte das Spiel Borussia Neunkirchen gegen 1. FC Saarbrücken vom 10.12.1978 neu an, weil der Saarbrücker Spieler U. von der Schäferhund-Dame Ina gebissen worden war, ein Protestfall, der durch die Einspruchsgründe im Eingangssatz des § 17 RuVO „u. a.“ erfasst wird.

**Kastanienwurffall:** Beim Auswärtsspiel in Gladbach traf eine von einem Zuschauer geworfene Kastanie den gegnerischen Torwart am Kopf. Der Keeper blieb trotz Beeinträchtigung in seinem Kasten. Das Sportgericht

[228] Urteil vom 19.3.1985, in SportR 15/16/9.

des DFB[229] wies den Einspruch zurück, da die in § 17 (2)b ausgesprochene „Schwächung einer Mannschaft" nicht zu bejahen sei, weil der angeschlagene Torwart in der restlichen Spielzeit keinen Fehler gemacht habe.

In einem anderen Fall eines Wurfgeschosses an den Kopf eines Gästespielers gab das Sportgericht des DFB[230] einem Einspruch statt, da der getroffene Spieler für etwa 20 Minuten nicht einsatzfähig gewesen sei, was eine Schwächung der Mannschaft darstelle, durch einen während des Spiels eingetretenen Umstand, der unabwendbar war und nicht auf einer spieltypischen Verletzung beruhte.

**Der Spielverzichtsfall:** Vor dem letzten Spiel in einer unteren Klasse der Saison 2005/2006 im Württembergischen Fußballverband stehen die Vereine A. und B. punktgleich an der Tabellenspitze. Nach dem Torverhältnis ist A. 13 Tore besser. Am letzten Spieltag reist der Verein C. zum Spiel in B. mit nur 7 Spielern an, da weitere Akteure verhindert seien. In der Halbzeit steht es 15:0 für B., C. verzichtet auf die Weiterführung des Spiels. Der Schiedsrichter stimmt zu – die Spielwertung: 15:0. A. gewinnt sein Spiel mit 1:0, sodass B. mit einem Tor Vorsprung Meister der Klasse wird. Eine Manipulation der Begegnung in B. steht ernsthaft im Raum. Das Verbandsgericht des Württembergischen Fußballverbandes wies den Protest zurück, da nicht nachzuweisen sei, dass an dem betreffenden Tag C. mehr Spieler hätte stellen können. Einen unguten Beigeschmack hat der Fall. Der Verein B. wandte sich u. a. auch an den Kontrollausschuss des DFB, der aber mangels Zuständigkeit ein Einschreiten abgelehnt hat.

**Fehlerhaftes Elfmeterschießen:** Zu dem einzigen Protestfall im Spitzenfußball seit 1997 kam es nach dem DFB-Vereinspokalspiel der Frauen SV Weinberg gegen SC Regensburg am 3.9.2006. Das Spiel stand nach Verlängerung 2:2, dann nach Elfmeterschießen von je fünf Schützinnen beider Parteien 5:5. Die Schiedsrichterin forderte nun die beiden Torhüterinnen zum Schießen auf. Die Torhüterin des protestführenden SC Regensburg konnte ihren Schuss im Gegensatz zu ihrer Kollegin nicht verwandeln. Die Schiedsrichterin erklärte gegenüber dem Sportgericht, irrtümlich von einer falschen Reihenfolge für das Strafstoßschießen ausgegangen zu sein (nämlich wie im Hallenfußball vorgesehen, dass die Torhüterinnen nach dem fünften Schuss zwingend zu schießen haben). Dem Protest wurde wegen eines Regelverstoßes nach § 17 (2)c RuVO stattgegeben. Eine Vorlage an die FIFA nach § 18 (6) RuVO ist unter-

[229] Urteil vom 5.6.1989, in SportR 15/16/16.
[230] Urteil vom 30.9.1993, in SportR 15/16/19.

blieben, da das Urteil sofort rechtskräftig wurde. Vielleicht lag hier der evtl. FIFA-taugliche Protestgrund des Eingeständnisses des Regelverstoßes des Schiedsrichters vor.

Auf FIFA- und UEFA-Ebene ereigneten sich Proteste höchst selten. Bei der UEFA wurde nach dem Relegationsspiel in der EM-Ausscheidung 2004 zwischen Wales und Russland ein positiver Dopingbefund bei dem russischen Spieler T. festgestellt. Das CAS gab dem Protest der Waliser in letzter Instanz nicht statt. Es verwies auf Art. 12 quater (1) RPO, wo eine Sanktionierung der Mannschaft von Russland nur zulässig sei, wenn „mehr als ein Spieler" sich eines Dopingvergehens schuldig gemacht habe. Diese eigenartig anmutende Regelung ist nicht dem CAS anzulasten, sondern dem insoweit etwas überraschenden Regelwerk der UEFA, das wohl überholungsbedürftig sein dürfte.

## Kapitel 5:
## Der Schiedsrichter als Entscheider

In Deutschland taucht in der Literatur über den Fußball zum ersten Mal 116
im Jahre 1887 der Schiedsrichter als Entscheider in einem Fußballspiel auf, wobei ihm damals zwei weitere Schiedsrichter unterstellt waren. Erkannte ein solcher Unterrichter eine Unkorrektheit im Spiel, hob er seine Fahne und gab Meldung an den Oberschiedsrichter, der am Spielfeldrand weilte. War dieser anderer Meinung, befragte er den zweiten Richter, dessen Entscheidung dann maßgebend war. Zwei Jahre später wurde dieses etwas umständliche Verfahren dahingehend abgeändert, dass ein Schiedsrichter für die Entscheidungen verantwortlich war und die beiden anderen zum Linienrichter degradiert wurden, die heute Schiedsrichterassistenten genannt werden. Merkwürdig mutet es an, dass sogar zu den ersten deutschen Endspielen keine Schiedsrichter nominiert wurden. Man setzte voraus, dass sich am Spieltag genügend sachverständige Fußballer einfinden würden, von denen einer die Spielleitung übernehmen würde. Es wird berichtet, dass teilweise Mitglieder des DFB-Vorstands – manchmal im Zivilanzug – als Unparteiische amtierten[231]. Das hat sich grundlegend geändert. Ohne den Mann mit dem Vermerk der Schiedsrichter-Prüfung im Pass geht es heute von der B-Klasse bis zur Bundesliga nicht mehr. Viele Spiele würden im Chaos enden, wenn der zwischenzeitlich zum 23. Mann arrivierte Schiedsrichter nicht seine Entscheidungen treffen würde. Statt in Wort und Schrift wie sein Richterkollege bei der staatlichen Justiz „verkündet“ er seine „Urteile“ durch Pfeifen, teils begleitet von erläuternden Handzeichen. Ohne nach Leistung aufgebaute Hierarchie geht es aber auch hier nicht, die Schiedsrichter werden nach ihrer Leistungsfähigkeit in unterschiedliche Spielklassen eingeteilt: Es gibt Schiedsrichter für Jugendspiele und solche der unteren Klassen, sog. Zifferschiedsrichter schließen sich an, Schiedsrichter, die Oberliga- und Regionalliganiveau aufweisen, folgen, bis hin zu unseren Spitzenschiedsrichtern der 1. Bundesliga. Dort sind derzeit beim DFB 22 Referees im Einsatz. Statt in schwarzen Roben wie ihre Kollegen im staatlichen Richterdienst üben sie eine gewichtige und oft folgenschwere

[231] *Bitter*, aaO., S. 560.

Rechtsprechung im Fußball in kurzen Hosen und Trikots aus, die heute oft alle Farben umfassen. Sie erhalten pro Bundesligaspiel neben Auslagenersatz eine ansehnliche Gage von 3.600 Euro pro Spiel (die Schiedsrichterassistenten 1.800 Euro). Von ihren Entscheidungen können in gewissen Situationen zig Millionen Euro Haben oder Nichthaben für einen Verein abhängen. Nicht die Spieler Klose, Makaay oder Podolski entscheiden in den maßgeblichen Situationen, ob ihr Verein deutscher Meister wird mit der daraus folgenden Qualifizierung für die höchst lukrative Champions-League in der nachfolgenden Saison, sondern allein der Schiedsrichter: Wenn er statt auf Tor auf Stürmerfoul oder Hand des Angreifers entscheidet, kann bei entsprechend engen Verhältnissen an der Tabellenspitze am Ende einer Spielzeit von einem einzigen Pfiff des Schiedsrichters sehr viel abhängen. Dabei kann der Schiedsrichter wie jeder Mensch irren. Er ist kein Übermensch, natürlich macht er auch Fehler und hat das Menschenrecht auf Irrtum auf seiner Seite. Absolute Richtigkeit kann nicht verlangt werden. Solange der Referee die Fehler ungewollt begeht, ist dies ein vom Fußball hinnehmbarer Teil des Spiels. Sollte er aber die letztlich allein in seinem Innern sich vollziehende Entscheidung bewusst falsch treffen, kann dies fast nie nachgewiesen werden. Hier liegen die Ansatzpunkte für Spielmanipulierer etwa zum Zwecke des Wettbetrugs. Die Verbände versuchen mit allen Mitteln Schwachstellen in diesem Bereich auszuschalten. Der Wettskandal im Jahre 2005 hat gezeigt, dass Schiedsrichter wie Robert Hoyzer und Kollegen dies durchaus über eine längere Zeitspanne unentdeckt praktizieren können – wenn auch nicht in der allerhöchsten Klasse, wo die Kontrolldichte hoch ist.

**117** Schiedsrichterobmann Volker Roth stellte zu Beginn des Jahres 2006 fest, dass sich das „Ganovenstück um den Wettskandal 2005“ zumindest zahlenmäßig nicht negativ auf die Schiedsrichterzahl ausgewirkt hat. Die beim DFB registrierten Schiedsrichter sind um rund 2.000 gegenüber dem Vorjahr auf 81.372 gestiegen, darunter 2.031 weibliche Schiedsrichterinnen. Die meisten davon sind Idealisten pur. Sie sind bei Regen und Wind der 23. Sportler auf dem Spielfeld und versuchen nach besten Kräften regelkonforme Entscheidungen zu treffen. Ein Schiedsrichter in einer Spitzenklasse läuft sogar mehr als ein Spieler (12–15 km in der Bundesliga). Er lebt manchmal auch gefährlich. In Deutschland haben sich Gott sei Dank noch keine tödlichen Vorkommnisse ereignet: In Brasilien wurde vor einigen Jahren ein Schiedsrichter während eines Spiels von einem Zuschauer erschossen, ebenso in Frankreich. Nach einem Feldverweis wurde in Simbadwe ein Schiedsrichter von einem Spieler erschlagen[232]. In den Landesverbänden des DFB ist es leider auch schon zu schweren Körperverletzungen von Schiedsrichtern gekommen.

In der Bundesliga ist die psychische Belastung unserer Referees groß. Wenn einer vor 60.000 Zuschauern beispielsweise einen nicht ganz eindeutigen Elfmeter gegen die Heimmannschaft pfeift, muss er fortan mit dem Pfeifkonzert der Zuschauer rechnen, anschließend eventuell mit der bundesweiten Medienkritik und mit der scheinbaren oder auch tatsächlichen visuellen Widerlegung seiner Entscheidung im Fernsehen. Er wird dann am Montag in Sportzeitungen wie in der Schule benotet (von 1–6). All dies verlangt psychisch starke Persönlichkeiten. Wenige Tage später sind sie erneut vor die Aufgabe gestellt, bis zu 220 Entscheidungen in einem Bundesligaspiel in Sekundenschnelle zu treffen. Dazu muss der Schiedsrichter eine Autorität mit äußerer und innerer Unabhängigkeit sein. Die Zahl der „Urteile" pro Spiel erreicht das Jahrespensum eines Richters am Landgericht, wobei dessen Entscheidungen oft sogar weit weniger folgenschwer für die Beteiligten sind.

Es überrascht angesichts dieses Anforderungsprofils an die Schiedsrichter, **118**
dass es weder in den Fußballregeln noch in der Schiedsrichterordnung definiert ist. Zum Teil wird angenommen, dass der in den etwas antiquierten Vorschriften über die Auslobung normierte Preisrichter der Stellung des Schiedsrichters ähnlich ist[233]. In der Schiedsrichterordnung des DFB (§ 1 Abs. 1) heißt es lediglich, dass die Spiele von *„geeigneten und gut ausgebildeten Schiedsrichtern zu leisten sind"*. Ferner statuiert § 1 (3) Schiedsrichterordnung, dass sie Mitglieder in Vereinen der Mitgliedsverbände des DFB sein müssen. Schiedsrichtern der Spielklassen, in denen Wettangebote gemacht werden, ist es untersagt, auf Spiele dieser Klassen zu wetten (§ 1 (3) RuVO). Eine solche Insiderregel kennt man auch im Börsenrecht. Ein sonstiger verbindlicher Verhaltenskodex ist nicht positiv-rechtlich festgelegt. Bei der juristischen Einordnung des Schiedsrichters könnte man im Hinblick darauf, dass die 22 Spitzenschiedsrichter in einer Saison an 34 Spieltagen je 9 Paarungen gegen ein Entgelt von 3.600 Euro brutto pro Match leiten, hinsichtlich der zeitlichen Orientierung an das Rechtsinstitut der kapazitätsorientierten Arbeit (KAPOVAZ) denken. Ein arbeitsrechtlicher Status zum DFB ist aber zu verneinen[234]. Vielmehr haben diese Rechtsbeziehungen dienstvertragliche Komponenten, gemischt mit Elementen des Auftragsrechts und natürlich auch des Vereinsrechts. Die

[232] *Dähnhardt*, aaO., S. 37.
[233] *Fischer*, aaO., S. 45.
[234] *Hilpert*, in RdA, aaO., S. 97.

Schiedsrichter sind ebenfalls Sportler, in den oberen Ligen echte Spitzensportler. Selbst den Spitzenfußballern sieht man Fehler, z. B. verschossene Elfmeter oder Eigentore, nach, dem Spitzenschiedsrichter verzeiht man sie manchmal lange Zeit nicht. So kann es geboten sein, einen Schiedsrichter, der auch ohne sein Verschulden zu einer Reizfigur für die Anhänger einer Mannschaft geworden ist, längere Zeit für deren Spiel nicht anzusetzen. Einen ähnlichen Rechtsgedanken kennt man im Arbeitsrecht bei der sog. „Druckkündigung".

Der Schiedsrichter kann wegen nicht ordnungsgemäßer Leitung oder Verstoßes gegen sonstige Anordnungen nach Vereinsrecht bestraft werden. Eine nicht alltägliche Strafe sprach das Sportgericht des Berliner Fußball-Verbands (BFV) nach rassistischen Vorfällen beim Kreisligaspiel zwischen VSG Altglienicke II und TuS Makkabi II am 26. September 2006 gegen den amtierenden Schiedsrichter aus. Er wurde lebenslänglich gesperrt und aus dem BFV ausgeschlossen[235]. Man warf ihm vor, die fortwährenden rassistischen und antisemitischen Sprüche (*„Auschwitz ist wieder da", „Synagogen müssen brennen"* u. Ä.) bewusst überhört zu haben. Er hatte zudem einen Makkabi-Spieler vom Platz gestellt, als dieser ihm zum wiederholten Mal aufforderte, gegen die pöbelnden Zuschauer vorzugehen. Die Mannschaft von TuS Makkabi verließ in der 78. Spielminute kollektiv den Platz, worauf der Schiedsrichter das Spiel abbrach. Das Sportgericht beschloss die Neuansetzung des Spiels, ferner zwei Spiele unter Ausschluss der Öffentlichkeit und ordnete an, dass alle Spieler des Platzvereins auf eigene Kosten ein „Seminar gegen den Rassismus" besuchen müssen.

Das Gericht wollte sicherlich ein Zeichen setzen, da in der gegebenen Situation auf keinen Fall der Eindruck entstehen durfte, dass die Sache ergebnislos im Sand verläuft. Der Präsident des BFV setzt künftig auf Prävention und erarbeitete mit seiner Vorstandschaft Handlungsanweisungen für Schiedsrichter und Vereine, „um Auswüchse auf Berliner Sportplätzen einzudämmen".

Die Pflicht zur Spielausführung und die dazu festgelegten Aufgaben wie auch der Anspruch auf Vergütung und Aufwendungsersatz richten sich nach den Dienstvertrags- und Auftragsvorschriften. Es stellt sich bei ihnen auch die Frage, inwieweit die Schiedsrichter für eingetretene Schäden von Dritten verantwortlich gemacht werden können. *Lieb*[236] verneint

[235] Urteil vom 10.10.2006, nicht rechtskräftig.
[236] aaO., S. 58.

dessen Haftung wegen der Eigenständigkeit und Weisungsunabhängigkeit des Schiedsrichters nach den Fußballregeln. Er beruft sich auf eine vergleichbare Entscheidung des BGH[237], die die Haftung eines Preisrichters, dem bei seiner Entscheidung in einem Architektenwettbewerb ein massiver Formfehler unterlaufen war, verneinte. Dabei orientierte sich der BGH an § 661 (2) S. 2 BGB, wonach die Entscheidung des Preisgerichts im Regelfall für die Beteiligten verbindlich ist. Deshalb könne sie von vornherein nicht auf eine eventuelle Fehlerhaftigkeit nachgeprüft werden. Die Ähnlichkeit zu den nach den Fußballregeln nicht überprüfbaren Tatsachenentscheidungen des Schiedsrichters bejaht auch *Palandt-Thomas*[238]. Zu denken ist auch an eine Parallele zum Spruchrichterprivileg nach § 839 (2) BGB. Durch diese Vorschrift soll die Entscheidungsfreude bei Richtern nicht durch Angst vor einem Regress eingeschränkt werden. Für die Schiedsrichter im Sinne des 10. Buchs der ZPO wird in der Literatur eine dahingehende Haftungseinschränkung ohne weiteres als stillschweigend vereinbart angenommen[239]. Selbstverständlich greift vorstehende Haftungsprivilegierung bei den Ermessensentscheidungen des Schiedsrichters nicht bei vorsätzlichen Verhaltensweisen ein (s. die Fälle im Fußball-Skandal II, unten III.). Sollte es einmal zu einer Verurteilung eines Schiedsrichters wegen fahrlässiger Verwirklichung eines Haftungstatbestands – obergerichtliche Entscheidungen in dieser Richtung sind nicht ersichtlich – kommen, so ist ein Freistellungsanspruch entsprechend den Grundsätzen der Rechtsprechung zur gefahrgeneigten Arbeit gegeben[240].

Dank der Rechtsprechung des BGH ist der Schiedsrichter in einer **119**
anderen ihm drohenden Prozesssituation in einer günstigen Lage. Auf den unteren Ebenen nehmen prozessfreudige Rechtsanwälte im Namen eines Vereins den Schiedsrichter oft auf Unterlassung oder Widerruf seines einen Spieler belastenden Berichts an die Verbandsgerichtsbarkeit in Anspruch. In ständiger Rechtsprechung verneint der BGH[241] bereits die Zulässigkeit solcher Klagen mangels Rechtsschutzbedürfnisses: Die Richtigkeit der Aussage eines Zeugen müsse in dem schwebenden Verfahren geprüft werden, sonst würde in unerträglicher Weise in dieses (hier das Sportgerichtsverfahren) eingegriffen werden. Weder Widerruf noch

237 BGHZ 89, 153.

238 aaO., § 661 Rn. 2.

239 *Thomas-Putzo*, Vorbemerkung vor § 1029 Rn. 9.

240 *Pfister*, aaO., S. 86.

241 In NJW 1986, 2502 m. w. N.; ferner LG Karlsruhe, in SpuRt 2003, 71 ff.

Unterlassung könnten deshalb in einem zusätzlich angestrengten Verfahren verlangt werden[242].

120 Zur Rolle des Schiedsrichters als Zeuge in einem Verbandgerichtsverfahren soll einmal eine Stimme eines ausländischen Sportgerichts zu Wort kommen: Das Rekursgericht der Nationalliga der Schweiz führte in seinem Urteil vom 9. März 1999[243] aus: *„Im Beweisverfahren vor dem Rekursgericht genießen Schieds- und Linienrichter erhöhte Glaubwürdigkeit. Sie sind neutrale und unparteiische Leiter des Spiels, ohne jegliches Interesse am resultatsmäßigen Ausgang der Partie. Aus diesem Grund können sie auch kein Interesse haben, ein Spiel falsch zu rapportieren oder als Zeuge falsch auszusagen. Im Gegensatz zu den Aussagen von Spielern und Funktionären, welche von Parteiinteressen mitgeprägt werden, sind diejenigen von Schieds- und Linienrichtern grundsätzlich als unvoreingenommen zu betrachten … Sie können jedoch durch die Beweisführung im Rekursverfahren durchaus widerlegt werden. Da die Depositionen von Schieds- und Linienrichtern erhöhte Glaubwürdigkeit genießen, ist nicht bloßer Gegenbeweis als genügend zu erachten, sondern von derjenigen Partei, die die Darstellung von Schieds- und Schiedsrichterassistenten als unzutreffend anfechten will, der volle Beweis des Gegenteils zu fordern … Auch der Grundsatz ‚in dubio pro reo' kommt deshalb in diesen Verfahren nicht zur Anwendung."*

121 Zum Schluss noch ein Abstecher zur WM 2006: Dort war dem Schiedsrichter der „Vierte Offizielle" zur Seite gestellt. Er unterstützt nach den Fußballregeln (Amtliche Ausgabe S. 87) den Schiedsrichter zu jeder Zeit und kommt zum Einsatz, wenn ein Mitglied des amtierenden Teams ausfällt. Er hat unter anderem dem Schiedsrichter anzuzeigen, wenn eine Verfehlung außerhalb des Blickfelds des Schiedsrichters oder der Schiedsrichterassistenten erfolgt. Der Schiedsrichter entscheidet aber über alle Punkte, die das Spiel betreffen. Den Nationalverbänden wird empfohlen, für die Meisterschaft der höchsten Kategorie einen Vierten Offiziellen zu bestellen. Seit dieser vor zwei Jahren in der Bundesliga eingeführt ist, sind erfreulicherweise die Vorfälle auf der Trainer-/Auswechselbank deutlich zurückgegangen, da er beruhigend und besänftigend bei aufkommenden Unruhen einwirkt.

122 Die während der WM 2006 nach einigen schlechten Schiedsrichterleistungen vom FIFA-Präsidenten Joseph S. Blatter aufgestellte Forderung nach der Einführung von Profi-Schiedsrichtern hat gerade in Deutsch-

242 BGH, aaO.

243 In SpuRt 1999, 172 ff.

land ein unterschiedliches Echo ausgelöst. Schiedsrichterobmann Volker Roth begrüßt einen solchen Schritt nicht. Gerade die WM 2006 habe gezeigt, dass Profi-Schiedsrichter manchmal sogar schlechtere Leistungen gezeigt hätten als ihre Kollegen. Gewichtig ist das Argument, dass die besten unserer Schiedsrichter – wegen der von vornherein für internationale Einsätze geforderten fundierten Sprachkenntnisse sind es auch beim DFB überwiegend Akademiker – schwerlich ihren „bürgerlichen" Beruf für einen langen Zeitraum aufgeben wollen und dass bei einer Verletzung bzw. einem Leistungsabfall ein plötzlicher Bruch in der Einkommenssituation eintreten kann. Die Unabhängigkeit eines Spitzenschiedsrichters scheint eher durch die in Deutschland praktizierte flexible Teilzeittätigkeit im angestammten Beruf in Kombination mit seiner Berufung als Schiedsrichter gewährleistet zu sein. Eine Garantie für bessere Leistungen ist das Profitum ohnehin nicht.

Für ihre Teilnahme an der WM 2006 wurden die 84 Schiedsrichter jedenfalls jeweils mit 40.000 US-Dollar entlohnt (2002 noch 20.000 US-Dollar).

## Kapitel 6:
## Fußball und Arbeitsrecht

**123** Mit der Veränderung des Status des Amateursportlers in Richtung des Berufssportlers – in der Sprache des Sports des *Profis* (= Kurzfassung für *Professional*) – kamen die arbeitsrechtlichen Maximen ins Spiel. Der Sport ist ein Sektor des Arbeitslebens geworden. Folgerichtig hat sich die Arbeitsgerichtsbarkeit mit dem Sportler und seinen Rechtsbeziehungen zu seinem Arbeitgeber – Sportverein, Sportverband, Mäzen, Sponsor, Unternehmer – zu befassen. Die stark erfolgsbestimmte Orientierung der Arbeitsleistung des Sportlers ist jedoch als Besonderheit gegenüber dem normalen Arbeitsverhältnis im Auge zu behalten[244]. Im Nachfolgenden sollen die Vertragsbeziehungen des Fußballspielers im DFB-Bereich (Amateur, Vertragsspieler, Lizenzspieler), des Nationalspielers und des Trainers näher beleuchtet werden.

**124** Auch im DFB-Bereich sind jeweils weitaus überwiegend Amateure im Einsatz, für die jedenfalls in den unteren Klassen die Ausübung des Sports Selbstzweck ist. Die Bezeichnung als Amateur schließt aber nicht aus, dass im Einzelfall wegen der seiner Tätigkeit zugrunde liegenden Konditionen eine Prüfung auf arbeitsrechtliche Beziehungen durchaus nahe liegen kann. Ob ein Fußballer zum Arbeitnehmer geworden ist, ist nach der Definition des Bundesarbeitsgerichts[245] danach zu beantworten, ob er *„aufgrund privatrechtlichen Vertrags über entgeltliche Dienste für einen anderen in persönlicher Abhängigkeit tätig ist"*. Neben arbeitsrechtlichen Regelungen kommen Dienstvertragsrecht, Vereinsrecht, eine Vertragsgestaltung eigener Art (§ 305 BGB) oder gar Werkvertragsrecht als Rechtsgrundlagen des Tätigwerdens des Fußballspielers in Betracht.

**125** Der Status der Fußballspieler wird im DFB-Bereich in § 8 Spielordnung definiert. Danach wird der Fußballsport von Amateuren und von Nichtamateuren ausgeübt: Nichtamateure sind sowohl solche mit Lizenz (Lizenzspieler) als auch solche ohne Lizenz (Vertragsspieler) (§ 8 Nr. 1–3 SpielO). Die Definitionen im Einzelnen:

[244] *Hilpert*, in RdA, aaO., S. 93.
[245] BAG, AP Nr. 1, 6, 21, 24, 26 zu § 611 BGB Abhängigkeit.

1. *Amateur ist, wer aufgrund seines Mitgliedschaftsverhältnisses Fußball spielt und als Entschädigung kein Entgelt erzielt, sondern seine nachgewiesenen Auslagen und allenfalls einen pauschalierten Aufwendungsersatz bis zu 149,99 Euro im Monat erhält;*
2. *Vertragsspieler ist, wer über sein Mitgliedschaftsverhältnis hinaus einen schriftlichen Vertrag mit seinem Verein abgeschlossen hat und über seine nachgewiesenen Auslagen hinaus (vorstehend 1.) Vergütungen oder andere geldwerte Vorteile von mindestens 150 Euro monatlich erhält;*
3. *Lizenzspieler ist, wer das Fußballspiel aufgrund eines mit einem Lizenzverein oder einer Kapitalgesellschaft geschlossenen schriftlichen Vertrages betreibt und durch Abschluss eines schriftlichen Lizenzvertrages zum Spielbetrieb zugelassen ist; das Nähere regelt das Lizenzstatut.*

Amateure im Sinne dieser Definition sind, falls nicht in Wahrheit andere Leistungen und Gegenleistungen verdeckt vereinbart sind (Scheinamateure), rechtlich unproblematisch. Sie unterliegen dem Vereinsrecht. **126**

Bezüglich der Lizenzspieler hat der Fußball in Deutschland seit Einführung der Bundesliga insofern Pionierdienste in den deutschen Mannschaftssportarten geleistet, als die Arbeitnehmerstellung von Bundesligaspielern im Rechtsverhältnis zu ihrem Verein ausdrücklich anerkannt wurde[246]. Damit ist die überholte Vorstellung ad acta gelegt worden, Sportausübung und Erbringung von Arbeitsleistung in einem Arbeitsverhältnis seien miteinander nicht zu vereinbaren. Bis zum heutigen Tag haben sich die Rahmenbedingungen für den Lizenzspieler im Verhältnis zum DFB zwar geändert; der DFB ist nicht mehr Lizenzgeber, sondern der „Die Liga-Fußballverband e.V." (Ligaverband), der sich zur Durchführung seines operativen Geschäfts der Deutschen Fußball Liga GmbH (DFL) bedient. In der „Lizenzordnung Spieler (LOS)" sind die in § 8 Nr. 3 SpielO DFB angesprochenen näheren Regelungen enthalten, wobei primär die Rechte und Pflichten zwischen Lizenzgeber (Ligaverband) und Spieler (Lizenznehmer) festgelegt sind. In § 1 S. 2 LOS wird klargestellt, dass ein Arbeitsverhältnis zwischen Ligaverband und Spieler durch den Abschluss des Lizenzvertrages nicht begründet wird. Für die Verträge zwischen Vereinen und Spielern, die erst nach Aufnahme des Spielers in die Transferliste geschlossen werden können, sind einige Vorgaben in §§ 6–8 LOS getroffen. Sodann heißt es in § 9 (1) S. 1 LOS: *„Für Streitigkeiten aus Verträgen zwischen Vereinen oder Kapitalgesellschaften und Spielern sind die Arbeitsgerichte zuständig."* Eine solche Regelung **127**

[246] *Grunsky*, aaO., S. 139.

wirkt zwar nicht konstitutiv, da die Zuständigkeit des Arbeitsgerichts nicht durch privatrechtliche Vereinbarung festgelegt werden kann. Sie erfordert nämlich eine Streitigkeit aus einem Arbeitsverhältnis. Insoweit befindet sich die Liga mit ihrer Regelung aber in guter Gesellschaft mit dem Bundesarbeitsgericht, das in ständiger Rechtsprechung[247] die Arbeitnehmereigenschaft des Lizenzspielers bejaht. Auch die Instanzgerichte in Arbeitssachen und die Literatur vertreten diese Auffassung[248]. Ebenso sind Bundessozialgericht und Bundesarbeitsgericht übereinstimmend der Ansicht, dass der Berufsfußballer Angestellter ist[249]. Diese Fragen brauchen im Hinblick auf die jeweilige einhellige Meinung in Rechtsprechung und Literatur nicht weiter problematisiert zu werden.

**128** Die Konturen des Status des Vertragsspielers (§ 8 Nr. 2 SpielO DFB), der im Jahre 2004 begrifflich den sog. Vertragsamateur abgelöst hat, sind aber noch verschwommen. Die Eingrenzung ist gemäß der Leitentscheidung des BAG[250] danach vorzunehmen, ob die sportliche Tätigkeit innerhalb einer reinen Spielorganisation erfolgt, wie sie in einem gewöhnlichen Amateurverein üblich ist; dann sei die Grenze zum Arbeitsvertrag noch nicht überschritten, vielmehr stünden mitgliedschaftliche Rechte und Pflichten im Vordergrund. Ausschlaggebend ist somit, ob eine vereins- oder eine vertragsbedingte persönliche Abhängigkeit die Rechtsbeziehungen zwischen Spieler und Verein und deren Umsetzung in der Praxis prägt[251]. Dabei sind maßgebend die konkrete Ausgestaltung des Rechtsverhältnisses und dessen Durchführung. Auch eine Vereinsmitgliedschaft begründet nämlich eine gewisse Weisungsabhängigkeit. Der Vertragsspieler verpflichtet sich nach dem Mustervertrag, der durchgängige Verwendung in den Landesverbänden des DFB findet, „*für den Verein den Fußballsport im Sinne der DFB-Spielordnung auszuüben*", wobei er die Ordnungen und die Entscheidungen des DFB und seiner Mitgliedsverbände anerkennt. Seine persönliche Dispositionsfreiheit ist durch § 1 (3) des Mustervertrags erheblich eingeschränkt, wonach der Spieler verpflichtet ist, „*an allen Spielen und Lehrgängen, am Training – sei es allgemein vorgesehen oder sei es besonders angeordnet –, an allen Spielerbesprechungen und sonstigen der Spiel- und Wettkampfvorbereitung dienenden Veranstaltungen teilzunehmen*". Dies gilt auch, wenn ein Mit-

[247] BAG, in AP Nr. 40 zu § 11 BUrlG.
[248] Vgl. Nachweise bei *Rybak*, aaO., S. 51, Fn. 13–16.
[249] BSGE 16, 98: BAG, in AP Nr. 2 zu § 611 BGB Berufssport.
[250] BAG, Urteil vom 10.5.1990, in AP Nr. 51 zu § 611 BGB Abhängigkeit.
[251] Vgl. LAG Rheinland-Pfalz, in SpuRt 2000, 119; ArbG Siegburg, in SpuRt 2000, 118.

wirken als Spieler oder Ersatzspieler nicht in Betracht kommt. Seine Dispositionsmöglichkeit ist ihm damit in der Woche an mehreren Tagen für jeweils zumindest zwei bis drei Stunden genommen. Während seiner Tätigkeit für den Verein hat der Spieler die Vertragsprodukte des Vereinsausrüsters zu tragen. Er gestattet dem Verein die Verwertung seiner Persönlichkeitsrechte im Zusammenhang mit dem Sportbetrieb. Nebentätigkeiten sind dem Spieler nur mit Zustimmung des Vereins gestattet. Als Entgelt sind mindestens 150 Euro im Monat nebst Prämien und Auslagenersatz im Mustervertrag vorgesehen. Der Verein führt die Steuern und Sozialversicherungsbeiträge ab. Die trainingsfreie Zeit bestimmt der Trainer mit Rücksicht auf den Spielplan. Der Vertrag ist bis zum Ende eines Spieljahres befristet.

Vorstehende Regelungen des Musterarbeitsvertrags engen die persönliche Freiheit des Spielers ein zugunsten der Eingliederung in den Verein, wobei für nachstehende Abgrenzung maßgeblich ist, dass das Rechtsverhältnis auch tatsächlich im Sinne des Musterarbeitsvertrags abgewickelt wird. Auf Seiten des Vereins besteht eine Vergütungspflicht, die durch Einsatz- und Punktprämien gesteigert werden kann. Die zeitlichen und inhaltlichen Vorgaben für die Tätigkeit des Spielers für den Verein sind so fixiert und so umfangreich, dass sie über eine Vereinsbeziehung, die für eine Freizeitbeschäftigung typisch ist, weit hinausgehen. Sicherlich verlangt ein Spielbetrieb in einem Sportverband stets eine gewisse Organisation, die auch zeitliche Vorgaben für den Sportler beinhaltet. Hier ist aber eine typische Arbeitsorganisation aufgebaut, die der des Lizenzspielers – vom zeitlichen Aufwand abgesehen – nahe kommt. Für den Vertragsspieler sind einschneidende persönliche Abhängigkeiten geschaffen, denen die Verpflichtung zur Entgeltzahlung für seine Arbeitskraft auf dem Sektor „Fußballspielen“ gegenübersteht. Gemäß den Kriterien des BAG[252] ist der Vertragsspieler deshalb als Arbeitnehmer einzustufen. Unschädlich ist dabei, dass in dem Vertrag nicht die Begriffe „Arbeitgeber – Arbeitnehmer“ Verwendung finden, sondern die Bezeichnungen „Verein und Spieler“ gewählt sind. Die Regelung, wer die Abgaben zu leisten hat, ist letztlich nur eine Folge der rechtlichen Einordnung des Vertragsverhältnisses; hier hat sie aber ferner eine indizielle Wirkung für das gefundene Ergebnis. Atypisch für eine Vereinsrechtsbeziehung, die normalerweise auf unbestimmte Zeit ausgerichtet ist, ist auch die Beendigung der vertraglichen Beziehungen durch Zeitablauf. Die gewählte Befristung ist zudem ausgestaltet wie die regelmäßige Vertragsform beim Lizenzspielervertrag.

[252] In AP Nr. 51 zu § 611 BGB Abhängigkeit.

129 Seit Bestehen des professionellen Fußballspielbetriebes werden die Verträge mit den Spielern stets befristet abgeschlossen. In der Praxis ist ein unbefristeter Arbeitsvertrag im bezahlten Fußball – soweit bekannt – noch nie vereinbart worden[253].

Die Rechtswirksamkeit des im Folgenden zu prüfenden befristeten Arbeitsvertrags – gegebenenfalls auch eine wiederholte Befristung in Gestalt von sog. Kettenarbeitsverträgen – ist seit dem 1.1.2001 nach dem Gesetz über Teilzeit und befristete Arbeitsverträge (Teilzeit- und Befristungsgesetz – TzBfG) zu beurteilen. Nach dessen § 14 (1) ist bei einer Gesamtlaufzeit von länger als zwei Jahren eine Rechtfertigung nur gegeben, wenn ein sachlicher Grund vorliegt. Als einschlägiges Beispiel hierfür ist in § 14 (1) Nr. 4 angeführt, *„wenn die Eigenart der Arbeitsleistung die Befristung rechtfertigt"*. Beim Fußballspieler wird insoweit herkömmlich dem Abwechslungsbedürfnis des Publikums nach einer gewissen Zeit des Vertrages Rechnung getragen. Auch verlangen die individuellen Vorstellungen wechselnder Trainer eine personelle Flexibilität. Unbekannte Größen sind auch für den Verein dessen eigene sportliche Entwicklung und die unter Umständen schwankenden Formkurve des Spielers. Der Lizenzfußballer selbst muss sich darauf einstellen, dass er im Verhältnis zum Durchschnittsarbeitnehmer nur eine begrenzte Zeit (maximal 10–15 Jahre) seinen Beruf ausüben kann. Ihm ist deshalb daran gelegen, für die Zeit nach der Beendigung seiner sportlichen Karriere vorzusorgen, weshalb er sich die Möglichkeit offen halten möchte, bei Formsteigerung oder bei Veränderung des Spielermarkts immer wieder lukrativere Verträge auszuhandeln[254]. In der Literatur wird in der Diskussion zur Zulässigkeit der Befristung von Lizenzspielerverträgen ein „Tummelfeld von Begründungsversuchen" aufbereitet. So wird auch eine leicht modifizierte Begründungsart zu den fußball-spezifischen Sachgründen ins Feld geführt: Der unternehmerische Erfolg des Clubs korreliere mit der Leistungsfähigkeit seiner Spieler. Da man bei mangelnden Leistungen schwerlich objektiv personenbedingte oder dringende betriebliche Gründe nachweisen könne, sei die Gewissheit der nachlassenden Leistungsfähigkeit der Spieler mit steigendem Alter ein die Befristung rechtfertigender Grund, ein Argument, das bei einem Vertragsschluss mit einem 20-jährigen Spieler aber nicht zieht. Dass die Vereine mit Lizenzspielern zulässigerweise befristete Arbeitsverträge abschließen können, ist jedenfalls jahrzehntelange einhellige Rechtsprechung des

[253] *Rybak*, aaO., S. 196.
[254] *Rybak*, aaO., S. 197.

BAG[255] und h. M. in der Literatur. Zumindest das Ergebnis wird von niemandem in Frage gestellt.

Problematisiert wird bezüglich des Lizenzspielers auch die Frage, ob dieser noch weitere Arbeitgeber aus der Hierarchie der Spitzenverbände im Fußballsport hat. Es wird zum Teil erörtert, ob insoweit ein Dreiecksverhältnis anzunehmen ist und der DFB und/oder Ligaverband Teilarbeitgeber sind, was die schwerwiegende Folge hätte, dass für Streitigkeiten zwischen Fußballern und Verband die Arbeitsgerichte unter Ausschluss der Schiedsgerichtsbarkeit zuständig wären. Mit *Haas*[256] ist dagegen einzuwenden, dass der Sportler dem Ligaverband und dem DFB keine Arbeitsleistung erbringt und der Verband bei der Durchsetzung seines Regelwerkes gegenüber den Spielern nicht die Interessen des Arbeitgeber-Vereins (Lizenzverein), sondern eigene sportpolitische Interessen verfolgt. DFB/Ligaverband können sicherlich teilweise von außen her das Arbeitsverhältnis in Teilbereichen beeinflussen. Da die zwischen Ligaverband und Spieler abgeschlossenen Verträge (Lizenzvertrag und Schiedsgerichtsvertrag) sich im Wesentlichen beschränken auf die Anerkennung der Regelwerke beider Verbände und deren Disziplinarhoheiten, ist die Anwendung des arbeitsrechtlichen Schutzstandards auf die Schiedsvereinbarungen zwischen dem Lizenzspieler und DFB/Ligaverband nicht geboten[257]. Entsprechend verfährt die Praxis im DFB-Bereich seit Jahrzehnten. Dort ist ein „Ständiges Schiedsgericht für Lizenzspieler" eingerichtet. Dieses entscheidet in der Besetzung mit einem Vorsitzenden (derzeit Prof. Wolfgang Grunsky, Bielefeld) und je einem Beisitzer, der von dem betroffenen Verband bzw. von der VdV (= Vereinigung der Vertragsfußballspieler e.V.) benannt ist. Die Abbedingung der ordentlichen Justiz ist vom DFB keineswegs wegen fehlenden Zutrauens zu den Richtern der staatlichen Gerichtsbarkeit erfolgt, sondern wegen der extrem hohen Eilbedürftigkeit der Entscheidungen für den Fußballsport. Rechtskräftige Entscheidungen eventuell erst nach einem mehrstufigen Instanzenweg – eventuell nach Jahren – treffen den Sport an einer empfindlichen Stelle. Tabellen, Auf- und Abstieg, Spielberechtigungen, Qualifikationen für nationale und internationale Wettbewerbe müssen zeitnah definitiv getroffen werden können, sonst verliert der Sport entscheidend an Reiz. Aus diesem Gesichtspunkt wird in der Literatur eröffnet, dass Verein und

[255] Vgl. umfassende Nachweise der BAG-Entscheidungen bei *Hausch*, aaO., S. 105, Fn. 18.

[256] In SpoRt Band 1, B, Rn. 161.

[257] So überzeugend *Haas*, aaO.

Spieler trotz der ihnen bewussten zwingenden Vorschrift des § 4 i.V. mit § 101 ArbGG die Zuständigkeit des TAS (= „Tribunal Arbitral du Sport“) vereinbaren können, wobei die Willensübereinstimmung **nach** Streitentstehung und bei „absoluter Freiwilligkeit beider Parteien“ erfolgen muss. Dieser von *Pfister*[258] aufgezeigte Weg, den er mit dem Argument, „wo kein Kläger, da kein Richter“ für gangbar hält, schließt nicht zwingend die spätere Versagung der Anerkennung des Schiedsspruchs im arbeitsgerichtlichen Verfahren aus, wenn der Arbeitsrichter den Ausschluss eines Schiedsspruchs nicht zur Disposition der Parteien gestellt ansieht und auch eine exceptio doli nicht greifen lässt. Ein solcher Weg ist in praxi bisher – soweit ersichtlich – noch nicht versucht worden, wohl auch als zu riskant abzulehnen.

Die von den Spielern mit den Vereinen abgeschlossenen Verträge lehnen sich in den meisten Fällen an den vom Ligaverband zur Verfügung gestellten Mustervertrag an[259]. Dieser enthält eine Reihe von sportspezifischen Regeln, die in anderen Arbeitsverträgen sich in ähnlicher Form nicht finden. So wird eine Vorstellungspflicht im Krankheitsfall beim Vereinsarzt, die Pflicht zur sportmedizinischen Betreuung durch vom Club beauftragte Personen vorgesehen, ferner seine Beteiligung an Werbeaktionen aller Art durch den Verein verlangt. Hinreichende Gründe aus der sportspezifischen Natur des Vertrages sind hierfür maßgeblich.

Bei der Aufstellung der Klauseln in Musterarbeitsverträgen haben sich die Ratgeber durchaus bereit gezeigt, auf diskutierte Rechtsprobleme zu reagieren und sie – womöglich durch Änderung des Mustervertrags – zukünftig auszusparen. So war lange Zeit im Vertragsexemplar eine „sog. einseitige Optionsklausel“ enthalten, die dem Verein, aber nicht dem Spieler die Verlängerung des Vertrages durch einseitige Erklärung eröffnete. Eine solche Klausel ist wohl als nichtig anzusehen, weil im Hinblick auf § 622 Abs. 6 BGB einseitige Kündigungserschwerungen verboten sind. Eine höchstrichterliche Rechtsprechung liegt noch nicht vor, jedoch wird die Problematik in der Rechtsliteratur diskutiert[260]; in anderen Sportarten ist sie auch aufgetreten: So hat der Verfasser sich gutachterlich mit einer einseitigen Option in Verträgen zwischen den Boxweltmeistern Dres. Wladimir und Vitali Klitschko und ihrem Promoter auseinandergesetzt und ist zur Nichtigkeit solcher Klauseln gekommen. In

258 aaO., S. 137 im Anschluss an *Krähe*, aaO., S. 206.

259 Abgedruckt in: SportR (VII, 4).

260 *Kindler*, aaO., S. 744 ff.

dem Musterarbeitsvertrag der Lizenzspieler ist seit einigen Jahren eine solche einseitige Option für den Verein nicht mehr vorgesehen.

Streitpunkt vor den staatlichen Gerichten ist immer wieder die Zulässigkeit des „Ob" und des „Wie" einer Vertragsstrafe, die bei Verstößen des Spielers gegen enumerativ aufgezählte Pflichten vom Verein festgesetzt werden kann (§ 6 des Mustervertrages). Vorgesehen sind insoweit Verweis, Ausschluss von Clubveranstaltungen sowie Geldbußen in einer Höhe, die nach oben begrenzt wird. Bei einer Vertragsstrafe ist zu differenzieren, ob es sich um eine einzelvertragliche Strafabrede oder um eine Betriebsbußenregelung handelt. Kennzeichnend für erstere ist, dass sie der Sicherung der individuellen Arbeitspflichten des Spielers dienen soll, während bei einer Betriebsbuße gemeinschaftswidriges Verhalten mit kollektivem Bezug geahndet werden soll[261]. Die in dem Musterarbeitsvertrag sanktionierten Pflichten sind in erster Linie einzelvertraglicher Art, die im Einzelfall, weil die Arbeitsleistung durch Teilnahme in einem Mannschaftsspiel zu erbringen ist, durchaus auch teilweise kollektiven Bezug haben können. Beispiele hierfür aus der Rechtsprechung sind unentschuldigtes Fernbleiben von einem Spiel, Nichtvorlage einer Arbeitsunfähigkeitsbescheinigung, Nichtkonsultieren des Vereinsarztes, auch Streitereien mit Mitspielern. Bestimmungen über den Zeitpunkt des Zu-Bett-Gehens und das Verbot des Besuchs der Ehefrauen im Trainingslager u. Ä. passen als antiquierte Regelungen nicht mehr zu dem modernen Sportler. So hat das BAG[262] eine Vertragsstrafe in Höhe von 2.500 DM (der Fall spielte im Jahre 1985) für gerechtfertigt gehalten, weil der Spieler zum wiederholten Male unentschuldigt dem Training ferngeblieben war. In dieser BAG-Entscheidung ist auch die Abgrenzung zwischen Vertragsstrafe und Betriebsbußen in dem oben vom LAG Berlin übernommenen Sinne vorgenommen worden. Wenn dem BAG insoweit vorgehalten wird[263], dass es die damalige globale Vertragsklausel, die *„alle Verstöße des Spielers gegen Vertragspflichten"* sanktionierte, nicht an den Grundsätzen der Klarheit und Bestimmtheit scheitern ließ, so sind die Vorgaben bei dem mittlerweile empfohlenen Mustervertrag enumerativ durch bestimmte, in einzelnen Paragraphen des Vertrags konkret umschriebene Pflichten nachgebessert worden.

Eine empfindliche Maßnahme gegen einen Spieler, die aber nicht als Vertragsstrafe zu verstehen ist, ist dessen Suspendierung hinsichtlich des

[261] LAG Berlin, in SpuRt 2005, 75 f.

[262] Urteil vom 5.2.1986 in AP Nr. 12 zu § 339 BGB.

[263] *Rybak*, aaO., S. 159.

Einsatzes bei Spielen und – was häufiger geschieht – des Ausschlusses vom Mannschaftstraining. Arbeitsrechtlich hat der Lizenzspieler in einem bestehenden Arbeitsverhältnis ein Recht auf Beschäftigung im Spiel und zumindest im Training. Dies folgt aus §§ 611, 613, 242 BGB sowie aus Art. 1, 2 GG und gilt insbesondere für Leistungssportler, die ihre Leistungsfähigkeit aufrecht erhalten müssen[264]. Bei einem Fußballer entscheidet der Trainer, wer in den Pflichtspielen eingesetzt wird. Er übt insoweit das Direktionsrecht des Vereins aus. Dabei lassen die Arbeitsgerichte[265] für die subjektive Einschätzung der Situation durch den Trainer einen großen Spielraum, der nur der Missbrauchskontrolle unterliegt. Er hat die Verantwortung für die Funktionsfähigkeit und letztlich für den Erfolg der Mannschaft. Kurzfristige Maßnahmen sind insoweit keinesfalls unverhältnismäßig. Bei einem längeren Ausschluss vom Mannschaftstraining hat der Verein jedoch Ersatzmaßnahmen zur Aufrechterhaltung der Leistungsfähigkeit des Spielers zu treffen. Insoweit kann ein Sondertraining durch den Co-Trainer oder eine Einreihung in den Spielbetrieb einer 2. Mannschaft ein geeigneter Ausweg sein, was auf Vereinsebene jedenfalls bei längerfristigen Suspendierungen häufig praktiziert wird.

**130** Im Gegensatz zu ihrer Bedeutung für Fußballdeutschland und der Resonanz ihres Handelns in der Öffentlichkeit wird der rechtliche Status des Nationalspielers in der juristischen Literatur recht stiefmütterlich behandelt. Das Verhältnis zum DFB ist nicht durch ein schriftliches Vertragswerk mit umfassender Regelung der wechselseitigen Rechte und Pflichten fixiert. Nach der Nominierung der Spieler durch den Bundestrainer für ein Länderspiel wird die Anfahrt der Berufenen, die Einkleidung der neu Hinzugekommenen, die gemeinsame Unterbringung und Verpflegung, das Training, das Spiel, die Rückkehr durch Schreiben der DFB-Verwaltung geregelt. Der DFB versichert die Spieler für die Zeit angemessen und zahlt für den betroffenen Verein eine Entschädigung für die Heranziehung ihrer Arbeitnehmer. An die Spieler wird bei einem Länderspiel lediglich ein Tagesgeld entrichtet, für Qualifikationsrunden bzw. Endturniere dann aber eine am Erfolg orientierte Prämie gezahlt. Ein Geldaustausch von beträchtlicher Höhe erfolgt ferner insoweit, als die Spieler Anteile aus dem Werbepool erhalten, den der DFB mit Sponsoren abgeschlossen hat. Insoweit ist in der jüngeren Geschichte unter dem Begriff „Schuhkrieg" der Streit der Nationalspieler auf freie Wahl ihrer Stiefel

[264] BAG (GS), in NJW 1985, 2968.
[265] LAG Hamm, in SportR 33/16/23; Arbeitsgericht Solingen, in SportR 33/16/40.

ausgetragen worden, wobei der vom DFB mit der Sportartikelfirma Adidas abgeschlossene Vertrag teilweise gekippt werden sollte. Die Profis, von denen einige wohl dotierte Privatverträge mit anderen Individualsponsoren haben, brachten dabei nicht nur finanzielle, sondern auch sportliche Gründe vor: Das Spielen in den Schuhen der traditionellen Ausrüsterfirma des DFB bewirke eine Veränderung gegenüber dem im Verein getragenen anderen Schuhwerk, was zu Schmerzen führe. Nach Abstimmung mit dem Spielerrat ist einzelnen Spielern auf deren Wunsch freie Schuhwahl zugestanden worden und eine entsprechende Anpassung der Vertragsbeziehungen zum Sponsor erfolgt. Der Schuhkrieg zwischen DFB und einigen Nationalspielern demonstriert die Veränderung der Machtverhältnisse zwischen Nationalmannschaft und DFB seit dem Jahre 1974. Damals waren die Spieler des frischgebackenen Weltmeisters nicht in der Lage, die Teilnahme ihrer Ehefrauen am Festbankett durchzusetzen (Gerd Müller erklärte deshalb seinen Rücktritt aus der Nationalmannschaft); heute schwelte der Vertragspoker um die Fußballstiefel für Lehmann, Klose & Co. nur wenige Wochen und wurde für beide Seiten mit einem zufriedenstellenden Kompromiss beendet.

In der Literatur[266] wird das Verhältnis des DFB zu den Nationalspielern teilweise als Leiharbeitsverhältnis angesehen. Bei einem sog. echten Leiharbeitsverhältnis wird vorübergehend die Aufgabenstellung zwischen Verleiher und Entleiher aufgeteilt und das Direktionsrecht zwischen beiden aufgespalten. Mit *Imping*[267] ist die Anwendung dieses arbeitsrechtlichen Konstrukts nicht zu bejahen. Es bleibt während des Aufenthalts bei der Nationalmannschaft bei dem Arbeitsverhältnis zwischen Verein und Spieler, der DFB leitet Teilweisungsrechte, die dem Ablauf des Länderspiels dienen, nicht von dem Verein ab, vielmehr ergeben sich diese aus sportlichen Gesichtspunkten. Da heute Spitzenleistungen im Sport nicht ohne angemessene Versilberung erbracht werden, sind Erfolgshonorare und die Zahlungen von Versicherungsbeiträgen nicht ausschlaggebend für die Annahme eines Teilarbeitsverhältnisses zwischen Spieler und DFB. In erster Linie sind die beiderseitigen Beziehungen solche sportlicher Art. Der Spieler kann sein Desinteresse bei der Einberufung zeigen; wenn auch noch kein Berufsfußballer seine Aufstellung fordern kann, so kann der Nationalspieler aber auch nicht – wie beim Arbeitsverhältnis zu seinem Club – die Teilnahme am Training der Nationalmannschaft verlangen. Die vertraglichen Rechtsbeziehungen

[266] *Poschenrieder*, aaO., S. 217

[267] aaO., S. 215.

zwischen DFB und Nationalspielern haben daher eher dienstvertraglichen Charakter[268].

131 Während viele der vorstehend abgehandelten arbeitsrechtlichen Fragen des Sports nicht in jeder Hinsicht höchstrichterlich geklärt sind, schien man bei Trainerverträgen seit 1986[269] auf gesichertem Boden zu stehen. Das BAG hat damals Zeitarbeitsverträge bei Trainern unter dem Gesichtspunkt des Verschleißtatbestandes als sachlich gerechtfertigt angesehen. Während bis dahin solche Verschleißtatbestände bei Künstlern, Musikern, Schauspielern oder Sängern bejaht wurden, hat das BAG entschieden, dass auch bei Trainertätigkeiten im Leistungssport ein sog. Verschleißtatbestand gegeben sein kann. Wörtlich führt das BAG aus[270]: „... *Ausschlaggebend hierfür ist, dass der Trainer Sportler zu Hochleistungen führen soll. Der Erfolg des Trainers wird dabei durch vielerlei Unwägbarkeiten bestimmt. Es entscheiden nicht nur die Trainingsmethoden, sondern auch die Wirkung der Persönlichkeit des Trainers über Erfolg und Misserfolg einer Trainertätigkeit. Bei dieser Arbeit stellt sich bei immer gleich bleibender Umgebung eine Ermüdung und ein Verschleiß ein, die die Entwicklung der zu betreuenden Sportler hemmen können. Letzten Endes können zufällige und irrationale Momente über Erfolg und Misserfolg der Trainerarbeit entscheiden.*" Die Instanzgerichte sind in der Folgezeit dieser Grundsatzentscheidung gefolgt, sodass man im Sportbereich sich beim Abschluss von Trainerverträgen am sicheren Ufer glaubte. *„Aus heiterem Himmel"*[271] habe der nunmehr für Befristungsangelegenheiten ausschließlich zuständige 7. Senat die Rechtsprechung geändert. Das BAG[272] hat mit relativ knapper Begründung diesen Schritt vollzogen. In dem zu entscheidenden Fall habe die Verweildauer insbesondere der zu Spitzensportlern heranzubildenden Hoffnungsträger im Leistungszentrum des Arbeitgebers im Schnitt zwei bis drei Jahre gedauert. Somit habe während der gewählten dreijährigen Befristungsdauer ohnehin in aller Regel ein Austausch der zu betreuenden Sportler stattgefunden. Unter dem Verschleißgesichtspunkt sei deshalb im Hinblick auf die neuen Sportler die Person des Trainers nicht auszuwechseln. Man konnte angesichts des Aufschreis in der Sportwelt nach diesem Urteil gespannt sein, wie der nunmehr zuständige 7. Senat seine Rechtsprechung weiterent-

[268] *Hilpert*, in RdA, S. 97.
[269] BAG, Urteil vom 19.6.1986 (nicht veröffentlicht).
[270] Abgedruckt bei *Schimke*, aaO., S. 69.
[271] So *Latz* in einem Schreiben des Deutschen Sportbundes an die Fachverbände vom 20.4.1999.
[272] Urteil vom 29. Oktober 1998.

wickelt bzw. erläutert. Dazu bestand nunmehr in dem Urteil vom 15.4.1999[273] Gelegenheit. Der Senat führte in den schriftlichen Urteilsgründen aus, dass die Befristung des Arbeitsvertrages eines Sporttrainers sachlich gerechtfertigt sei, *„wenn mit der Betreuung von Spitzensportlern oder besonders talentierten Nachwuchssportlern die Gefahr verbunden ist, dass die Fähigkeit des Trainers zur weiteren Motivation der anvertrauten Sportler regelmäßig nachlässt (so. Verschleißtatbestand)"*. Der 7. Senat verlangt aber dann, dass die vereinbarte Befristung überhaupt geeignet ist, der Gefahr eines Verschleißes in der Beziehung zwischen Trainer und den zu betreuenden Sportlern wirksam vorzubeugen. Konkret wird dies verneint, wenn die Verweildauer der zu betreuenden Sportler in der Obhut des Trainers kürzer bemessen ist als die vorgesehene Vertragszeit des Trainers. Wörtlich: *„Der Befristungsgrund eines Verschleißes rechtfertigt sich nämlich nicht durch den Wechsel der Sportler, sondern allenfalls durch das Bedürfnis, den auf Dauer im Kader verbleibenden Sportlern mit den Anforderungen eines anderen Trainers vertraut zu machen."*

In der mündlichen Verhandlung hatte der Senatsvorsitzende ausgeführt[274], dass die Befristung von Trainerverträgen (auch im Spitzensport) allenfalls in Ausnahmefällen zulässig sei. Der Senat habe kein Verständnis für ein „Sonderrecht" für den Bereich des Sports. Der Sport sei auch auf dem Hintergrund des Bosmann-Urteils des EuGH „Teil unserer Gesellschaft" und müsse sich den allgemein gültigen Rahmenbedingungen unterwerfen. Auch beispielsweise bei Lehrern ließe im Laufe der Jahre ihre Motivationsfähigkeit nach, ohne dass dies den Abschluss befristeter Verträge zur Folge hätte.

Durch vorstehende Wende der Rechtsprechung ist sicherlich bei Sportverbänden die Überprüfung ihrer Vertragsbeziehungen zu Trainern geboten, da bei diesen üblicherweise die Fluktuation bei Sportlern groß ist. Bei Bundesligatrainern dagegen scheint mir der Verschleißtatbestand auch im Sinne der vorstehend wiedergegebenen Gründe des Urteils vom 15.4.1999 zu bejahen zu sein, womit ein in der Person des Arbeitnehmers liegender Grund für die Befristung gemäß § 14 (1) Nr. 6 TzBfG zu bejahen wäre. Bei einem Bundesligaverein ist die Mannschaft zu betreuen, die im Schnitt über längere Zeiträume in ihrem Kern gleich bleibt und so von den unter Verschleiß des Trainers zu erfassenden Ausbildungsnachteilen in physischer und psychischer Hinsicht betroffen sein kann. Das

[273] In SpuRt 1999, 254.

[274] Bericht von *Latz*, aaO., S. 2.

BAG hat dargelegt, dass in jedem Einzelfall geprüft werden müsse, wie stark die Fluktuation bei den betreuten Sportlern sei. Rechtssicherheit besteht danach schwerlich. Die Rechtsmittelfreudigkeit bei Streitigkeiten über Verträge von Trainern wird zunehmen. Vielleicht bedeutet der von dem früheren Präsidenten des BAG *Dieterich*[275] vorgeschlagene Weg, um die Befristungen so gut wie möglich „gerichtsfest" zu gestalten, eine Abfindungsregelung analog §§ 9, 10 KSchG vorzusehen, eine Hilfe.

Abschließend kann den Trainern aber vonseiten eines Arbeitsrechtlers der Trost gesagt werden, dass nach gesicherter Rechtsprechung – eine gegenteilige Entscheidung des nunmehr zuständigen 7. Senats ist dem Verfasser nicht bekannt – der sportliche Misserfolg einer vom Trainer betreuten Mannschaft kein Grund für seine außerordentliche Kündigung aus wichtigem Grund, die bei befristeten Verträgen allein als Kündigungsform zulässig ist, darstellt. Die Vertragsparteien jedenfalls können dies auch nicht wirksam im Vertrag vereinbaren.

[275] In NZA 2000, 857, 862.

## Kapitel 7: Fußballentscheidungen und staatliche Gerichte/Schiedsgerichte

Vorweg ist insoweit klarzustellen, dass die Kontrollmaßstäbe für die staatlichen Gerichte und für die Schiedsgerichte die gleichen sind.

Die externe Kontrolle der Entscheidungen des Ligaverbands (DFL) **132**
und/oder des DFB – einzeln oder als Streitgenossen – betreffend die Lizenzvereine bzw. die Lizenzspieler – wird „in Ersetzung des ordentlichen Rechtswegs durch ein **neutrales Ständiges Schiedsgericht**“ vorgenommen (§ 13 Satzung Ligaverband). In dem insoweit mit den Vereinen bzw. den Spielern abgeschlossenen Schiedsgerichtsvertrag ist die Zuständigkeit des Schiedsgerichts für Zulassungsentscheidungen bei Lizenzerteilungen und für die Vereinssanktionen, d. h. die Sportgerichtsurteile der DFB-Sportgerichte eröffnet (§ 1 I Abs. 2 der Schiedsgerichtsverträge). Es handelt sich insoweit um „echte Schiedsgerichte“ im Sinne der §§ 1025 ff. ZPO, die anstelle der staatlichen Gerichte entscheiden. Der Schiedsspruch hat die Wirkung eines rechtskräftigen Urteils. Bei schwerwiegenden Mängeln (§ 1059 ZPO) kann er durch Aufhebungsklage vor dem ordentlichen Gericht zu Fall gebracht werden[276]. In Eilfällen kann eine Partei eine einstweilige Anordnung bei Bestehen eines Regelungsbedürfnisses zur Verhinderung wesentlicher Nachteile beantragen (§ 5 des Schiedsgerichtsvertrags). Auch ist dem Schiedsgericht die sog. Kompetenz-Kompetenz zugesprochen (§ 1 V des Vertrages).

Um Zeitverluste bei der Besetzung des Schiedsgerichts zu vermeiden, ist für die Streitigkeiten zwischen Ligaverband/DFB und Lizenzvereinen bzw. Lizenzspielern ein „Ständiges Schiedsgericht“ vorgesehen, wobei Vorsitzender und die beiden Beisitzer – paritätisch von beiden Seiten zu bestimmen – im Vorhinein festgelegt sind. Dagegen sieht der DFB für seine Streitigkeiten mit seinen Mitgliedsverbänden und die Streitigkeiten der Mitgliedsverbände untereinander ein Ad-hoc-Schiedsgericht vor (§ 17 Satzung DFB), für das außer den Regelungen über dessen Besetzungen die inhaltsgleichen Bestimmungen gelten wie vorstehend dargelegt.

[276] PHB SportR, *Summerer*, II 280.

**133** Für internationale Streitigkeiten anerkennt der DFB den Court of Arbitration for Sport (CAS)[277] mit Sitz in Lausanne (Schweiz) als unabhängige richterliche Instanz und unterwirft sich den Entscheidungen des CAS, soweit zwingendes nationales Recht nicht entgegensteht oder die FIFA-Reglemente Ausnahmen zulassen (§ 17a DFB-Satzung).

**134** Im Gegensatz zur für den Geschäftsverkehr häufig vereinbarten Handelsschiedsgerichtsbarkeit, die seit Jahrzehnten sich zunehmender Beliebtheit erfreut, ist der Bekanntheitsgrad der „Fußballschiedsgerichtsbarkeit" noch gering. Vielmehr wird im Bereich des DFB die Vereinsgerichtsbarkeit als der endgültige Entscheidungsträger häufig angesehen, was auch in den weitaus überwiegenden Fällen zutrifft[278]. Im Sprachgebrauch der weniger Eingeweihten werden die Rechtsprechungsorgane des DFB – auch die anderer nationaler Sportverbände – oft und unzutreffend als „Schiedsgerichte" bezeichnet.

Für ein echtes Schiedsgericht muss Unabhängigkeit und Unparteilichkeit gewährleistet sein, insbesondere im Verhältnis zu den übrigen Vereinsorganen. Das Verfahren muss den Anforderungen der §§ 1025ff. ZPO genügen[279]. Für die Schiedsgerichte gilt wie für die staatlichen Gerichte bei der Nachprüfung von Vereinsentscheidungen, dass die richterliche Kontrolle in formeller und materieller Hinsicht vorzunehmen ist:

Dabei gilt vorweg, dass eine Schiedsklage nach allgemeinem Vereinsrecht mit Aussicht auf Erfolg grundsätzlich erst nach Ausschöpfung des vereinsinternen Rechtswegs erhoben werden kann, es sei denn, dem Mitglied ist wegen eines lebenswichtigen Interesses ein Zuwarten nicht zuzumuten[280]. Der DFB hat in § 17 (1) seiner Satzung die Ausschöpfung des verbandsinternen Instanzenzugs ausdrücklich normiert.

In formeller Hinsicht ist weiter vom Schiedsgericht zu prüfen, ob die verhängte Maßnahme eine ausreichende Grundlage in der Satzung hat, ob der Betroffene der Vereinsgewalt unterliegt und ob ein ordnungsgemäßes, dem Satzungswerk des Vereins entsprechendes Verfahren durchgeführt ist. Insoweit dürften in den Verfahren über Maßnahmen der DFB-Spruchkörper aufgrund der langjährigen Erfahrung und der juristischen Ausbildung ihrer Mitglieder Rechtsfehler schwerlich erfolgreich gerügt werden können.

[277] Französische Bezeichnung: Tribunal Arbitral du Sport = TAS.
[278] *Hantke*, aaO., S. 187.
[279] *Palandt-Heinrichs*, aaO., § 25 Rn. 10.
[280] BGHZ 49, 396.

In inhaltlicher Hinsicht hat der BGH[281] in einem bahnbrechenden Urteil aus dem Jahre 1984 die Fehlerfreiheit der Tatsachenermittlung für durch die externe Gerichtsbarkeit voll überprüfbar erklärt. Aus der Unterwerfung des Sportlers unter die verbandsrechtliche Disziplinargewalt könne nämlich nicht gefolgert werden, dass sich der Sportler damit einverstanden erklärt hätte, für Taten verantwortlich gemacht zu werden, die er nicht begangen habe[282]. Die volle Sachverhaltskontrolle eröffnet aber nicht das Nachschieben neuer Gründe im Schiedsverfahren. Gerechtfertigt wird dies damit, dass andernfalls die vereinsrechtlichen Zuständigkeits- und Verfahrensregelungen umgangen würden[283].

In einer weiteren grundlegenden Entscheidung hat der BGH in dem sog. Reiter-Urteil[284] außer der auch bis dahin allgemein anerkannten Überprüfung auf Gesetzwidrigkeit, Willkür und grobe Unbilligkeit bei Verbänden mit sozialer Mächtigkeit oder mit einer Monopolstellung auch eine gerichtliche Kontrolle auf inhaltliche Angemessenheit der Maßnahmen unter dem Gesichtspunkt von Treu und Glauben (§ 242 BGB) gefordert. Dabei ist jedoch den Vereinen im Hinblick auf die grundgesetzlich garantierte Vereinsautonomie (Art. 9 I GG) weiterhin ein Beurteilungsspielraum im Rahmen der Wert- und Zielsetzung des Vereins zuzubilligen. Das externe Gericht kann nicht ohne weiteres seine Überzeugung und seine Wertmaßstäbe an die Stelle derjenigen des Verbands setzen[285]. Vielmehr ist die Prüfung, ob und inwieweit eine Regelüberschreitung die sportethischen Grundlagen des Verbands nachhaltig berührt, nicht anhand allgemeiner gesellschaftspolitischer Wertvorstellungen, sondern in erster Linie anhand der Sportethik des Verband zu beurteilen[286]. Unverständlich harte Strafen können gegebenenfalls der Kontrolle des externen Gerichts nicht standhalten, wobei als Maßstab § 242 BGB oder das allgemeine Rechtsprinzip des Übermaßverbots anerkannt sind. Zurückhaltung ist jedoch insoweit auf jeden Fall geboten.

Als Vorteile eines Schiedsgerichtsverfahrens sind in erster Linie das ureigenste Bedürfnis des Fußballsports nach schnellen und abschließenden Entscheidungen anzusehen. Gerade durch Einrichtung eines Schiedsgerichts ist es ferner möglich, Richter mit profundem und speziellem

281 BGHZ 87, 344.

282 *Haas*, in SportR B, Rn. 149.

283 *Haas*, in SportR B, Rn. 147.

284 BGH, in NJW 1995, 583, 585.

285 BGH, in NJW 1988, 552, 555.

286 *Haas*, in SportR B, Rn. 109.

Fachwissen in dem zwischenzeitlich komplex gewordenen Sportrecht heranzuziehen – Querverbindungen bestehen zu UEFA-, FIFA-Recht, aber auch zum Europarecht –[287]. Wenn es die Schiedsgerichte im Fußball noch nicht gäbe, müsste man sie einführen. Ihre Tätigkeit ist in der juristischen Literatur bisher mehr am Rande beleuchtet worden. Im Verhältnis zu der Zahl der Entscheidungen der DFB-Spruchkörper ist die Zahl ihrer Urteile auch gering. In den letzten 20 Jahren ist gegen DFB-Entscheidungen im Jahresschnitt allenfalls ein Verfahren angefallen. So kam es in den vergangenen fünf Jahren bezüglich Strafsanktionen oder Spielwertungen nur zu einem Schiedsgerichtsverfahren mit dem DFB, nämlich in Sachen LR Ahlen gegen Wacker Burghausen.

Dieses Verfahren ist ein Schulbeispiel für eine eindrucksvolle Schnelligkeit der DFB-Gerichtsinstanzen und des „Ständigen Schiedsgerichts". Am 24. Januar 2005 hatte Wacker Burghausen Einspruch eingelegt, das Sportgericht des DFB entschied darüber am 22. Februar 2005 und setzte das Spiel neu an. Am 31. März 2005 wies das DFB-Bundesgericht die Berufung des LR Ahlen als unbegründet zurück. Die Entscheidung des „Ständigen Schiedsgerichts für Vereine und Kapitalgesellschaften der Lizenzligen" erging nach mündlicher Verhandlung am 21. April 2005. Die Schiedsklage wurde abgewiesen. Somit war binnen weniger als drei Monaten ein dreistufiges Verfahren nach jeweils mündlicher Verhandlung abgeschlossen worden. Das neu angesetzte Spiel konnte umgehend und rechtzeitig vor den letzten Spieltagen der 2. Liga ausgetragen werden.

Inhaltlich hat das Schiedsgericht im Falle LR Ahlen dargelegt, dass Rechtsfehler im Verfahren der Vorinstanz weder bei der Sachverhaltsfeststellung noch bei den Schlussfolgerungen daraus vorliegen. Anzumerken ist ferner, dass der von dem Schiedskläger beantragte Erlass einer einstweiligen Anordnung durch die frühzeitige Hauptsacheentscheidung gegenstandslos war, weshalb im Termin der Antrag zurückgenommen wurde.

Zur Widerlegung des Argwohns von Außenseitern, das DFB-Schiedsgericht neige im Zweifel zur Entscheidung für den DFB, soll der Schiedsspruch vom 3.7.2002 angeführt werden[288]. In einem Zulassungsverfahren für die Spielzeit 2002/2003 für die 2. Bundesliga war dem Verein Eintracht Frankfurt die Lizenz verweigert worden, weil die zum Nachweis der wirtschaftlichen Leistungsfähigkeit aufgegebene Bedingung, bis zum

[287] Vgl. *Hantke*, aaO., S. 190.
[288] In SpuRt 2002, 213.

17.6.2002, 16:00 Uhr, eine Liquiditätsreserve von 9 Millionen Euro in bar oder in Form einer Garantieerklärung eines Kreditinstituts nachzuweisen, nicht erfüllt worden sei. Das Schiedsgericht beantwortete abweichend von dem Ligaverband die Frage der wirksamen Abgabe der geforderten Garantieerklärung über einen entscheidungserheblichen Teilbetrag von 4 Millionen Euro.

Ebenfalls um ein Zulassungsverfahren ging es bei der Entscheidung des Schiedsgerichts vom 16.7.2003[289]. Dort war die Zulassungsverweigerung zur Regionalliga Süd für den Verein SSV Reutlingen darauf gestützt worden, dass dieser den Nachweis einer Liquiditätsreserve statt am 11. Juni 2003 um 14:00 Uhr erst um 14.30:38 Uhr erbracht habe. Die Nichteinhaltung der Ausschlussfrist, so heißt es in dem Schiedsspruch, sei vom DFB im Rahmen seines Ermessensspielraums keineswegs willkürlich, unbillig oder unter Verstoß gegen die Grundsätze von Treu und Glauben angenommen worden, sodass im Schiedsgerichtsverfahren die Entscheidung als verbindlich anzuerkennen sei.

Vor den **staatlichen Gerichten** sind in wenigen Fällen Verfahren durch Vereine der Mitgliedsverbände des DFB anhängig gemacht worden. Eine Schiedsabrede war insoweit nicht getroffen worden. In einem Fall wurde einem Verein die Zulassung zur neu gegründeten Regionalliga Süd im Jahre 1995 verweigert. Das OLG Frankfurt[290] stellte fest, dass die Auswahlkriterien (sog. Dreijahreswertung) von dem Verband im Rahmen seiner Autonomie in sinnvoller und ausgewogener Weise festgelegt und dann bei der Zulassung und Ablehnung von Bewerbern auch strikt eingehalten worden seien. Der Verband habe nämlich seine sich selbst gesetzten Richtlinien nach der Mitteilung an alle Vereine zu beachten. **135**

In einem der seltenen Fälle der Klage vor den Zivilgerichten gegen eine Spielwertung hat das Landgericht Chemnitz[291] sich – obwohl geboten – nicht in den Gründen mit dem Beurteilungsspielraum des amtierenden Platzschiedsrichters und der angerufenen Verbandsinstanz befasst. Es hat seine eigene Beurteilung der Entscheidung zugrunde gelegt: In einem Fußballspiel war es zum Elfmeterschießen gekommen, bei dem nach den eindeutigen Fußballregeln ein „unmittelbarer Torerfolg" gefordert wird. Der Platzschiedsrichter hatte einen solchen verneint und einen Ball als abgewehrt angesehen. Er war vom Torwart nach dem Elfmeterschuss

[289] In SpuRt 2003, 255.
[290] In SpuRt 1998, 37.
[291] In SpuRt 1998, 42.

nach schräg unten abgewehrt worden, sprang etwa fünf Meter vor dem Tor auf dem Boden auf und mindestens einen Meter in die Höhe. Der zunächst stehende Angreifer ging zur Mitte, der Torwart verließ sein Tor, der Schiedsrichter vermerkte den Torschuss als erfolglos auf seinem Notizzettel. Zwischenzeitlich rollte der Ball infolge Eigeneffets in Richtung Tor zurück und überquerte die Torlinie. Zutreffend im Ergebnis hat das Landgericht Chemnitz die Klage auf Aufhebung der Entscheidung zurückgewiesen. Es handelte sich aber um einen klassischen Fall der allein dem Platzschiedsrichter überlassenen Torentscheidung. Nur dieser konnte aufgrund seines Standorts, des Verlaufs des Balles, der Bodenverhältnisse und des Zeitablaufs die Unmittelbarkeit des Torschusses beurteilen. Auch wenn es ein Grenzfall gewesen sein sollte, gilt sein Beurteilungsspielraum und nicht der eines staatlichen Gerichts, den sich das LG Chemnitz angemaßt hat. *Steiner*[292] sieht den „Ball-Wende-Fall" etwas gerichtsfreundlicher, weil er ein Anschließen des Landgerichts an das Verbandsgericht als Wahrung der Verbandsautonomie wertet.

Die geringe Zahl der veröffentlichten Entscheidungen der staatlichen Gerichte zu Sanktionen und Spielwertungen in Urteilen der DFB-Sportgerichte schließt sicherlich nicht aus, dass solche Instanzurteile im weiten Land zu Verbandsentscheidungen für untere Spielklassen öfters ergehen. Eine große Zahl ist es jedenfalls nicht, insbesondere auch wegen des obergerichtlich vorgegebenen Entscheidungsvorrangs von Platzschiedsrichtern und Verbandsgerichten.

**136** Dagegen sind nach dem Bosmann-Urteil des EuGH[293] mit der Umsetzung der Arbeitnehmerfreizügigkeit für grenzüberschreitende Vereinswechsel für Profifußballer zwischenzeitlich auch Wechsel eines Sportlers im DFB-Bereich von einem Verein zu einem anderen (Transfer) auf den gerichtlichen Prüfstand genommen worden. Dabei stellt die zeitliche Begrenzung von Wechseln durch Aufstellen saisonabhängiger sog. Zeitfenster (Wechselperiode I vom 1.7. bis 31.8. und Wechselperiode II vom 1.1.–31.1.) keinen unverhältnismäßigen Eingriff in die Freiheitssphäre des Sportlers dar. Diese Festlegung von Stichtagsregelungen ist notwendig, um einen geordneten Spielbetrieb sicherzustellen, weil dieser auch voraussetzt, dass „der Wert einer Mannschaft" im Verlauf einer Meisterschaft nicht beliebig geändert werden kann[294]. Eine solche Regelung ist auf europäischer Ebene, wo die gleichen Zeitfenster gelten, auch

[292] In Sport und Justiz, aaO., S. 42.

[293] In EuGHE 1995 I, 4921.

[294] *Haas*, in SportR B, 65.

vom EuGH[295] nicht als unverhältnismäßig angesehen worden, da die Wechselperioden hinreichende Möglichkeiten für einen Vereinswechsel lassen.

Im Zusammenhang mit der Diskussion der Bosmann-Entscheidung im Jahre 1995 auf internationaler Ebene hat dann schon bald eine Diskussion eingesetzt über die Haltbarkeit von inhaltlichen Beschränkungen durch die DFB-Regelungen über inländische Spielerwechsel. Stein des Anstoßes waren insoweit die sog. Ablösesummen, die von dem aufnehmenden Verein für den Transfer zu entrichten waren. Einigkeit bestand dabei insoweit, dass Forderungen nach Geldzahlungen – orientiert an dem Marktwert des Fußballers – legitim sind, wenn der Spieler **während** der Dauer seines Vertrages mit dem abgebenden Verein wechseln will. Da die Sportler zur Vertragstreue angehalten werden sollen und Abwerbungsversuche anderer Vereine im Sinne der Planungssicherheit eingedämmt werden sollen, ist eine auszuhandelnde Entschädigung für das Herauskaufen aus einem laufenden Vertrag unbedenklich[296].

Mit den Ablösesummen nach Auslaufen eines Vertrages bzw. bei Nichtvorhandensein eines Vertrages haben sich Instanzgerichte bis hin zu Oberlandesgerichten und dem BGH befasst, wobei insoweit die Streitigkeiten jeweils zwischen zwei Vereinen ausgetragen worden sind, sodass die Schiedsabrede nicht eingreift. In der Literatur war die Auffassung zur Zulässigkeit der Ablösesummen bis dahin umstritten[297].

In einem grundlegenden Urteil hatte der BGH[298] sich mit der Regelung zu befassen, wonach bei einer Verpflichtung eines Amateurs als Vertragsspieler durch einen Regionalligaverein „eine Ausbildungs- und Förderungsentschädigung“ für den abgebenden Verein ohne Rücksicht auf dessen Spielklasse in Höhe von 25.000 DM zu zahlen war. Die Nichtzahlung war als unsportliches Verhalten sportstrafrechtlich geahndet worden. Der BGH hat diese Verbandsnorm nach gerichtlicher Inhaltskontrolle gemäß §§ 138, 242 BGB für nichtig erklärt. Den Kontrollmaßstab hat das Gericht dabei anhand der Grundsätze der Rechtsprechung bei Regelungen von Vereinen/Verbänden mit überragender Machtstellung im wirtschaftlichen und sozialen Bereich festgelegt. Die heranzuziehenden Generalklauseln der §§ 138, 242 BGB seien am Maßstab von Wertvor-

295 In EuGHE 2000, I, 2714, 2733 ff.

296 *Haas*, in SportR B, 68.

297 Vgl. Übersicht in PHB/*Fritzweiler*, aaO., III, 52.

298 BGHZ 142, 304 ff.

stellungen, die in erster Linie von den Grundsatzentscheidungen der Verfassung bestimmt werden, zu konkretisieren. Zwar könne das insoweit einschlägige Grundrecht der Berufsfreiheit nach Art. 12 I GG zwar auch durch eine Vereinssatzung innerhalb bestimmter Grenzen eingeschränkt werden. Der Schutz des Art. 12 I 1 GG umfasse dabei die Tätigkeit von professionellen Sportlern, aber auch von Vertragsamateuren (heute Vertragsspieler) im Fußballbereich, da diese mit ihrem Sport Einkommen für den Lebensunterhalt erzielen (im zu entscheidenden Fall 1.000 DM Grundgehalt im Monat sowie eine Zusatzprämie von 250 DM pro Einsatz). Durch die Verpflichtung zur Zahlung der Aufwandsentschädigung von 25.000 DM werde die Möglichkeit der betroffenen Spieler, den Beruf des Fußballspielers sowie einen entsprechenden Arbeitsplatz zu wählen, in unzulässiger Weise eingeschränkt, weil der aufnehmende Verein zu deren Zahlung bereit sein muss. Werde diese Entschädigung als unangemessen oder zu hoch erachtet oder könne sie von dem interessierten Verein nicht bezahlt werden, bestehe für den Spieler im Geltungsbereich der Vorschrift keine Möglichkeit, als Fußballspieler berufstätig zu werden. Der Entschädigungshöhe, die für die zweijährige Vertragsdauer um 1.000 DM über dem Basiseinkommen des Spielers (abgesehen von den variablen Prämien) liege, komme bei der Entscheidung des zu übernehmenden Spielers wesentliche Bedeutung zu. Dabei sei nicht maßgeblich, dass die Erteilung der Spielerlaubnis für den neuen Verein rechtlich unabhängig von der Entschädigungszahlung erfolge. Die faktische Wirkung der Entschädigungspflicht sei maßgebend. Hinzu komme die drohende Geldbuße bei Verweigerung der Entschädigungszahlung im Sportstrafverfahren. Die Einschränkung der Möglichkeit, den Beruf des Fußballspielers zu ergreifen, wirke wie eine objektive Zulassungsschranke. Nach dem Apothekenurteil des BVerfG[299] könne eine solche Einschränkung grundsätzlich nur zur Abwehr *„nachweisbarer oder höchstwahrscheinlich schwerer Gefahren für ein überragend wichtiges Gemeinschaftsgut gerechtfertigt“* sein. Der BGH fährt fort: *„Die Massensportart Fußball kann angesichts ihrer beträchtlichen Popularität und sozialen Bedeutung in der heutigen Zeit zwar als ein wichtiges Gemeinschaftsgut angesehen werden; die Aufrechterhaltung ihrer Funktionsfähigkeit, insbesondere durch Förderung und Sicherung einer guten Jugendarbeit und Jugendausbildung ist auch im Interesse der Allgemeinheit sinnvoll. Ob darüber hinaus diese Sportart gar von überragender Bedeutung für die Gemeinschaft ist und zur Sicherung und Förderung der genannten Ziele*

[299] BVerfGE 7, 377.

*geeignete Maßnahmen im Interesse der Allgemeinheit notwendig sind, kann offen bleiben. Selbst wenn man dies annehmen wollte, so stellten die vorgesehenen Entschädigungen hierfür keine hinreichende Grundlage dar. Da die sportliche Zukunft junger Amateurspieler nicht mit Sicherheit vorhersehbar ist und sich nur eine begrenzte Anzahl von ihnen einer entsprechenden beruflichen Tätigkeit widmet, sind die Entscheidungen durch einen Eventualitäts- und Zufallscharakter gekennzeichnet; entsprechende Zahlungen an die in der Jugendarbeit tätigen Vereine sind nämlich davon abhängig, dass sich unter ihren Mitgliedern mit Blick auf eine Berufstätigkeit förderungsgeeignete Talente befinden. Der Entschädigungsbetrag ist zudem pauschal und ohne Anknüpfung oder Anpassungsmöglichkeit an die finanziellen Gegebenheiten und Bedürfnisse der betroffenen Vereine festgelegt; er bezieht sich auch nicht konkret auf die dem betroffenen Spieler zuteil gewordene Ausbildung und Förderung… Maßnahmen in diesem Zusammenhang vermögen jedenfalls dann Eingriffe in die Berufsfreiheit betroffener Spieler durch objektive Zulassungsschranken nicht zu rechtfertigen, wenn sie eher wirtschaftlichen … Die Vorschrift dient – zumindest in erster Linie – nicht ideellen Zielen und der Gemeinschaft, sondern wirtschaftlichen Zwecken."*

Das Grundrecht des Vereins nach Art. 9 I GG sei nicht tangiert. Wörtlich heißt es weiter: *„Zwar wird die Jugendarbeit und die Heranbildung fähiger Sportler bei einem Sportverein regelmäßig in den Bereich der grundrechtlich geschützten Vereinigungsfreiheit fallen. Anders liegt es aber, wenn es darum geht, ob und von wem der Verein für seine Bemühungen ein Entgelt verlangen kann. Eine solche „Aufwandsentschädigung" mag für den Verein wirtschaftliche Bedeutung haben; mit dem Vereinszweck ist sie jedoch nicht notwendigerweise verbunden. Eine Forderung dieser Art knüpft nicht an die Intensität und Qualität der Jugendarbeit an. Es ist vielmehr weitgehend dem Zufall überlassen, ob ein Jugendspieler, auch wenn er das Trainingsprogramm mit großem Einsatz absolviert, den Sprung in das sog. ‚Profilager' schafft. Selbst wenn Art. 9 I GG zugunsten des Klägers Anwendung fände, würde dies ihm nicht weiterhelfen. Der Freiheit der Berufswahl käme eindeutig der Vorrang zu, weil sie nur zur Abwehr nachweisbarer oder höchstwahrscheinlich schwerwiegender Gefahren für ein überragend wichtiges Gemeinschaftsgut eingeschränkt werden könnte."*

Abschließend verweist der BGH darauf, dass die nach den Maßstäben des Art. 12 GG vorgenommene Bewertung der Entschädigungsregelung in Einklang steht mit den Wertmaßstäben, die sich aus der in Art. 48 EGV a. F. (= Art. 39 EGV in der Fassung des Amsterdamer Vertrages) gewährleisteten Freizügigkeit innerhalb der europäischen Gemeinschaft ergeben.

Nach der Bosmann-Entscheidung[300] stehe Art. 48 EGV der Verbindlichkeit einer Regelung entgegen, dass ein vertragstreuer EU-Bürger als Berufsfußballer erst nach Zahlung einer Transfer-, Ausbildungs- oder Förderungsentschädigung bei einem anderen Verein beschäftigt werden dürfe. Diese Wertentscheidung lasse sich auf die am Maßstab des Art. 12 GG orientierte Bewertung in dem zu entscheidenden Fall übertragen.

**137** In dem Bemühen um eine Anpassung an diese Rechtsprechung sind auf DFB- bzw. DFL-Seite Neufassungen einer sog. Ausbildungsentschädigung für junge Fußballspieler erfolgt (§ 23a DFB-Spielordnung), wonach ein Verein, der einen Amateur vor dem 23. Geburtsjahr als Vertragsamateur unter Vertrag nimmt, eine Ausbildungsentschädigung zu zahlen hat. Diese Entschädigung kommt anteilig den Vereinen zu, die den Spieler in den letzten fünf Jahren vor dem Wechsel beschäftigt haben. Die Höhe des zu zahlenden Betrages richtet sich danach, welcher Spielklasse abgebender und aufnehmender Verein angehören (s. im Einzelnen § 23a DFB-Spielordnung).

**138** Diese Regelung stand auf dem Prüfstand des OLG Oldenburg[301], das sie nach § 138 BGB als nichtig ansah: Das Bemühen des DFB, bei der Neufassung des § 23a SpielO den Vorgaben der BGH-Entscheidung vom 27.9.1995 zu folgen, sei durchaus anzuerkennen. Wie es der BGH u. a. gefordert habe, sei die Höhe der Entschädigung nunmehr von den Spielklassen der beteiligten Vereine abhängig gemacht worden. Die Regelung verletzte aber auch in der jetzigen Fassung gleichwohl das Recht der Fußballspieler, ihren Beruf frei zu wählen. Sie sei geeignet, einen interessierten Verein von der Beschäftigung eines Spielers abzuhalten, und stelle faktisch eine objektive Zulassungsschranke dar. Zwar seien nach der Neufestlegung der Kriterien für die Bemessung der Entschädigungen abstrakte Konstellationen denkbar, in denen die Ausbildungsentschädigung in Relation zum Gehalt des Spielers eine vernachlässigungswerte Größe darstelle. In dem zu entscheidenden Fall sei dies aber nicht so, da die Entschädigung mehr als ein Jahresgehalt des wechselwilligen Spielers ausmache. Diese Größe sei geeignet, den Verein von der Übernahme des Nachwuchsspielers abzuhalten. Der somit gegebene Eingriff in das Recht auf freie Berufswahl des Spielers sei auch hinsichtlich der geänderten Vorschriften gemäß den Ausführungen der obigen BGH-Entscheidung zu Art. 12 GG nicht gerechtfertigt: Die Jugendarbeit werde nur in Bezug

[300] EuGHE 1995 I, 4921.

[301] Urteil vom 10.5.2005, Az.: 9 U 94/04.

auf die Vereine, die den Spieler bisher ausbildeten, gefördert, die übrige Jugendarbeit bleibe unberücksichtigt. Es handele sich objektiv um ein System zur Nachwuchsgewinnung im bezahlten Fußball, das dem vom DFB reklamierten Gemeinwohl nicht Rechnung trage. Der Einwand von DFB-Seite, die FIFA habe entsprechende Regelungen vorgegeben, wird zurückgewiesen, da die deutsche Verfassung nicht zur Disposition internationaler Sportverbände stehe. (Die Revision zum BGH wurde nicht zugelassen.)

Noch vor Beginn der Spielzeit 2005/2006 hat der DFB-Vorstand beschlossen, den fraglichen § 23 a DFB-Spielordnung ersatzlos zu streichen, und den Vereinen mitgeteilt, dass Zahlungsverpflichtungen des aufnehmenden Vereins insoweit nicht mehr bestehen.

Wie nicht anders zu erwarten, haben Vereine von ihnen nach § 23a SpielO zuvor geleistete Ausbildungsentschädigungsbeträge von dem Empfänger zurückgefordert. Das Landgericht Hamburg (Urteil vom 20.2.2006, Az.: 301 O 116/05), das Amtsgericht Waldbröl (Urteil vom 24.3.2006) und das Amtsgericht Stuttgart (Urteil vom 1.6.2006, Az.: 12 C 561/06) haben entsprechenden Klagen unter Hinweis auf die Entscheidung des OLG Oldenburg stattgegeben, wobei aber im Einzelfall bereicherungsrechtliche Überlegungen (§§ 814, 818 (3) BGB) zu unterschiedlichen Fallergebnissen führen können.

Im DFB-Wechselrecht verblieben noch die Regelungen der §§ 27 und 28 SpielO, die bei Abschluss von Lizenzspielerverträgen pauschale Ausbildungsentschädigungen für die Vereine, bei denen Spieler in den letzten fünf Jahren spielten, vorsahen, und zwar in Höhe von 45.000 bzw. 22.500 Euro. Erfreut waren hierüber oft kleine Vereine, die 10% der Entschädigungssumme erhielten, wenn der Spieler erstmals im Bereich des DFB drei Jahre bei ihnen ununterbrochen spielberechtigt war (Vaterverein). Die Bundesligavereine hatten bei Schaffung der Vorschrift signalisiert, „mehr oder weniger freiwillig“ mit einer solchen Regelung einverstanden zu sein. Insoweit überrascht, dass in Abkehr zu dieser Absichtserklärung gerade ein Bundesligaverein (Bayer 04 Leverkusen Fußball GmbH) den Gang durch die DFB-Instanzen eingeschlagen hat und beim Bundesgericht des DFB (Urteil vom 10.5.2006, Entscheidung Nr. 3/2006/2007) die Entscheidung über die Rechtsunwirksamkeit des § 27 SpielO DFB „wegen Verstoßens gegen das verfassungsrechtlich garantierte Recht auf freie Berufswahl“ des Spielers erstritt. Der DFB setzt fortan keine Ausbildungsentschädigungen mehr fest. Es sind aber Verhandlungen mit dem Ligaverband/DFL im Gange, die unter Umständen eine freiwillige

Leistung an die betroffenen Vereine aus einem zu bildenden Fonds, den die Ligavereine evtl. mit dem DFB speisen, eröffnen können.

**139** Im DFB-Spielrecht gibt es schließlich noch einen Regelungsbereich, der die Aufmerksamkeit kritischer Juristen auf sich ziehen könnte: die sog. Ausländerklausel. In § 5 (4) Lizenzordnung Spieler des Ligaverbandes (ebenso in der DFB-Spielordnung für Nichtlizenzspieler) ist zwar eingangs festgelegt, dass Spieler mit der Staatsangehörigkeit eines Mitgliedsverbands der UEFA (Europäer) unbegrenzt verpflichtet werden können. Nichteuropäer dürfen ab der Spielzeit 2006/2007 nur bis zur Zahl drei unter Vertrag genommen werden (für Altverträge gilt Bestandsschutz). Eine Ausnahme wird für Nichteuropäer bei Spielern gemacht, die die letzten fünf Jahre, davon drei Jahre als Juniorenspieler für deutsche Vereine spielberechtigt waren (sog. Fußball-Deutsche). Eine solche Ausländerklausel begegnet keinen durchgreifenden Bedenken nach deutschem Recht. Insbesondere können Spieler, die von außerhalb des EG-Bereichs stammen, nicht den Grundrechtsschutz des Art. 12 GG reklamieren, da dieser nur für Deutsche gilt. Der EuGH nimmt eine unzulässige Ausländerdiskriminierung bei nationalen Mannschafts-Wettbewerben (Ligaspielbetrieb) auch nur an, soweit Träger der EG-Grundrechte davon betroffen sind. Zu begrüßen ist in diesem Zusammenhang die klare Feststellung des EuGH, dass bei der Zusammensetzung einer Nationalmannschaft der Ausschluss auch von Sportlern der EG-Mitgliedsstaaten unbedenklich ist[302]. Gemeinschaftswidrigkeit sei bei Ausschlussgründen, die mit dem besonderen Charakter des Sports zusammenhängen und nicht wirtschaftlicher Art sind, nicht zu bejahen.

**140** Die Fußballer können gelegentlich auch mit der Staatsanwaltschaft in Berührung kommen, meistens bei exzessiven Körperverletzungen. Staatsanwaltschaft und Landgericht München haben in einem bundesweit beachteten Fall im März 2006 sich mit Nationalspieler Bastian Schweinsteiger sowie den Spielern von 1860 München Paolo Agostino und Quido Lanzaat befasst. Alle drei waren in einer großen Boulevardzeitung auf der Seite 1 bezichtigt worden, sie würden bei der Staatsanwaltschaft als „Beschuldigte" in Zusammenhang mit einem Wettskandal geführt. Sie seien einem Polizeiverhör unterzogen bzw. zu einem solchen geladen worden. Die Staatsanwaltschaft München hat erfreulicherweise umgehend klargestellt, dass diese Behauptungen nicht zutreffen. So konnte der

[302] EuGHE 1995 I, 4921; EuGH, in NJW 1976, 2068; zweifelnd und für die einzelnen Sportarten differenzierend: *Thöny*, in SpuRt 1999, 177, 181.

Abdruck einer Gegendarstellung Schweinsteigers durchgesetzt werden zusammen mit einem Widerruf der Redaktion und der Geschäftsführung der Zeitung. Schmerzensgeldklagen der Betroffenen sollen nach Presseberichten mittlerweile eingereicht worden sein. Man darf gespannt sein, wie hoch die staatlichen Gerichte das Genugtuungs- und Ausgleichsbedürfnis eines Spitzenfußballers, der jährlich Millionen mit seinem Fußballkönnen verdient, einschätzen. Eine Entscheidung ist bisher nicht bekannt geworden.

Im Rahmen eines Großereignisses wie der Weltmeisterschaft 2006 findet sich stets auch eine Kriminalität am Rande des Geschehens: Obwohl die Kartenbestellungen im Vorhinein generalstabsmäßig geplant, „personalisiert" und überwacht wurden, ist es gleichwohl vereinzelt zu Durchbrechungen des Sicherungssystems gekommen. So klagte die Staatsanwaltschaft beim Amtsgericht Darmstadt einen 32-Jährigen an, der von einem Internetcafé aus über ebay 19 Vip-Eintrittskarten von der Finalrunde der WM, die er nicht hatte, an gutgläubige Interessenten zum Kauf angeboten und insgesamt 60.000 Euro kassiert hatte (teilweise pro Eintrittskarte 6.000 Euro). Das Amtsgericht Darmstadt verurteilte den arbeitslosen vorbestraften Mann, der einen Großteil des Erlöses im Casino verspielt hatte, zu einer Freiheitsstrafe von einem Jahr und zehn Monaten ohne Bewährung.

Außer den ordentlichen Gerichten/Schiedsgerichten haben sich in relativ 141
seltenen Fällen auch die übrigen Gerichtsbarkeiten mit Vorgängen im Zusammenhang mit Fußballspielen befasst. Die Berührungspunkte zum Arbeitnehmerschutzrecht und damit zur Arbeitsgerichtsbarkeit sind bereits in dem vorangegangenen Kapitel „Sport und Arbeitsrecht" beleuchtet worden.

Ab und zu wird auch die Verwaltungsgerichtsbarkeit in Fußballsachen angerufen. So musste sich das saarländische Verwaltungsgericht in einem Urteil zur Rechtmäßigkeit der polizeilichen Einlasskontrolle vor einem Spiel der 2. Liga Süd 1. FC Saarbrücken gegen Dynamo Dresden äußern. Diese Begegnung hatte nach polizeilichen Befürchtungen über gewaltbereite Gästezuschauer eine erhöhte Sicherheitsstufe. Dabei war bekannt, dass Feuerwerkskörper vorrangig von weiblichen Zuschauern in BH und Slips versteckt am Körper ins Stadion geschmuggelt werden. So war eine Dresdnerin, die den Fan-Schal um den Hals getragen hatte, in eine geschlossene Zeltkabine gebeten worden, wo sie sich vor zwei Beamtinnen ausziehen musste und durchsucht wurde. Sicherzustellende Gegenstände wurden jedoch keine gefunden. Das Gericht stellte auf die Anfechtungsklage hin fest, dass die Durchsuchung „sowohl von der Anordnung als auch vom Umfang her rechtmäßig war". In Persönlichkeitsrechte des weiblichen Fans sei nicht unverhältnismäßig eingegriffen worden.

**142** Zum Schluss der Gesamtbetrachtung der staatlichen oder schiedsgerichtlichen Verfahren mit Sportbezug ist anzumerken, dass bei Verfahren mit den manchmal primadonnahaft auftretenden Spitzensportlern das alltäglich gelassene Justizklima manchmal etwas verändert wird. Wenn in einem Verfahren die Gerichtssäle hell ausgeleuchtet sind und die Medienpräsenz groß ist, so berichtet Rechtsanwalt *Schickardt*[303], der insoweit über große Erfahrungen bei in- und ausländischen Gerichten verfügt –, sehr subjektiv, wie er betont – über eine Neigung mancher damit nicht vertrauter Richter einerseits zur Unsicherheit, andererseits zur übertriebenen Entscheidungs- und Mitteilungsfreude. Die oft erstmalige Konfrontation mit einem großen Medieninteresse verunsichere die zur Entscheidung berufenen staatlichen Richter oft, ein Phänomen, das bei den Sportgerichten und der Schiedsgerichtsbarkeit im Fußballbund wegen Erfahrung im Umgang mit den Medien in der Form nicht festzustellen sei.

Die zwischenzeitlich erfolgte umfassende Behandlung von Konfliktsfällen aus dem Bereich des Fußballsports in Deutschland durch die staatlichen Gerichtsbarkeiten und die Schiedsgerichte lässt die Feststellung zu, dass der DFB und seine Verbände kein sozial mächtiges Subsystem entwickelt haben, dem das Odium „einer rechtsfreien Sondergerichtsbarkeit anhaftet". Die Statuten des Deutschen Fußball-Bundes und die Umsetzungsakte durch die Sportgerichte sind auf Verfahrensfairness ausgerichtet und orientieren sich im materiellen Bereich am Geiste der Gerechtigkeit und Billigkeit. Wir brauchen keine amnesty international für Opfer der Sportgerichtsbarkeit. Rufe nach einem Vereinsgesetz sind nicht angebracht. Auch den Sportlern ist bei einer Berührung mit den staatlichen Gerichten Gelassenheit zu wünschen, wie sich das für „die schönste Nebensache der Welt" (Ortega y Gasset) geziemt[304].

Aus der Warte der Vereine und Mitglieder ist wohl bei einem Großteil von ihnen ein Vertrauen aufgebaut worden, dass die traditionellen Selbstregulierungskräfte der DFB-Gerichtsbarkeit und auf Landesebene sich um die Wahrheitsfindung mit gerichtsförmigen Erkenntnismitteln und -methoden bemühen. Diese Überzeugung hält diese weitgehend von

[303] aaO., S. 19.
[304] *Hilpert*, in RdA 1997, 101; in: Bayerische Verwaltungsblätter 1996, 198 ff., 203.

Schritten zur Überprüfung durch die staatlichen Gerichte/echten Schiedsgerichte ab, die grundsätzlich nicht ausgeschaltet und bei Justizförmigkeit des Vereinsverfahrens auch nicht gescheut zu werden brauchen[305].

[305] *Hilpert*, in Bayerische Verwaltungsblätter, aaO., S. 168.

# III. Teil
# Bundesliga-Skandale I (1971–1973) und II (2005 – sog. Hoyzer-Skandal)

Manchmal ereignen sich merkwürdige Duplizitäten im Leben, so auch im Fußball: Zwei Fußballweltmeisterschaften fanden bisher in Deutschland statt – jeweils in der Zeit davor lagen Ereignisse, die die Bezeichnung „Bundesliga-Skandal" erhielten: Von 1971 bis 1973 wurde der erste juristisch bewältigt, 2005 der zweite abgewickelt. 1

**Bundesliga-Skandal I** führte zur Bestrafung von über 50 Spielern, einigen Vereinen, Trainern und Funktionären. Korruption, Geldgier, Anmaßung, Lügengebilde reihten sich aneinander: Die Beletage Bundesliga stand in Flammen! Das Feuer war aber ein Jahr vor dem Startschuss der WM 1974 in München gelöscht. Dank akribischer Aufklärungsarbeit und hartnäckiger Bestrafung der Schuldigen waren das Herbeiführen von Niederlagen durch Bestechung und damit einhergehend jeweils der Sieg der Mannschaft, für die das Geld ausgegeben wurde, aber auch das Zahlen hoher Prämien für den Sieg eines Vereins abgeurteilt, wobei der Gegner in dieser Partie nicht zu Punkten kommen sollte. Spieler und Trainer wurden teilweise lebenslang bzw. auf Zeit bis zu 10 Jahren gesperrt. Funktionären wurde befristet, teilweise auf Dauer die Fähigkeit aberkannt, ein Amt in einem Verein, Verband oder im DFB zu führen. Vereinen wurde die Lizenz im DFB entzogen und eine Frist gesetzt, nach deren Ablauf frühestens wieder eine Lizenz beantragt werden konnte. Die meisten Verfahren wurden auf DFB-Ebene in erster und zweiter Instanz entschieden. In einem Fall wurde vom Landgericht Berlin im Wege einer einstweiligen Verfügung die verbandsseitige Sperre gegen den Spieler Varga aufgehoben. Hertha BSC setzte Varga im DFB-Pokalspiel gegen Schalke 04 ein und gewann. Dieser Sieg wurde von dem Sportgericht des DFB aberkannt und Schalke in die nächste Pokalhauptrunde versetzt. Das Bundesgericht wies die Berufung von Hertha BSC gegen den Verlust des Pokalspiels wegen Einsatzes eines Spielers ohne Spielberechtigung zurück. Kurioserweise wurde Schalke 04, das schon ausgeschieden schien, in diesem Jahr dann Deutscher Pokalmeister 1972. 2

In wenigen Fällen wurde von Vereinsseite das zuständige Schiedsgericht angerufen; die Schiedsklagen wurden aber zurückgewiesen. Arbeitsgerichte bestätigten die fristlose Kündigung von bestochenen Spielern durch ihre Vereine. Die Staatsanwaltschaft hatte Verfahren gegen Spieler eingeleitet: Eine Reihe von ihnen wurde rechtskräftig zu Freiheitsstrafen mit Bewährung verurteilt (u. a. wegen Meineids in den staatlichen Verfahren). Man nannte Schalke 04 damals bildhaft den „FC Meineid".

Im Bundesliga-Skandal I hat die Bundesliga jedenfalls „ihre Unschuld verloren".

**3** Bundesliga-Skandal I und Bundesliga-Skandal II unterscheiden sich in zwei grundsätzlichen Bereichen: In ersterem waren nur Spiele der höchsten Spielklasse betroffen und beteiligt waren Vereinsfunktionäre, Vereine, Spieler, aber keine Schiedsrichter. Beim Bundesliga-Skandal II richtete sich die Manipulation fast durchweg nicht auf Spiele der Bundesliga, da man bei diesen wegen der größeren Präsenz von Kameras im Stadion und der obligatorischen Schiedsrichterbeaufsichtigung die Entdeckungsgefahr zu hoch einschätzte. Bei letzteren waren in erster Linie Schiedsrichter und Schiedsrichter-Assistenten sowie mit diesen kooperierende Wetter tätig, die ihre Gewinnchancen durch Geldleistungen an Schiedsrichter, Spieler und Funktionäre zu erhöhen trachteten.

**4** Beim **Bundesliga-Skandal II (auch Hoyzer-Skandal)** berief das DFB-Präsidium bereits einen Monat nach den ersten Vernehmungen einen außerordentlichen Bundestag auf den 29. April 2005 ein mit dem Ziel der sportpolitischen Aufarbeitung der Affäre. Insbesondere sollten von dem höchsten Gremium des DFB geeignete Maßnahmen gefunden und beschlossen werden, um einen geordneten Spielbetrieb bis zum Ende der laufenden Saison (2004/2005) und in den kommenden Spielzeiten sicherzustellen. Schon unmittelbar nach Aufdecken der ersten Fälle war vom DFB eine aus hauptamtlichen DFB- und DFL-Mitgliedern bestehende Sonderkommission gebildet worden, die zur Koordinierung aller Aktivitäten und Unterstützung der ehrenamtlichen Gremien dienen sollte.

Der detaillierte Bericht der Sonderkommission an den außerordentlichen Bundestag fasst chronologisch und inhaltlich die Vorgänge bis zum 20. April 2005 zusammen. In Anlehnung an Auszüge daraus soll nachstehend die Information über Ausmaß und Inhalt des Bundesliga-Skandals II wiedergegeben werden. Über Entscheidungen der Sportgerichte wird im Anschluss daran berichtet.

**5** Am Mittwoch, dem 19.1.2005, wurde Volker Roth von DFB-Schiedsrichter Lutz Michael Fröhlich aus Berlin über einen massiven Manipulationsverdacht gegen Schiedsrichter Hoyzer unterrichtet. Fröhlich teilte mit, dass sich ein Schiedsrichter-Kollege, Felix Zwayer, ebenfalls aus Berlin, zunächst an zwei Kollegen und schließlich an ihn gewandt habe, da ihm im Zusammenhang mit der Schiedsrichtertätigkeit von Hoyzer Unregelmäßigkeiten aufgefallen seien. Zwayer behauptete unter anderem, dass Hoyzer versucht habe, ihn zur Manipulation durch Fehlentscheidungen als Schiedsrichter-Assistent („Fahne unten lassen") zu überreden. Volker Roth unterrichtete am Donnerstag, dem 20.1.2005, Horst Hilpert. Daraufhin verabredeten beide eine Anhörung für den 21.1.2005, bei der neben Hoyzer auch die Schiedsrichter Zwayer, Fröhlich und Manuel Gräfe angehört werden sollten.

Am Freitag, dem 21.1.2005, tagten zwei Gesprächsrunden: Eine Runde mit dem Vorsitzenden des DFB-Schiedsrichterausschusses, Volker Roth, und eine weitere unter Leitung des DFB-Kontrollausschuss-Vorsitzenden Horst Hilpert. Robert Hoyzer wurde zunächst von Volker Roth angehört. Von diesem wurde er mit den Vorwürfen konfrontiert. Hoyzer betritt jedoch sämtliche Vorwürfe. Am Ende des Gesprächs legte er sein Amt als Schiedsrichter nieder.

Es schloss sich die Anhörung durch den Vorsitzenden des Kontrollausschusses an. Hoyzer verweigerte schließlich die Aussage und teilte mit, dass er soeben per Fax seinen Austritt aus dem Verein Hertha BSC Berlin erklärt habe, sodass er nicht mehr der Sportgerichtsbarkeit unterliege. Wie sich später herausstellte, lag jedoch kein wirksamer Vereinsaustritt vor. Die Erklärung, mit der Hoyzer seinen Rücktritt als Schiedsrichter erklärt hatte, wurde später von ihm wieder angefochten.

Am Samstag, dem 22.1.2005, beschlossen die zwischenzeitlich informierten DFB-Präsidenten Gerhard Mayer-Vorfelder und Dr. Theo Zwanziger in Abstimmung mit dem Kontrollausschuss-Vorsitzenden Horst Hilpert, dass die Öffentlichkeit informiert werden müsse. Daraufhin wurde eine Pressemitteilung entworfen und gegen 17.00 Uhr veröffentlicht. Zudem wurde für Montag, den 24.1.2005, eine außerordentliche Präsidiumssitzung einberufen und dann auch durchgeführt. Auch in der Folgezeit bemühte sich der DFB um volle Transparenz in der Öffentlichkeit.

Ebenfalls am 24.1.2005 wurde bekannt, dass die Staatsanwaltschaft Braunschweig erste Vorermittlungen aufgenommen habe. Daraufhin wurde am Dienstag, dem 25.1.2005, Strafanzeige bei der Staatsanwaltschaft in Braunschweig (Studentenwohnsitz von Hoyzer) eingereicht, verbunden mit dem Angebot einer Zusammenarbeit.

Nachdem am Mittwoch, dem 26.1.2005, die Staatsanwaltschaft Braunschweig mitgeteilt hatte, dass sie die Ermittlungen an die Staatsanwaltschaft Berlin abgegeben habe, wurde noch am gleichen Tat Strafanzeige bei der dortigen Staatsanwaltschaft erstattet. Ziel war es, zusätzlich zu den weiter andauernden Untersuchungen des DFB-Kontrollausschusses staatsanwaltschaftliche Ermittlungsmaßnahmen zu veranlassen, über die ausschließlich staatliche Organe, nicht aber der DFB, verfügen. Der DFB erhoffte sich insbesondere die Klärung der Frage, welche Personen hohe Wetteinsätze auf die von Robert Hoyzer geleiteten Spiele gesetzt hatten und ob eine Verbindung mit ihnen zu Hoyzer bestand. Es zeichnete sich bereits ab, dass der Sachverhalt mit den einem Sportverband zur Verfügung stehenden Mitteln nur unzureichend aufgeklärt werden könnte.

Am Donnerstag, dem 27.1.2005, gestand Hoyzer die ihm gemachten Manipulationsvorwürfe in der Öffentlichkeit, nachdem er sich zuvor einem Anwalt anvertraut hatte. Einzelheiten wurden noch nicht von ihm genannt.

Ebenfalls am 27.1.2005 wurden vom DFB-Kontrollausschuss weitere 14 Zeugen aus dem Kreis der Schiedsrichter und Assistenten zu den Manipulationsvorwürfen vernommen. Nachdem die Nachricht des Geständnisses von Robert Hoyzer bekannt geworden war, nahm Horst Hilpert umgehend Kontakt zum Rechtsanwalt von Hoyzer, Dr. Stephan Holthoff-Pförtner (Essen), auf. Dieser bestätigte das Geständnis und erklärte zugleich, dass Hoyzer dem DFB zur vollständigen Aufklärung zur Verfügung stehe, jedoch erst nach dessen in Kürze zu erwartender Vernehmung durch die Staatsanwaltschaft Berlin. Der DFB-Kontrollausschuss beantragte daraufhin beim Sportgericht eine sofortige Vorsperre gegen Robert Hoyzer.

Am Wochenende des 29./30.1.2005 wurde in der Bundesliga kurzfristig ein Ringtausch bei den Schiedsrichter-Ansetzungen vorgenommen. Zugleich wurde vorsorglich auf einen Einsatz der Schiedsrichter Lutz Michael Fröhlich und Manuel Gräfe, die den Sachverhalt im Januar dem DFB angezeigt hatten, aus Fürsorge- und Sicherheitsgründen verzichtet.

Am Montag, dem 31.1.2005, wurde entschieden, eine Sonderkommission „Wett- und Spielmanipulation" einzusetzen. Das sechsköpfige Gremium bestand aus hauptamtlichen DFB- und DFL-Mitarbeitern, die aufgrund der aktuellen Entwicklung nach dem Geständnis von Robert Hoyzer die zahlreichen Anfragen aus allen Bereichen koordinieren und die Arbeit des DFB-Kontrollausschusses sowie des DFB-Sportgerichts unterstützen und in den betreffenden Gremien kommunizieren sollten. Kommissionsleiter war Chefjustitiar Goetz Eilers.

Vorrangige Aufgabe der Sonderkommission war es zunächst, bei der Staatsanwaltschaft Berlin Akteneinsicht zu erhalten, um auch die weiteren DFB-Ermittlungen vorantreiben zu können. Die staatsanwaltschaftliche Vernehmung von Hoyzer hatte zwar bereits am 28.1.2005 stattgefunden. Die Staatsanwaltschaft hatte den DFB jedoch ausdrücklich darum gebeten, eigene Ermittlungen des Verbandes zunächst zurückzustellen, bis die Staatsanwaltschaft Berlin Akteneinsicht gewähre, um deren Ermittlungserfolg nicht zu gefährden.

Am Mittwoch, dem 2.2.2005, erhielt der DFB schließlich von der Staatsanwaltschaft Berlin die erbetene Akteneinsicht in die Niederschrift über die Vernehmung von Robert Hoyzer. Die Unterlagen wurden noch in der Nacht von Mittwoch auf Donnerstag von der Sonderkommission in Anwesenheit von Horst Hilpert ausgewertet. Zugleich wurden Dr. Theo Zwanziger, Volker Roth und der Vorsitzende des DFB-Sportgerichts, Dr. Rainer Koch, über den Inhalt informiert. Für Gerhard Mayer-Vorfelder nahm dessen persönlicher Referent an der Sitzung der Sonderkommission teil.

Aus der Aussage Robert Hoyzers ergab sich, dass dieser tatsächlich von 6
einer organisierten kroatischen Wettmafia, die von dem Berliner Lokal „Café King“ aus national und international agierte, Geldbeträge angenommen hatte, um Spiele, auf die der Geldgeber gewettet hatte, zu manipulieren. Es handelte sich bei der Wettmafia um die Gebrüder Sapina, Ante Sapina als führender Kopf in der Wettbranche und seine beiden ihm assistierenden Brüder Filip und Milan.

Aufgrund des Geständnisses von Schiedsrichters Hoyzer ergab sich, dass folgende Begegnungen von ihm auf das „bestellte Ergebnis gepfiffen“ worden waren:

Wuppertaler SV gegen Werder Bremen Amateure (Regionalliga Nord) am 30.5.2004,

TSV Eintracht Braunschweig gegen den FC St. Pauli (Regionalliga Nord) am 5.6.2004,

SC Paderborn gegen den Hamburger SV (DFB-Vereinspokal) am 21.8. 2004,

LR Ahlen gegen Wacker Burghausen (2. Bundesliga) am 22.10.2004.

Es ergab sich weiter, dass die Partie

MSV Duisburg gegen die SpVgg Greuther Fürth (2. Bundesliga) am 26.9.2004

ohne Manipulation durch Schiedsrichter Hoyzer mit dem von diesem gewünschten Ergebnis endete.

Bei den Spielen

SC Paderborn gegen den Chemnitzer FC (Regionalliga Nord) am 22.5.2004 und

SpVgg Unterhaching gegen den 1. FC Saarbrücken (2. Bundesliga) am 28.11.2004

scheiterten wegen des nicht beeinflussbaren anderen Spielverlaufs die Manipulationsversuche Hoyzers.

Darüber hinaus belastete Robert Hoyzer mit seinen Aussagen weitere Schiedsrichter, Spiele manipuliert zu haben.

In der Aussage Hoyzers wurden darüber hinaus 14 Spielernamen und zwei weitere Personen genannt, die angeblich an Manipulationen beteiligt gewesen seien.

Anzumerken ist, dass es sich bei einem Großteil der von Hoyzer genannten Namen nicht um eigene Wahrnehmungen von ihm handelte, sondern um Informationen, die er selbst nur von dritter Seite, nämlich den Mitgliedern der Wettmafia, erhalten haben will.

Auch nach erfolgter Akteneinsicht konnte mit den Ermittlungen zunächst noch nicht begonnen werden, da die Bitte der Staatsanwaltschaft Berlin fortbestand, eigene Aktivitäten zurückzustellen und insbesondere von der Vernehmung Beschuldigter und weiterer Zeugen abzusehen, bis die Staatsanwaltschaft dem zustimme. Dennoch wurde die Akteneinsicht zum Anlass genommen, das vom DFB beabsichtigte weitere Vorgehen der Staatsanwaltschaft offen zu legen und mit der Bitte zu entscheiden, ob die insoweit geplanten konkreten Schritte umgesetzt werden könnten. Dies umfasste auch die Vernehmung von Personen, die Schiedsrichter Hoyzer im Rahmen seiner Aussage belastet hatte. Am Freitag, dem 4.2.2005, schließlich stimmte die Staatsanwaltschaft zu, dass der DFB nunmehr mit eigenen Ermittlungen beginnen könne. Die Behörde bat jedoch um vorherige Unterrichtung und gegebenenfalls Abstimmung. Es wurden daraufhin umgehende Schritte zur Umsetzung der weiteren Ermittlungen eingeleitet.

Bereits am Mittwoch, dem 9.2.2005, wurde Robert Hoyzer durch den Vorsitzenden des DFB-Sportgerichts Dr. Rainer Koch in Anwesenheit des DFB-Kontrollausschussvorsitzenden Horst Hilpert in den Kanzleiräumen des Rechtsanwalts von Hoyzer vernommen.

Zudem wurden für Donnerstag, den 10.2.2005, und Freitag, den 11.2.2005, umfassende Anhörungen verschiedener im Rahmen der Manipulationsvorwürfe genannter Beschuldigter und Zeugen durch den DFB-Kontrollausschuss angeordnet, darunter weitere belastete Schiedsrichter.

Zeitgleich mit den weiteren Ermittlungsmaßnahmen des DFB-Kontroll- 7
ausschusses setzte auch das DFB-Sportgericht die Arbeit fort. Diese betraf zunächst die Entscheidung über die Einsprüche gegen die Spielwertung wegen angeblicher Manipulation durch den Schiedsrichter. Bereits für Freitag, den 11.2.2005, wurde die erste Verhandlung in einem Einspruchsverfahren anberaumt. Gegenstand war das DFB-Vereinspokalspiel der ersten Runde 2004/2005 SC Paderborn gegen den Hamburger SV am 21. August 2004. Zu dieser Begegnung hatte Ante Sapina hoch auf den Sieg des Außenseiters SC Paderborn gesetzt, der damals in der Regionalliga spielte. Dem amtierenden Schiedsrichter Robert Hoyzer hatte er 20.000 Euro für den Sieg des SC Paderborn versprochen und zusätzlich dem Spielführer Thijs Waterink (Paderborn) in einem Waldstück in Stadionnähe vor dem Spiel als Siegprämie zum Verteilen an die Mannschaftskameraden 10.000 Euro überreicht (doppelte Absicherung der Manipulation durch Sapina). Als aber Mitte der 1. Halbzeit der HSV 2:0 führte, sagte Hoyzer zu Waterink im Vorbeigehen, es solle sich endlich einer im HSV-Strafraum fallen lassen, damit er pfeifen könne. Waterink fiel, es gab Elfmeter und später einen weiteren Strafstoß für Paderborn, sodass es schließlich – ein HSV-ler wurde zusätzlich vom Platz gestellt – zum 4:2 Sensationssieg des SC Paderborn kam. Ante Sapina hatte hierauf 77.000 Euro gesetzt und 771.076 Euro gewonnen. Er übergab an Hoyzer 20.000 Euro nach dem Spiel.

Die besondere Problematik dieses Verfahrens resultierte daraus, dass bis zur Aufdeckung der Manipulation Ende Januar 2005 zwischenzeitlich die 2. Pokalhauptrunde ausgespielt war, in der der SC Paderborn verloren hat. Mit dem Sieger dieser Begegnung war zudem bereits die 3. Pokalhauptrunde ausgelost. Ohne zudem zeitaufwendige Rückabwicklung der gesamten 2. Runde mit dem HSV anstelle von SC Paderborn und Neuauslosung der 3. Runde wäre spieltechnisch eine Korrektur nicht möglich gewesen und hätte überdies zu neuen Spielpaarungen in der 3. Runde geführt. Dies hätte teils Härten, aber auch teils bessere Chancen für einzelne Vereine eröffnen können: Dem SC Freiburg wäre z. B. die ihm zugeloste und hohe Einnahmen versprechende Mannschaft des FC Bayern München beim Spiel in Freiburg „weggenommen" worden. Weil nicht nur der DFB und die DFL diese Situation als schwer lösbar ansahen, sondern sich auch der durch die Manipulation durch Hoyzer unmittelbar benachteiligte HSV in Verhandlungen einsichtig zeigte, konnte durch Zahlung einer Entschädigungssumme von 2 Millionen Euro für den HSV für entgangene weitere Pokaleinnahmen die Einspruchsrücknahme erreicht werden und die erste Pokalrunde 2004/2005 als endgültig abgeschlossen betrachtet werden (wie tatsächliche Ergebnisse).

Bei zwei weiteren Pokalspielen der 2. Runde wurden die Einsprüche wegen fehlender Erfolgsaussichten zurückgezogen.

**8** Die übrigen Einsprüche betrafen Meisterschaftsspiele der Regionalliga Nord, der 2. Bundesliga und der Bundesliga. Insgesamt wurden 16 Einsprüche eingelegt. Davon wurden 10 Einsprüche von den Vereinen/Kapitalgesellschaften wieder zurückgenommen. In den sechs weiteren Fällen hat das DFB-Sportgericht entschieden. Dabei hat es in zwei Fällen auf Spielwiederholung erkannt. Es handelte sich zum einen um das Meisterschaftsspiel der 2. Bundesliga zwischen LR Ahlen und Wacker Burghausen (Schiedsrichter Hoyzer), Spieltermin 22.10.2004. Die Entscheidung (Nr. 85/2004/2005) ist als Anlage 2 am Ende des III. Teils abgedruckt. Weiter ging es um das Meisterschaftsspiel der Regionalliga Nord zwischen Hertha BSC Berlin Amateure gegen Arminia Bielefeld Amateure (Schiedsrichter Marks), Spieltermin 11.8.2004, Ergebnis 1 : 1.

In vier Fällen wurden die Einsprüche zurückgewiesen.

Alle gegen die Entscheidungen des Sportgerichts eingelegten Berufungen wurden vom DFB-Bundesgericht verworfen. Damit waren binnen weniger als drei Monaten alle für den laufenden Spielbetrieb so wichtigen Einspruchsverfahren sportrechtlich abgeschlossen.

**9** Bei den Einspruchsverfahren hatten sich Rechtsprobleme gestellt, die von dem Ordnungsgeber nicht voraussehbar waren und die vom Sportgericht unter Heranziehung allgemeiner Auslegungsregeln des Zivilrechts gelöst wurden:

§ 17 Nr. 1 und 2 RuVO zählt die typischen und häufigsten Einspruchsgründe auf, aufgrund derer das auf dem Rasen ermittelte Spielergebnis angefochten werden kann. Die Formulierung im Eingangssatz *„unter anderem"* bringt zum Ausdruck, dass es noch weitere Einspruchsgründe geben soll. Für die darunter fallende *„sportwidrige Spielmanipulation* *durch einen Schiedsrichter*" würde eine starre Festlegung der Einspruchsfrist von zwei Tagen nach dem Spiel zum Leerlaufen der Anfechtungsmöglichkeit, da gerade Bestechungsfälle gegenüber einem Schiedsrichter meist erst nach längeren Zeiten aufgedeckt werden, führen. Das Sportgericht zieht den insoweit vergleichbaren Fall eines Dopings eines Spielers (§ 17 Nr. 2d RuVO a. F.) heran, wo die besondere Frist von zwei Tagen **ab Kenntnis der Benachrichtigung durch die Doping-Kommission** den Fristbeginn darstellt, und erklärt im Wege richterlicher Rechtsfortbildung in Anlehnung an § 17 Nr. 2d RuVO a. F. einen Einspruch wegen einer Spielmanipulation durch den Schiedsrichter jedenfalls dann für zulässig, wenn er innerhalb von zwei Tagen nach **Erlangen der Kenntnis von einem dringenden Tatverdacht einer Spielmanipulation** eingelegt worden ist. Gerade für Verfahrensregeln, bei denen das allgemeine Rückwirkungsverbot nicht streng gilt, ist eine solche Rechtsanalogie nahe liegend. Der Weg des Sportgerichts, vor scheinbaren Fristenbarrieren, die auf den zu entscheidenden Fall nicht passen, nicht haltzumachen, sondern zu einer materiellen Entscheidung zu gelangen, ist deshalb zu begrüßen.

In der Einspruchsentscheidung LR Ahlen gegen SV Wacker Burghausen ist ferner vom Sportgericht des DFB eine bisher in der DFB-Rechtsprechung bei Einspruchsfällen noch nicht angewandte Beweisführung entwickelt worden:

Der Einspruchsführer habe nach allgemeinen Regeln das Vorliegen des Einspruchsgrundes nachzuweisen, was im Falle LR Ahlen gegen Wacker Burghausen geschehen war, da nach der insoweit glaubhaften Schiedsrichter-Aussage Hoyzer mit dem Wetter Ante Sapina nach Zahlung eines Betrages von 30.000 Euro vereinbart worden sei, dass Hoyzer das Spiel zugunsten des LR Ahlen manipuliere, um dadurch den gewollten Wettgewinn zu ermöglichen. Da das Spiel mit einem Sieg für LR Ahlen geendet hat, sei, so das Sportgericht, prima facie von einem irregulären Spielablauf auszugehen. Diesen Anscheinsbeweis habe der Anspruchsgegner LR Ahlen nicht entkräftet (wird ausgeführt), sodass das Spielergebnis zu annullieren sei.

Beide Argumentationsweisen hat das Sportgericht in den anderen Einspruchsfällen ebenfalls herangezogen. Im Ergebnis waren alle Berufungen gegen die erstinstanzlichen Entscheidungen erfolglos, wobei das Bundesgericht Zweifel hinsichtlich der Anwendung des Anscheinsbeweises äußerte, aber jedoch den Vollbeweis jeweils als erbracht angesehen hat.

10 Zwischenzeitlich waren auch die ersten Verfahren gegen beteiligte Personen abgeschlossen worden.

Mit rechtskräftigem Urteil vom 6.4.2005 bestrafte das DFB-Sportgericht den ersten an den Manipulationen beteiligten Spieler, und zwar den Mannschaftskapitän des SC Paderborn, Thijs Waterink. Auf die Entscheidung (Nr. 109/2004/2005), die als Anlage 1 im Anschluss an den III. Teil abgedruckt ist, wird verwiesen.

Die Verfahren gegen insgesamt 21 Mannschaftskameraden Waterinks, die Eurobeträge angenommen hatten, wurden gegen Zahlung von Geldbußen, die an gemeinnützige Organisationen weitergeleitet wurden, in Höhe des zwei- bis vierfachen Betrages vom DFB-Kontrollausschuss mit Zustimmung des DFB-Sportgerichts eingestellt (§ 153a StPO analog).

Ein ähnlich gelagerter Fall betrifft das Spiel Dynamo Dresden gegen Preußen Münster vom 8.6.2003. Dort hatte der Spieler Ranisav Iovanovic 15.000 Euro von einem Dritten für einen Sieg von Dynamo Dresden erhalten und nach dem Spiel Teilbeträge in unterschiedlicher Höhe an seine Mitspieler als Siegprämien weitergegeben. Auch hier sind die Verfahren gegen Zahlung von Geldbußen vom DFB-Kontrollausschuss mit Zustimmung des Sportgerichts eingestellt worden.

Der DFB-Kontrollausschuss hatte bis zu dem außerordentlichen Bundestag am 29. April 2005 65 Vernehmungen durchgeführt. Diese betrafen in erster Linie die Schiedsrichter und Schiedsrichter-Assistenten, die zusammen mit den Schiedsrichtern Hoyzer, Marks u. a. Spiele geleitet hatten. Daneben wurden auch von Hoyzer genannte Spieler vernommen. Durch Einstellungen mangels Tatverdachts sind etwa 50 Verfahren beendet worden, über 60 nach Zahlung einer Geldbuße entsprechend § 153a StPO.

Die Anklage gegen Schiedsrichter Robert Hoyzer wurde mit Datum vom 22.2.2005 erhoben. Der DFB-Kontrollausschuss hat darin einen Verbandsausschluss auf Lebenszeit, 50.000 Euro Geldstrafe und ein dauerhaftes Verbot, ein Amt im DFB, seinen Mitgliedsverbänden und deren Vereinen auszuüben, beantragt (s. Teil II, Kapitel 2, Anlage 2). Nach Rücknahme des Antrags auf Verhängung einer Geldstrafe hat das Sportgericht zwischenzeitlich nach dem Antrag des Kontrollausschusses entschieden.

Schiedsrichter Dominik Marks wurde auf Antrag des DFB-Kontrollausschusses am 15.2.2005 wegen grob unsportlichen Verhaltens vorgesperrt.

Am 1.4.2005 wurde vom DFB-Kontrollausschuss Anklage gegen den Spieler Steffen Karl vor dem DFB-Sportgericht erhoben und eine Sperre von sechs Monaten beantragt. Der Spieler hatte vergeblich versucht, den damals beim FC Energie Cottbus unter Vertrag stehenden Torhüter Georg Koch dazu zu veranlassen, gegen Zahlung eines Betrages in Höhe von 20.000 Euro das Spiel seiner Mannschaft gegen Jahn Regensburg am letzten Spieltag der 2. Bundesliga der Saison 2003/2004 zu manipulieren. Zwischenzeitlich ist eine Sperre gegen Steffen Karl vom Sportgericht festgesetzt.

Zielsetzung des DFB-Kontrollausschusses war es, die Ermittlungen möglichst vor dem außerordentlichen Bundestag am 29.4.2005 abzuschließen, damit danach wieder Rechtssicherheit für den Spielbetrieb herrscht. Bis dahin war dann auch der größte Teil der beim DFB-Kontrollausschuss anhängigen 65 Verfahren erledigt.

Als Besonderheit ist bei den erledigten Verfahren gegen Schiedsrichter **11**
noch anzumerken, dass darunter Spielpaarungen waren, bei denen dem Schiedsrichter Geld für den Sieg einer bestimmten Mannschaft ausgelobt war, das Spiel aber dann ein Selbstläufer war und – ohne dass der Schiedsrichter eine falsche Entscheidung zu fällen brauchte – wie von dem Wetter gewünscht ausging und der Schiedsrichter „sein Geld" erhielt.

Es gab auch den umgekehrten Fall: Das 2. Liga-Spiel SpVgg Unterhaching gegen 1. FC Saarbrücken am 28.11.2004 sollte gemäß der Wette für Unterhaching ausgehen. Robert Hoyzer konnte zunächst nicht verhindern, dass Saarbrücken mit 2:0 in Führung ging. Er sah dann die Gelegenheit, einen Elfmeter für Unterhaching zu geben, den er ansonsten nicht gegeben hätte. Originalton Hoyzer: *„Als der blöde Copado den Elfer an die Latte setzte, stellte ich mein Bemühen ein, da ich keine große Chance sah, das Ergebnis doch noch zu drehen."* Hoyzer wollte nicht unnötig schlecht beurteilt werden. Er war ein damals anerkannt guter Schiedsrichter mit großen Perspektiven. Er zahlte den von Sapina bereits erhaltenen Betrag von 20.000 Euro zurück. Ähnlich verhielt es sich bei der Paarung der 2. Liga Karlsruher SC gegen MSV Duisburg am 3.12.2004, bei der Ante Sapina auf Halbzeit- und Endergebnis (Kombiwette) zugunsten des MSV Duisburg gewettet hatte. Er war wegen seines hohen Einsatzes und der hohen Gewinnquote selbst nach Karlsruhe gereist. Duisburg hatte bereits in der Halbzeit 2:0 geführt und hat am Ende 3:0 gewonnen. Das Sportgericht und die Verfahrensbeteiligten haben in der Einspruchsverhandlung die Aufzeichnung des ganzen Spiels Szene für Szene in Augenschein genommen: Es lief alles von selbst für Duisburg.

Allenfalls in zwei Szenen konnte man eventuell eine verfehlte Entscheidung des Schiedsrichters Dominik Marks annehmen; beide führten aber nicht zu einem Treffer für die Gäste. Deshalb wurde der Einspruch des KSC zurückgewiesen. Die Berufung blieb erfolglos.

**12** Unabhängig von der Aufarbeitung des Falles „Hoyzer" durch die Sportgerichtsbarkeit wurden vom DFB weitere Maßnahen ergriffen: Hinsichtlich der Schiedsrichteransetzung und der Schiedsrichterbeobachtung wurden die Regeln verschärft. Die Ansetzung erfolgt jetzt erst zwei Tage vor dem Spieltag. Die Beobachtung wurde ausgeweitet.

Es wurde eine Kommission unter DFB-Vizepräsident Rolf Hocke berufen, die als Aufgaben Präventivmaßnahmen hatte. Zu diesem Zweck wurde in der Folgezeit ein Vertrag mit der Firma „Betradar.com" abgeschlossen, der die systematische Beobachtung des Sportwetten-Marktes vorsieht. Danach wurden die Bundesspiele des DFB kontrolliert, wobei in jüngster Zeit die Kontrollen auch auf die Endstand- und Halbzeit-Wetten der Bereiche „Asian Handicap" und „Over/Under" erstreckt werden, da diese Varianten zunehmend stark gewettet werden. Aus dem Rahmen fallende Häufungen von Wettabschlüssen werden dadurch frühzeitig aufgedeckt.

**13** Auf dem Bundestag vom 29.4.2005 sind Änderungen der Satzung und der DFB-Rechts- und Verfahrensordnung beschlossen worden, die speziell die Integrität des sportlichen Wettbewerbs gewährleisten und hierzu alle notwendigen wettbewerbssichernden Maßnahmen treffen sollen (§ 4j der Satzung). Auch die Rechts- und Verfahrensordnung wurde in § 1 (1) bis (3), aufbauend auf den Erkenntnissen aus der Wettaffäre, ergänzt, wobei insbesondere Spielern, Trainern und Funktionsträgern von Vereinen untersagt ist, Sportwetten selbst oder durch Dritte für eigene oder fremde Rechnung abzuschließen, wenn diese Wetten sich auf Wettbewerbe beziehen, an denen ihre Mannschaften unmittelbar oder mittelbar beteiligt sind (§ 1 (2) RuVO). Auch Schiedsrichtern der Spielklassen, in denen Wettangebote gemacht werden, ist es untersagt, auf Spiele dieser Spielklassen zu wetten (§ 1 (3) RuVO). In § 6a (1) RuVO n. F. ist eine Definition der „Spielmanipulation" aufgenommen worden, die als unsportliches Verhalten zu ahnden ist.

Eine für den Spielbetrieb wichtige Neuerung wurde in die RuVO eingefügt, nämlich dass auf Punktverlust oder Spielwiederholung im Zusammenhang mit Pflichtspielen der abgelaufenen Saison nach dem **30.6.** nicht mehr erkannt werden kann, es sei denn, es war bis dahin ein Verfahren eingeleitet. In diesen Fällen kann jedoch für die nachfolgende

Spielzeit die Aberkennung von Punkten oder die Versetzung in eine niedrigere Spielklasse beschlossen werden, § 10 (3) RuVO.

Bei Pokalspielen kann Spielverlust oder -wiederholung nicht mehr angeordnet werden, wenn das Spiel der betreffenden Mannschaft in der nächsten Pokalrunde ausgetragen worden ist. Diese Neuregelungen bringen Klarheit und Rechtssicherheit für den sensiblen Spielbetrieb.

Um den im Hoyzer-Verfahren aufgetretenen Fristenproblemen Rechnung zu tragen, beginnt – wie in den Einspruchsverfahren von der Rechtsprechung praktiziert (s. oben Rn. 9) – die Zweitagesfrist für die Einspruchseinlegung erst mit Kenntnis der Tatsachen, die den dringenden Tatverdacht der Spielmanipulation ergeben (§ 17e RuVO n. F.). Expressis verbis wurde ferner in § 17a (1) RuVO eine Spielmanipulation als Einspruchsgrund aufgeführt.

Durch die Änderungen wurden die zum Zeitpunkt des Bundestags noch laufenden Verfahren im Hinblick auf das insoweit geltende Rückwirkungsverbot nicht tangiert. Sie wurden in der Folgezeit nach altem Recht weitergeführt, wobei gegen die drei Brüder Sapina wegen des hohen Unrechtsgehalts ihrer Taten und des groben Verschuldens, getragen von reiner Geldgier als Motiv ihres Handelns, Ausschluss aus dem DFB angeordnet wurde. Die gleiche Sanktion, die der Kontrollausschuss gegen Schiedsrichter Marks beantragt hatte, konnte gegen diesen, der sich im Sportgerichtsverfahren, wie er vortragen ließ, durch Schweigen verteidigte, nicht verhängt werden, da er aus seinem Verein und damit dem DFB ausgetreten war. Das Verfahren ruht daher bis zu einem etwaigen Wiedereintritt, § 10 (2) RuVO.

Gegen andere Verfahrensbeteiligte sind Sperrstrafen verhängt worden, die zwischenzeitlich abgelaufen sind. In sechs Verfahren gegen Zweitligaspieler wegen Verdachts der Annahme von Geldern für den vom Geldgeber gewünschten Spielausgang ist das Sportstrafverfahren, in dem jeweils Anklagen durch den Kontrollausschuss erhoben und Vorsperrenanträge gestellt waren, zwischenzeitlich ausgesetzt worden bis zum Ausgang des insoweit beim Landgericht Berlin von dem Hauptverfahren abgetrennten und deshalb dort noch anhängigen Strafverfahren. Es sollen für das DFB-Verfahren die überlegenen Erkenntnismöglichkeiten der staatlichen Strafverfolgungsbehörden ausgenutzt werden. Unter strafrechtlichen Gesichtspunkten kommt eine Strafbarkeit des Spielers bei mit diesem durch den Wetter abgestimmten Verhalten als Betrug in Betracht, wenn der Spieler selbst das Spiel manipuliert bzw. dies zumindest versucht hat. Die bloße Entgegennahme von Geld durch den Spieler begründet dagegen noch nicht die Strafbarkeit nach § 263 StGB – möglicherweise kommt eine strafbare Verabredung zur Begehung eines Verbrechens in Betracht, wenn von den Hintermännern ein gewerbs- oder bandenmäßiger Betrug begangen worden ist. Selbstverständlich ist das bloße Wetten eines Spielers auf ein Spiel, an dem er ohne unredliche Absprache oder Handlungen teilnimmt, straffrei. Anders ist es, wenn er auf eine Manipulation seines Spiels nach vorherigem Gelderhalt hinwirkt.

Zu den sportstrafrechtlichen Reaktionsmöglichkeiten konnte die bisherige Auffangvorschrift des unsportlichen Verhaltens herangezogen werden. Für die Zukunft sind aus der Erfahrung des Skandals gewonnene Erkenntnisse in Neuregelungen umgesetzt worden (s. oben Rn. 13 am Anfang).

**14** In dem vorerwähnten Hauptverfahren beim Landgericht Berlin kam es nach Einreichung einer 289 Seiten umfassenden Anklageschrift der Staatsanwaltschaft Berlin (68 Js 451/05) gegen die angeschuldigten Schiedsrichter Robert Hoyzer und Dominik Marks, den Spieler Steffen Karl und die Brüder Ante, Milan und Filip Sapina (Wetter) zur Eröffnung des Hauptverfahrens unter dem Aktenzeichen Kls 42/05. Nach zehn Verhandlungstagen fällt das Landgericht am 17. November 2005 ein Urteil. Während der Verhandlungen waren jeweils von DFB-Seite ein Vertreter des Kontrollausschusses und des Schiedsrichterausschusses als Prozessbeobachter anwesend.

Das Landgericht Berlin entschied wie folgt: Es werden verurteilt:

Ante Sapina wegen Betrugs in zehn Fällen zu einer Gesamtfreiheitsstrafe von zwei Jahren und elf Monaten,

Milan Sapina wegen Betrugs und Beihilfe zum Betrug in drei Fällen zu einer Gesamtfreiheitsstrafe von einem Jahr und vier Monaten,

Filip Sapina wegen Beihilfe zum Betrug in zwei Fällen zu einer Gesamtfreiheitsstrafe von einem Jahr,

Robert Hoyzer unter teilweisem Freispruch wegen Beihilfe zum Betrug in sechs Fällen zu einer Gesamtfreiheitsstrafe von zwei Jahren und fünf Monaten,

Dominik Marks unter Freisprechung im Übrigen wegen Beihilfe zum Betrug in zwei Fällen zu einer Gesamtfreiheitsstrafe von einem Jahr und sechs Monaten.

Die Vollstreckung der Strafen gegen Milan und Filip Sapina sowie gegen Dominik Marks wurden zur Bewährung ausgesetzt.

Das Verfahren gegen Steffen Karl war abgetrennt worden.

Das Landgericht beziffert in den Urteilsgründen den eingetretenen Vermögensschaden auf 1,95 Millionen Euro und nimmt zudem eine Vermögensgefährdung in Höhe von weiteren ca. 930.000 Euro an.

Die Tatbestandsmerkmale der Betrugsvorschrift werden bejaht. Zur Täuschungshandlung ist ausgeführt, dass der Angeklagte Ante Sapina dem Personal der Annahmestelle gegenüber den Eindruck vermittelt habe, für ihn sei der Ausgang des Fußballspiels, auf welches er wetten wollte, ebenso ungewiss wie jedem anderen einschließlich des Wettanbieters. Über diese wesentliche Verschiebung des Wettrisikos durch die Absprache mit dem eingesetzten Schiedsrichter zu seinen Gunsten täuschte er konkludent, indem er erklärte, der Ausgang des jeweiligen Spiels sei für beide Seiten ungewiss (gleiches Wettrisiko). Die Schiedsrichter Hoyzer und Marks hätten insoweit keine Tatherrschaft gehabt, vielmehr sei nur Beihilfe anzunehmen.

Bei der Strafzumessung für den Angeklagten Hoyzer wurde zu seinen Gunsten sein frühzeitiges und umfassendes Geständnis berücksichtigt, wodurch er das Verfahren erheblich verkürzt habe. Im Gegensatz zur Staatsanwaltschaft halte das Gericht seine Taten nicht für „ein dreistes Bubenstück", sondern die verhängte Strafhöhe angesichts des Unrechts- und Schuldgehalts seines Verhaltens für erforderlich. Bei Ante Sapina ist das Gericht von hoher krimineller Energie und planvollem Vorgehen ausgegangen.

Alle Angeklagten haben rechtzeitig gegen das vorgenannte Urteil Revision eingelegt. Der 4. Strafsenat des Bundesgerichtshofs hat durch das Urteil vom 15. Dezember 2006 (5 StR 181/06) alle Revisionen verworfen. Der Leitsatz der Entscheidung lautet: 15

> Dem Angebot auf Abschluss eines Sportwettenvertrages ist in aller Regel die konkludente Erklärung zu entnehmen, daß der in Bezug genommene Vertragsgegenstand nicht vorsätzlich zum eigenen Vorteil manipuliert ist (im Anschluss an BGHSt 29, 165). Überraschenderweise hatte der Vertreter der Bundesanwaltschaft aus Rechtsgründen Freispruch gegen alle Angeklagten beantragt.

**Zugabe**: Ein Komplex minderschwerer Fälle von Wettbetrug ereignete sich in Frankfurt/Main und Umgebung ab Mai 2005 bis März 2006, bezüglich dessen die Staatsanwaltschaft in Frankfurt am 6. September 2006 (Az.: 6350 Js 246513/05) Anklage gegen vier Wetter und vier Lizenz- bzw. Vertragsfußballer in der 2. Liga und in der Regionalliga Süd erhoben hat mit dem Vorwurf des bandenmäßigen Betrugs, wobei acht Fälle im Inland, zwei in Österreich begangen worden sein sollen. Die Wetter sprachen Spieler an, um Spiele manipulativ zu beeinflussen, damit auf der Grundlage der Kenntnis vom voraussichtlichen Ergebnis der Fußballspiele besonders große Gewinne erzielt werden sollten. Die Provision der Spieler belief sich 16 auf 5.000 Euro für eine schlechte Spielweise und weitere 10.000 Euro für ein besonderes Vorkommnis, wie etwa einen Strafstoß zu verursachen. Die Wetten wurden überwiegend in Asien platziert. In mehreren Fällen lehnten die angesprochenen Spieler eine Manipulation von vornherein ab, bei einigen Spielen fiel das zur Manipulation vorgesehene Spiel wegen der Witterungsverhältnisse aus, teils kam es zur Vollendung der Tat. Eine besondere Variante der Wette war für das Spiel der 2. Bundesliga am 26.2.2006 zwischen SF Siegen und FC Hansa Rostock vorgesehen. Die Wette war darauf platziert worden, dass im Spiel weniger als drei Tore fallen werden und Rostock mindestens ein Tor schießt. Das Spiel endete 2:0 für Rostock, sodass die Wetten mit 10.000 bzw. 20.000 Euro Einsatz gewonnen wurden. Die spezielle Ausrichtung der Wette lässt bei einem unbefangenen Betrachter mit Phantasie Vermutungen aufkommen, welche Spieler für die Gewährleistung des gewollten Ergebnisses in erster Linie in Betracht kommen können.

Eine Hauptverhandlung ist vom Landgericht Frankfurt für die Zeit vom Januar–Juni 2007 angesetzt worden.

Angemerkt sei, dass das Sammelverfahren der Staatsanwaltschaft Frankfurt eingeleitet worden ist, als ein angesprochener Spieler, der jede Beteiligung von vornherein abgelehnt hat, über seien Verein 1. FC Eschborn den DFB informiert hat. Der Kontrollausschuss des DFB vernahm den Spieler und sandte das Protokoll an die Staatsanwaltschaft Frankfurt.

**(Anlage 1)**

***Entscheidung Nr. 109/2004/2005***

*Mittwoch, 6. April 2005 bs*

*URTEIL*

*Das Sportgericht des DFB hat durch seinen Vorsitzenden, Herrn Dr. Rainer Koch als Einzelrichter, am 06.04.2005 im schriftlichen Verfahren für Recht erkannt:*

*URTEIL:*

1. *Thijs Waterink (SC Paderborn 07) wird wegen eines unsportlichen Verhaltens in Tateinheit mit passiver Bestechung gemäß § 44 der Satzung, § 1 Nr. 2 RuVO und § 8 Nr. 1 j RuVO des DFB mit einer Sperrstrafe bis einschließlich 31.7.2005 belegt.*

2. *Die Kosten des Verfahrens trägt Thijs Waterink unter Mithaftung des SC Paderborn 07.*

<u>*Gründe:*</u>

1. *Der Gegenstand der Entscheidung stellt sich nach dem Strafantrag des DFB-Kontrollausschusses vom 31.3.2005 wie folgt dar:*

   *Für das DFB-Pokalspiel SC Paderborn 07 und Hamburger SV hatte Ante Sapina mit dem amtierenden Schiedsrichter Robert Hoyzer vereinbart, dass Paderborn das Spiel gewinnen sollte.*

   *Ante Sapina hatte sich vor dem Spiel mit Waterink in einem Waldstück in der Nähe des Paderborner Stadions getroffen und ihm 10.000 Euro Siegprämie übergeben. Sapina hatte dabei Waterink vorgeschlagen, einen Strafstoß zu provozieren, damit der Schiedsrichter auf Elfmeter für Paderborn entscheiden könnte.*

   *Als das Spiel 2:0 für den Hamburger SV stand, sagte Schiedsrichter Hoyzer im Vorbeigehen zu Waterink im Mittelfeld „Mach doch mal was". Einige Zeit darauf ließ sich Waterink im Strafraum des HSV fallen. Schiedsrichter Hoyzer hatte erkannt, dass kein Foulspiel vorlag und gleichwohl im Hinblick auf die Abrede mit Ante Sapina auf Strafstoß erkannt. Hieraus wurde das 2:1 erzielt. Das Spiel endete 4:2 für Paderborn.*

   *Ante Sapina hatte auf Sieg von Paderborn bei Oddset mit anderen Kombinationen 77.000 Euro eingesetzt und 771.076 Euro gewonnen. Er übergab nach dem Spiel Robert Hoyzer 20.000 Euro.*

   *Nach dem Spiel überreichte Waterink an Mannschaftsbetreuer Giovannelli einen Briefumschlag mit dem Hinweis, der darin befindliche Betrag von 10.000 Euro sei eine Siegprämie, die ihm ein Sponsor für die Mannschaft übergeben habe. Giovannelli verteilte den Betrag gestaffelt an die Mitglieder der Mannschaft.*

2. *Der Kontrollausschuss hat gegenüber dem Einzelrichter ursprünglich eine Sperre von acht Monaten, mit Nachtrag vom 4.4.2005 eine Sperre bis zum 31.7.2005 beantragt. Der Betroffene hat dem Strafantrag des Kontrollausschusses durch seinen anwaltlichen Vertreter zugestimmt.*

3. *Gemäß § 15 Nr. 2 der DFB-Rechts- und Verfahrensordnung hat der Einzelrichter im Falle des Einverständnisses des Betroffenen dem Strafantrag des Kontrollausschusses zu entsprechen, wenn keine grundsätzlichen Bedenken entgegenstehen.*

   *Derartige Bedenken bestehen vorliegend nicht. Eine Strafe von sechs Monaten ab dem Beginn der Suspendierung als Spieler am 1.2.2005 erscheint tat- und schuldangemessen, da Spieler Waterink sich durch Zustimmung zum Strafantrag des Kontrollausschusses in vollem Umfang geständig gezeigt hat.*

4. *Die Kostenentscheidung ergibt sich aus § 37 Nr. 1 der Rechts- und Verfahrensordnung des DFB.*

*Das Urteil ist rechtskräftig.*

*DEUTSCHER FUSSBALL-BUND*
*– Sportgericht –*
*gez. Dr. Rainer Koch*
*(Vorsitzender)*

*f.d.R.:*

*gez. Robert Weise*
*Abteilungsleiter*

**(Anlage 2)**

***Entscheidung Nr. 85/2004/2005***

*Das Sportgericht des DFB hat aufgrund mündlicher Verhandlung, in der der Kontrollausschuss durch seinen Vorsitzenden, Herrn Horst Hilpert, vertreten war, am 15. Februar 2005 in Frankfurt/Main in der Besetzung mit:*

| | |
|---|---|
| *1. Dr. Rainer Koch* | *Vorsitzender* |
| *2. Hans Lorenz* | *DFB-Beisitzer* |
| *3. Uwe Krause* | *Ligaverbands-Beisitzer* |

*für Recht erkannt:*

*URTEIL*

1. *Die Wertung des Meisterschaftsspiels der 2. Bundesliga zwischen dem LR Ahlen und den SV Wacker Burghausen vom 22.10.2004 wird aufgehoben.*
2. *Das Spiel ist neu anzusetzen.*
3. *Die Kosten des Einspruchsverfahrens trägt der DFB.*
4. *Ein Einspruchsgebühr ist zurückzuerstatten.*

*Gründe:*

*I.*

*Am 22.10.2004 fand das Meisterschaftsspiel der 2. Fußball-Bundesliga zwischen dem LR Ahlen und dem SV Wacker Burghausen in Ahlen statt. Schiedsrichter der Begegnung war Robert Hoyzer.*

*Einige Tage vor dem Spiel hatte Schiedsrichter Hoyzer mit seinem Bekannten Ante S. gegen das Versprechen einer Zahlung von 30.000 Euro vereinbart, das Spiel zugunsten des LR Ahlen zu manipulieren und diesem dadurch hohe Wettgewinne zu ermöglichen.*

*Das Spiel endete mit einem 1:0 Sieg für den LR Ahlen. Das einzige Tor fiel nach einem in der 66. Minute von Schiedsrichter Hoyzer verhängten Handelfmeter. Der Entscheidung vorausgegangen war eine weitgezogene Freistoßflanke, bei der der Spieler Trivunovic den Ball mit der Hand berührte. Schiedsrichter Hoyzer wusste, dass die Spielbestimmungen ihm in dieser Situation zur Entscheidung der Frage, ob das Handspiel absichtlich war, einen großen Ermessensspielraum zuwiesen. Obwohl Schiedsrichter Hoyzer für sich selbst feststellte, dass das Handspiel unabsichtlich war, verhängte er auf Grund der vor dem Spiel getroffenen Verabredung mit Ante S. den spielentscheidenden Strafstoß.*

*Direkt nach dem Spiel erhielt Hoyzer 15.000 Euro ausgehändigt; das restliche Geld erhielt er später in Raten.*

*II.*

*Mit Schriftsatz vom 24.1.2005 hat der SV Wacker Burghausen bei gleichzeitiger Einzahlung der Einspruchsgebühr formgerecht Einspruch gegen die Spielwertung eingelegt, nachdem er erstmals am 23.1.2005 Kenntnis von möglichen Spielmanipulationen durch Robert Hoyzer erlangte. Der Einspruch wird begründet mit einer Spielmanipulation des Schiedsrichters Hoyzer.*

*Der LR Ahlen hat beantragt, den Einspruch kostenpflichtig zurückzuweisen. Zur Begründung wird geltend gemacht, in das Verfahren eingeführte Aussagen des Schiedsrichters Hoyzer seien unglaubwürdig; darüber hinaus sei die Elfmeterentscheidung vom Ermessenspielraum des Schiedsrichters gedeckt und tatsächlich gerechtfertigt gewesen.*

*III.*

*Der Einspruch des SV Wacker Burghausen ist zulässig.*

1. *Einsprüche gegen die Spielwertung mit der Behauptung einer sportwidrigen Spielmanipulation durch einen Schiedsrichter sind jedenfalls dann zulässig, wenn das Spiel in der laufenden Saison stattgefunden hat und der Einspruch innerhalb einer Frist von zwei Tagen nach Erlangung der Kenntnis von einem dringenden Tatverdacht formgerecht beim DFB eingelegt worden ist.*

2. *Die in § 17 Nr. 1 der DFB-Rechts- und Verfahrensordnung enthaltene Einspruchsfrist von zwei Tagen nach Ablauf des Spieltages steht der Zulässigkeit des Einspruchs in Fällen einer „sportwidrigen Spielmanipulation durch einen Schiedsrichter" nach Auffassung des Sportgerichts nicht entgegen, da dieser Einspruchsgrund besonderen Voraussetzungen unterliegt:*

   a) *§ 17 Nr. 2 der DFB-Rechts- und Verfahrensordnung listet Umstände, unter denen das auf dem Rasen ermittelte Spielergebnis mit einem Einspruch angefochten werden kann, auf und benennt so die typischen und häufigsten Einspruchsgründe.*

*Zugleich macht die Norm aber schon im Eingangssatz mit den Worten „unter anderem" deutlich, dass die dort nachfolgend aufgeführten Einspruchsgründe nicht abschließend sind, sondern weitere Einspruchsgründe in Betracht kommen.*

*Sinn und Zweck der Bestimmung ist es, Spielabläufe, die gravierend in Widerspruch zu den allseits anerkannten Vorstellungen von einem fairen sportlichen Wettkampf stehen, und Spielergebnisse, die unter Verletzung elementarer Spiel- und Ordnungsbestimmungen zustande gekommen sind, für den Fall eines form- und fristgerechten Einspruchs nicht in die Wertung kommen zu lassen.*

*b) Der in § 17 Nr. 2d Rechts- und Verfahrensordnung des DFB genannte Einspruchsgrund der „Mitwirkung eines gedopten Spielers" lässt den Schluss zu, dass die sportwidrige Manipulation eines Spielablaufs durch den Schiedsrichter erst recht einen Einspruchsgrund darstellen muss. Der von der Spielleitungsbehörde mit der Spielleitung beauftragte Schiedsrichter muss neutral und unparteiisch sein, ist er es nicht und beeinflusst das Spiel zu Lasten einer Mannschaft, liegt ein irregulärer, zum Einspruch berechtigender Spielverlauf vor.*

*c) Für den Einspruchsgrund der „Mitwirkung eines gedopten Spielers" in § 17 Nr. 2d der DFB-Rechts- und Verfahrensordnung hat der Normgeber eine besondere Frist von zwei Tagen ab Kenntnis der Benachrichtigung durch die Dopingkommission vorgesehen, weil der Einspruchsberechtigte innerhalb von zwei Tagen nach dem Spiel in aller Regel keine Kenntnis erlangen kann.*

*Vorliegend muss erst recht eine vom Regelfall des § 17 Nr. 1 der DFB-Rechts- und Verfahrensordnung abweichende Frist gelten. Genau wie bei Dopingverstößen ist es auch im Fall von Wettmanipulationen durch einen Schiedsrichter für einen hiervon betroffenen Verein im Regelfall schlechterdings unmöglich, innerhalb von zwei Tagen nach einem Spiel davon Kenntnis zu erlangen.*

*Im Wege richterlicher Rechtsfortbildung ist daher in Anlehnung an die in § 17 Nr. 2d der DFB-Rechts- und Verfahrensordnung vorgesehene Frist von zwei Tagen ab Bekanntgabe des Dopingverstoßes ein Einspruch wegen einer Spielmanipulation durch den Schiedsrichter jedenfalls dann zulässig, wenn er innerhalb einer Frist von zwei Tagen nach Erlangung der Kenntnis von einem dringenden Tatverdacht formgerecht eingelegt worden ist.*

*IV.*

*Der Einspruch ist auch begründet.*

*1. Die sportwidrige Manipulation eines Spielablaufs durch den Schiedsrichter stellt, wie bereits unter III. dargelegt, einen anerkannten Einspruchsgrund dar.*

2. *Der SV Wacker Burghausen hat das Vorliegen eines Einspruchsgrundes nachgewiesen.*

*Grundsätzlich ist in Einspruchsverfahren der Einspruchsführer verpflichtet, den Beweis für das Vorliegen der einspruchsbegründenden Tatsachen zu erbringen.*

*Zu unterscheiden ist zwischen dem Nachweis einer vor dem Spiel getroffenen Manipulationsabrede mit einem Wettkunden und dem Nachweis einer tatsächlichen Spielmanipulation: Eine vor einem Spiel mit dem Schiedsrichter getroffene Verabredung zur sportwidrigen Manipulation eines Spieles mit dem Ziel der Herbeiführung eines gewünschten Ergebnisses gibt Anlass zur Annahme, dass ein der Verabredung entsprechendes Ergebnis irregulär zustande gekommen und deshalb zu annullieren ist.*

a) *Nach dem Ergebnis der Beweisaufnahme steht fest, dass Schiedsrichter Hoyzer vor Spielbeginn mit Ante S. gegen das Versprechen einer Zahlung von 30.000 Euro vereinbart hatte, das Spiel zugunsten der LR Ahlen zu manipulieren und diesem dadurch Wettgewinne zu ermöglichen.*

   *Da das Spiel, wie zwischen den beiden verabredet, mit einem Sieg für LR Ahlen endete, ist prima facie von einem irregulären Spielablauf auszugehen.*

   *Der vom Einspruchsführer SV Wacker Burghausen erbrachte Beweis des ersten Anscheins konnte vom Einspruchsgegner LR Ahlen nicht entkräftet werden; im Gegenteil, die Aussage des Zeugen Hoyzer ergibt, dass dieser nur aus sportwidriger Motivation heraus den spielentscheidenden Strafstoß für LR Ahlen verhängt hat.*

b) *Die sportgerichtlichen Feststellungen beruhen auf den Aussagen des Schiedsrichters Hoyzer, die dieser in seiner Vernehmung vor der Staatsanwaltschaft Berlin am 31.1.2005 und vor dem Sportgerichtsvorsitzenden Dr. Koch am 9.2.2005 gemacht hat.*

   *Beide Aussagen wurden durch Verlesen in der mündlichen Verhandlung in das sportgerichtliche Verfahren eingebracht. Die Vernehmung des Zeugen Hoyzer durch den Sportgerichtsvorsitzenden im Vorfeld der mündlichen Verhandlung war gemäß § 16 Nr. 6, S. 5 der DFB-Rechts- und Verfahrensordnung zulässig.*

c) *Nach den dem DFB-Sportgericht zur Verfügung stehenden Erkenntnissen gibt es keinen Anlass, an der Richtigkeit der Aussagen des Zeugen Hoyzer in Bezug auf die streitgegenständlichen Tatsachen zu zweifeln.*

   *Dabei übersieht das Sportgericht nicht, dass Herr Hoyzer sich im Anschluss an die Ablegung seines ersten Geständnisses vor der Staatsanwaltschaft Berlin mehrfach medienwirksam in Szene gesetzt und er in späteren Aussagen sein Geständnis noch um weitere Sachverhalte ergänzt hat. Beides spricht für sich gesehen aber noch nicht für eine unwahre Aussage. Auch lässt die vom Gericht durchaus gesehene, nicht fern liegende mögliche Motivation des Zeugen Hoyzer, sich mit dem Ziel einer späteren Strafermäßigung vor Gericht umfassend als „Kronzeuge" anbieten zu wollen, keinen zwingenden*

*Rückschluss darauf zu, dass die von ihm geschilderten Sachverhalte unwahr sind.*

*Hingegen lässt der Umstand, dass der Zeuge Hoyzer sich sehr stark selbst belastet, dass er zahlreiche Tatgeschehen sehr detailliert und differenziert geschildert und dass er dabei sehr genau herausgestellt hat, welche seiner Schilderungen auf eigenen Wahrnehmungen und welche auf der Weitergabe von Drittinformationen beruhen, auf die Richtigkeit seiner Aussage schließen.*

*Es ist im Verlauf des Einspruchsverfahrens keinerlei Motiv erkennbar geworden, weshalb der Zeuge Hoyzer sich selbst zu Unrecht der Manipulation des Spiels LR Ahlen gegen Wacker Burghausen bezichtigt haben sollte.*

*Das Sportgericht hält daher mit den ihm zum Zeitpunkt der mündlichen Verhandlung zur Verfügung stehenden Erkenntnismöglichkeiten das Geständnis des Zeugen Hoyzer, bezogen auf dessen eigene strafbare Handlungen, für glaubhaft; in der Konsequenz hat das Sportgericht dann aber auch in den jeweiligen mit diesen Taten korrespondierenden Einspruchsverfahren vom Vorliegen der vom Zeugen Hoyzer geschilderten Spielmanipulationen auszugehen.*

*Dabei kann für das Spiel LR Ahlen gegen SV Wacker Burghausen nichts anderes gelten als für das bereits vor einigen Tagen vor dem Sportgericht verhandelte DFB-Pokalspiel SC Paderborn gegen Hamburger SV. Für eine Bewertung der Aussage des Zeugen Hoyzer als glaubwürdig in Bezug auf das Pokalspiel des Hamburger SV, hingegen als unglaubwürdig in Bezug auf das hier streitgegenständliche Spiel der 2. Bundesliga fehlt dem Sportgericht jeder Ansatzpunkt.*

*d) Die Feststellungen zur sportwidrigen Verhängung des spielentscheidenden Strafstoßes und damit zum Vorliegen einer tatsächlichen Spielmanipulation beruhen ebenfalls auf der Aussage des Zeugen Hoyzer, wobei es von Rechts wegen angesichts des Beweises des ersten Anscheins bereits ausreicht, dass der LR Ahlen nicht den positiven Beweis erbringen konnte, dass der Spielablauf trotz der vor Spielbeginn zu Gunsten von LR Ahlen getroffenen Manipulationsabrede vom Schiedsrichter nicht sportwidrig beeinflusst worden ist.*

*Zwischen den Parteien ist unstreitig, dass der Ball die Hand des Burghausener Spielers Trivunovic berührt hat, was durch die Aussage des Spielers Svitlica und den verlesenen Bericht des Schiedsrichterbeobachters Schmidhuber bestätigt wird. Beide Zeugen konnten jedoch mit ihrer Aussage die Aussage des Zeugen Hoyzer nicht entkräften, der bekundet hatte, das Vorliegen eines „absichtlichen" Handspiels nur auf Grund des Manipulationsvorhabens wider besseres Wissen angenommen zu haben.*

*V.*

*Da der Einspruchsgrund weder von LR Ahlen noch von SV Wacker Burghausen zu verantworten ist, war auf Annullierung des Spielergebnisses und Neuansetzung zu entscheiden.*

*VI.*

*Die Kostenentscheidung beruht auf § 37 Nr. 3 der DFB-Rechts- und Verfahrensordnung. Die den Einspruch begründenden Umstände sind weder dem LR Ahlen noch dem SV Wacker Burghausen zuzurechnen, weshalb die Verfahrenskosten dem DFB aufzuerlegen sind.*

*DEUTSCHER FUSSBALL-BUND*
*– Sportgericht –*
*gez. Dr. Rainer Koch*
*(Vorsitzender)*

# IV. Teil
# Rechtliches von der WM 2006

Die FIFA hat derzeit 207 Mitgliedsverbände. Sie veranstaltet alle vier Jahre Fußballweltmeisterschaften mit 32 Mannschaften. Davon haben sich 31 in Ausscheidungskämpfen zu qualifizieren; zusätzlich ist das Veranstalterland automatisch teilnahmeberechtigt. Diese 32 Mannschaften tragen 64 Spiele aus. In Vorrunden, anschließend in Achtel-, Viertel-, Halbfinalspielen, auf die dann das Endspiel und das Spiel um den dritten Platz folgen, ermitteln sie den Weltmeister. Die diesjährige Weltmeisterschaft in zwölf Stadien in Deutschland stand im nichtfußballerischen Bereich unter dem Motto *„Die Welt zu Gast bei Freunden"*. Überall war eine Rieseneuphorie ausgebrochen. In unerwarteter Weise hatte sich die Beziehung unserer Bevölkerung zu den nationalen Symbolen (Fahne, Nationalhymne) verändert. Vor diesem Rahmen soll die sportrechtliche Seite der WM beleuchtet werden. 1

Überall, wo Sport betrieben wird, ist ein gewisser Grad an Verrechtlichung unvermeidbar. Auch bei der WM 2006 traten Sportrechtsfälle auf, die zu lösen waren, wofür das FIFA-Disziplinarreglement (CDF) maßgeblich und die Disziplinarkommission (in erster Instanz) zuständig war. Eine Berufung ist in keinem Fall eingelegt worden, auch kein Protest.

Von den Richtern auf dem Spielfeld, den Schiedsrichtern, sind bei dem Turnier 307 Gelbe Karten, 19 Gelb/Rote Karten und 9 Rote Karten verhängt worden, was auf den ersten Blick als „Bild des Schreckens" angesehen werden könnte. 0,44 Platzverweise sind pro Spiel ausgesprochen worden, was zwar Rekord in der WM-Geschichte ist, jedoch weitgehend zurückzuführen ist auf eine Praxis der Schiedsrichter, zumindest zu Beginn des Turniers bei harmlosen Fouls oder kurzen Verzögerungen bereits Gelb zu zeigen. Der allgegenwärtige FIFA-Präsident Joseph S. Blatter hat bereits reagiert. Die Sperren nach zwei Gelben Karten, insbesondere in den Finalrunden, in denen es im K.o.-System um viel für einen Verband geht, ließen ihn die Anregung aussprechen, bei den nächsten Endturnieren eventuell erst bei der dritten Gelben Karte eine automatische Sperre für ein Spiel folgen zu lassen. Darüber hat jedoch der IFAB zu befinden. 2

Blatter, der sich in fast allen FIFA-Fragen spontan äußert, legte sich auch bei der Kritik an Schiedsrichterleistungen wenig Zurückhaltung auf, indem er einzelne Fehlleistungen konkret ansprach und auch die in Expertenkreisen höchst umstrittene Forderung nach Heranziehung von Profi-Schiedsrichtern bei Weltmeisterschaften aufstellte.

Eine evidente Fehlleistung war die des Schiedsrichters Graham Poll aus England (zudem Profi-Schiedsrichter), der im Spiel Kroatien gegen Australien dem Kroaten Joe Simunic dreimal (!) die Gelbe Karte zeigte. Poll ließ Simunic nach der zweiten Gelben Karte in der 90. Minute weiterspielen und zeigte ihm dann in der Nachspielzeit (90. + 3) wegen Meckerns die dritte Gelbe plus Rot. Poll selbst erklärte später, er habe versehentlich eine Gelbe Karte Simunics bei der gegnerischen Mannschaft notiert gehabt. Unverständlich bleibt aber, dass die beiden Assistenten und der 4. Offizielle, die doch alle untereinander elektronisch verkabelt waren, den Schiedsrichter nicht vor dem offensichtlichen Fehler beim Weiterspielenlassen von Simunic nach der zweiten Gelben Karte warnten. FIFA-Boss Blatter: *„Das kann man nicht verzeihen"*. Eugen Striegel, DFB-Schiedsrichterlehrwart, erklärte solch ein Blackout eventuell mit der *„Diktatur des Tempos"*, die angesagt gewesen sei: *„Schnell verwarnen, schnell das Spiel fortsetzen und fast schon im Weiterlaufen den Verwarnten notieren"*, sei die Devise gewesen. Eine weit schlimmere Folge wäre unter Umständen bei Protesteinlegung von Australien eingetreten. Nach FIFA-Recht hätte ein Protest binnen zwei Stunden nach Spielende eingelegt werden müssen, was nicht geschehen ist.

Aufsehen erregte der russische Schiedsrichter Walentin Iwanow, der im Spiel Holland gegen Portugal einen neuen traurigen WM-Rekord aufstellte: Vier Gelb-Rote und 12 Gelbe Karten sind sicherlich des Guten zuviel. Sie sind ein Zeichen, dass dem Schiedsrichter das Spiel entglitten war, wobei im Einzelfall jede einzelne Karte nicht offensichtlich unberechtigt gewesen sein muss. Das Leiten eines Spiels erfordert aber nicht nur strikte Regelanwendung Pfiff für Pfiff, sondern auch einen Blick für den Gesamtablauf des Spieles und den Geist des Fußballspiels. Ein Match darf nicht durch den Schiedsrichter zerstört werden. Zur Abstimmung dieser ungeschriebenen Merkmale ist dem Referee bewusst ein breiter Ermessensspielraum bei den Einzelentscheidungen eingeräumt.

Regelgerecht handelte der Schiedsrichter beim Spiel um den dritten Platz Deutschland gegen Portugal (3 : 0), als er Bastian Schweinsteiger, der nach dessen Jubel über seine beiden Tore sein Trikot hochzog, die Gelbe

Karte zeigte. Eine solche Maßnahme berührt sicherlich die Grenze zur Unverhältnismäßigkeit zwischen Tat und Sanktion. Aufgrund der Vereinsautonomie ist der FIFA aber eine Ahndung für solche Fälle eröffnet; diese Regel gilt auch im DFB-Bereich. Diese Vorschrift ist auch gegenüber einem Schiedsgericht oder einer staatlichen Instanz gerichtsfest. Zum Glück für Schweinsteiger wurde die Gelbe Karte nach Spielschluss, weil das Turnier zu Ende gegangen war, ohnehin gelöscht.

Eine Gesamtbetrachtung der Leistungen der Schiedsrichter auf dem Spielfeld fällt nicht so negativ aus wie vorstehende Einzelkritik vermuten lässt. Offizielle Spielauswerter kommen zu dem Ergebnis, dass weniger als 2% der Schiedsrichter-Einzelentscheidungen durchschnittlich während eines Spiels vom Einwurf bis zum Feldverweis objektiv falsch gewesen sind. Man könnte sich wünschen, dass die Fehlerquote bei den Urteilen unserer staatlichen Gerichte so niedrig liegt – wohl schwerlich. Bei den Fußballschiedsrichtern werden aber Fehlleistungen sofort von der Fernsehkamera festgehalten, in Zeitlupe wiederholt und von Millionen Zuschauern kritisiert – bei dem Spiel Deutschland gegen Italien sahen 29,66 Millionen Zuschauer (deutscher Fernsehrekord) und noch ca. 20 Millionen beim Public Viewing in Deutschland und über 1 Milliarde in der Welt die einzelnen Spielszenen. Schuld an dem Gegentor in der 119. Spielminute war jedenfalls nicht der Schiedsrichter.

Von den neun Roten Karten war keine zu Unrecht erfolgt. Es ist damit 3
nur kurz zu betrachten, ob die danach verhängten Sperren der rechtlichen Kontrolle standhalten. In dem Viertelfinalspiel England gegen Portugal trat der englische Jungstar Wayne Rooney dem portugiesischen Gegenspieler Ricardo Carvalho, als dieser am Boden lag, zwischen die Beine. Die Disziplinarkommission sperrte ihn für zwei internationale Spiele. Die gleiche Sperre erhielt der Argentinier Maxi Rodriguez, der nach dem 5:3-Erfolg der deutschen Mannschaft im Elfmeterschießen Bastian Schweinsteiger bei den Tumulten auf den Hinterkopf geschlagen hat. Beide Urteile erscheinen erstaunlich milde, in einem vergleichbaren Fall im DFB-Bereich wären vier bis sechs Spiele Sperre ausgesprochen worden. Eher schon in die Nähe des DFB-Strafniveaus kommen die Sperren für den Italiener Daniele de Rossi, der dem US-Amerikaner Brian McBride einen Ellenbogencheck ins Gesicht versetzte, und für den argentinischen Nationalspieler Leandro Damian Cufre, der nach dem bereits genannten Viertelfinalspiel Deutschland gegen Argentinien den deutschen Abwehrspieler Per Mertesacker in den Unterleib getreten hat. Beide wurden für vier internationale Spiele gesperrt und eine Geldstrafe zusätzlich ausgesprochen.

4 Ein mehr oder weniger kurioser Adressat einer FIFA-Sperre war der Stadion-Sprecher Andreas Wenzel im Berliner Olympiastadion, der während des bedeutsamen und umkämpften Viertelfinalspiels Deutschland gegen Argentinien in der ersten Halbzeit das Publikum aufforderte, die deutsche Mannschaft mehr zu unterstützen. Er wurde wegen Verstoßes gegen seine Neutralitätspflicht bereits in der Halbzeitpause am Mikrophon abgelöst, erhielt aber dann nur eine Verwarnung („Gelbe Karte"), sodass er beim nächsten Spiel wieder an sein Mikrophon durfte.

5 Eine Variante aus der Palette der FIFA-Reaktionen, die aber nicht unmittelbar nach draußen gedrungen ist, war hinsichtlich der Praxis bei den Wiederholungen auf der Stadion-Video-Wand festzustellen. Beim Eröffnungsspiel Deutschland gegen Costa Rica in München wurden streitige und unstreitige Szenen auf der Video-Wand in der Arena mehrmals wiederholt, ganz zur Freude der Zuschauer: Das herrliche Tor zum 1 : 0 von Philipp Lahm, die Szenen bei den beiden Gegentoren von Costa Rica, die nach Abseits aussahen, nahmen die Besucher in der Wiederholung als Zusatzservice gerne an. Da aber aus guten Gründen in den FIFA-Ländern „umstrittene Szenen" nicht in Stadien wiederholt werden dürfen (nahe liegende Folge: Aufbringen des Publikums gegen den Schiedsrichter bei angeblichen oder auch tatsächlichen Fehlentscheidungen), wurde dies ab dem nächsten Spieltag von der FIFA abgestellt und auch bei allen folgenden 63 Spielen eingehalten.

6 Ganz erfreulich ist die WM-Bilanz hinsichtlich der Doping-Problematik. In insgesamt 476 Fällen wurden Kontrollen in den Mannschaftsquartieren und bei den Partien durchgeführt, die alle negativ ausgefallen sind. Der Chefmediziner Jiri Dvorak aus Tschechien gab nicht ohne Stolz nach Turnierende bekannt: *„Die FIFA hat keine Hinweise auf systematisches Doping mit Eigenblut oder anderen Mitteln."* Diese Erfolge führt der Neurologe auf die Anti-Doping-Aktivitäten der FIFA zurück, die nunmehr schon bei der dritten WM-Endrunde keinen positiven Fall ergeben haben. Zuletzt war 1994 bei der WM in den USA Argentiniens Star Diego Maradona mit Stimulanzien erwischt worden.

Der Chefmediziner rügte bei seinem WM-Fazit aber eine andere schwer in den Griff zu bekommene „Unsitte" von Spielern. Die Ärzte wurden insgesamt 156 Mal zu Behandlungen auf die WM-Spielfelder gerufen (pro Partie 2,6 Einsätze), bei 88 Behandlungen (56%) waren aber keine Beeinträchtigungen festzustellen. Es gilt für die Mediziner, die jeweils schwer zu erkennenden Missbräuche zum Zwecke des Zeitgewinnes zu unterbinden. Insoweit hat die FIFA Überlegungen angekündigt, den Versuch zur Unterbindung dieser Mogeleien zu starten. Dr. Dvorak machte schon in einem Nebenpunkt einen Vorschlag zur Verminderung der Spielbeeinträchtigung bei großen Turnieren: Die verletzten Kicker sollten statt mit der Trage vom Elektrowagen an den Spielfeldrand gebracht werden.

Erfreulich ist auch eine weitere Feststellung aus der „medizinischen Abteilung“: Die Häufigkeit der Verletzungen von Spielern im Vergleich zu vorherigen Endrunden-Turnieren hat deutlich abgenommen. Nach Dr. Dvorak sei ein signifikanter Rückgang der Blessuren pro Spiel (noch 2,2 pro Spiel) festzustellen, vor allen Dingen bei Verletzungen nach Fouls, die nur 45 % ausmachten.

Von der Tätigkeit der Disziplinarkommission stellen die oben angesprochenen Disziplinarfälle mehr oder weniger Routineentscheidungen dar, wobei die relativ milden Strafen damit zu erklären sind, dass die FIFA-Sperren für internationale Spieler für einen länger dauernden Zeitraum wirksam sind, da solche Matches in größeren Abständen folgen. Aus dem Rahmen der mehr oder weniger nebensächlichen Entscheidung der FIFA-Disziplinarkommission bei der WM 2006 fallen zwei Fälle heraus, die des Deutschen Torsten Frings und des Franzosen Zinedine Zidane. 7

Nach dem bereits angesprochenen Viertelfinalspiel Deutschland gegen Argentinien am Freitag, dem 30. Juni 2006, in Berlin kam es unmittelbar nach dem für Deutschland erfolgreich abgeschlossenen Elfmeterschießen zu Rangeleien zwischen Spielern beider Mannschaften im Bereich des Mittelkreises, die von argentinischer Seite angefangen worden waren. Im Rahmen dieser Geschehnisse ist es nach Auffassung der FIFA-Disziplinarkommission zu einer Tätlichkeit des Deutschen Torsten Frings (Urteil vom 3. Juli 2006) und der Argentinier Cufre und Rodriguez (Urteile wurden Ende Juli 2006 gefällt) gekommen. 8

Die Bestrafung von Torsten Frings, der in dem unmittelbar vor seiner Tat abgeschlossenen Match bester deutscher Spieler war und den argentinischen Weltklassespieler Riquelme total ausgeschaltet hatte, löste in Fußballdeutschland hohe Wellen der Empörung aus. Dazu hat die Vorgeschichte des FIFA-Verfahrens eine gewisse Bedeutung, sodass sich auch die Problematik des Urteilens in angestauchter Öffentlichkeit stellte – natürlich mit polemischer und teilweiser einseitiger Berichterstattung mancher deutscher Printmedien.

Die Presse in Deutschland stellte es zumindest so dar: Nach der unstreitig zwei Tage nach dem Spiel zunächst erfolgten Bekanntmachung, dass deutsche Spieler sich nicht aktiv an den Tumulten beteiligt hätten, gab am Sonntag Mittag, also 40 Stunden nach Spielende, aufgrund des Betrachtens neuer Fernsehbilder durch die Mitglieder der FIFA-Disziplinarkommission der FIFA-Pressechef Markus Siegler bekannt, dass *„nunmehr Anhaltspunkte bestehen, dass Torsten Frings mit großer Wahrscheinlichkeit aktiv in die Rangelei involviert war"*. Dieses keineswegs folgerichtige und wenig einsichtige Prozedere der zuständigen Sportinstanz ließ Verschwörungstheorien im Hinblick auf die am nahen Dienstag anstehende Halbfinalpartie Deutschland gegen Italien aufkommen. Weil TV-Bilder insoweit den ganzen Sonntag über im italienischen Fernsehsender „Sky Italia" ausgestrahlt wurden, ehe sie am Sonntag um 17.50 Uhr erstmals in der ARD gezeigt wurden, und die italienische Zeitung „La Republica" über eine *„Tätlichkeit von Frings"* in Wort und Bild berichtet hatte, wurden Intrigen vonseiten des nächsten Gegners der Deutschen vermutet und auch behauptet. Diese Medien hätten über den italienischen Verband die FIFA informiert und bei dieser dann die Wiederaufnahme des Verfahrens initiiert. Verbandsseitig wurde betont, keine Ermittlungen vonseiten Italiens gefordert zu haben. Dabei war objektiv keine „verdeckte Amtshilfe" durch italienische Medien nötig, da alle Vorfälle in und nach dem Spiel von 25 Kameras des FIFA-TV-Produzenten Host Broadcast Services (HBS) aufgezeichnet worden waren. Keineswegs wurde also das Tatbild von einem Amateurvideo festgehalten, sondern das gleiche Material stand beiden Verbänden und insbesondere der FIFA-Disziplinarkommission zur Verfügung. Nochmals Markus Siegler: *„Es hat keine Aufforderung des italienischen Verbandes Federcalcio gegeben, dass in der Sache etwas zu tun sei."* Das unterstrich auch Italiens Trainer Marcello Lippi: Es habe entgegen anders lautenden Gerüchten *„niemand vom italienischen Verband einen Antrag auf Untersuchung gestellt"*. Wegen der verspäteten Auswertung räumte FIFA-Chef Joseph S. Blatter aber Fehler ein: *„Ja, wir haben Nachholbedarf in der Auswertung von Fernsehbildern oder Evidenzen, die in einem Disziplinarfall gebraucht werden."* Bedauert werde auch, dass somit die Entscheidung erst einen Tag vor dem wichtigen Halbfinalspiel ergehen konnte. Diese Ungereimtheiten hatten aber für das weitere Verfahren keine Relevanz. Von wem Belastungsmaterial, wenn dieses authentisch ist, in den Besitz der FIFA-Gerichte kommt, ist nachrangig. Zur Weiterführung der Ermittlungen nach zeitweiliger anderweitiger Festlegung und Bekanntgabe wurde von der FIFA-Disziplinarkommission unter Vorsitz des Schweizers Marcel Mathier ausgeführt, dass die angebliche, ohnehin nicht formell erfolgte Verfahrenseinstellung keine Rechtskraftwirkung habe auslösen können. Das Sanktionsrecht der FIFA, in dem gewisse straf- und strafprozessuale sowie auch verwaltungsrechtliche Grundsätze zur

Anwendung kommen könnten, sei kein klassisches Zivilrecht. Es sei darin unbedenklich, wenn bei Auftreten neuer sanktionsrechtlicher Aspekte, die eine (erneute) Verfahrenseröffnung als unumgänglich erscheinen ließen, ein eingestelltes Verfahren wiederaufgenommen werden dürfe.

Um die weiteren Rechtsprobleme des Falles Frings darzulegen, soll im 9
Folgenden von den maßgeblichen Tatsachenfeststellungen der FIFA-Disziplinarkommission ausgegangen werden, die als Tatgericht allein dazu berufen ist (Seite 3 Ziffer 3 der Urteilsgründe): Nach dem Elfmeterschießen sei der deutsche Spieler Per Mertesacker von einem argentinischen Spieler tätlich angegriffen worden, worauf es zu Rangeleien zwischen Spielern und Offiziellen beider Delegationen auf dem Spielfeld gekommen sei. Dabei habe sich Torsten Frings einer Gruppe von etwa 10 Spielern und Offiziellen beider Teams genähert und sich den Weg freigemacht, um ins Zentrum dieser Gruppe zu gelangen. Er sei, nachdem er das Gruppenzentrum erreicht habe, von der Hand eines argentinischen Spielers, der sich in der Gruppenmitte aufgehalten habe, leicht an seiner rechten Hals-Wangenseite berührt worden. Unmittelbar darauf habe Torsten Frings mit seiner linken Hand dem argentinischen Spieler einen klar sichtbaren und gezielten Faustschlag an dessen rechte Kinnseite versetzt, was als Tätlichkeit zu qualifizieren sei.

Vonseiten der Verteidigung auf deutscher Seite (Rechtsanwalt Christoph Schickardt, Chefjustitiar Goetz Eilers und Manager Oliver Bierhoff) war vorrangig eingewandt worden, das Verfahren habe nicht eingeleitet werden dürfen, da der amtierende Schiedsrichter den Vorfall abschließend als nicht ahndungsbedürftig beurteilt habe. Diesem Einwand folgte das Gericht schon nicht in tatsächlicher Hinsicht. Überdies agiere die Kommission als verlängerter Arm des Schiedsrichters auf dem Platz, sodass kein „klassischer Fall der Tatsachenentscheidung" bzw. eine Verletzung des Grundsatzes der Unumstößlichkeit der Tatsachenentscheidung vorliege. Die FIFA-Disziplinarkommission urteile demnach – und insbesondere im konkreten Fall – *„in Relation und ergänzend zum Schiedsrichter-Team auf dem Platz"*. Hier argumentiert das Gericht wenig systematisch und ordnet seinen Weg auch – wohl bewusst – nicht in die rechtliche Lösung dieser Fallgruppe beispielsweise nach UEFA- oder DFB-Recht ein. Nach Art. 10 (3) RPO (UEFA) und § 8 (8) RuVO (DFB) kann eine Ahndung eines Sportvergehens selbst dann erfolgen, wenn der Schiedsrichter einen Fall krass sportwidrigen Verhaltens nicht gesehen hat und deshalb keine Tatsachenentscheidung hat treffen können. Aus beiden Regelungen folgt der von der FIFA-Disziplinarkommission wohl aus § 81a RPO hergeleitete Grundsatz, dass bei erfolgter Wahrnehmung der

Tat durch den Schiedsrichter und unterbliebener Ahndung durch diesen mit der Roten Karte keine nachträgliche Sanktion mehr möglich ist. Entgegen der Verteidigungslinie des DFB genügt dabei aber dann nicht die bloße Wahrnehmungs**möglichkeit** durch den Schiedsrichter, sondern es muss eine **positive Wahrnehmung** durch diesen erfolgt sein. Das ergibt sich bereits aus dem klaren Wortlaut der FIFA-, UEFA- bzw. der DFB-Regelung, aber auch aus dem Sinn und Zweck der Normen. Bei der bloßen Möglichkeit der Wahrnehmung seitens des Referees hätte dieser eine Sanktion nicht aussprechen können, da ihm die Entscheidungssituation vom Tatsächlichen her nicht bewusst gewesen ist. Allein der Gedanke der Nichtzulassung der Korrektur einer Entscheidung des Schiedsrichters auf dem Spielfeld ist Zweck der Aufstellung obiger Ausnahmesanktionsmöglichkeit. FIFA-Recht sieht eine Zuständigkeit der Disziplinarkommission vor, bei „schweren Vergehen", die von dem Spieloffiziellen nicht bemerkt wurden (Art. 81a CDF). Ausgeschlossen bleibt nach UEFA- und DFB-Recht die Ahndung eines unsportlichen Verhaltens von geringerer Schwere. Die Argumentation in dem zu besprechenden Urteil „über den verlängerten Arm des Schiedsrichters, der in Relation und ergänzend zum Schiedsrichterteam entscheidet", ist unscharf und würde theoretisch jedes vom Schiedsrichter nicht gesehene „kleine und mittlere" Foul einer nachträglichen Ahndung durch die Rechtsprechungsinstanzen ermöglichen, was die FIFA selbstredend nicht will. Im Falle Frings war aufgrund der allein dem Tatgericht der FIFA überlassenen Feststellung, dass der amtierende Schiedsrichter die Verfehlung von Torsten Frings nicht gesehen hat, sowohl nach der Auffassung der erkennenden Instanz als auch nach der ständigen Rechtsprechung der zum Rechtsvergleich herangezogenen UEFA- und DFB-Gerichte eine Ahndungsmöglichkeit nicht versperrt.

Die Subsumtion des Verhaltens von Frings unter Art. 48 (1) CDF als Tätlichkeit ist damit zutreffend. Nach – wenn auch knapper – Beweiswürdigung geht die Kommission von einem gezielten Faustschlag an das Kinn des Argentiniers Cufre aus. Die vom DFB ins Feld geführte Äußerung von Cufre in der Presse, er sei nicht berührt worden, ändere an dem vorstehenden Sachverhalt angesichts *„der visionierten TV-Bilder"* nichts. Die folgenden Sätze der Begründung, *„in jedem Fall sei den vom DFB genannten Beweismitteln nicht eine derartige Beweiskraft zuzugestehen wie den TV-Aufnahmen; diese seien als objektive Beweismittel stärker zu gewichten als die vom DFB genannten Beweismittel"*, klingt stark nach vorweggenommener und deswegen unzulässiger Beweiswürdigung, was einer Überprüfung durch eine Revisionsinstanz nicht standhalten würde.

Lapidar wurden dann die Tatbestandsmerkmale des Art. 48 (1) CDF bejaht und das Verhalten als rechtswidrig qualifiziert, da relevante Rechtfertigungsgründe (wie Notwehr, Notwehrhilfe) nicht vorlägen.

Bei dem festgestellten Sachverhalt des Versetzens eines gezielten Faustschlags an die Kinnseite von Cufre und dem Hineingehen in das Zentrum des Geschehens durch Frings bleibt für das Vorliegen einer Verteidigungslage im Sinne der Notwehr- und Nothilfebestimmung des StGB (§ 32) kein Raum.

Ernsthaft in Erwägung zu ziehen sind aber strafrechtlich relevante Sachverhalte, die von der subjektiven Tatseite von Frings ausgehen, der aussagte: *„Ich habe nur zu meinem Schutz gehandelt."* Wenn man diese Einlassung, wie es die Disziplinarkommission, ohne dies aber zu begründen, offensichtlich tut, nicht von vornherein als Schutzbehauptung behandelt, können sich davon ausgehend durchaus erörterungswürdige strafrechtliche Problemstellungen ergeben. Wollte Frings nur zu seinem Schutz handeln, wobei zu seinem Verhalten auch die Annahme eines auf ihn gerichteten Angriffs gehört, so ist an Putativnotwehr zu denken. Wenn ein Täter irrig die Voraussetzungen der Notwehr annimmt, also entweder glaubt, dass er angegriffen werde oder dass seine Verteidigung geeignet sei, liegt nach deutschem Strafrecht Putativnotwehr vor, die einen Erlaubnistatbestandsirrtum darstellt, der die Bestrafung wegen Vorsatzes ausschließt, aber Haftung wegen Fahrlässigkeit bestehen lässt[306]. Es darf aber bei dieser Fallkonstellation kein Exzess gegeben sein; nach ständiger Rechtsprechung des BGH in Strafsachen ist § 33 StGB mit den dort genannten Affektfällen nicht anwendbar[307]. Ernsthaft zu denken ist im Hinblick auf die Einlassung von Torsten Frings an einen Verbotsirrtum, weil er die Grenzen der Notwehr oder der Nothilfe zu weit gezogen und angenommen hat, dass er ein erforderliches Verteidigungsverhalten anwende[308]. Die Prüfung hätte sich nach deutschem Recht je nach der zugrunde liegenden subjektiven Tatseite insbesondere auch auf § 35 StGB, den entschuldigenden Notstand, zu erstrecken. Nach Abs. 2 dieser Vorschrift ist durchaus an einen Fall des Putativnotstands (irrige Annahme einer Notstandslage für sich oder einen Mannschaftskameraden) zu denken, was nach den Grundsätzen des Verbotsirrtums je nach Vermeidbarkeit mit Strafausschluss bzw. Strafmilderung (§ 17 StGB) zu behandeln ist.

306 *Tröndle/Fischer*, aaO., § 32 Rn. 28.
307 *Tröndle/Fischer*, aaO., § 33 Rn. 4.
308 *Tröndle/Fischer*, aaO., § 32 Rn. 28.

Die vorstehend nicht abschließend behandelten Irrtumslagen auf dem Gebiet des Notwehr- und Notstandsrechts sind vielfältig. Sie hängen im Falle einer näheren Aufklärung von der jeweiligen subjektiven Tatseite von Frings ab – die Kommission hat ihn aber nicht einmal persönlich angehört. Die Thematik könnte durchaus zum Erstellen einer Strafrechtsklausur mit den verschiedenen Sachverhaltsvarianten reizen. Für unseren Fall wird bei obigen Darlegungen angenommen, dass in dem für die Fallbeurteilung maßgeblichen Schweizer Recht entsprechende Rechtsgrundsätze gelten. Ansonsten gingen die Überlegungen ins Leere.

Nach den tatsächlichen Feststellungen und der Subsumtion unter den Tatbestand der Tätlichkeit nach Art. 48 (1) CDF ist die Straffolge eine Sperre für mindestens zwei Spiele zuzüglich einer Geldstrafe von mindestens CHF 5.000, wobei die jeweiligen Obergrenzen 24 Spiele und CHF 1.000.000 sind. In dem Urteil wird betont, dass der bejahte Faustschlag ins Gesicht des Gegenspielers als schweres Vergehen einzustufen sei. Die Kommission führte dann einige Strafmilderungsgründe zugunsten von Torsten Frings an und hielt bei wechselseitiger Abwägung aller Momente der Tat und der Täterpersönlichkeit obige Strafsanktion für angemessen. Über die Strafhöhe darf sich Frings sicherlich nicht beschweren. Hinzu kommt, dass die Strafe gemäß Art. 33 CDF zur Hälfte zur Bewährung ausgesetzt wurde. Der Generalsekretär des DFB Horst R. Schmidt bezeichnete gerade die Strafaussetzung zur Bewährung, womit Frings im letzten Spiel des Turniers wieder spielberechtigt war, als *„pragmatische Lösung, über die wir froh sind"*. Hier ist Gnade vor Recht ergangen, urteilen Kenner der FIFA-Rechtsprechung. Man könnte das Urteil auch als salomonisch bezeichnen. Denkbar ist, dass bei der Straffestsetzung auch mitgeschwungen hat, dass die Rieseneuphorie im Lande nicht durch ein schockierendes Urteil abrupt abgekühlt werden sollte. Das Urteil ist bei nüchterner Wertung als sehr milde zu qualifizieren. Torsten Frings sieht das Ganze anders. *„Diese Sperre ist und bleibt ein Witz. Die FIFA hat meinen Traum zerstört. Das ist alles Politik. Die FIFA hat mit dem Urteil nur zeigen wollen, dass Deutschland bei der WM im eigenen Land nicht bevorzugt behandelt wird."*, sagte der 29-jährige Nationalspieler der „Bild". Ihm ist dies nicht zu verübeln. Ein Fehlurteil war es für den Kenner jedenfalls nicht. Ein Rechtsmittel war nach Art. 122 DCF ausgeschlossen, sodass die Entscheidung mit der Verkündung rechtskräftig wurde. Das Originalurteil wird als Anlage 2 zum Teil IV abgedruckt.

Für den DFB hat das Verfahren die Frage aufgeworfen, ob er die Institution der Bewährung, die der Weltverband wie auch die UEFA (Art. 15

bis RPO) kennen, eventuell für die Lizenzligen und die DFB-Spielklassen einführen soll. Das Ob und Wie hierzu wird derzeit DFB-intern erörtert und geprüft. Zu begrüßen wäre dies sicherlich u. a. als weitere Reaktionsmöglichkeit bei wiederholten Zuschauerausschreitungen. Bei diesen könnte beispielsweise die Verhängung einer Platzsperre oder die Anordnung eines Geisterspiels mit Bewährung spezialpräventiv höchst wirksam sein, wenn unter dem Damoklesschwert des Widerrufs der Bewährung erreicht werden könnte, dass die einsichtigen Zuschauer mit allem Einsatz eventuelle Zuwiderhandlungen von Nachbarn auf den Rängen unterbinden. Bei Spielsperren ist als Gegenargument anzusehen, dass ein zu Beginn einer Spielzeit zur Bewährung ausgesetzter Strafrest bei einem Rückfälligwerden gegen Ende der Runde durch den Kumulationseffekt von Strafrest und neuer Strafe einen längeren Ausfall eines Spielers auslösen könnte, was bei Schlüsselspielen von den Vereinen als erhebliche Beeinträchtigung ihrer Chancen angesehen werden könnte. Der Meinungsbildungsprozess beim DFB ist noch nicht abgeschlossen. Eine Rechtsänderung könnte ohnehin nur zu Beginn einer Spielzeit oder allenfalls vor Start der Rückrunde in Kraft gesetzt werden.

Im Rückblick auf den Fall Frings bleibt festzustellen, dass es ein weiterer Fall des Ausrastens eines deutschen Nationalspielers bei einem Weltmeisterschaftsturnier war – zuvor waren es Juskowiak in Schweden 1958 und Wörns 1998 in Frankreich –, die zur Schwächung ihrer Mannschaft führten: Ob das Ergebnis dadurch beeinflusst worden ist, bleibt im Falle Frings und in den früheren Fällen, wie vieles im Fußball, reine Spekulation.

Noch größere Beachtung hat in den Medien der Welt der Fall des be- **10**
gnadeten Fußballers Zinedine Zidane aus Frankreich erfahren. Er spielte – wie er vorher angekündigt hatte – sein letztes internationales Turnier bei der WM in Deutschland. Zuvor war er dreimal zum Weltfußballer des Jahres gewählt worden, aber auch häufig vom Feld gestellt worden. Seine folgenreichste Entgleisung beging er am 9. Juli 2006 in der 110. Minute des WM-Endspiels Italien gegen Frankreich in Berlin beim Stande von 1 : 1. Als der Ball in der Hälfte von Frankreich gespielt wurde, stand er in der des Gegners neben seinem Bewacher Marco Materazzi. Dieser beleidigte Zidane, worauf der Franzose mit seinem Kopf gegen die Brust von Materazzi stieß. Der amtierende Schiedsrichter Horacio Elizondo aus Argentinien hatte den Vorfall nicht gesehen, ebenso wenig der Schiedsrichterassistent auf der Seite des Vorfalls Dario Garcia. Der 4. Offizielle Louis Medina Cantalejo sah den Kopfstoß und meldete dies über die bestehende Funkverbindung dem Schiedsrichter. Dieser zeigte

Zidane die Rote Karte. Frankreich musste das Spiel mit 10 Mann beenden und verlor das Match nach Elfmeterschießen. Italien war Weltmeister.

Dieses Vorkommnis wirft verschiedene sportrechtliche Probleme auf: Zwischen dem Kopfstoß und dem Pfiff des Referees war das Spiel vom Schiedsrichter wegen eines Foulspiels unterbrochen und wieder angepfiffen worden, was einige Sekunden in Anspruch nahm. Nach Fußballregel 5 „Entscheidung des Schiedsrichters" Abs. 2 Satz 2 kann der Spielleiter seine Entscheidung nur ändern, wenn er zuvor das Spiel nicht fortgesetzt hatte. Die FIFA ließ mitteilen, dass vorliegend insoweit kein Fehler des Schiedsrichters zu bejahen sei, da noch *„ein Zusammenhang zwischen der Tat Zidanes und dem Spielgeschehen bestanden habe"*. Einleuchtender wäre wohl das Argument, dass das Abänderungsverbot des Schiedsrichters nach dem Sinn der Regel erst dann einsetzen kann, wenn er von dem fraglichen Sachverhalt Kenntnis erlangt hat und gleichwohl das Spiel fortsetzt („gewolltes Fortsetzen des Spiels"). Hier hat Elizondo sofort nach seiner Information über Funk das Spiel unterbrochen. Insoweit hat die FIFA wohl zu Recht im Ergebnis keinen Verstoß gegen die Regeln angenommen.

Mit weit größerer Berechtigung wird ein Verstoß gegen den FIFA-Rechtsgrundsatz, dass keine Entscheidungen im Spiel aufgrund von Fernsehaufnahmen getroffen werden dürfen, behauptet. Dies wäre der Fall, wenn der 4. Offizielle seine Meldung an den Schiedsrichter aufgrund seiner Wahrnehmungen an dem Monitor, der auf der Laufbahn stand, erstattet hätte. Die FIFA ließ insoweit verlautbaren, dass Louis Medina Cantalejo auf Befragen angegeben habe, dass er die Meldung über die Entgleisung von Zidane vom Spielfeldrand aus ohne Zuhilfenahme eines Monitors gemacht habe. Diese seine Feststellungen sind reine subjektive Vorgänge, die nicht durch sonstige Beweismittel erschüttert werden können. Auch die relativ lange Zeitspanne bis zur Meldung an den Schiedsrichter bedeutet nicht zwingend, dass er sich auf dem Bildschirm seine Kenntnisse verschafft hat. Als Lehre aus dem Fall wird die FIFA aber sicherlich erwägen, ob bei zukünftigen Turnieren weiterhin Monitore in Reichweite der Schiedsrichterassistenten und des 4. Offiziellen stehen dürfen. Sinnvoll wäre auch deren völlige Verbannung aus dem Innenraum, damit auch Trainer und Mannschaftsbetreuer insoweit nicht angebliche Fernsehfeststellungen den Mitgliedern des Schiedsrichterteams während des Spiels vorhalten können.

Die für die Bestrafung Zidanes und Materazzis relevante Vorgeschichte hat sich in erster Linie im Wahrnehmungsfeld der beiden Spieler ereignet.

Die FIFA hat beide in Zürich vernommen, wobei diese zu Protokoll gaben, dass dem Kopfstoß Äußerungen Materazzis ehrverletzender, jedoch nicht rassistischer oder gar terroristischer Natur vorangegangen seien. Sog. „Lippenleser" aus England und Brasilien hatten Medien gegenüber schwerwiegende Beleidigungen seitens Materazzis behauptet, insbesondere angebliche herabsetzende Äußerungen über Zidanes Mutter und seine Schwester. Nach Entschuldigung beider hat die FIFA-Disziplinarkommission Zidane wegen Tätlichkeit nach Provokation zu einer Sperre von drei internationalen Spielen und CHF 7.500 Geldstrafe verurteilt. Da Zidane bereits vorher erklärt hatte, kein internationales Spiel mehr zu bestreiten, versprach er von sich aus, einen dreitägigen Gemeinschaftsdienst mit Kindern und Jugendlichen abzuleisten. Gegen Materazzi, der Wochen nach Tat und Urteil mit der Version einer völlig harmlosen Äußerung gegenüber Zidane an die Öffentlichkeit trat, wurden eine Sperre von zwei Pflichtspielen in der Nationalmannschaft und CHF 4.000 Geldstrafe verhängt.

Bei großen Ereignissen im Sport treten immer wieder Publicity-Süchtige in Erscheinung: Der französische Rechtsanwalt Mehana Mouhou aus Rouen erklärte, er werde das Weltmeisterschaftsfinale anfechten, weil der Feldverweis Zidanes aufgrund eines verbotenen Video-Beweises erfolgt sei. *„Aus Liebe zur Wahrheit und Gerechtigkeit"* wolle er vor einem französischen Gericht, da die FIFA in Paris eine Vertretung habe, das Ergebnis anfechten und eine Annullierung erreichen. Ob er dies getan hat, war bisher nicht zu vernehmen. Wahrscheinlich lag ein bloßes Bemühen um eine Pressemeldung mit seinem Namen der Ankündigung zugrunde.

Peinlicher für die FIFA war dabei eher, dass Zidane den „Goldenen Ball" als bester Spieler des Turniers erhielt. Dabei war die Wahl dazu von Journalisten vorzunehmen, wovon ein Großteil ihr Votum bereits vor dem Endspiel abgegeben hatte. FIFA-Chef Blatter kündigte an, dass nach Abschluss der Ermittlungen entschieden werde, ob Zidane die hohe Auszeichnung abzuerkennen sei. Blatter: *„Die FIFA-Exekutive hat die Pflicht einzugreifen, wenn die ethischen Grundsätze des Sports verletzt werden."* Es war aber zwischenzeitlich nichts in dieser Richtung vonseiten der FIFA zu hören, sodass ein unrühmliches Kapitel des Fußballs wohl als abgeschlossen betrachtet werden kann. Auch Große dieses Sports, zu denen Zidane sicher neben Pele, Maradona, Beckenbauer, Cruiff oder Platini gehört, sind vor Entgleisungen auf dem Spielfeld nicht gefeit. Übrigens erhielt Zidane für seinen Kopfstoß bei den „World Stupidity Awards" eine der fünf Nominierungen für den *„Dümmsten Moment des Jahres"*.

11 Nach der rechtlichen Beleuchtung der Sportfälle der WM 2006 soll zum Abschluss dieses Teils streiflichtartig noch auf Rechtsfälle der Weltmeisterschaften der letzten 25 Jahre zurückgeblendet werden:

Bei der WM 2002 in Japan/Korea hatte Michael Ballack nach einem sog. taktischen Foul im Halbfinale die zweite Gelbe Karte verwirkt. Dies bedeutete Sperre für das nächste Spiel, also für das Endspiel der Weltmeisterschaft in Tokio Deutschland gegen Brasilien. An einem WM-Finale teilzunehmen ist für einen Fußballspieler eine fast immer einmalige Chance in einem Sportlerleben. Die Wirkung der Sperre steht dabei in keiner vernünftigen Relation zu der Schwere der beiden begangenen kleineren Verfehlungen, die jeweils für sich Gelb wert waren. Der Deutsche Fußballbund sah keine Möglichkeit, zugunsten von Ballack bei der FIFA tätig zu werden. Wahrscheinlich wären auch alle Schritte erfolglos geblieben. Andererseits ist der Grundsatz des Übermaßverbots auch ein Teil des Fair-Play-Gedankens im Sport. In einem vergleichbaren Fall hatte der DFB einen Spieler, der gegen Ende seiner Laufbahn erstmalig die Chance zur Teilnahme an einem deutschen Pokalendspiel erhielt, aber nach Gelben Karten hierfür gesperrt war, im Gnadenweg die Möglichkeit zur Mitwirkung im Pokalendspiel eröffnet. Denn: summum ius, summa inuria!

Bei der WM im Jahre 1998 in Frankreich wurde Christian Wörns beim Viertelfinalspiel Deutschland gegen Kroatien nach einem unbedachten groben Foul an seinem Gegenspieler vom Feld gestellt und für drei Länderspiele gesperrt. Deutschland schied – möglicherweise wegen der Reduzierung der Spielerzahl – aus. Die Schiedsrichterentscheidung und die Sperre waren nicht zu beanstanden.

Vier Jahre zuvor bei der WM 1994 in den USA schied Deutschland ebenfalls vorzeitig nach einer Niederlage im Achtelfinale gegen Bulgarien aus. Bei diesem Turnier ahndete die FIFA-Disziplinarkommission erstmals eine Tätlichkeit hinter dem Rücken des Schiedsrichters (Fall Tasotti, s. oben II Rn. 37). Es war ein großer Schritt in Richtung Gerechtigkeit im Fußballsport, der den Weg freimachte für entsprechende Maßnahmen auch bei den Nationalverbänden der FIFA.

Von der WM 1990 in Italien, bei der Deutschland nach einem Endspielsieg gegen Argentinien (1:0) Weltmeister wurde, erregte ein Vorfall aus dem Achtelfinalspiel gegen Holland (2:1 für Deutschland) die Gemüter. Die Erregung entzündete sich nach dem Feldverweis von Rudi Völler. Der Holländer Frank Rijkaard hatte ihm ins Gesicht gespuckt, worauf Völler mit den Händen ein Revanchefoul begangen hat. Die Empörung in Deutschland über das höchst unschöne Vorverhalten des Holländers ist verständlich; das nicht zu bestreitende Fehlverhalten Völlers kann nach FIFA-Recht nicht zur Straffreiheit des deutschen Nationalspielers führen. Den dem deutschen Strafrecht bekannten Gedanken der Kompensation (s. §§ 199, 233 StGB), bei der der Richter bei wechselseitigen Verfehlungen von Strafe gegen einen oder beide Beteiligten absehen kann, kennt das Fußballrecht nicht. Im Gegenteil, der dieses beherrschende Gesichtspunkt des Fair Play verlangt von den Sportlern geradezu übermenschlich, Unrecht ohne Reaktionen zu ertragen. Das Sportrecht ist insoweit deutlich strenger als das staatliche Recht. Lesens- und bemerkenswert hierzu ist ein kurzer Essay des Journalisten und Juristen *Hanno Kühnert* in der „Zeit" vom 6. Juli 1990, in dem er das Verfahren vor der FIFA-Disziplinarkommission und deren Entscheidung als *„Relikt des mittelalterlichen Inquisitionsprozesses"* bezeichnet und mit Vehemenz die Anrufung eines schweizerischen oder italienischen Zivilgerichts fordert in der sicheren Erwartung, dass staatliche Richter die FIFA „rechtsstaatliche mores" gelehrt hätten[309].

Von der WM 1986 in Mexiko wird noch lange das Handtor von Diego Maradona im Spiel Argentinien gegen England in Erinnerung bleiben. Der Argentinier veränderte kurz mit der Hand die Richtung des Balls, sodass dieser für den englischen Torwart unerreichbar im Tor landete. Anmaßend reagierte Maradona, als ihm nach dem Spiel Reporter das Fernsehbild vorhielten, es sei „die Hand Gottes" gewesen. Nach damaligem FIFA-Recht konnte er noch nicht wegen seines grob unsportlichen Verhaltens bestraft werden. Heute wäre dies möglich, wobei aber festzuhalten ist, dass für das Spielergebnis das illegale Tor gültig bleiben muss (Tatsachenentscheidung). Seit Mitte der 90er Jahre ahnden Sport- und Bundesgericht des DFB in ständiger Rechtsprechung das vom Schiedsrichter nicht wahrgenommene „Handtor" mit Sperrstrafen gegen den Spieler unter dem Gesichtspunkt des krass sportwidrigen Verhaltens.

Eine unrühmliche Tat am Rande dieser WM im Aztekenland, bei der Deutschland erst im Endspiel Argentinien unterlag (2:3), beging der deutsche Ersatztorhüter Uli Stein. Er nannte den Teamchef Franz Beckenbauer *„einen Suppenkasper"* und wurde sofort nach Hause geschickt. Er wurde nicht mehr zur Nationalmannschaft herangezogen – eine weitere Sanktion unterblieb nach dem Opportunitätsprinzip.

309 *Sengle*, aaO., S. 98.

Schließlich sollen von der Weltmeisterschaft 1982 in Spanien noch zwei für Deutschland höchst unschöne Vorfälle berichtet werden: In der 1. Finalrunde reichte nach dem Ergebnis der ersten beiden Spiele ein 1:0 für Deutschland im Spiel gegen Österreich **beiden** Mannschaften zum Weiterkommen. Schon früh im Spiel hörte das Fighten auf, man schob den Ball hin und her, bis die Spielzeit abgelaufen war. Dieses unfaire Ballgekicke, das zum Ausscheiden von Algerien führte, ist eines der dunkelsten Kapitel in der Geschichte der deutschen Länderspiele: Es lag kein Verstoß gegen den Wortlaut der Regeln, sehr wohl aber gegen deren Geist vor.

Aus diesem Turnier ist aus dem Halbfinale Deutschland gegen Frankreich (3:3 nach Verlängerung, 5:4 nach Elfmeterschießen) das rücksichtslose Anspringen des deutschen Torhüters Harald (Toni) Schumacher nach dem französischen Stürmer Battiston zu berichten. Dieser wurde verletzt, gegen Schumacher wurde keine persönliche Strafe ausgesprochen. Der Schiedsrichter hat die zumindest grob fahrlässige, wenn nicht sogar bedingt vorsätzliche Verhaltensweise Schumachers nicht erkannt. Die Gründe für die Nichtabänderbarkeit einer positiven Tatsachenentscheidung eines Schiedsrichters sind sicherlich fußballimmanent und gewichtig. Ob man aber auch in extremen Ausnahmefällen dabei bleiben sollte, wird weiterhin zu diskutieren sein (s. oben II. Teil Kapitel 3 Rn. 89).

Der Bericht über die Weltmeisterschaften in den letzten 25 Jahren soll mit einer Verlautbarung des englischen Nationalspielers Gary Lineker abgeschlossen werden, der behauptete: *„Fußball ist ein Spiel für 22 Leute, an dessen Ende immer Deutschland gewinnt."* Diese Feststellung ist keine Rechtsregel und zudem hat Lineker auch nicht immer Recht: s. die 119. Minute im Spiel Deutschland gegen Italien bei der WM 2006!

**12** Es soll doch noch eine „Verlängerung" angefügt werden in Anlehnung an Heinrich Heine („Deutschland. Ein Wintermärchen") und an Sönke Wortmanns Dokumentarfilm („Deutschland. Ein Sommermärchen"):

Der WM-Sommer in Deutschland war wie im Märchen:
mediterranes Wetter, keine Sicherheitsprobleme, Riesenbegeisterung auf den Rängen und auf den Straßen sowie zuhause an den Fernsehern. Man wird unter Fußballfreunden noch lange erzählen: Es war einmal ein Spiel im Achtelfinale gegen Schweden, als Deutschland die ersten 30 Minuten Traumfußball spielte, es war einmal eine gigantische Spannung mit glücklichem Ausgang im Elfmeterdrama gegen Argentinien, es war einmal die 119. Spielminute im Halbfinale gegen Italien voller Gram und

Wehmut, es war aber auch einmal ein grandioser 3:0-Triumph im Spiel um den 3. Platz in Stuttgart gegen Portugal, es war einmal ...

Die Fußballwelt schaut bereits in Richtung Südafrika im Jahre 2010, wo die erste Weltmeisterschaft auf dem afrikanischen Kontinent stattfinden soll. Sie wird neue Herausforderungen, neue Erlebnisse, neue Rechtsprobleme bringen, aber sicherlich auch neue Fußballmärchen: Dann wird man wieder sagen, es war einmal, damals in Südafrika ...

Die Weltmeisterschaft 2006 ist nicht nur ein Sportereignis, sondern auch ein Staatsereignis gewesen. Die Bundesrepublik Deutschland hat mit einem fußballbegeisterten Bundeskanzler Gerhard Schröder die Bewerbung des Deutschen Fußball-Bundes massiv unterstützt[310], sie sollte ein Staats-, Rechts- und Fiskalereignis werden. Als Franz Beckenbauer die 32 teilnehmenden Staaten besuchte, wurde er oft wie ein Staatspräsident behandelt. Zwar wurde sicherlich gutes Geld aus der Staatskasse in den Sportstättenbau investiert, die WM 2006 war aber autark, sie erhielt keine finanzielle Unterstützung durch den Staat. Die Steuermehreinnahmen überschreiten die Milliardengrenze.

Auch beim DFB und im Organisationskomitee (OK) ist die WM 2006 vorbei. Die 400.000 ehrenamtlich tätig gewesenen Volunteers gehen wieder ihrem bürgerlichen Beruf oder ihrem Studium nach, die Gewinne werden aufgeteilt. 55 Millionen Euro betrug der Gewinn des DFB nach Steuern, die Hälfte erhielt nach dem Grundlagenvertrag die Deutsche Fußballliga, 20 Millionen wurden an die Landesverbände des DFB verteilt zur Förderung des Jugend-, Frauen-, Mädchenfußballs, 3 Millionen wurden als Solidarbeitrag an den Deutschen Sportbund (DOSB) gespendet, je 1 Million erhielt der Behindertensportverband und die Stiftung Deutsche Sporthilfe.

[310] *Steiner*, Fußballweltmeisterschaft, aaO., S. 365.

13 Anhang:

Es folgen Auszüge aus dem Original-Schiedsrichterbericht in englischer Sprache zum Spiel Deutschland gegen Argentinien (1) und der Abdruck der Original-Entscheidung der FIFA zum „Fall Frings“ (2):

(1) *"... Behaviour of players and officials after the match Germany vs. Argentina on 30 June 2006, 2006 FIFA World Cup Germany"*

*"...After the game when the penalty kicks where taken the number 17 of Argentina kicked with strong intentionally and violant conduct the number 17 of Germany. After the frist kick the same player no 17 of Argentina kicked for the second time the same player of germany no 17 of Germany. After this situation many players and officials were involved in a big messconfrontation."*

(2)

FIFA

For the Good of the Game

100 YEARS FIFA 1904–2004

## Entscheidung

## FIFA-Disziplinarkommission

(Zusammensetzung: Marcel Mathier [SUI], Vorsitzender;
Mehmet Spaho (BIH); Jan Peeter (BEL)

an ihrer Sitzung vom 3. Juli 2005*
im FIFA Headquartier Berlin, Hotel InterContinental, Deutschland

in Sachen:

FRINGS Torsten, Spieler (GER)

(Entscheid 060211 GER BER),

---

*betreffend*:

Vorfall nach dem FIFA Fussball-Weltmeisterschaft 2006™ Spiel vom
30. Juni 2006 zwischen Deutschland und Argentinien

* 2006 (offensichtlicher Schreibfehler)

## I. hat den Akten entnommen

1. Am 30. Juni 2006 fand das $^1/_4$-Final Spiel der FIFA Fussball-Weltmeisterschaft Deutschland 2006™ zwischen Deutschland und Argentinien in Berlin statt. Nach Sichtung des der FIFA vorliegenden Videomaterials, welches auf Verletzung von Vorschriften des FIFA-Disziplinarreglements durch den Spieler der deutschen Nationalmannschaft, Torsten Frings, hinweist, wurde seitens der FIFA am 2. Juli 2006 ein Disziplinarverfahren gegen den obgenannten Spieler eröffnet. Der Spieler Torsten Frings wurde aufgefordert, bis spätestens 3. Juli 2006, 10.00 Uhr, zum Vorfall Stellung zu nehmen.
2. Mit Schreiben vom 2. Juli 2006 bestätigte der Delegationsleiter des Deutschen Fussball-Bundes, Oliver Bierhoff, von der Verfahrenseröffnung Kenntnis erhalten zu haben. Zugleich wurde bezüglich der Stellungnahme sowohl eine Fristverlängerung bis 3. Juli 2006, 13.00 Uhr, als auch Einsicht in das vorliegende Bildmaterial beantragt.
3. Mit Schreiben des Sekretärs der FIFA-Disziplinarkommission vom 2. Juli 2006 wurden beide Anträge bewilligt.
4. Am 2. Juli 2006 wurde seitens des Deutschen Fussball-Bundes die Einsicht in das vorliegende Bildmaterial ausgeübt. Der Deutsche Fussball-Bund und der Spieler Torsten Frings reichten fristgemäss ihre Stellungnahme ein. Ebenso nahm die deutsche Delegation das Recht wahr, sich anlässlich der Verhandlung vom 3. Juli 2006 vor der Kommission zu äussern. Auf die eingereichte Stellungnahme sowie die Ausführungen anlässlich der Kommissionssitzung wird, soweit relevant, in den Erwägungen Bezug genommen.

## II. hat in Erwägung gezogen

1. Gemäss Art. 57 Abs. 3 der FIFA Statuten kann die Disziplinarkommission gegen Mitglieder, Klubs, Offizielle, Spieler, Spielvermittler und Spielervermittler die in den Statuten und dem FIFA-Disziplinarreglement *(im Folgenden: CDF)* festgehaltenen Sanktionen aussprechen. Gemäss Art. 81 lit. a CDF ist die Disziplinarkommission zuständig für die Ahndung schwerer Vergehen, die von den Spieloffiziellen nicht bemerkt wurden.
2. Ein Spieler, der vorsätzlich eine Tätlichkeit an einer anderen Person begeht, die keine Schädigung des Körpers oder der Gesundheit zur Folge hat, wird für mindestens zwei Spiele gesperrt und mit einer Geldstrafe von mindestens CHF 5,000 belegt (Art. 48 Abs. 1 und 3 CDF).
3. Die bei den Akten liegenden bekannten und dem Spieler bzw. seiner Vertretung abgespielten Videobilder lassen folgenden Sachverhalt erkennen:

   Nach Ende des Elfmeterschiessens wird der deutsche Spieler Per Mertesacker von einem argentinischen Spieler tätlich angegriffen, worauf es in zeitlich kurzen Abständen zu Rangeleien zwischen Spielern und Offiziellen beider Delegationen auf dem Spielfeld kommt. Dabei ist unzweifelhaft zu sehen, dass sich

Torsten Frings einer Gruppe mit gegen 10 Spielern und Offiziellen beider Teams nähert und sich den Weg freimacht, um ins Zentrum dieser Gruppe zu gelangen. Sekundenbruchteile, nachdem der Spieler Torsten Frings das Gruppenzentrum erreicht, wird er von der Hand eines argentinischen Spielers, der sich in der Gruppenmitte aufhält, leicht an einer rechten Hans-Wangenseite berührt. Unmittelbar darauf versetzt Torsten Frings mit seiner linken Hand dem argentinischen Spieler einen klar sichtbaren und gezielten Faustschlag an dessen rechte Kinnseite, was als Tätlichkeit zu qualifizieren ist. Dass es sich bei dieser Aktion um den Spieler Torsten Frings handelt, ist aufgrund des beigezogenen Beweismaterials für die Kommission unzweifelhaft.

4. Zur Stellungnahme des DFB, die heute eingegangen ist, kann folgendes ausgeführt werden:

   Der DFB moniert, die Ermittlungen gegen den Spieler Torsten Frings seien zu Unrecht eingeleitet worden. Deswegen komme eine Bestrafung schon unter diesem Gesichtspunkt nicht in Frage. Insbesondere wird argumentiert, die Verfahrenseinstellung im Verfahren Ref.No. 060209, in das der Spieler Torsten Frings involviert gewesen ist, wirke endgültig und unumstösslich auch für den Spieler Torsten Frings.

   Dieser Argumentation ist nicht zu folgen, zumal es sich im genannten Verfahren nicht um ein formelles Verfahren gehandelt hat, sondern um eine Korrespondenz, der eine Verfahrensnummer zugeordnet worden ist. Die diesbezügliche Auffassung des DFB geht folglich fehl. Sie ginge auch dann fehl, wenn der Einwald der Rechtskraft bezüglich der angeblichen, jedoch nicht formell erfolgten Verfahrenseinstellung zu prüfen wäre. Eine Rechtskraft bezüglich Verfahrenseinstellung ist dem Sanktionsrecht nämlich nicht wesenseigen. Dadurch unterscheidet sich das Sanktionsrecht, in dem gewisse straf- und strafprozessuale sowie auch verwaltungsrechtliche Grundsätze zur Anwendung kommen können, wesentlich vom klassischen Zivilrecht. Ergeben sich unter sanktionsrechtlichen Aspekten neue Gesichtspunkte, welche eine (erneute) Verfahrenseröffnung als unumgänglich erscheinen lassen, so kann auch ein eingestelltes Verfahren wieder aufgenommen werden.

   Nicht zu folgen ist auch der Meinung des DFB, es handle sich beim zu beurteilenden Sachverhalt um einen Vorgang, der vom Schiedsrichter bzw. vom Schiedsrichter-Team im Sinne eines Tatsachen-Entscheides abschliessend beurteilt worden sei. Der DFB verkennt, dass die FIFA-Disziplinarkommission als verlängerter Arm des Schiedsrichters auf dem Platz agiert und deshalb von einem „klassischen Fall der Tatsachenentscheidung" bzw. einer Verletzung des Grundsatzes der Unumstösslichkeit von Tatsachenentscheidungen in diesem Falle nicht gesprochen werden kann. Die FIFA-Disziplinarkommission urteilt demnach – insbesondere im konkreten Fall – in Relation und ergänzend zum Schiedsrichter-Team auf dem Platz. Vor allem in Fällen, in denen der Schiedsrichter auf dem Platz Verfehlungen nicht wahrnimmt, rechtfertigt es sich, dass die Disziplinarkommission ungeahndet gebliebene Verfehlungen sanktioniert.

In der Sache selber wird seitens des DFB vor allem behauptet, die Handlung des Spielers Torsten Frings sei als reflexartige Abwehrhaltung zu qualifizieren. Das gehe auch aus Äusserungen hervor, welche vom Spieler Julio Cruz in den Medien gemacht worden seien. Auf Grund der visionierten TV-Bilder ist von einem solchen Sachverhalt jedoch nicht auszugehen. In jedem Fall ist den vom DFB genannten Beweismitteln nicht eine derartige Beweiskraft zuzugestehen wie den TV-Aufnahmen, die als objektive Beweismittel stärker zu gewichten sind als die vom DFB genannten Beweismittel. Demnach ist in Würdigung der Argumente des DFB davon auszugehen, dass der Spieler Torsten Frings mit seiner linken Hand dem argentinischem Spieler Julio Cruz einen klar sichtbaren und gezielten Faustschlag an dessen rechte Kinnseite versetzte.

5. Die vom Spieler Torsten Frings vorgetragenen Gründe sind aufgrund des vorliegenden Beweismaterials, insbesondere des beigezogenen Bildmaterials, weder überzeugend noch stichhaltig. Der Spieler Torsten Frings hat einen Faustschlag gegen einen argentinischen Spieler zielgerichtet und somit wissentlich und willentlich ausgeführt. Die von Torsten Frings ins Feld geführten vorgängigen Provokationen seitens der argentinischen Delegation sowie auch der Umstand, dass ihn unmittelbar vor seiner Aktion ein argentinischer Spieler am Hals-Wangenbereich touchiert hat, vermag seinen in der Folge ausgeführten Faustschlag nicht zu rechtfertigen. Die mögliche Tätlichkeit des argentinischen Spielers kann höchstens als Strafmilderungsgrund herangezogen werden, was aber nichts am erfolgten Grundtatbestand ändert. Mit Bezug auf den Tatbestand der Tätlichkeit erfüllt der Spieler Torsten Frings somit die subjektiven und objektiven Tatbestandsmerkmale; das Verhalten ist als rechtswidrig zu qualifizieren. Relevante Rechtfertigungsgründe (wie Notwehr, Notwehrhilfe) liegen keine vor.

6.1 Eine Tätlichkeit gemäss Art. 48 Abs. 1 CDF führt zu einer Sperre von mindestens zwei Spielen. Hinzu kommt in jedem Fall eine Geldstrafe von mindestens CHF 5,000 (Art. 48 Abs. 3 CDF). Die Obergrenze bei Spielsperren liegt mit Blick auf Art. 20 Abs. 3 CDF bei 24 Spielen oder zwei Jahren, die Geldstrafen-Obergrenze liegt bei CHF 1,000,000 (Art. 16 Abs. 2 CDF). Bei der Strafzumessung berücksichtigt die zuständige Instanz alle relevanten Faktoren, wie das Alter der zu bestrafenden Person, ihre Vorgeschichte, ihre persönliche Situation, die Art des Vergehens (vorsätzlich oder fahrlässig), ihre Beweggründe für das begangene Vergehen sowie dessen Schwere (Art. 40 Abs. 4 CDF).

6.2 Die Aktion des Spielers Torsten Frings gegen den argentinischen Spieler erfolgte gezielt und unter Anwendung körperlicher Gewalt. Ein Faustschlag ins Gesicht eines Gegenspielers ist als schweres Vergehen einzustufen. Das Verschulden des Spielers ist als schwerwiegend einzustufen. Tätlichkeiten wie diejenige des Spielers Torsten Frings können unter keinen Umständen geduldet werden.

6.3 Weiter hat die Disziplinarkommission das Alter des Spielers berücksichtigt (geb. 22. November 1976). Torsten Frings muss als erfahrener Spieler betrachtet werden. Er spielte zahlreiche internationale Spiele auf Klubniveau, aber auch in der Nationalmannschaft. Von Fussballspielern auf dem höchsten Niveau muss erwartet werden, dass sie sich an das Fair Play halten und für die Jugend ein Vorbild sind. Ein solches Verhalten muss – gerade von erfahrenen Spielern – erwartet werden. Nichts hätte Torsten Frings daran gehindert, sich von der Ansammlung von Spielern und Offiziellen beider Verbände zu entfernen. Strafmildernd wurde berücksichtigt, dass der Spieler Torsten Frings keine disziplinarische Vergangenheit in der FIFA hat. Zudem wurde leicht strafmildernd berücksichtigt, dass die Emotionen unmittelbar nach Spiele hochgingen, nicht zuletzt deshalb, weil ein argentinischer Spieler den deutschen Spieler Per Mertesacker tätlich angegangen hat und zudem der Spieler Torsten Frings vor seiner Tathandlung von einem argentinischen Spieler leicht touchiert wurde.

6.4 In Anbetracht dieser Umstände und in Übereinstimmung mit der Rechtsprechung hält die Disziplinarkommission eine Sperre von zwei Spielen und eine Geldstrafe von CHF 5.000 für angemessen. Die zweite Spielsperre wird infolge gegnerischer Provokation gemäss Art. 33 CDF zur Bewährung auf sechs Monate ausgesetzt. Der Spieler Torsten Frings ist demnach für das nächste Spiel seiner Verbandsmannschaft an der Endrunde der FIFA Fussball-Weltmeisterschaft Deutschland 2006™ gesperrt. Sollte der Spieler während der Bewährungsfrist ein weiteres Vergehen (Tätlichkeit) begehen, wird die Bewährung automatisch aufgehoben, und die ursprüngliche Sanktion muss vollständig verbüsst werden; hinzu käme eine Sanktion für das zweite Vergehen.

7. Gemäss Art. 110 Abs. 1 CDF gehen Kosten und Auslagen grundsätzlich zu Lasten der unterlegenen Partei. Im vorliegenden Verfahren werden die Verfahrenskosten aber zu Folge des Verfahrensaufwandes und gemäss Usanz anlässlich der FIFA Fussball-Weltmeisterschaft 2006™ von der FIFA übernommen.

## III. entscheidet

1. Der Spieler Torsten Frings wird der Begehung einer Tätlichkeit gemäss Art. 48 Abs. 1 CDF schuldig gesprochen.

2. Der Spieler Torsten Frings wird für die nächsten zwei Spiele seiner Verbandsmannschaft am Endturnier der FIFA Fussball-Weltmeisterschaft Deutschland 2006™ gesperrt. Die zweite Spielsperre wird gemäss Art. 33 Abs. 3 zur Bewährung auf sechs Monate ausgesetzt. Sollte der Spieler Torsten Frings während der Bewährungsfrist ein weiteres Vergehen (Tätlichkeit) begehen, wird die Bewährung automatisch aufgehoben, und die verhängte Sperre muss vollständig verbüsst werden.

3. Der Spieler Torsten Frings wird zur Bezahlung einer Geldstrafe in der Höhe von CHF 5.000 verurteilt.
4. Es werden keine Verfahrenskosten erhoben.
5. Die Geldstrafe ist innerhalb von 30 Tagen ab Zustellung der Entscheidung zu bezahlen. Sie können entweder in Schweizer Franken (CHF) auf das Konto Nr. 0230-325519.70J, UBS AG, Bahnhofstrasse 45, Zürich, oder in US Dollars (USD) auf das Konto Nr. 0230-325519.71U, UBS AG, Bahnhofstrasse 45, Zürich, bezahlt werden.

---

Zustellung an:
- Deutscher Fussball-Bund, welche verpflichtet wird, den Entscheid umgehend dem Spieler Torsten Frings zuzustellen;
- UEFA.

**RECHTSMITTEL**
*Dieser Entscheid ist endgültig (Art. 122 lit. c und d CDF).*

FEREDATION INTERNATIONALE
DE FOOTBALL ASSOCIATION

gez. Marco Villiger
Sekretär der Disziplinarkommission

# V. Teil
# Rechtsprechung nationaler Sportverbände – außer Fußball – (Auszüge).

## Kapitel 1: Rechtliche Rahmenbestimmungen

Die Betrachtung des Rechts und der Verbandsentscheidungen in den nationalen Sportverbänden nebst der Judikatur dazu soll die Befassung mit dem DFB-Recht und den Entscheidungen im Fußball ergänzen und abrunden, wobei insbesondere unterschiedliche Denkweisen und Rechtsanwendungen interessant sind. Auch die Relation zwischen der Breite der Darstellung der Teile des Werks, die sich mit Fußball befassen, und solchen, die die restlichen Sportarten – über 50 Sportfachverbände sind in Deutschland in Spitzenverbänden organisiert – betreffen, soll keine falsche Rangordnung innerhalb des Sports darstellen. Wenn ein Großteil dieser Sportarten nur selten in den Sportteilen unser Tageszeitungen oder in Sportfachzeitungen Aufnahme findet, ändert sich dies schlagartig, sobald in einer solchen Randsportart Ruhm für Deutschland eingefahren wird. Eine Bronzemedaille im Basketball ließ die Medienpräsenz und die Sehbeteiligung dieser Sportart hochschnellen, bei einer von einem einheimischen Athleten errungenen Olympischen Goldmedaille in einer Wintersportart werden in Bayern schon einmal die Kirchenglocken geläutet. Der Bundespräsident überreicht das Silberne Lorbeerblatt für die strahlenden Sieger im Sport. Vereinzelt wird die Bundesrepublik als „Sportstaat" bezeichnet. Der Sport hat sicherlich eine ähnliche Bedeutung erlangt wie die vergleichbaren Lebensbereiche Kunst, Kultur und Wissenschaften[311]. In 15 Landesverfassungen ist er als Staatsziel verankert. Während früher die vielen Sportarten sich mit ihren Mitgliedern an Ballspielen und an Bewegungsformen freuten, ohne den Begriff „Recht" in ihren Bestimmungen zu kennen, geschweige denn, dass es jemals zu einem „Sportrechtsstreit" gekommen ist, steht nunmehr das selbst geschaffene Regelwerk des Sports (lex sportiva) in einem wechselseitigen 1

[311] *Nolte*, aaO., S. 71.

Spannungsverhältnis zu den gleichfalls geltenden, sportrelevanten Vorschriften des staatlichen Rechts, mit denen es zusammen die beiden Säulen des Sportrechts bildet (Zweispurigkeit oder Zweisäulenmodell)[312]. Zentrale Bedeutung für die Situation des Sports in einem Land kommt dabei der zweiten Säule, der staatlichen Rechtsordnung, zu. Dabei hat sich eine sehr erfreuliche Entwicklung seit Anfang der 70er Jahre vollzogen. Im Jahre 1985 habe ich zur Auslotung der rechtlichen Binnenstruktur unserer Sportverbände Satzungswerke und Ordnungsvorschriften von über 40 deutschen Sportverbänden durchforstet und auch die Zahlen der Sportgerichtsverfahren bei ihnen ermittelt[313]. Die Zahl der Verbände, die Verfahrenszahlen über 1.000 im Jahr bundesweit einschließlich der obersten Landesebene aufzeigen, war einstellig. Sogar totale Fehlanzeige hinsichtlich solcher Sportstrafverfahren meldeten damals sieben Spitzenverbände. Das hat sich zwischenzeitlich grundlegend geändert. In entsprechenden Veröffentlichungswerken[314] sind Entscheidungen von über 40 Verbänden enthalten. Eine erneute Umfrage in Richtung auf die rechtliche Durchdringung der Sportgerichtsverfahren konnte unterbleiben im Hinblick auf den aus den publizierten Entscheidungen gewonnenen Eindruck, dass die Verbände mittlerweile durchweg den Geist des Grundgesetzes atmen und ihn in ihren Regelwerken umgesetzt haben sowie ihn fallbezogen verwirklichen, wobei kleinere Ausrutscher vernachlässigenswert sind. Die Strukturen und Regelwerke von 12 Spitzensportverbänden sind in Kurzform im Praxishandbuch Sportrecht (PHB)[315] wiedergegeben. Sport und Justiz haben in Deutschland aufs Ganze gesehen einen modus vivendi gefunden[316]. Dabei ist auch dem Stand der Juristen, insbesondere den sog. Sportjuristen ein gewisses Maß von Mithilfe zuzuschreiben, die den Sport bei uns *„in eine gute Position gebracht haben"*[317]. Sie haben in jahrzehntelangem Einsatz trotz aller für den Sport geltenden Grenzen ihm die exklusive Befugnis erhalten, dass der Sport und seine Organe zu definieren haben, was sportlich und was unsportlich ist. Manche Sportfunktionäre trauern zwar den goldenen Jahren vor 1970 nach, wo ein Jurist weder Sitz noch Stimme in den Vereinsgremien hatte, während er nach einer Binnenverrechtlichung des Sports heute oft kraft Amtes oder kraft Überzeugungsbildung den Stichentscheid hat. Nicht zu vergessen ist,

312 *Nolte*, aaO., S. 206.
313 *Hilpert*, in Bayerische Verwaltungsblätter, aaO., S. 161.
314 Siehe SportR, aaO., D 10–19, 90, 91.
315 PHB, aaO., II. c, Rn. 36–47.
316 *Steiner*, in *„Festschrift für Röhricht"*, S. 123.
317 *Steiner*, wie vor, S. 1232.

dass zumindest für Spitzenfachverbände und insbesondere für die Spitzenathleten nicht nur Fesseln angelegt werden durch deutsches staatliches Recht, sondern dass das nationale Sportrecht eine entscheidende Einengung erfährt durch die *„Einbindung nationalen Sportrechts in internationale Bezüge"*[318]. Ohne rechtliche Rahmenbedingungen geht es in unserem Land nichts. Wir finden im Sport alle Formen der Leistungsmessung in Wettbewerben und der Rekorderzielung vom Kinderhochleistungssport bis zu Deutschen Leichtathletikmeisterschaften „über 80", wo Titel vergeben und Rekorde registriert werden. Man kann dabei nicht immer dem freien Spiel der Kräfte ungehemmten Lauf lassen.

Vor diesem rechtstheoretischen Hintergrund bemüht sich der Verfasser im Folgenden, der dargelegten Theorie Leben aus der Praxis einzuhauchen: Zugrunde gelegt werden die veröffentlichten Entscheidungen von 20 deutschen Sportverbänden, die über den Fall hinaus juristisches Interesse auslösten bzw. die allgemeine Beachtung finden könnten. Diese sollen gleichsam Bausteine für einen Allgemeinen Teil des deutschen Sportrechts sein, der noch zu schreiben sein wird. Mit diesem Buch sollen ansonsten in erster Linie Bestandteile eines „Besonderen Teils des Sportrechts" in Deutschland aufgezeigt werden. Eingebaut werden an einzelnen Stellen auch Urteile staatlicher Gerichte/Schiedsgerichte zu Verbandsentscheidungen.

[318] So der Titel in *„Recht und Sport"*, Herausgeber: *Reuter*, 1983, S. 1 ff.

## Kapitel 2: Entscheidungen nationaler Sportverbände

2 Die 20 untersuchten Sportarten werden in alphabetischer Reihenfolge abgehandelt:

### a) Automobilsport (ONS)

3 Das Sportgericht der Obersten Nationalen Sportkommission für den Automobilsport in Deutschland hat sich mehrmals[319] mit der Hingabe eines ungedeckten Schecks als Nenngeld befasst, was ja in erster Linie eine zivilrechtliche bzw. strafrechtliche Relevanz hat, und diesen Sachverhalt auch in den sportstrafrechtlichen Regelungsbereich einbezogen. Darin liege ein schwerer Verstoß gegen die Bestimmungen des Internationalen Automobil-Sportgesetzes, der mit einer Suspendierung geahndet werden könne.

Der Automobilsport liefert auch Beispiele von Strafen mit scheinbar minimalen Ausmaßen. Bei Zeigen der Gelben Flagge ist ein Überholen verboten. Das Einverständnis mit dem zu Überholenden stellt keinen Rechtfertigungsgrund dar[320]. Bei Verstoß dagegen werden insoweit sehr ausdifferenzierte Sanktionen ausgesprochen, wie etwa solche für zwei Strafsekunden bei Verstößen gegen die Anleitung der Rennleitung.

Erfreulicherweise ist vom Internationalen Automobil-Verband beschlossen worden, für das Jahr 1 nach Michael Schumacher, also für die Saison 2007, dass bei Formel-1-Rennen der Fahrer alle Fahrer einheitlich von einem Reifenhersteller beliefert werden. Ein wichtiger Schritt in Richtung Chancengleichheit!

### b) Badminton (DBV)

4 Der Ehrenrat des Badminton-Landesverbands Nordrhein-Westfalen[321] befasste sich mit den Beweismitteln in Spielwertungsverfahren für die Frage, ob die Mannschaftsaufstellung der Spielordnung entsprach. Der

[319] Urteil vom 10.11.1979, in SportR 17/01/5, und vom 28.1.1980 in SportR 27/01/12.
[320] ONS-Sportgericht, Urteil vom 22.3.1980, in SportR 17/01/25.
[321] Urteil vom 23.8.1975, in SportR 13/02/02.

Spielbericht sei insoweit das wichtigste Beweismittel. Er sei eine Urkunde, die die widerlegbare Vermutung der Vollständigkeit und Richtigkeit für sich habe. Hinsichtlich der zur Widerlegung erfolgenden Behauptungen seien strenge Maßstäbe anzulegen.

In den Playoffs des Badmintonverbandes dürfen nur Spieler mitwirken, die in Vor- und Rückrunde mindestens neunmal mitgewirkt haben. Die Vereine haben diese Regelungen eingeführt, um zu verhindern, dass ein Club teure Ausländer verpflichtet, diese aber möglichst wenig in Vor- und Rückrunde einsetzt, sondern erst dann, wenn es gilt – eben in den Playoffs. Eine Ausnahme besteht für Spieler, die während der Saison verletzt oder erkrankt sind. Das Halbfinalspiel 1. BC Saarbrücken-Bischmisheim gegen EBT Berlin wurde auf den Einspruch der Berliner vom Verbandsgericht des Deutschen Badminton-Verbands für Bischmisheim für verloren erklärt und für Berlin als gewonnen gewertet. Bischmisheim hatte in dem Halbfinalspiel den indischen Nationalspieler K. eingesetzt. Dieser hatte nur sechsmal in der Vor- und Zwischenrunde gespielt, aber für drei weitere Spiele ein Attest über eine Krankheit vorgelegt. Es hatte sich aber herausgestellt, dass K. während der Zeit der bescheinigten Krankheit in Indien an mehreren Ranglistenturnieren teilgenommen hat.

### c) Basketball (DBB)

Das Amtsgericht München[322] hob eine Verbandsstrafe wegen nicht ausreichender Platzordnung auf, weil der Vorfall nach der eindeutigen Regelung in der Spielordnung verjährt war. Verbandsseitig war davon ausgegangen worden, dass der Lauf der Verjährungsfrist „nach dem Fair-Play-Prinzip“ – der Verband hatte längere Zeit aus verfahrensbezogenen Gründen die Sache nicht weiterbetrieben – gehemmt gewesen sei. Bei der dem Wortlaut nach eindeutigen Verjährungsnorm bestehe – so das Amtsgericht – kein Ermessens- oder Beurteilungsspielraum, auch nicht über den Gesichtspunkt des Fair Play. 5

Das Schiedsgericht der Basketball-Bundesliga (ein unechtes Schiedsgericht) befasste sich[323] mit der auch in anderen Sportarten bei Spielwertungsverfahren oft entscheidenden Frage der Beeinflussung einer Regelwidrigkeit für ein Spielergebnis. Dies sei zu bejahen, wenn

322 Urteil vom 8.1.2001, in SportR 12/04/6.
323 Schiedsspruch vom 7.4.2003, in SportR 15/4/7.

- zum Zeitpunkt der Regelwidrigkeit ein knappes Spielergebnis vorliege und dann bis zum Spielende auch so bleibe,
- nur noch eine kurze Restspielzeit zu absolvieren sei,
- infolge der Regelwidrigkeit der Spielstand zum Nachteil der betroffenen Mannschaft verändert worden sei und diese Veränderung des Spielstandes fortgewirkt habe
- oder die Regelwidrigkeit den weiteren Spielverlauf so nachhaltig verändere, dass dies den Spielausgang habe beeinflussen müssen.

In dem konkreten Fall ist durch eine Spielzeitverkürzung um 7,9 Sekunden infolge eines Versehens des Schiedsrichters dem protestführenden Verein im Hinblick auf das 79:76 lautende Endergebnis „eine gute Chance auf eine Verbesserung des Ergebnisses zu seinen Gunsten genommen worden, aber nur eine Möglichkeit", so das Verbandsgericht. Der Einspruch wurde zurückgewiesen, da der Regelverstoß nicht feststellbar so nachhaltig den Spielausgang beeinflusst habe, dass eine wesentliche Veränderung des Ergebnisses angenommen werden könne.

### d) Eishockey (DEB)

6 In den offiziellen Spielregeln des Deutschen Eishockey Bundes stand noch vor kurzem: „*Eishockey ist ein von Männern auf Schlittschuhen gespieltes Mannschafts- und Kombinationsspiel, bei dem es gilt, eine Hartgummischeibe in das gegnerische Tor zu schlagen*"[324]. Zwischenzeitlich ist das Spiel auch für weibliche Spielerinnen eröffnet.

Bei der Bestrafung von Spielern der allgemein als „roh" angesehenen Sportart ist bemerkenswert, dass das DEB-Schiedsgericht[325] für die Frage der Strafaussetzung auf Bewährung die im staatlichen Strafrecht für die Aussetzung einer Strafe zur Bewährung in § 56 StGB aufgestellten Grundsätze heranzieht: So sei zumindest eine günstige Sozialprognose erforderlich; entsprechend § 56 (3) StGB sei eine Freiheitsstrafe nicht zur Bewährung auszusetzen, wenn „*die Verteidigung der Rechtsordnung dies gebiete*"; übertragen auf die Sportgerichtsbarkeit sei dies dann der Fall, „*wenn die Nichtahndung von Ordnungsverstößen durch die zuständigen Verbandsinstanzen den Eindruck einer nicht gerechtfertigten Nachgiebigkeit erwecke*" – eine interessante Querbeziehung zwischen staatlichem und Sportstrafrecht.

[324] *Wehlen*, aaO., Bd. 1, S. 42, 43.
[325] Urteil vom 16.10.1992, in SportR 17/11/2.

Mit dem für eine Verbandsstrafe durch die Rechtsprechung des BGH aufgestellten Fundamentalerfordernis, dass die konkrete Strafe in der Satzung aufgeführt sein muss (oben II, 2 Rn. 5), befasst sich das Schiedsgericht der DEB[326]. Dieses „echte Schiedsgericht" rügte, dass in der zwischen den Parteien abgeschlossenen Vertragsstrafenvereinbarung ein Punktabzug vorgesehen sei, der Höchstpunktabzug aber nicht festgelegt sei. Die vom Heimverein in dem DEB-Meisterschaftsspiel Hannover Scorpions gegen Nürnberg Ice Tigers zu vertretende Unbespielbarkeit der Eisfläche hatte zu einer verbandsseitigen Wertung mit 0:5 Toren und 0 Punkten (statt der möglichen 3 Punkte) für den Platzverein als verloren und mit 5:0 Toren und 3 Punkten für die Gastmannschaft als gewonnen geführt. In der Vertragsstrafenvereinbarung war neben einer Geldstrafe vorgesehen, dass „ein Punktabzug" verhängt werden kann. Der von einer Strafdrohung Erfasste – so das Schiedsgericht – müsse genau wissen, welche Sanktion er zu erwarten habe. Die Höhe des Punktabzugs sei hier aber nicht geregelt gewesen.

Mit erscheint diese Schiedsgerichtsentscheidung etwas zu spitzfindig. Mit dem Begriff „Punktabzug" war sicherlich zumindest ein solcher von einem Punkt expressis verbis angedroht, was aber erkennbar nicht der Höchstpunktabzug sein sollte. Ein Abzug zumindest für die in einem Spiel maximal zu erreichende Punktzahl 3 sollte bei Auslegung bei Treu und Glauben im Hinblick auf die sportlichen Usancen und deren Verständnis durch einen fair denkenden Sportler mit angedroht sein.

Eine berühmt gewordene Entscheidung zum Eishockeysport ist das Kienas-Urteil des Bundesarbeitsgerichts vom 20.11.1996[327]. *Reichold*[328] formulierte: *„Der ‚deutsche Bosmann' spielt nicht Fußball, sondern Eishockey, und heißt Kienas."* Das BAG hat die Transferbestimmungen des Deutschen Eishockey Bundes, die nach Beendigung des Vertrags zwischen Verein und Spieler vorsahen, dass der abgebende Verein vom aufnehmenden Verein eine Entschädigung für Aus- und Weiterbildungskosten beanspruchen kann (Transferentschädigung), wegen Verstoßes gegen die guten Sitten (§ 138 BGB, Art. 12 I GG) für nichtig erklärt. In dem zu entscheidenden Fall wurde vom BAG festgestellt, dass es nicht zum Abschluss eines neuen Vertrages bei einem interessierten Verein gekommen wäre, wenn der Spieler nicht den wesentlichen Teil der gefor-

[326] Schiedsspruch vom 27.2.2004, in SpuRt 2004, 265.

[327] In SpuRt 1997, 94 f.

[328] Anmerkung in EWIR, § 138 BGB, 6/97, 439.

derten Transfersumme (410.500 DM) selbst übernommen hätte[329]. Durch diese Zahlungspflicht sei das Recht des Spielers auf freie, unbeschränkte Arbeitsplatzwahl unzulässig eingeschränkt worden. Die Kritik der Nichtjuristen im Sportbereich und der Interessenvertreter auf Vereinsseite, das BAG habe ebenso wie zuvor bereits der EuGH in seiner Bosmann-Entscheidung „wenig Ballgefühl“ gezeigt, verebbte schnell. Die Vereine stellten sich auf diese Rechtslage ein. Langfristige Verträge setzen sie in die Lage, Entschädigungen für das Herauskaufen aus dem Vertrag auf gesicherter rechtlicher Grundlage zu fordern. Eine Störung des sportlichen und finanziellen Gleichgewichts im Vereinsgefüge mit der befürchteten Folge des Desinteresses der Zuschauer ist jedenfalls nicht eingetreten.

### e) Deutsche Eislaufunion (DEU)

7 Insoweit wird im Jahre 2006 ein heftiger Streit vor Verbands- und insbesondere auch vor Zivilgerichten ausgefochten, ob ein deutsches Eiskunstlaufpaar weiterhin von seinem Trainer St., der „stasi-belastet“ sei, bei deutschen und internationalen Wettbewerben betreut werden darf. Dem Verband soll der Ausschluss von Förderungsgeldern drohen bei Nominierung von Sportlern zu Wettbewerben, wenn St. die Athleten betreut. Das Landgericht München soll nach Informationen in den Medien per einstweiliger Verfügung dem Eislaufpaar Recht gegeben haben. Eine Entscheidung der OLG München steht für Frühjahr 2007 an, in der es um die Tragweite der Vereinsautonomie geht. Das Paar startete jedenfalls erfolgreich (es wurde Europameister) in der Wintersaison 2006/2007 national und international mit St. als Trainer.

### f) Gewichtheben (BDG)

8 Diese Sportart[330] kennt die folgenden Disziplinen:

1. Beidarmiges Reißen,
2. Beidarmiges Umsetzen und Stoßen,

wobei in den Wettkämpfen nach den Regeln der IWF die vorstehende Reihenfolge eingehalten werden muss.

Der Rechtsausschuss des Bundes Deutscher Gewichtheber (BDG)[331] hat eine Entscheidung getroffen, bei der der Grenzbereich des Königsmaßstabes des deutschen Sportrechts – der Verhältnismäßigkeitsgrundsatz – berührt wird, wenn nicht verletzt worden ist. Ein Wettkämpfer hatte eine

[329] *Arens*, aaO., S. 126 ff.
[330] *Wehlen*, aaO., Bd. 2, S. 56.
[331] Urteil vom 10.5.1980, in SportR 17/17/1.

Zusage zu einem Turnier gegeben, war dann aber ohne Absage bzw. Entschuldigung nicht erschienen. Unbedenklich ist dies als unsportliches Verhalten zu qualifizieren, die Ahndung mit einer Sperre von drei Monaten erscheint aber bei einem Ersttäter überzogen.

### g) Handball (DHB)

Insoweit wurde vom DHB-Bundesgericht (unechtes Schiedsgericht)[332] eine für das richtige Verständnis der Vereinsautonomie und deren Grenzen aufgeschlossene Rechtsauffassung vertreten. Es wurde festgelegt, dass ein Verzicht eines Meisters der Regionalliga auf den Aufstieg in die Handball-Bundesliga nicht zwingend zur Folge habe, dass der nach dem Tabellenplatz in der Abschlusstabelle der zurückliegenden Saison auf dem besten Abstiegsplatz stehende Verein nicht in die Regionalliga absteigen muss, sondern in der Bundesliga verbleiben kann. Plein pouvoir hatte insoweit der zuständige Regionalverband, der in einem solchen Fall aus seiner aus der Vereinsautonomie fließenden Entscheidungsfreiheit hinsichtlich des von ihm organisierten Spielbetriebs den Zweiten der Regionalliga als Aufsteiger in die Bundesliga melden kann, so das Verbandsgericht. 9

Das Bundesgericht des Deutschen Handball-Bundes[333] befasste sich auch mit der Frage, ob der regelwidrige Einsatz eines 13. Spielers, der auf dem Spielbericht nicht eingetragen gewesen ist, zu spieltechnischen Folgen führen muss. Es bestand in der Ausgangslage grundsätzliche Übereinstimmung, dass die Entscheidung des Schiedsrichters, den Spieler zu disqualifizieren, weil er nicht auf dem Spielbericht stand, zutreffend ist. Nach den Handballregeln ist der Einsatz eines 13. Spielers nicht gestattet. Wegen des somit gegebenen Regelverstoßes bestehe – so das Bundesgericht – hinsichtlich der Frage der spieltechnischen Folge Handlungsbedarf, wobei nach § 1 Abs. 2 Rechtsordnung/DHB bei Regelungslücken – wie hier – nach sportlichen Gesichtspunkten zu entscheiden sei. Der Einsatz eines 13. Spielers könne seiner Mannschaft Erfolg bringen, sei es im Angriff, sei es in der Abwehr. Dieser Erfolg könne nicht mehr zurückgenommen werden. Die – gewollten oder nicht gewollten – sportlichen und mannschaftlichen Vorteile könne man nicht durch eine Verweisung auf ein Verfahren zwecks Spielwiederholung wegen Regelverstoßes auszugleichen versuchen. Dieser Weg sei unter sportlichen Gesichtspunkten nicht vertretbar. Vielmehr sei auf eine Umwertung

[332] Urteil vom 1.7.1978, in SportR 17/19/1.
[333] Urteil vom 14.5.2004, in SportR 13/19/18.

des Spiels zu Lasten der Mannschaft des fehlbaren Spielers zu erkennen.

Dem Bundesgericht des DHB[334] verdanken wir auch die Klarstellung, dass bei fehlerhaften Schiedsrichterentscheidungen eine Änderung des Spielergebnisses nicht vorgenommen werden dürfe, sondern lediglich ein Antrag auf Spielwiederholung zulässig sei. Sachverhalt: Am 8.3.2003 fand das Meisterschaftsspiel der Bundesliga Männer zwischen dem VfL G. und dem TV G. statt. Nach den Eintragungen im Bericht der Schiedsrichter endete das Spiel 28:28. Der protestführende Verein führte aus, dass eine Mannschaft noch in der regulären Spielzeit das 29:28 erzielt habe und deshalb der Sieger der Partie sein müsse. Bei der Erzielung des 29. Treffers sei das für die Spielbeendigung maßgebliche Schlusssignal noch nicht ertönt gewesen; deshalb sei das Spiel im Nachhinein mit 29:28 zu seinen Gunsten zu werten. Das Bundesgericht stellte klar heraus, dass es für eine Änderung des Spielergebnisses nach den Ordnungen des DHB keine Grundlage gebe (beim DFB ist das nicht anders). Eine Änderung des Spielergebnisses könne nur über den Weg einer Spielwiederholung herbeigeführt werden, was einen spielentscheidenden Regelverstoß der Schiedsrichter voraussetze. Dies sei aber in der fristgebundenen Einspruchsschrift, die nur auf eine Torstandskorrektur abzielte, nicht beantragt worden. Dieser Begründung ist voll beizutreten. Zu bedenken ist für die Fallkonstellation zudem, dass der Einspruchsführer nach unterstelltem erfolgreichen Protest bei einer Spielwiederholung den gewonnenen Punkt aus dem 28:28 unentschieden aufs Spiel setzen würde, wenn der Gegner die Wiederholung gewinne. Dies muss der betroffene Verein sehr wohl in seine Erwägungen einbeziehen.

Eine wertvolle Definition einer „Tätlichkeit“ im Handballspiel liefert das Bundesgericht des DHB[335]. In einem Meisterschaftsspiel der Handball-Bundesliga gab der Schiedsrichter ein Handzeichen, ihm den Ball zuzuwerfen, wobei er beide Hände in Hüfthöhe ausstreckte. Der etwa vier bis fünf Meter entfernte Spieler K. warf den Ball dem Schiedsrichter ins Gesicht. Der Ball traf den Schiedsrichter mitten auf die Nase, die errötete. Der Sportwart des DHB wertete das Verhalten des Spielers als Tätlichkeit und sperrte ihn für sechs Monate. Der betroffene Verein führte in seiner Schutzschrift aus, die Handlung könne auch versehentlich erfolgt sein. Der Spieler K. verfüge bekanntlich über eine erhebliche Wurfkraft, sodass auf die von ihm befolgte Anweisung des Schiedsrichters, ihm den

[334] Urteil vom 16.5.2003, in SpuRt 2004, 12 ff.
[335] Urteil vom 13.12.2002, in SpuRt 2004, 123.

Ball zuzuwerfen, durchaus ein Anspiel mit einer gewissen Intensität erfolgt sein könne. Das Bundesgericht beließ es auf die Revision von Verein und Spieler bei der Sperre von sechs Monaten. Bei der Bewertung der Tätlichkeit komme es für die Stärke eines Angriffs auf den Körper des Schiedsrichters auf die Gesamtumstände der Handlungsweise des Spielers an. Aus der Situation ergebe sich, dass der allseits versierte Handballspieler K. den Ball absichtlich, d. h. vorsätzlich an den Kopf des Schiedsrichters geworfen habe. Eine solche Handlung stelle nicht lediglich eine grobe Unsportlichkeit, sondern einen Tätlichkeit dar. Auch ein Handballspieler, der über „eine erhebliche Wurfgewalt verfügt", kann meines Erachtens durchaus eine Ballabgabe dosiert und ohne Kraftentfaltung zum Schiedsrichter hin vornehmen, der selbst am besten spürt, ob es eine Tätlichkeit oder ein Versehen war.

### h) Hockey (DHoB)

In Abweichung von Spielwertungsregelungen in anderen Verbänden, die oft bei Einsatz eines nicht spielberechtigten Spielers in einem Meisterschaftsspiel einen automatischen Punktverlust vorsehen, sieht das Bundesoberschiedsgericht[336] des Deutschen Hockey-Bundes (= unechtes Schiedsgericht) eine Differenzierung der Disziplinarmaßnahmen nach Würdigung aller Umstände des Falles vor. eine mit Punktverlust verbundene Bestrafung sei aber dann geboten, wenn der Einsatz eines nicht berechtigten Spielers gegenüber den anderen Vereinen einen unlauteren Vorteil beim Spielergebnis erbracht habe, was zu bejahen sei, wenn es ein Verstoß gegen die guten Sitten darstellen würde, dem Verein die mit einer Manipulation erzielten Punkte zu belassen. Als Manipulationsfälle seien die Täuschung des Vereins über das letzte Spiel des Neuverpflichteten oder falsche Angaben bei der Passausstellung zu werten. 10

### i) Leichtathletik (DLV)

Die Sportart Leichtathletik erfasst viele Wettbewerbsarten. Deutsche Rekorde werden anerkannt in Laufwettbewerben, im Gehen, in Sprungwettbewerben, in Stoß- und Wurfwettbewerben sowie bei Mehrkämpfen[337]. 11

Leider sind in den letzten Jahren zu diesen Sportarten eine Reihe von Entscheidungen ergangen, die in dem Sonderkapitel „Sport und Doping" (unten VIII) zu behandeln sind. In der führenden Sammlung der Ent-

[336] Urteil vom 18.6.1976, in SportR 13/20/3.
[337] *Wehlen*, aaO., B. 2, S. 97 ff.

scheidungen von Verbandsinstanzen bei staatlichen Gerichten im In- und Ausland (SportR) sind unter der Rubrik „Spiel- und Startberechtigung in der Leichtathletik“ seit 1995 20 Urteile zur Dopingproblematik in dieser Sportart abgedruckt.

Wohltuend ist es demgegenüber, sich mit einer Entscheidung des DLV-Rechtsausschusses[338] zur Wirkung des Gleichheitssatzes des Art. 3 GG zu befassen, wobei folgender Sachverhalt zugrunde lag: Zwei Athleten hatten zum festgelegten Stichtag die vom DLV gesetzte Qualifikationsweite verfehlt. Einer von beiden wurde gleichwohl zugelassen. Eine gegen den Gleichheitssatz verstoßende Ungleichbehandlung verneinte der Rechtsausschuss, weil der zugelassene Sportler *„im Gegensatz zu dem anderen Athleten als Mitglied der Junioren-Nationalmannschaft in Betracht gezogen war und deshalb dessen Teilnahme an der Meisterschaft als Prüfungswettkampf im Interesse der deutschen Leichtathletik eher gerechtfertigt war.“*

Das Auswahlermessen des Verbandes rechtfertigt meines Erachtens unbedenklich eine solche Differenzierung aus sachlichen Gründen.

### j) Radsport (BDR)

12 Noch viel mehr als der DLV ist gerade in jüngster Zeit der Bund Deutscher Radfahrer (BDR) von der Seuche des Sports, dem Doping, befallen worden (dazu unten IX.).

Deswegen mutet es erfreulich an, wenn in einem staatlichen Gerichtsurteil[339] lange vor der Zeit des größten Sündenfalls des Radsports diesem Verband bestätigt wird, dass er die Gesichtspunkte „Harmonie und Homogenität“ der Gruppe bei der endgültigen Zusammenstellung einer Olympiamannschaft berücksichtigen darf, auch wenn er zuvor sein an sich gegebenes freies Ermessen *„bei der Auswahl von Athleten bei seiner Olympiamannschaft durch die Entwicklung eines Punktesystems eingeschränkt hatte, um der Entscheidung ein höheres Maß an Transparenz zu verleihen“.*

### k) Reiten (FN)

13 Die Deutsche Reiterliche Vereinigung (FN, abgeleitet von Fédération Equestre Nationale) hat durch zwei grundlegende Entscheidungen[340]

[338] Urteil vom 15.7.1976, in SportR 13/24/2.

[339] Urteil des Landgerichts Frankfurt vom 2.8.1988, in SportR 13/29/1.

[340] Vom 11.5.1978, in SportR 12/31/6, und vom 15.12.2004, in SportR 12/31/18.

ihres Großen Schiedsgerichts (= unechtes Schiedsgericht) zum Sportstrafverfahren wesentlich zur Klarstellung der Verfahrensanforderungen beigetragen:

Schlicht als eine Binsenweisheit ist anzusehen, wenn in der ersten der beiden Entscheidungen festgestellt ist, dass ein Verfahren an einem wesentlichen Mangel mit der Folge, dass die Sache zurückzuverweisen ist, leidet, wenn ein Beteiligter zur mündlichen Verhandlung nicht geladen war und ihm auch kein rechtliches Gehör gewährt worden ist. Gerade wenn Nichtjuristen in Verbandsgremien Recht sprechen, wird die Einräumung rechtlichen Gehörs oft als unnützer Umweg angesehen, da man angesichts der eindeutig feststehenden Verfehlung „doch so entscheiden werde".

In der zweiten Entscheidung ist erfreulicherweise der Grundsatz eines „fairen Verfahrens" als Element rechtsstaatlicher Verfahrensgestaltung herausgestellt worden, der *„bei der Ahndung von Vorfällen, die das Ansehen des Reitsports nach außen hin zum Gegenstand haben, ein schnelles und konsequentes Handeln der zuständigen Organe gebietet"*. Unangemessene und unverständliche Verzögerungen seien nicht mit rechtsstaatlichen Anforderungen vereinbar[341]. Sachverhalt: Wegen wütenden und unbeherrschten Schlagens ihres Pferdes mit der Gerte durch eine Reiterin im August 1999 war im Jahre 2000 eine Strafe wegen „unreiterlicher Behandlung des Pferdes" ausgesprochen worden. Über eine im Mai 2000 dagegen eingelegte Beschwerde wurde nach mündlicher Verhandlung im September 2004 entschieden und das Rechtsmittel zurückgewiesen. Diese überlange Verfahrensdauer über einen Zeitraum von mehr als vier Jahren, in denen nach Aktenlage überhaupt nichts geschehen sei, sei rechtsstaatswidrig, weshalb die Bestrafung aufzuheben sei – ein solcher Vorgang ist untypisch für Sportstrafverfahren, wo zumeist binnen weniger Wochen verfahrensabschließende Verbandsentscheidungen gefällt werden.

### l) Ringen (DRB)

Dem Bereich des Deutschen Ringerbundes (DRB) verdanken wir eine obergerichtliche Entscheidung[342] zu dem im Sportrecht ewigen Problembereich „Tatsachenentscheidung – Regelverstoß – Spielwertung". In beiden Spielarten dieser Sportart (Griechisch-Römisch, Freier Stil) beträgt die Kampfdauer 9 Minuten, wobei das Kampfende durch Gongschlag 14

[341] Schiedsspruch vom 15.10.2004, in SportR 12/31/18.
[342] Oberlandesgericht Saarbrücken, Urteil vom 13.11.1982, in SportR 16/32/3.

und Pfeifsignal des Kampfrichters angezeigt wird[343]. Gewertet werden kann eine Aktion eines Ringers nur, wenn sie innerhalb der regulären Wettkampfzeit erfolgt ist. Wenn die Wertung erst nach dem Aufheulen der Schlusssirene erfolgt, ist ihr die Anerkennung zu versagen[344]. Das Oberlandesgericht Saarbrücken stellt in seiner Entscheidung klar, dass grundsätzlich Tatsachenentscheidungen *„im Sport unanfechtbar sind, weil gewährleistet werden müsse, sportliche Wettbewerbe innerhalb einer angemessenen Frist durchzuführen"*. Ringkampfbezogen folgert das Gericht weiter, dass das Kampfgericht mit der Wertung einer Aktion eines Ringers mit einem Punkt zugleich die Feststellung verbinde, dass die Aktion im Zeitpunkt des Gongschlages beendet gewesen sei und dabei innerhalb der regulären Kampfzeit stattgefunden habe. Die Feststellung des Beginns und des Endes eines bestimmten Geschehens sei *„eine Tatsachenentscheidung"*. Das OLG führt nun fallbezogen aus, dass der Grundsatz der Unanfechtbarkeit der Tatsachenentscheidung nicht absolut und nicht ohne jede Ausnahme gelte. Vielmehr sei ein Ausnahmefall dann anzunehmen, *„wenn die Fehlerhaftigkeit der Tatsachenfeststellung des Kampfgerichts offenkundig ist"*. Diese Formulierung erinnert stark an den Kern der Begründung des DFB-Bundesgerichts zum Falle Borussia Neunkirchen gegen Stuttgarter Kickers (oben II, 4 Rn. 110). Der DRB-Bundesrechtsausschuss hatte schon einige Zeit vorher[345] durchaus fortschrittlich für die Frage, ob die Wertung vor oder nach der Schlusssirene erfolgt sei, festgestellt, dass dazu Fernsehaufzeichnungen herangezogen werden können; er hat dabei betont, dass dies insbesondere dann gelte, wenn ein „Frisieren" des Films ohne Verletzung der Tonqualität nicht möglich sei.

### m) Rudern (DRV)

15 Der Ältestenrat des Deutschen Ruder-Verbandes[346] verwarnte ein Vereinsmitglied, das bei seiner journalistischen Tätigkeit einen Funktionär des DRV in unkameradschaftlicher und ehrverletzender Weise beleidigt habe. Vielleicht würde eine solche Maßnahme auch im Hinblick auf die Berufsfreiheit heute nicht mehr erfolgen.

Zum Bestimmtheitsgrundsatz im Vereinsrecht, zu dem oben (II, 3 Rn. 76) der Meinungstand als nicht einhellig geschildert wurde, vertritt das Land-

[343] *Wehlen*, aaO., B. 2, S. 133, 140.
[344] DRB-Bundesausschuss, in SportR 16/32/1.
[345] Urteil Nr. 24/80, in SportR 16/32/1.
[346] Beschluss vom 1.11.1969, in SportR 17/34/1.

gericht Bremen[347] die Auffassung, dass er auf das Vereinsrecht nicht übertragbar sei, da dieses flexibel sein und sich den Besonderheiten und den Gewohnheiten des Vereins anpassen müsse. Es reiche aus, dass sich der Inhalt der Verbotsnorm im Einzelfall durch Auslegung anhand des Gesamtinhalts der Satzung, der Vereinsübung und sonstiger allgemeiner Gesichtspunkte bestimmen lasse.

### n) Rugby (DRV)

Das Schiedsgericht des Deutschen Rugby-Verbandes[348] bejaht, was im Sportbereich in früheren Jahren bei weitem nicht selbstverständlich war, das Recht eines Rugbyspielers, sich vor dem Verbandsgericht durch Anwälte vertreten zu lassen. Es fügte hinzu, dass die Anwaltskosten nicht zu ersetzen seien. Es ist aber meines Erachtens empfehlenswert, dass letztere Regelung in die Verfahrensordnung eines Verbandes ausdrücklich aufgenommen wird. 16

Das gleiche Schiedsgericht[349] stellte Kriterien auf für die im täglichen Vereinsleben täglich auftretende Frage, wann eine Spielverlegung bzw. ein Spieltagstausch zulässig ist. Wenn eine solche Maßnahme erforderlich sei, um eine faire Aufstiegsentscheidung sicherzustellen, habe sie zu erfolgen. Eine Ausnahme bestehe aber, „*wenn die hierdurch einem Verein auferlegten Nachteile die Schwelle zu einem Sonderopfer überschreiten*".

### o) Schießsport (DSchüB)

Das Landgericht München I[350] befasste sich mit der Frage der Veröffentlichung einer Entscheidung einer Rechtsinstanz in einer Verbandszeitung und deren Folgeproblemen. In der Bayerischen Schützenzeitung war das Urteil des Landesschützengerichts – wie von diesem im Urteilstenor angeordnet – veröffentlicht worden, durch das ein Gauschützenmeister (Kläger) ausgeschlossen worden ist nebst dem verhängten lebenslänglichen Verbot der Wiederaufnahme in einen Mitgliedsverein des Landesverbandes der Schützen. Das Landgericht hob auf Klage des Gauschützenmeisters den Ausschlussbeschluss und die Anordnung der Veröffentlichung auf. Ein Anspruch des Klägers auf Veröffentlichung des Urteilstenors der landgerichtlichen Entscheidung wurde jedoch verneint. 17

347 Urteil vom 7.8.1986, in SportR 11/34/2.
348 Urteil vom 27.4.1977, in SportR 12/35/2.
349 Urteil vom 23.5.1994, in SportR 19/35/10.
350 Urteil vom 12.5.2005, in SportR 10/37/1.

Für das Begehren, die Unwirksamkeit der Verbandsentscheidung in derselben Weise bekannt zu machen wie die seinerzeit ausgesprochene Sanktion, fehle es an einer Anspruchsgrundlage. Der Verband habe sich nämlich bei der Veröffentlichung in der Schützenordnung nicht rechtswidrig verhalten. Er habe sich dabei als Verein in *„einem ehrenschutzfreien Raum"* befunden, sofern er dies *„redlich, gutgläubig und ohne Aufstellung bewusst falscher oder leichtfertig unwahrer Tatsachen getan habe"*. Die Grundsätze zum Unterlassungs- und Widerrufsanspruch gegenüber dem Vorbringen einer Partei in einem Zivilprozess seien in disziplinären Ordnungsverfahren eines eingetragenen Vereins heranzuziehen. Danach sei hier trotz der späteren Aufhebung der Veröffentlichung der Entscheidung kein Rechtsanspruch auf Bekanntgabe des nachträglichen Urteilstenors gegeben. Das vom ehemaligen Gauschützenmeister zusätzlich begehrte Schmerzensgeld wurde ebenfalls vom Landgericht mangels rechtswidriger Verletzung der Persönlichkeitsrechte des Klägers versagt. Es fehle an einer schwerwiegenden Verletzung des Persönlichkeitsrechts sowie daran, dass die Beeinträchtigung nicht in anderer Weise befriedigend ausgeglichen werden könne. Dem Genugtuungs- und Präventionsgedanken sei ausreichend durch eine vom Kläger veranlasste Gegendarstellung Rechnung getragen worden.

Man kann im vorliegenden Fall sehen, dass ein erbitterter Streit zwischen ehemaligen Sportkameraden vor den ordentlichen Gerichten zu Missfälligkeiten und Verfahrenshäufungen führen kann, an denen allein die beteiligten Rechtsanwälte verdienen. Aus einer Art „nachwirkender Fürsorge" gegenüber ihrem früheren Schützenfreund hätte der Verband als Kulanzleistung die begehrte Veröffentlichung vornehmen können, und der Rechtsfriede wäre hergestellt gewesen.

### p) Segeln (DSV)

**18** Eine formalistische Betrachtungsweise zeigt der Berufungsausschuss des Deutschen Seglerverbandes[351]. Nach der einschlägigen Verfahrensregel muss das Schiedsgericht, das hier ein unechtes Schiedsgericht, nämlich ein Verbandsgericht war, seine Entscheidung sofort nach der Verhandlung treffen und den Parteien bekannt geben. Liege zwischen Entscheidung und Bekanntgabe des Schiedsspruchs ein Zeitraum von fünf Wochen, lasse sich unter Umständen nicht mit der nötigen Sicherheit feststellen, ob die entsprechende schriftliche Entscheidung das Verhand-

[351] Urteil vom 9.12.1978, (SportR 12/39/8).

lungsergebnis vollständig wiedergibt. Deswegen müsse die Sache neu verhandelt werden. Diese strenge Regelung hat im staatlichen Strafprozessrecht eine Parallele, wo es nach § 338 Nr. 7 StPO ein absoluter Revisionsgrund ist, wenn das Urteil mit den Gründen nicht spätestens fünf Wochen nach der Verkündung zu den Akten gelangt ist.

### q) Skisport (DSV)

Zum Skisport sind schon ab den 70er Jahren eine Reihe von Entscheidungen staatlicher Gerichte zur Sicherheit auf den Pisten, zu den FIS-Regeln und zu Haftungsfragen ergangen, die unser Thema nicht unmittelbar berühren. Eine etwas sarkastische Befassung eines Amtsgerichts[352] zu einer Schmerzensgeldklage wegen entgangener Freuden beim Skilaufen soll insoweit berichtet werden. In dem Urteil heißt es: **19**

> *„Skifahren ist eher eine Massenpsychose als eine Sportart und bringt größte Risiken und Gesundheitsgefährdungen mit sich. Bei der Ausgleichsberechtigung für entgangene Urlaubsfreuden muss bedacht werden, dass durch die Verhinderung am Skifahren großen und sogar höchstwahrscheinlichen Gefahren (Knochenbrüche, Lawinenverschüttungen usw.) begegnet wird."*

Bei aller richterlichen Freiheit wäre hier bei der sicherlich auch einem Amtsrichter zustehenden Antipathie gegenüber dem von Millionen geliebten Skisport mehr richterliche Selbstbescheidung angebracht gewesen.

### r) Tischtennis (DTTB)

Dem beim Rugby-Verband behandelten Thema der Spielverlegung begegnen wir auch beim Deutschen Tischtennis-Bund (DTTB). Dessen Sportgericht[353] befasste sich mit einer durch den Klassenleiter erfolgten Verlegung eines nach dem allgemeinen Rundenplan festgelegten Termins wegen der Kollision mit einem erst später bekannt gewordenen Spieltag des Vereins in der European Champions League (ECL). Das Verbandgericht ging zwar davon aus, dass dem Klassenleiter bei einer Spielverlegung ein großer Ermessensspielraum einzuräumen sei, wobei die Interessen der beteiligten Vereine und der spezielle Sachverhalt abzuwägen seien. Diese Prüfung sei vorliegend unterblieben, weil der Klassenleiter allein nach dem Prinzip: *„Das war schon immer so"* verfahren sei. Deshalb wurde wegen Ermessensfehlgebrauchs des Klassenleiters die Spielverlegung aufgehoben. **20**

[352] Amtsgericht München, Urteil vom 24.1.1983, in SportR 27/41/3.
[353] Urteil vom 3.3.2005.

### s) Turnen (DTuB)

21 An die Zeiten des Turnvater Jahns in der Mitte des 19. Jahrhunderts erinnert eine lange Zeit praktizierte Interpretation der Kunstturnvorschriften durch den Deutschen Turnerbund (DTuB), wonach das Tragen modisch langer Haare als „unturnerisches Verhalten“ mit Punktabzug bestraft wurde[354]. Bei Polizisten und bei Bundeswehrsoldaten missbilligte man auch längere Zeit solche letztlich als Geschmacks- und nicht als Rechtsfrage einzustufende Probleme.

### t) Volleyball (DVV)

22 Das Landgericht Münster[355] erklärte den Ausspruch einer lebenslangen Sperre gegenüber einer Spielerin durch den Internationalen Verband wegen zeitweiser Teilnahme an Spielen einer Profiliga wegen groben Verstoßes gegen vereinsrechtliche Normen (kein rechtliches Gehör, der Sperrbeschluss geht nicht auf die Verbandsregeln zurück) und gegen zwingendes deutsches Recht (Art. 6 EGBGB) für nichtig und für den nationalen Verband nicht für verbindlich. Gegen das Übermaßverbot verstößt in dem geschilderten Fall die lebenslange Sperre. Die Umsetzung solcher deutscher Grundentscheidungen, an der die internationalen Verbände nicht gebunden sind, bereitet unseren Nationalverbänden oft erhebliche Schwierigkeiten.

### u) Nominierungsstreitfälle

23 Probleme der Nominierung von Sportlern für bestimmte Wettbewerbe stellten sich in der Vergangenheit bei einigen der behandelten Verbände. So haben seit Mitte der 80er Jahre Sportler versucht, vor den Zivilgerichten ihr Startrecht durchzusetzen, nachdem der jeweilige Verband sie gesperrt oder ihre Nominierung verweigert hatte. Exemplarisch ist insoweit oben im Rahmen der Leichtathletik der Streit zweier Athleten wiedergegeben, in dem ein Verstoß gegen den Gleichheitssatz gerügt wurde[356]. Die staatlichen Gerichte respektierten in den meisten Fällen einen weiten Ermessensspielraum der Verbände, der aus der Vereinsautonomie abzuleiten sei. Wegen der Verfahren, die insoweit Pilotwirkung hatten, wird auf die Darstellung der frühen Fälle eines Antrags auf Teilnahme an internationalen Wettbewerben bei *Summerer*[357] verwiesen, wobei in Sportlerkreisen

[354] *Vieweg*, aaO., S. 172.
[355] Urteil vom 5.2.1979, in SportR 13/49/3.
[356] Siehe oben i), Rn. 11.
[357] PHB II, Rn. 135–143.

bekannte Namen zu den Klägern zählten. Zwischenzeitlich hat sich die Auseinandersetzung mit diesem Problem teilweise auf die europäische bzw. internationale Ebene verlagert[358]. Deswegen soll die Behandlung der neueren Streitfälle bis zu der Behandlung der Entscheidungen der internationalen Verbände und der Rechtsprechung des CAS zurückgestellt werden. Die deutschen Gerichte sollten bei der Prüfung der Nominierungs- und Auswahlkriterien der Verbände und deren Umsetzung im konkreten Fall sich bewusst sein, dass bei diesen Streitigkeiten kaum davon auszugehen ist, dass nur eine einzige richtige Lösung die verschiedenen Interessen angemessen zueinander ins Verhältnis setzt[359]. Ein Ermessensfehler ist nur bei eindeutigen Verstößen gegen die Kriterien für die Nominierung ohne vernünftige Erwägungen für das Abweichen zu bejahen. Bezüglich der prozessualen Anforderungen soll auf die grundlegende Entscheidung des OLG München[360] verwiesen werden: *„Ein Antrag auf Erlass einer einstweiligen Verfügung mit dem Antrag, einen Sportler dem NOK zu den Olympischen Spielen vorzuschlagen, ist unzulässig. Zulässig ist der Antrag auf Feststellung, dass der Beschluss des Verbandes, einen anderen Sportler zu nominieren, unwirksam ist."*

Als Fazit der Auswertung von Verbandsentscheidungen und von Urteilen **24**
staatlicher Gerichte bzw. von echten Schiedsgerichten kann zwar nicht von einer Uniformität bei den vielfältigen Sportarten gesprochen werden, jedoch eine weitgehende Ähnlichkeit, ja teilweise Verwandtschaft bei den maßgeblichen Kriterien konstatiert werden. Dies ist nicht selbstverständlich, da die einzelnen Sportdisziplinen ja oft eine völlig unterschiedliche Herkunft aufweisen. Teils stammen sie von den britischen Inseln, aus Kontinentaleuropa oder aus den südamerikanischen Ländern, ja aus Fernost oder aus Amerika. Die Sportler spielen, rennen, kämpfen, wetteifern in den verschiedenen Disziplinen zwar nach unterschiedlichen Regeln. Der weite Himmel des Sportrechts überwölbt sie, woraus einzelne Blitze mit Extravaganzen einzelner Sportarten zucken.

[358] Siehe EuGHE 2000 I, 2595, 2618.

[359] *Haas*, SportR B, 63.

[360] Urteil vom 17.9.1985, in SportR 13/38/2.

# VI. Teil
# Rechtsprechung ausländischer Sportverbände (ausgewählte Kapitel)

## Kapitel 1: Universalität des Sportrechts

Die meisten Sportarten, jedenfalls die, die bei Weltmeisterschaften und Olympischen Spielen beteiligt sind, sind jeweils in fast allen Ländern der Welt mit ihren Sparten vertreten. So kommt es, dass große Sportverbände, wie z. B. der Internationale Fußball-Verband (FIFA) oder der Internationale Basketball-Verband (FIBA), mehr Mitgliedsstaaten haben als die UNO zu verzeichnen hat (192). Diese Universalität führt zu einer Homogenität des Rechts, wozu das von den meisten Weltverbänden streng durchgeführte Ein-Platz-Prinzip noch wesentlich beiträgt. Die globale Rechtseinheit wird zudem gewährleistet durch eine stringente Überwachung der Einhaltung der Sportregeln durch die Verbände. Eine Abweichung auch nur im Detail wird nachhaltig unterbunden. Diese Uniformität der Kampf- und Spielregeln lässt es z. B. zu, dass ein Ingenieur wegen beruflicher Versetzung von Bergen in Norwegen nach Port Stanley auf den Falklandinseln an seinem neuen Wohnort seine geliebte Sportart – ob Fußball, Tennis oder Basketball wie auch in den anderen Weltsportarten – sofort ausüben kann, ohne einen Kurs über die Spielregeln im Lande belegen zu müssen. 1

Diese Homogenität des Sportrechts scheint kaum Spielräume für differenzierte Einzelfallentscheidungen durch die Verbände zu lassen. Das Sportleben ist aber so vielfältig, dass gleichwohl immer neue nicht entschiedene Problemstellungen auf den Regel- und Rechtsebenen auftreten, die die Darstellung im Folgenden wert sind. Dabei sind dem Verfasser sicherlich viele interessante Entscheidungen nicht zur Kenntnis gekommen. Die Auswahl bezieht sich im Wesentlichen auf die in den letzten 30 Jahren in Deutschland in den Medien oder in Fachzeitschriften abgedruckten Urteile.

## Kapitel 2: Einzelfallentscheidungen in aller Welt

2 Die Darstellung der Rechtstatsachen aus dem ausländischen Sport erfolgt in alphabetischer Reihenfolge nach Ländern. Innerhalb eines Landes wird nach Sportarten vorgegangen.

### a) Brasilien

3 Auch gegenüber Vereinen des Rekordweltmeisters Brasilien im Fußball zeigte sich die FIFA unnachgiebig bei ihrem weitweiten Bemühen, jegliche Anrufung staatlicher Gerichte im Keim zu ersticken. So wurde der Zweitliga-Club Sporting do Gama bis auf weiteres von allen nationalen und internationalen Spielen ausgeschlossen, weil er entgegen den FIFA-Statuten eine Klage vor einem staatlichen Gericht gegen den Nationalverband Brasiliens eingereicht hatte. Bisher sind alle Clubs und auch die Verbände auf diese Zwangsmaßnahme der FIFA eingeknickt und haben den Streit nicht vor den staatlichen Gerichten zu Ende geführt.

Ein tragischer Vorfall im brasilianischen Fußball wurde mit einer mehr als harten Sanktion geahndet. Im Meisterschaftsspiel San Paolo gegen Sao Cactano erlitt der Spieler des Gastvereins Serginho einen plötzlichen Herztod. Das Brasilianische Oberste Verbandsgericht lastete seinem Verein ein Verschulden an dem Tod an, weil der Club von Serginhos Erkrankung gewusst habe und ihn deshalb nicht habe einsetzen dürfen. Dem Erstligisten wurden zur Strafe 24 Punkte abgezogen.

Die weltweit in den letzten Jahren im Fußball aufgetretenen Wettaffären haben auch das Land an der Copa Cabana erreicht: Im Jahre 2005 sollen Schiedsrichter zahlreiche Begegnungen der 1. Liga Brasiliens und auch des südamerikanischen Champion-Pokals „Copa Libertadores“ manipuliert haben. Wetter hatten bei den Schiedsrichtern Ergebnisse „bestellt“, um entsprechende Gewinne einzufahren“. Sogar FIFA-Schiedsrichter, aber auch andere Schiedsrichter und -assistenten sowie Unternehmer, die Schiedsrichter bestochen hatten, wanderten in Untersuchungshaft. Die Polizei Brasiliens hat einen Fußball-Mafia-Ring zerschlagen, der mit abgekarteten Partien Gewinne von mehr als einer Million Real (370.000 Euro) erzielt haben. Dank telefonischer Abhöraktionen hatte man ermittelt, dass FIFA-Schiedsrichter C. in einem Jahr mindestens 25 Begegnungen manipuliert hatte (Entgelt pro Spiel: 10.000 bis 15.000 Real). Der Schiedsrichter sagte bei seiner Verhaftung, er habe nicht aus Geldgier gehandelt, sondern Spiele manipuliert, weil die Mafia mit dem Tod seiner Frau und seiner Tochter gedroht habe.

In Deutschland hatte die Wettmafia, um nicht aufzufallen, auf Spiele unterer Klassen gesetzt, in Brasilien setzten die dortigen Wettbetrüger, um ihre Manipulationen so unauffällig wie möglich zu gestalten, auf favorisierte Teams, um deren Sieg zu garantieren. Auf solche Spiele zu setzen, bringe zwar keine hohen Quoten, was man aber durch hohe Einsätze ausgeglichen habe. Auch dort musste in Einzelfällen – wie bei dem Parallelfall „Hoyzer" – ein Schiedsrichter gegenüber seinem Auftraggeber bedauern, dass er dem Team, dem er zum Siege verhelfen sollte, einen Elfmeter geschenkt habe, das ihn aber verschossen hätte.

Die Parallelen zu den ähnlichen Vorfällen bei anderen Sportnationen werden unten noch aufgezeigt.

### b) China

Aus dem Austragungsland der Olympischen Spiele im Jahre 2008 mit seinem immensen Bevölkerungs- und damit auch Sportlerpotential werden – wie im alten Europa – Sportstrafverfahren von Schiedsrichtern als Täter und Opfer im Fußball berichtet. Der Schiedsrichter Knok Kun Choi wurde wegen eines spektakulären Fußtritt ins Hinterteil des Hongkong-Stürmers Kim Wo Lee lebenslänglich gesperrt. Ebenfalls jeweils lebenslänglich sperrte der Chinesische Fußballverband drei Zweitligaspieler des Provinzclubs Hebli Hishan, weil sie nach einem umstrittenen Elfmeter im Spiel gegen den Hauptstadtverein Peking BTV den Schiedsrichter krankenhausreif geschlagen haben. Die Sitten im Sport in China sind rauer geworden, seit die chinesischen Tischtennisspieler zum ersten Mal auf der Weltbühne auftraten und ihren deutlich unterlegenen Gegnern Sätze und Spiele „aus Freundschaft" schenkten. 4

Im Vorfeld der Olympischen Spiele im Jahre 2008 hat die Korruption, die in China nicht nur in der Gesellschaft, sondern auch im Sport sehr verbreitet ist, dazu geführt, dass im Jahre 2005 799 Angestellte der Staatsbank wegen Unregelmäßigkeiten, darunter auch Verantwortliche für die olympischen Bauvorhaben, bestraft worden sind. Der Profifußball wurde in China im Jahre 1994 eingeführt. Seitdem, so berichten Kenner der Szene, sind Bestechung und Bestechlichkeit, Schiebung und Betrug zuverlässigste Merkmale des Spielgeschehens. Wetten ist im Land der

Mitte zwar verboten, der Umsatz auf dem Wettmarkt wird gleichwohl von Experten auf 2 Milliarden Euro im Jahr geschätzt.

### c) Chile

5 Ein eklatanter Fall von Simulation wird aus Chile gemeldet. Der dortige Nationaltorhüter Roberto Rojas hatte sich im WM-Qualifikationsspiel im Oktober 1989 in Rio de Janeiro gegen Brasilien beim Stande von 0:1 fallenlassen, als in seinem Strafraum eine Leuchtrakete niedergegangen war. Er war nicht getroffen worden, stellte sich aber bewusstlos und ließ sich in die Kabine tragen. Rojas wurde lebenslänglich für internationale Spiele und drei Monate für nationale Begegnungen gesperrt.

### d) England

6 Das Mutterland des Sports ist für seine liberale Stellung zum Sport bekannt. Geradezu unwirsch ließ ein englisches Verbandsgericht im Jahre 1986 eine in Südafrika geborene Weltklasseschwimmerin, die lange in England gewohnt hatte, mit deren Klage, England bei den Commonwealth-Spielen vertreten zu dürfen, abblitzen, weil man sich in einen Wettbewerb nicht einklage[361].

Derzeit wird Old England von einem Fußballskandal größeren Ausmaßes befallen. Nach Informationen der BBC haben mehrere Erstligatrainer Schmiergelder in Millionenhöhe bei Spielertransfers kassiert. Bei bis zu 80 Transfers soll nach Recherchen eines „Sonderermittlers" in den vergangenen zwei Jahren Schmiergeld geflossen sein. Die Vorfälle werden von den Betroffenen weitgehend in Abrede gestellt. Eine erste Verurteilung zu einer drakonischen Strafe wurde im September 2006 gegen einen Spielerberater in Gestalt eines 18-monatigen Berufsverbots und einer Geldstrafe von 149.000 Euro verhängt. Er war durch eine versteckte Kamera bei einem Treffen mit einem prominenten Vereinstrainer überführt worden. Das Urteil ist noch nicht rechtskräftig.

Ein Offizieller des Englischen Fußballverbands forderte von der Premier League, sie solle kriminaltechnische Experten und Spezialisten aus dem Bankgeschäft engagieren, um den Fluss des Geldes zu verfolgen. Der UEFA-Pressesprecher William Gaillard forderte lebenslängliche Sperren für die Sünder im Bestechungsskandal. Bei der UEFA geht man davon aus, dass europaweit Handgelder bei Spielertransfers gezahlt wurden. Die

[361] *Reuter*, aaO., S. 45.

UEFA beklagt, dass die EU-Gesetze verhinderten, dass die Verbände sicherstellen können, *„dass Transfers sauber ablaufen und Besitzverhältnisse von Clubs und Spielern durchschaubar sind"*, so Gaillard. Auch ein berühmter Club ist bereits verurteilt worden: Gegen Chelsea wurde im Frühjahr 2006 wegen illegaler Kontaktaufnahme mit Arsenals Nationalspieler Ashley Cole 743.000 Euro Geldstrafe verhängt. In der reichsten Liga der Welt scheut man nicht davor zurück, für mittelmäßige Spieler erstaunlich viel Geld auszugeben und teilweise sogar schon für vielversprechende Jugendspieler 6-stellige Euro-Beträge zu zahlen.

### e) Frankreich

Vom französischen Fußball wurden zwar im letzten Jahrzehnt große **7**
sportliche Erfolge (Weltmeister 1998, Europameister 2000) gemeldet, aber auch schlimme Entgleisungen. Der exzentrische Nationaltorwart Fabian Barthez wurde zu sieben Monaten Sperre bis zum 31.12.2005 verurteilt, weil er im Freundschaftsspiel seines Vereins Olympic Marseille den marokkanischen Schiedsrichter Abdullah El Achivi bespuckte. Ihm ist, was im französischen Fußball zulässig ist (siehe Strafe gegen Zidane) ermöglicht worden, dass er durch gemeinnützige Arbeit die Sperre um 10 Wochen abkürzen konnte.

### f) Griechenland

Eine drastische Strafe verhängte das höchste griechische Sportgericht **8**
gegen den Erstligisten PAS Ioannina in Gestalt eines Abzugs von 72 Punkten wegen der Nichtzahlung von Gehältern an 18 Spieler. Im Zeitpunkt des Urteils im April 2003 waren zwei Drittel der Meisterschaftsrunde gespielt, der Verein hatte gerade 18 Punkte, sein Tabellenstand danach: – 54 Punkte. In Deutschland ist die Denkweise zum Nichtzahlen von Spielergehältern eine andere. Obwohl häufiger Klagen über ausstehende Gehälter von Spielern in die Öffentlichkeit gedrungen sind, sind mir keine Verfahren der DFB-Sportinstanzen bekannt, geschweige denn Punktabzüge, schon gar nicht in der immensen Höhe wie in Griechenland.

### g) Italien

Vor dem größten Korruptionsskandal im europäischen Sport soll einer **9**
der folgenschwersten Spielabbrüche auf unserem Kontinent behandelt werden: Am 21. März 2004 fand im Olympiastadion in Rom das Derby zwischen Lazio Rom und dem AS Rom vor 70.000 Zuschauern statt. Das

Spiel war beim Stande von 0: 0 abgebrochen worden, nachdem im Stadion das gegenstandslose Gerücht die Runde gemacht hatte, die Polizei habe vor dem Stadion ein Kind totgefahren. Es kam zu einem gemeinsamen Aufstand von Lazio- und Roma-Anhängern. Roma-Fans stürmten den Platz, bedrohten die Spieler und forderten den sofortigen Spielabbruch. Da die Situation außer Kontrolle geraten war, brach Schiedsrichter Rosetti nach Telefonkontakt mit dem Liga-Chef Adriano Galliani das Derby ab. Im Anschluss daran wurden bei weiteren Fan-Krawallen 153 Polizisten verletzt, verprügelt und mit Steinen beworfen. Francesco Totti, Kapitän des AS Rom und späterer Weltmeister, hatte zu Schiedsrichter und zu dem Polizeichef, die ihn aufforderten, weiterzuspielen, gesagt: *„Wenn wir das machen, bringen die uns um!"* Nach dem Urteil des Sportgerichts wurde das Derby nicht, wie von den Polizeigewerkschaften und der Politik gefordert, auf neutralem Platz wiederholt, sondern im Olympiastadion angesetzt – es verlief übrigens ohne Zwischenfälle. Außerdem wurde gegen den beim abgebrochenen Derby als Heimverein für die Ordnung verantwortlichen AS Rom eine Geldstrafe ausgesprochen sowie eine Stadionsperre für die nächsten beiden Heimspiele verhängt.

**10** Während dieser Fall in erster Linie die Landeshauptstadt Italiens betraf, erschütterte der Manipulationsskandal 2005/2006 das gesamte Land. Der damalige Sportdirektor von Juventus Turin Luciano Moggi war Kopf einer mafiaähnlichen Vereinigung gewesen. Er hat mit Komplizen aus Schiedsrichterinstanzen ausgewählt, welche Referees bestimmte Spielpaarungen, insbesondere solche von Juventus Turin, pfeifen sollten. Vorbeugend hatte der Clan schon durch bestellte Schiedsrichter Juves Gegner für die nächste Partie durch gezielte Gelbe und Gelb-Rote Karten ein Spiel vor der Begegnung mit Juve schwächen lassen. Moggis Mobiltelefone wurden von der Polizei angezapft, was ergeben hatte, dass Moggi mit den beiden zuständigen Schiedsrichter-Einteilern die Auslosungen für die Spielansetzungen türkten, sodass manipulationsbereite Schiedsrichter in den gewünschten Spielen zum Zuge kamen. Damit darin foule Entscheidungen nicht in den Fernsehsendungen aufflogen, intervenierte Moggi bei den entsprechenden Sendern und diktierte dabei, welche Szenen aus den beeinflussten Spielen gezeigt werden dürften und welche nicht. Moggi griff auch zu wenig zimperlichen Methoden, um Druck auf nicht ganz willfährige Schiedsrichter auszuüben. Ein Mitschnitt seiner Telefongespräche brachte an den Tag, dass er einen Schiedsrichter, der einige Fouls von Juventinis tatsächlich gepfiffen und eine 2:3 Niederlage der „alten Dame" Juve nicht verhindert hatte, in die Umkleidekabine einschloss und den Schlüssel mit zum Flughafen nahm. Der Drahtzieher der Affäre Moggi hatte ein System ausgeklügelt, das den Ausgang der Meisterschaft in der Serie A maßgeblich beeinflusst hat. 29 von 38 Juve-Spielen sollen manipuliert worden sein. In den Korruptionssumpf waren 4 Clubs sowie 25 Manager, Funktionäre, Präsidenten und Schiedsrichter verwickelt – keine Spieler. Auf Schiedsrichterseite war als prominentester De S. vertreten, der für die WM vorgesehen war, dann aber abgesetzt wurde.

Den Sumpf trockenzulegen und die Verhältnisse im Land des Weltmeisters wieder zu ordnen, war drei Instanzen vorbehalten: In erster Linie war dazu berufen der italienische Fußballverband FIGC mit seinem Ankläger und den Verbandsinstanzen (1), dann im Weiteren die UEFA bei der Umsetzung der Sanktionen in die europäischen Wettbewerbe (2) und last, not least die FIFA (3), die darüber wachen sollte, dass Fußballfälle vor Sportgerichten verhandelt werden und nicht vor die staatlichen Gerichte gelangen.

(1) In Sportgerichtsverfahren ließ nach zunächst drastischer Bestrafung in erster Instanz das Berufungsgericht viel Milde walten. Juventus Turin wurde „nur" in die Serie B zurückversetzt, wo der Verein in der Saison 2006/2007 mit 17 Minuspunkten starten muss. Die beiden Meisterschaftstitel aus den Spielzeiten 2004/2005 und 2005/2006 wurden dem Club aberkannt. Für die laufende Saison wurde der AC Mailand mit 8 Minuspunkten belastet und ferner für ein Spiel eine Platzsperre verhängt, sowie für die vergangene Saison ihm 30 Punkte abgezogen. Gegen Lazio Rom wurden 11 und gegen AC Florenz 19 Strafpunkte für die neue Spielzeit verhängt. Gegen involvierte Funktionäre wurden zum Teil Geldstrafen verhängt; der Haupttäter Moggi und sein Komplize, der ehemalige Geschäftsführer von Juventus, wurden mit einem fünfjährigen Betätigungsverbot bestraft. AC Mailand blieb von dem erstinstanzlich ausgesprochenen Zwangsabstieg verschont. Durch den Abzug von nur 30 statt vorher 44 Punkten ist AC Milano, der Club des ehemaligen Ministerpräsidenten Silvio Berlusconi, in der „bereinigten Tabelle" Dritter der Meisterschaft 2005/2006 geworden und konnte so an der Qualifikationsrunde für die Champions-League teilnehmen. Im „Wettbewerb der Ehrlichen" war Inter Mailand zum Meister der vergangenen Spielzeit ausgerufen worden.

    Im Ausland wurden diese Urteile als viel zu milde kommentiert. Im Lande des Weltmeisters gehen halt die Uhren im Doppelpass-Spiel zwischen Fußball und Justitia anders.

(2) Die UEFA war nun am Zuge. Man erwartete in Europa, dass sie dem skandalbetroffenen Bewerber AC Mailand die Rote Karte für die Champions-League zeigen würde. Man werde künftig die Aktivitäten des Clubs genau verfolgen, jedoch bestehe derzeit keine Rechtsgrundlage, die Türen für die neue Saison in der Champions-League zu verschließen, so die UEFA. Sie hat sich nicht ihres Art. 62 RPO besonnen, wo für unvorhergesehene Fälle „nach Recht und Billigkeit" zu entscheiden ist. Roland *Zorn*[362] formulierte: Die UEFA gerierte sich gegenüber dem AC Mailand als Papiertiger. Viele Konkurrenten auf europäischer Ebene hatten allerdings nichts dagegen, denn der AC Milano ist für sie ein Zugpferd mehr in den Arenen des Millionenspiels Champions-League.

(3) Eigens die FIFA zeigte sich zumindest nicht geneigt, dem Druck der schwarzen Schafe südlich der Alpen nachzugeben. Renitent und dreist forderte Juventus die „Aufhebung und Abschaffung der sportgerichtlichen Strafe" und erklärte, vor ein ordentliches Gericht, das Verwaltungsgericht der Region Latium, zu ziehen.

Wie der Teufel das Weihwasser verfolgt die FIFA aber alle Bemühungen nationaler Vereine oder gar Verbände, Zivilklagen vor staatlichen Gerichten gegen Verbandsentscheidungen zu erheben. Entsprechend ihren Prinzipien schrieb der FIFA-Präsident Joseph S. Blatter an den Präsidenten der FIGC und setzte dessen Verband ein Ultimatum, binnen einer Woche Klarheit herbeizuführen, dass Juve den staatlichen Rechtsweg nicht einschlage. Die höchstinstanzliche Drohung gab der italienische Verband an Juventus weiter mit der Ankündigung, der Traditionsclub müsse bei Anrufung der Zivilgerichte weit schärfere Sanktionen als Verbandsabstieg und Punktabzug seitens des Nationalverbandes befürchten. Das deutliche Stoppzeichen der FIFA hatte wieder einmal Wirkung gezeigt. Juventus Turin zog die bereits eingereichte Klage vor dem Verwaltungsgericht zurück. Ob die Juve-Führung das internationale Sportschiedsgericht CAS anrufen wird, was die FIFA ausdrücklich als aus ihrer Warte unbedenklich angesehen hatte, ist bisher nicht bekannt geworden.

Das zulässigerweise angerufene Schiedsgericht des Nationalen Olympischen Komitees Italiens rabattierte am 29.10.2006 die Strafen noch weiter: Punktabzug gegen Juve statt 17 nur 9, gegen Lazio statt 11

[362] In FAZ vom 3.8.2006.

nur 3 und gegen Florenz statt 19 lediglich 15 Punkte. Schade, dass der amtierende Weltmeister nicht zu einer in der übrigen Fußballwelt nachvollziehbaren Behandlung seines größten Skandals in der Lage gewesen ist! Verständnis kann man für die Konzessionsurteile nicht haben.

Der Manipulationsskandal in Italien ist mehr schlecht als recht bewältigt. Nur ein Blick auf die unteren Regionen der Tabelle zeigt dort derzeit noch prominente Clubs mit Minuspunkten. Italiens Rekordmeister Juve musste statt des sonstigen Triumphzugs in der ersten Liga Spießruten in der Provinz laufen und dort zunächst einmal seine 9 Minuspunkte abarbeiten.

### h) Polen

Der Bazillus „Wettskandal" erreichte im Fußball auch osteuropäische **11** Fußballnationen. Der Präsident des polnischen Fußballverbandes Michal Listkiewicz hat seinen Rücktritt für Ende Oktober 2006 auf der Hauptversammlung des Verbandes angekündigt, weil man ihm vorwirft, in der Korruptionsaffäre des polnischen Fußballverbands ein schlechtes Krisenmanagement gezeigt zu haben. Er habe „korrupte Seilschaften" gedeckt. Im vergangenen Jahr wurden insgesamt 32 Spieler, Schiedsrichter und Verbandsfunktionäre festgenommen, die in die Korruptionsaffäre verwickelt sein sollen. Die polnische Presse gab im Hinblick auf die Schiebereien und die Misserfolge der Nationalmannschaft bei der WM 2006 sowie die Niederlagen der polnischen Clubs in europäischen Wettbewerben einer Bilanz den deprimierenden Titel: „Der polnische Fußball ist auf dem Totenbett!"

### i) Portugal

Im Lande des Gegners der deutschen Mannschaft im Spiel um den dritten Platz bei der WM 2006 sind in der Vergangenheit Bestechungsurteile **12** auf Verbandsebene und auch durch staatliche Gerichte gefällt worden. Im Jahre 1996 hielt eine Enthüllungswelle im portugiesischen Fußball monatelang an. Mehrere Erstligisten und Top-Schiedsrichter standen unter Verdacht, Spiele verschoben zu haben. Ein Vereinspräsident wurde von einem Staatsgericht zu einem Jahr Gefängnis, ein Schiedsrichter sogar zu 15 Monaten Gefängnis verurteilt, wobei zwei für den Club des Präsidenten gegebene Elfmeter dem Verfahren zugrunde lagen. Eine Intellektuellen-Gruppe sorgte sich um die Sauberkeit des portugiesischen Fußballs und erklärte: *„Wir alle haben unsere Frauen, unsere politischen*

*Parteien und unsere Jobs gewechselt – aber niemals unsere Clubs – künftig werden wir aber den FC Barcelona unterstützen, bei dem die Portugiesen Fernando Couto und Luis Figo unter Vertrag stehen."*

### j) Schweiz

13 Vom dortigen Erstligaverein SC Sion wird berichtet, dass sein Präsident Christian C. zweieinhalb Jahre gesperrt worden ist, weil er nach einem Pokalspiel seines Vereins gegenüber dem Schiedsrichter tätlich geworden war. Eine durchaus ausgewogene Strafe!

Der FC Sion, ein Schweizer Fußballclub mit großer Fußballtradition (zweimal Schweizer Meister und neunmal Gewinner des Schweizer Cups), war Gegenstand einer schier unendlichen Verfahrenshäufung[363]. Am 5. April 2003 hatte die Lizenzkommission des Schweizer Fußball-Verbandes (SFL) die erforderliche Lizenz für die Saison 2003/2004 verweigert, weshalb der Club mit Beginn der Spielzeit 2003/2004 an der Challenge League, der Schweizer Meisterschaft, nicht teilnehmen durfte. FC Sion führte gegen diese Lizenzverweigerung nacheinander drei verbandsinterne Rekursverfahren über mehrere Rechtszüge durch, ferner mehrere Eilverfahren beim staatlichen Gericht und drei Klagen bei einem Ad-hoc-Schiedsgericht. Gerügt wurden Verletzungen verfahrensrechtlicher Garantien, insbesondere die Verletzung des rechtlichen Gehörs, des Grundsatzes von Treu und Glauben sowie des Anspruchs auf Gleichbehandlung. Nach einem Irren durch die staatlichen, schiedsgerichtlichen und Vereinsinstanzen, der einem Suchen im Labyrinth des Minotaurus ähnelt, wurde durch Rekursentscheid von 29. Oktober 2003 dem FC Sion für die Challenge League 2003/2004 als 19. Mannschaft eine Lizenz erteilt. Nach $3^1/_2$-monatiger Verspätung und bereits gespielten 12 Meisterschaftsrunden nahm der FC Sion noch am Tag des Urteils als reguläres Mitglied der Liga den Spielbetrieb auf und siegte gegen FC Bulle mit 1:0.

Diese nachträgliche Integration in eine laufende Spielrunde nach Verfahrensgängen wie hier ist wohl sportpolitisch wie auch juristisch absolut einmalig[364]. Dieser Fall sollte abschreckend für alle Richter in staatlichen, schiedsgerichtlichen und verbandsrechtlichen Verfahren wirken.

[363] Umfassender Bericht bei *Roth/Walther*, aaO., S. 195 ff. und S. 230 ff.

[364] So *Roth/Walther*, aaO., S. 196.

### k) Spanien

Im Bereich des iberischen Fußballs ist es lange Tradition, dass um die Präsidentenschaft der berühmtesten Clubs wie Real Madrid, FC Barcelona, Atlético Madrid sich fußballbegeisterte Millionäre mit allen Mitteln bemühen. Der inzwischen verstorbene ehemalige Präsident von Atlético Madrid und Bürgermeister von Marbella, Jesus Gil y Gil, drehte jahrelang seine Kapriolen; gegen ihn wurden von staatlichen Gerichten und auch von Verbandsinstanzen hohe Strafen verhängt. Bei der letzten Wahl zum Präsidenten von Real Madrid habe der Bewerber C., der die meisten Stimmen erhielt, nach Presseberichten einen Wahlkampf geführt, als wolle er Präsident der Vereinigten Staaten werden. Anfechtungsklage, einstweilige Verfügungen und Gerichtsentscheidungen waren gleichwohl die Folge. 14

Die Dimension der Geldbeträge, in der spanische Spitzenclubs denken, zeigt sich an einer jüngst geltend gemachten Forderung von Atlético Madrid gegenüber der FIFA. Der argentinische Mittelfeldspieler Maxi Rodriguez hatte sich im Länderspiel Argentinien gegen Spanien in Murcia (2:1) einen Kreuzbandriss zugezogen, weshalb er 6 Monate ausfällt. Die einheimische Presse machte den spanischen Fußballverband mitverantwortlich, weil dieser das Länderspiel auf einem Platz habe austragen lassen, der nach Meinung aller Kommentatoren unbespielbar gewesen sei; der Rasen in dem gerade erst fertiggestellten Stadion sei noch nicht richtig angewachsen gewesen. Atlético fordert von FIFA und dem spanischen Fußballverband für den Ausfall des Argentiniers sechs Millionen Euro Schadensersatz – es handelt sich um Traumvorstellungen, denen der Realitätsbezug fehlt.

### l) USA

Aus den Vereinigten Staaten von Amerika ist es naheliegend, dass berichtenswerte Skandale sich dort nicht um den Soccer, die amerikanische Art unseres Fußballs, drehen, sondern spektakuläre Sportentscheidungen, die dem Fairness-Begriff nicht unbedingt Rechnung tragen, dort aus dem Bereich des Boxsports kommen. 15

Dem wohl größten Boxer aller Zeiten Cassius Clay alias Muhammad Ali wurde sein Titel als Meister aller Klassen im Boxen aberkannt, weil er aus religiösen Gründen den Wehrdienst mit der Waffe verweigerte, was durchaus problematisch ist, weil dabei ein angebliches staatliches Fehlverhalten auf den Sportbereich erstreckt wurde.

Um den mittlerweile sagenumwobenen Box-Manager Don King ranken sich viele Gerüchte, die oft den Hauch von Korruption atmen. In dem in Tokio im Jahre 1990 durchgeführten Kampf um die Schwergewichtsweltmeisterschaft zwischen Mike Tyson und Außenseiter James „Buster" Douglas soll Tyson-Manager Don King an „Iron Mike" die Anweisung gegeben haben, Douglas nicht allzu schnell zu besiegen, da schnelle Knockouts seines Schützlings ihm zuletzt das ganz große Geschäft verdorben hätten. Douglas wusste von dieser Absprache nichts und schickte den Champion aller Klassen in der 10. Runde selbst auf die Matte. Der Präsident der World Boxing Councils (WBC) Jose Sulaiman annullierte den Kampf, weil Douglas zuvor in der 8. Runde k.o. gewesen sei. Douglas war gegen Rundenende zu Boden gegangen. Das große Network ABC recherchierte, dass der Ringrichter Octavio Meyran (Mexiko) genau 13 Sekunden benötigte, um bei 10 anzukommen. Die Neuansetzung wurde damit begründet, dass Douglas schon vorher knocked-out und der Kampf damit für Tyson gewonnen gewesen sei. Eine skandalöse Missachtung der Tatsachenentscheidung des Ringrichters.

Im Sommer 1997 gab es in Las Vegas erneut einen spektakulären Boxkampf mit Mike Tyson. Dessen Gegner war der amtierende Weltmeister Evander Holyfield, dem Tyson in der 3. Runde in einem völligen Blackout das rechte Ohr abbiss und es auf die Matte spuckte. Über die Länge der gegen Tyson zu verhängenden Sperre sprachen sich zunächst 61% der Befragten für lebenslänglich aus; nach einer von seinem Promoter inszenierten pathetischen Entschuldigung im Fernsehen waren es immer noch 53%. Verhängt wurden von dem zuständigen Gremium eine sechsmonatige Sperre und die Pflicht zum Abführen von 10% der Gesamtbörse von 30 Millionen Dollar. Mögen die Gesetze des Boxgeschäfts ein faires Urteil schwerlich zulassen, die Stimme des Volkes im Wege der Demoskopie einzuschalten, führt aber ebenfalls auf Abwege. Das Recht darf sich in allen Sportbereichen nicht durch Ergebnisse von Meinungsumfragen leiten lassen.

Aus dem Land der unbegrenzten Möglichkeiten werden häufiger Streiks aller Vereine der Spitzenligen wegen verbandsseitiger Beschränkung der Gehälter berichtet. Am ehesten kann man in den USA davon sprechen, dass Profisportarten (NFL, MLB, NBA, NHL) Elemente der Unterhaltungsindustrie, also einer ganz normalen Wirtschaftsbranche sind, die keine ehrenamtlichen Funktionäre an ihrer Spitze haben, sondern knallharte Manager. Um den Kostenfaktor in ihren Betrieben zu senken, ersann man die „Salary Cap". Es wird dabei ein Limit festgelegt, wie viel Geld jedes einzelne Team einer Liga maximal für Gehälter ausgeben darf. Es findet eine Orientierung an den Einnahmen des Clubs statt. Reichere Clubs dürfen dabei mehr ausgeben als ärmere. Es wird angedacht, ähnliche Konstruktionen in Europa zu übernehmen. Meines Erachtens bringt ein solches System die Gefahr der Scheinverträge und der schwarzen Kassen mit sich und damit neue Unregelmäßigkeiten nach staatlichem und verbandsseitigem Recht.

### m) Wales

Jugend schützt ebenso wie das Alter nicht vor Torheiten. Ein 15-jähriger 16
Schüler wurde vom Waliser Fußball-Verband lebenslang gesperrt, weil er in einem Jugendmatch dem Schiedsrichter zwei Fausthiebe ins Gesicht versetzt hatte. Nach unserem staatlichen Jugendstrafrecht wäre als Höchststrafe selbst bei einem Schwerverbrechen nur eine solche von zehn Jahren zulässig gewesen.

# VII. Teil
# Recht der internationalen Sportverbände

## Kapitel 1: Rechtsgrundlage für die internationalen Verbände

Der Sport – und dabei insbesondere der professionelle – wird über die Staatsgrenzen hinweg betrieben. Das IOC ist der oberste allgemeine internationale Sportverband. Die Olympic Charta ist das Olympische Verbandsrecht. Im Übrigen sind die nationalen Sportverbände in ihren Weltverbänden organisiert. Die vertikalen Beziehungen sind teils vertraglich, teils mitgliedschaftlich geregelt, bei Großereignissen auf Weltebene oft auch durch beide Bindungsformen. 1

Dabei ist heute unstreitig, dass Internationale Sportverbände keine Völkerrechtssubjekte sind[365]. Sie werden von privaten natürlichen Personen bzw. von juristischen Personen, in der Regel durch die nationalen Fachverbände, gegründet. Die herrschende Lehre stuft sie dementsprechend als Non-Governmental Organizations (NGOs) ein[366]. Als solche genießen sie keine Privilegien im Verhältnis zu anderen transnationalen Personenvereinigungen. Daraus ergibt sich, dass die Internationalen Verbände ihre Organisation und ihre Rechtsfähigkeit nur von einer staatlichen Rechtsordnung ableiten können. Nach dem Internationalen Privatrecht ist dabei festzulegen, nach welcher Rechtsordnung dies zu geschehen hat, wobei entweder die Rechtsordnung in dem Gebiet, in dem die Gründung stattfand, oder die, in deren Gebiet der Verband seinen Sitz hat, maßgebend sind („Gründungstheorie" bzw. „Sitztheorie").

Das von einer Internationalen Organisation gesetzte Recht bedarf einer Einbindung in die jeweilige staatliche Rechtsordnung, und zwar in die Privatrechtsordnung. Es ist dabei eine Frage des Internationalen Privatrechts (Kollisionsrecht), welcher Rechtsordnung die anstehenden Fragen zu entnehmen sind. Dabei ist indes das Kollisionsrecht nationales Recht,

[365] PHB/*Pfister*, aaO., 6/7.
[366] PHB/*Pfister*, aaO., 6/8.

weshalb je nachdem, wo ein Rechtsstreit anhängig ist, eine unterschiedliche Rechtsordnung anzuwenden sein kann[367].

Auf diesen etwas verschlungenen Wegen ist damit zu entscheiden, welche Gerichte eines welchen Staats zuständig sind. Da über die diesbezüglichen Fragen oft heftig gestritten werden kann, wird viel Geist und insbesondere viel Zeit bei diesen prozessualen Vorfragen verwendet, bevor man zu dem materiellen Streitstand vordringt. Daraus resultieren die großen Vorteile eines vor dem Streit rechtswirksam installierten Internationalen Schiedsgerichts, das ein echtes Schiedsgericht, wie z. B. das CAS, sein muss. Als Nebeneffekt einer solchen ständigen Instanz ergibt sich die Aufstellung einheitlicher weltweiter Sportsrechtsgrundsätze[368].

Die aufgezeigten Rechtsbeziehungen können für einen nationalen Sportverband durchaus in materiellrechtlicher und in prozessualer Hinsicht zu einer erheblichen Einschränkung eines Verbands führen. Diese Nachteile werden aber aufgewogen durch die Vorteile, die eine Partizipation an den Vergünstigungen sportlicher und wirtschaftlicher Art (man nehme die Erträge einer teilnehmenden Nation bei einer Weltmeisterschaft im Fußballbereich) in einem weltweit handelnden Großverband mit sich bringt. Es besteht zudem die Chance, auf den demokratisch ausgerichteten Mitgliederversammlungen der Weltverbände auf eine Willensbildung in eine gewünschte Richtung hinzuwirken.

367 PHB/*Pfister*, aaO., 6/11.
368 PHB/*Pfister*, aaO., 6/11 a. E.

## Kapitel 2: Gefahren für den Sport

Obige Einschränkungen werden gesehen und hingenommen. Die Weltverbände akzeptieren, dass sie durch die rechtlichen Gegebenheiten eingeengt, ja teilweise in Fesseln gelegt werden. 2

Schleichend ist dagegen eine andere, oft stärkere Beschränkung eingetreten, nämlich der Einfluss der großen Geldgeber auf den Spitzensport[369]. Sicherlich werden enorme Geldbeträge als Entgelte für Übertragungsrechte an den Sport gezahlt. Die Medien nehmen aber mehr und mehr für sich in Anspruch, die Spieltermine im Hinblick auf die Fernsehübertragungen mit zu bestimmen. Vereinzelte Versuche werden unternommen, sogar die Spielregeln ihren Bedürfnissen anzupassen (z. B. das Ansinnen der Drittelung der Spielzeiten im Fußball und damit die Schaffung einer zweiten Halbzeitpause für Werbezwecke). Weit gefährlicher für die inter- und die nationalen Sportverbände ist aber insbesondere das Unterwandern ihrer Aushängeschilder, nämlich ihrer Spitzenclubs durch sportverrückte, aber auch machtbesessene Milliardäre. Vor allem in England geht das Zittern um vor dem unbekannten Kapital. Große Clubs der Premier League sollen in amerikanischer bzw. russischer Hand sein. Es ist dabei nie ganz zu trennen, ob sich hinter diesen Entwicklungen mafiöse Strukturen oder auch nicht mehr als Big Business oder Sportfanatismus verbergen. *„Der moderne Fußball muss sich hinter seiner glamourösen Fassade mit dubiosen Beziehungsgeflechten, schmutzigem Geld, Menschenhandel oder Spielmanipulationen auseinandersetzen."*[370]. Wenn die Meldungen aus Südamerika stimmen, so ist in Argentinien eine höchst unbefriedigende, weil gefährliche Art von Kapitalzufuhr im Fußball erfolgt: Der argentinische Fußballverband hat für fast 20 Millionen Dollar der Investment-Holding des russischen Ölmilliardärs Wiktor Wexelberg die Rechte an den Freundschaftsspielen der Nationalelf überlassen, inklusive eines Mitspracherechts bei der Aufstellung.

[369] *Steiner*, *„Die Autonomie des Sports"*, S. 39.

[370] *Ashelm*, aaO.

Aber auch in Einzelsportarten werden märchenhafte Gagen bezahlt. Wenn der Sieger eines Tennismatchs mehrere Millionen Euro gezahlt erhält, ist das Lebenswerk eines Nobelpreisträgers dagegen geradezu schäbig honoriert. Für den Nobelpreis erhält dessen Träger 1,1 Millionen Euro. Wenn die Gene des Nobelpreisträgers anders strukturiert gewesen wären und er statt in Medizin, Physik oder Literatur Spitzenleistungen zu erbringen in der Lage gewesen wäre, ein Star im Tennis, Golf oder Automobilsport zu werden, hätten seine Erträge ein Vielfaches betragen, sodass man mit *Steiner*[371] oder in Anlehnung an Goethes Zauberlehrling hinsichtlich des monetären Drucks in vielen Bereichen des Sports ausrufen kann: *„Die Geister, die der Sport durch das Geld gerufen hat, wird er nun nicht los.“* Mögen solche Mahner aber nicht einsame Rufer in der Wüste bleiben!

Angesichts der grundsätzlich begrüßenswerten Eigenwelt des Sports, der in seinen verschiedenen Sparten ein farbiges Bild der Freude beim Spiel darbietet, der aber auch nach seinem Selbstverständnis allein bestimmen will, was sportlich ist, und der aber ebenso damit leben muss, dass staatliches Recht Sportrecht modifizieren kann, ist es eine spannende Frage, ob die Quadratur des Kreises auf oberster Ebene zwischen Sport und Recht gelungen ist. Unter den Sportjuristen ist zwischenzeitlich nicht mehr streitig, dass den internationalen Sportorganisationen ein Rang unterhalb der Verfassung und den zwingenden Bundesgesetzen, zu denen auch der Ordre-public-Vorbehalt (Art. 6 EGBGB) gehört, zuzuweisen ist[372]. Es soll im Folgenden gezeigt werden, wo das Internationale Olympische Komitee (IOC) als oberste Weltorganisation des Sports und wie die internationalen Sportverbände Recht gesucht, gefunden und angewandt haben. Die Reihenfolge richtet sich dabei nach dem Vorrang des IOC, dann nach der alphabetischen Folge der Sportarten.

[371] *„Festschrift für Röhricht“*, aaO., S. 1237.

[372] *Summerer*, Dissertation aaO., S. 38.

## Kapitel 3: Einzelfallentscheidungen der internationalen Verbände (Auszüge)

### a) Das Internationale Olympische Komitee (IOC) 3

Nach der Olympischen Charta[373] und ihrer Regel 1 des Kapitels I (Die olympische Bewegung ist „die oberste Institution der olympischen Bewegung" das IOC, das sich bereits am 23. Juni 1894 konstituierte. Sein Rechtsstatus ist nach Regel 19 der Olympischen Charta *„eine nichtstaatliche internationale Organisation, nicht gewinnorientiert und von unbegrenzter Dauer, in Form einer Vereinigung mit Rechtspersönlichkeit, die vom Schweizer Bundesrat durch Dekret vom 17. September 1981 anerkannt worden ist"*. Es hat seinen Sitz in Lausanne. Die Aufgabe des IOC ist es, die olympische Bewegung nach Maßgabe der Olympischen Charta zu führen. Nach Regel 19 Abs. 4 sind die Beschlüsse des IOC, die auf der Grundlage der Bestimmungen der Olympischen Charta getroffen sind, endgültig. Es heißt dann weiter:

> *„Streitigkeiten über ihre Durchführung oder Auslegung können nur durch die Exekutivkommission des IOC und in gewissen Fällen durch Schiedsverfahren vor dem Court of Arbitration for Sports (CAS) entschieden werden."*

In Regel 74 heißt es dann lapidar:

> *„Alle Streitigkeiten, die sich anlässlich oder im Zusammenhang mit den Olympischen Spielen ergeben, sind gemäß dem Regelwerk für die Schiedsgerichtsbarkeit in Sportsachen ausschließlich dem Schiedsgerichtshof für Sportsachen zu unterbreiten."*

Die in Art. 19 Abs. 4 angesprochenen „gewissen Fälle" waren einmal wenige, sie sind aber zwischenzeitlich erheblich angestiegen, wie im IX. Teil dargestellt werden wird. Fälle, die dort behandelt werden, werden im vorliegenden Kapitel ausgeklammert.

Eine Besonderheit des IOC besteht darin, dass es nur natürliche Personen, keine Sportverbände als Mitglieder hat, wobei ein Land nur ein gewähltes Mitglied stellen darf; aus Ländern, in denen bereits Spiele der

[373] Abgedruckt in PHB, aaO., Anhang B, 1.

Olympiade oder der Olympischen Winterspiele stattgefunden haben, kann das IOC ein weiteres Mitglied wählen (Art. 20 Nr. 1.1 und 1.2). Das IOC erkennt – wie im Weltsport verbreitet – ebenfalls nach dem Ein-Platz-Prinzip je (olympische) Sportart nur einen Welt-, gegebenenfalls auch je einen regionalen und je einen nationalen Fachverband sowie pro Land ein Nationales Olympisches Komitee (NOK) an[374]. Voraussetzung für die Anerkennung eines NOKs ist, dass der betreffende Verband das Regelwerk des IOC durch einen Regelanerkennungsvertrag verbindlich akzeptiert[375]. Trotz Ähnlichkeiten zu einem Mitgliedschaftsverhältnis sind die Rechtsbeziehungen zu den NOKs nach vertraglichen Grundsätzen zu beurteilen[376].

Bis zur Einführung des CAS durch Beschluss der 87. IOC-Session vom 5./6. Februar 1984 mit dem Ziel, sportspezifische Streitfragen schnell und kompetent zu lösen, lag die Kompetenz zur Streitschlichtung grundsätzlich bei der Session, d. h. der Generalversammlung der Mitglieder des IOC, deren Entscheidung keiner Nachprüfung unterzogen werden konnte. Die Session durfte ihre Aufgabe an das Exekutive Board delegieren, was sie regelmäßig tat.

4 Zu der Einführung eines internationalen Sportschiedsgerichts trug sicherlich maßgeblich mit bei, dass das IOC im Vorfeld der Olympischen Winterspiele in Lake Placid 1980 und dann der Olympischen Spiele in Los Angeles 1984 in eine Reihe von Gerichtsverfahren verwickelt gewesen ist. Sportler haben insbesondere amerikanische staatliche Gerichte angerufen, deren weitgehende Abstinenz gegenüber Vorgängen im Sport bekannt war[377]. Aus der Frühgeschichte der staatlichen Rechtsprechung zum Sport soll der Rechtsstreit zum Olympischen Status von Taiwan herausgegriffen werden. In diesem Fall hat das erstinstanzliche New Yorker Staatsgericht angeordnet, dass die Olympischen Winterspiele in Lake Placid nur stattfinden dürften, wenn die Mannschaft aus Taiwan unter ihrem eigentlichem Namen, Flagge und Hymne starten dürfe. Als Begründung wurde angeführt, dass das IOC an New Yorker Recht gebunden sei. Das Berufungsgericht[378] stellte fest, dass es sich um eine political question handele, die nicht der Entscheidung der Gerichte

[374] PHB 6/6.

[375] *Nolte*, Lehrbuch, S. 27.

[376] PHB 6/6.

[377] *Kaufmann*, aaO., S. 17.

[378] So der Fall Ren-Guey vor dem Court of Appeals of New York vom 12.2.1980, zitiert nach *Reuter*, aaO., S. 26 Fn. 93.

unterliege. Auch der New Yorker Supreme Court zeigte Sensibilität für die ureigensten Belange des Sports, der selbst bestimmen möchte, wer an seinen Spielen teilnehmen darf, und bestätigte die Entscheidung der Vorinstanz unter Anwendung der political question-Doktrin.

Als zweites und letztes Beispiel für unrühmliche Rechtsfälle aus der Zeit 5
vor Einführung des CAS soll der Fall des berühmten amerikanischen Sportlers Renaldo Nehemia, der 1981 Weltrekordler über 110 m Hürden (12,93 Sekunden) war, angeführt werden[379]. Der farbige Sprinter wechselte 1982 die Sportart und unterschrieb einen Profi-Vertrag bei einem Football-Club über 1,6 Millionen Dollar. Gleichwohl versuchte Nehemia das nationale Comeback als Hürdenläufer. Die zuständige Schiedsstelle des amerikanischen Leichtathletikverbands erteilte ihm eine auf nationale Wettkämpfe beschränkte Starterlaubnis als Hürdenläufer. Diese Entscheidung wurde rechtskräftig. Gleichwohl gab der Rat des Internationalen Leichtathletikverbands (IAAF) dem nationalen Verband auf, das Votum der Schiedsstelle des Amerikanischen Leichtathletikverbandes nicht zu vollziehen, was dieser befolgte. Der Streit eskalierte, als das Nationale Olympische Komitee der Vereinigten Staaten (USOC) im Januar 1983 Nehemia ab sofort die Teilnahme an nationalen Leichtathletik-Veranstaltungen gestattete. Man sah dies als offene Kampfansage des USOC an die IAAF an. Zwei Tage später fand bereits in Los Angeles ein Gipfeltreffen zwischen IAAF-Präsident Primo Nebiolo und IOC-Präsident Juan Antonio Samaranch statt. Letzterer sah die Starterlaubnis für Nehemia als „schweren Fehler“ an. Der IAAF-Präsident drohte aber damit, man werde jeden Sportler, der gegen Nehemia antrete, sofort disqualifizieren und erforderlichenfalls den amerikanischen Mitgliedsverband ausschließen, was sich verheerend auf die Olympischen Spiele 1984 auswirken müsste. Der Olympia-Präsident knickte ein und ließ das Nationale Olympische Komitee der USA wissen, dass bei Olympischen Spielen Profis ausgeschlossen seien. Ohne den Beistand staatlicher Verfahren und ohne irgendeinen staatlichen Zwang war durchgesetzt worden, dass Nehemia nicht starten durfte, aber auch nicht bei der Olympiade.

Als Treppenwitz der Sportgeschichte mutet aber an, dass im Zuge der Liberalisierung der Amateurregelungen der Internationale Leichtathletikverband Renaldo Nehemia bereits drei Jahre später in Gnade wieder aufgenommen hat. Am 24. Juli 1986 beschloss nämlich dessen Vollver-

[379] Die Darstellung des Falles erfolgte in Anlehnung an *Reuter*, aaO., S. 30–32.

sammlung in Stuttgart, dass allen Athleten die Starterlaubnis zu erteilen sei, die in irgendeiner Sportart außer der Leichtathletik Wettkämpfe gegen finanzielle Zuwendungen bestreiten oder bestritten haben. Es hat sich somit die Unterscheidung zwischen Sportarten (hier Football-Profi, dort Hürden-Amateur) durchgesetzt[380]. Man denke an die Parallelität des Falles Nehemia zu dem des Königs der Athleten bei den Olympischen Spielen in Stockholm im Jahre 1912, James Thorpe, der kurzfristig Halb-Profi im Baseball gewesen war und dem man unnachgiebig alle seine Medaillen und Auszeichnungen aberkannte (s. oben I, 15).

6 Manchmal zeigte sich das IOC bei der Erteilung einer Starterlaubnis nach einem Wechsel eines Sportlers in ein anderes Land, dem „mit Rückenwind" des nationalen Sportverbandes dort schon bald die Staatsangehörigkeit verliehen wurde, ziemlich großzügig. Der deutsche Skilangläufer Johann Mühlegg wurde 1998 wegen eines Streits mit seinem Nationalverband aus dem Team seines Verbandes ausgeschlossen. Er erhielt nach einem Jahr ohne Startrecht 1999 die spanische Staatsbürgerschaft und startete fortan als Juanito Mühlegg für Spanien. Bei den Olympischen Winterspielen 2002 in Salt Lake City gewann er die Goldmedaillen in den Disziplinen 30-km-Freistil, 10-km-Verfolgung und 50-km-Lauf. Er wurde des Dopings überführt. Die FIS sperrte ihn für zwei Jahre und aberkannte ihm die drei Goldmedaillen. Lediglich die Glückwünsche des Königs Juan Carlos konnten ihm im Nachhinein nicht genommen werden.

An dieser Stelle soll klargestellt werden, dass die interessanten Entscheidungen des IOC zu Kontaminierungsverfahren, zu Nominierungsfragen und zu Schutzsperren sowie auch solche der Weltfachverbände zu diesen Fragen, sofern sie im Nachhinein Gegenstand von Verfahren beim CAS waren, der umfassenden Darstellung wegen im IX. Teil bei den Entscheidungen des CAS dargestellt werden.

7 
### b) Eishockey (IIAF)

Bei den Olympischen Winterspielen in Albertville im Jahre 1982 lieferte die damals recht erfolgreiche Deutsche Eishockey Nationalmannschaft den Stoff für eine Protest-Entscheidung des Eishockey-Weltverbandes IIHF. In einem Eishockey-Thriller unterlag die deutsche Mannschaft im Viertelfinalspiel gegen Kanada mit 2:3 nach Penalty-Schießen. Deutschland hatte Protest eingelegt und diesen auf einen „Regelverstoß" des

[380] *Reuter*, aaO., S. 32.

finnischen Schiedsrichters Mäkelä gestützt. Dieser hatte in der 2. Serie des Penalty-Schießens Kanadas Superstar Lindros erneut beginnen lassen, obwohl nach der Regel hätte alterniert werden müssen und der Deutsche Draisaitl dran gewesen wäre. Die Forderung des DEB-Präsidenten Wanner, die 2. Serie des Penalty-Schießens in der regelgerechten Reihenfolge wiederholen zu lassen, wurde durch den IIAF mit 17:1 Stimmen (die Gegenstimme war die von Wanner) abgeschmettert. Zwar sei ein Regelverstoß gegeben, der Vorgang sei aber als Tatsachenentscheidung des Schiedsrichters anzusehen. Das Ergebnis mag richtig sein, die Begründung erscheint mir nicht überzeugend. Vielleicht hätte man besser fehlende Kausalität des Regelverstoßes für den Spielausgang oder einen zu geringen Regelverstoß, um eine Wiederholung zu rechtfertigen, annehmen sollen.

### c) Fußball (FIFA und UEFA) 8

Das Gros der Fälle stellt auch im Rahmen des jetzigen Themas „König Fußball", wobei FIFA-Entscheidungen (1) und sodann solche der UEFA (2) darzustellen sind.

(1) **FIFA:** Nicht zu Unrecht meinen Kritiker, dass die FIFA nicht immer das richtige Ballgefühl zeige und in dem Gefühl ihrer Allmacht öfter auch für sie geltende Grenzen überschreite:

Nach Fußballregel 4 besteht die Grundausrüstung eines Spielers aus den folgenden zwingend vorgeschriebenen einzelnen Gegenständen:

- einem Jersey oder Hemd,
- Shorts – werden Thermohosen getragen, muss ihre Farbe mit der Hauptfarbe der Hosen übereinstimmen –
- ...

Beim Afrika-Cup 2004 war die Nationalmannschaft in Kamerun statt in Trikot und Hose in Einteilern angetreten. Die FIFA gestattete ein Tragen der Anzüge bis zum Ende des Afrika-Cups und teilte mit, dass danach die Sache vor die Disziplinarkommission gebracht werde, weil die Anzüge nicht der Fußballregel 4 entsprechen. Da die „unbezähmbaren Löwen" sich weigerten, die Einteiler abzulegen – dahinter stand die Firma Puma, die Kamerun das Tragen der Einteiler großzügig entlohnte, insbesondere wenn ein publikumswirksamer Streit um Puma-Produkte mit der FIFA ausgetragen werde –, verhängte die Disziplinarkommission der FIFA gegen die renitenten Afrikaner eine Geldstrafe von 200.000 CHF und einen Abzug von sechs Punkten für die Weltmeisterschaft der FIFA

2006. Auf die Berufung von Kamerun bestätigte die FIFA-Berufungskommission[381], dass – wie auch der BOARD zwischenzeitlich bestätigt habe, ein Verstoß gegen Regel 4 der „Laws of the game“ gegeben sei. Die in der 1. Instanz verhängte Sanktion sei dem Verstoß gegen die Vorschriften angemessen. Kamerun zog vor das CAS. Der damalige Kameruner Trainer, der Deutsche Winfried Schäfer, sagte, die Endrundenteilnahme seines Teams sei bei Aufrechterhalten des Sechs-Punkte-Abzugs unmöglich. Im Mai 2004 sprach der 54. Ordentliche FIFA-Kongress auf Empfehlung des FIFA-Präsidenten anlässlich des 100-jährigen FIFA-Jubiläums einen überraschenden Gnadenakt aus und hob den Sechs-Punkte-Abzug auf. Die Geldstrafe blieb bestehen. Joseph S. Blatter kommentierte den bei der FIFA nicht häufigen Vorfall eines Gnadenerweises: „... *Das ist kein Freispruch, sondern ein Geburtstagsgeschenk. Die Strafe war hart. Der Gnadenakt ist eine richtige Sache...*“ Das CAS brauchte nicht mehr zu entscheiden.

Dauerhaft unnachgiebig war die FIFA im Falle Griechenlands, das eine Änderung des nationalen Sportgesetzes, durch die eine Einflussnahme politischer Entscheidungsträger in Verbandsangelegenheiten verstärkt werden sollte, vorgesehen hatte. Vor den abschließenden Parlamentsberatungen in Athen teilte die FIFA im August 2006 mit, dass „*der griechische Verband (HFF) und alle seine Mitglieder mit sofortiger Wirkung suspendiert und bis auf weiteres von allen internationalen Aktivitäten, wie Teilnahme an internationalen Wettbewerben aller Stufen, der Organisation von Länderspielen in Griechenland und der Ernennung von Offiziellen für internationale Aufgaben ausgeschlossen*“ seien. Das griechische Parlament stellte umgehend die Übereinstimmung des griechischen Sportgesetzes mit den FIFA-Regelungen her. Otto Rehhagel und seine Fußball-Europameister aus dem Jahre 2004 konnten an der Anfang September 2006 startenden Qualifikation für die Europameisterschaft 2008 teilnehmen. Der HFF war zehn Tage lang von allen internationalen Wettbewerben ausgeschlossen. Der griechische Sportminister Georges Orphanos war in Zürich bei Sepp Blatter gewesen. Der Druck der FIFA hatte im Handumdrehen ein staatliches Gesetz außer Kraft gesetzt – die Macht des Fußballs hatte es ermöglicht.

Am 6./7. Februar 2006 hatte sich die Disziplinarkommission der FIFA mit den Vorfällen im Play-off-Spiel Türkei gegen die Schweiz am 16. November 2005 zu befassen: U. a. hatte dabei ein Türkischer Offizieller einem

[381] Urteil vom 12. Mai 2004, in SpuRt 2004, 219.

Schweizer Spieler einen Tritt gegen das Bein versetzt, worauf ein anderer Schweizer dem Offiziellen einen Tritt ins Gesäß zufügte. Dies wurde entgegen dem Vorbringen des Spielers nicht als Putativnotwehr erachtet, sondern als Racheakt. Nach Spielende kam es zu Fußtritten und ringerartigen Aktionen zwischen Spielern beider Mannschaften. Diese Verhaltensweisen wurden jeweils als Tätlichkeiten gemäß Art. 48 FIFA-Disziplinarreglement angesehen. Spieler und Verbände wurden wegen mehrfacher Verstöße gegen die CDF empfindlich bestraft. Gegen die Türkei wurde wegen der „skandalösen Vorfälle", so die FIFA, neben einer hohen Geldstrafe angeordnet, dass der Verband die drei nächsten Heimspiele – das sind die in der EM-Qualifikationsrunde – im Ausland und vor leeren Rängen, 500 km von der Türkei entfernt – austragen muss. Zwei davon hat die Türkei mittlerweile unter Ausschluss von Zuschauern in Frankfurt ausgetragen – sie hat sie beide gewonnen.

(2) **UEFA:** Der traurigste Tag im Fußballgeschehen in Europa war der, an dem infolge der Krawalle vom 29. Mai 1985 im Brüsseler Heysel-Stadion beim Europapokalspiel zwischen dem FC Liverpool und Juventus Turin nach Hinzutreten tragischer Umstände 39 Menschen ums Leben gekommen sind. Die Kontroll- und Disziplinarkommission der UEFA stellte fest, *„... dass sich die Anhänger des FC Liverpool undiszipliniert, aggressiv und äußerst gewalttätig verhalten haben ..., was den Tod von 38 Personen sowie 300–400 Verletzte, wovon einige in kritischem Zustand sind, zur Folge hatte"*. Die Kommission begründete mit einem Satz, dass die Clubs gemäß den Reglementbestimmungen für das Verhalten ihrer Anhänger verantwortlich sind. Die ausgesprochenen Sanktionen: Sperre des FC Liverpool für sämtliche Clubwettbewerbe der UEFA während drei Saisons, falls der Club qualifiziert sei. Die Sperre trete in Kraft ab dem Zeitpunkt, ab dem das Exekutiv-Komitee englische Vereine an den Clubwettbewerben der UEFA wieder zulässt. Als Folge der schwärzesten Stunde im europäischen Fußball wurde die Anmeldung englischer Clubs für UEFA-Wettbewerbe auf unbestimmte Zeit nicht zugelassen. Der FC Juventus Turin musste zwei Heimspiele unter Ausschluss der Öffentlichkeit austragen. Gegen den belgischen Fußballverband wurde für zehn Jahre eine Sperre sämtlicher Stadien für die Organisation von Endspielen im Euro-Cup ausgesprochen. Die Berufungskommission verwarf bereits am 8. August 1985 alle Rechtsmittel in einem Beschluss von einer (!) Seite Umfang.

Bei den staatlichen Gerichten wurden die Vorfälle in zivilrechtlicher und strafrechtlicher Hinsicht verhandelt. Der Strafprozess 1. Instanz, in dem 14 Liverpooler Fans zu Freiheitsstrafen von teilweise bis zu 18 Monaten verurteilt wurden, hatte sechs Monate gedauert. Zwei Spitzenfunktionäre der UEFA waren vom Vorwurf der fahrlässigen Tötung freigesprochen worden. Den Familien der Opfer, von denen die meisten aus Italien stammten, wurde eine Entschädigung in Höhe von 300 Millionen Belgischen Franken (= 14,4 Millionen DM) zugesprochen.

Eine harte Strafe stand im Raum, als die Champions-League-Partie AS Rom gegen Dynamo Kiew im Frühjahr 2005 verhandelt wurde, die wegen der Verletzung von Schiedsrichter Anders Frisk (Schweden) durch einen römischen Tifosi abgebrochen worden war. Als Folge eines berechtigten Platzverweises des Roma-Spielers Mexès hatte das Publikum getobt und Gegenstände aller Art auf den Spielleiter niedergehen lassen. Eine Münze traf ihn an der Stirn. Die zuständige Kommission der UEFA wertete die Vorfälle relativ milde, erklärte das abgebrochene Spiel mit 0:3 für Kiew für gewonnen und ordnete zwei UEFA-Spieltage unter Ausschluss der Öffentlichkeit an.

Die sportrechtlich oft Probleme bereitende Verantwortlichkeit eines Gastvereins für seine Anhänger bei Auswärtsspielen wurde von der Kontroll- und Disziplinarkommission der UEFA zum UEFA-Pokal-Spiel UC Sampdoria gegen Hertha BSC Berlin am 30.11.2005 behandelt. Anhänger von Hertha BSC hatten im Stadion von Genua pyrotechnische Gegenstände abgebrannt. Nach § 6 (1) RPO habe Hertha BSC das Verhalten seiner Anhänger zu verantworten. Diese Haftung könne indessen gemildert werden, wenn der Verein beweise, dass er alles unternommen habe, um die besagten Vorfälle zu unterbinden. Es heißt dann nach Darlegung der Gefährlichkeit der geworfenen Feuerwerkskörper schlicht: *„Hertha BSC ist mithin für das schuldhafte Verhalten seiner Anhänger zu bestrafen."* Bei der Strafzumessung wird ausgeführt, dass Hertha BSC den Beweis effizienter Maßnahmen gegenüber unorganisiert reisenden Hertha-Fans schuldig geblieben sei, die sich vor Ort unter die sog. offiziellen Hertha-Fans mischen konnten. Eine Geldstrafe von 6.000 CHF sei angemessen (Urteil vom 8. Dezember 2005, n. v.).

Auch die UEFA hat den türkischen Verband wegen gravierender Ausschreitungen bei der U-21-Championship im Spiel gegen Deutschland am 18.11.2003 bestraft. Die Kontrollkommission ordnete durch Urteil vom 4. Dezember 2003 drei empfindliche Strafen gegen beteiligte Spieler der Türkei an und 50.000 CHF Geldstrafe, sowie ferner, dass die nächsten beiden Heimspiele der U 21 in dem gleichen Wettbewerb „behind closed doors" stattfinden müssen (Urteil vom 4. Dezember 2003 in englischer Sprache, n. v.).

Die UEFA musste in einem gravierenden Fall gegen fehlsame Schiedsrichterfunktionäre vorgehen. Die Berufungsinstanz verurteilte durch Urteil vom 10. April 1997 den früheren internationalen FIFA-Schiedsrichter Kurt R. wegen versuchten Wettspielbetrugs zu einer lebenslänglichen Funktionssperre. Sie stellte fest, dass R. vor dem Spiel Grashopper Club Zürich gegen Auxerre in einem Treffen den Manager des Gastvereins V. fragte, ob er daran interessiert wäre, dass der Schiedsrichter in diesem Spiel zumindest nicht gegen Grashopper Zürich pfeife. Selbstverständlich müsse dafür ein finanzieller Betrag aufgewendet werden. Der Spielleiter der Begegnung sei ein guter Freund von ihm, sodass es für ihn ein Leichtes wäre, die Sache zu arrangieren. V. ging auf das Angebot nicht ein, sondern informierte die UEFA. Die Einlassung von R., er habe nur einen Versuchsballon zu Testzwecken starten wollen, wertete die Kommission nach Auswertung von Zeugenaussagen als unbeachtliche Schutzbehauptung. Eine Beteiligung des angesetzten Schiedsrichters Z. sei nicht anzunehmen. R. habe entweder eine versuchte Spielmanipulation vorgenommen oder den Anschein einer solchen erweckt. Bei beiden Varianten liege ein Verstoß gegen die Grundsätze der Loyalität, der Integrität und der sportlichen Gesinnung vor. Bei dem Abstellen auf den maßgeblichen Empfängerhorizont des Adressaten der Handlung könne dieser nicht das eine oder andere unterscheiden. Auch sei die zu disziplinierende Energie des Handelnden in beiden Fällen gleichwertig. Hier klingen die Grundsätze des Instituts der Wahlfeststellung im deutschen Strafrecht bei rechtsethischer und psychologischer Vergleichbarkeit der Handlungsweisen an. Strafmildernd wurde R. zugute gehalten, dass der Beschuldigte sich als bekannter und allseits anerkannter FIFA-Schiedsrichter über viele Jahre hinweg große Verdienste erworben habe. Er habe demgegenüber seine Bekanntheit als ehemaliger Spitzenschiedsrichter ausgenutzt. Sein verwerfliches Handeln sei als schwerwiegender Angriff auf die tragenden Grundsätze des Fußballs zu werten, weshalb die erstinstanzlich verhängte Funktionssperre auf Dauer tat- und schuldangemessen sei (Urteil vom 10. April 1997, n. v.).

Abschließend soll die klarstellende UEFA-Entscheidung vom 25.7.1992 Erwähnung finden, wonach die Ermittlung eines nationalen Pokalsiegers oder Meisters Sache des jeweiligen Nationalverbands sei. Die UEFA habe nicht das Recht, hier von Amts wegen oder auf Antrag tätig zu werden. Hieran ändere sich auch dann nichts, wenn der Sieger des Pokalendspiels der UEFA als Teilnehmer an einem UEFA-Wettbewerb gemeldet werden soll.

9 d) Leichtathletik (IAAF)

Obwohl die Kontaminierungsproblematik zurückgestellt ist bis zu den diesbezüglichen CAS-Entscheidungen, sollen drei deutsche Gerichtsentscheidungen zu dieser Problematik, die nicht Gegenstand eines anschließenden CAS-Verfahrens waren, im Rahmen des Fachverbands IAAF dargestellt werden.

10 Das Landgericht Neubrandenburg[382] stellte folgenden Leitsatz auf:

> *„Droht 60 Sportlern und Sportlerinnen eine Sperre durch den internationalen Verband, wenn sie zusammen mit einem international gesperrten Sportler an einem Wettkampf teilnehmen, ist es bei der anzustellenden Güter- und Interessenabwägung nicht zu beanstanden, wenn der nationale Verband drei international gesperrten Sportlerinnen die Teilnahme an den Landesmeisterschaften verwehrt."*

Selbst wenn man die Sanktionsregelung des internationalen Verbandes verfassungsrechtlich für bedenklich ansehe, so fährt das Landgericht fort, müsse bei der Güter- und Interessenabwägung berücksichtigt werden, dass der Sportler sich zwar auf die Nichtigkeit einer (möglicherweise) in Deutschland als verfassungswidrig angesehenen Regelung berufen könne, ihn aber nach Verlassen des Geltungsbereichs des Grundgesetzes bei einem Start im Ausland die volle Härte der Sanktionsfolgen des internationalen Verbandes treffe.

Eine mutige, weil wohl weitsichtige Entscheidung, die trotz Zweifeln an der Rechtmäßigkeit der „Kontaminationsregel"[383] und der zugrunde liegenden „Sippenhaft" verhindern will, dass ein Sportler durch die Räder der verschiedenen Instanzen „zermahlen" wird.

11 Der Leitsatz einer Entscheidung des Landgerichts Darmstadt[384] geht in eine ähnliche Richtung. Es heißt darin:

> *„Gleichartig zu dem Anspruch des einzelnen Athleten auf Förderung und Gleichbehandlung durch den nationalen Sportverband ... steht eine Treuepflicht des Athleten zu loyalem Verhalten und der aktiven Förderung des Zwecks des Verbands. Hiernach erweist es sich als treuwidrig, wenn der Athlet aus seiner Verbindung zu dem Verband Rechte für sich in Anspruch nimmt, zugleich aber von dem Verband fordert, die gleichartigen Rechte anderer Athleten zu missachten, indem er diese Athleten einer Sperre aussetzt."*

[382] Urteil vom 13.4.1994, in SportR 13/24/17.
[383] *Steiner, „Gedächtnisschrift für Burmeister"*, S. 421.
[384] Urteil vom 21.3.2001, in SportR 13/24/22 = SpuRt 2001, 114 ff.

In diesem Fall hatte der Berufsathlet Dieter Baumann nach seiner zweijährigen Sperre durch die vom International Panel der IAAF versucht, mit einer einstweiligen Verfügung eine Startberechtigung für den Hansaplast-Marathon in Hamburg zu erwirken. Das Landgericht sieht sehr wohl, dass es nach dem Verhältnismäßigkeitsgrundsatz kein Gebot gibt, das ein Zurücktreten von Rechten eines Einzelnen gegenüber Interessen von mehreren Personen gebietet. Gleichwohl bleibe es aus den obigen Gründen dem Kläger verwehrt, sein Teilnahmerecht beim Deutschen Leichtathletikverband einzufordern. Ein recht interessanter Gedankengang.

In der Berufungsinstanz kam das Oberlandesgericht Frankfurt[385] zu einer 12
grundlegenden Abhandlung der Problematik der Verweigerung einer Startzulassung wegen einer Sperre des internationalen Fachverbands. Diese tiefgehende Entscheidung eines staatlichen Obergerichts ist auch deshalb von besonderer Bedeutung, da in einstweiligen Verfügungsverfahren, die in allen diesen Fällen angestrengt werden, keine Revision zum Bundesgerichtshof statthaft ist (§ 545 (2) Satz 1 ZPO), eine OLG-Urteil somit letztinstanzlich ist. Das Gericht geht davon aus, dass die IAAF bei Doping-Verstößen eine eigene Sanktionskompetenz gegenüber dem Athleten hat, wobei durch diese Entscheidung der Deutsche Leichtathletikverband (DLV) gebunden ist. Die IAAF unterstehe im Hinblick auf ihren Sitz in Monte Carlo dem Recht des Fürstentums Monaco. Die Prozessparteien hätten nicht einmal ansatzweise dargetan, dass die in Rege stehende Bindungswirkung gegen monegassisches Recht verstoße. Sie sei typisch für die hierarchische Organisationsstruktur des internationalen Leistungssports und begegne auch nach deutschem Rechtsverständnis kaum durchgreifenden Bedenken. Die grundsätzliche Bindungswirkung könne allenfalls in einem Einzelfall aufgrund besonderer Umstände entfallen, wobei hierfür alleiniger Prüfungsmaßstab die Vorgabe in Art. 6 EGBGB sei. Diese Vorschrift diene der Sicherung der inländischen öffentlichen Ordnung (ordre public). Dieser Grundsatz sei verletzt, wenn die Anwendung ausländischen Rechts im konkreten Fall in einem untragbaren Widerspruch zu grundlegenden deutschen Gerechtigkeitsvorstellungen stünde bzw. mit den Grundrechten unvereinbar sei. Nach Prüfung des Klägervortrags sei der Senat zu der Erkenntnis gekommen, dass die Bindungswirkung der Wettkampfsperre nicht die deutsche Rechtsordnung nachhaltig verletze. Die IAAF habe sich in Dopingfällen eine eigene originäre Sanktionskompetenz vorbehalten, der sich der Kläger in der

385 Urteil vom 18.4.2001.

Athletenvereinbarung vertraglich unterworfen habe. Die Entscheidung des IAAF-Panels hebe zwar den Freispruch der DLV-Instanz nicht auf, mache sie aber gegenstandslos. Der IAAF-Verbandsgerichtsentscheidung wäre aber die Anerkennung in Deutschland zu versagen, wenn sie auf der Anwendung der rule der strict liability beruhen würde. Die IAAF-Panel-Entscheidung stützt sich aber darauf, dass ein schuldhafter Dopingverstoß des Athleten gegeben sei, und zwar in Form der Verschuldensvermutung. Das widerspreche nicht der deutschen Rechtsordnung, wobei der Senat nicht zu überprüfen habe, ob die Bewertung der Tatsachen durch die Verbandsinstanz insoweit richtig ist oder nicht. Eine interessante Nebenbemerkung finden wir in dem OLG-Urteil, wonach konstatiert wird, dass ausländische Rechtsordnungen, auch im europäischen Rechtskreis, nicht unbedingt das deutsche Erfordernis kennen, eine gerichtliche Entscheidung umfangreich zu begründen. Abschließend verneint der Senat mit Einzeldarlegungen eine Verletzung des rechtlichen Gehörs, was ebenfalls zu einem Verstoß gegen den ordre public nach Art. 6 EGBGB führten könnte. – Die inhaltsreiche und lesenswerte OLG-Entscheidung kann von Verbandsjuristen bei ähnlichen Problemstellungen sicherlich mit Gewinn herangezogen werden.

13 e) Ringen (FILA)

Vorsorglich, um eine Sanktion des Internationalen Ringerfachverbands (FILA) von sich abzuhalten, wurde der Deutsche Ringerbund (DRB) tätig. Acht deutsche Ringer waren im März 1983 trotz des bestehenden Verbots, gegen Ringer aus Südafrika zu starten, zu Kämpfen in Südafrika, darunter gegen eine Mannschaft der südafrikanischen Armee, angetreten. Der DRB sperrte die Athleten für 12 Monate, drei Wiederholungstäter für 24 Monate, und verhängte zusätzlich Geldstrafen. Der Ringerbund befürchtete außer Sanktionen der FILA einen Ausschluss von der Teilnahme an den Olympischen Spielen 1984, was das Ansehen des DRB empfindlich schädige[386]. Das von den betroffenen Ringern angerufene Landgericht Saarbrücken (damaliger Sitz des DRB) wies die Anfechtungsklage zurück, da es dem Verband gestattet sei, satzungsgemäße Maßnahmen auszusprechen, *„um sein Ansehen schädigendes und die Gefahr konkreten Schadens in sich bergendes Verhalten seiner Mitglieder zu ahnden“*[387].

386 *Reuter*, aaO., S. 30.
387 Urteil vom 10.11.1983, in SportR 13/32/2.

Als Fazit der Behandlung der Entscheidungen von herausgegriffenen einzelnen Internationalen Sportverbänden kann die Feststellung in der Dissertation von *Summerer*[388] im Jahre 1989, die Regeln und Handlungen internationaler Sportorganisationen seien für rechtsstaatliche Gesichtspunkte wenig sensibilisiert, zumindest heute nicht mehr gelten. Seine Einschätzung, die Chancen einer erfolgreichen Anfechtung vor einem staatlichen Gericht seien nicht gering anzusehen, ist heute nicht mehr zu teilen. Das Recht hat bei den Sportverbänden Einzug gehalten.

[388] Zusammenfassung in SportR 80/00/11.

# VIII. Teil
# Sport und Doping

## Kapitel 1:
## Allgemeines

Doping ist eine der größten Herausforderungen der Sportgeschichte[389]. 1
Seit bei der Tour de France im Jahre 1886 zum ersten Mal ein Radsportler infolge Dopings verstarb, dann 1967 am Mont Ventoux der Engländer Tom Simpson tot vom Rad fiel als Folge der Einnahme von Dopingmitteln, erreichte diese größte Lüge des Sports einen ersten Höhepunkt bei den Olympischen Spielen 1988 in Seoul. Ben Johnson war wie „eine Rakete auf zwei Beinen" vom Start des 100-m-Endlaufs „weggeschossen", und in dem sog. Jahrhundertlauf, auf den die halbe Welt gewartet hatte, vor Carl Lewis ins Ziel gekommen. Der Held war ein Betrüger, er war gedopt! – Der absolute Höhepunkt des Dopingskandals in der Geschichte des Sports ereignete sich bei der Tour de France 2006. Nach einem schweren Einbruch am Vortag deklassierte der Radprofi Floyd Landis nach einer Solofahrt auf der 17. Etappe nach Morzine seine Konkurrenten und streifte sich das Gelbe Trikot über zum Grundstein für den Toursieg. Leicht begeisterungsfähige Optimisten waren voller Bewunderung. Der „Wunderritt über die Berge" war wenige Tage lang als eine der größten Leistungen in der Radsportgeschichte angesehen worden. Floyd Landis wurde als Doper entlarvt. Das Labor wies nach, dass er synthetisches Testosteron zugeführt hatte. Landis wurde disqualifiziert. –

Als dieses Radsportwunder entlarvt war, befielen Freunde des Sports die Befürchtung, ob nicht viele besonders herausragende Sportlerleistungen in der Vergangenheit, wie etwa der Aufstieg gleich einer Gämse von Marco Pantani nach Alpe d'Huez oder manche Superweltrekorde in der Leichtathletik oder im Schwimmen, in Wahrheit Produkte der Pharmaindustrie waren und die glorifizierten Sporthelden schäbige Betrüger gewesen sind.

389 *Steiner*, in Gegenwartsfragen, S. 178.

Prof. Wilfried Kindermann, Arzt bei sieben Olympischen Spielen, Internist der Fußballnationalelf von 1990 bis 2004, Chefarzt der WM 2006, 1962 400-m-Europameister mit der Staffel, hat bereits in den 90er Jahren vom Bermuda-Dreieck des Spitzensports gesprochen: Kommerzialisierung, Wettkampfinflation, Doping. Die seitherigen Doping-Skandale haben ihn mehr als bestätigt. Doping ist zu einer Existenzbedrohung für den Sport geworden[390].

Die Sportjuristen in den Rechtsprechungsinstanzen der nationalen und internationalen Verbände suchen nach der angemessenen Sanktionierung der Verfehlungen. Experten aus Wissenschaft und Gesellschaft bemühen sich, ihren Beitrag zur Bekämpfung des Dopings zu leisten. Der Staat möchte seine Mithilfe anbieten. Der Sport ist durch Doping in eine Schleuderbewegung geraten. Die Bekämpfung der tödlichen Berufskrankheit des Sports ist für alle redlichen Kräfte der sportpolitische Elchtest[391]. Jedenfalls würde sich der Sport selbst aufgeben, wenn er vereinzelten ketzerischen Rufen nach der Freigabe des Dopings nachgeben würde[392]. Den Sportlern darf aber andererseits nicht der Trost bleiben: *No dope, no hope.*

[390] So *Heinz-Wilhelm Gäb*, der Vorsitzende der Stiftung Deutsche Sporthilfe.

[391] *Steiner*, Gegenwartsfragen, aaO., S. 189, 190.

[392] So der ehemalige Radstar Francesco Moser.

## Kapitel 2: Rechtlicher Rahmen

Eine einheitliche Definition des Dopings gibt es nicht. Ausgangspunkt der Dopingverfahren ist die Prüfung eines Verstoßes gegen Dopingbestimmungen des Verbandes, denen der Sportler sich statuarisch oder einzelvertraglich unterworfen hat. In der Vergangenheit sind eine Reihe von ethisch begründeten Definitionen entwickelt worden, die zwischenzeitlich weitgehend abgelöst wurden durch pragmatisch angelegte Doping-Definitionen[393]. 2

Für die Olympischen Spiele hat ab 1. April 2004 der World-Anti-Doping-Code (WADC) den bis dahin maßgeblichen Anti-Doping-Code des IOC als allein maßgebliches Dopingreglement abgelöst. Der WADC richtet sich an die Nationalen Olympischen Komitees. Da er eine Richtlinie ohne unmittelbare Geltungskraft für die Verbände bzw. die Athleten ist, ist er in Verbandsrecht auf nationaler Ebene umzuformen, da erst danach Verbindlichkeit im Außenbereich (Verbände, Vereine, Sportler) eintritt. In Deutschland hat die NADA (Nationale-Anti-Doping-Agentur) den WADC mit kleinen Änderungen als NADC übernommen und veröffentlicht. Gemäß einer zwischen den nationalen Spitzenverbänden und der NADA bestehenden vertraglichen Verpflichtung haben die Verbände das Regelwerk in seiner jeweiligen Fassung (dynamische Verweisung) in ihre Satzungen aufzunehmen, wodurch Geltungskraft für die Betroffenen eintritt[394].

Der DFB hat den NADC in seine Anti-Doping-Richtlinien eingearbeitet. In dessen §§ 1, 2 ist wie in Art. 1, 2 NADC der Begriff des Dopings definiert als die Präsenz verbotener Substanzen, deren Metaboliten oder diagnostischen Marker in dem Körper des Sportlers, die Verwendung einer verbotenen Substanz durch diesen oder einer verbotenen Methode sowie die Weigerung, sich einer Dopingprobe zu unterziehen. Als Dopingverstoß ist auch der Besitz von verbotenen Substanzen und Methoden festgelegt wie auch der Handel damit (§ 2 Nr. 6, 7 Anti-Doping-Richt-

[393] *Eufe*, aaO., S. 20.
[394] *Lüer*, aaO., S. 39.

linien DFB). Die verbotenen Wirkstoffe und Techniken sind in dessen Anhang A aufgeführt. § 6 RuVO DFB verweist auf diese Richtlinien und statuiert die Pflicht eines jeden Spielers, sich einer angeordneten Dopingkontrolle zu unterziehen. Als Unterform des unsportlichen Verhaltens in Art. 44 (1) der Satzung des DFB sind die Verstöße gegen die Anti-Doping-Richtlinien satzungsrechtlich verankert. Vor Ort ist der Doping-Kontrollarzt im Einsatz, der mit den Doping-Beauftragten beider Mannschaften die Auslosung der zu kontrollierenden Spieler (in der Regel zwei von jeder Mannschaft) nach einem genau festgelegten Verfahren (§§ 6ff. Anti-Doping-Richtlinien) durchführt. Die Kontrollen können während eines Wettkampfs oder „außerhalb von Wettbewerben" (Trainingskontrollen) vorgenommen werden. Der DFB führt jährlich in der Bundesliga und der 2. Liga über 500 Wettkampfkontrollen durch. Seit Einführung der Kontrollen im DFB-Bereich ist es zu 12 positiven Kontrollen gekommen, die zu Sportstrafverfahren geführt haben. Auf alle Sportarten bezogen wurden im Jahre 2002 7.700 Kontrollen in Deutschland durchgeführt, wovon 56 Proben positiv waren, also unter 1%.

**3** Im Vordergrund eines Sportstrafverfahrens steht der Beweis betreffend die Schuld des gedopten Sportlers. Als Ausgangspunkt ist dabei für den DFB wie für alle anderen Sportverbände nach allgemeinen Beweislastgrundsätzen dem DFB/den Verbänden der Nachweis aufgebürdet, dass gegen die Anti-Doping-Vorschriften verstoßen worden ist (§ 4 Nr. 1 Anti-Doping-Richtlinien).

Dieser zu führende Beweis untergliedert sich in den Beweis für die objektiven und für die subjektiven Tatbestandsmerkmale. – Im Folgenden wird zu diesem sich in den anderen Sportverbänden ähnlich stellenden Fragen von dem DFB-Recht ausgegangen. Dieses baut auf dem Grundsatz auf, dass keine Strafe ohne Schuld (nulla poena sine culpa) möglich ist.

Der Nachweis der objektiven Merkmale des Dopingtatbestands wird in der Regel durch den Befund des Labors, wenn dieses nach den aktuellen wissenschaftlichen Regeln vorgegangen ist, über positive A-Probe bzw. bei Verlangen die B-Probe geführt. Fehler bei der Abnahme der Blutprobe bis zur Bekanntgabe ihres Ergebnisses gehen zu Lasten des Verbandes; er muss sie ausräumen, ansonsten ist der Beweis bereits im objektiven Bereich gescheitert. Zweifel insoweit wirken sich zugunsten des Sportlers aus. Dieses Ergebnis wird von den Spitzenverbänden der Welt noch weitgehend einhellig vertreten – teilweise wird aber auch dem Sportler die Beweislast für die Fehlerhaftigkeit des Verfahrens bis zum Dopingergebnis übertragen, was aus rechtsstaatlichen Gründen nicht haltbar ist[395]. Mehr als verwirrend und irritierend sind aber die unterschiedlichen Lösungen bezüglich des subjektiven Tatbestands des Dopings.

Insoweit bestehen verschiedene Wege der Beweisführung, wobei, abgesehen von dem Vollbeweis (§ 286 ZPO), das Begriffstrio „strict liability“, „Verschuldensvermutung mit Entlastungsbeweis“ und „Anscheinsbeweis“ zu diskutieren ist. Auszugehen ist dabei davon, dass der Beweis nach dem Prinzip des „strict liability“ im deutschen Recht nicht zulässig ist.

Dieses Prinzip bedeutet alleiniges Abstellen auf das Vorliegen verbotener Substanzen bzw. den Gebrauch verbotener Methoden. Allein maßgeblich sind die objektiven Dopingwerte, was eine Zustandshaftung darstellt[396]. Dies stellt für den deutschen Rechtskreis einen Fremdkörper dar. Eine Bestrafung fordert angesichts der grundgesetzlich gewährleisteten Menschenwürde (Art. 1 GG), dass der Betroffene wenigstens eine wie auch immer geartete Verantwortung an dem ihm zur Last gelegten Verstoß trifft. Das Prinzip „strict liability“ ist jedoch von einer Reihe von Verbänden vorgesehen und auch vom CAS öfter akzeptiert worden[397].

Statt von dieser unzulässigen Prämisse ist von der Unschuldsvermutung auszugehen. Das Bundesverfassungsgericht sieht in ihr eine besondere Ausprägung des Rechtsstaatsprinzips von Verfassungsrang[398]. Dieses grundlegende Prinzip fließt über § 242 BGB als Einfallstor in die zivilrechtliche Interessenabwägung zwischen Verband und Sportler bei einer beabsichtigten Strafe ein.

Praktikabilitätserwägungen – ansonsten sei eine Dopingbekämpfung in der Praxis unmöglich –, müssen insoweit zurücktreten[399]. Sie sind aber andererseits nicht völlig außer Acht zu lassen. Extreme Positionen wurden insoweit von Sportfunktionären aufgestellt. So forderte der Vorsitzende der Doping-Kommission des DSB (jetzt: DOSB) Haas eine volle Beweislastumkehr, „sonst stelle sich zukünftig jeder eine Zahnpastatube zur Seite, und der Dopingfahnder könne einpacken“.

Die weiter zu diskutierende Schuldvermutung mit Exkulpationsbeweis stellt eine Abschwächung des Strict-liability-Prinzips dar: Die Schuld des

395 *Röhricht*, in Sportrecht, S. 20.

396 *Eufe*, aaO., S. 37.

397 *Röhricht*, aaO., S. 23 ff., mit Nachweisen über die wichtigsten Entscheidungen des CAS, in Fn. 31 ff.

398 BVerfGE 82, 106, 117.

399 *Röhricht*, aaO., S. 26.

Sportlers wird vermutet, jedoch wird diesem eingeräumt, den vollen Beweis seiner Unschuld zu erbringen. Letztlich ist dies eine „Schuldvermutung" zu Lasten des Sportlers, der dann seine Unschuld nachweisen muss[400]. Dieser Beweis ist schwer zu führen, aber nicht unmöglich. Bis zum Jahre 2000 hatten eine solche Regelung der DFB wie auch der DLV. Auch in der Spruchpraxis des CAS wurde sie als tragbarer Kompromiss zwischen der unabweisbaren naturrechtlichen Forderung nach Vermeidung der disziplinarrechtlichen Bestrafung Unschuldiger und der Notwendigkeit einer nachhaltigen Dopingbekämpfung favorisiert[401]. Der Sportler muss danach beweisen, dass die verbotene Substanz ohne sein Wissen und Willen in seinen Körper gelangt ist. Eine Rechtfertigung für eine solche Regelung besteht darin, dass er primär allein kennt, bestimmt und beherrscht, was in seinen Körper gelangt. Demgegenüber hat der Verband nicht die strafprozessualen Möglichkeiten der Hausdurchsuchung, Beschlagnahme, Zeugenvernehmung oder Telefonüberwachung, was ihn ohnmächtig gegenüber einem renitenten oder auch nur nicht kooperativen Sportler dastehen lässt. In dieser Situation wird zum Schutz des wichtigen Gemeinschaftsguts „Sport" nach *Steiner*[402] eine Beweislast nach Gefahrenbereichen entwickelt, die aber kein Sonderbeweisrecht des Sports darstellt. Die Sphärenzurechnung läuft nicht auf eine Art beweisrechtlichen Halbteilungsgrundsatzes hinaus. *Steiner* wörtlich:

> *„Kann ein Beruf wie der des Berufssportlers ohne wirksame Dopingbekämpfung nicht überleben und ist deren Wirksamkeit aufgrund einer nachvollziehbaren Einschätzung der Praxis ohne eine solche Beweislastverteilung in Frage gestellt, so muss dies auch verfassungsrechtlich zur Kenntnis genommen werden. Das Grundrecht der Berufsfreiheit kann schwerlich Berufsrecht in Frage stellen, das berufssichernde Wirkung hat."*

Auch wenn einer Beweislastumkehr keine zwingenden verfassungsrechtlichen Schranken entgegenstehen, ist im Rahmen des Zivilrechts, wozu, wie oben dargelegt, das Disziplinarrecht der Verbände gehört, sicherheitshalber nach Verfeinerungen solcher Beweisregeln Ausschau zu halten. Bei dieser Suche wandelt man nicht auf dem Boden des Strafrechts mit „in dubio pro reo", vielmehr ist die Anwendung des Zivilrechts am Maßstab des Zivilrechts zu messen[403], das aber Variationsmöglichkeiten im Beweisrecht kennt.

400 *Fenn*, aaO., S. 232.
401 Nachweise bei *Röhricht*, aaO., S. 46, Fn. 30–36.
402 Gegenwartsfragen, S. 181.
403 *Röhricht*, aaO., S. 27.

Diese Rechtsdisziplin orientiert sich, ausgehend von § 242 BGB, nach Gefahren- und Einflusssphären. Dabei meint ein Kenner des Sportrechts und seiner Beweisregeln, nämlich *Röhricht*[404], dass die Verbände trotz der verfassungsrechtlichen Unbedenklichkeit der Beweislastumkehr wegen der Nähe des positiv getesteten Sportlers zu den Vorkommnissen um und mit seiner Person sich nicht auf der rechtlich sicheren Seite fühlen dürfen. Ein Spruch des Bundesverfassungsgerichts oder eine Verfeinerung der Beweislastregeln durch den BGH ist nicht völlig auszuschließen. Festzuhalten bleibt, dass der Vollbeweis für seine Unschuld durch den Sportler schwer zu führen ist. Sowohl bei einer Umkehr der Beweislast wie bei einer widerlegbaren Verschuldensvermutung geht ein non liquet zu dessen Nachteil aus; der Sportler wäre als schuldig anzusehen und zu bestrafen. *Röhricht*[405]: *„Die Rechtsordnung erklärte damit sehenden Auges eine Regel für rechtmäßig, die zwangsläufig dazu führen müsste, dass ein Sportler, der ebenso schuldig wie unschuldig sein kann, einer Bestrafung unterworfen wird"*, wobei die persönlichen und wirtschaftlichen Folgen bei Berufssportlern gewaltig sein können. Mit *Röhricht* kann man eine solche Rechtsfolge nur dann hinnehmen, wenn es aus dem Dilemma keinen anderen Ausweg geben würde, und diese Regel als ultima ratio hinzunehmen wäre, man also den Rechtsschutz des Individuums dem Institutionenschutz des Sports opfern müsste.

Eine Möglichkeit des Auswegs ist aber das zivilrechtlich gesicherte Institut des Anscheinsbeweises. Übertragen auf die Dopingsituation bedeutet der Anscheinsbeweis, dass, ausgehend von der Beweislast des Verbandes betreffend die Verantwortlichkeit des positiv getesteten Sportlers dem Verband eine erleichterte Möglichkeit eröffnet ist, den zuständigen Sportrichter von einem solchen schuldhaften Verhalten des Sportlers zu überzeugen. Nach der allgemeinen Lebenserfahrung ist prima facie aus der Nähe des positiv getesteten Sportlers zum eigenen Körper und der typischerweise vorliegenden Selbstverantwortlichkeit des Sportlers für die Zuführung von verbotenen Substanzen auf einen schuldhaften Dopingverstoß zu schließen. Der Anscheinsbeweis eröffnet somit für den beweisbelasteten Verband eine Beweiserleichterung, was konkret nach den Worten des BGH[406] heißt: *„Es muss sich um Tatbestände handeln, für die nach der Lebenserfahrung eine schuldhafte Voraussetzung typisch ist."* Übertragen auf den Bereich des Sports lässt sich der Erfahrungssatz auf-

404 aaO., S. 28.
405 aaO., S. 28.
406 BGH, in NJW 1996, 1828, m.w.N.

stellen, wenn bei jemandem verbotene Dopingmittel positiv festgestellt werden, er sich diese selbstverantwortlich zugeführt hat, weil jeder seinem eigenen Körper am nächsten ist[407]. Die Verantwortlichkeit ist dabei zumindest in Form der Fahrlässigkeit zu folgern. Außerhalb seiner Kenntnissphäre liegende Vorgänge braucht der Verband nicht darzulegen und zu beweisen. Auch wenn die Vorgänge der Dopingzuführung völlig im Dunkeln liegen, ist ein schuldhafter Verstoß gegen das Dopingverbot anzunehmen.

Dem Bedürfnis des Verbandes ist damit im Interesse des Institutionenschutzes Rechnung getragen, wobei aber, anders als bei der Beweislastumkehr, dem Sportler gleichwohl nicht der oftmals schwer von ihm zu führende volle Beweis seiner Unschuld auferlegt ist. Vielmehr kann er den vollzogenen Schluss auf seine Verantwortlichkeit durch einen vereinfachten, ihm dadurch eher zumutbaren Gegenbeweis erschüttern. Nach ständiger Rechtsprechung des BGH[408] ist dieser Nachweis geführt, wenn in dem besonderen Fall konkrete Umstände vorliegen, welche die ernsthafte Möglichkeit eines atypischen, von der üblichen Lebenserfahrung abweichenden, nicht von dem beschuldigten Sportler zu verantwortenden Geschehensablauf nahe legen[409]. Das ist aber nicht schon dann zu bejahen, wenn der positive Dopingbefund auch durch andere Ursachen, also etwa durch Fremdmanipulation, ausgelöst worden sein **könnte**. Eine ernsthafte Möglichkeit eines atypischen Geschehensablaufs muss nicht nur plausibel dargelegt werden, sie muss voll bewiesen werden. Dem Sportrichter muss die Überzeugung von einem solchen speziellen Ablauf vermittelt werden, wobei an diesen Beweis durchaus strenge Anforderungen gestellt werden dürfen[410]. Dies erlaubt z. B. durchaus, als Entlastungszeugen auftretenden „unbemerkten Fremddopern“ (Ehepartner, Freund) mit der gebührenden Skepsis zu begegnen. Geradezu abenteuerliche Entschuldigungen dafür, wie es zu dem positiven Dopingbefund gekommen ist, sind in der Sportliteratur überliefert[411]. Die Skala reicht von übermäßigem Avocadogenuss (Linfort Christie), über verseuchte Spaghetti (Lenny Paul) bis zu Konsum von fünf Flaschen Bier oder von viermaligem Sex (Dennis Mitchell). Als „ernsthafte“ Möglichkeiten sind diese Märchenerzählungen nicht anzusehen.

407 *Fenn/Petri*, aaO., S. 233.
408 Vgl. statt vieler: BGH, in NJW 1991, 230.
409 BGH, in VersR 95, 723.
410 *Röhricht*, aaO., S. 36.
411 Fenn/Petri, aaO., S. 234.

Der Anscheinsbeweis in der vorstehend aufgezeigten Form ist seit 31. Oktober 2006 in § 8 Nr. 3 RuVO DFB[412] verankert. Dort heißt es, dass der positive Laborbefund *„als Anscheinsbeweis für einen schuldhaften Dopingverstoß gilt. Der Anscheinsbeweis kann erschüttert werden, wenn erwiesenermaßen Tatsachen einen anderen Geschehensablauf ernsthaft als möglich nahe legen"*.

Die FIFA hat in Art. 62 CDF folgende Regelung: *„Kann der Beschuldigte im Einzelfall nachweisen, dass ihn weder ein Verschulden noch eine Fahrlässigkeit trifft, so entfällt die grundsätzlich zur Anwendung gelangende Sanktionierung..."*

Die UEFA überschreibt ihren Art. 12 mit *„Doping, Beweislast"* und legt in dessen Abs. 2 fest, dass *„die UEFA die Beweislast für das Vorliegen von Doping trägt. Der Dopingbeweis kann durch jedes verlässliche Beweismittel, einschließlich Geständnis, geführt werden"*. Abs. 3 lautet: *„Das Vorhandensein einer verbotenen Substanz (oder deren Metaboliten oder Marker) in Körpergewebe oder in den Körperflüssigkeiten des Spielers oder die Anwendung einer verbotenen Methode gilt als Anscheinsbeweis für einen Dopingverstoß. Es obliegt dem Spieler, den Gegenbeweis zu erbringen."*

Die Regelung der drei Fußballverbände DFB, UEFA, FIFA zeigen eine klare Einführung des Anscheinsbeweises beim DFB, eine ebenso eindeutige Überbürdung des vollen Entlastungsbeweises auf den Sportler bei der FIFA, aber auch ein Bekenntnis zum Anscheinsbeweis bei der UEFA auf halben Wege, wobei nämlich dem Sportler „der Gegenbeweis" aufgebürdet wird. Diese Mischform des „Anscheins-" und des „Vollbeweises" geht weiter, als die deutsche Zivilrechtsprechung dies zulässt. Die Rechtsprechung der Obergerichte in Deutschland hat sich dem Institut des Anscheinsbeweises in Dopingfällen nicht verschlossen. Das OLG Frankfurt[413] hat ihn im Baumann-Verfahren ausdrücklich als geboten erachtet, das OLG Dresden[414] ihn als sachlich gerechtfertigt angesehen. Das CAS konnte bisher deshalb nicht zu einer einheitlichen Rechtsprechung kommen, weil den von ihm zu entscheidenden Fällen unterschiedliche Beweisanforderungen in den Satzungswerken der beteiligten Verbände zugrunde liegen.

Bei den abgehandelten verschiedenen Wegen der Beweisführung sollte aber, was in der Diskussion manchmal übergangen bzw. stillschweigend

[412] Offizielle Mitteilung Nr. 10 vom 31.10.2006, S. 1.

[413] In SpuRt 2000, 197, und in NJW-RR 2000, 1117, 1121.

[414] In SportR 13/24/31.

vorausgesetzt wird, an die Spitze gestellt werden, dass zu allererst das Sportgericht durch eine Beweisaufnahme zu versuchen hat, sich die richterliche Überzeugung über den zugrunde liegenden Sachverhalt zu verschaffen. Auf diesem Weg kann der Vollbeweis über das Verschulden des Sportlers etwa als erbracht angesehen werden, wenn, neben anderen Indizien für eine Schuld, sich der Sportler allzu sehr in abenteuerliche Einlassungen verstrickt. Diese Überzeugungsbildung des Gerichts ist nach § 286 ZPO frei. Erst wenn sie nicht zu einem Vollbeweis geführt hat bzw. bei einem non liquet, ist der Anscheinsbeweis heranzuziehen, der keine Beweislastregel ist, sondern eine Beweisführungsregel.

4 Wenn vorstehend auf dem Beweissektor bei der Dopingbekämpfung ein Etappensieg auf dem Weg zu einem rechtsstaatlichen Verfahrensziel errungen worden ist, sollte dieser aber nicht bei der Strafbemessung in den Ordnungen und den Urteilen im Einzelfall durch übersetzte und deshalb unverhältnismäßige Sanktionen wieder in Frage gestellt werden. Die Sanktionskataloge in den Weltsportverbänden verschlagen einem teilweise die Sprache. Zu dem Dopingforum im Jahre 2000 ist in einem Tabellenteil eine Übersicht über die angedrohten Sanktionshöhen für Dopingverstöße der internationalen Sportverbände erstellt worden, wonach die Sperren variieren von drei Monaten bis lebenslang. Zum damaligen Zeitpunkt war 20 Mal die Mindeststrafe zwei Jahre, beim zweiten Verstoß in den meisten Fällen die lebenslängliche Sperre, aber auch vereinzelt mindestens vier Jahre[415]. Der WADC folgt der gängigen Praxis der meisten Verbände und legt als Regelstrafe bei der ersten Verletzung eine Sperre von zwei Jahren fest. Neu ist im WADC[416] die ausdrückliche Möglichkeit einer Strafreduktion oder gar einer Strafbefreiung, wenn der Athlet nachweisen kann, dass der positive Dopingbefund nicht auf ein Fehlverhalten, sondern höchstens auf eine leichte Nachlässigkeit zurückzuführen ist. Dabei ist diese Ausnahmebestimmung das Resultat eines Seilziehens zwischen den Sportverbänden, die überhaupt keine Abweichung von der Zwei-Jahres-Sperre (z. B. FIS) und solchen, die das Strafmaß ausschließlich vom individuellen Verschulden und den persönlichen Umständen abhängig machen wollen (z. B. FIFA)[417]. Bemerkenswert ist, dass auf der Kopenhagener Anti-Doping-Konferenz im Jahre 2003, die zur Verabschiedung des WADC führte, gerade die Athletenvertreter eine mindestens vierjährige Sperre forderten. Nur so sei sichergestellt, dass

[415] *Siekmann*, aaO., S. 34.
[416] Art. 10.5 des WADC.
[417] *Netzle*, aaO., S. 189.

die Sperre jeweils auch die nächsten Olympischen Spiele einschließt[418]. Der WADC sieht keine Strafen auf Bewährung, aber auch keine Begnadigungen vor.

Zwei Jahre Regelstrafe beim ersten Verstoß und Sperren auf Dauer im Wiederholungsfall haben FIFA, UEFA und DFB statuiert. Diese hohen Wettkampfsperren, auch die Sperre auf Lebenszeit im Wiederholungsfall, genügen grundsätzlich dem Verhältnismäßigkeitsgrundsatz und sind mit Art. 12 I GG vereinbar, weil der Dopingsünder gegen Fairness und Chancengleichheit, also gegen höchste Sportgüter verstoßen hat. Ein wichtiger Gesichtspunkt ist dabei insoweit in Rechnung zu stellen, dass bei Berufssportlern – wenn auch nach Sportarten unterschiedlich – die Gesamtleistungszeit in Jahren und nicht in Jahrzehnten gerechnet werden kann[419], was je nach Alter des zu Bestrafenden die Aufgabe des Berufs bedeuten kann. Die Königsregel des Verhältnismäßigkeitsgrundsatzes fordert aber, um im Lichte der Grundrechte einer Überprüfung der Strafe im Einzelfall standzuhalten, eine Öffnungsklausel nach unten bei besonderen Umständen in der Person des Täters oder in der Tat. Joseph S. Blatter hat, obwohl man von ihm grundsätzlich eher Härte als Nachsicht erwartet, einen lobenswerten Kampf mit der WADA durchgefochten, der nach langen Verhandlungen zu einem Kompromiss über die gegenseitigen anerkannten Sanktionsmechanismen führte. Blatter ging von einer biegsamen Linie aus, grundiert durch den Anspruch, mehr Moral und mehr Verantwortungsbewusstsein im Fußball einzufordern. Die Einzelfallprüfung von Dopingvergehen sollte nach dem Kompromiss zwischen WADA und FIFA im Juni 2006 eröffnet werden und ist möglich geworden. Die WADA verankerte aufgrund dieses „Vergleiches" die Regelstrafe von zwei Jahren „im Prinzip" in ihrem Satzungswerk, die FIFA brauchte nur einen Artikel in ihrem CDF zu ändern. Vor diesem erfreulichen Kompromiss war ein Rechtsgutachten des CAS (Advisory Opinion)[420] eingeholt worden, das eine größere Eröffnung für den Einzelfall befürwortete. Daraus resultiert die neue Fassung des Art. 62 CDF, der festlegt, dass bei Dopingvergehen die Sperre *„sich nach dem Verschulden sowie nach den objektiven und subjektiven Umständen des Einzelfalles richtet"*. Bei Erstvergehen beträgt sie minimal sechs Monate und maximal zwei Jahre, im Wiederholungsfall lebenslänglich. Bei Vorliegen „spezifischer Substanzen" gemäß der Liste der verbotenen Substanzen kann

[418] *Netzle*, aaO., S. 188.
[419] *Steiner*, Gegenwartsfragen, aaO., S. 189.
[420] S. IX. Teil, Kapitel 2.

die Mindestsanktion von sechs Monaten unterschritten werden. Der DFB hat nachgezogen und mit Wirkung vom 31.10.2006 in § 8 Nr. 3 und in § 8a RuVO eine entsprechende Regelung festgelegt.

Das Prinzip der Einzelfallbeurteilung ist damit in dem WADC verankert, dem sich andere internationale Spitzensportverbände anschließen können. Die FIFA, die seit längerem darauf bedacht ist, das Thema Doping sehr ernst zu nehmen, hat damit wiederum als Vorreiter für den gesamten Sport erreicht, dass der Strafenkatalog aufgefächert wird und eine Bresche für größere Differenzierungen im Rahmen der konsequenten Dopingbekämpfung geschlagen. Unsere deutschen Gerichte werden den Sportverbänden sicher nicht verwehren, in diesem Rahmen durch flexible Sanktionsmöglichkeiten eine gerechte Strafe im Einzelfall zu finden und diese wohl bei gerichtlicher Anfechtung grundsätzlich billigen.

## Kapitel 3: Der Staat im Kampf gegen Doping

Die Einnahme von Doping stellt einen Angriff auf den Sportsgeist, das Sportethos, dar. Es handelt sich dabei in erster Linie um ein hohes sportliches Gut und nicht primär um ein staatliches Gut. Allerdings ist die Chancengleichheit im Sport als Teil des Sportethos kein ausschließlich sportverbandsrechtliches Sportinternum, sondern wird durch Art. 9 I GG anerkannt und grundrechtlich geschützt. Es hat überdies durch das Übereinkommen des Europarats gegen Doping vom 16.11.1989 auch völkerrechtliche Anerkennung gefunden[421]. Vor der Diskussion, ob und wie das Doping de lege ferenda pönalisiert werden soll, erscheint eine Bestandsaufnahme angebracht, was de lege lata derzeit nach staatlichem Recht strafbar ist: Im Arzneimittelgesetz (AMG) ist seit 1998 ein Verbot aufgenommen worden, „Arzneimittel zu Dopingzwecken in den Verkehr zu bringen, zu verschreiben oder bei anderen anzuwenden" (§§ 6a, 95 AMG). Nach der Gesetzesbegründung[422] ist geschütztes Rechtsgut dieser Vorschriften *„die Gesundheit des Sportlers, während die Gewährleistung sportlicher Fairness als solche … durch Maßnahmen der Gremien des Sports verfolgt werden soll"*. Straffrei bleibt aber dabei wie bei der Selbstverletzung im Rahmen der Körperverletzungsdelikte nach § 223ff. StGB das Selbstdoping, weil tatbestandslos[423]. Als Täter kommen insoweit in Betracht Trainer, Ärzte, Masseure, Physiotherapeuten und andere Helfer des Sportlers. Wenn es sich bei den Dopingstoffen um Betäubungsmittel im Sinne des BtMG handelt, kommt zudem ein dichtes Netz von Vorschriften in Betracht, die zur Strafbarkeit von Betreuern, aber auch des Sportlers selbst führen können (nach § 29 (1) Nr. 3 BtMG ist der Besitz von Betäubungsmitteln strafbewehrt). Aus den Augen verloren werden dürfen insbesondere nicht die sich auch gegen den Sportler richtenden Vorschriften des allgemeinen Betrugstatbestandes nach § 263 StGB. Berufssportler geben Veranstaltern von Sportwettkämpfen, Preisspendern, Sponsoren und evtl. auch gegenüber Zuschauern die konkludente Erklärung ab, die jeweils versprochenen sportlichen Leistungen nach den 5

421 *Nolte*, aaO., S. 227.
422 BT-Dr. 13/9996, S. 13.
423 Heger, in SpuRt 2001, S. 93.

Regeln eines *„fairen Wettbewerbs, d. h. ohne Doping oder Absprache zu erbringen"*[424]. Daraus ist je nach Fallgestaltung ein entsprechender Irrtum mit folgender Vermögensverfügung, Vermögensschaden bzw. -gefährdung, aber auch eine Stoffgleichheit, also ein vollendeter Betrug ableitbar. Es fehlen insoweit noch einschlägige obergerichtliche Urteile zu § 263 StGB bei Dopingfällen im Sport[425].

Das Instrumentarium des Kriminalstrafrechts ist zumindest teilweise zur Erfassung der mit Doping verbundenen Straftaten geeignet, allein es fehlt dringend am Vollzug. Bei einer konsequenten Verfolgung der strafbewehrten Taten wäre die Dopingbekämpfung zumindest in Teilbereichen durchaus wirksam, allein es besteht ein Vollzugsdefizit bei der Strafverfolgung[426].

Wenn man somit heute beim Staat ein zum Teil belastungsbedingtes Manko an Anstrengungen von der Staatsanwaltschaft und der Kriminalpolizei auf dem Dopingsektor feststellt, hatte sich in der ehemaligen DDR ein unheilvolles Engagement des Staates entwickelt. Unterlagen des Ministeriums für Staatssicherheit belegen, dass von 1967 bis 1990 im damaligen DDR-Sport systematisch gedopt wurde. Dopingmaßnahmen wurden nicht nur vom Staat finanziert, sondern durch gezielte Forschungsprojekte gefördert[427]. Das Dopingsystem war eine nationale, vom Staat geförderte und gelenkte Forschungsaufgabe. Dopingmittel wurden an tausenden von Sportlern getestet, wobei die Sportler oft ahnungslos waren, zumal man die Präparate oft als Vitamine tarnte. Massive Gesundheitsschäden sind vereinzelt bei Sportlern, bei denen teilweise von früher Jugend an verbotene Substanzen verabreicht worden waren, eingetreten. Da solche Substanzen bis zu 30% Leistungssteigerung bewirken können, erscheinen manche Medaillenspiegel bei Olympischen Spielen oder Weltmeisterschaften mit der DDR in der absoluten Weltspitze in einem anderen Licht.

Um die Jahreswende 2006/2007 vereinbarten DOSB und ein Nachfolgepharmakonzern die Zahlung von je 9250 EURO an 167 DDR-Dopingopfer als Schmerzensgeld.

Bei der Bekämpfung des Dopings in unserem heutigen Sport haben auch die einzelnen Sportverbände sicherlich noch nicht ihr Potential ausge-

424 *Tröndle/Fischer*, § 263 Anm. 20.
425 *Luer*, aaO., S. 112.
426 DOSB-Präsident *Thomas Bach* am 23.7.2006.
427 PHB/*Summerer*, II/248.

schöpft – zum Teil bedingt durch fehlende finanzielle Mittel. Man darf aber auch keine Wunder vom Sport erwarten.

Auf den ersten Blick erscheint bei dieser Ausgangslage ein vom Staat unterbreitetes Angebot willkommen. Der Staat verlässt seinen bisherigen Subsidiaritätskurs und bereitet ein Staatsgesetz gegen Doping vor. Bayern hat bereits ein Anti-Doping-Gesetz (vom 13.9.2006 in BT-Drucksache 658/06) u. a. mit einem Straftatbestand „Sportbetrug" eingebracht. Politiker glauben teilweise, dass der Sport der Situation nicht mehr Herr geworden ist (*Peter Dankert*[428]); es sei eine Situation eingetreten, bei der der Staat handeln müsse, notfalls gegen den Sport. Man konzediert, dass seit den Olympischen Spielen 1968 in Mexiko und 1972 in München der Sport sich bemüht, das Dopingproblem in den Griff zu bekommen (s. WADA-Code auf IOC-Ebene, NADA-Code auf nationaler Ebene). In Deutschland fanden im Jahre 2005 ca. 4.000 Trainingskontrollen im Verhältnis zu ca. 80.000 Kaderathlethen statt. Nimmt man die Zahl der Wettkampfkontrollen hinzu, so ergibt sich eine große Zahl. Doping ist aber viel verbreiteter, als die Zahlen der Kontrollen dies belegen. Nach gesicherten Erkenntnissen geht z. B. der Umsatz in den USA allein im EPO-Bereich in die Millionen. Es dopen sich mittlerweile Freizeitsportler, Volksläufer oder Bergsteiger, bedauerlicherweise auch Behindertensportler. Bei einigen Sportlern besteht alle fünf Jahre die Wahrscheinlichkeit, im Training kontrolliert zu werden. Diese Fakten können aufseiten der Politiker durchaus die Meinung auslösen, dass das Regelwerk der Verbände in diesem Punkt nicht funktioniert und die Technik nicht ausreichend ist. Der daraus zu ziehenden Folgerung der Politik ist durchaus beizutreten, nämlich dass auf dem Gebiet der Analytik und der Prävention mehr zu tun sei (*Dankert*), aber durch wen soll dies geschehen?

Die Sportverbände begrüßen jede Hilfe zur Verbesserung der derzeit schwer hinnehmbaren Situation bei der Dopingbekämpfung. Sie muss jedoch eine Besserung zur Folge haben. Viele Deutsche glauben, dass man ein Problem dadurch löst, wenn dazu ein Gesetz verabschiedet wird.

Zugegebenermaßen wird seitens der Politik bei ihrem Bestreben nach einem Anti-Doping-Gesetz nicht die Parallelität des Sportstrafverfahrens und des staatlichen Strafverfahrens in Frage gestellt. Es dürfen dadurch aber keine Reibungsverluste oder gar gegenseitige Behinderungen eintreten. Die Probleme stellen sich vorrangig aus der Sicht des Sports durch die schwer lösbaren Gegensätze des langatmigen Instanzenzugs

[428] Vorsitzender des Sportausschusses des Deutschen Bundestages auf der WFV-Tagung in Wangen am 29./30.9.2006.

auf Staatsseite (zum Teil über Jahre) und dem Bedürfnis nach sofortigen Sanktionen (umgehende Suspendierung des Sportlers nach Vorliegen des Ergebnisses der Doping-Analyse) auf Sportseite.

Bei der Diskussion des angekündigten Entwurfs des Anti-Doping-Gesetzes wird die Befürchtung geäußert, dass ein gegen den Athleten geführtes staatsanwaltschaftliches Ermittlungsverfahren sogar kontraproduktive Effekte auslösen kann[429]. Realistisch eingeschätzt dauert ein umfangreiches staatliches Strafverfahren, wobei in Dopingfällen die Komplexität des Verfahrensstoffes nahe liegt, zwei bis drei Jahre, wenn nicht länger. DFB-Dopingverfahren sind in der Regel binnen drei Monaten abgeschlossen worden, ein anschließendes Schiedsgerichtsverfahren dauert allenfalls weitere drei Monate. Andere Sportverbände müssten in der Lage sein, ihre Verfahren ebenfalls binnen weniger als sechs Monaten verbandsseitig rechtskräftig abzuschließen. Aussetzungsanträge im Hinblick auf die überlegenen Erkenntnismöglichkeiten des parallel laufenden staatsanwaltschaftlichen Ermittlungsverfahrens werden von geschickt agierenden Verteidigern für ihre vom Zeitgewinn profitierenden Sportler gestellt werden. Darauf ist entsprechend verfahrensmäßig auf Verbandsseite zu reagieren. Abschreckende Einzelbeispiele staatsanwaltschaftlicher Aktionen sollen sicher nicht verallgemeinert werden, aber von der Durchsuchungsaktion der italienischen Polizei bei den Olympischen Winterspielen 2004 in Turin im Quartier der österreichischen Biathleten sind mehr als zwei Jahre später noch keine Ergebnisse bekannt geworden. Als Argument gegen ein Anti-Doping-Gesetz wird in der Diskussion eingebracht, dass bei einem solchen Gesetz die ernsthafte Gefahr bestehe, dass bei großen internationalen Sportereignissen mit dem Damoklesschwert des spektakulären Eingreifens durch den örtlichen Staatsanwalt das „Kind mit dem Bade ausgeschüttet“ werden könnte. Staatsanwälte eignen sich nun einmal schwerlich zum Kampfrichter[430]. Nicht zu vergessen ist auch, dass durch das Anti-Doping-Gesetz zwar die Aufgaben der Staatsanwaltschaft erweitert werden, die knappen Ressourcen der Strafverfolgungsbehörden, die nach mancher Meinung ohnehin nur noch Einstellungs-, nicht Anklagebehörde ist, aber kaum verbessert werden.

Für die Gesetzesberatung zu einem Anti-Doping-Gesetz bestehen eine Reihe von kritischen Punkten, die vorweg zu klären sind. *Vieweg*[431] hat hierzu einen Katalog von 25 Fragen mit Unterfragen aufgestellt. Auf

[429] *Krähe*, aaO., S. 194.
[430] *Krähe*, aaO., S. 194.
[431] In Staatliches Anti-Doping-Gesetz ... in SpuRt 2006, 194 f.

jeden Fall sollte man sich sehr genau besinnen: „cui bono?“, mit anderen Worten: Nutzt dem Staat und dem Sport eine parallele Zuständigkeit über das derzeitige Instrumentarium hinaus?

Nach Meinung großer Verbände des deutschen Sports, so auch DOSB-Präsident Thomas Bach, und deren Sportrechtlern sowie den Praktikern im Sport ist eine gesetzgeberische Lösung mit Nachdruck abzulehnen. Es gibt vereinzelt andere Auffassungen bei den Spitzenverbänden, wobei es sich dabei teils um solche handelt, die in der Vergangenheit mit der Problematik überfordert waren.

**Fazit**: Die Devise heißt Sport **und** Staat auf der bisherigen Basis, jedoch mit verbesserter Kooperation zwischen beiden. Meine Erfahrungen in großen Sportstrafverfahren beim DFB gehen dahin, dass die Staatsanwaltschaft mit ihren Erkenntnismöglichkeiten und ihren Zwangsmitteln (Zeugenvernehmungen, Hausdurchsuchungen, Personenkontrollen, Beschlagnahmen) durch flexibles Zur-Verfügung-Stellen gewonnener Erkenntnisse an den Sport zum frühestmöglichen Zeitpunkt eine große Hilfe leisten kann. Es kommt jedoch dabei sehr auf die handelnden Personen an. Ängstliches Beharren auf Formalien, Zurückhalten von Beweisergebnissen und lange Bearbeitungszeiten erschweren die Zusammenarbeit. Sonderkommissionen (SOKOS) könnten in Großfällen ad hoc aus nach und nach ausgebildeten Experten in Doping gebildet werden. Auch ist eine Erweiterung des Strafartenkatalogs in § 100a StPO für die Telefonüberwachung zu erwägen.

Aktionismus, wenn er trotz großer Vorankündigung nichts bringt, fällt auf die Politik zurück: Sie sollte ins Kalkül ziehen, dass die Meinung des Sports zur bestmöglichen Bekämpfung des größten Feinds des Sports, des Dopings, von Gewicht sein sollte. Noch laufen die Vorbereitungen über ein Anti-Doping-Gesetz. Der Sport wünscht sich kein Danaer-Geschenk „Anti-Doping-Gesetz“! – Nach letzten Meldungen (Januar 2007) soll ein gesunder Kompromiss gefunden worden sein. Die Mehrheitsfraktionen im Bundestag und die Bundesregierung seien übereingekommen, durch staatliches Recht die Hintermänner beim Doping zu bekämpfen, die Athleten aber den Sportverbänden zu überlassen. Eine solche Lösung wäre aus dem Blickwinkel des Sports zu begrüßen (!).

## Kapitel 4: Ertappte Dopingsünder

### a) Im Bereich des Deutschen Fußball-Bundes (DFB)

6 Der erste Dopingfall trat beim DFB in der Saison 1994/95 auf. Seitdem sind 11 Fälle mit positivem Dopingbefund von den Sportgerichten entschieden worden. Die einzelnen Sachverhalte sind recht unterschiedlich gestaltet und werden deshalb nachfolgend mit den jeweiligen Strafsanktionen knapp wiedergegeben.

aa) **Roland Wohlfahrt**, VfL Bochum, hatte den rezeptfreien Appetitzügler „Recatol" in einer Apotheke erworben und eingenommen. Er hatte weder den Apotheker gefragt, ob das Medikament auf der Dopingliste steht, noch den Beipackzettel gelesen. Auch hatte er seinen Mannschaftsarzt nicht befragt. Wohlfahrt wurde wegen fahrlässigen Dopings zu zwei Monaten Sperre verurteilt (Urteil des DFB-Sportgerichts vom 6.2.1995 – Nr. 100/94/95 – und Urteil des DFB-Bundesgerichts vom 16.2.1995 – Nr. 9/94/95 – in SpuRt 1995, S. 233 ff.).

bb) **Petr Kouba**, 1. FC Kaiserslautern: Ihm waren zur Behandlung eines Knieschadens verschiedene Medikamente von einem Arzt verordnet worden. In einem Medikament war der verbotene anabole Wirkstoff „Clostebol" enthalten. Der Befund wurde bei einer Trainingskontrolle festgestellt. Kouba wurde wegen eines groß fahrlässigen Dopingverstoßes, u. a., weil er seinen Mannschaftsarzt nicht konsultiert hatte, zu einem Monat Sperre verurteilt (Urteil des DFB-Sportgerichts vom 16.4.1998 und des DFB-Bundesgerichts vom 5.5.1998 – Nr. 16/97/98).

cc) **Thomas Ernst**, VfL Bochum, ist vom Vorwurf des Verstoßes gegen die Dopingbestimmungen freigesprochen worden (Urteil des DFB-Bundesgerichts vom 17.11.1998 in SpuRt 1999, 165f.). In der Halbzeitpause des Spieles 1. FC Kaiserslautern gegen VfL Bochum hatte der Torwart Thomas Ernst Kreislaufprobleme. Der Mannschaftsarzt gab ihm ein Glas Wasser zum Trinken. Darin waren 20 Tropfen des geschmacklosen Kreislaufmittels „Carnigen", das einen verbotenen Wirkstoff enthält, aufgelöst. Ernst war objektiv gedopt, glaubte aber, Wasser zu trinken. Das Sportgericht folgte seiner Einlassung und sah deshalb die Verschuldensvermutung für widerlegt. Neben dem Freispruch seines Torwarts wurde der VfL Bochum im gleichen Verfahren wegen Spielenlassens eines gedopten Spielers zu einer Geldstrafe von 80.000 DM verurteilt, weil ihm das grob fahrlässige Verhalten des Mannschaftsarztes zuzurechnen ist. Das Sportgericht glaubte diesem dabei, dass er damals nicht gewusst habe, dass die verabreichte Substanz auf der Dopingliste steht.

dd) Bei dem Lizenzspieler **Thomas Ziemer**, 1. FC Nürnberg, war nach einem Spiel in einer Urinprobe das verbotene Anabolsteroid „Androstendiol“ nachgewiesen worden. Es war wohl auf die Einnahme von Kapseln des pflanzlichen Wirkstoffes „Tribulus Terrestris“ zurückzuführen, die Ziemer vor dem Spiel von dem Ernährungsberater des Vereins gegeben worden waren. Dieser Ernähungsberater, der bezeichnenderweise in Spielkreisen „Miraculix“ genannt wurde, hatte dem Spieler auf Wunsch verschiedene Nahrungsergänzungsmittel verabreicht. Die Gerichtsinstanzen (Urteile des DFB-Sportgerichts vom 23.9.1999 und des DFB-Bundesgerichts vom 27.10.1999 – Nr. 1/1999/2000) gingen davon aus, dass der objektive Dopingbefund zurückgeht auf die Einnahme von verbotenen Substanzen, die ihm von dritter Seite in Form von „verunreinigten“ Nahrungsergänzungsmitteln verabreicht worden seien. Es wurde Leichtfertigkeit des Spielers angenommen, da er als erfahrener Lizenzspieler zumindest den Mannschaftsarzt vor Einnahme der Kapseln hätte konsultieren müssen. Gegen Ziemer wurde eine Sperre von neun Monaten verhängt.

ee) In der Millenniumnacht 1999/2000 hat der damals noch bei Ajax Amsterdam unter Vertrag stehende holländische Profi **Quido Lanzaat** in Amsterdam zwei Haschischzigaretten geraucht. Am 11.1.2000 unterschrieb er einen Lizenzvertrag bei Borussia Mönchengladbach und nahm für diesen Verein im Finale des DFB-Hallenmasters am 15.1.2000 für wenige Minuten teil. Die anschließend entnommene Urinprobe ergab bei ihm einen Wert von über 15 mg THC (Cannabinoide). Lanzaat hätte dafür Sorge tragen müssen (so das Urteil des DFB-Sportgerichts vom 31.5.2000, in SpuRt 2001, 211), dass er erst wieder zum Spieleinsatz komme, wenn sichergestellt sei, dass der Abbau des eingenommenen Haschischs in seinem Körper unter dem Grenzwert liegt. Gegen ihn wurde wegen Dopings gemäß § 5 (2) RuVO DFB a. F. eine Spielsperre von drei Monaten verhängt. Das Endspiel, an dem Lanzaat kurzzeitig ohne Ergebnisveränderung während seines Einsatzes mitgewirkt hatte, wurde auf Einspruch des Gegners umgewertet. SpVgg Greuther Fürth wurde zum Hallenmeister 2000 erklärt. Die eingereichte Schiedsgerichtsklage war nicht erfolgreich.

ff) Der Vertragsamateur **Manuel Cornelius** hatte im Spiel des DFB-Vereinspokals zwischen Tennis Borussia Berlin und DSC Arminia Bielefeld am 25.8.2000 mitgewirkt, wobei die Analyse der Dopingprobe eine deutliche Überschreitung des festgelegten Grenzwertes von 2 mg/ml Norandrosteron ergab. In der Verhandlung wurde festgestellt, dass der Dopingbefund auf die Einnahme des Präparats „Speed Creatin" zurückzuführen war. Diese Substanz war dem Spieler über zwei Wochen hinweg auf Veranlassung der medizinischen Abteilung des Vereins verabreicht worden. Tennis Borussia hatte die Tabletten von einer Berliner Apotheke bezogen, die keine Hinweise auf das Verbotensein der Substanz für Sportler gegeben hatte. Das Präparat selbst enthielt auf der Packungsbeilage auch keine Hinweise auf Dopingsubstanzen. Cornelius gegenüber wurde vom Sportgericht „allenfalls" der Vorwurf einer nachlässigen Kontrolle des Beschaffungswegs des Präparats gemacht. Da er bereits acht Wochen „faktisch" gesperrt war, wurde das Verfahren analog § 153 Abs. 2 StPO wegen geringen Verschuldens vom Sportgericht (Entscheidung vom 26.10.2000 - Nr. 28/2000/2001 - in SpuRt 2001, 257) mit Zustimmung des Kontrollausschusses eingestellt.

gg) Nach dem Pokalspiel Borussia Dortmund gegen Schalke 04 wurde dem Dortmunder Spieler **Ibrahim Tanko** die Einnahme von Cannabinoiden nachgewiesen. Er hatte die Einnahme von Marihuana anlässlich einer Feier in den Niederlanden eingeräumt. Durch Urteil des DFB-Sportgerichts (Nr. 87/2000/2001) wurde gegen ihn eine Sperre von vier Monaten und eine Geldstrafe in Höhe von 15.000 DM verhängt.

hh) Bei dem Nichtamateur **Christian Schmid** (SC Pfullendorf) wurde nach einem Meisterschaftsspiel der Regionalliga Süd der Befund „Pseudoephedrin in überhöhter Form" festgestellt. Der Spieler hatte zur Behandlung einer Erkältung vor dem Spiel das Medikament „Aspirin complex" eingenommen, das ihm vom Masseur des Vereins ausgehändigt worden war. Das Gericht (Urteil des DFB-Sportgerichts vom 4.11.2003 – Nr. 62/2003/2004) warf Schmid vor, dass er gegen die jeden Spieler selbst treffende Kontroll- und Überwachungspflicht in grobem Maße verstoßen habe, und verurteilte ihn zu einer Sperre von sechs Monaten.

ii) Die FIFA-Disziplinarkommission verurteilte den deutschen Spieler **Alexander Walke** (U-20-Nationalmannschaft) am 22.12.2003 wegen eines Dopingvergehens anlässlich der Junioren-Weltmeisterschaft im Spiel Deutschland gegen USA zu einer Sperre von sieben Monaten für alle nationalen und internationalen Pflicht- und Freundschaftsspiele sowie zu einer Geldstrafe von CHF 10.000.

jj) Bei dem Spieler **Senad Tiganj** (FC Rot-Weiß Erfurt) wurde nach dem Spiel seines Vereins gegen SpVgg Unterhaching die verbotene Substanz „Fenoterol" festgestellt. Er war nach den Gründen des Bundesgerichts des DFB (Urteil vom 4.5.2000 – Nr. 9/2004/2005) wegen eines fahrlässigen Verstoßes gegen die Dopingbestimmungen zu einer Sperre von zehn Wochen verurteilt worden. Die festgestellte Substanz sei nicht leistungssteigernd gewesen. Der Spieler habe angenommen gehabt, es handele sich bei dem inhalierten Mittel gegen Asthma um eine unschädliche Kindermedizin. Außerdem wurde das Spielergebnis auf Protest des Gegners zugunsten der SpVgg Unterhaching umgewertet.

kk) Anlässlich des Meisterschaftsspiels der Regionalliga Nord Fortuna Düsseldorf gegen DSV Kickers Emden wurde bei dem Spieler **Falk Schindler** die verbotene Substanz „Finasterid" festgestellt. Dieser Befund rührte von der Einnahme des Haarwuchsmittels „Propecia" her, das ihm von einer Fachärztin für Hautkrankheiten verschrieben worden war. Das Sportgericht des DFB stellte durch sein Urteil vom 18.11.2005 (Nr. 61/2005/2006) entsprechend seiner ständigen Rechtsprechung fest, dass *„der Sportler persönlich die Verantwortung trägt, welche Substanzen er seinem Körper zuführt. Er hat in eigener Person und eigener Verantwortlichkeit genau zu kontrollieren und zu dokumentieren, was er zu sich nimmt. Dies gilt insbesondere für die Einnahme von Substanzen, die nicht durch den Mannschaftsarzt verordnet worden sind"*. Die Sperre wurde auf sechs Monate festgesetzt. Das Spiel wurde zugunsten von Fortuna Düsseldorf umgewertet.

Mit der Substanz „Finasterid" hatte sich das CAS (OG 06/001) nach einem Weltcuprennen in Calgary zu befassen, bei dem der amerikanische Skeletonpilot **Zachery Lund** positiv getestet worden war. Das CAS führte aus, „Finasterid" gehöre als potentielle Verschleierungssubstanz zu den verbotenen Substanzen auf der WADA-Liste. Da Lund seit 1999 das Haarwuchsmittel unbeanstandet eingenommen hatte, wurde statt der Regelstrafe von zwei Jahren eine Sperre von einem Jahr festgesetzt.

ll) Um „Finasterid" ging es auch im Falle des Lizenzspielers **Nemanja Vucicevic** (TSV München von 1860), der nach dem Spiel seines Vereins gegen Wacker Burghausen positiv getestet worden war. Vucicevic habe sich grob fahrlässig nicht bei dem Mannschaftsarzt vergewissert, ob das eingenommene Haarwuchsmittel verbotene Substanzen enthalte, weil er sich wegen seines Haarausfalls geschämt habe (so Urteil des DFB-Bundesgerichts vom 3.2.2005 – Nr. 3/2005/2006). Die Substanz „Finasterid" ist als maskierender Wirkstoff in der Liste der verbotenen Substanzen enthalten. Die Sperre wurde wie in der ersten Instanz auf sechs Monate festgesetzt.

Bei der Darstellung vorstehender Fälle sind bewusst die einzelnen Begründungen zum Nachweis des Verschuldens nicht wiedergegeben worden, da sich die diesbezüglichen Verfahrensvorschriften im DFB-Recht mehrfach geändert haben und deshalb die Begründungsansätze in den Urteilen unterschiedlich waren. Nunmehr ist ab 1. November 2006 eindeutig der Anscheinsbeweis mit Erschütterungsmöglichkeit durch den Sportler als Grundlage der Beweisführung festgelegt.

Die niedrige Zahl der Dopingfälle, nämlich in dem untersuchten Zeitraum von 12 Jahren 12 Fälle, zeigt, dass Doping im Fußballsport ziemlich unbedeutend ist: durchschnittlich also ein Fall pro Jahr. Dabei wurden in der 1. und 2. Bundesliga pro Jahr über 500 Proben entnommen, die Zahl der positiven Befunde liegt damit unter 2‰. Ob dies darauf zurückzuführen ist, dass in Spielerkreisen die Meinung vorherrscht, dass Doping im Fußball letztlich „nichts bringe", was einige Wissenschaftler behaupten, kann nicht als bewiesen angesehen werden. Jedenfalls sollte sich ein Fußballer merken, dass aus einem guten Fußballer mit noch so viel Dopingmitteln kein Star wird. Interessant ist die Feststellung aus obiger Fallaneinanderreihung, dass das bewusste und gewollte Einnehmen von verbotenen Mitteln zur Leistungssteigerung kaum festgestellt werden konnte, es waren in den meisten Fällen fahrlässige bzw. grob fahrlässige Verhaltensweisen und Konstellationen, in denen das Verbotensein des eingenommenen Präparats dem Spieler nicht positiv bewusst war.

### b) Doping-Fälle deutscher Sportler

7 Insoweit sollen die bekanntesten vier Fälle herausgegriffen werden (die Fälle Krabbe, Baumann, Leipold und Ullrich).

8 aa) **Katrin Krabbe,**
Weltmeisterin im 100- und 200-m-Lauf, war mit zwei weiteren Läuferinnen im Januar 1992 in einem Trainingslager in Südafrika. Die bei den drei Athletinnen entnommenen Dopingproben hatten ergeben, dass die drei Sportlerinnen ein und denselben Urin zur Analyse gegeben hatten. Die Athletinnen wurden vom DLV-Präsidium für vier Jahre gesperrt. Der von den Sportlerinnen angerufene DLV-Rechtsausschuss[432] hob die Strafe wegen gravierender Verstöße gegen for-

[432] Beschluss vom 15.4.1992, in NJW 1992, 2586.

male Anforderungen im DLV-Regelwerk auf: Die vom Südafrikanischen Leichtathletikverband im Auftrag des DLV durchgeführte Dopingkontrolle sei wegen Fehlens einer Ermächtigungsgrundlage im DLV-Regelwerk unwirksam gewesen. Auch die Manipulation der Urinproben durch die Sportlerinnen sah der Rechtsausschuss nicht als nachgewiesen an. Überdies sei die Sperre von vier Jahren im Hinblick auf den Eingriff in die Berufsfreiheit unverhältnismäßig[433]. Die Kritik an dieser Entscheidung war vernichtend. Man sah darin eine schallende Ohrfeige für die „Keine-Macht-den-Drogen"-Initiative des deutschen Sports. Die 15-stündige Verhandlung vor dem Rechtsausschuss sei ein Possenspiel gewesen. Eine Dopingkontrolle sei künftig nach den Vorgaben in dem Beschluss nicht zu finanzieren, sodass sich finanzstarke Athleten durch häufige Auslandsaufenthalte regelmäßigen Tests entziehen könnten, während die daheimgebliebenen Sportler weiterhin regelmäßigen Kontrollen ausgesetzt seien.

Bei einer bei Krabbe im Juli 1992 durchgeführten Urinprobe wurde der Wirkstoff „Clenbuterol" festgestellt. Am 11.9.1992 sprach das DLV-Präsidium wiederum eine vierjährige Sperre wegen der Einnahme von verbotenen Substanzen aus, das wie anabole Steroide Muskelwachstum fördere. Katrin Krabbe beantragte die Aufhebung der Sperre vor dem DLV-Rechtsausschuss, parallel leitete der Rechtswart des DLV ein neues Ordnungsverfahren wegen unsportlichen Verhaltens ein.

Die Strafe hob der Rechtsausschuss des DLV am 26.3.1993 auf und verhängte aufgrund der Generalklausel des sportwidrigen Verhaltens (Medikamentenmissbrauch) eine einjährige Sperre mit Wirkung vom 14.8.1992 bis 13.8.1993. Ein Dopingverstoß liege nicht vor, da der Wirkstoff „Clenbuterol" zur Tatzeit nicht von einem Dopingverbot erfasst worden sei und eine pharmakologische Verwandtschaft mit verbotenen Substanzen nicht vorliege. Das Council des Internationalen Leichtathletikverbands (IAAF) verlängerte die Sperre um weitere zwei Jahre bis 23.8.1995. Der „Arbitration panel" der IAAF bekräftigte die Sperre nach Anrufung durch den DLV[434].

Katrin Krabbe erhob Zivilklage vor dem Landgericht München I gegen den DLV und die IAAF auf Feststellung der Unwirksamkeit der Sperre sowie auf Schadensersatz, insbesondere wegen entgange-

[433] Darstellung des Verfahrensablaufs bei *Eufe*, aaO., S. 79 ff.

[434] Zu den verbandsrechtlichen Verfahrensschritten im Einzelnen siehe die Zusammenstellung bei *Summerer*, in SpuRt 2002, S. 233, 234; ferner *Eufe*, aaO., S. 78, 83.

ner Sponsoren- und Preisgelder. Das LG München I bestätigte die Sperre des DLV-Ausschusses und hob die der IAAF wegen Unzuständigkeit des Council und wegen Verstoßes gegen das Doppelbestrafungsverbot des deutschen Rechtes auf[435]. Die Schadenersatzansprüche der Klägerin wurden dem Grunde nach insoweit für gerechtfertigt erklärt, als der Sportlerin ab 15.8.1993 ein Schaden entstanden war. Es bestehe ein Melde- und Startrecht der Klägerin bei nationalen und internationalen Wettbewerben einschließlich der Qualifikation hierzu.

Am 23.8.1995 beendete Katrin Krabbe ihre Karriere als Leichtathletin. Am 28.3.1996 hob das OLG München die vorinstanzlich festgestellte Haftung des DLV als Gesamtschuldner auf und wies aber die Berufung der IAAF zurück, da deren weitere Sperre keine Rechtsgrundlage gehabt habe[436]. Die Revision von Katrin Krabbe zum BGH wurde nicht angenommen. Am 27.6.2001 erging das Endurteil des LG München, das die IAAF zum Schadenersatz in Höhe von 1,2 Millionen DM (600.000 DM für Ausfall an Sponsoren- und Werbevergütungen, 360.000 DM für Ausfall an Startgeldern, 200.000 DM für Ausfall an Preisgeldern und 40.000 DM Ausfall an sonstigen Vergütungen) verurteilte. Auf die Berufung der IAAF wurde schließlich am 19.4.2002 vor dem OLG München ein prozessbeendender Vergleich abgeschlossen, nachdem der Senat zuvor seine Rechtsauffassung zu erkennen gegeben hatte, wonach die Berufung der IAAF keine Erfolgsaussichten habe. Über den Inhalt des Vergleiches ist Vertraulichkeit vereinbart.

Dieser Prozessmarathon über acht Jahre ist ein beredter Appell für eine Schiedsgerichtsregelung, die diese Verästelungen von Streitigkeiten auf mehreren Verbandsebenen und in mehreren Instanzen vor den Zivilgerichten konzentriert und zeitnah beendet hätte. Wäre das CAS zuständig gewesen und angerufen worden, wäre wohl nach ca. einem Jahr ein rechtskräftiger Verfahrensabschluss möglich gewesen.

Der Fall ist in Wirklichkeit erst nach acht Jahren abgeschlossen worden. Summerer[437] zieht folgendes Fazit: „*Die Athletin kann sich rehabilitiert fühlen. Der Verband hat sich von einer* Altlast befreit. Ein beruhigendes Fazit. Und beunruhigend zugleich.“

[435] Urteil vom 17.5.1995, in SpuRt 1995, 162.

[436] OLG München, in SpuRt 1996, 133.

[437] In SpuRt 2002, 233.

Beruhigend ist insbesondere, dass die Wurzeln allen Übels das ursprünglich beim DLV fehlende ausreichende Satzungsinstrumentarium, das rechtsstaatlichen Anforderungen entspricht, zwischenzeitlich geschaffen worden ist. Unschön ist bei dem Verfahrensverlauf auf Verbandsebene der unverkennbar durchgeführte Grabenkrieg zwischen DLV-Präsidium und DLV-Rechtsausschuss, bei dem keiner von beiden gewinnen konnte. Auf Verbandsseite gab es nur Verlierer.

Eine Bereicherung der juristischen Diskussion stellen die vom Landgericht München I in seiner ersten Entscheidung[438] vertieft dargelegten Überlegungen zu der Frage, ob deutsche Sportverbände als Niederlassungen der internationalen Verbände im Sinne von § 21 ZPO angesehen werden können[439]. Das OLG München in seinem Urteil vom 28.3.1996[440] schloss sich dieser Meinung aber nicht an: Der besondere Gerichtsstand der Niederlassung sei für die Klage gegen die IAAF nicht gegeben, sehr wohl aber sei die Zuständigkeit nach dem besonderen Gerichtsstand der unerlaubten Handlung nach § 32 ZPO zu bejahen.

Nur wenige Sportler wären finanziell in der Lage gewesen, einen solchen Kampf ums Recht über Jahre hinweg bis zum Ende durchzustehen. Außer der Schnelligkeit einer Schiedsgerichtsentscheidung ist damit auch das Argument der dort relativ niedrigen Kosten untermauert worden.

Dieser Tage sprach ich auf einem Dorfsportplatz einen einsam seine Runden drehenden Leichtathleten in der Trainingspause auf Katrin Krabbe an. *„Krabbe? Wer Urin manipuliert und Medikamentenmissbrauch betreibt, verdient keine Nachsicht – unschuldig war sie nicht, ihre Erfolge sind Betrug an unserem Sport!"*, war die Antwort des Mannes von der Aschenbahn. So gesehen hat Krabbe in dem langen Rechtsstreit doch wohl nur einen Pyrrhus-Sieg errungen.

bb) **Dieter Baumann**: 9

Der Fall des Olympiasiegers von 1992 im 5000-m-Lauf übertrifft den „Fall Krabbe" noch an Komplexität und Häufigkeit der von dem Athleten eingeleiteten Verfahrensschritte[441]. Nachfolgend werden

438 In SpuRt 1995, 161.

439 Siehe dazu *Pfister*, in SpuRt 2005, 201 ff. und 250 ff.

440 In SpuRt 1996, 133.

441 Siehe Zusammenstellung bei *Engelbrecht*, aaO., S. 643ff.; *Hess*, aaO., S. 83ff.; *Adolphsen*, in SpuRt 2000, 97 ff.

nur die zum Verständnis der Würdigung des „Falles Baumann" notwendigen Fakten berichtet.

Nach einer positiven Trainingskontrolle bei Dieter Baumann im Oktober 1999 ergab sich ein erhöhter Nandrolonwert, worauf er verbandsseitig suspendiert wurde. Im Dezember 1999 wurde eine mit einem Metaboliten von Nandrolon kontaminierte Zahnpastatube als mögliche Dopingquelle ausgemacht. Baumann stellte Strafanzeige bei der Staatsanwaltschaft Tübingen und setzte 100.000 DM als Belohnung für einen Hinweis auf einen manipulierenden Täter aus. Die Staatsanwaltschaft ermittelte seither wegen vorsätzlicher Körperverletzung. Baumann und seine Frau unterzogen sich einem freiwilligen Lügendetektortest, der eine Wahrscheinlichkeit von 95% für die Darstellung des Athleten ergab. Eine bei Baumann vorgenommene Schamhaaranalyse fiel im Hinblick auf Nandrolon negativ aus. Ein Antrag des DLV-Präsidiums, gegen Baumann eine Sperre von zwei Jahren zu verhängen, wies der DLV-Rechtsausschuss am 13.7.2000 zurück[442]. Die Begründung dieser Entscheidung vermischt eine Beweislastumkehr zu Lasten des Athleten und eine dem Verband auferlegte Beweislast mit Beweiserleichterung durch den Anscheinsbeweis[443]. Es stellt sich bei dem nicht einleuchtenden Lösungsweg des Rechtsausschusses vorweg die Frage, ob bei dem von ihm angenommenen Verstoß gegen die Verfahrensrichtlinien der Dopingkontrolle es bereits an dem vom Verband auf jeden Fall zu erbringenden Beweis für einen objektiven Dopingverstoß fehlte. Dann kommt es auf die weiter angestellten Verästelungen und die Grundsätze der Beweiserleichterung gar nicht mehr an.

Jedenfalls ist dem Rechtsausschuss vorzuhalten, dass er dem Athleten versagt, sich auf die Unschuldsvermutung zu berufen, und insoweit ausdrücklich dem OLG Frankfurt[444] die Gefolgschaft versagt. Dieses hatte den Antrag Baumanns, die gegen ihn ausgesprochene Suspendierung aufzuheben, zurückgewiesen, da ein dringender Tatverdacht hierfür ausreiche. Dies bejahte das OLG, da eine Verurteilung des Athleten im Hauptverfahren wahrscheinlicher als ein Freispruch sei.

Nun prüfte das IAAF-Council den Fall Baumann und gab ihn an das IAAF-Schiedsgericht weiter, das am 18.9.2000 in Sydney kurz

[442] In SpuRt 2000, 206 ff.
[443] Vgl. *Eufe*, aaO., S. 85.
[444] In NJW-RR 2000, 1117.

vor dem Start der Olympischen Spiele Baumann bis zum Jahre 2002 sperrte. Das Ad-hoc-Schiedsgericht des Olympischen Komitees bestätigte am 22.9.2000 diese Entscheidung.

In der Folgezeit wurden mehrere einstweilige Verfügungsverfahren 1. und 2. Instanz zur Frage der Starterlaubnis und zu der Kontaminierungsproblematik, die oben im VI. Teil, Kapitel 3d) Rn. 9–12 angesprochen worden sind, durchgeführt, wobei das bereits mehrfach erwähnte Urteil des OLG Frankfurt vom 18.4.2001 u. a. auch zu einer Weichenstellung für die Wechselbeziehungen zwischen nationalen und internationalen Verbänden führte. Der Antrag auf Aufhebung der Suspendierung wurde darin zurückgewiesen. Ebenso wurde am 2.4.2002 eine Klage gegen die IAAF auf Aufhebung der Sperre und auf Schadenersatz vom Landgericht Stuttgart als unbegründet zurückgewiesen[445]. In dieser Entscheidung wurde der IAAF eine Art Aufgreif- und Entscheidungskompetenz des Weltverbandes im Sinne einer weltweit einheitlichen und konsequenten Dopingverfolgung zugebilligt, falls ein Athlet vom nationalen Verband nicht gesperrt bzw. freigesprochen wurde.

Baumann stellte seinen Kampf ums Recht ein und war ab 22.1.2002 wieder startberechtigt.

cc) **Jan Ullrich** 10

war Sieger der Tour de France 1997 und Olympia-Sieger 2000. Im Jahre 2002 wurde er wegen Ecstasy-Genusses zu einer Sperre von sechs Monaten verurteilt.

Im Sommer 2006 wurde er wegen Verdachts des Eigenblutdopings von der Tourleitung vor der 1. Etappe der Tour de France ausgeschlossen. Er trat am 19.10.2006 aus dem Schweizer Radsportverband (Swiss Cycling), bei dem er wegen seines Wohnsitzes in der Schweiz eine Startlizenz hatte, aus. Ullrich kündete an, er werde eine Lizenz beim Österreichischen Radsportverband (ÖRV) beantragen. Der ÖRV erklärte Jan Ullrich zu einer unerwünschten Person, der wegen des bestehenden Dopingverdachts keine Lizenz bei ihm erhalte.

Die Staatsanwaltschaft Bonn (Aktenzeichen: 430/936/06) hat wegen des Verdachts auf Betrug zum Nachteil des Rennstalles T-Mobile durch Einnahme verbotener leistungssteigernder Mittel ein Ermittlungsverfahren eingeleitet. Im In- und Ausland wurden zehn Häuser

[445] In SpuRt 2002, 245.

und Geschäftsräume durchsucht, darunter die Villa Ullrichs in Scherzingen/Schweiz.

T-Mobile hatte nach der Tour de France den Vertrag mit Jan Ullrich fristlos gekündigt. Von einer Klage gegen diese Maßnahme wurde nichts bekannt. Ullrich hätte dies sicherlich der Presse bekannt gegeben. Die Kündigung ist unter dem Gesichtspunkt der Verdachtskündigung auf jeden Fall gerechtfertigt. Seine Verteidigungsstrategie hat er jeweils der Öffentlichkeit mitgeteilt. Zunächst hatte er beteuert, er werde seine Unschuld beweisen, und DNA-Proben angekündigt. Zwischenzeitlich hat er die Strategie gewechselt: *„Ich muss doch nicht meine Unschuld beweisen. Ich bin ein Radprofi und kein Mörder oder Verbrecher"*, sagte er in einem Interview vom 2.7.2006 der Schweizer Zeitung „Blick"[446].

Ausgangspunkt für die Verdächtigung des deutschen Radsportlers sind bei dem spanischen Arzt Eufemiano Fuentes durch spanische Ermittlungsbehörden sichergestellte Dokumente. Die bislang veröffentlichte Beweiskette beruht auf abgehörten Telefonaten von Ullrichs langjährigem Berater Rudy Pevenage mit Fuentes, Rechnungen von Fuentes über 100.000 Euro, die die Guardia Civil in Verbindung mit Jan Ullrich sieht, sowie beschriftete Blutbeutel, die die Aufschrift „Jan" tragen. In den Rechnungen wird der Begriff „Siberia" für eingefrorenes Eigenblut verwandt. Außerdem gibt es ein sichergestelltes Fax, das mit „Eufuentes" unterschrieben ist, an dessen guten Bekannten Nelson Giraldo Flores. Darin wird von Fuentes die Mitarbeiter- und Teilnehmerliste des „Festivals im Mai" durchgegeben und um Mithilfe gebeten. Damit war sicherlich der Giro D'Italia gemeint, an der sechs der auf der Liste genannten sieben Radfahrer, darunter Ivan Basso und Jan Ullrich, teilnahmen. Die Guardia Civil hat zudem festgestellt, dass Jan Ullrich sich im Vorfeld des Giro d'Italia, in dem er das Zeitfahren gewann, häufiger in Madrid, dem Praxissitz von Fuentes, aufgehalten hatte, dem er außerdem 120.000 Euro im Jahr gezahlt habe.

Blutdoping ist nach dem WADC eine verbotene Methode, die zur Erhöhung der Transportkapazität für Sauerstoff führt. Sie wird in der Regel so durchgeführt, dass von dem Sportler Eigenblut entnommen und konserviert wird. Kurz vor dem Wettbewerb wird das Blut, angereichert mit erhöhten roten Blutkörperchen (Blutzellen) wieder zugeführt. Dem engeren Umkreis des Sportlers können solche Mani-

[446] *Martens*, in SpuRt 2006, 177.

pulationen nicht unbekannt bleiben, sie wären naturgemäß die wichtigsten Zeugen zur Aufklärung der Dopingvorgänge, sind aber zumeist nicht aussagewillig, zumal sie als mögliche Mitverantwortliche ein Aussageverweigerungsrecht haben.

Medizinisch ist Eigenblutdoping nicht durch Analyse des Eigenbluts nachweisbar. Es fehlt dadurch der durch eine Dopingprobe ermittelte Nachweis einer verbotenen Substanz im Körper des Sportlers, was bedeutet, dass der Nachweis des objektiven Dopingbefundes nicht auf dem sonst üblichen Weg geführt werden kann. Dieser würde nach WADA-/NADA-Recht zu einer Umkehr der Beweislast führen: Der Sportler müsste beweisen, wie die verbotene Substanz in seinen Körper gelangt ist.

Nach DFB-Recht greift der Anscheinsbeweis für ein Verschulden des Sportlers, den dieser dann erschüttern kann, ebenso erst ein, wenn ein objektiver Dopingbefund vorliegt.

Ein solcher medizinisch geführter Nachweis als Voraussetzung für das Eingreifen der Verschuldensvermutung mit dem Umdrehen der Beweislast bzw. für die Anwendung des Anscheinsbeweises liegt beim Eigenblutdoping **nicht** vor. Wegen der parallelen Situation soll nebenbei angemerkt werden, dass man solche Anknüpfungstatsachen für Beweiserleichterungen auch nicht beim Dopen von Tieren hat. Pferden, Windhunden, Brieftauben kann man nicht vorwerfen, dass sie ihrem Körper am nächsten sind und deshalb eine Verabreichung eines Dopingmittels hätten feststellen müssen. Zwar wurden im Blut des Rennpferdes „Lisa Boy“ überhöhte Salicylatwerte festgestellt, die durch eine normale Fütterung nicht ausgelöst werden können. Das OLG Düsseldorf[447] hat dann das Ausräumen des Anwendens einer verbotenen Substanz dem Halter des Hengstes auferlegt. Die tragende Begründung fehlt aber für das Eingreifen des Anscheinsbeweises bei einem positiven Dopingbefund, nämlich dass nach der Lebenserfahrung davon ausgegangen werden kann, dass der Sportler sich die Substanz **selbst** zugeführt hat oder von einem anderen hat zuführen lassen. Bei Tierdoping fehlt es an der Grundlage für diesen Weg zur Erleichterung des Nachweises für den Verband.

Ebenso fehlt bei der Zuführung von mit roten Blutzellen angereichertem Blut ein Anknüpfungssachverhalt. Mangels positiven Befundes hat das CAS im Fall von Tim Montgomery, dem amerikanischen

[447] Urteil vom 17.11.1995, in SpuRt 1996, 138 f.

100-m-Läufer, erklärt, dass auch Indizien zum Beweis des Dopings herangezogen werden können[448]. Unter Indizien versteht man Anzeichen, die mittelbar über tatbestandsfremde Tatsachen geeignet sind, den Schluss auf einen Sachverhalt (hier: Gebrauch einer verbotenen Methode) zu ziehen. Für erfahrene Richter ist der Indizienbeweis oft überzeugungskräftiger und „sicherer" als manches Geständnis. Das Gericht muss dabei prüfen, ob aus der Gesamtheit der vorgetragenen Indizien, wenn diese als solche bewiesen sind, der Schluss auf die Wahrheit der daraus gezogenen Folgerung (hier: Eigenblutdoping) gezogen werden kann[449]. Im Urteil muss sich das Gericht mit den Indizientatsachen und dem daraus zu ziehenden Schluss sorgfältig auseinandersetzen[450].

Wenn die oben aufgeführten Indizien gegen Jan Ullrich tatsächlich richtig sind, was aus der Distanz nicht sicher beurteilt werden kann, was die Aufgabe der zuständigen Sportinstanz sein wird, hätte ich keine Skrupel, Jan Ullrich des Dopings für überführt anzusehen. Er spekuliert mit seinen Beratern darauf, dass sich die Eigenblutzuführung nicht eindeutig feststellen lassen wird, ein dünner Strohhalm angesichts der Fülle von Indizien, welche die Medien kolportieren[451].

Falls die Ecstasy-Bestrafung im Jahre 2002 als Ersttat zählt, wäre Jan Ullrich als Wiederholungstäter zu bestrafen, wonach die Sperre lebenslänglich wäre.

In der Öffentlichkeit wird nach dem Freispruch von Ivan Basso die Meinung vertreten, dass vieles dafür spreche, dass man auch Jan Ullrich nichts nachweisen könne und er bald wieder starten werde. Das Radsportidol Jan Ullrich hat sich jedenfalls selbst vom Thron gestoßen, der Liebling der Radsportfans wird er niemals mehr werden, auch wenn er – wovon ich nicht ausgehe – wieder an den Start gehen wird.

**11** dd) Der folgenträchtigste Dopingfall bisher in Deutschland ist der des Olympiasiegers **Alexander Leipold**, dem seine Goldmedaille im Ringen von Sydney wegen Dopings aberkannt wurde. Leipold argumentierte, er habe gewusst dass die ersten Sechs kontrolliert werden. Es wäre doch sinnlos gewesen, etwas zu nehmen. Seine A- und

[448] CAS, Urteil vom 13.12.2005 – CAS 2004/0/645.

[449] *Thomas/Putzo*, aaO., § 284 Rn. 11.

[450] BGH in NJW 1994, 2289.

[451] Martens, aaO., S. 177, 180.

die B-Probe hatten jeweils die zehnfache Menge an Nandrolon ergeben. Sein Ankämpfen gegen die Disqualifizierung und gegen die zweijährige Sperre verlief im Sand.

### c) Doping im Weltsport

Im Weltsport sind viele bekannte Sportler des Dopings überführt und **12**
rechtskräftig verurteilt worden:

die Fußballer Edgar Davids und Fernando Couto, die Leichtathleten Harry „Butch" Reynolds, Marion Jones und Justin Gatlin, die Radfahrer Richard Virenque und Alex Zülle und viele andere. Die generalpräventive Wirkung der strengen Bestrafungen war offensichtlich nicht groß genug, um neue Täter abzuhalten.

Viele sensationelle Bestleistungen von chinesischen Sportlern in unterschiedlichen Sportarten können nach Auffassung von Experten nur nach Doping erreicht worden sein. Die Chinesen lassen Trainingskontrollen von internationaler Seite nicht an sich heran kommen. Mit einiger Berechtigung kritisiert man, dass angesichts dieses Sachverhalts die Olympischen Spiele 2008 nach Peking vergeben worden sind.

## Kapitel 5: Doping gestern – heute – und morgen

13 Doping gab es im Sport schon immer. In der Antike trank man entsprechende Kräuter und Tees und aß Stierhoden.

In der Gegenwart wird gedopt trotz gut entwickelter Kontrollmöglichkeiten, die aber nicht immer konsequent eingesetzt werden, wobei auch fehlende Mittel mitursächlich sind (Forderung: 1 % aller Sponsorengelder zur Bekämpfung des Dopings!)

Wir werden auch in Zukunft Doping zu beklagen haben, leider. Neue Wege werden ersonnen werden. Eine funktionierende Gentherapie ist in der Experimentierphase, Gendoping wird folgen. Mögen die Sportmediziner immer auf der Höhe der schwarzen Schafe unter den Ärzten bleiben, die sich durch Doping versündigen und dem Sport großen Schaden zufügen. Man kann sich nur wünschen, dass die Sportjuristen und auch die staatlichen Richter durch die Verhängung von Sanktionen wirksamer und abschreckender wirken können, als dies in der Vergangenheit der Fall war. Die Hoffnung sollte jeder, der dabei mithelfen kann, nicht fallen lassen.

# IX. Teil
# Court of Arbitration for Sport (CAS)

## Kapitel 1:
## Der rechtliche Rahmen

Der Sportgerichtshof des IOC, das CAS, das in französischer Sprache „*Tribunal Arbitral du Sport (TAS)*" heißt, wurde unter Führung des IOC als Schiedsgericht für Sportangelegenheiten im Jahre 1987 errichtet. Es wird seit 1994 von dem International Council of Arbitration for Sport (ICAS) verwaltet und beaufsichtigt. Es handelt sich bei dem CAS nach einhelliger Meinung[452] um ein echtes Schiedsgericht, da es den Anforderungen der §§ 1025ff. ZPO durch die Beachtung rechtsstaatlicher Verfahrensgrundsätze und durch die Unabhängigkeit und Neutralität seiner Schiedsrichter entspricht[453]. Seine Entscheidungen sind Rechtsprechung im materiellen Sinne, die nur in engem Rahmen durch staatliche Gerichte überprüft werden können, welche abschließend in Art. 190–92 Schweizerisches IPRG aufgeführt sind[454]. Das CAS besteht aus zwei Schiedskammern. Eine ist zuständig für Streitigkeiten zwischen Sportverbänden und deren Mitgliedern (Vereine oder Sportler), die andere entscheidet über Streitigkeiten mit wirtschaftlichem Hintergrund, die zwischen Verbänden und Sponsoren oder Rechteerwerbern aufgrund einer Vereinbarung der Parteien entstanden sind. Das Gericht tagt in der Regel in der Besetzung mit drei Richtern an seinem Sitz in Lausanne. Da die Schweiz Vertragsstaat des UN-Übereinkommens ist, richtet sich die Anerkennung und Vollstreckbarkeitserklärung eines Urteils von CAS/TAS wie deren Versagung in Deutschland und in den anderen Vertragsstaaten nach dem UN-Übereinkommen[455]. Außer den Verbandsentscheidungen und den Streitigkeiten mit wirtschaftlichem Hintergrund kann das CAS auch in einem sog. Konsultationsverfahren angerufen werden, in dem Sportorganisationen dem CAS grundsätzliche Rechtsfragen vorlegen können 1

452 Statt vieler: *Nolte*, Sport und Recht, aaO., S. 24.
453 OLG München, in SpuRt 2001, 64 f., *Nolte*, Schiedsgerichtsverfahren, aaO., S. 118.
454 Schweizerisches Bundesgericht, Urteil vom 27.5.2003, in SpuRt 2004, 38.
455 *Hoffmann*, aaO., S. 9.

(Art. R 60–Art. R 62). So haben FIFA und die World Anti-Doping-Agency (WADA) im Jahre 2006 eine sog. Advisory Opinion, also eine unverbindliche Meinung bei dem CAS eingeholt zu der Frage, ob das von der FIFA stets monierte Prinzip der Einzelfallbehandlung zu respektieren sei[456].

Die Bindung an das Schiedsgerichtsverfahren kann mitgliedschaftsrechtlicher oder vertragsrechtlicher Natur sein. Für die Vereine und Verbände ist sie meistens in den Verbandsstatuten vorgesehen. Bei den Olympischen Spielen unterwerfen sich die einzelnen Athleten der Schiedsklausel durch Unterschrift auf dem Meldebogen, der ausdrücklich eine Schiedsklausel enthält, bzw. durch Abschluss der Athletenvereinbarung (Vertragsstatut). Die Gültigkeit der Schiedsklausel ist nach einer Klage eines australischen Sportlers durch den australischen Court of Appeal ausdrücklich bejaht worden. Das Gericht war der Ansicht, dass die Dokumente „ineinandergreifende Schiedsvereinbarungen" enthielten, die zu einem Ausschluss der ordentlichen Gerichtsbarkeit für die Zeit der Spiele führen[457]. Teilweise wird die Gültigkeit einer Schiedsvereinbarung dann in Frage gestellt, wenn der Sportler sie in Zusammenhang mit einem Wettbewerb **vor** Entstehen der konkreten Streitigkeit abschließen musste. Einer aufoktroyierten Privatisierung des Rechtsschutzes *„müsse Einhalt geboten werden, vielmehr müsse das Prinzip der absoluten Freiwilligkeit der Parteien gewährleistet sein"*[458]. Die Begründung dieses Standspunkts mit dem Verbot der Schiedsabrede zwischen Arbeitgebern und Arbeitnehmern ist nicht überzeugend, da für diese deutsche Sonderregelung andere spezifische Gründe maßgeblich sind. Das Verbot der Schiedsvereinbarung in Arbeitssachen ist zudem nicht Allgemeingut in Europa, da z. B. das Schweizer Recht eine Regelung wie §§ 4, 101 ff. ArbGG nicht kennt. Von maßgebenden Autoren[459] wird der „Zwang" zum Abschluss eines Schiedsgerichtsvertrags dann als unerheblich angesehen, wenn das Schiedsgericht „unabhängig", das „Schiedsverfahren fair angelegt" und „effektiver Rechtsschutz" gewährleistet sei.

456 FIFA-Zirkular Nr. 1041 vom 11.7.2006.

457 *Martens/Oschütz*, aaO., S. 5.

458 *König*, aaO., S. 137, 138.

459 *Steiner/Jonas/Schlosser*, ZPO, § 1029 Rn. 26; *Adolphsen*, Internationale Dopingstrafe, S. 561.

## Kapitel 2: Das Verfahrensrecht des CAS

Das Verfahren vor dem CAS ist im zweiten Teil der „*Code of Sports – related Arbitration*" geregelt (Art. R 27–Art. R 62 Code). Zu beachten ist, dass sich das CAS als unabhängiges Schiedsgericht allein auf das Vorbringen und die Beweise der Parteien (Beibringungsgrundsatz), nicht auf die Feststellungen des letztinstanzlichen Verbandsorgans stützt[460], weshalb alle Angriffs- und Verteidigungsmittel erneut in das Verfahren eingebracht werden müssen. 2

Eine interessante, aber auch sehr nutzbringende Sonderform des CAS ist die Ad-hoc-Kammer. Nach Art. S 6 Nr. 8 Code ist es dem ICAS erlaubt, Ad-hoc-Schiedsstrukturen zu errichten. Dies war erstmals für die Olympischen Spiele in Atlanta (USA 1996) der Fall. In der Folgezeit wurden Schiedskammern u. a. bei den Olympischen Winterspielen 1998 in Nagano (Japan), bei den Commonwealth Games 1998 in Kuala Lumpur (Malaysia), bei den Olympischen Sommerspielen 2000 in Sydney (Australien) bis hin zu der Fußballweltmeisterschaft 2006 vorgehalten. Zur Rechtsprechung musste es bei der WM 2006 nicht kommen. Im Übrigen werden die Schiedsrichter stets vor Ort tätig, wobei der Sitz des Schiedsgerichts aber unverändert der CAS-Sitz in Lausanne bleibt, wodurch gewährleistet ist, dass das Schweizerische Gesetz über das Internationale Privatrecht (IPRG) anwendbar ist[461]. Es gilt, bei den Olympischen Spielen von dem Zeitpunkt des Entzündens der Flamme bis zum Erlöschen des Olympischen Feuers als juristische Feuerwehr bereitzustehen und jeweils binnen 24 Stunden aufflammende Brände unter Kontrolle zu bringen[462]. Insoweit ist das Ad-hoc-Schiedsgericht zu einer festen Institution bei sportlichen Großereignissen (s. oben) geworden. Aus der CAS-Schiedsrichterliste werden besondere Schiedsrichter ausgewählt, wobei zwischen 6 und 12 vor Ort anwesend sind. Aus ihnen wird bei Bedarf ein Schiedsgericht mit drei Richtern besetzt, wobei jeweils ein Mitglied des ICAS Vorsitzender der Ad-hoc-Kammer ist. Vorgeschrieben 3

[460] *Hoffmann*, aaO., S. 9.
[461] *Hoffmann*, aaO., S. 7 ff.
[462] *Martens/Oschütz*, aaO., S. 144.

ist, dass innerhalb 24 Stunden nach Einreichen der Streitigkeit ein Schiedsspruch gefällt sein muss, wobei nur in Ausnahmefällen die Frist verlängert werden darf[463]. Die Schiedsrichter sind ehrenamtlich tätig, erhalten aber großzügige Einladungen zu den Veranstaltungen vor Ort.

Als Verfahrensregeln bei Olympischen Spielen gelten neben der Schiedsordnung für das jeweilige Sportereignis (z. B. Schiedsgerichtsordnung für die Spiele der XXVII. Olympiade in Sydney = Ad-hoc-Regeln") ergänzend die Verfahrensregeln des Kapitel 12 IPRG. Nach den Ad-hoc-Regeln hat das Schiedsgericht jeweils den Streit unter Anwendung der Olympischen Charta, den geltenden Regeln der Verbände, nach allgemeinen Rechtsgrundsätzen oder nach den Rechtsregeln, die es für angemessen hält, zu entscheiden. Dabei war in den zurückliegenden Fällen das Schiedsgericht nicht auf die reine Rechtsanwendung beschränkt, sondern hat auch Feststellungen zum Sachverhalt erhoben (Verfahren de novo)[464].

Die außerordentlichen Vorteile dieser Verfahrensart liegen auf der Hand: Die überragende Schnelligkeit der Entscheidung (keine justice too late), die Sachnähe der Schiedsrichter und deren profundes und sportspezifisches Wissen, das nach und nach wachsende Vertrauen der Betroffenen in die Entscheidung und deren Akzeptanz unter Sportlern (fair) und die niedrigen Kosten. Der staatliche Eilrechtsschutz wird „auf der Außenbahn überholt" und eine Entscheidung in der Sache gefällt. Als Nebenprodukte können sich tragende Wertmaßstäbe herausschälen und Grundsatzentscheidungen gefällt werden, die nach und nach den Weg für eine weltweite „lex sportiva" vorbereiten können[465]. Ein allseits hoch geschätzter Vorteil ist überdies die Entlastung der staatlichen Gerichte mit ihren zudem zeitraubenden Instanzenzügen. Sie werden etwas abgedrängt. *Röhricht*[466] hat schon vor zehn Jahren ein „starkes und unübersehbares Verlangen" von Staatsseite nach externer Kontrolle der Sportverbandsentscheidungen, die in die Hand privater Schiedsgerichte zu legen seien, ausgemacht. Dieser in der Folgezeit konsequent eingeschlagene Weg hat sich bewährt und liegt auch im ureigenen Interesse des Sports. Von den Produkten des CAS sollen im Nachhinein wichtige und/oder interessante Einzelfallentscheidungen dargestellt werden.

463 *Hoffmann*, aaO., S. 11.
464 *Martens/Oschütz*, aaO., S. 4.
465 *Hantke*, aaO., S. 186, 190.
466 In Sport und Recht, S. 41, 42.

## Kapitel 3: Einzelentscheidungen des CAS

### a) Disziplinarfälle

4 Im Jahre 1998 hatte sich das CAS mit einem Uraltfall zu befassen. Er ging zurück auf die Bestechung des Schiedsrichters des UEFA-Cup-Halbfinalspiels RSC Anderlecht gegen Nottingham Forrest durch Verantwortliche des RSC im Jahre 1984. Das UEFA-Exekutivkomitee hatte den Club für ein Jahr von allen Wettbewerben im Fußball-Europapokal ausgeschlossen. Das CAS hob diese Entscheidung auf, weil das Exekutivkomitee nicht die zuständige Instanz gewesen sei, um eine solche Sperre zu verhängen. Vielmehr hätte die UEFA-Disziplinarkommission entscheiden müssen. Als obiter dictum fügte das CAS hinzu, dass der Fall aber nach zehn Jahren, die verstrichen seien, verjährt sei und deshalb nicht neu verhandelt werden dürfe.

In einem Eishockey-Spiel um die Schweizerische Meisterschaft kam es zu einer Rauferei, bei der der Trainer eines der beiden Clubs mit einem Stock einen Schiedsrichter traf, als er gerade die Raufbolde zu trennen versuchte. Da der Trainer nicht die Bank verließ, als die Schiedsrichter ihn dazu aufforderten, wurde das Spiel abgebrochen. Mangels Nachweises sprach die Berufungsinstanz des Schweizer Eishockey-Verbands den Trainer frei, verurteilte jedoch den Club u. a. zu einer Geldstrafe und zum Verlust einer Stimme an der Regionalversammlung. Der Club rief das CAS an und argumentierte, es sei widersprüchlich, wenn der Trainer mangels erwiesener Schuld freigesprochen werde, der Club aber dennoch für dessen Verhalten haften müsse. Das CAS wies die Klage ab, da eine juristische Person für das auch nur objektiv rechtswidrige Verhalten eines Organs haften müsse[467].

### b) Wettkampfentscheidungen

5 Das CAS hielt sich in den Anfangsjahren seiner Spruchtätigkeit sehr zurück bei der Überprüfung von Entscheidungen des Schiedsrichters auf dem Spielfeld (field of play). Es stützte sich dabei auf die im Schweizer

[467] CAS, in SpuRt 2003, 10.

Recht anerkannte Unterscheidung zwischen Spielregeln und Rechtsregeln, die aber auch nicht mehr unumstritten ist. Die Spielregeln bewegen sich dabei in einem rechtsfreien Raum. CAS/TAS entwickelten zunächst den Lösungsansatz, dass Schiedsrichterentscheidungen über den Ausgang eines Wettkampfs nur eingeschränkt auf Willkür überprüfbar seien, was entsprechend zu einer Einschränkung der Schiedsfähigkeit führe. So wurde die Klage einer Ruderin bei den Spielen in Sydney 2000 abgewiesen, die mit Videobändern beweisen wollte, dass sie nicht als Zweite – wie das Kampfgericht angenommen hatte –, sondern als Erste die Ziellinie überquert hatte. Die vom Kampfgericht verwendeten Messeinrichtungen zeigten die Klägerin als Zweite – Bilder von Fernsehkameras, die Zentimeter vor der Ziellinie positioniert waren, könnten dies nicht widerlegen[468].

Auch ein Geher hatte keinen Erfolg mit seiner Klage, die sich gegen seine Disqualifikation wandte, die ausgesprochen worden ist, nachdem er als Erster im 20-km-Gehwettbewerb in Sydney die Ziellinie überquert hatte. Die IAAF-Regeln für Geherwettbewerbe schreiben die Disqualifikation eines Sportlers vor, der dreimal verwarnt worden ist. Sie kann aber nur durch den Oberschiedsrichter gegenüber dem Sportler persönlich ausgesprochen werden. Sie habe grundsätzlich während des Wettkampfs zu erfolgen, sonst „unverzüglich“[469] nach dessen Ende. Das Schiedsgericht[470] legte dies dahin aus, dass eine „unverzügliche Benachrichtigung“ noch fünf Minuten nach Passieren des Zielbandes vorgenommen werden könne, wenn „vernünftige Gründe unter den gegebenen Umständen“ vorliegen (hier: Verzögerung, weil der Oberkampfrichter mit Disqualifikationen auf der Strecke beschäftigt war).

Anlässlich der Olympischen Winterspiele 2002 wurden die Kriterien für die Überprüfung von Wettkampfentscheidungen vom CAS näher präzisiert[471]: *„Spielfeldentscheide (field of competition decision) sind grundsätzlich geschützt, außer es kann nachgewiesen werden, dass ein solcher Entscheid willkürlich oder in böser Absicht getroffen wurde. Nicht jeder unrichtige Schiedsrichterentscheid ist auch willkürlich.“* Dies sei nur zu bejahen in Fällen von erwiesener Bevorteilung oder Benachteiligung von Wettkämpfern oder Mannschaften, z. B. als Folge von Bestechung. Das CAS führte in dem entschiedenen Fall des Koreanischen Olympischen

[468] TAS SYD 12, Tz. 5.3.
[469] (im englischen Text: immediately)
[470] TAS SYD 10, Tz. 30.
[471] CAS OG 2/007.

Komitees gegen den Internationalen Eislaufverband weiter aus, dass die Hürde für einen solchen Nachweis hoch sei, was in er Folgezeit in dem oben (II. 4, Rn. 112) bereits angesprochenen Fall des vor dem Ziel irritierten Marathonläufers Vanderlei Cordeiro de Lima umgesetzt und weiterentwickelt worden ist. Der Leitsatz dieses Schiedsspruchs[472] lautet: *„Eine Spielfeldentscheidung kann vom CAS nur dann aufgehoben werden, wenn der Kläger nachweisen kann, dass die Entscheidung willkürlich oder in böser Absicht mit dem Ziel der Bevorteilung oder Benachteiligung von Wettkämpfern getroffen wurde."*

### c) Zulassungsverfahren

Dem CAS lagen häufig Fälle vor, die die Zulassung zu Olympischen Spielen betrafen. 6

Zu den Spielen in Sydney begehrte ein Boxer, der erst einen Tag nach der Auslosung der ersten Runde am Wettkampfort eingetroffen war, eine nachträgliche Zulassung zum Wettkampf. Das CAS sprach aus, dass eine strikte Anwendung der Verbandsregeln, die eine derartige Maßregel nicht vorsähen, weder unverhältnismäßig noch willkürlich sei, auch nicht wesentliche Rechtsgrundsätze und die Grundrechte der Athleten verletze[473]. Eine Neuauslosung kurz vor Beginn der Wettkämpfe sei vielmehr gegenüber den anderen Athleten unverhältnismäßig und komme folglich nicht in Betracht. Interessant ist, dass in dieser Entscheidung der Urmeter für die Bemessung von Sanktionen, der Verhältnismäßigkeitsgrundsatz, mit in den Vordergrund geschoben wurde.

Bei den Winterspielen 2006 in Turin standen dem schweizerischen Snowboardteam fünf Startplätze zur Verfügung. Diese waren nach den Schweizer Nominierungsbestimmungen nach objektiven und subjektiven Kriterien vorzunehmen. Die objektiven Bedingungen waren sowohl von der Klägerin als auch von den fünf nominierten Snowboarderinnen erfüllt worden. Das CAS stellte fest, dass Nominierungsentscheidungen immer auch Ermessensentscheidungen seien, wenn sie sich nicht in objektiven Kriterien erschöpfen. Eine solche Ermessensentscheidung sei nicht zu beanstanden, wenn sie vernünftig, fair und nicht diskriminierend („reasonable, fair and non-discriminatory") sei. Zweifel an einer ordnungsgemäßen Ermessensausübung seien nach dem Klägervortrag nicht ersichtlich, sodass die Klage abgewiesen wurde[474].

[472] In SpuRt 2006, 32 f.
[473] TAS SYD 4, S. 10.
[474] CAS OG 06/002, in SpuRt 2006, 113 f.

Das Begehren eines marokkanischen Sportlers, der vom NOK seines Landes nicht nominiert worden war, weil ihm nach einem ärztlichen Attest eine Erholungsphase von zwei Monaten empfohlen war, die sich über die Winterspiele hinaus erstreckte. Das Ad-hoc-Schiedsgericht[475] wies seine Klage ab, u. a. mit der Begründung, dass die Entscheidung des Marokkanischen NOK nicht willkürlich gewesen sei, weil zwei von einander unabhängige ärztliche Atteste den Kläger für die Zeit der Winterspiele für sportunfähig erklärt hatten.

Nicht zu den im VIII. Teil unter Doping zu behandelnden Verfahren gehört die Klage der deutschen Skilangläuferin Evi Sachenberger, die sich gegen eine von der FIS gegen sie verhängte Schutzsperre von fünf Tagen richtete, weil bei ihr Hämoglobinwerte von 16,4 und 16,5 mg/ml bei einem zulässigen Grenzwert von 16 mg/ml festgestellt worden waren. Der Fall wird allgemein nicht als Doping angesehen[476]. Die Klägerin begehrte, ihr für die Zeit der Spiele eine Ausnahmegenehmigung zu erteilen, weil sie eine übernatürlich hohe Konzentration roter Blutkörperchen habe. Das CAS[477] ging mit den beteiligten Verbänden DSV und FIS davon aus, dass die Sportlerin einen leicht erhöhten natürlichen Hämoglobingehalt habe, der jedoch nach Meinung der FIS keinen hinreichenden Anlass für eine Ausnahmegenehmigung biete. Es wies zudem den Klägervortrag, der Grenzwert von 16,0 mg/ml sei willkürlich, zurück. Die Schiedsrichter sahen sich nicht in der Lage, eine eigene Entscheidung darüber zu treffen, ob die Sportlerin eine unnatürlich hohe Konzentration an roten Blutkörperchen habe, die eine Ausnahme rechtfertigen könne. Die Legitimität der „Schutzsperre" ist unabhängig von dieser Entscheidung nicht unumstritten. *Petri*[478] verneint die Zulässigkeit der Schutzsperre u. a. mit der bedenklichen Argumentation, der Gesundheitsschutz des Sportlers sei dessen eigene Sache, nicht die der Verbände, was nicht der herrschenden Meinung entspricht.

Der Kuriosität halber soll eine Klage einer Sportlerin Erwähnung finden, die nicht dem Grundsatz *„altius, fortius, citius"* huldigte, sondern der olympischen Grundidee folgte: *„Dabei sein ist alles."* Eine 52-jährige Rodlerin von British Virgin Islands, die auch den Spitznamen *„Grandma Lu"* trägt, war bereits zuvor im Guinness-Buch der Rekorde als *„Älteste Olympiateilnehmerin"* aufgenommen worden. Wie Georg Hackl hatte sie

475 TAS 06/003.

476 *Martens/Oschütz*, aaO., S. 146.

477 CAS OG 06/004.

478 aaO., S. 109 f.

von 1988 bis 2004 an fünf Olympischen Spielen teilgenommen und war auf dem Weg, ihren eigenen Rekord zu brechen, als sie während eines Trainingslaufs stürzte und sich das Handgelenk brach. Wegen dieser Verletzung wurde sie nicht als Starterin in das Teilnehmerfeld aufgenommen. Beim CAS begehrte die Rodlerin die nachträgliche Aufnahme in die Startliste mit dem Zusatz DNS (did not start). Mit diesem Eintrag wäre sie Teilnehmerin in Turin und damit bei sechs Olympischen Spielen gewesen. Der Fall endete vernünftigerweise mit einem Vergleich. Der Internationale Rodlerverband verpflichtete sich, einen Brief an das IOC als Veranstalter der Olympischen Spiele zu richten, in dem der Verband das IOC um die nachträgliche Ergänzung der Ergebnisliste um den Namen der Klägerin mit dem Zusatz DNS bitten sollte. – Der Fall erinnert an einen anderen extravaganten Wintersportler, nämlich Eddi „the Eagle" Edwards, der aber als feiner englischer Sportsmann seine Nichtnominierung wegen zu großen Abstands der von ihm erzielten Weiten beim Skispringen nicht vor den Kadi brachte. Im Verhältnis zu dem nächst schlechtesten Springer lag er 20 bis 30 m zurück. Zudem musste er eine sehr starke Brille tragen, da er kaum sehen konnte. Sein Ziel hatte er ohnehin erreicht, nämlich gut dotierte Werbeverträge trotz extrem niedrigen Leistungsvermögens.

Eine Reihe von Zulassungsfällen hatte das CAS bisher zu entscheiden, bei denen doppelte Staatsbürgerschaften bzw. ein Wechsel der Staatsbürgerschaft zugrunde lagen[479]. Da sich insoweit oft staatsrechtliche Vorfragen stellen, sollen diese im Einzelnen nicht dargelegt, sondern lediglich die sportrechtlichen Grundprinzipien dieses Rechtskomplexes angeführt werden. Eine Doppelstaatsbürgerschaft entsteht nach verschiedenen Anknüpfungspunkten: teils gilt nach staatlichem Recht das ius sanguinis (das Kind erhält die Staatsangehörigkeit der Eltern) und oft auch das ius-soli (maßgebend ist das Land der Geburt, so in den USA). Diese Dualität wird teilweise über Generationen hinweg weitergeführt, was Sportler oft nach ihren Gegebenheiten zu ihrem Vorteil ausnutzen (z. B. die italienische Großmutter des südamerikanischen Fußballers). Nach den IOC-Regeln darf bei doppelter Staatsangehörigkeit der Sportler wählen, für welchen Staat er starten will. Hat er aber schon an internationalen Wettbewerben in einer Mannschaft eines der beiden Staaten teilgenommen, muss er grundsätzlich drei Jahre warten. Wenn ein Wechsel der Staatsangehörigkeit zu einem Verlust der früheren führt, ist der

[479] Siehe die sog. Perez- und die Miranda-Fälle bei *Martens/Oschütz*, aaO., S. 5, 6.

Sportler nicht mehr für die Nationalmannschaft seines früheren Staates startberechtigt[480].

### d) Dopingfälle

7 Soweit es sich um dopingspezifische Fälle handelt, ist des Zusammenhangs wegen die Darstellung des CAS-Standpunkts unter VIII. behandelt worden.

Am Rande eines Dopingfalles hat das CAS[481] eindeutig festgestellt, dass es keine Kompetenz habe, eine Entscheidung eines staatlichen Gerichts zu überprüfen. Ein solcher Zuständigkeitskonflikt kann z. B. in Frankreich auftreten, wo nach staatlichen Dopinggesetzen staatliche Gerichte die Verbände beaufsichtigen[482].

Das CAS lässt gelegentlich auch große Weltsportverbände als Verlierer aus dem Sitzungssaal in Lausanne gehen. So hob es im Frühjahr 2006 eine Entscheidung der FIFA auf, die den Antrag Gibraltars zur Aufnahme als neues Mitglied in die FIFA zurückgewiesen hatte, weil das Bewerberland keine eigene Staatsform habe. Die angefochtene Entscheidung habe, so das CAS, keine Grundlage in den FIFA-Bestimmungen.

Zwischenzeitlich hat sich ein Bedürfnis herausgestellt, dass die häufigen Streitigkeiten zwischen dem Weltbasketballverband (FIBA) und der mächtigen NBA (National Basketball Association) über Spielerwechsel, Spielerverträge u. Ä. durch eine sachkundige Instanz einheitlich und schnell entschieden werden. Der FAT (Federal Arbitration Tribunal) soll eingerichtet werden. Zu beachten ist, dass die NBA kein Sportverband, sondern ein Unternehmen ist. Dieses Sonderschiedsgericht soll nach der Devise „keeping in family“ ex aequo et bono (nach Billigkeit) auf freiwilliger Basis der Parteien angerufen werden können[483]. Die positiven Erfahrungen mit dem CAS haben sicherlich solche Vorstellungen gefördert.

[480] *Pfister*, aaO., S. 10.

[481] In SpuRt 2005, 163.

[482] Anmerkung *Netzle* zu CAS-Urteil wie vor, aaO., S. 167.

[483] So Rechtsanwalt Martens auf der Tagung des Württembergischen Fußballverbands am 29./30.9.2006 in Wangen.

## Kapitel 4: Beurteilung der CAS-Tätigkeit

Das CAS wirkt im internationalen Sportrecht seit 20 Jahren segensreich. Es hat sicherlich nicht in allen entschiedenen Fällen die Gerechtigkeit hergestellt, auf jeden Fall hat es schnell und klar Rechtssicherheit geschaffen. Man kann ihm bescheinigen, dass es einen feinen Sinn für das Gerechte entwickelt hat. Die Qualität der Rechtsprechung hängt natürlich in erster Linie von den Richterpersönlichkeiten im Einzelfall ab, die das Recht **und** den Sport zusammenführen sollen. Bei der Aufstellung der Schiedsrichter sollte dies im Auge behalten werden. Das CAS ist durch seine Ad-hoc-Kammern zu einer nicht mehr wegzudenkenden Institution bei internationalen Großereignissen im Sport wie den Olympischen Spielen geworden. Je mehr Präjudizien von ihm geschaffen werden, desto besser können sich Sportler und Verbände auf sie einstellen. Von kompetenter Seite wurde schon vor Jahren die Prognose gestellt, dass die Furcht vor dem Richter der Anfang zur Weisheit sei („*La crainte du juge est le commencement de la sagesse*")[484]. Unabhängig von der Herstellung der Einzelfallgerechtigkeit ist das CAS auf jeden Fall ein wertvoller Schrittmacher für eine „lex sportiva universalis". 8

[484] Zitiert nach *Martens/Oschütz*, aaO., S. 147.

# X. Teil
# (Nachwort) „Fair" im Sport – Ausklang

## Kapitel 1:
## Fair als Leitidee

*„No sports, only cigars and whiskey"*, resümierte der einstige britische Premierminister Winston Churchill in seinen Memoiren. Sein britischer Landsmann, der legendäre Manager des FC Liverpool Bill Shankley kam zu der Erkenntnis: *„Beim Fußball geht es nicht um Leben und Tod, es geht um mehr."* Von den Briten hat die Welt aber noch andere bedeutsame Errungenschaften übernommen. Die wertvollste erscheint mir das Prinzip des „Fair" im Leben und im Sport. Von letzterem Grundsatz rührt die Idee der Fairness ursprünglich her, sie ist maßgebende Leitlinie und Leitidee aller Arten von Sport. Dies berechtigt, in den Mittelpunkt des Nachwortes zu einem Buch über Sportrecht das Motto zu stellen: 1

*„My game is fair."*

Es entspricht einer guten Übung, vorweg bei einem Thema etwas zur Geschichte des Stoffes zu sagen: Der Begriff „fair" leitet sich aus dem altenglischen Wort *faegere* und bedeutet *passend, angenehm, schön*. Er wurde im England früherer Jahrhunderte benutzt, um ein anständiges, d.h. standesgemäßes Verhalten von Mitgliedern gehobener Gesellschaftsschichten zu beschreiben. In der viktorianischen Zeit (Mitte bis Ende des 19. Jahrhunderts) waren „Fair Play" und „Amateur" ein Zwillingspaar, das zusammengehörte. Nur der Amateur, der aus Liebhaberei und zum Zeitvertreib von der Ober- und Mittelschicht in Aristokratie und Großbürgertum den Sport ausübte, konnte den Geist des Fair Play in Wort und Tat umsetzen. Die anderen waren die Profis aus der Arbeiterschaft, mit denen erstere sich nicht messen wollten. Das änderte sich nach und nach. Der Begriff „fair" fand Einzug in viele Bereiche des privaten und öffentlichen Lebens. Heute versteht man unter „fair" im Sport Anständigkeit, gerechte, ehrliche Haltung sowie den Spielregeln entsprechendes und kameradschaftliches Gebaren, wobei der Gegner zu achten ist. In einem englischen Lexikon wird „fair" zutreffend mit einem anderen englischen Begriff übersetzt, nämlich mit „gentlemanlike". Fair 2 ist in unserer modernen Leistungsgesellschaft mit der immer stärker gewordenen Kommerzialisierung und Professionalisierung des Sports in Gefahr geraten. Bis zu einem gewissen Grad werden in der Sportwelt von heute selbst Regelverletzungen legitimiert und toleriert. Willi Weyer, der langjährige Präsident des Deutschen Sportbunds, hat dieses Denken in Prioritäten einmal in seiner unnachahmlichen Art auf die Formel gebracht: „Sport ohne Leistung ist Kappes". Das die Faszination des Sports ausmachende Leistungstreben mit fortwährenden, oft unglaublichen Leistungssteigerungen ist gleichwohl mit dem Gedanken des „Fair" in Einklang zu bringen. Blauäugig mag man dabei den nennen, der als Ausfluss der Fairness fordert, vom Gegner her zu denken und zu handeln. Trotz des maßlosen Erwartungs- und Erfolgsdruckes ist es das Postulat des Sports, das Mogeln und Täuschen, insbesondere den Einsatz nicht erlaubter Mittel wie Doping aus den Sportstätten zu verbannen. Nicht nur den Engländern, sondern den Sportlern in aller Welt gilt als nobelste Pflicht, das Fair Play zum Zentralpunkt ihres Handelns zu machen[485]. Das gibt dem Sport die Würde und Größe. Über die Fairness wird der Sportler zum Sportsmann. Der unfaire Sportler dagegen ist Spielverderber. Er nimmt dem Sport den Charakter des Spiels, das so schön für seine Teilnehmer, die Spieler, sein kann. Dem Schiedsrichter Respekt zu erweisen, ist dabei eine der wichtigsten Tugenden eines Sportlers. Wie dieser mit den Unebenheiten des Spielfeldes auskommen muss, muss er auch mit der Unvollkommenheit des Schiedsrichters leben. Der Lohn für eine solche edle Haltung des Sportlers stellt sich dabei nicht immer ein. Es ist aber andererseits nicht so, wie die Amerikaner formulieren: *„Nice guys finish late"* (frei übersetzt: *Wer fair ist, verliert*). Meiner Erfahrung nach verliert der faire Sportler nicht öfter als sein unfairer Gegner, er gewinnt aber auch nicht häufiger als der andere.

Aber auch im Sport ist ein gutes Gewissen ein sanftes Ruhekissen. Auf dem Boden der fairen Sportausübung kann man mit aufrechtem Gang auf dem Sportplatz dahergehen und im Nachhinein jedermann in die Augen sehen.

Sportrecht mit seinen Regeln und Sportrechtsprechung mit ihren Urteilen sind bestrebt, die „gestohlenen" Vorteile auf dem grünen Rasen und am grünen Tisch zurückzunehmen und dem unfairen Sportler durch Strafen Leid zuzufügen und so die Sportrechtsordnung wiederherzustellen.

[485] http://www.nok.de vom 19.10.2006.

## Kapitel 2: Ausklang

Am Rande eines Buches, das viele Facetten des Sports aufgezeigt hat, 3
sollen einige Größen dieser Welt, die ihren Ruhm in anderen Bereichen des öffentlichen Lebens erworben haben, zum Sport zu Wort kommen. Aber auch die Reflexionen einiger Großen des Sports sollen wiedergegeben werden.

Große der Welt bemerken:

1) **Platon**: *„Man lernt einen Menschen beim Spiel an einem Tag besser kennen als beim Gespräch in einem Jahr."*
2) **Konrad Lorenz**: *„Sport wirkt segensreich, weil er wahrhaft begeisterten Wettstreit zwischen überindividuellen Gemeinschaften ermöglicht."*
3) **Albert Camus**: *„Alles, was ich über Moral und Verpflichtungen weiß, verdanke ich dem Fußball."*
4) **Friedrich Schiller**: *„Der Mensch spielt nur, wo er in voller Bedeutung des Worts Mensch ist, und ist nur da ganz Mensch, wo er spielt."*
5) **George Orwell**: *„Sport ist war minus shooting."*
6) **Hans Küng**: *„Der Weltsport braucht eine Sportethik."*
7) **André Maurois**: *„Neben dem Humor ist der Sport ein unvergängliches Menschenrecht."*
8) **Ein unbekannter Politiker**: *„Die Sportvereine sind die größten Bürgerinitiativen in Deutschland und auch die besten Sozialstationen."*

Große des Sports meinen:

1) **Gebrüder Klitschko**: *„Ruhm im Sport ist wie ein Koffer ohne Bügel – schwer zu tragen, aber ein herrliches Gefühl."*
2) **Dettmar Cramer**: *„Der springende Punkt ist der Ball."*
3) **Lew Jaschin**: *„Fußball ist nicht Schach."*
4) **Michel Platini**: *„Fußball ist das schönste Spiel der Welt."*
5) **Sepp Herberger**: *„Ein Spiel dauert 90 Minuten" oder: „Das nächste Spiel ist immer das schwerste."*

   und dazu passend

6) **Carl Lewis** nach seinem 100-m-Weltrekord: *„Die letzten 100 Meter sind immer die schwersten."*

Solche Gedanken und die vielen Mosaiksteinchen, die in diesem Buch aufgezeigt und zusammengefügt worden sind, lassen den Sport

> zu einem prächtigen Baum entstehen, der starke Wurzeln (die Rechtsgrundlagen) und einen geraden Stamm (das Sportethos) hat, sowie zahlreiche Äste (die verschiedenen Sportarten), herrliche Blüten (die Spiele), grüne Blätter (die Träume vom Sieg) und köstliche Früchte (die bleibenden Werte).

Ein Traum wäre erfüllt, wenn bei einer gebührenden Würdigung des Sports in der Welt, die zur gegebenen Zeit beispielsweise von der UNESCO ausgesprochen werden könnte, das Fazit stehen würde:

***„The winner is the fair play".***

# ANHANG

## Verbandsrecht (Auszüge)

## I. Teil FIFA-Recht

### Kapitel 1: Statuten der FIFA (Stand: 12. September 2005)

**Artikel 1 Name und Sitz**

Die Fédération Internationale de Football Association (FIFA) ist ein im Handelsregister eingetragener Verein im Sinne der Art. 60ff. des Schweizerischen Zivilgesetzbuches (ZGB).
Der Sitz der FIFA befindet sich in Zürich, Schweiz. Er kann nur durch einen Kongressbeschluss verlegt werden.

**Artikel 2 Zweck**

Der Zweck der FIFA ist:

a) den Fussball fortlaufend zu verbessern und weltweit zu verbreiten, wobei der völkerverbindende, erzieherische, kulturelle und humanitäre Stellenwert des Fussballs berücksichtigt werden soll, und zwar im Einzelnen durch die Förderung des Fussballs durch Jugend- und Entwicklungsprogramme;
b) das Organisieren eigener internationaler Wettbewerbe;
c) das Festlegen von Regeln und Bestimmungen sowie die Sicherstellung ihrer Durchsetzung;
d) die Kontrolle des Association Football in all seinen Formen, indem alle notwendigen Massnahmen ergriffen werden, welche die Verletzung der Statuten, Reglemente und Entscheide der FIFA sowie der Spielregeln verhindern;
e) zu verhindern, dass Methoden oder Praktiken vorkommen, welche die Integrität der Spiele oder Wettbewerbe gefährden oder zu Missbräuchen des Association Football führen könnten.

**Artikel 3 Nicht-Diskriminierung und Kampf gegen den Rassismus**

Jegliche Diskriminierung eines Landes, einer Einzelperson oder von Personengruppen aufgrund von ethnischer Herkunft, Geschlecht, Sprache, Religion, Politik oder aus einem anderen Grund ist unter Androhung der Suspension und des Ausschlusses verboten.

**Artikel 4 Förderung freundschaftlicher Beziehungen**

1 Die FIFA fördert freundschaftliche Beziehungen:
a) zwischen Mitgliedern, Konföderationen, Klubs, Offiziellen und Spielern. Alle am Fussball beteiligten Personen und Organisationen sind zur Einhaltung der Statuten, Reglemente und der Grundsätze des Fairplay zu verpflichten;
b) in der Gesellschaft zu humanitären Zwecken.

2 Die FIFA stellt zur Lösung jeglicher Streitigkeiten, welche zwischen den Mitgliedern, Konföderationen, Klubs, Offiziellen und Spielern entstehen können, die dafür notwendigen institutionellen Mittel zur Verfügung.

**Artikel 5 Spieler**

Das Exekutivkomitee regelt den Status von Spielern und die Einzelheiten in Bezug auf deren Transfer in einem speziellen Reglement.

**Artikel 6 Spielregeln**

1 Jedes Mitglied der FIFA hat Association Football nach den Spielregeln des IFAB zu spielen. Einzig der IFAB ist befugt, Spielregeln aufzustellen und zu ändern.

2 Der IFAB besteht aus acht Mitgliedern. Vier dieser Mitglieder werden von der FIFA und vier von den britischen Verbänden bezeichnet.

3 Die Aufgabe und die Zuständigkeit des IFAB sind in einem Sonderreglement festgehalten.

...

**Artikel 48 Kommission für rechtliche Angelegenheiten**

Die Kommission für rechtliche Angelegenheiten beschäftigt sich mit der Analyse der grundlegenden rechtlichen Probleme im Fussball und der Entwicklung der Statuten und Reglemente der FIFA, der Konföderationen und Mitglieder.

...

**Artikel 55 Disziplinarmassnahmen**

Die Disziplinarmassnahmen sind im Besonderen:

1 Gegen natürliche und juristische Personen:
a) Ermahnung
b) Verweis

c) Geldstrafe
d) Rückgabe von Preisen

2 Gegen natürliche Personen:
a) Verwarnung
b) Feldverweis
c) Spielsperre
d) Verbot, Umkleideräume zu betreten und/oder auf der Ersatzbank Platz zu nehmen
e) Stadionverbot
f) Verbot jeglicher im Zusammenhang mit dem Fussball stehender Tätigkeit

3 Gegen juristische Personen:
a) Transfersperre
b) Austragung eines Spieles unter Ausschluss der Öffentlichkeit
c) Austragung eines Spieles auf neutralem Platz
d) Sperre eines Stadions
e) Annullierung eines Spielergebnisses
f) Ausschluss
g) Forfait-Niederlage
h) Abzug von Punkten
i) Zwangsabstieg in eine tiefere Spielklasse

4 Das Exekutivkomitee erlässt ein Disziplinarreglement.

**Artikel 56 Rechtsorgane**

1 Die Rechtsorgane der FIFA sind:
a) die Disziplinarkommission
b) die Berufungskommission

2 Zuständigkeit und Verfahren dieser Organe sind im FIFA-Disziplinarreglement festgehalten.

3 Die Rechtsprechungs-Kompetenz von bestimmten Kommissionen bleibt vorbehalten.

**Artikel 57 Disziplinarkommission**

1 Die Disziplinarkommission setzt sich aus einem Vorsitzenden, einem Vizevorsitzenden und der als notwendig erachteten Anzahl von Mitgliedern zusammen. Der Vorsitzende und der Vizevorsitzende müssen über eine juristische Ausbildung verfügen.

2 Die Kommission handelt nach dem FIFA-Disziplinarreglement. Sie entscheidet in Anwesenheit von mindestens drei Mitgliedern. In besonderen Fällen kann der Vorsitzende alleine entscheiden.

3 Die Disziplinarkommission kann gegen Mitglieder, Klubs, Offizielle, Spieler, Spielvermittler und Spielervermittler die in den Statuten und dem FIFA-Disziplinarreglement festgehaltenen Sanktionen aussprechen.

4 Vorbehalten bleibt die disziplinarische Kompetenz des Kongresses und des Exekutivkomitees in Bezug auf die Suspension und den Ausschluss von Mitgliedern.

**Artikel 58 Berufungskommission**

1 Die Berufungskommission setzt sich aus einem Vorsitzenden, einem Vizevorsitzenden und der als notwendig erachteten Anzahl Mitgliedern zusammen. Der Vorsitzende und der Vizevorsitzende müssen über eine juristische Ausbildung verfügen.
2 Die Kommission handelt nach dem FIFA-Disziplinarreglement. Sie entscheidet in Anwesenheit von mindestens drei Mitgliedern. In besonderen Fällen kann der Vorsitzende alleine entscheiden.
3 Die Berufungskommission ist für die Behandlung von Berufungen gegen Entscheide der Disziplinarkommission zuständig, welche die Reglemente der FIFA nicht als endgültig bezeichnen, sowie gegen Entscheide der Kommission für den Status von Spielern in Bezug auf die Spielberechtigung für Verbandsmannschaften.
4 Die Entscheide der Berufungskommission sind endgültig und für alle betroffenen Parteien verbindlich. Vorbehalten bleibt die Berufung beim Court of Arbitration for Sport (CAS).

**Artikel 59 Ethikkommission**

1 Die Ethikkommission setzt sich aus einem Vorsitzenden, einem Vizevorsitzenden und der als notwendig erachteten Anzahl von Mitgliedern zusammen.
2 Die Ehtikkommission handelt nach dem Ethikreglement der FIFA, das vom FIFA-Exekutivkomitee erlassen wird.

**Artikel 60 Court of Arbitration for Sport (CAS)**

1 Die FIFA anerkennt das CAS (Court of Arbitration for Sport) mit Sitz in Lausanne (Schweiz) als unabhängiges Schiedsgericht bei Streitigkeiten zwischen der FIFA, den Mitgliedern, den Konföderationen, Ligen, Klubs, Spielern, Offiziellen und lizenzierten Spiel- und Spielervermittlern.
2 Für das Schiedsgerichtsverfahren gelten die Bestimmungen des Reglements für das Schiedsverfahren des CAS. Das CAS soll in erster Linie die verschiedenen Reglemente der FIFA sowie ergänzend das Schweizer Recht anwenden.

**Artikel 61 Zuständigkeit des CAS**

1 Berufungen gegen letztinstanzliche Entscheidungen der FIFA, insbesondere der Rechtsorgane, sowie auch gegen Entscheidungen der Konföderationen, der Mitglieder oder der Ligen, müssen innerhalb von 21 Tagen nach Bekanntgabe der anzufechtenden Entscheidung beim CAS eingereicht werden.
2 Das CAS kann nur angerufen werden, wenn alle anderen internen Instanzen ausgeschöpft wurden.
3 Das CAS behandelt keine Berufungen im Zusammenhang mit:
   a) Verstössen gegen die Spielregeln;
   b) Sperren bis vier Spiele oder bis drei Monate (Dopingentscheide ausgenommen);

c) Entscheidungen, gegen die eine Berufung an ein unabhängiges und ordnungsgemäss einberufenes Schiedsgericht, welches nach den Regeln eines Verbandes oder einer Konföderation anerkannt ist, möglich ist.

4 Die Berufung hat keine aufschiebende Wirkung. Das zuständige Entscheidungsorgan der FIFA oder ersatzweise das CAS können der Berufung aber aufschiebende Wirkung zukommen lassen.

5 Gegen letztinstanzliche Dopingentscheide gemäss Abs. 1 steht der Welt-Anti-Doping-Agentur (WADA) ein Berufungsrecht zu.

**Artikel 62 Verpflichtung**

1 Die Konföderationen, Mitglieder und Ligen verpflichten sich, das CAS als unabhängige richterliche Instanz anzuerkennen und dafür zu sorgen, dass sich ihre Mitglieder sowie die ihnen angeschlossenen Spieler und Offizielle den Entscheidungen des CAS fügen. Dasselbe gilt für lizenzierte Spiel- und Spielervermittler.

2 Der ordentliche Rechtsweg ist ausgeschlossen, mit Ausnahme der in den FIFA-Reglementen ausdrücklich vorbehaltenen Fälle.

3 Die Verbände haben in ihren Statuten zwingend eine Bestimmung aufzunehmen, wonach ihre Klubs und ihre Mitglieder Streitfälle nicht vor ein ordentliches Gericht bringen dürfen, sondern jegliche Auseinandersetzungen den zuständigen Instanzen des Verbandes, der Konföderation und der FIFA unterbreiten müssen.

...

## Kapitel 2: FIFA Disziplinarreglement (CDF)
(Stand: 29. Juni 2005)

Gestützt auf Art. 55 Abs. 4. der FIFA-Statuten hat das Exekutivkomitee der Fédération Internationale de Football Association (FIFA) folgendes Reglement erlassen.

**Artikel 1 Zweck**

Dieses Reglement beschreibt die in den Bestimmungen der FIFA aufgeführten Regelübertretungen, hält fest, mit welchen Sanktionen diese geahndet werden und regelt die Organisation und die Verfahrensweisen der zuständigen Instanzen.

**Artikel 2 Anwendungsbereich**

Dieses Reglement gilt für alle von der FIFA organisierten Spiele und Wettbewerbe. Darüber hinaus kommt es immer zur Anwendung, wenn einem Spieloffiziellen Schaden zugefügt wird, sowie bei einem schweren Verstoss gegen den statutarischen Zweck der FIFA, insbesondere bei missbräuchlicher Verwendung von Urkunden, Bestechung und Dopingvergehen.

**Artikel 3 Betroffene Personen und Organisationen**

Diesem Reglement unterliegen:
a) die Verbände;
b) deren Mitglieder, insbesondere Klubs;
c) die Offiziellen;
d) die Spieler;
e) die Spieloffiziellen;
f) alle Personen, die von der FIFA autorisiert wurden, insbesondere für ein Spiel, einen Wettbewerb oder eine andere von der FIFA organisierte Veranstaltung;
g) die Zuschauer.

...

1. Abschnitt: Voraussetzungen für Sanktionen

**Artikel 8 Schuld**

1 Unter Vorbehalt gegenteiliger Bestimmungen sind sowohl vorsätzlich als auch fahrlässig begangene Vergehen strafbar.
2 Als Sicherheitsmassnahme kann in Ausnahmefällen die Austragung eines Spiels unter Ausschluss der Öffentlichkeit, die Austragung auf neutralem Platz oder die Sperre eines Stadions angeordnet werden, ohne dass ein Vergehen vorliegt.

**Artikel 9 Versuch**

1 Der Versuch eines Vergehens ist ebenfalls strafbar.
2 Der Versuch eines Vergehens wird mit einer milderen Sanktion geahndet. Das Ausmass der Strafsenkung wird von der zuständigen Instanz bestimmt und ist nach unten nur durch die Mindesthöhe der Geldstrafe begrenzt (Art. 16 Abs. 2).

**Artikel 10 Teilnahme**

1 Wer vorsätzlich zu einem Vergehen anstiftet oder mithilft, dieses zu begehen, kann ebenfalls bestraft werden.
2 Die zuständige Instanz stellt den Grad des Verschuldens fest und setzt die Sanktion entsprechend herab. Die Strafsenkung ist nach unten nur durch die Mindesthöhe der Geldstrafe begrenzt (Art. 16 Abs. 2).

2. Abschnitt: Sanktionen

**Artikel 11 Sanktionen gegen natürliche und juristische Personen**

Die folgenden Sanktionen können sowohl gegen natürliche als auch gegen juristische Personen verhängt werden:

a) Ermahnung;
b) Verweis;
c) Geldstrafe;
d) Rückgabe von Preisen.

**Artikel 12 Sanktionen gegen natürliche Personen**

Die folgenden Sanktionen können nur gegen natürliche Personen verhängt werden:
a) Verwarnung;
b) Feldverweis;
c) Spielsperre;
d) Verbot, die Umkleideräume zu betreten und/oder auf der Ersatzbank Platz zu nehmen;
e) Stadionverbot;
f) Verbot jeglicher in Zusammenhang mit dem Fussball stehenden Tätigkeit.

**Artikel 13 Sanktionen gegen juristische Personen**

Die folgenden Sanktionen können nur gegen juristische Personen verhängt werden:
a) Transfersperre;
b) Austragung eines Spiels unter Ausschluss der Öffentlichkeit;
c) Austragung eines Spiels auf neutralem Platz;
d) Sperre eines Stadions;
e) Annullierung eines Spielergebnisses;
f) Ausschluss;
g) Forfait-Niederlage;
h) Abzug von Punkten;
i) Zwangsabstieg in eine tiefere Spielklasse.

**Artikel 14 Ermahnung**

Mit einer Ermahnung wird unter Androhung einer Sanktion im Wiederholungsfall an den Inhalt einer Vorschrift erinnert.

**Artikel 15 Verweis**

Der Verweis ist ein förmlicher schriftlicher Tadel für ein Vergehen.

**Artikel 16 Geldstrafe**

1 Eine Geldstrafe wird in Schweizer Franken (CHF) oder in Dollar (USD) ausgesprochen und muss in der entsprechenden Währung bezahlt werden.
2 Die Höhe der Geldstrafe beträgt mindestens CHF 300, CHF 200 für Wettbewerbe mit Altersbeschränkung und höchstens CHF 1.000.000.
3 Die Instanz, welche die Geldstrafe verhängt, legt auch die Zahlungsmodalitäten und -fristen fest. Wurde neben der Geldstrafe auch eine Spielsperre ausgesprochen, so muss die Geldstrafe vor Ablauf der Sperre bezahlt werden.

4 Die Verbände haften solidarisch für Geldstrafen, die gegen Spieler oder Offizielle ihrer Verbandsmannschaften verhängt wurden. Dasselbe gilt für die Klubs sowie ihre Spieler und Offiziellen. Die Solidarhaftung bleibt auch dann bestehen, wenn die bestrafte natürliche Person den Klub oder den Verband verlässt.

**Artikel 17 Rückgabe von Preisen**

1 Die für ein Vergehen mit dieser Sanktion bestrafte Person muss alle erhaltenen Preise zurückgeben, insbesondere Preisgelder und Auszeichnungen (Medaillen, Pokale usw.).
2 Das erhaltene Preisgeld muss in voller Höhe zurückerstattet werden. Die Instanz, welche die Sanktion verhängt, entscheidet, ob zusätzlich Zinsen erhoben werden.

**Artikel 18 Verwarnung**

1 Mit einer Verwarnung („gelbe Karte“) bestraft der Schiedsrichter während einer Partie einen Spieler für einen weniger schweren Fall von unsportlichem Verhalten (Regel 12 der Spielregeln).
2 Zwei Verwarnungen im selben Spiel führen zu einem Feldverweis für den betreffenden Spieler („indirekte“ rote Karte; vgl. Art. 52 lit. o), der damit auch automatisch für die nächste Partie gesperrt ist (Art. 19 Abs. 4). Die beiden Verwarnungen, die zur roten Karte führten, werden nicht gewertet.
3 In folgenden Fällen ist ein Spieler automatisch für die nächste Partie gesperrt:
   a) drei Verwarnungen in drei verschiedenen Spielen eines Wettbewerbs für die von der FIFA organisierten U-17-Wettbewerbe;
   b) zwei Verwarnungen in zwei verschiedenen Spielen eines Wettbewerbs für die anderen von der FIFA organisierten Wettbewerbe mit Altersbeschränkung;
   c) zwei Verwarnungen in zwei verschiedenen Spielen eines Wettbewerbs für alle anderen Wettbewerbe;
   d) bei Einladungsturnieren gilt lit. c.
4 Die Dauer der Sperre (Abs. 3) kann von der Disziplinarkommission verlängert werden.
5 Nach einem Spielabbruch werden ausgesprochene Verwarnungen annulliert, falls die Partie wiederholt wird. Wenn dies nicht der Fall ist, werden die Verwarnungen derjenigen Mannschaft, die für den Spielabbruch verantwortlich ist, nicht annulliert. Sind beide Mannschaften verantwortlich, werden alle Verwarnungen gewertet.
6 Wenn ein Spieler in einer Partie bereits eine Verwarnung erhalten hat und danach für einen schweren Fall von unsportlichem Verhalten (Regel 12 der Spielregeln) des Feldes verwiesen wird („direkte“ rote Karte), wird die Verwarnung nicht annulliert.

**Artikel 19 Feldverweis**

1 Der Feldverweis bezeichnet die Aufforderung des Schiedsrichters an eine Person, den Spielfeldbereich zu verlassen. Die betreffende Person darf auch nicht

auf der Ersatzbank Platz nehmen. Der Zugang zur Tribüne ist ihr gestattet, es sei denn, es wurde ein Stadionverbot gegen sie verhängt.

2 Für die Spieler erfolgt der Feldverweis in Form einer „roten Karte". Man spricht von einer „direkten" roten Karte, wenn damit ein schweres unsportliches Verhalten gemäss Regel 12 der Spielregeln geahndet wird, während ein Feldverweis nach zwei gelben Karten (Art. 18 Abs. 2) als „indirekte" rote Karte bezeichnet wird.

3 Ein des Feldes verwiesener Offizieller darf seinem Stellvertreter auf der Ersatzbank Anweisungen geben. Dabei muss er allerdings darauf achten, weder die anderen Zuschauer noch den Ablauf des Spiels zu stören.

4 Ein Feldverweis führt, auch wenn er während eines abgebrochenen und/oder annullierten Spiels erfolgt, immer zu einer automatischen Sperre für das nächste Spiel. Die Dauer der Sperre kann von der Disziplinarkommission verlängert werden.

**Artikel 20 Spielsperre**

1 Eine mit einer Sperre für ein Spiel oder einen Wettbewerb belegte Person darf weder an der entsprechenden Partie teilnehmen noch sich im Spielfeldbereich aufhalten.

2 Ein für eine Partie gesperrter Spieler darf nicht auf der Spielerliste aufgeführt werden.

3 Die Sperre gilt für eine bestimmte Anzahl Spiele, Tage oder Monate. Sie kann 24 Spiele oder zwei Jahre nicht überschreiten. Besondere Bestimmungen bleiben vorbehalten.

4 Bei einer Sperre für eine bestimmte Anzahl Spiele gelten nur tatsächlich ausgetragene Partien als verbüsste Sperren. Wird eine Partie abgebrochen, annulliert oder als Forfait-Niederlage gewertet, zählt sie für einen Spieler nur dann als verbüsste Sperre, wenn seine Mannschaft nicht für den Abbruch, die Annullierung oder die Forfait-Wertung der Partie verantwortlich ist.

5 Wird neben der Sperre auch eine Geldstrafe verhängt, kann sich die Dauer der Sperre gegebenenfalls bis zur vollständigen Begleichung der Geldstrafe verlängern.

**Artikel 21 Verbot, die Umkleideräume zu betreten und/oder auf der Ersatzbank Platz zu nehmen**

Einer Person, gegen welche diese Sanktion verhängt wird, ist es nicht gestattet, sich in den Umkleideräumen und/oder im Spielfeldbereich, der insbesondere auch die Ersatzbank einschliesst, aufzuhalten.

**Artikel 22 Stadionverbot**

Diese Sanktion, die auch für mehrere Stadien gelten kann, verbietet einer Person den Zutritt zum gesamten Stadionbereich.

**Artikel 23 Verbot jeglicher in Zusammenhang mit dem Fussball stehenden Tätigkeit**

Einer Person kann verboten werden, in irgendeiner Form in Zusammenhang mit dem Fussball (im administrativen, im sportlichen oder in einem anderen Bereich) tätig zu sein.

**Artikel 23bis Transfersperre**

Eine Transfersperre führt dazu, dass ein Klub in der verfügten Zeit keine Spieler registrieren lassen darf.

**Artikel 24 Austragung eines Spiels unter Ausschluss der Öffentlichkeit**

Ein Verband oder ein Klub, gegen den diese Sanktion verhängt wird, muss ein bestimmtes Heimspiel ohne Zuschauer austragen.

**Artikel 25 Austragung eines Spiels auf neutralem Platz**

Ein Verband oder ein Klub, gegen den diese Sanktion verhängt wird, muss ein bestimmtes Heimspiel in einem Drittland bzw. in einer anderen Region des Landes austragen.

**Artikel 26 Sperre eines Stadions**

Wird gegen ein Stadion eine Sperre verhängt, dürfen Verbände und Klubs ihre Mannschaften nicht in diesem Stadion spielen lassen.

**Artikel 27 Annullierung eines Spielergebnisses**

Das Ergebnis eines Spiels wird annulliert, wenn das auf dem Spielfeld erzielte Resultat nicht gewertet werden kann.

**Artikel 28 Ausschluss**

Ein Verband oder ein Klub, gegen den diese Sanktion verhängt wird, darf nicht an einem bestimmten laufenden und/oder zukünftigen Wettbewerb teilnehmen.

**Artikel 29 Zwangsabstieg in die nächsttiefere Spielklasse**

Ein Klub kann mit der Relegation in die nächsttiefere Spielklasse bestraft werden.

**Artikel 30 Abzug von Punkten**

Einem Klub können im Rahmen einer laufenden Meisterschaft Punkte abgezogen werden.

**Artikel 31 Forfait-Niederlage**

1 Aus Sicht der mit dieser Sanktion bestraften Mannschaft wird das betreffende Spiel mit 0 : 3 gewertet.
2 Bei Vorliegen einer höheren Tordifferenz wird das auf dem Spielfeld erzielte Resultat gewertet.

3. Abschnitt: Gemeinsame Regeln

**Artikel 32 Kombination von Sanktionen**

1 Unter Vorbehalt gegenteiliger Bestimmungen können in Kapitel I (Allgemeine Bestimmungen) und Kapitel II (Besondere Bestimmungen) aufgeführte Sanktionen miteinander kombiniert werden.
2 Bei weniger schweren Vergehen kann die zuständige Instanz eine mildere Sanktion verhängen oder sich auf eine Ermahnung oder einen Verweis beschränken.

**Artikel 33 Strafaussetzung zur Bewährung**

1 Die Instanz, welche eine Spielsperre (Art. 20), ein Verbot, die Umkleideräume zu betreten und/oder auf der Ersatzbank Platz zu nehmen (Art. 21), oder die Sperre eines Stadions (Art. 26) verfügt, muss prüfen, ob ein Teil der Strafe zur Bewährung ausgesetzt werden kann.
2 Damit eine Sanktion teilweise zur Bewährung ausgesetzt werden kann, darf ihre Dauer sechs Spiele bzw. sechs Monate nicht übersteigen. Ausserdem müssen alle relevanten Faktoren für diese Massnahme sprechen, insbesondere die Vorgeschichte der bestraften Person.
3 Die zuständige Instanz entscheidet, welcher Teil der Strafe zur Bewährung ausgesetzt wird, wobei die Hälfte der Sanktion in jedem Fall verbüsst werden muss.
4 Die zuständige Instanz legt eine Bewährungsfrist zwischen sechs Monaten und zwei Jahren fest.
5 Begeht die betreffende Person während der Bewährungsfrist ein weiteres Vergehen, wird die Bewährung automatisch aufgehoben, und die ursprüngliche Sanktion muss vollständig verbüsst werden; hinzu kommt eine Sanktion für das zweite Vergehen.
6 Besondere Bestimmungen bleiben vorbehalten. Auf Dopingvergehen findet diese Bestimmung keine Anwendung.

**Artikel 34 Zeitlich definierte Sperren**

Die Laufzeit einer zeitlich definierten Sperre kann bei ruhendem Spielbetrieb und zwischen den Spielzeiten unterbrochen werden.

**Artikel 35 Verjährung von Sanktionen**

1 Die Verjährungsfrist für Sanktionen beträgt fünf Jahre.

2 Die Verjährungsfrist beginnt am Tag des Inkrafttretens der Sanktion.

...

5. Abschnitt: Strafzumessung

**Artikel 40 Grundsätze**

1 Die Instanz, die eine Sanktion verhängt, legt auch deren Höhe und/oder Dauer fest.
2 Der Geltungsbereich einer Sanktion kann auf eine geografische Region oder eine bestimmte Kategorie/bestimmte Kategorien von Spielen oder Wettbewerben begrenzt sein.
3 Unter Vorbehalt gegenteiliger Bestimmungen ist die Dauer einer Sanktion immer beschränkt.
4 Die zuständige Instanz misst die Strafe unter Berücksichtigung aller massgeblichen Faktoren nach dem Verschulden zu.

**Artikel 41 Wiederholungsfall**

1 Unter Vorbehalt gegenteiliger Bestimmungen muss die zuständige Instanz die Sanktion im Wiederholungsfall um die Hälfte erhöhen (+50%, falls dies nicht möglich ist, wird zusätzlich eine Geldstrafe ausgesprochen). Sie ist dabei an keine der in diesem Reglement festgelegten Höchstgrenzen gebunden.
2 Ein Wiederholungsfall liegt in folgenden Situationen vor:
   a) eine rote Karte [zu ahndender Verstoss] bei einer Endrunde einer FIFA Fussball-Weltmeisterschaft™, nachdem der betreffende Spieler zuvor bereits zwei gelbe Karten erhalten hat;
   b) zwei gelbe Karten in zwei verschiedenen Spielen [zu ahndender Verstoss], nachdem der betreffende Spieler zuvor im selben Wettbewerb bereits zwei weitere gelbe Karten in zwei anderen Spielen erhalten hat;
   c) eine rote Karte [zu ahndender Verstoss], nachdem der betreffende Spieler in den vier Spielen davor bereits eine oder mehrere rote Karten erhalten hat. Im Rahmen welcher Wettbewerbe diese vier Spiele ausgetragen wurden, ist dabei unerheblich;
   d) allgemein, wenn die betreffende Person zwei Jahre vor dem vorliegenden zu ahndenden Fall von einer Rechtsinstanz der FIFA mit einer Geldstrafe von mindestens CHF 20.000 oder einer Sperre von mindestens vier Spielen bzw. vier Monaten belegt wurde.
3 Die Sanktion kann unter Berufung auf diese Bestimmung nur einmal um die Hälfte erhöht werden.
4 Bei Dopingvergehen bleiben im Wiederholungsfall die entsprechenden Sonderbestimmungen vorbehalten.

**Artikel 42 Vergehen gegenüber Spieloffiziellen**

1 Ist das Opfer eines Vergehens ein Spieloffizieller, so wird die zu verhängende Sanktion um die Hälfte erhöht (+50%).

2 Ausgenommen von dieser Regelung sind Vergehen, die definitionsgemäss nur gegenüber Spieloffiziellen begangen werden können (Art. 56 und 57).

**Artikel 43 Konkurrenz**

1 Werden gegen eine Person aufgrund einer oder verschiedener Handlungen mehrere Geldstrafen verhängt, muss die zuständige Instanz von der Geldstrafe ausgehen, die für das schwerste der Vergehen vorgesehen ist, und kann diese den Umständen entsprechend erhöhen, höchstens aber um die Hälfte der für dieses Vergehen vorgesehenen Höchststrafe.

2 Dasselbe gilt im Falle einer Person, gegen die aufgrund einer oder verschiedener Handlungen mehrere zeitlich definierte Sanktionen der gleichen Art verhängt werden (zwei oder mehr Spielsperren, zwei oder mehr Stadionverbote usw.).

3 Die Instanz, die gemäss Abs. 1 über die Höhe der Geldstrafe entscheidet, ist dabei nicht an die in Art. 16 Abs. 2 festgelegte Höchstgrenze gebunden.

...

KAPITEL II. BESONDERE BESTIMMUNGEN

1. Abschnitt: Gefährdung der körperlichen Unversehrtheit

**Artikel 47 Körperverletzung**

1 Ein Spieler, der vorsätzlich die körperliche Unversehrtheit oder die Gesundheit einer anderen Person schädigt, wird für mindestens vier Spiele gesperrt. Ein Offizieller, der sich dieses Vergehens schuldig macht, wird für mindestens acht Spiele gesperrt.

2 Die Sperre gilt auf allen Ebenen (lokal, national und international).

3 Zusätzlich wird in jedem Fall eine Geldstrafe von mindestens CHF 5000 verhängt. Bei Turnieren mit Altersbeschränkung kann die Geldstrafe angemessen reduziert werden.

**Artikel 48 Tätlichkeit**

1 Ein Spieler, der vorsätzlich eine Tätlichkeit an einer anderen Person begeht, die keine Schädigung des Körpers oder der Gesundheit zur Folge hat, wird für mindestens zwei Spiele gesperrt. Ein Offizieller, der sich dieses Vergehens schuldig macht, wird für mindestens vier Spiele gesperrt.

2 Spucken wird mit einer Sperre für mindestens sechs Spiele bestraft.

3 Zusätzlich wird in jedem Fall eine Geldstrafe von mindestens CHF 5000 verhängt. Bei Turnieren mit Altersbeschränkung kann die Geldstrafe angemessen reduziert werden.

**Artikel 49 Raufhandel**

1 Ein Spieler, der sich an einem Raufhandel beteiligt, wird für mindestens sechs Spiele gesperrt.

2 Die Sperre gilt für alle internationalen Punktspiele.
3 Ein Spieler, der sich bei einem Raufhandel ausschliesslich gegen einen Angriff wehrt, andere verteidigt oder versucht, die Kämpfenden zu trennen, macht sich nicht strafbar.

**Artikel 50 Unbekannte Täter**

1 Wenn bei einem Vergehen der oder die Täter nicht eruiert werden können, verhängt die zuständige Instanz Sanktionen gegen den Kapitän der betreffenden Mannschaft sowie gegen den entsprechenden Klub oder Verband. Die Sanktion gegen den Kapitän kann aufgehoben werden, wenn er den oder die Schuldigen benennt.
2 Wenn bei einem Vergehen nicht festgestellt werden kann, welchen Anteil die einzelnen Personen an den Vergehen hatten, werden alle Beteiligten in vollem Umfang für die begangenen Vergehen verantwortlich gemacht.

2. Abschnitt: Verstösse gegen die Spielregeln

**Artikel 51 Leichte Verstösse**

Ein Spieler wird verwarnt, wenn er einen der folgenden Verstösse begeht (Regel 12 der Spielregeln und Art. 18 des vorliegenden Reglements):
a) sich unsportlich verhält, z. B. durch überharte oder gefährliche Spielweise oder durch Zurückhalten eines Gegners am Trikot oder an einem Körperteil;
b) durch Worte oder Handlungen gegenüber einem Spielleiter seine Ablehnung zu erkennen gibt (Kritisieren von Entscheidungen, Reklamieren);
c) wiederholt gegen die Spielregeln verstösst;
d) die Wiederaufnahme des Spiels verzögert;
e) bei einem Eckstoss oder Freistoss den vorgeschriebenen Abstand nicht einhält;
f) das Spielfeld ohne Genehmigung des Schiedsrichters betritt oder wieder betritt;
g) das Spielfeld ohne Genehmigung des Schiedsrichters verlässt;
h) simuliert.

**Artikel 52 Schwere Verstösse**

Ein Spieler wird des Feldes verwiesen, wenn er einen der folgenden Verstösse begeht (Regel 12 der Spielregeln und Art. 19 des vorliegenden Reglements):
i) ein grobes Foul begeht, z. B. durch den Einsatz übertriebener Härte oder durch brutale oder grobe Spielweise;
j) gewaltsam oder rücksichtslos spielt;
k) einen Gegner oder irgendeine andere Person anspuckt;
l) ein Tor oder eine offensichtliche Torchance der gegnerischen Mannschaft durch vorsätzliches Handspiel verhindert oder zunichte macht;
m) einem auf sein Tor zulaufenden Gegenspieler eine offensichtliche Tor-

chance nimmt, indem er eine mit Freistoss oder Strafstoss zu ahndende Regelübertretung begeht;

n) anstössige, beleidigende oder schmähende Äusserungen gebraucht;

o) eine zweite Verwarnung im selben Spiel erhält (vgl. Art. 18 Abs. 2).

**Artikel 53 Unkorrektes Verhalten einer Mannschaft**

1 Eine Mannschaft wird für unkorrektes Verhalten mit einer Geldstrafe von höchstens CHF 15000 gebüsst, wenn:

a) in einer Partie mindestens vier ihrer Spieler verwarnt werden;

b) in einer Partie mindestens drei ihrer Spieler des Feldes verwiesen werden;

c) mehrere ihrer Spieler gemeinsam einen Spieloffiziellen bedrohen (Art. 56) oder nötigen (Art. 57).

2 Die Höhe der Geldstrafe bemisst sich an der Art des betreffenden Wettbewerbs.

3. Abschnitt: Ehrverletzendes und rassistisches Verhalten

**Artikel 54 Ehrverletzung**

1 Wer auf irgendeine Weise, insbesondere durch beleidigende Gesten oder Äusserungen, eine andere Person in ihrer Ehre verletzt, wird mit Spielsperren bestraft. Spieler werden für mindestens zwei, Offizielle für mindestens vier Spiele gesperrt.

2 Ist das Ziel der Ehrverletzung die FIFA oder eines ihrer Organe, wird die Dauer der Sperre verdoppelt (+100%) und zusätzlich eine Geldstrafe von mindestens CHF 5000 verhängt. Der Geltungsbereich der Sperre erstreckt sich mindestens auf alle internationalen Punktspiele.

**Artikel 55 Rassismus**

1 Wer öffentlich die Menschenwürde einer anderen Person durch herabwürdigende, diskriminierende oder verunglimpfende Äusserungen in Bezug auf ihre Rasse, Hautfarbe, Sprache, Religion oder Herkunft verletzt, wird für mindestens fünf Spiele auf allen Ebenen gesperrt. Zusätzlich wird ein Stadionverbot und eine Geldstrafe von mindestens CHF 10.000 verhängt. Bei einem Offiziellen, der sich dieses Vergehens schuldig macht, beträgt die Geldstrafe mindestens CHF 15000.

2 Zuschauer, die sich dieses Vergehens schuldig machen, werden mit mindestens zwei Jahren Stadionverbot bestraft.

3 Wenn Anhänger einer Mannschaft während eines Spiels Transparente mit rassistischen Aufschriften entrollen, verhängt die zuständige Instanz gegen den entsprechenden Verband oder Klub eine Geldstrafe von mindestens CHF 30.000 sowie die Auflage, das nächste internationale Punktspiel unter Ausschluss der Öffentlichkeit auszutragen.

4. Abschnitt: Angriffe auf die persönliche Freiheit

**Artikel 56 Drohungen**

Wer schwere Drohungen gegen einen Spieloffiziellen ausstösst, wird mit einer Geldstrafe von mindestens CHF 3000 und einer Spielsperre belegt. In Abweichung zu Art. 32 können diese Sanktionen nicht mit anderen kombiniert werden.

**Artikel 57 Nötigung**

Wer mit gewaltsamen Mitteln oder durch Drohungen Druck auf einen Spieloffiziellen ausübt oder ihn auf eine andere Weise in seiner Handlungsfreiheit behindert, um ihn dazu zu bewegen, eine bestimmte Entscheidung zu fällen bzw. nicht zu fällen, wird mit einer Geldstrafe von mindestens CHF 3000 und einer Spielsperre belegt. In Abweichung zu Art. 32 können diese Sanktionen nicht mit anderen kombiniert werden.

5. Abschnitt: Missbräuchliche Verwendung von Urkunden

**Artikel 58 [einzig]**

1 Wer im Rahmen einer in Zusammenhang mit dem Fussball stehenden Tätigkeit zur Täuschung im Rechtsverkehr eine unechte Urkunde herstellt oder eine echte Urkunde verfälscht, oder eine unechte oder verfälschte Urkunde gebraucht, wird für mindestens sechs Spiele gesperrt.

2 Einem Offiziellen, der sich dieses Vergehens schuldig macht, wird für eine Mindestdauer von einem Jahr verboten, in irgendeiner Form in Zusammenhang mit dem Fussball tätig zu sein.

3 Zusätzlich kann eine Geldstrafe von mindestens CHF 5000 verhängt werden.

6. Abschnitt: Bestechung

**Artikel 59 [einzig]**

1 Wer einem Organ der FIFA, einem Spieloffiziellen, einem Spieler oder einem Offiziellen einen unrechtmässigen Vorteil für ihn oder für eine Drittperson anbietet, verspricht oder gewährt, damit der Bestochene das Regelwerk der FIFA verletzt, wird mit folgenden Sanktionen belegt:
a) Geldstrafe von mindestens CHF 10.000;
b) Verbot jeglicher in Zusammenhang mit dem Fussball stehenden Tätigkeit;
c) Stadionverbot.

2 Wer sich der passiven Bestechung schuldig macht (eine ungerechtfertigte Vergünstigung erbittet, sich diese versprechen lässt oder annimmt) wird auf die gleiche Weise bestraft.

3 Bei schweren Fällen und im Wiederholungsfall kann lit. b lebenslänglich verhängt werden.

4 Verfügt wird ausserdem in jedem Fall die Beschlagnahmung der für die Bestechung verwendeten Vermögenswerte. Diese werden für Programme zur Förderung des Fussballs eingesetzt.

7. Abschnitt: Doping

**Artikel 60 Definition**

1 Die Definition von Doping und Dopingvergehen richtet sich nach dem Reglement für die Dopingkontrollen bei FIFA-Wettbewerben und ausserhalb von Wettbewerben.
2 Diese Vergehen gelten immer als Dopingvergehen, unabhängig davon, ob sie während oder ausserhalb eines Wettbewerbs begangen wurden.

**Artikel 61 Erlaubte Anwendung von verbotenen Substanzen oder Methoden**

1 Jeder Spieler, der aus medizinischen Gründen einen Arzt aufsucht und sich eine Behandlung oder ein Medikament verschreiben lässt, ist verpflichtet, sich zu erkundigen, ob er sich dadurch verbotenen Substanzen oder Methoden aussetzt (siehe Liste im FIFA-Reglement für die Dopingkontrollen bei FIFA-Wettbewerben und ausserhalb von Wettbewerben).
2 Ist dies der Fall, muss er eine andere Behandlung oder ein anderes Medikament verlangen.
3 Wenn es keine Alternativen gibt, muss sich der Spieler ein ärztliches Zeugnis ausstellen lassen, in dem die Situation dargelegt wird. Dieses Attest muss der zuständigen Instanz der FIFA innerhalb von 48 Stunden nach dem Arztbesuch zugestellt werden. Findet innerhalb dieser Zeitspanne ein Spiel statt, muss das Attest vor dem Spiel im Besitz der zuständigen Instanz sein bzw. bei der Dopingkontrolle vorgelegt werden. Nach Ablauf der Frist werden keine ärztlichen Zeugnisse mehr angenommen.
4 Die Anwendung einer verbotenen Substanz oder Methode ist nur erlaubt, wenn sie von der zuständigen Instanz der FIFA genehmigt wurde.
5 Vorbehalten bleiben die Bestimmungen des FIFA-Reglements für die Dopingkontrollen bei FIFA-Wettbewerben und ausserhalb von Wettbewerben.

**Artikel 62 Sanktionen**

1 Bei Dopingvergehen gemäss Ziff. II des Reglements für die Dopingkontrollen bei FIFA-Wettbewerben und ausserhalb von Wettbewerben wird grundsätzlich von folgendem Strafmass ausgegangen:
   a) Eine Verletzung von Ziff. II Abs. 1 (Vorhandensein einer verbotenen Substanz oder ihrer Metaboliten oder Marker), Ziff. II Abs. 2 (Verwendung oder Versuch der Verwendung einer verbotenen Substanz oder verbotenen Methode), Ziff. II Abs. 3 (Weigerung oder Versäumnis, eine Probe abzugeben), Ziff. II Abs. 5 (Manipulation oder Versuch der Manipulation einer Dopingkontrolle) und Ziff. II Abs. 6 (Besitz verbotener Substanzen und Methoden) führt bei einem Erstvergehen zu einer zweijährigen Sperre, im Wiederholungsfall zu einer lebenslänglichen Sperre.
   b) Bei Vorliegen spezifischer Substanzen gemäss der Liste der verbotenen Substanzen und Methoden (vgl. Anhang A. des Reglements für die Dopingkontrollen bei FIFA-Wettbewerben und ausserhalb von Wettbewerben) und

bei Nachweis, dass die Verwendung der spezifischen Substanz nicht der Steigerung der sportlichen Leistung diente, ist bei einem Erstvergehen mindestens eine Verwarnung, im Wiederholungsfall eine zweijährige Sperre auszusprechen. Ein drittes Vergehen zieht eine lebenslängliche Sperre nach sich.

c) Ein Verstoss gegen Ziff. II Abs. 7 (Handel mit einer verbotenen Substanz) oder Ziff. II Abs. 8 (Verabreichung einer verbotenen Substanz oder Methode) führt zu einer Sperre von mindestens vier Jahren. Ist ein Spieler von unter 21 Jahren von der Vorgehensweise des Beschuldigten betroffen und ist nicht eine spezifische Substanz Gegenstand des Vergehens, ist die Sperre lebenslänglich.

d) Bei einem Verstoss gegen Ziff. II Abs. 4 (Versäumnis, die erforderlichen Angaben zu Aufenthaltsort und Erreichbarkeit mitzuteilen oder für Kontrollen zur Verfügung zu stehen) beträgt die Sperre mindestens drei Monate und höchstens zwei Jahre.

2 Kann der Beschuldigte im Einzelfall nachweisen, dass ihn kein schweres Verschulden oder keine grobe Fahrlässigkeit trifft, so kann die Sanktion gemindert werden, jedoch höchstens bis zur Hälfte des mit Blick auf Abs. 1 anwendbaren Strafmasses; eine lebenslängliche Sperre darf höchstens bis auf acht Jahre reduziert werden.

3 Kann der Beschuldigte im Einzelfall nachweisen, dass ihn weder ein Verschulden noch eine Fahrlässigkeit trifft, so entfällt die grundsätzlich zur Anwendung gelangende Sanktionierung gemäss Abs. 1.

4 Führt die Unterstützung eines Beschuldigten zur Aufdeckung oder dem Nachweis eines Dopingvergehens einer anderen Person, so kann die Sanktion gemindert werden, jedoch höchstens bis zur Hälfte des mit Blick auf Abs. 1 anwendbaren Strafmasses; eine lebenslängliche Sperre darf höchstens bis auf acht Jahre reduziert werden.

5 Wird mehr als ein Spieler einer Mannschaft wegen Dopingverstössen sanktioniert, kann seine Mannschaft ebenfalls sanktioniert werden. Im Besonderen besteht die Möglichkeit eines Punktabzuges; bei Endturnieren kann die Streichung aus der (Schluss-)Wertung erfolgen. Im Weiteren kann der Verband, dessen Mannschaft sanktioniert worden ist, ebenfalls mit einer disziplinarischen Sanktion belegt werden.

6 In allen Fällen kann zusätzlich eine Geldstrafe verhängt werden.

**Artikel 63 Wiedereinsetzungskontrolle**

Ein wegen eines Dopingverstosses bestrafter Spieler kann von der FIFA angewiesen werden, sich während der Dauer der Sperre weiteren Dopingkontrollen zu unterziehen.

**Artikel 64 Verfahren**

Das Verfahren betreffend Dopingkontrollen in formeller und technischer Hinsicht richtet sich in allen Fällen nach dem Reglement für die Dopingkontrollen bei FIFA-Wettbewerben und ausserhalb von Wettbewerben.

8. Abschnitt: Weitere Vergehen während eines Spiels oder eines Wettbewerbs

**Artikel 65 Aufforderung zu Gewalt oder Feindseligkeiten**

1 Ein Spieler oder Offizieller, der öffentlich zu Gewalt oder Feindseligkeiten aufruft, wird mit einer Spielsperre von mindestens einem Jahr und einer Geldstrafe von CHF 5000 belegt.
2 In schweren Fällen, insbesondere, wenn die Aufforderung über ein Massenmedium (z. B. Presse, Radio oder Fernsehen) oder am Tag des Spiels innerhalb des Stadionbereichs oder in unmittelbarer Nähe davon erfolgt, beträgt die Mindesthöhe der Geldstrafe CHF 20.000.

**Artikel 66 Provokation der Zuschauer**

Wer während einer Partie die Zuschauer provoziert, wird mit mindestens zwei Spielsperren und einer Geldstrafe von mindestens CHF 5000 belegt.

**Artikel 67 Nichtantreten und Spielabbruch**

1 Weigert sich eine Mannschaft, zu einem Spiel anzutreten oder ein Spiel fortzusetzen, wird sie mit einer Geldstrafe von mindestens CHF 10.000 belegt. Das Spiel wird für diese Mannschaft in der Regel mit einer Forfait-Niederlage gewertet (vgl. Art. 31).
2 In schweren Fällen wird die Mannschaft zusätzlich vom laufenden Wettbewerb ausgeschlossen.

...

10. Abschnitt: Pflichten der Verbände

**Artikel 70 Organisation von Spielen**

Verbände, die Spiele ausrichten, müssen:

a) das Sicherheitsrisiko der verschiedenen Spiele beurteilen und besonders risikoreiche Begegnungen den Organen der FIFA melden;
b) die bestehenden Sicherheitsvorschriften (Regelwerk der FIFA, nationale Gesetze, internationale Vereinbarungen) befolgen und umsetzen und, wenn die Umstände es erfordern, zusätzliche Massnahmen für die Sicherheit vor, während und nach dem Spiel sowie bei unerwarteten Vorfällen treffen;
c) die Sicherheit der Spieler und Offiziellen der Gastmannschaft während ihres gesamten Aufenthalts im Gastgeberland gewährleisten;
d) die lokalen Behörden informieren und aktiv und wirkungsvoll mit ihnen zusammenarbeiten;
e) für Ordnung in den Stadien und in der unmittelbaren Umgebung sowie für einen ungestörten Ablauf der Spiele sorgen.

**Artikel 70bis Haftung für das Verhalten der Zuschauer**

1 Der Heimverband ist, ohne dass ihn ein schuldhaftes Verhalten oder eine schuldhafte Unterlassung trifft, für das ungebührliche Verhalten von Zuschauern

verantwortlich und wird gegebenenfalls mit einer Geldstrafe belegt. Bei schweren Ausschreitungen können weitere Sanktionen verhängt werden.

2 Der Gastverband ist, ohne dass ihn ein schuldhaftes Verhalten oder eine schuldhafte Unterlassung trifft, für das ungebührliche Verhalten von ihm zurechenbaren Anhängern verantwortlich und wird gegebenenfalls mit einer Geldstrafe belegt. Bei schweren Ausschreitungen können weitere Sanktionen verhängt werden. Die sich im Gästesektor eines Stadions aufhaltenden Zuschauer gelten unter dem Vorbehalt des Beweises des Gegenteils als Anhänger des Gastverbandes.

3 Als ungebührliches Verhalten gelten insbesondere Gewalttätigkeiten gegen Personen oder Sachen, das Abbrennen von Feuerwerkskörpern, das Werfen von Gegenständen, das Vorzeigen rassistischer oder ehrverletzender Spruchbänder oder rassistische oder ehrverletzende Rufe und das Eindringen auf das Spielfeld.

4 Die in Abs. 1 und Abs. 2 festgehaltene Verantwortung der Verbände betrifft auch Spiele auf neutralem Spielfeld, insbesondere bei Endturnieren.

**Artikel 71 Weitere Pflichten**

Ausserdem müssen die Verbände:

a) bei einem Wettbewerb mit Altersbeschränkung aktiv das Alter der Spieler anhand der vorgelegten Ausweispapiere überprüfen;

b) dafür sorgen, dass in der Führung des Verbandes keine Personen vertreten sind, die wegen eines mit der Würde eines solchen Amts unvereinbaren Vergehens (insbesondere Doping, Bestechung, missbräuchliche Verwendung von Urkunden usw.) unter Strafverfolgung stehen oder in den letzten fünf Jahren strafrechtlich verurteilt wurden.

**Artikel 72 Pflichtverletzung**

1 Ein Verband, der eine der vorstehend aufgeführten Pflichten nicht erfüllt, wird mit einer Geldstrafe belegt.

2 Bei schweren Verstössen gegen Art. 70 lit. b und c können weitere Sanktionen verhängt werden, insbesondere eine Stadionsperre (vgl. Art. 26) oder die Auflage, ein Spiel auf neutralem Platz auszutragen (vgl. Art. 25).

3 Die Möglichkeit, aus Sicherheitsgründen bestimmte Sanktionen zu verfügen, ohne dass dazu ein Vergehen vorliegen muss, bleibt vorbehalten (Art. 8 Abs. 2).

11. Abschnitt: Unerlaubte Einflussnahme auf den Ausgang eines Spiels

**Artikel 73 [einzig]**

Wer versucht, das Resultat einer Partie mit Mitteln zu beeinflussen, die den ethischen Grundsätzen des Sports widersprechen, wird mit einer Spielsperre und einer Geldstrafe von mindestens CHF 15.000 belegt. Zusätzlich wird ein Verbot jeglicher in Zusammenhang mit dem Fussball stehenden Tätigkeit verhängt, das in schweren Fällen lebenslänglich gilt.

2. Abschnitt: Instanzen

**Artikel 76 Schiedsrichter**

1 Auf dem Spielfeld werden Disziplinarentscheidungen vom Schiedsrichter gefällt.
2 Diese Entscheidungen sind endgültig.
3 Vorbehalten bleibt die Zuständigkeit der Rechtsorgane (vgl. Art. 81).

**Artikel 77 Rechtsorgane**

Die Rechtsorgane der FIFA sind die Disziplinarkommission und die Berufungskommission.

**Artikel 78 Sportschiedsgericht (CAS)**

Bestimmte Entscheidungen der Berufungskommission können vor das Sportschiedsgericht gebracht werden (vgl. Art. 60 der FIFA-Statuten und Art. 132 dieses Reglements).

...

**Artikel 80 bis 88 enthalten Regelungen über die Organisation der Disziplinar- und Berufungskommission (nicht abgedruckt)**

...

**Artikel 89 Unabhängigkeit**

1 Die Rechtsorgane der FIFA sind in ihren Entscheidungen völlig unabhängig; insbesondere erhalten sie keine Anweisungen von anderen Instanzen.
2 Ein Mitglied eines anderen Organs der FIFA darf sich während den Beratungen der Rechtsorgane nur dann im Konferenzraum aufhalten, wenn es von ihnen ausdrücklich dazu eingeladen wurde.

**Artikel 90 Unvereinbarkeit von Ämtern**

Die Mitglieder der Rechtsorgane dürfen weder dem Exekutivkomitee noch einer der Ständigen Kommissionen der FIFA angehören.

**Artikel 91 Ausstand**

1 Die Mitglieder der Rechtsorgane der FIFA müssen in den Ausstand treten, wenn gewichtige Gründe Zweifel an ihrer Unparteilichkeit auslösen könnten.
2 Dies ist insbesondere der Fall, wenn:
   a) das betreffende Mitglied ein direktes Interesse am Ausgang des Falles hat;
   b) es einer der beteiligten Parteien angehört;
   c) es die gleiche Nationalität hat wie die Partei, deren Sache verhandelt wird (Verband, Klub, Offizieller, Spieler usw.);
   d) es sich zuvor im Rahmen einer anderen Funktion bereits mit dem Fall befasst hat.

3 Mitglieder, die in den Ausstand treten, müssen dies dem Vorsitzenden unverzüglich mitteilen. Die beteiligten Parteien haben ausserdem die Möglichkeit, einen Antrag auf Ablehnung eines Mitglieds wegen Befangenheit zu stellen.
4 Über einen Antrag auf Befangenheit entscheidet der Vorsitzende.
5 Verfahrensteile, an denen ein abgelehntes Mitglied teilgenommen hat, sind ungültig.

**Artikel 92 Vertraulichkeit**

1 Die Mitglieder der Rechtsorgane sind verpflichtet, über die im Rahmen ihrer Funktion erworbenen Kenntnisse (insbesondere über die Fakten des Falles, den Inhalt der Beratungen und die getroffenen Entscheidung) Stillschweigen zu bewahren.
2 Nur der Inhalt der Entscheidung, der den betreffenden Partien bereits bekannt ist, darf veröffentlicht werden.

**Artikel 93 Haftungsausschluss**

Unter Vorbehalt groben Verschuldens tragen die Mitglieder der Rechtsorgane der FIFA und des Sekretariats für Handlungen oder Unterlassungen im Zusammenhang mit einem Disziplinarverfahren keinerlei Haftung.

...

3. Unterabschnitt: Beweisführung

**Artikel 100 Beweismittel**

1 Es können Beweismittel jeder Art eingereicht werden.
2 Zurückgewiesen werden Beweismittel, die menschenunwürdig oder offensichtlich nicht relevant sind.
3 Zugelassen sind insbesondere: die Berichte des Schiedsrichters, der Schiedsrichter-Assistenten, des Spielkommissars und des Schiedsrichter-Inspektors, die Aussagen der Parteien und der Zeugen, materielle Beweisstücke, Gutachten sowie Ton- und Bildaufzeichnungen.

**Artikel 101 Beweiswürdigung**

1 Die zuständigen Instanzen würdigen die Beweise nach freiem Ermessen.
2 Sie können dabei insbesondere das Verhalten der Parteien während des Verfahrens und vor allem auch ihre Bereitwilligkeit in Bezug auf die Zusammenarbeit mit den Rechtsorganen und dem Sekretariat berücksichtigen (Art. 115).
3 Sie entscheiden auf der Grundlage ihrer persönlichen Überzeugung.

**Artikel 102 Berichte der Spieloffiziellen**

1 Es wird davon ausgegangen, dass die in den Berichten der Spieloffiziellen aufgeführten Fakten zutreffend sind.
2 Der Beweis des Gegenteils kann jederzeit erbracht werden.

3 Sollte es bei Abweichungen zwischen den Berichten der verschiedenen Spieloffiziellen nicht eindeutig möglich sein, die korrekte Version zu ermitteln, gilt für die Geschehnisse der Bericht des Schiedsrichters und für die Geschehnisse ausserhalb des Spielfelds der Bericht des Spielkommissars.

**Artikel 103 Beweislast**

1 Die Beweislast für disziplinarische Vergehen liegt bei der FIFA.
2 Bei Dopingvergehen ist es an den Beschuldigten, Beweise zwecks Minderung oder Entfallen einer Sanktion zu erbringen. Der Beschuldigte muss zwecks Minderung der Sanktion ebenfalls nachweisen, wie die verbotene Substanz in seinen Körper gelangt ist.

4. Unterabschnitt: Vertretung und Rechtsbeistand

**Artikel 104 [einzig]**

1 Die Parteien dürfen einen Rechtsbeistand hinzuziehen.
2 Wird ihre persönliche Anwesenheit nicht verlangt, können sie sich vertreten lassen.
3 Bei der Wahl ihrer Vertretung oder ihres Rechtsbeistands sind sie frei.

...

2. Abschnitt: Disziplinarkommission
1. Unterabschnitt: Eröffnung des Verfahrens und Untersuchung

**Artikel 113 Eröffnung des Verfahrens**

1 Disziplinarische Vergehen werden von Amtes wegen verfolgt.
2 Jede Person oder Instanz kann die Rechtsorgane über Vorfälle in Kenntnis setzen, die ihrer Meinung nach gegen das Regelwerk der FIFA verstossen. Die Anzeige muss schriftlich erfolgen.
3 Die Spieloffiziellen sind verpflichtet, alle Vergehen, von denen sie Kenntnis erhalten, zu melden.

**Artikel 114 Untersuchung**

Die notwendigen Untersuchungen werden von Amtes wegen unter Leitung des Vorsitzenden vom Sekretariat durchgeführt.

**Artikel 115 Mitwirkung der Parteien**

1 Die Parteien sind verpflichtet, zur Klärung der Fakten beizutragen. Insbesondere sind sie gegenüber den Rechtsorganen auskunftspflichtig.
2 Das Sekretariat kann die Schilderungen der Parteien jederzeit überprüfen lassen, wenn es dies als notwendig erachtet.
3 Wenn eine Partei nicht kooperiert, kann der Vorsitzende nach einer Warnung eine Geldstrafe von höchstens CHF 10.000 verhängen.

4 Wenn die Parteien nicht kooperieren, insbesondere wenn sie ihnen gesetzte Fristen nicht beachten, entscheiden die Rechtsorgane auf der Grundlage der vorliegenden Akten.

2. Unterabschnitt: Verhandlung, Beratung, Entscheidfassung

**Artikel 116 Verhandlung, Grundsätze**

1 Im Prinzip findet keine Verhandlung statt. Die Disziplinarkommission entscheidet auf der Grundlage der vorliegenden Akten.
2 Auf Anfrage einer der Parteien kann eine Verhandlung angesetzt werden, zu der die Parteien eingeladen werden.
3 Die Verhandlungen finden immer unter Ausschluss der Öffentlichkeit statt.

**Artikel 117 Verhandlung, Ablauf**

1 Der Vorsitzende legt den Ablauf der Verhandlung fest.
2 Nach Abschluss der Beweisaufnahme gibt der Vorsitzende ein letztes Mal der Person das Wort, gegen die sich das Verfahren richtet.
3 Abgeschlossen werden die Verhandlungen durch die Plädoyers der Parteien.

**Artikel 118 Beratung**

1 Die Disziplinarkommission berät unter Ausschluss der Öffentlichkeit.
2 Wenn zuvor eine Verhandlung stattfand, wird die Beratung unmittelbar angeschlossen.
3 Unter Vorbehalt aussergewöhnlicher Umstände wird die Beratung ohne Unterbrechung durchgeführt.
4 Der Vorsitzende entscheidet, in welcher Reihenfolge über die verschiedenen Fragen beraten wird.
5 Die anwesenden Mitglieder äussern sich in der vom Vorsitzenden festgelegten Reihenfolge. Das Votum des Vorsitzenden schliesst die Runde ab.
6 Der Sekretär nimmt mit beratender Stimme teil.

**Artikel 119 Entscheidfassung**

1 Entscheidungen werden mit einfacher Mehrheit der anwesenden Mitglieder gefasst.
2 Keines der anwesenden Mitglieder darf sich der Stimme enthalten.
3 Bei Stimmengleichheit gibt die Stimme des Vorsitzenden den Ausschlag.

**Artikel 120 Form und Inhalt der Entscheidungen**

1 Die Entscheidung umfasst:
a) die Zusammensetzung der Kommission;
b) die Namen der beteiligten Parteien;
c) eine Zusammenfassung des Sachverhaltes;
d) die rechtlichen Erwägungen;

e) die Bestimmungen, auf denen er beruht;
f) den Rechtsspruch;
g) die Rechtsmittelbelehrung.

2 Die Entscheidungen werden vom Sekretär unterzeichnet.

3. Unterabschnitt: Verfahren bei alleiniger Entscheidung durch den Vorsitzenden der Disziplinarkommission

**Artikel 121 [einzig]**

Die Bestimmungen für die Disziplinarkommission gelten analog auch für die Verfahren, in denen dem Vorsitzenden die alleinige Entscheidungsbefugnis zukommt.

3. Abschnitt: Berufungskommission

**Artikel 122 Anfechtbare Entscheidungen**

Alle Entscheidungen der Disziplinarkommission können vor der Berufungskommission angefochten werden, mit Ausnahme derjenigen, bei der die folgenden Sanktionen ausgesprochen wurden:

a) Ermahnung;
b) Verweis;
c) Sperre von weniger als drei Spielen oder höchstens zwei Monaten;
d) Geldstrafe von unter CHF 15000 gegen einen Verband oder einen Klub oder von unter CHF 7000 in anderen Fällen;
e) Entscheidungen im Sinne von Art. 68 dieses Reglements.

**Artikel 123 Berechtigung zur Berufung**

1 Jeder, der von einer Entscheidung betroffen ist und ein schützenswertes Interesse an der Änderung oder Annullierung der Sanktion hat, kann an die Berufungskommission gelangen.

2 Die Verbände können gegen Entscheidungen, die ihre Spieler, Offiziellen oder Mitglieder betreffen, Berufung einlegen. Sie benötigen dazu das schriftliche Einverständnis der betreffenden Person.

**Artikel 124 Berufungsfrist**

1 Eine Partei, die Berufung einlegen möchte, muss ihre entsprechende Absicht innerhalb von drei Tagen nach Zustellung der Entscheidung schriftlich bekannt geben.

2 Die Berufung muss anschliessend innerhalb einer Frist von weiteren sieben Tagen schriftlich begründet werden. Diese Frist beginnt, nach Ablauf der ersten Frist von drei Tagen zu laufen.

3 Wer Berufung einlegen möchte, muss direkt an die FIFA gelangen. Die Berufungsschrift muss hingegen über den Verband eingereicht werden.

4 Der Verband, der die Berufungsschrift erhält, muss diese unverzüglich an die FIFA weiterleiten.

**Artikel 125 Berufungsgründe**

Die Berufung kann sich gegen eine falsche Feststellung des Sachverhaltes und/oder eine fehlerhafte Anwendung des Rechts richten.

**Artikel 126 Berufungsschrift**

1 Die Berufung einlegende Partei muss ihre Berufungsschrift in dreifacher Ausfertigung einreichen.
2 Die Berufungsschrift muss den Antrag, die Begründung und die notwendigen Beweismittel enthalten und von der Berufung einlegenden Partei oder ihrem Vertreter unterzeichnet sein. Vorbehalten bleibt Art. 123 Abs. 2.

**Artikel 127 Berufungsgebühr**

1 Wer Berufung einlegen möchte, muss vor Ablauf der Frist von sieben Tagen für die Begründung der Berufung eine Berufungsgebühr von CHF 3000 auf das Bankkonto der FIFA überweisen.
2 Wird diese Voraussetzung nicht erfüllt, wird auf die Berufung nicht eingetreten.
3 Obsiegt die Berufung einlegende Partei, erhält sie die Gebühr zurück. Unterliegt sie, werden die ihr auferlegten Kosten und Auslagen von der Gebühr abgezogen, und der Restbetrag wird ihr zurückerstattet. Übersteigen die Kosten und Auslagen die Höhe der Gebühr, muss die Berufung einlegende Partei die Differenz nachzahlen.
4 Im Falle einer missbräuchlich eingelegten Berufung verfällt die Gebühr. Zusätzlich werden Kosten und Auslagen erhoben.

**Artikel 128 Auswirkungen der Berufung**

1 Die Berufung bewirkt, dass die Angelegenheit durch die Berufungskommission neu beurteilt wird.
2 Die Berufung hemmt die Vollstreckbarkeit des angefochtenen Entscheidung nicht. Aufschiebende Wirkung hat sie nur bei der Verurteilung zur Zahlung einer Geldsumme.

**Artikel 129 Ablauf des Verfahrens bis zur Entscheidfassung**

1 Art. 114 bis Art. 120 Abs. 1 gelten analog auch für das Verfahren der Berufungskommission.
2 Die Entscheidungen werden vom Vorsitzenden unterzeichnet.
3 Entscheidungen können nicht zum Nachteil der Berufung einlegenden Partei geändert werden.

**Artikel 130 Fortsetzung des Verfahrens**

1 Die Berufungskommission entscheidet im Prinzip in letzter Instanz.
2 Vorbehalten bleibt die Möglichkeit, mit einer Berufung an das Sportschiedsgericht zu gelangen (Art. 132).

**Artikel 131 Verfahren bei alleiniger Entscheidung durch den Vorsitzenden der Berufungskommission**

Die Bestimmungen für die Berufungskommission gelten analog auch für die Entscheidungen, für die der Vorsitzende die alleinige Entscheidungsbefugnis hat.

4. Abschnitt: Sportschiedsgericht (CAS)

**Artikel 132 [einzig]**

Die FIFA-Statuten legen fest, gegen welche Entscheidungen der Rechtsorgane der FIFA bei dieser Instanz Berufung eingelegt werden können.

5. Abschnitt: Besondere Verfahren
1. Unterabschnitt: Vorsorgliche Massnahmen

**Artikel 133 Grundsätze**

1 Kann davon ausgegangen werden, dass es zu einem Vergehen gekommen ist und dass es nicht möglich sein wird, früh genug eine reguläre Entscheidung zu fassen, kann der Vorsitzende in dringenden Fällen eine provisorische Sanktion verhängen. Er kann diese auch ändern oder wieder aufheben.
2 Im Bedarfsfall kann er weitere vorsorgliche Massnahmen treffen, insbesondere um einer bereits in Kraft getretenen Sanktion Nachdruck zu verleihen.
3 Er handelt auf Antrag oder von Amtes wegen.

**Artikel 134 Verfahren**

1 Der Vorsitzende entscheidet auf der Grundlage der unmittelbar vorliegenden Beweismittel.
2 Er ist nicht verpflichtet, die Parteien anzuhören.

**Artikel 135 Entscheidung**

1 Der Vorsitzende fällt seine Entscheidungen unverzüglich.
2 Sie sind umgehend vollstreckbar.

**Artikel 136 Dauer einer vorsorglichen Massnahme**

1 Eine vorsorgliche Massnahme kann höchstens 30 Tage lang gelten.
2 Dieser Zeitraum kann einmal um 20 Tage verlängert werden.
3 Die Dauer einer provisorisch verhängten und verbüssten Sanktion wird an die endgültige Sanktion angerechnet.

**Artikel 137 Berufung**

1 Gegen vorsorgliche Massnahmen kann beim Vorsitzenden der Berufungskommission Berufung eingelegt werden.
2 Die Berufungsfrist beträgt zwei Tage ab Mitteilung der Entscheidung.
3 Die Berufungsschrift muss innerhalb der gleichen Frist bei der FIFA per Telefax eingereicht werden.
4 Die Berufung hat keine aufschiebende Wirkung.

**Artikel 138 Gutheissung der Berufung**

Der Berufung wird stattgegeben, wenn der in der angefochtenen Entscheidung festgehaltene Sachverhalt nicht korrekt ist oder wenn geltendes Recht verletzt wurde.

2. Unterabschnitt: Beratung und Entscheidfassung ohne Zusammenkunft

**Artikel 139 [einzig]**

1 Wenn die Umstände es erlauben, kann das Sekretariat die Beratung und die Entscheidfassung in Form einer Telefonkonferenz, einer Videokonferenz oder eines ähnlichen Verfahrens organisieren.
2 Art. 116 Abs. 2 kommt in diesem Fall nicht zur Anwendung.
3 Der Sekretär führt wie bei einer regulären Sitzung ein Protokoll.

...

5. Unterabschnitt: Revision

**Artikel 150 [einzig]**

1 Revision kann verlangen, wer nach Fällung des rechtskräftigen Entscheids Tatsachen oder Beweismittel entdeckt, welche den Entscheid für ihn günstiger gestaltet hätten und die er auch bei Anwendung der erforderlichen Sorgfalt nicht rechtzeitig hätte beibringen können.
2 Der Revisionsantrag muss innerhalb von zehn Tagen nach Entdeckung der Revisionsgründe eingereicht werden.

...

**Artikel 152 Anwendungsbereich, unvorhergesehene Fälle, Gewohnheitsrecht, Rechtslehre und Rechtssprechung**

1 Dieses Reglement regelt alle Angelegenheiten, auf die sich der Geist oder der Wortlaut der darin enthaltenen Bestimmungen bezieht.
2 Bei unvorhergesehenen Fällen entscheiden die Rechtsorgane auf der Grundlage des Gewohnheitsrechts des Verbandes oder, wenn für den entsprechenden Fall kein solches existiert, nach den Bestimmungen, die sie als Gesetzgeber für den entsprechenden Fall aufstellen würden.
3 Bei ihrer gesamten Tätigkeit stützen sich die Rechtsorgane der FIFA auf die Erkenntnisse der Rechtslehre und der Rechtssprechung im Bereich des Sports.

# II. Teil
# UEFA-Recht

## Kapitel 1: Statuten der UEFA
(Stand: 23. März 2006)

…

### 4. Rechtspflege
#### Rechtspflegeorgane

**Artikel 32**

1. Die Rechtspflegeorgane der UEFA sind:
   a) die Kontroll- und Disziplinarkammer,
   b) der Berufungssenat,
   c) der Disziplinarinspektor.
   Die Mitglieder der Rechtspflegeorgane dürfen weder dem Exekutivkomitee noch einer anderen Kommission der UEFA angehören.
2. Die Vorsitzenden und die Mitglieder der Rechtspflegeorgane werden durch das Exekutivkomitee auf die Dauer von vier Jahren gewählt.
3. Die Zuständigkeit und das Verfahren werden durch die Rechtspflegeordnung geregelt.

#### Kontroll- und Disziplinarkammer

**Artikel 33**

1. Die Kontroll- und Disziplinarkammer setzt sich aus einem Vorsitzenden und neun Mitgliedern zusammen. Sie wählt aus ihren Reihen drei Vizevorsitzende.
2. Sie entscheidet in der Regel mit allen Mitgliedern; mit mindestens drei Mitgliedern ist sie entscheidungsbefugt. Ausnahmen regelt die Rechtspflegeordnung der UEFA, die für besondere Fälle einen Einzelrichter vorsehen kann.

#### Berufungssenat

**Artikel 34**

1. Der Berufungssenat setzt sich aus einem Vorsitzenden, zwei Vizevorsitzenden und neun Mitgliedern zusammen.
2. Er entscheidet in der Regel mit drei Mitgliedern. Ausnahmen regelt die Rechtspflegeordnung der UEFA, die auch vorsehen kann, dass für Berufungen, die offensichtlich unzulässig oder offensichtlich unbegründet sind, oder die offen-

sichtlich begründet sind, der Vorsitzende oder einer der Vizevorsitzenden als Einzelrichter schriftlich urteilen kann.

3. Er ist für Berufungen gegen Entscheide der Kontroll- und Disziplinarkammer im Rahmen der Rechtspflegeordnung zuständig.

...

## XI. RECHTSPFLEGEORDNUNG

### 1. Disziplinartatbestände, Disziplinarmassnahmen und Weisungen

**Disziplinartatbestände**

**Artikel 52**

Unsportliches Verhalten, Spielregelverletzungen sowie Widerhandlungen gegen die Statuten, Reglemente, Beschlüsse und Weisungen der UEFA werden disziplinarisch geahndet.

**Disziplinarmassnahmen**

**Artikel 53**

Disziplinarmassnahmen gegen Verbände und Vereine sind:

a) Verwarnung,
b) Verweis,
c) Geldstrafe,
d) Annullierung von Spielresultaten,
e) Wiederholung von Spielen,
f) Entzug von Punkten,
g) Forfait-Erklärung,
h) Austragung von Spielen unter Ausschluss der Öffentlichkeit,
i) Verhängung von Platzsperren,
j) Verbot, ein TV-Signal für ein Spiel oder mehrere Spiele herstellen zu lassen, oder Anordnung, ein TV-Signal für ein oder mehrere Spiele unentgeltlich oder gegen Bezahlung abzutreten,
k) Durchführung von Spielen in Drittländern,
l) Ausschluss aus laufenden und/oder zukünftigen Wettbewerben.

**Disziplinarmassnahmen gegen natürliche Personen**

**Artikel 54**

Disziplinarmassnahmen gegen natürliche Personen sind:

a) Verwarnung,
b) Verweis,
c) Geldstrafe,
d) Spielsperre für eine bestimmte Anzahl Spiele, für eine bestimmte oder unbestimmte Zeit,
e) Funktionssperre für eine bestimmte oder unbestimmte Zeit.

### Disziplinarmassnahmen und Weisungen

**Artikel 55**

1. Die Rechtspflegeorgane verfügen Disziplinarmassnahmen und erteilen Weisungen.
2. Disziplinarmassnahmen und Weisungen sind kumulierbar und können miteinander verbunden werden.
3. Weisungen können zusätzlich zu Disziplinarmassnahmen angeordnet werden. Sie dienen der Sicherung des Vollzuges und/oder können die Betroffenen zu einem bestimmten Verhalten veranlassen.

### 2. Rechtspflegeordnung

**Artikel 56**

Das Exekutivkomitee erlässt eine Ordnung, die das UEFA-Rechtspflegeverfahren und UEFA-Disziplinarrecht enthält.

### Disziplinarmassnahmen

**Artikel 57**

1. Für Disziplinarmassnahmen sind ausschliesslich zuständig:
   a) die Kontroll- und Disziplinarkammer,
   b) der Berufungssenat.
2. Entscheide des Berufungssenats sind endgültig, unter Vorbehalt von Art. 59 ff. dieser Statuten.

### Disziplinarinspektor

**Artikel 58**

Der Disziplinarinspektor vertritt die UEFA in den Rechtspflegeverfahren der UEFA.

...

### 2. Nationale Streitsachen
### Schiedsgerichtsbarkeit

**Artikel 60**

Die Verbände müssen eine Bestimmung in ihre Statuten aufnehmen, wonach nationale Streitsachen, die aus der Anwendung ihrer Statuten oder Reglemente oder im Zusammenhang mit diesen entstehen, unter Vorbehalt ihrer nationalen Gesetzgebung, in letzter Instanz unter Ausschluss aller ordentlichen Gerichte einem unabhängigen und unparteiischen Schiedsgericht unterbreitet werden.

### 3. Europäische Streitsachen
### TAS als ordentliches Schiedsgericht

**Artikel 61**

1. Unter Ausschluss jeglicher ordentlichen Gerichtsbarkeit sowie jedes anderen Schiedsgerichts ist ausschliesslich das TAS als ordentliches Schiedsgericht zuständig für Streitsachen:
   a) zwischen der UEFA und den Verbänden, Ligen, Vereinen, Spielern oder Offiziellen;
   b) auf europäischer Ebene zwischen Verbänden, Ligen, Vereinen, Spielern und Offiziellen.
2. Das TAS interveniert nur als ordentliches Schiedsgericht, soweit die Streitsache nicht in die Zuständigkeit eines UEFA-Organs fällt.

### TAS als Berufungsschiedsgericht

**Artikel 62**

1. Entscheide eines UEFA-Organs können unter Ausschluss jeglicher ordentlichen Gerichtsbarkeit und aller übrigen Schiedsgerichte ausschliesslich beim TAS als Berufungsschiedsgericht angefochten werden.
2. Zur Berufung beim TAS berechtigt sind nur die direkt von einem Entscheid betroffenen Parteien, bei Entscheiden in Dopingangelegenheiten auch die Welt-Anti-Doping-Agentur (WADA).
3. Die Berufungsfrist beim TAS beträgt 10 Tage ab Eröffnung des Entscheides.
4. Das TAS kann nur angerufen werden, wenn der UEFA-interne Instanzenzug ausgeschöpft ist.
5. Eine Berufung hat keine aufschiebende Wirkung, es sei denn, diese werde vom TAS verfügt.
6. Das TAS berücksichtigt weder Fakten noch Beweismittel, die der Gesuchsteller vor einer internen UEFA-Instanz fahrlässig oder absichtlich nicht vorgelegt hat, sie aber unter Achtung der nach Massgabe aller Umstände nötigen Sorgfalt hätte vorlegen können.

### Gemeinsame Bestimmungen

**Artikel 63**

1. Das TAS ist nicht zuständig für:
   a) Angelegenheiten im Zusammenhang mit der Anwendung einer reinen Sportregel, wie zum Beispiel der Spielregeln oder der technischen Modalitäten eines Wettbewerbs;
   b) einen Entscheid, durch den eine natürliche Person für die Dauer von zwei Spielen bzw. einem Monat oder weniger gesperrt wird;
   c) einen von einem unabhängigen und unparteiischen Schiedsgericht gefällten Schiedsspruch in einer nationalen Streitsache, die aus der Anwendung der Statuten oder Reglemente eines Verbandes entsteht.

2. Nur Schiedsrichter, die in Europa ihren Wohnsitz haben, sind zuständig für Streitsachen, die dem TAS aufgrund der vorliegenden Statuten unterstellt werden können.
3. Im Übrigen richtet sich das Verfahren nach den Bestimmungen der Schiedsordnung für Streitigkeiten im Bereich des Sports des TAS.

## XIII. SCHLUSSTITEL
### Recht und Gerichtsstand

**Artikel 64**

1. Es gilt schweizerisches Recht.
2. Der Gerichtsstand ist am Sitz der UEFA. Hingegen gilt der Gerichtsstand Lausanne für alle diejenigen Fälle, für die nach diesen Statuten das Schiedsgericht des Sports «TAS» zuständig ist.

### Unvorhergesehene Fälle

**Artikel 65**

Das Exekutivkomitee der UEFA entscheidet über alle in diesen Statuten nicht vorgesehenen Fälle nach Massgabe der einschlägigen Bestimmungen der FIFA. Sind keine solchen Bestimmungen vorhanden, entscheidet es nach Recht und Billigkeit.

# Kapitel 2: Rechtspflegeordnung (RPO)
(Stand: 17. Juli 2006)

**Das Exekutivkomitee der UEFA erlässt gestützt auf Artikel 56 der UEFA-Statuten als Rechtspflegeordnung:**

**Artikel 1 Grundsatz**

Das Disziplinarrecht der UEFA dient der Verwirklichung des Verbandszweckes nach Artikel 2 der UEFA-Statuten. Die Rechtspflegeordnung enthält die formellen und materiellen Vorschriften zur Ahndung von Pflichtverletzungen.

**Artikel 2 Geltungsbereich**

Die Rechtspflegeordnung gilt für die Behandlung sämtlicher Disziplinarfälle.

**Artikel 3 Disziplinargewalt**

Die Mitgliedverbände, Vereine sowie deren Spieler, Offizielle und Mitglieder unterstehen der Disziplinargewalt der UEFA. Sie sind auf die UEFA-Statuten verpflichtet und anerkennen diese sowie alle Reglemente und Beschlüsse der UEFA; sie befolgen die Spielregeln des International Football Association Board (IFAB).

**Artikel 4 Subsidiäres Recht**

Soweit diese Rechtspflegeordnung oder andere Reglemente keine Bestimmung erhalten, entscheidet die Disziplinarinstanz nach anerkannten Grundsätzen sowie Recht und Billigkeit.

## ERSTER TEIL: DISZIPLINARRECHT

### *A. Allgemeine Bestimmungen*

**Artikel 5 Verhaltensgrundsätze**

1. Mitgliedverbände, Vereine sowie deren Spieler, Offizielle und Mitglieder verhalten sich loyal, integer und sportlich.
2. Gegen diese Grundsätze verstösst beispielsweise, wer:
   a) aktiv oder passiv besticht oder zu bestechen versucht;
   b) sich beleidigend verhält oder in anderer Weise elementare Anstandsregeln verletzt;
   c) Sportveranstaltungen für sportsfremde Manifestationen benützt;
   d) durch sein Verhalten für den Fussballsport und insbesondere die UEFA in Verruf bringt;
   e) Entscheidungen und Weisungen der Rechtspflegeorgane missachtet;
   f) Anordnungen der Schiedsrichter und der Delegierten nicht befolgt;
   g) schuldhaft nicht oder verspätet zu einem Spiel antritt;
   h) schuldhaft einen Spielunterbruch oder -abbruch herbeiführt oder für diesen verantwortlich ist;
   i) einen nicht spiel- oder einsatzberechtigten Spieler auf dem Spielblatt aufführt;
   j) eine Handlung vornimmt, die geeignet ist, den Verlauf eines Spiels und/oder dessen Ergebnis sportswidrig zu beeinflussen.

**Artikel 6 Verantwortung**

1. Mitgliedverbände und Vereine verantworten das Verhalten ihrer Spieler, Offiziellen, Mitglieder, Anhänger und weiterer Personen, die im Auftrag des Verbandes oder Vereins beim Spiel eine Funktion ausüben.
2. der organisierende Verband oder Verein ist verantwortlich für Ordnung und Sicherheit im Stadionbereich vor, während und nach dem Spiel. Er haftet für Zwischenfälle jeder Art und kann mit disziplinarischen Massnahmen belegt werden.

**Artikel 7 Verjährung**

1. Die Strafverfolgung verjährt:
   a) nach Ablauf 1 Jahres bei Verstössen auf dem Spielfeld oder in dessen unmittelbaren Bereich;
   b) nach Ablauf von 8 Jahren bei Dopingvergehen;
   c) nach Ablauf von 20 Jahren bei Bestechungs- und Korruptionsfällen;

d) nach Ablauf von 5 Jahren bei allen anderen Verstössen.
2. Die Einleitung eines Verfahrens unterbricht die Verjährung.
3. Mit jeder Unterbrechung beginnt die Verjährungsfrist neu zu laufen. Die Strafverfolgung ist in jedem Fall verjährt, wenn die Frist nach Abs. 1 um die Hälfte überschritten ist.

*B. Tatbestände*

**Artikel 8 Grundregeln**

1. Unsportliches Verhalten, Spielregelverletzungen sowie Widerhandlungen gegen die Statuten, Reglemente, Beschlüsse und Weisungen der UEFA werden disziplinarisch geahndet.
2. Disziplinarmassnahmen können gegen Mitgliedverbände, Vereine sowie gegen natürliche Personen für Verfehlungen vor, während oder nach dem Spiel verhängt werden.

**Artikel 9 Feldverweise und Verwarnungen**

1. Vorbehältlich anderslautender Entscheidung der Disziplinarinstanz ist der des Feldes oder der technischen Zone verwiesene Spieler oder Offizielle automatisch für das nächstfolgende Wettbewerbsspiel derselben Kategorie gesperrt.
2. Wiederholte Verwarnungen von Spielern in verschiedenen Spielen der gleichen Wettbewerbskategorie sowie derselben Spielzeit werden mit einer Spielsperre für das nächstfolgende Spiel geahndet. Massgebend ist das jeweilige Wettbewerbsreglement und die mittels Rundschreiben oder auf uefa.com (Disziplinarwesen) veröffentlichten Richtlinien.
3. Wird ein Spiel wiederholt, so werden die Verwarnungen des zu wiederholenden Spiels annulliert.
4. Verwarnungen eines Spiels, das nachträglich forfait gewertet wird, werden nicht annulliert.

**Artikel 10 Unkorrektes Verhalten des Spielers**

1. Bei Wettbewerbsspielen gelten für Spieler als Strafen:
   a) Sperre für ein Wettbewerbsspiel oder für bestimmte Zeit bei:
      1. zwei Verwarnungen während des Spiels,
      2. grobem Spiel,
      3. wiederholtem Reklamieren oder Nichtbefolgung der Anordnungen des Schiedsrichters,
      4. Beleidigung von Spielern oder anderen beim Spiel anwesenden Personen,
      5. unsportlichem Verhalten,
      6. Provokation der Zuschauer,
      7. Einsatz ohne Spielberechtigung.
   b) Sperre für zwei Wettbewerbsspiele oder für bestimmte Zeit bei Belästigung oder Beschimpfung eines Spieloffiziellen;

c) Sperre für zwei Wettbewerbsspiele oder für bestimmte Zeit bei Täuschung oder Irreführung der Spieloffiziellen, die bei letzteren eine offensichtlich falsche Entscheidung bewirkt;
d) Sperre für drei Wettbewerbsspiele oder für bestimmte Zeit bei Tätlichkeit gegenüber Spielern oder anderen am Spiel anwesenden Personen;
e) Sperre für fünf Wettbewerbsspiele oder für bestimmte Zeit bei schwerer Tätlichkeit;
f) Sperre für zehn Wettbewerbsspiele oder für bestimmte Zeit bei Tätlichkeit gegenüber einem Spieloffiziellen.

2. Die Tatbestände dieser Bestimmung werden auch dann geahndet, wenn das Spiel abgebrochen oder nachträglich forfait gewertet wird.
3. Disziplinarische Ahndung kann selbst dann erfolgen, wenn der Schiedsrichter krass sportwidriges Verhalten eines Spielers nicht gesehen hat und deshalb keine Tatsachenentscheidung treffen konnte.
4. Bei schwerwiegenden Vergehen kann die Sperre auf sämtliche Wettbewerbskategorien ausgedehnt werden.
5. Die Sperre kann mit einer Geldstrafe verbunden werden.

**Artikel 11 Andere Tatbestände**

Gegen Mitgliedsverbände oder Vereine können die in Artikel 14 und 15 dieser Ordnung vorgesehenen Disziplinarmassnahmen verhängt werden, wenn:
a) Mannschaft, Spieler, Offizielle oder Mitglieder gegen Art. 5 dieser Ordnung verstossen;
b) die Mannschaft sich unkorrekt verhält, beispielsweise wenn der Schiedsrichter gegen mindestens fünf (5) verschiedene Spieler im selben Spiel Spielstrafen verhängt hat. Bei Futsal-Wettbewerben liegt die Mindestanzahl an sanktionierten Spielern bei drei (3);
c) Zuschauer auf das Spielfeld eindringen oder einzudringen versuchen, Gegenstände werfen, Feuerwerk abbrennen oder Disziplin und Ordnung im Stadionbereich in anderer Weise nicht gewährleistet ist.

**Artikel 11bis Diskriminierung und ähnliche Tatbestände**

1. Wer eine Person oder eine Gruppe von Personen in irgendeiner Form wegen ihrer Hautfarbe, Rasse, Religion oder Ethnie in einer gegen die Menschenwürde verstossenden Weise herabsetzt oder diskriminiert, wird für fünf Wettbewerbsspiele oder für bestimmte Zeit gesperrt.
2. Der Mitgliedsverband oder Verein, dessen Anhänger sich eines Verhaltens nach Abs. 1 dieser Bestimmung schuldig machen, wird mit einer Geldstrafe von mind. CHF 30.000 belegt.
3. Bei Vorliegen besonderer Umstände kann die Disziplinarinstanz gegen den verantwortlichen Mitgliedverband oder Verein zusätzliche Strafen aussprechen, wie zum Beispiel ein oder mehrere Spiele unter Ausschluss der Öffentlichkeit, Platzsperre, Forfait, Punktabzug oder Ausschluss aus dem Wettbewerb.

4. Extremistische ideologische Propaganda jeglicher Art ist vor, während und nach dem Spiel verboten. Bei Verstössen gelten die Absätze 1–3 analog.

**Artikel 12 Doping, Beweislast**

1. Doping ist das Vorhandensein einer verbotenen Substanz oder ihrer Metaboliten oder diagnostischen Marker aus den verbotenen Wirkstoffen in der Probe eines Spielers. Doping ist auch die Anwendung oder versuchte Anwendung verbotener Methoden, die geeignet sind, den physischen oder psychischen Leistungszustand eines Spielers künstlich zu verbessern. Doping ist ferner jeder andere Verstoss gegen Antidoping-Vorschriften der UEFA. Massgebend ist das UEFA Anti-Doping-Reglement sowie die aktuelle *Liste der verbotenen Wirkstoffe und Methoden* der WADA.
2. Die UEFA trägt die Beweislast für das Vorliegen von Doping. Der Dopingbeweis kann durch jedes verlässliche Beweismittel, einschliesslich Geständnis, geführt werden.
3. Das Vorhandensein einer verbotenen Substanz (oder deren Metaboliten oder Marker) im Körpergewebe oder in den Körperflüssigkeiten des Spielers, oder die Anwendung einer verbotenen Methode gilt als Anscheinsbeweis für einen Dopingverstoss. Es obliegt dem Spieler, den Gegenbeweis zu erbringen.
4. Von *WADA*-akkreditierten Labors wird vermutet, dass sie Analysen von *Proben* und Überwachungsprozeduren in Übereinstimmung mit dem *Internationalen Standard* für Laboranalysen vorgenommen haben.

**Artikel 12bis Vorhandensein, Gebrauch oder Besitz einer verbotenen Substanz oder Methode; Sanktionen**

1. Für Doping mit einer verbotenen Substanz gelten die folgenden Strafen:
   a) beim ersten Verstoss Sperre von zwei Jahren;
   b) beim zweiten Verstoss Sperre auf Dauer.
2. Wenn der Spieler nachweisen kann, dass er nicht die Absicht hatte, seinen Leistungszustand zu verbessern, gelten für Doping mit einer „spezifischen" Substanz oder Methode gemäss der aktuellen *Liste der verbotenen Wirkstoffe und Methoden* der WADA die folgenden Strafen:
   a) beim ersten Verstoss, mindestens eine Ermahnung und höchstens Sperre für ein Jahr;
   b) beim zweiten Verstoss Sperre für zwei Jahre;
   c) beim dritten Verstoss Sperre auf Dauer.

**Artikel 12ter Andere Dopingverstösse, Sanktionen**

1. Für andere Dopingverstösse gelten die folgenden Strafen:
   a) Sperre für zwei Jahre oder auf Dauer bei:
      1. Widersetzung, Entziehung ohne zwingenden Grund oder anderweitiger Vereitelung einer Probe;
      2. Beeinflussung oder deren Versuch von irgendeinem Teil der Dopingkontrolle;

3. Besitz, Gebrauch oder versuchtem Gebrauch verbotener Substanzen oder Methoden;

b) Sperre für vier Jahre oder auf Dauer bei:
1. Verabreichung einer verbotenen Substanz oder verbotenen Methode an einen Spieler oder der Versuch dazu;
2. Handel mit einer verbotenen Substanz oder verbotenen Methode;
3. Beihilfe, Unterstützung, Anleitung, Anstiftung, Verschleierung oder sonstige Tatbeteiligung bei einem Verstoss gegen Anti-Doping-Bestimmungen im Sinne von Artikel 12 bis Abs. 1 dieser Ordnung;

c) Sperre zwischen drei und 24 Monaten gegen den fehlbaren Spieler bei Verletzung der Bestimmungen hinsichtlich Verfügbarkeit für Kontrollen ausserhalb von Wettbewerben einschliesslich Unterlassung erforderlicher Angaben über den Aufenthalt. Eine Verletzung liegt vor, wenn innerhalb von 24 Monaten insgesamt drei Mal ungenaue Angaben über den Aufenthaltsort gemacht und/oder Kontrollen versäumt werden.

d) Sperre von zwei Monaten und/oder Busse bei Störung einer Dopingkontrolle, oder Beihilfe, Unterstützung, Anleitung, Anstiftung, Verschleierung oder sonstige Tatbeteiligung bei einem Verstoss gegen Anti-Doping-Bestimmungen im Sinne von Art. 12 bis Abs. 2 dieser Ordnung.

e) Sperre auf Dauer gegen den Betreuer, der einen Verstoss nach Art. 12ter lit. (b) dieser Ordnung an einem Spieler von weniger als 21 Jahren begeht.

**Artikel 12quater Disziplinarmassnahmen gegen Mannschaften, Mitgliedverbände und Vereine**

1. Wird mehr als einem Spieler derselben Mannschaft ein Dopingvergehen im Sinne von Art. 12 bis Abs. 1 dieser Ordnung zur Last gelegt, so kann die betroffene Mannschaft vom laufenden und/oder von zukünftigen Wettbewerben ausgeschlossen werden.
2. Werden Weisungen der UEFA in Dopingangelegenheiten, zum Beispiel hinsichtlich der Verfügbarkeit für Kontrollen ausserhalb von Wettbewerben, missachtet, so wird der verantwortliche Verband oder Verein mit einer Geldstrafe belegt.
3 In allen Fällen kann die Disziplinarinstanz weitere Disziplinarmassnahmen ausfällen.

*C. Disziplinarmassnahmen und Weisungen*

**Artikel 13 Begriffsbestimmung**

1. Die Disziplinarinstanz verhängt Disziplinarmassnahmen und erteilt Weisungen.
2. Disziplinarmassnahmen sind Sanktionen für das zu disziplinierende Verhalten. Sie können miteinander verbunden werden.
3. Weisungen können zusätzlich zu Disziplinarmassnahmen angeordnet werden. Sie dienen der Sicherung des Vollzugs und können den Betroffenen zu einem Verhalten veranlassen.

**Artikel 14 Disziplinarmassnahmen gegen Mitgliedverbände und Vereine**

1. Disziplinarmassnahmen gegen Mitgliedverbände und Vereine sind gemäss Artikel 53 der UEFA-Statuten:
   a) Ermahnung,
   b) Verweis,
   c) Geldstrafe,
   d) Annullierung des Spielresultates,
   e) Wiederholung des Spiels,
   f) Punkteabzug,
   g) Forfait-Erklärung,
   h) Spiel unter Ausschluss der Öffentlichkeit,
   i) Platzsperre,
   j) Spiel in neutralem Land,
   k) Ausschluss aus laufenden und/oder künftigen Wettbewerben,
   l) Widerruf von Titeln oder Auszeichnungen,
   m) Entzug der Lizenz.
2. Die Geldstrafe beträgt mindestens CHF 500 und höchstens CHF 1.000.000.

**Artikel 14bis Forfait-Erklärung**

1. Bei einer Forfait-Erklärung wird das Spiel mit 0–3 Toren gegen den Verband oder Verein gewertet, der den Verstoss begangen hat. Ist das vor Ort erzielte Spielergebnis für den fehlbaren Verband/Verein ungünstiger, verbleibt es bei diesem.
2. Werden Spiele nach dem Pokalsystem (K.-o.-System) ausgetragen, so werden die virtuellen, auswärts erzielten Tore nicht doppelt gezählt.
3. Werden Spiele nach dem Meisterschaftssystem (Gruppenformat oder Liga mit Punkten) ausgetragen, so kann die Disziplinarinstanz in besonderen Fällen die Forfait-Entscheidung ohne Punktvergabe bestätigen. In diesen Fällen wird die fehlbare Mannschaft mit anderen Sanktionen belegt.
4. Hat ein Spieler ohne Einsatzberechtigung an einer Begegnung teilgenommen, wird eine Forfait-Entscheidung nur bei einem Protest der gegnerischen Mannschaft ausgesprochen. Von dieser Regel ausgenommen sind Verstösse nach Artikel 5 Abs. 2 lit. (e) dieser Ordnung.

**Artikel 15 Disziplinarmassnahmen gegen natürliche Personen**

Disziplinarmassnahmen gegen natürliche Personen sind gemäss Artikel 54 der UEFA-Statuten:
a) Ermahnung,
b) Verweis,
c) Geldstrafe,
d) Spielsperre für eine bestimmte Anzahl Spiele, für bestimmte oder unbestimmte Zeit,
e) Funktionssperre für eine bestimmte Anzahl Spiele, für bestimmte oder unbestimmte Zeit,

f) Verbot jeglicher in Zusammenhang mit dem Fussball stehenden Tätigkeit,
g) Widerruf von Titeln oder Auszeichnungen.

**Artikel 15bis Strafaussetzung auf Bewährung**

1. Unter Berücksichtigung aller relevanten Faktoren kann ein Teil der Strafen auf Bewährung ausgesetzt werden bei:
   a) Spiel- und Funktionssperren;
   b) Spiele unter Ausschluss der Öffentlichkeit und Stadionsperren;
   c) Geldstrafen über CHF 10.000;
   d) Dopingsperren, wenn der fehlbare Spieler weniger als 21 Jahre alt ist und es sich bei der verbotenen Substanz um eine spezifische handelt.
2. Die Bewährungsfrist beträgt mindestens ein Jahr und höchstens fünf Jahre.
3. Wird während der Bewährungsfrist eine weitere Verfehlung begangen, so kann das Disziplinarorgan die ursprüngliche Sanktion vollziehen lassen. Hinzu kommt in diesem Fall die Sanktion für die zweite Verfehlung.

**Artikel 16 Einziehung**

1. Die Disziplinarinstanz kann die Einziehung von Vermögensvorteilen anordnen, die durch Verletzung von UEFA-Vorschriften erzielt wurden.
2. Das Rechtspflegeorgan kann Gegenstände oder Substanzen, die als Beweismittel in Frage kommen, in Beschlag nehmen.

*D. Strafzumessung*

**Artikel 17 Allgemeine Grundsätze**

1. Die Disziplinarkommission bestimmt Art und Zumessung der Disziplinarmassnahme nach den objektiven und den subjektiven Umständen. Sie berücksichtigt belastende wie entlastende Momente. Unter Vorbehalt von Artikel 6 Abs. 1 dieser Ordnung sind nur schuldhaft begangene Verfehlungen strafbar.
2. Disziplinarmassnahmen nach Artikel 10 und 11bis dieser Ordnung gelten als Regelstrafen. Sie können bei Vorliegen besonderer Umstände unter- oder überschritten werden.
3. Sperren wegen Dopings können nur verkürzt werden, wenn der Spieler nachweist, wie die verbotene Substanz in seinen Organismus gelangt ist und dass ihn kein bedeutendes Verschulden trifft.
4. Disziplinarmassnahmen nach Art. 12bis und 12ter lit (a) und (b) dieser Ordnung dürfen höchstens um die Hälfte reduziert werden. Sind auf Dauer ausgesprochene Sperren zu reduzieren, so beträgt die reduzierte Sperre mindestens acht Jahre.
5. Bei mehreren Verfehlungen bemisst sich die Sanktion nach der schwersten Verfehlung unter angemessener Erhöhung.
6. Wird ein Spieler, gestützt auf dieselbe Dopingkontrolle, eines Dopingverstosses für schuldig befunden, der sowohl eine „spezifische" als auch eine andere verbotene Substanz oder verbotene Methode betrifft, so ist von einem einzigen

Dopingverstoss auszugehen. Bei der Strafzumessung ist dabei auf diejenige verbotene Substanz oder verbotene Methode abzustellen, die die strengere Sanktion zur Folge hat. Absatz 5 dieser Bestimmung bleibt vorbehalten.

**Artikel 18 Rückfall**

1. Rückfall liegt vor, wenn innerhalb von fünf Jahren erneut eine Disziplinarmassnahme verhängt werden muss.
2. Er gilt als erschwerender Umstand.

*E. Nichtaustragung eines Spiels, Tragweite schiedsrichterlicher Entscheidung*

**Artikel 19 Nichtaustragung eines Spiels**

1. Kann ein Spiel nicht oder nicht vollständig ausgetragen werden, so wird der verantwortliche Verband oder Verein mit einer Forfait-Niederlage und einer Geldstrafe von mindestens CHF 20.000 bestraft.
2. In schweren Fällen kann der verantwortliche Verband oder Verein zusätzlich mit Strafen gemäss Art. 14 Abs. 1 lit. (h)–(k) dieser Ordnung belegt werden.

**Artikel 20 Tragweite der Disziplinarentscheidungen des Schiedsrichters**

1. Die vom Schiedsrichter auf dem Spielfeld ausgesprochenen Spielstrafen sind endgültig und können von den Disziplinarinstanzen nicht überprüft werden.
2. Die sportrechtlichen Folgen einer vom Schiedsrichter ausgesprochenen Spielstrafe können von der Disziplinarinstanz überprüft werden, wenn der Entscheidung ein offensichtlicher Irrtum zu Grunde liegt, beispielsweise bei einem Irrtum in der Person des Spielers.
3. Die Bestimmungen über den Protest gegen die Spielwertung nach einem entscheidenden Regelverstoss des Schiedsrichters bleiben vorbehalten.

## ZWEITER TEIL: VERFAHREN

*A. Organisation und Zuständigkeit*

**Artikel 21 Rechtspflegeorgane**

Rechtspflegeorgane sind:

a) als Disziplinarinstanzen
   1. die Kontroll- und Disziplinarkammer,
   2. der Berufungssenat;

b) der Disziplinarinspektor.

**Artikel 22 Wahl**

Vorsitzende und Mitglieder werden vom Exekutivkomitee gewählt. Sie dürfen weder diesem noch einer Kommission gemäss Art. 35 der Statuten angehören.

**Artikel 23 Zusammensetzung**

1. Die Kontroll- und Disziplinarkammer setzt sich aus einem Vorsitzenden und neun Mitgliedern zusammen. Sie wählt aus ihrem Kreis drei Vizevorsitzende.
2. Die Kammer ist mit wenigstens drei Mitgliedern entscheidungsbefugt.
3. Der Berufungssenat setzt sich aus einem Vorsitzenden und elf Mitgliedern zusammen. Er wählt aus seinem Kreis zwei Vizevorsitzende.
4. Der Berufungssenat entscheidet in der Regel mit drei Mitgliedern. In Fällen besonderer Schwere oder von präjudizieller Bedeutung kann der Vorsitzende die Besetzung auf fünf Richter erweitern.

**Artikel 24 Einzelrichter**

1. Der Vorsitzende der Kontroll- und Disziplinarkammer oder sein Vertreter entscheidet als Einzelrichter, wenn sich die Sanktion auf Verwarnung, auf Verweis, auf Geldstrafe bis CHF 5.000 oder auf Spieler- oder Funktionssperren bis zu zwei Spielen beschränkt. Er kann ferner bei besonderer Dringlichkeit in allen Fällen einzelrichterlich entscheiden.
2. Der Vorsitzende des Berufungssenats oder sein Vertreter kann einzelrichterlich entscheiden bei eindeutiger Rechts- und Sachlage, bei besonderer Dringlichkeit und auf gemeinsamen Antrag der Parteien.

**Artikel 25 Unabhängigkeit**

Die Disziplinarinstanzen sind unabhängig. Ihre Mitglieder sind ausschliesslich den Vorschriften der UEFA, dem subsidiären Recht nach Artikel 4 dieser Ordnung und ihrem Gewissen verpflichtet.

**Artikel 26 Ausstand**

Das Mitglied einer Disziplinarinstanz kann nicht tagen und muss in Ausstand treten, wenn es selbst, sein Verband oder ein Verein seines Verbandes unmittelbar betroffen ist. Ist der Ausstand umstritten, so entscheidet der Vorsitzende, bzw. dessen Stellvertreter.

**Artikel 27 Zuständigkeit**

1. Die Kontroll- und Disziplinarkammer behandelt Disziplinarfälle, die sich aus den Statuten, Reglementen und Beschlüssen der UEFA ergeben und nicht in die Zuständigkeit einer anderen Kommission oder eines anderen Ausschusses fallen. Sie kontrolliert die Spielberechtigung.
2. Der Berufungssenat ist zuständig für Berufungen gegen Entscheide der Kontroll- und Disziplinarkammer nach Artikel 49 dieser Ordnung.

## B. Parteien

**Artikel 28 Parteien**

1. Parteien sind:
   a) die UEFA,
   b) der Beschuldigte oder der unmittelbar Betroffene,
   c) der Protestberechtigte und der Protestgegner.
2. Als unmittelbar Betroffener gilt jener, auf den sich die Disziplinarmassnahme unmittelbar auswirkt.

**Artikel 29 Sprachen**

Die Partei bedient sich im schriftlichen und im mündlichen Verfahren einer offiziellen Sprache der UEFA.

**Artikel 30 Disziplinarinspektor**

1. Das Exekutivkomitee ernennt die Disziplinarinspektoren und bezeichnet den Generalinspektor.
2. Der Disziplinarinspektor vertritt die UEFA im Disziplinarverfahren. Er ist befugt, Berufung und Anschlussberufung einzulegen.
3. Das UEFA-Exekutivkomitee, der Präsident der UEFA, der Generaldirektor oder die Disziplinarinstanzen können den Disziplinarinspektor mit der Durchführung von Untersuchungen beauftragen.

**[Artikel 31 bis Artikel 75 enthalten Regelungen über Allgemeine Bestimmungen, ferner Abschnitte „Untersuchung, Verfahren der Kontroll- und Disziplinarkammer und des Berufungssenats, die Wiederaufnahme des Verfahrens und den Vollzug“ (hier nicht abgedruckt)].**

# III. Teil
# Recht des Fußballs in Deutschland

## Kapitel 1: Satzung des DFB (Stand: September 2006)

### I. Allgemeine Bestimmungen

§ 1

**Name, Rechtsform und Sitz**

Der Deutsche Fußball-Bund (DFB) ist die Vereinigung der Landesverbände, Regionalverbände und des Ligaverbandes, in denen Fußballsport betrieben wird.
Der Deutsche Fußball-Bund ist der Nachfolger des im Jahre 1900 gegründeten Deutschen Fußball-Bundes mit dem damaligen Sitz in Berlin.
Der Deutsche Fußball-Bund ist ein eingetragener Verein und hat seinen Sitz in Frankfurt (Main).

§ 2

**Allgemeine Grundsätze**

Der Deutsche Fußball-Bund ist parteipolitisch und religiös neutral.
Er tritt rassistischen, verfassungs- und fremdenfeindlichen Bestrebungen und anderen diskriminierenden oder menschenverachtenden Verhaltensweisen entschieden entgegen.
Jedes Amt im DFB ist Frauen und Männern zugänglich.
Satzung und Ordnungen des DFB gelten in ihrer sprachlichen Fassung für Frauen und Männer gleichermaßen.

§ 3

**Mitgliedschaften**

1. Der DFB ist Mitglied der FIFA mit Sitz in Zürich. Aufgrund dieser Mitgliedschaft ist der DFB den Bestimmungen dieses Verbandes unterworfen und zur Umsetzung der Entscheidungen seiner Organe verpflichtet. Insbesondere nachgenannte Vorschriften der FIFA sind für den DFB, seine Mitglieder sowie die Vereine und Kapitalgesellschaften seiner Mitgliedsverbände verbindlich: Statuten, Reglement betreffend Status und Transfers von Fußballspielern, Reglemente für die internationalen Wettbewerbe und Spielregeln.
2. Der DFB ist Mitglied der UEFA mit Sitz in Nyon (Schweiz). Aufgrund dieser Mitgliedschaft ist der DFB den Bestimmungen dieses Verbandes unterworfen und zur Umsetzung der Entscheidungen seiner Organe verpflichtet. Nachge-

nannte Vorschriften der UEFA sind für den DFB, seine Mitglieder sowie die Vereine und Kapitalgesellschaften seiner Mitgliedsverbände verbindlich: Statuten, Grundsätze einer Zusammenarbeit zwischen den UEFA-Mitgliedsverbänden und ihren Vereinen, Rechtspflegeordnung, Reglement der Dopingkontrollen für UEFA-Wettbewerbsspiele und die Reglemente für die europäischen Wettbewerbsspiele und die dazugehörigen Regelungen. Insbesondere anerkennen der DFB, seine Mitglieder, Spieler und Offiziellen die UEFA-Statuten. Auf Artikel 57 bis 61 der UEFA-Statuten wird verwiesen.

3. Über weitere Mitgliedschaften bei anderen Organisationen entscheidet das Präsidium. Die Rechte des DFB und seiner Mitgliedsverbände aus dieser Satzung dürfen dadurch nicht berührt werden.

...

## V. Schiedsgerichtsbarkeit

### § 17

**Schiedsgericht**

1. Streitigkeiten zwischen dem DFB und seinen Mitgliedsverbänden und Streitigkeiten der Mitgliedsverbände untereinander, die sich aus dem Mitgliedschaftsverhältnis ergeben, werden nach Ausschöpfung des verbandsinternen Instanzenzuges unter Ausschluss des ordentlichen Rechtsweges durch ein Schiedsgericht entschieden.
2. Das Schiedsgericht besteht aus drei Schiedsrichtern, von denen mindestens der Vorsitzende die Befähigung zum Richteramt haben muss.
3. Jede Partei ernennt einen Schiedsrichter. Die Partei, die das Schiedsgericht anrufen will, hat dies der anderen Partei unter kurzer Angabe des Sachverhalts durch eingeschriebenen Brief mitzuteilen und gleichzeitig einen Schiedsrichter zu benennen. Die andere Partei hat spätestens zehn Tage nach Erhalt der Mitteilung ihrerseits einen Schiedsrichter zu benennen. Erfolgt diese Benennung nicht, hat die anrufende Partei eine Nachfrist von weiteren sieben Tagen zu setzen, nach deren Ablauf sie die Benennung des zweiten Schiedsrichters durch den Präsidenten des für den Sitz des Beklagten zuständigen Oberlandesgerichts beantragen kann.
4. Die beiden Schiedsrichter haben sich binnen zehn Tagen nach der Benennung des zweiten Schiedsrichters auf einen Vorsitzenden zu einigen. Kommt die Einigung innerhalb dieser Frist nicht zustande und einigen sich die beiden Schiedsrichter auch nicht innerhalb einer Nachfrist von fünf Tagen auf einen Vorsitzenden, so wird er auf Antrag einer Partei von dem Präsidenten des für den Sitz des Klägers zuständigen Oberlandesgerichts ernannt.
5. Bei Wegfall oder Verhinderung eines Schiedsrichters wird der Nachfolger ebenso ausgewählt wie der Vorgänger.
6. Die Schiedsrichter sind bei ihrer Entscheidung an die Satzung und Ordnungen des DFB und seiner Mitgliedsverbände sowie die Vorschriften des materiellen Rechts gebunden. Soweit in den Satzungen und in den Ordnungen zulässigermaßen nichts anderes bestimmt ist, gelten für das Schiedsverfahren die allgemeinen Vorschriften der Zivilprozessordnung.

§ 17a

**Court of Arbitration for Sport (CAS)**

Der DFB anerkennt den Court of Arbitration for Sport (CAS) mit Sitz in Lausanne (Schweiz) als unabhängige richterliche Instanz in internationalen Streitigkeiten und unterwirft sich den Entscheidungen des CAS, soweit zwingendes nationales oder internationales Recht nicht entgegensteht oder die FIFA-Reglemente Ausnahmen zulassen.

...

§ 38

**Rechtsorgane**

1. Rechtsorgane sind das Bundesgericht und das Sportgericht; sie nehmen ihre Aufgaben nach den Bestimmungen der DFB-Satzung, der Ordnungen des DFB (§ 6), insbesondere nach dem Ligastatut, dem Regionalliga-Statut, den Anti-Doping-Richtlinien, den Durchführungsbestimmungen zur DFB-Spielordnung, den allgemeinverbindlichen Vorschriften über die Beschaffenheit und Ausgestaltung der Spielkleidung und den vom DFB geschlossenen Verträgen wahr.
2. Mitglieder des Bundesgerichts und des Sportgerichts dürfen anderen Organen und Ausschüssen des DFB nur angehören, soweit dies in der Satzung des DFB vorgesehen ist. Die Vorsitzenden und stellvertretenden Vorsitzenden müssen die Befähigung zum Richteramt besitzen. Die Beisitzer sollen diese Befähigung haben.
3. Die Vorsitzenden stellen für ihre Zuständigkeitsbereiche Geschäftsverteilungspläne auf.

§ 39

**Sportgericht**

1. Das Sportgericht besteht aus einem Vorsitzenden, einem stellvertretenden Vorsitzenden und 28 Beisitzern.
2. Der Vorsitzende und der stellvertretende Vorsitzende werden vom Bundestag gewählt.
   Fünf Beisitzer werden vom Bundestag im Benehmen mit den Regional- und Landesverbänden gewählt (DFB-Beisitzer).
   Fünf Beisitzer werden vom Bundestag auf Vorschlag des Ligaverbandes gewählt (Ligaverbands-Beisitzer). Darunter können auch Lizenzspieler sein.
   Drei Beisitzer werden vom Präsidium im Benehmen mit dem DFB-Regionalliga-Ausschusses berufen (Regionalliga-Beisitzer).
   Drei Beisitzer werden vom Präsidium im Benehmen mit dem DFB-Ausschuss für Frauenfußball berufen (Frauenfußball-Beisitzer).
   Drei Beisitzer werden vom Präsidium im Benehmen mit dem Schiedsrichter-Ausschuss berufen (Schiedsrichter-Beisitzer).
   Fünf Beisitzer werden vom Bundestag auf Vorschlag der Regionalverbände vom Bundesjugendtag bestätigt und vom Präsidium berufen (Jugend-Beisitzer).

Vier Beisitzer werden vom Bund Deutscher Fußball-Lehrer dem Präsidium zur Berufung vorgeschlagen (Fußball-Lehrer-Beisitzer). Diese müssen im Besitz der Fußball-Lehrer-Lizenz sein.

3. Das Sportgericht entscheidet in Fällen der mündlichen Verhandlung in einer Besetzung mit einem Vorsitzenden, einem DFB-Beisitzer und einem Ligaverbands-Beisitzer, vorbehaltlich der Regelung in Nr. 4.
4. In Verfahren im Zusammenhang mit Spielen von Regionalliga-Mannschaften wirkt anstelle des Ligaverbands-Beisitzers ein Regionalliga-Beisitzer mit. Ebenfalls wirkt anstelle des Ligaverbands-Beisitzers ein Regionalliga-Beisitzer mit, wenn in Verfahren nach § 17 der Rechts- und Verfahrensordnung des DFB (Einspruch gegen die Spielwertung) und § 18 der Rechts- und Verfahrensordnung des DFB (Verfahren bei Nichtaustragung eines Bundesspiels), die im Zusammenhang mit Spielen um den DFB-Vereinspokal der Herren stehen, eine Regionalliga-Mannschaft und eine unterhalb der Regionalliga spielende Mannschaft oder zwei unterhalb der Regionalliga spielende Mannschaften beteiligt sind.
   In Verfahren im Zusammenhang mit Spielen von Frauen-Mannschaften wirkt anstelle des Ligaverbands-Beisitzers ein Frauenfußball-Beisitzer mit.
   In Verfahren gegen Schiedsrichter im Zusammenhang mit vom DFB und vom Ligaverband veranstalteten Bundesspielen wirkt anstelle des Ligaverbands-Beisitzers ein Schiedsrichter-Beisitzer mit.
   In Verfahren nach § 17 der DFB-Jugendordnung wirkt anstelle des Ligaverbands-Beisitzers ein Jugendbeisitzer mit.
   In Verfahren gegen Fußball-Lehrer und lizenzierte Trainer wirkt anstelle des Ligaverbands-Beisitzers ein Fußball-Lehrer-Beisitzer mit. Ausnahmsweise wirkt in Verfahren gegen Trainer der Lizenzligen ein Ligaverbands-Beisitzer und ein Fußball-Lehrer-Beisitzer mit.
5. Das Sportgericht entscheidet durch den Einzelrichter in allen Fällen ohne mündliche Verhandlung. Die Einzelrichtertätigkeit wird vom Vorsitzenden, im Falle seiner Verhinderung durch seinen Stellvertreter oder einen vom Vorsitzenden benannten Beisitzer ausgeübt. Das Nähere regelt die Rechts- und Verfahrensordnung des DFB.

## § 40

### Bundesgericht

1. Das Bundesgericht besteht aus einem Vorsitzenden, einem stellvertretenden Vorsitzenden und 28 Beisitzern.
2. Der Vorsitzende und der stellvertretende Vorsitzende werden vom Bundestag gewählt.
   Für die Wahl und die Berufung der für die Verfahren jeweils vorgesehenen Beisitzer gilt § 39 Nr. 2. entsprechend.
3. Das Bundesgericht entscheidet in einer Besetzung mit einem Vorsitzenden, einem DFB-Beisitzer und einem Ligaverbands-Beisitzer, vorbehaltlich der Regelung in § 39 Nr. 4.
4. Für die Zusammensetzung des Bundesgerichts gilt § 39 Nr. 4. entsprechend.

5. Das Bundesgericht entscheidet in Fällen besonderer Bedeutung mit einem Vorsitzenden, zwei DFB-Beisitzern und zwei Ligaverbands-Beisitzern. § 39 Nr. 4. gilt für eventuell zu ersetzende Beisitzer entsprechend.

### § 41

**Zuständigkeit der Rechtsorgane**

1. Die Rechtsorgane des DFB bestrafen Verstöße gegen das DFB-Recht und entscheiden über Streitigkeiten nach dem DFB-Recht, soweit die Entscheidung nicht ausdrücklich einem anderen DFB-Organ vorbehalten ist.
2. Für die Entscheidung über einen Streit der Mitgliedsverbände innerhalb eines Regionalverbandes ist der jeweils betroffene Regionalverband zuständig.

### § 42

**Zuständigkeit Sportgericht**

1. Das Sportgericht entscheidet als erste Instanz, soweit nicht die erstinstanzliche Zuständigkeit des Bundesgerichts begründet ist.
2. Dem Sportgericht obliegt insbesondere:
   a) die Rechtsprechung über Verstöße von Vereinen und Tochtergesellschaften des Ligaverbandes und Spielern gegen die Vorschriften des Ligastatuts und der anderen Rechtsvorschriften des DFB und des Ligaverbandes,
   b) die Rechtsprechung bei sportlichen Vergehen in und im Zusammenhang mit Bundesspielen,
   c) die Entscheidung über Einsprüche gegen die Wertung von Bundesspielen,
   d) die Rechtsprechung in Verfahren gegen Fußball-Lehrer und lizenzierte Trainer gemäß den Bestimmungen der Ausbildungsordnung und der anderen Rechtsvorschriften des DFB,
   e) die Rechtsprechung in Verfahren gegen Schiedsrichter gemäß den Bestimmungen der Schiedsrichterordnung und der anderen Rechtsvorschriften des DFB,
   f) die Rechtsprechung gemäß den besonderen Bestimmungen in der Satzung und den Ordnungen des DFB. Ordnung im Sinne der Vorschriften des DFB ist auch das Statut des Ligaverbandes gemäß § 16a Abs. 1 Nr. 3.
   g) die Rechtsprechung in Fällen eines diskriminierenden und/oder menschenverachtenden Verhaltens gemäß § 50 Nr. 1., Abs. 5.

### § 43

**Zuständigkeit Bundesgericht**

Das Bundesgericht ist zuständig zur Entscheidung

1. als Rechtsmittelinstanz
   a) gegen Entscheidungen des Sportgerichts,
   b) gegen Entscheidungen der obersten Rechtsorgane der Mitgliedsverbände, soweit eine Entscheidung für nachprüfbar erklärt worden ist und die Verletzung von DFB-Recht behauptet wird,

2. in Fällen eines diskriminierenden und/oder menschenverachtenden Verhaltens gemäß § 50 Nr. 1., Abs. 4 und 5,
3. gemäß den besonderen Bestimmungen in der Satzung und den Ordnungen des DFB,
4. in erster und letzter Instanz
   a) über einen Sachverhalt, der ihm erst in einem vor dem Bundesgericht anhängigen Verfahren bekannt geworden ist und mit diesem Verfahren im Zusammenhang steht. In diesem Falle kann das Verfahren an das sonst zuständige Rechtsorgan abgegeben werden,
   b) über die Rechtmäßigkeit der Entscheidung eines Verwaltungsorgans des DFB,
   c) über die Zuständigkeit eines DFB-Organs in Zweifelsfällen.

## § 44

**Strafgewalt des Verbandes und Strafarten**

1. Alle Formen des unsportlichen Verhaltens sowie unter Strafe gestellte Verstöße gegen die Satzung und Ordnungen des DFB und das Ligastatut werden verfolgt. Das Nähere regeln die Rechts- und Verfahrensordnung des DFB, die DFB-Spielordnung, die DFB-Schiedsrichterordnung, die DFB-Jugendordnung, die Ausbildungsordnung des DFB, die Durchführungsbestimmungen zur DFB-Spielordnung, die Anti-Doping-Richtlinien des DFB und die ergänzenden Regelungen unterhalb der DFB-Ordnungen, insbesondere die allgemeinverbindlichen Vorschriften über die Beschaffenheit und Ausgestaltung der Spielkleidung und die Richtlinien zur Verbesserung der Sicherheit bei Bundesspielen.
   Bei einem Feldverweis ist der Spieler bis zur Entscheidung durch das zuständige Rechtsorgan vorläufig gesperrt.
   Zur Aufrechterhaltung der sportlichen Disziplin oder eines geordneten Rechtswesens kann durch den Vorsitzenden des zuständigen Rechtsorgans bei Verstößen gegen die Satzung und Ordnungen des DFB eine vorläufige Maßnahme ausgesprochen werden.
2 Als Strafen sind zulässig:
   a) Verwarnung,
   b) Verweis,
   c) Geldstrafe gegen Spieler bis zu € 100.000,00, im Übrigen bis zu € 250.000,00,
   d) Verhängung eines Platzverbots für einzelne Personen,
   e) Verbot auf Zeit – längstens drei Jahre – oder Dauer, ein Amt im DFB, seinen Mitgliedsverbänden, deren Vereinen und Kapitalgesellschaften zu bekleiden,
   f) Sperre für Pflichtspieltage, auf Zeit – längstens drei Jahre – oder auf Dauer,
   g) Ausschluss auf Zeit – längstens drei Jahre – oder auf Dauer,
   h) Ausschluss von der Nutzung der Einrichtungen des DFB einschließlich Lizenzentzug,

i) Verbot – bis zu fünf Spiele – sich während eines oder mehrerer Spiele im Innenraum des Stadions oder der Sportstätte aufzuhalten,
j) Entzug der Zulassung für Trainer auf Zeit – längstens drei Jahre – oder auf Dauer,
k) Platzsperre oder Spielaustragung unter Ausschluss der Öffentlichkeit,
l) Aberkennung von Punkten,
m) Versetzung in eine tiefere Spielklasse.

3. Die Strafen können auch nebeneinander verhängt werden. Außerdem sind erzieherische Maßnahmen zulässig (z. B. Auflagen und Bußen).

...

§ 50

**Kontrollausschuss**

1. Der Kontrollausschuss ist dazu berufen, die Einhaltung der Satzung und Ordnungen des DFB, der Anti-Doping-Richtlinien, der Durchführungsbestimmungen zur DFB-Spielordnung und der allgemeinverbindlichen Vorschriften über die Beschaffenheit und Ausgestaltung der Spielkleidung, insbesondere der Vorschriften des Ligaverbandes, des Regionalliga-Statuts und der Ausbildungsordnung, zu überwachen und bei Verstößen nach Durchführung einer Voruntersuchung Anklage bei den zuständigen Rechtsorganen des DFB und der Mitgliedsverbände zu erheben.
   Er kann Unsportlichkeiten verfolgen, die im Zusammenhang mit den Bundesspielen begangen werden.
   Der Kontrollausschuss ist berechtigt, im Rahmen seiner Zuständigkeit gegen die Entscheidungen der Rechtsorgane Rechtsmittel einzulegen.
   Dies gilt auch hinsichtlich abschließender Entscheidungen der Rechtsorgane der Mitgliedsverbände des DFB einschließlich Verfahrenseinstellungen, wenn sie diskriminierendes und/oder menschenverachtendes Verhalten zum Verfahrensgegenstand hatten. Die Mitgliedsverbände müssen den DFB innerhalb einer Woche nach Ergehen der Entscheidung durch deren Überlassung unterrichten. Das Rechtsmittel ist innerhalb von vier Wochen nach Vorlage der Entscheidung beim DFB-Bundesgericht einzulegen.
   Erklärt ein Mitgliedsverband auf Nachfrage des Kontrollausschusses schriftlich, dass er in Fällen eines möglichen diskriminierenden und/oder menschenverachtenden Verhaltens kein Verfahren einleitet, kann der Kontrollausschuss nach Durchführung einer Voruntersuchung Anklage beim DFB-Sportgericht erheben.
2. Dem Kontrollausschuss obliegt die Durchführung der ihm durch das Ligastatut und die Ausbildungsordnung zugewiesenen besonderen Aufgaben.

# Kapitel 2: Rechts- und Verfahrensordnung (RuVO)
(Stand: 31. Oktober 2006)

§ 1

**Grundregel**

1. Der Deutsche Fußball-Bund, seine Mitgliedsverbände, ihre Mitgliedsvereine und Tochtergesellschaften sowie die Spieler, Trainer, Schiedsrichter, Funktionsträger und Einzelmitglieder bekennen sich zu den Grundsätzen der Integrität, Loyalität, Solidarität und Fairness und sorgen für die Einhaltung dieser Grundsätze und für Ordnung und Recht im Fußballsport.
2. Spielern, Trainern und Funktionsträgern von Vereinen und Tochtergesellschaften – letzteren nur, wenn sie unmittelbar auf den Spielbetrieb einwirken können – ist es untersagt, auf Gewinnerzielung gerichtete Sportwetten – selbst durch Dritte, insbesondere nahe Angehörige, für eigene oder fremde Rechnung – auf den Ausgang oder den Verlauf von Fußballspielen oder Fußballwettbewerben, an denen ihre Mannschaften mittelbar oder unmittelbar beteiligt sind, abzuschließen oder dieses zu versuchen. Sie dürfen auch Dritte nicht dazu anleiten oder dabei unterstützen, solche Wetten abzuschließen. Sie sind verpflichtet, sich auf solche Sportwetten beziehende, nicht allgemein zugängliche Informationen oder ihr Sonderwissen Dritten nicht zur Verfügung zu stellen. Verstöße stellen eine Form des unsportlichen Verhaltens dar.
3. Schiedsrichtern (§ 13 Absatz 1, Sätze 1 und 2 der Schiedsrichterordnung des DFB) der Spielklassen, in denen Wettangebote gemacht werden, ist es untersagt, auf Spiele dieser Spielklassen zu wetten. Im Übrigen findet Nr. 2. entsprechend Anwendung.
4. Sportliche Vergehen, d. h. alle Formen unsportlichen Verhaltens aller in Nr. 1 genannten Angehörigen des DFB, werden mit den in § 44 der Satzung des DFB aufgeführten Strafen geahndet.

§ 2

**Rechtsprechung**

Für alle Vorkommnisse in den Bundesspielen und für alle Verstöße gegen die Spielordnung, das Ligastatut sowie für die Anfechtung von Spielwertungen und Spielberechtigungen bei Bundesspielen, außerdem für finanzielle Streitigkeiten aus Anlass der Durchführung von Bundesspielen sind die Rechtsorgane des DFB nach dessen Rechts- und Verfahrensordnung allein zuständig. Die Rechtsprechung gegen Lizenzspieler obliegt in jedem Falle den Rechtsorganen des DFB.

§ 3

**Rechtsorgane/Kontrollausschuss**

1. Zur Erfüllung der in §§ 1 und 2 genannten Aufgaben sind das Sportgericht, das Bundesgericht und der Kontrollausschuss berufen.
2. Die Mitglieder des Sportgerichts und des Bundesgerichts sind unabhängig. Sie

sind nur dem geschriebenen und ungeschriebenen Recht des Sports sowie ihrem Gewissen unterworfen.

3. Die Mitglieder der Rechtsorgane und des Kontrollausschusses haften nicht für Schäden, die durch ihre Entscheidungen oder Unterlassungen entstehen.
4. Der Vorsitzende des Kontrollausschusses und der in der DFB-Zentralverwaltung für Rechtsangelegenheiten zuständige Direktor unterrichten in Fällen sportpolitischer Bedeutung aus ihrem Zuständigkeitsbereich unverzüglich den für Rechts- und Satzungsfragen zuständigen Vizepräsidenten und den Generalsekretär.

§ 4

**Vorläufige Sperre bei Feldverweis**

Bei einem Feldverweis (Rote Karte) ist der Spieler bis zur Entscheidung durch die zuständige Instanz gesperrt, ohne dass es eines besonderen Verfahrens oder einer besonderen Benachrichtigung bedarf. Ausgenommen von der vorgenannten Regelung sind Feldverweise in Länderspielen, UEFA-Wettbewerben, weiteren offiziellen internationalen Wettbewerben, wie z. B. UEFA-Intertoto-Cup (UIC), und Hallen-Fußballspielen. Auf Antrag des Kontrollausschusses kann der Vorsitzende des Sportgerichts einen Spieler, der in einem solchen Spiel des Feldes verwiesen worden ist, im Wege der einstweiligen Verfügung vorläufig sperren. Eine zu erwartende, bereits erfolgte oder abgelehnte Bestrafung dieses Spielers nach den Bestimmungen der FIFA oder UEFA hindert nicht seine Bestrafung nach den Bestimmungen des DFB.
§ 11 bleibt unberührt.
Erfolgt ein Feldverweis eines Spielers (Rote Karte) einer deutschen Mannschaft bei einem Spiel im Ausland, so kann bei der zuständigen Instanz beantragt werden, die vorläufige Sperre bis zu Ermittlung des Tatbestandes auszusetzen.

§ 5

**Zuständigkeit, Strafen, Einstellung**

1. Die Zuständigkeiten und zulässigen Strafarten ergeben sich aus §§ 38–44 der Satzung des DFB.
2. Sperren, die gegen Spieler verhängt werden, betreffen im Regelfall nur den Spielverkehr innerhalb des DFB. Sie erstrecken sich auch auf den internationalen Spielverkehr, wenn internationale Wettbewerbsbestimmungen dies gebieten oder wenn dies wegen besonders verwerflicher Tatumstände im Urteil ausdrücklich angeordnet worden ist.
3. Für Geldstrafen, die gegen Einzelmitglieder und Spieler verhängt werden, kann der Verein des Bestraften von dem entscheidenden Rechtsorgan in Anspruch genommen werden.
4. Für Geldstrafen, die gegen Einzelmitglieder und Spieler im Zusammenhang mit Spielen um den Länderpokal der Frauen und Herren verhängt werden, kann der Landesverband des Bestraften von dem entscheidenden Rechtsorgan in Anspruch genommen werden.

5. In geeigneten Fällen kann der Kontrollausschuss mit Zustimmung des Sportgerichts das Verfahren einstellen, gegebenenfalls unter Bedingungen, Auflagen und einem Hinweis, dass das festgestellte Verhalten verboten ist und im Wiederholungsfall eine Anklageerhebung erfolgen kann.
Nach Anklageerhebung entscheidet das Sportgericht entsprechend Absatz 1 mit Zustimmung des Kontrollausschusses über die Einstellung.

§ 6

**Doping**

1. Doping ist verboten.
2. Doping ist das Vorhandensein einer Substanz aus den verbotenen Wirkstoffen im Körper (Gewebe- oder Körperflüssigkeit). Doping ist auch die Anwendung verbotener Methoden, die geeignet sind, den physischen oder psychischen Leistungszustand eines Spielers künstlich zu verbessern. Doping ist auch der Versuch von Dritten, Substanzen aus den verbotenen Wirkstoffen oder die Anwendung verbotener Methoden anzubieten oder jemanden zu deren Verwendung zu veranlassen.
Maßgeblich ist die vom DFB jeweils herausgegebene Liste (Anhang A zu den Anti-Doping-Richtlinien des DFB).
3. Jeder Spieler ist verpflichtet, sich einer angeordneten Dopingkontrolle zu unterziehen.
4. Jeder Verein und jede Tochtergesellschaft hat zu gewährleisten, dass die Spieler seiner bzw. ihrer Mannschaft nicht gedopt werden und sich angeordneten Dopingkontrollen unterziehen. Dem Verein oder der Tochtergesellschaft ist das Handeln der Angestellten und beauftragten Personen sowie dem Verein zusätzlich das Handeln seiner Mitglieder zuzurechnen.
5. Die Anordnung von Dopingkontrollen obliegt dem Träger der jeweiligen Spielklasse. Verstöße gegen die Anti-Doping-Vorschriften werden nach den jeweiligen Bestimmungen der Träger geahndet.
6. Die Einzelheiten werden in den Anti-Doping-Richtlinien des DFB geregelt.
7. Verstöße gegen vorstehende Vorschriften werden nach den Bestimmungen des DFB geahndet.

§ 6a

**Spielmanipulation**

1. Wer es, insbesondere als Spieler, Schiedsrichter, Trainer oder Funktionsträger, unternimmt, auf den Verlauf und/oder das Ergebnis eines Fußballspiels und/oder den sportlichen Wettbewerb durch wissentlich falsche Entscheidungen oder andere unbefugte Beeinflussung einzuwirken in der Absicht, sich oder einem anderen einen Vorteil zu verschaffen, macht sich der Spielmanipulation schuldig. Dieses gilt nicht für Spieler, die beim Spiel oder im Zusammenhang mit diesem durch Verletzung einer Fußballregel ausschließlich einen spielbezogenen sportlichen Vorteil anstreben; die Möglichkeit der Bestrafung als unsportliches Verhalten gemäß § 1 Nr. 4. bleibt insoweit unberührt.

2. Eine Spielmanipulation wird als unsportliches Verhalten gemäß § 1 Nr. 4. geahndet (§ 44 der Satzung des DFB).

§ 6b

**Unzulässige Spielervermittlung**

Spieler, Vereine und Kapitalgesellschaften machen sich eines unsportlichen Verhaltens gemäß § 1 Nr. 4. schuldig und können bestraft werden, wenn sie im Falle einer Spielervermittlung im Sinne des FIFA-Spielervermittler-Reglements nicht die Dienste der amtlichen Arbeitsvermittlung oder eines privaten Arbeitsvermittlers, der über eine gegebenenfalls erforderliche Arbeitsvermittlungserlaubnis und eine Spielervermittlerlizenz eines der FIFA angeschlossenen Nationalverbandes verfügt, in Anspruch genommen haben. Dies gilt auch für den Versuch. Ein Rechtsanwalt bedarf nicht der Spielervermittlerlizenz.

§ 7

**Strafen gegen Vereine und Tochtergesellschaften in einzelnen Fällen**

1. Bei Bundesspielen gelten für Vereine und Tochtergesellschaften unter anderem folgende Strafen:
   a) für Spielen ohne Genehmigung Geldstrafe bis zu € 30.000,00;
   b) für schuldhaft verspätetes Antreten oder schuldhaftes Nichtantreten zu einem Spiel Geldstrafe bis zu € 50.000,00;
   c) für nicht ordnungsgemäße Platzherrichtung und nicht ausreichenden Ordnungsdienst Geldstrafe bis zu € 50.000,00;
   d) für mangelnden Schutz des Schiedsrichters, der Schiedsrichter-Assistenten oder des Gegners Geldstrafe bis zu € 100.000,00;
   e) für schuldhaftes Herbeiführen eines Spielabbruchs Geldstrafe bis zu € 100.000,00;
   f) für Spielenlassen eines Spielers ohne Vorlage eines ordnungsgemäß erstellten Spielerpasses oder ohne Vorlage der vom DFB oder der DFL herausgegebenen Spielberechtigungsliste Geldstrafe bis zu € 1.000,00;
   g) für Spielenlassen eines nicht spiel- oder einsatzberechtigten Spielers Geldstrafe bis zu € 10.000,00;
   h) für nicht ordnungsgemäße Erfüllung von Auflagen Geldstrafe bis zu € 30.000,00;
   i) für das Mitwirkenlassen gedopter Spieler (§ 6), die Verabreichung von Dopingmitteln, die Weigerung, Dopingkontrollen zuzulassen sowie jede Beteiligung an diesen Handlungen oder ihre Duldung und bei Verstößen gegen die Anti-Doping-Richtlinien Geldstrafe bis zu € 150.000,00 für jeden Einzelfall;
   j) für aktive oder passive Bestechung Geldstrafe bis zu € 250.000,00.
2. In den Fällen der Nr. 1. Buchstaben i) und j) ist der Versuch strafbar.
3. Anstelle einer verwirkten Platzsperre kann eine Spielaustragung unter Ausschluss der Öffentlichkeit festgesetzt werden, falls dies aus besonderen Gründen zweckmäßig erscheint.

4. Bei Vergehen, die mit einer höheren Geldstrafe als € 2.500,00 bedroht sind, kann in schwerwiegenden Fällen an Stelle oder neben der Geldstrafe eine weitergehende Strafe nach § 44 der Satzung des DFB verhängt werden. Gleiches gilt in Wiederholungsfällen und in Fällen der Tatmehrheit.
5. Die Strafbestimmungen der Nr. 1. finden sinngemäße Anwendung auch auf Mitgliedsverbände, die mit ihren Mannschaften an Bundesspielen teilnehmen.

§ 8

**Strafen gegen Spieler in einzelnen Fällen**

1. Bei Bundesspielen gelten für Spieler unter anderem folgende Strafen:
   a) für unsportliches Verhalten Sperre bis zu sechs Monaten; falls kein Feldverweis zugrunde lag, kann anstatt einer Sperrstrafe oder Geldstrafe auf Verwarnung oder Verweis erkannt werden;
   b) für rohes Spiel gegen den Gegner Sperre von zwei Wochen bis zu sechs Monaten; roh spielt, wer rücksichtslos im Kampf um den Ball den Gegner verletzt oder gefährdet;
   c) für Tätlichkeiten gegen Gegner oder Zuschauer Sperre von sechs Wochen bis zu sechs Monaten; wenn gegen den Spieler oder den sonst Betroffenen unmittelbar vor seinem Vergehen eine sportwidrige Handlung begangen worden ist oder in einem leichteren Fall der Tätlichkeit Sperre von mindestens drei Wochen;
   bei Vorliegen beider Milderungsgründe Sperre von mindestens zwei Wochen;
   d) für Tätlichkeiten gegen Schiedsrichter oder -Assistenten Sperre von sechs Monaten bis zu zwei Jahren, in leichteren Fällen Sperre von mindestens acht Wochen;
   e) für Beleidigung oder Bedrohung des Schiedsrichters oder der -Assistenten während des Spiels Sperre von zwei Wochen bis zu drei Monaten, in leichteren Fällen Sperren von mindestens einer Woche;
   f) für Nichtbefolgung der Anordnungen des Schiedsrichters Sperre von einer Woche bis zu drei Monaten;
   g) für schuldhaftes Herbeiführen eines Spielabbruchs Sperre von vier Wochen bis zu sechs Monaten.
   h) für Spielen ohne Spiel- oder Einsatzberechtigung Sperre von vier Wochen, in leichteren Fällen Sperre von mindestens einer Woche;
   i) für Spielen ohne besondere Genehmigung für Vereine oder Kapitalgesellschaften, die nicht Mitglied in einem Verband sind, Sperre von einer Woche bis zu drei Monaten;
   j) für aktive oder passive Bestechung Sperre von drei Monaten bis zu zwei Jahren.
2. In den Fällen der Nr. 1 c), d), g), h), i) und j) ist der Versuch strafbar. Die Strafe kann gemildert werden.
3. Bei Dopingvergehen gelten die folgenden Strafen:
   a) Im Falle des Nachweises von Doping gemäß § 6 Nr. 2., Sätze 1 und 2, der Weigerung gemäß § 6 Nr. 3., sich einer angeordneten Dopingkontrolle zu

unterziehen, der Manipulation oder des Versuchs der Manipulation einer Dopingkontrolle sowie im Falle des Besitzes, Gebrauchs oder versuchten Gebrauchs von Substanzen aus verbotenen Wirkstoffen oder der Anwendung verbotener Methoden ist gegen den Spieler eine Sperre von zwei Jahren, im Wiederholungsfall auf Dauer, zu verhängen.
Ergibt die von einem vom IOC anerkannten Labor durchgeführte Analyse einer Urinprobe oder anderen Probe das Vorhandensein einer verbotenen Substanz im Körper (Gewebe oder Körperflüssigkeit) gemäß der vom DFB als Anhang A zu den Anti-Doping-Richtlinien des DFB in der jeweils gültigen Fassung herausgegebenen Liste oder die Anwendung einer nach dem genannten Anhang A verbotenen Methode, so gilt dies als Anscheinsbeweis für einen schuldhaften Dopingverstoß.
Der Anscheinsbeweis kann erschüttert werden, wenn erwiesenermaßen Tatsachen einen anderen Geschehensablauf ernsthaft als möglich nahe legen.

b) Im Falle eines Dopingvergehens unter Verwendung von spezifischen Substanzen* ist gegen den Spieler bei einem erstmaligen Verstoß mindestens eine Verwarnung und höchstens eine Sperre von einem Jahr, beim zweiten Verstoß eine Sperre von zwei Jahren und beim dritten Verstoß eine Sperre auf Dauer zu verhängen, falls der gedopte Spieler beweisen kann, dass die Verwendung einer solchen spezifischen Substanz keine Leistungssteigerung zum Ziel hatte. Buchstabe a), Absätze 2 und 3 gelten entsprechend.
c) Im Falle des Handelns mit einer Substanz aus verbotenen Wirkstoffen (§ 6 Nr. 2., Satz 3) oder im Falle der Verabreichung einer Substanz aus verbotenen Wirkstoffen oder der Anwendung einer verbotenen Methode ist gegen den Spieler eine Sperre von vier Jahren bis zu einer Sperre auf Dauer zu verhängen. Ist der betroffene Dritte ein Spieler unter 21 Jahren und ist nicht eine spezifische Substanz Gegenstand des Vergehens, ist eine Sperre auf Dauer zu verhängen.
d) Bei Verstößen gegen die Anti-Doping-Richtlinien des DFB ist gegen den Spieler eine Sperre von zwei Wochen bis zu sechs Monaten zu verhängen.
e) Kann der Spieler nachweisen, dass ihn im Einzelfall kein Vorsatz oder grobe Fahrlässigkeit trifft, kann die Sperre auf maximal die Hälfte des nach Buchstaben a) bis d) vorgesehenen Strafmaßes gemildert werden. Eine Sperre auf Dauer kann höchstens auf eine Sperre von acht Jahren reduziert werden.
f) Kann der Spieler im Einzelfall nachweisen, dass ihn kein Verschulden trifft, entfällt eine Sperre gemäß Buchstaben a) bis d).
g) Führt die Unterstützung des Spielers zur Aufdeckung oder zum Nachweis eines Dopingvergehens einer anderen Person, kann die Sperre auf maximal die Hälfte des nach Buchstaben a) bis d) vorgesehenen Strafmaßes gemildert werden. Eine Sperre auf Dauer kann höchstens auf eine Sperre von acht Jahren reduziert werden.

4. In allen Fällen der Nrn. 1. bis 3. kann neben Sperrstrafen auch auf Geldstrafen erkannt werden.

* Siehe „Spezifische Substanzen" nach II. der Anti-Doping-Richtlinien des DFB.

5. Anstelle der in Nrn. 1. bis 3. genannten Strafen kann auch auf Sperre für eine bestimmte Anzahl von Kalendertagen oder von Pflichtspielen erkannt werden. In letzterem Fall kann daneben für eine festzulegende Zeitdauer auch eine Sperre für andere Spiele ausgesprochen werden.
   Eine Strafandrohung von einer Woche entspricht einer Sperre für ein Pflichtspiel. Pflichtspiele sind Spiele des Wettbewerbs, in dem die Tat begangen worden ist. Bei schwerwiegenden Sportverfehlungen ist die Sperre für Pflichtspiele in allen Wettbewerben des DFB und seiner Mitgliedsverbände und für Freundschaftsspiele auszusprechen. Noch nicht verbüßte Sperren für Vereinspokalspiele des Deutschen Fußball-Bundes auf DFB-Ebene verfallen nach Ablauf der übernächsten Spielzeit.
   Bei Feldverweisen in Freundschaftsspielen kann, wenn kein schwerwiegender Fall vorliegt, die Sperre für eine bestimmte Zahl von Freundschaftsspielen ausgesprochen werden.
6. In schweren Fällen kann neben der Sperre auch die Lizenz entzogen oder eine Sperre auf Dauer ausgesprochen werden.
7. Für Sportvergehen im Amateur-Länderpokal und im internationalen Spielverkehr kann eine Sperrstrafe nach Nr. 1. auf den jeweiligen Spielverkehr beschränkt werden.
8. Eine Ahndung ist auch dann möglich, wenn der Schiedsrichter einen Fall krass sportwidrigen Verhaltens eines Spielers nicht wahrgenommen und damit keine positive oder negative Tatsachenentscheidung darüber getroffen hat.

## § 8a

**Dopingvergehen von Trainern, Mannschaftsbetreuern und Offiziellen**

Im Falle des Handels mit einer Substanz aus verbotenen Wirkstoffen (§ 6 Nr. 2., Satz 3) oder im Falle der Verabreichung einer Substanz aus verbotenen Wirkstoffen oder der Anwendung einer verbotenen Methode ist eine Sperre, ein Entzug der Ausbildungserlaubnis oder ein Funktionsverbot von vier Jahren bis zu einer Sperre, einem Entzug der Ausbildungserlaubnis oder einem Funktionsverbot auf Dauer zu verhängen. Ist der betroffene Dritte ein Spieler unter 21 Jahren und ist nicht eine spezifische Substanz Gegenstand des Vergehens, ist eine Sperre, ein Entzug der Ausbildungserlaubnis oder ein Funktionsverbot auf Dauer zu verhängen. § 8 Nr. 3 Buchstaben e) bis g) gelten entsprechend.

## § 9

**Diskriminierung und ähnliche Tatbestände**

1. Eines unsportlichen Verhaltens gemäß § 1 Nr. 4. macht sich insbesondere schuldig, wer sich politisch, extremistisch, obszön anstößig oder provokativ beleidigend verhält.
2. Wer öffentlich die Menschenwürde einer anderen Person durch herabwürdigende, diskriminierende oder verunglimpfende Äußerungen in Bezug auf Rasse, Hautfarbe, Sprache, Religion oder Herkunft verletzt oder sich auf andere Weise rassistisch und/oder menschenverachtend verhält, wird für min-

destens fünf Wochen gesperrt. Zusätzlich werden ein Verbot, sich im gesamten Stadionbereich aufzuhalten, und eine Geldstrafe von € 12.000,00 bis zu € 100.000,00 verhängt. Bei einem Offiziellen, der sich dieses Vergehens schuldig macht, beträgt die Mindestgeldstrafe € 18.000,00.

3. Wenn Anhänger einer Mannschaft vor, während und nach einem Spiel im Stadion Transparente mit rassistischen Aufschriften entrollen oder sich auf andere Weise rassistisch und/oder menschenverachtend verhalten, werden gegen den entsprechenden Verein bzw. die Kapitalgesellschaft oder den Mitgliedsverband des DFB als Strafen eine Geldstrafe von € 18.000,00 bis zu € 150.000,00 sowie die Verpflichtung, das nächste Pflichtspiel unter Ausschluss der Öffentlichkeit auszutragen, verhängt. Können Zuschauer keiner Mannschaft zugeordnet werden, ist in jedem Fall der Verein bzw. die Kapitalgesellschaft oder der Verband, der das Spiel organisiert hat, entsprechend zu bestrafen.
4. Verhalten sich Spieler, Offizielle oder Zuschauer in irgendeiner Form rassistisch oder menschenverachtend gemäß Nrn. 2. und/oder 3. dieser Bestimmung, werden der betreffenden Mannschaft, sofern zuordenbar, beim ersten Vergehen drei Punkte und beim zweiten Vergehen sechs Punkte abgezogen. Bei einem weiteren Vergehen erfolgt die Versetzung in eine tiefere Spielklasse.
5. In Spielen ohne Punktevergabe wird die entsprechende Mannschaft, sofern zuordenbar, von dem Wettbewerb ausgeschlossen.
6. Eine Strafe aufgrund dieser Bestimmung kann gemildert werden oder von einer Bestrafung kann abgesehen werden, wenn der Betroffene nachweist, dass ihn für den betreffenden Vorfall kein oder nur ein geringes Verschulden trifft oder sofern anderweitige wichtige Gründe dies rechtfertigen. Eine Strafmilderung oder der Verzicht auf eine Bestrafung ist insbesondere dann möglich, wenn Vorfälle provoziert worden sind, um gegenüber dem Betroffenen eine Bestrafung gemäß dieser Bestimmung zu erwirken.

§ 9a

**Verantwortung der Vereine**

1. Vereine und Tochtergesellschaften sind für das Verhalten ihrer Spieler, Offiziellen, Mitarbeiter, Erfüllungsgehilfen, Mitglieder, Anhänger, Zuschauer und weiterer Personen, die im Auftrag des Vereins eine Funktion während des Spiels ausüben, verantwortlich.
2. Der gastgebende Verein und der Gastverein bzw. ihre Tochtergesellschaften haften im Stadionbereich vor, während und nach dem Spiel für Zwischenfälle jeglicher Art.

§ 10

**Verjährung**

1. Verstöße nach §§ 7, 8 und 9 verjähren in sechs Monaten. Verstöße nach § 7 Nr. 1. i), § 8 Nr. 3. und § 8 a) verjähren in acht Jahren. Verstöße nach § 7 Nr. 1. j) und § 8 Nr. 1. j) und Verstöße anderer Art verjähren in fünf Jahren.

Die Einleitung eines Verfahrens durch den Kontrollausschuss sowie jede das Verfahren fördernde richterliche Anordnung des Vorsitzenden des zuständigen Rechtsorgans und jede Entscheidung des Gerichts unterbrechen die Verjährung. Maßgeblicher Zeitpunkt ist der Eingang bei der DFB-Zentralverwaltung oder einem Organ des DFB.

2. Entzieht sich ein Betroffener durch Vereinsaustritt einem Strafverfahren, so wird dieses nach Erwerb einer neuen Mitgliedschaft eingeleitet oder fortgesetzt.
   Der Austritt unterbricht die Verjährung bis zu diesem Zeitpunkt.
3. Auf Punktverlust oder Spielwiederholung im Zusammenhang mit Pflichtspielen der abgelaufenen Spielzeit kann nach dem 30.6. nicht mehr erkannt werden, es sei denn, es war bis dahin ein Verfahren eingeleitet. In diesen Fällen kann jedoch für die nachfolgende Spielzeit auf Aberkennung von Punkten oder auf Versetzung in eine tiefere Spielklasse erkannt werden.
4. Auf Spielverlust oder Spielwiederholung kann in einem Vereinspokalspiel des Deutschen Fußball-Bundes auf DFB-Ebene nicht mehr erkannt werden, wenn das Spiel der betreffenden Mannschaft der nächsten Pokalrunde ausgetragen worden ist, es sei denn, dass vorher ein Verfahren eingeleitet worden war.
   Im Falle einer rechtskräftigen auf Spielverlust erkennenden Entscheidung tritt der Gegner an die Stelle der aufgrund der Spielwertung ausgeschiedenen Mannschaft. Dies gilt auch für eine bereits erfolgte Auslosung der nächsten Pokalrunde, wobei das Heimrecht eines Amateurvereins gemäß § 46 Nr. 2.1.1 der DFB-Spielordnung unberührt bleibt, es sei denn, bei dem der ausgeschiedenen Mannschaft für die nächste Pokalrunde zugelosten Gegner handelt es sich ebenfalls um einen Amateurverein.

## § 11

### Feldverweis nach zwei Verwarnungen (gelb/rot) – Einspruch

1. Wird ein Spieler in einem Bundesspiel, einem Qualifikationsspiel zum DFB-Hallenpokal oder während dieses Endturniers infolge zweier Verwarnungen (gelb/rot) im selben Spiel des Feldes verwiesen, so ist er für das Bundesspiel oder das Hallenspiel der gleichen Wettbewerbskategorie, das dem Spiel folgt, in welchem er des Feldes verwiesen worden war, gesperrt. Der Vollzug der Sperre wegen eines Feldverweises nach zwei Verwarnungen ist nach Ablauf des nachfolgenden Spieljahres nicht mehr zulässig.
2. Wird ein Spieler in einem Meisterschaftsspiel der Lizenzligen, Regionalliga, Frauen-Bundesliga, 2. Frauen-Bundesliga oder Junioren-Bundesliga (A- und B-Junioren) infolge zweier Verwarnungen (gelb/rot) im selben Spiel des Feldes verwiesen, ist er bis zum Ablauf der automatischen Sperre auch für das jeweils nächstfolgende Meisterschaftsspiel jeder anderen Mannschaft seines Vereins/Tochtergesellschaft gesperrt, längstens jedoch bis zum Ablauf von zehn Tagen.
3. Gegen eine nach Nr. 1. verwirkte Sperre ist ein Einspruch beim DFB-Sportgericht nur dann zulässig, wenn ein offensichtlicher Irrtum des Schiedsrichters nachgewiesen wird.

Einspruchsberechtigt ist der betroffene Spieler.
Der Einspruch des Spielers muss schriftlich eingelegt werden und spätestens an dem dem Spieltag folgenden Tag bei der DFB-Zentralverwaltung eingegangen sein. Ist dieser Tag ein Samstag, Sonntag oder gesetzlicher Feiertag, läuft die Frist um 10.00 Uhr am ersten darauffolgenden Werktag ab. Das DFB-Sportgericht entscheidet endgültig.

§ 12

**Einspruch gegen eine Verwarnung**

Gegen eine nach Regel 12 in Meisterschaftsspielen der Lizenzligen, Regionalliga, Frauen-Bundesliga, 2. Frauen-Bundesliga, Junioren-Bundesliga (A- und B-Junioren) sowie in Vereinspokalspielen des Deutschen Fußball-Bundes auf DFB-Ebene gegen eine(n) Spielerin/Spieler verhängte Verwarnung ist ein Einspruch beim DFB-Sportgericht nur dann zulässig, wenn sich der Schiedsrichter in der Person der Spielerin/des Spielers geirrt hat. Der Einspruch muss schriftlich eingelegt werden und spätestens an dem dem Spieltag folgenden Tag bei der für das DFB-Sportgericht zuständigen Geschäftsstelle eingegangen sein. Das DFB-Sportgericht entscheidet endgültig.

§ 13

**Einleitung von Verfahren**

1. Verfahren können nur schriftlich eingeleitet werden. Die Einleitung geschieht insbesondere durch:
   a) Anklage des Kontrollausschusses bei Verstößen gegen die Satzungen von DFB und Ligaverband sowie gegen deren Ordnungen,
   b) Anrufung des Sportgerichts durch den Kontrollausschuss wegen der Vorfälle, die sich im Zusammenhang mit Bundesspielen ereignet haben,
   c) Anzeigen von Verstößen gegen die Satzungen und Ordnungen des DFB und des Ligaverbandes sowie wegen unsportlichen oder sportschädigenden Verhaltens der Spieler oder anderer Personen, auf die das DFB-Recht Anwendung findet,
   d) Einsprüche von Vereinen, Tochtergesellschaften und Mitgliedsverbänden gegen die Wertung eines Bundesspieles, die sich auf die Spielberechtigung eines Spielers, auf einen entscheidenden Regelverstoß des Schiedsrichters oder auf besondere das Spiel beeinflussende Vorfälle stützen.
2. Bei einem offensichtlichen Irrtum des Schiedsrichters im Falle eines Feldverweises eines Spielers können der Einzelrichter oder das Sportgericht das Verfahren auf Antrag des Kontrollausschusses einstellen. Mit der Einstellung ist eine Vorsperre aufgehoben.

§ 14

**Benachrichtigung der Betroffenen**

Von der Einleitung eines Verfahrens sind die Betroffenen unter Darlegung des Vorwurfs und Aufforderung zur Stellungnahme mit Fristsetzung unverzüglich zu benachrichtigen. Nach Feldverweisen können Benachrichtigung und Aufforderung unterbleiben.

§ 15

**Entscheidung durch den Einzelrichter**

1. Das Sportgericht entscheidet durch den Einzelrichter in allen Fällen ohne mündliche Verhandlung. Die Einzelrichtertätigkeit wird vom Vorsitzenden, im Falle seiner Verhinderung durch seinen Stellvertreter oder einem vom Vorsitzenden benannten Beisitzer ausgeübt.
2. Nach einem Feldverweis in Meisterschaftsspielen der Bundesliga, der 2. Bundesliga und in Vereinspokalspielen des Deutschen Fußball-Bundes auf DFB-Ebene stellt der Kontrollausschuss bis 14.00 Uhr des dem Spieltag nachfolgenden Werktags schriftlich Strafantrag beim Einzelrichter. Dabei hat er zu erklären, ob der betroffene Spieler mit dem Antrag einverstanden ist oder nicht. Antrag und Erklärung sind gleichzeitig dem vom Feldverweis betroffenen Lizenzverein bzw. dessen Tochtergesellschaft mitzuteilen.
   Im Falle des Einverständnisses hat der Einzelrichter dem Strafantrag zu entsprechen, wenn ihm keine grundsätzlichen Bedenken entgegenstehen. Bestehen solche Bedenken, ordnet der Einzelrichter eine mündliche Verhandlung an.
3. Besteht kein Einverständnis, soll die vom Antrag des Kontrollausschusses und des Spielers unabhängige Entscheidung des Einzelrichters bis spätestens 10.00 Uhr des folgenden Werktages ergehen. Eine Verschärfung über das vom Kontrollausschuss beantragte Strafmaß hinaus ist unzulässig.
   In Fällen grundsätzlicher Bedeutung ordnet der Einzelrichter eine mündliche Verhandlung an.
4. Gegen die Entscheidung des Einzelrichters können der Kontrollausschuss, der Spieler, sein Lizenzverein bzw. dessen Tochtergesellschaft binnen 24 Stunden nach Zugang der Entscheidung Verhandlung vor dem Sportgericht gemäß § 16 Nr. 1. beantragen, sofern der Einzelrichter von dem jeweiligen Antrag abgewichen ist.
5. In allen anderen Verfahren gelten die vorstehenden Fristen nicht. Der Betroffene kann unter Bestimmung einer kurzen Frist zur Stellungnahme aufgefordert werden. Für das weitere Verfahren gelten Nrn. 2. bis 4. entsprechend.

§ 16

**Allgemeine Verfahrensvorschriften**

Für die Verhandlung und Entscheidung durch die DFB-Rechtsorgane gelten folgende Bestimmungen:

1. Entscheidungen des Sportgerichts in der Besetzung mit drei Richtern und Entscheidungen des Bundesgerichts ergehen aufgrund mündlicher Verhandlung.
   Im Einverständnis aller Beteiligten sowie bei einer Entscheidung über Rechtsfragen bei unstreitigem Sachverhalt kann auf Anordnung des Vorsitzenden ohne mündliche Verhandlung entschieden werden.
2. Teilt eine Partei einen triftigen Grund für ihr Nichterscheinen mit, so kann nach dem Ermessen des Gerichts dennoch die Verhandlung durchgeführt wer-

den, wenn dies zwingend geboten ist. Die Entscheidung kann auch in einem neu anzuberaumenden Termin oder durch Zustellung des Urteilstenors an die Parteien erfolgen.

3. Der Vorsitzende bestimmt den Termin zur mündlichen Verhandlung und verfügt die Ladungen. Zu laden sind die Parteien, Zeugen und die Sachverständigen. Die Ladungen sollen dem zu Ladenden 48 Stunden vor der Verhandlung zugehen. Bei Nichterscheinen zu einer mündlichen Verhandlung kann eine Ordnungsstrafe nach § 20 verhängt werden.
4. Die Verhandlungen der Rechtsorgane sind öffentlich für Zuhörer, die den Vereinen der Mitgliedsverbände des DFB oder einem Vertretungs- oder Kontrollorgan einer Tochtergesellschaft angehören. Medienvertreter können zugelassen werden. Während der mündlichen Verhandlung sind Film- und Tonaufnahmen mit Ausnahme der Verkündung des Urteilstenors nicht zulässig. In Ausnahmefällen kann die Öffentlichkeit durch Beschluss des Rechtsorgans ausgeschlossen werden.
5. Für eine Partei sind höchstens zwei Vertreter zugelassen. Für die Vertretung ist schriftliche Vollmacht erforderlich. Mitglieder von Rechtsorganen des DFB sind als Vertreter nicht zugelassen.
6. Der Vorsitzende leitet die Verhandlung. Er gibt nach der Eröffnung die Besetzung des Gerichts bekannt und stellt die Anwesenheit fest. Er ermahnt die Zeugen zur Wahrheit und entlässt sie bis zu ihrer Vernehmung aus dem Verhandlungsraum. Er vernimmt anschließend die Parteien und Zeugen und führt die sonstigen Beweismittel ein. Zeugen können bei Vorliegen besonderer Umstände auch schriftlich oder vorab durch den Vorsitzenden oder ein von ihm beauftragtes Mitglied des Sportgerichts befragt werden. Das Vernehmungsergebnis ist in die mündliche Verhandlung einzuführen. Es kann auch eine telefonische Befragung während der Verhandlung vorgenommen werden.
   Die Verfahrensbeteiligten können Fragen stellen. Die Beschuldigten und die Parteien haben das Schlusswort.
   Über die Verhandlung ist ein Kurzprotokoll zu führen.
7. Die Urteilsberatung ist geheim und unterliegt der Verschwiegenheitspflicht. An der Beratung dürfen nur die in dem Einzelfall beschließenden Mitglieder der Rechtsorgane sowie mit Erlaubnis des Vorsitzenden dem DFB zur Ausbildung zugewiesene Rechtsreferendare oder Praktikanten teilnehmen. Stimmenthaltung ist unzulässig. Bei Stimmengleichheit gibt die Stimme des Vorsitzenden den Ausschlag. Bei Abstimmungen über Schuld- und Straffragen ist jedoch eine Mehrheit erforderlich.
   In Verfahren, in denen sowohl gegen Vereine, Lizenzspieler und Vereinsmitglieder bzw. Tochtergesellschaften als auch gegen Trainer und Junioren verhandelt wird und daher die Besetzung der Rechtsorgane nach den entsprechenden Satzungsbestimmungen unterschiedlich sein muss, gilt das Beratungsgeheimnis als gewahrt, wenn alle beteiligten Mitglieder der Rechtsorgane miteinander beraten und bei den zu treffenden Entscheidungen anwesend sind.
   Ergeht das Urteil aufgrund mündlicher Verhandlung, ist es von allen beteiligten Sportrichtern, im Übrigen nur vom Vorsitzenden zu unterschreiben.

8. Das Urteil ist außer im Falle von Nr. 2 Satz 2 im Anschluss an die Urteilsberatung vom Vorsitzenden zu verkünden und kurz zu begründen. Außerdem wird es mit der Begründung zugestellt, sofern die Parteien hierauf nicht verzichten. Die Urteilsbegründung ist vom Vorsitzenden zu unterschreiben. Die Verkündung kann entfallen, wenn die Beratung nicht in angemessener Zeit nach Schluss der Verhandlung beendet werden kann oder andere wichtige Gründe dies angezeigt erscheinen lassen; in diesem Fall ist das Urteil zuzustellen.
9. Entscheidungen, die dem Urteil vorausgehen, erfolgen durch Beschluss, der nicht selbständig angefochten werden kann.
10. Die Verfahrensbeteiligten und Rechtsorgane sind an die Einhaltung von Fristen gebunden. Fristenversäumnis zieht Rechtsverlust eines Antragstellers nach sich.
    Alle Verfahrenshandlungen, die an Fristen gebunden und schriftlich einzubringen sind, müssen postalisch, durch Telefax oder durch quittierte Abgabe beim DFB bewirkt werden. Die Verfahrenshandlung gilt am Tage der Aufgabe zur Post als vorgenommen. Der Nachweis über die Einhaltung der Frist wird durch den Aufgabestempel eines Postamtes erbracht. Freistempler reichen zum Nachweis nicht aus.
    Soweit Verfahrensgebühren oder andere Zahlungen innerhalb einer Frist zu leisten sind, ist ihre rechtzeitige Absendung ausreichend. Der Nachweis der Rechtzeitigkeit ist durch die Vorlage ordnungsgemäßer Bank- oder Postbelege zu erbringen.
11. Gegen Fristversäumnis kann einem Verfahrensbeteiligten auf seinen Antrag hin Wiedereinsetzung in den vorigen Stand gewährt werden, wenn der Antragsteller durch einen unabwendbaren Zufall an der Einhaltung der Frist verhindert worden ist. Der Antrag ist innerhalb von zwei Wochen nach Wegfall des Hindernisses zu stellen.
12. Gegen eine Versäumung der Einspruchsfrist nach § 17 ist eine Wiedereinsetzung nicht zulässig.

### § 17

**Einspruch gegen Spielwertung**

1. Einsprüche gegen die Wertung von Bundesspielen müssen innerhalb von zwei Tagen nach Ablauf des Tages, an dem das Spiel stattgefunden hat, bei der DFB-Zentralverwaltung schriftlich eingelegt und in kurzer Form begründet werden. In besonderen Fällen kann der Spielausschuss/Ligaverband die Einspruchsfrist abkürzen.
   Der Einspruch kann nur mit Zustimmung des DFB-Kontrollausschusses zurückgenommen werden.
   Innerhalb der Einspruchsfrist muss die Einspruchsgebühr von € 500,00 an den DFB eingezahlt sein; sonst ist der Einspruch unwirksam.
   Einspruchsberechtigt sind die Vereine bzw. Tochtergesellschaften der an einem Spiel beteiligten Mannschaften, bei Spielen von Verbandsmannschaften die jeweiligen Mitgliedsverbände.

2. Einsprüche gegen die Spielwertung können unter anderem mit folgender sachlicher Begründung erhoben werden:
   a) Mitwirkung eines nicht spiel- oder einsatzberechtigten Spielers bei der gegnerischen Mannschaft.
   Nicht einsatzberechtigt ist insbesondere ein Spieler, der nicht auf der von der DFL herausgegebenen Spielberechtigungsliste der Lizenzspieler-Mannschaft, auf der Spielberechtigungsliste für die Regionalliga, der Frauen-Bundesliga, der 2. Frauen-Bundesliga oder der Junioren-Bundesliga aufgeführt ist.
   Wird ein Spieler, der auf der Spielberechtigungsliste steht, nicht innerhalb der nach den Bestimmungen vorgesehenen Frist auf dem Spielberichtsbogen eingetragen, entscheiden im Einzelfall die Rechtsinstanzen des DFB über die Spielwertung oder darüber, ob lediglich eine andere Maßnahme angemessen ist. § 12 b) der DFB-Spielordnung bleibt unberührt.
   b) Schwächung der eigenen Mannschaft durch einen während des Spiels eingetretenen Umstand, der unabwendbar war und nicht mit dem Spiel und einer dabei erlittenen Verletzung im Zusammenhang steht.
   c) Regelverstoß des Schiedsrichters, wenn der Regelverstoß die Spielwertung als verloren oder unentschieden mit hoher Wahrscheinlichkeit beeinflusst hat.
   d) Mitwirkung eines gedopten Spielers
   In Abänderung von Nr. 1. ist der Einspruch innerhalb von zwei Tagen nach Kenntnis der Benachrichtigung durch die Dopingkommission einzulegen.
   Wird der Einspruch auf ein behauptetes Dopingvergehen gestützt, ohne dass dem Vorwurf eine in dem betreffenden Spiel durchgeführte Dopingkontrolle zugrunde liegt, ist der Einspruchsführer in vollem Umfang beweispflichtig dafür, dass ein Dopingvergehen vorlag. Es gilt die Frist gemäß Absatz 1, die jedoch zwei Wochen nach dem betreffenden Spiel endet.
   e) Spielmanipulation
   In Abänderung von Nr. 1. ist der Einspruch innerhalb von zwei Tagen nach Kenntnis von Tatsachen, die einen hinreichenden Tatverdacht ergeben, spätestens jedoch bis zum Vortag des viertletzten Spieltages, einzulegen. Die nachträgliche Erlangung der Kenntnis weiterer Tatsachen oder neuer Beweismittel setzt keine neue Frist in Gang.
   Für die letzten vier Spieltage der jeweiligen Spielklasse verbleibt es bei der Frist des § 17 Nr. 1. Auf Spielwiederholung abzielende Einsprüche sind in diesen Fällen nicht mehr zulässig.
3. Über den Einspruch entscheidet in erster Instanz das Sportgericht, als Berufungsinstanz das Bundesgericht. Für die Berufung gilt Nr. 1., Absatz 2 und 3 entsprechend, mit der Maßgabe, dass die Berufungsgebühr € 1.000,00 beträgt.
4. War in einem Spiel ein Spieler nicht spiel- oder einsatzberechtigt, so ist das Spiel für die Mannschaft, die diesen Spieler schuldhaft eingesetzt hatte, mit 0:2 verloren und für den Gegner mit 2:0 gewonnen zu werten, es sei denn, das Spiel war nach dem Einsatz des nicht spiel- oder einsatzberechtigten Spielers noch nicht durch den Schiedsrichter fortgesetzt. In diesem Fall bleibt die Spielwertung bestehen. Nr. 2. a), Absatz 3 bleibt unberührt.

5. a) Hat in einem Spiel in einer Mannschaft ein gedopter Spieler mitgewirkt und ist dieser Spieler wegen Dopings bestraft worden, oder weigert sich ein Spieler schuldhaft, sich einer Dopingkontrolle zu unterziehen, so wird dieses Spiel für seine Mannschaft, falls sie das Spiel gewonnen oder unentschieden gespielt hat, mit 0:2 Toren als verloren gewertet. Für den Gegner bleibt die Spielwertung vorbehaltlich der Regelung in Absatz 2 bestehen. Von dieser Spielwertung kann bei Vorliegen besonderer Umstände zugunsten der Mannschaft des gedopten Spielers abgewichen werden. Es kann in diesem Fall alternativ erkannt werden auf:
   - Bestätigung der ursprünglichen Spielwertung;
   - teilweise Aberkennung der von der Mannschaft des gedopten Spielers mit dem Spiel gewonnenen Punkte unter Beibehaltung des Torergebnisses;
   - Spielwiederholung.

   In Abweichung von Absatz 1, Satz 2 wird das Spiel mit 2:0 Toren für den Gegner als gewonnen gewertet, wenn der Einsatz des gedopten Spielers den Ausgang des Spiels als unentschieden oder als für den Gegner verloren mit hoher Wahrscheinlichkeit beeinflusst hat. Sätze 3 und 4 des Absatzes 1 finden in diesem Fall keine Anwendung.

   b) Hat beim Gegner ebenfalls ein gedopter und dafür bestrafter Spieler mitgewirkt oder weigert sich dort ebenfalls ein Spieler schuldhaft, sich einer Dopingkontrolle zu unterziehen, so wird das Spiel dem Gegner mit 0:2 als verloren gewertet; es gilt a), Absatz 1, Sätze 3 und 4 entsprechend.

   c) Wird der Verein bzw. die Tochtergesellschaft wegen eines Vergehens gemäß § 7 Nr. 1. i) bestraft, ohne dass gegen den Spieler ein strafbarer Tatbestand des Dopings vorliegt, so gelten für die Wertung des Spiels a), Absatz 1, Sätze 1 und 2 oder Absatz 2.

   d) Liegt ein Dopingfall vor, ohne dass Spieler oder Verein bzw. Tochtergesellschaft ein Verschulden vorgeworfen werden kann, ist das Spiel zu wiederholen.

6. Wird auf Spielwiederholung erkannt, ist das Spiel grundsätzlich am gleichen Ort neu auszutragen.

§ 17a

**Einspruch bei Spielmanipulationen**

1. Ein Einspruch gegen die Spielwertung ist zusätzlich zu Sanktionen mit der Begründung statthaft, dass eine Spielmanipulation vorliegt, die das Spielergebnis beeinflusst hat (§ 17 Nr. 2., Buchstabe e); der Einspruchsberechtigte hat den Nachweis der Spielmanipulation zu führen.
2. Bei einem infolge nachgewiesener, ergebnisbeeinflussender Manipulation begründeten Einspruch gegen eine Spielwertung (§ 17 Nr. 2., Buchstabe e) kann entweder auf Spielwiederholung oder Spielwertung entsprechend § 17 Nr. 5. der Rechts- und Verfahrensordnung des DFB, § 12b Nr. 2. der Spielordnung des DFB erkannt werden. Hat die Manipulation ausschließlich auf die Höhe des Spielergebnisses, jedoch nicht auf den Ausgang des Spiels Einfluss, so führt dies in der Regel nicht zu einer Spielwiederholung oder Spielwertung. § 10 Nr. 3. bleibt unberührt.

§ 18

**Verfahren bei Nichtaustragung eines Bundesspieles (Verzicht, Nichtantreten, verspätetes Antreten, Spielabbruch)**

1. Der Verzicht auf ein Bundesspiel durch einen Teilnehmer ist ausgeschlossen.
2. Wer schuldhaft zu einem Bundesspiel nicht antritt, ist Verlierer, sein Gegner Sieger des Bundesspiels. Das Spiel wird mit 2:0-Toren für den Sieger gewertet. Das Nichtantreten kann nicht damit entschuldigt werden, dass der Nichtantretende vorbringt, unter Benutzung nicht öffentlicher Verkehrsmittel angereist und dabei durch Unfall aufgehalten worden zu sein.
   In einem Wettbewerb, der nach dem Pokalsystem mit Hin- und Rückspiel durchgeführt wird, scheidet eine schuldhafte nicht angetretene Mannschaft in jedem Fall aus; der Spielgegner ist qualifiziert.
3. Tritt eine Mannschaft zu einem Spiel nicht rechtzeitig an, so hat der Gegner die Pflicht, bis zu 45 Minuten zu warten. Nach Ablauf dieser Zeit ist er berechtigt, das Spiel nicht auszutragen. Das Spiel wird für die säumige Mannschaft mit einem Torverhältnis von 0:2 als verloren gewertet. Außerdem kann das Sportgericht gegen den säumigen Verein bzw. die säumige Tochtergesellschaft auf eine Geldstrafe und Ersatzleistung zugunsten des Gegners für entstandene Unkosten – insbesondere Reise-, Reklame-, Schiedsrichter- und Platzkosten – erkennen. Wird das Spiel gleichwohl nach Ablauf dieser 45 Minuten noch ausgetragen, so wird es entsprechend seinem Ausgang gewertet.
   Fällt ein Spiel aus, weil eine Mannschaft durch höhere Gewalt an der Austragung gehindert ist, so ist es vom Spielleiter neu anzusetzen. Ob höhere Gewalt vorlag, entscheidet im Zweifelsfall das Sportgericht.
4. Wird ein Bundesspiel ohne Verschulden beider Mannschaften vorzeitig abgebrochen, so ist es an demselben Ort zu wiederholen. Trifft eine Mannschaft oder ihren Verein oder beide Vereine ein Verschulden an dem Spielabbruch, ist das Spiel dem oder den Schuldigen mit 0:2-Toren für verloren, dem Unschuldigen mit 2:0-Toren für gewonnen zu werten. Hat der Unschuldige im Zeitpunkt des Abbruchs ein günstigeres Ergebnis erzielt, so wird dieses Ergebnis gewertet. Dies gilt entsprechend, wenn eine Tochtergesellschaft beteiligt ist.
5. Ist ein auf dem Spielfeld verlorenes Spiel für den Verlierer nachträglich rechtskräftig als gewonnen gewertet worden, so wird als Spielergebnis 2:0 eingesetzt. Gleiches gilt, wenn ein unentschiedenes Spiel für eine Mannschaft als gewonnen und die andere als verloren gewertet wird. Ist ein Verein oder eine Tochtergesellschaft gesperrt und damit gehindert, angesetzte Spiele auszutragen, so werden die dadurch ausgefallenen Spiele für den Verein bzw. die Tochtergesellschaft als mit 0:2 verloren gewertet.
6. Die Entscheidung über die Spielwertung treffen die Rechtsorgane des DFB. Wird auf Spielwiederholung gemäß § 17 Nr. 2c) erkannt, wird die rechtskräftige Entscheidung zur abschließenden Beurteilung der FIFA vorgelegt.

§ 19

**Befangenheit von Richtern**

1. Ein Mitglied des Rechtsorgans darf in einem Verfahren nicht mitwirken, an dem es selbst oder sein Verein unmittelbar beteiligt ist, oder wenn es sich für befangen hält und das Rechtsorgan ohne Beteiligung des betreffenden Mitglieds entsprechend beschließt.
2. Über Ablehnungen entscheidet das Rechtsorgan gleichermaßen.
   Eine Beschwerde gegen diese Entscheidung ist nicht zulässig.

§ 20

**Sitzungsordnung**

Zur Aufrechterhaltung der Ordnung bei mündlichen Verhandlungen können vom Vorsitzenden Ordnungsstrafen verhängt werden. Diese können in Verwarnungen, Verweisen, Geldstrafen oder Ausschluss von der mündlichen Verhandlung bestehen. Beschwerden hiergegen sind nicht zulässig.

§ 21

**Einstweilige Verfügungen**

Der Vorsitzende eines Rechtsorgans ist berechtigt, im Rahmen der Zuständigkeit seines Organs schriftlich begründete einstweilige Verfügungen zu erlassen, soweit dies zur Aufrechterhaltung eines geordneten Rechtswesens oder der sportlichen Disziplin notwendig erscheint. Gegen die einstweilige Verfügung ist innerhalb einer Frist von einer Woche Widerspruch zulässig, über den das jeweilige Rechtsorgan entscheidet.
Die vorbezeichneten Entscheidungen können ohne mündliche Verhandlung ergehen. Der Widerspruch hat keine aufschiebende Wirkung.

§ 22

**Eidesstattliche und ehrenwörtliche Erklärungen**

Eidesstattliche und ehrenwörtliche Erklärungen sind als Beweismittel unzulässig.

§ 23

**Rechtsmittelbelehrung**

Jede Entscheidung eines Rechtsorgans muss eine Rechtsmittelbelehrung oder den Hinweis enthalten, dass ein Rechtsmittel nicht zulässig ist. In der Rechtsmittelbelehrung sind die Art des Rechtsmittels, die Rechtsmittelfrist und die Stelle für die Einreichung des Rechtsmittels anzugeben. Bei fehlender oder unvollständiger Belehrung wir die Entscheidung erst nach Ablauf von drei Monaten ab Verkündung oder mangels Verkündung ab Zustellung unanfechtbar.

§ 24

**Berufung**

Gegen die Urteile des Sportgerichts, die nicht vom Einzelrichter erlassen sind, ist die Berufung zum Bundesgericht zulässig.

§ 25

**Einlegung der Berufung**

1. Die Berufung ist innerhalb einer Woche nach Verkündung oder mangels Verkündung nach Zustellung des angefochtenen Urteils schriftlich beim Bundesgericht einzulegen. Sie ist spätestens innerhalb von zwei Wochen nach Zustellung der schriftlichen Urteilsbegründung schriftlich zu begründen. Der Vorsitzende kann auf Antrag für die Begründung eine weitere Frist von zwei Wochen einräumen. In dringenden Fällen kann die erste Instanz die Berufungsfrist und die Berufungsbegründungsfrist auf 24 Stunden (Eingang beim DFB) abkürzen. Entsprechendes gilt für die Anberaumung einer Berufungsverhandlung. Fernmündliche und fernschriftliche Ladungen sind zulässig.
2. Versäumnis der Frist zur Einlegung oder zur Begründung des Rechtsmittels hat dessen Verwerfung zur Folge.

§ 26

1. Zur Einlegung der Berufung sind die Betroffenen und der Kontrollausschuss sowie das Präsidium des DFB berechtigt, letzteres jedoch nur, wenn es Zweifel an der Rechtsmäßigkeit einer Entscheidung des DFB-Sportgerichts hat. Sonderbestimmungen bleiben unberührt.
2. Das Recht zur Berufung haben auch zunächst nicht am Verfahren beteiligte Mitgliedsverbände, ihre Vereine sowie deren Einzelmitglieder und Tochtergesellschaften und Spieler, die ein unmittelbares berechtigtes Interesse an der Entscheidung nachweisen.

§ 27

Die Berufung kann sich auch gegen einzelne Teile des Urteils oder nur gegen das Strafmaß richten, jedoch nicht allein gegen die Kosten- und Gebührenentscheidung. Einer Nachprüfung unterliegt das Urteil nur insoweit, als es angefochten ist.

§ 28

**Verbot der Schlechterstellung**

Legt ein von einem Urteil Betroffener Berufung ein, so kann das Bundesgericht auf seine Berufung hin weder eine höhere Strafe aussprechen noch eine Entscheidung fällen, die dem Berufungskläger Nachteile gegenüber der angefochtenen Entscheidung bringen würde.

§ 29

**Wirksamkeit der Entscheidungen**

1. Die rechtzeitige Einleitung eines Berufungsverfahrens hindert die Wirksamkeit der erstinstanzlichen Entscheidung, es sei denn, die Vorinstanz hat die sofortige Wirksamkeit ihrer Entscheidung aus Gründen sportlicher Disziplin oder überwiegender Interessen des DFB angeordnet.
2. Sperrstrafen, die das Sportgericht gemäß §§ 8, 9 verhängt hat, sowie Aufenthaltsverbote und Sperren auf der Grundlage von § 30 Nr. 3 c) und d) der DFB-Ausbildungsordnung sind ohne besondere Anordnung sofort wirksam.
3. Entscheidungen der Rechtsorgane werden mit ihrer Rechtskraft wirksam. Erstinstanzliche Entscheidungen werden rechtskräftig,
   b) wenn Rechtsmittel nicht zulässig sind, mit ihrer Verkündung, mangels Verkündung mit ihrer Zustellung,
   c) wenn Rechtsmittel zulässig sind und diese nicht oder nicht rechtzeitig eingelegt werden, mit Ablauf der Rechtsmittelfrist oder mit dem Verzicht auf Rechtsmittel.
   Entscheidungen des Bundesgerichts werden mit ihrer Verkündung, mangels Verkündung mit ihrer Zustellung rechtswirksam.

§ 30

**Beschwerde**

1. Gegen Beschlüsse des Sportgerichts, die über sein Verfahren abschließend entscheiden, ist die Beschwerde beim Bundesgericht zulässig.
2. Für Beschwerden, über die das Bundesgericht zu entscheiden hat, gelten die Bestimmungen über die Berufung entsprechend, soweit nicht im Einzelfall etwas anderes bestimmt ist; über sie kann ohne mündliche Verhandlung entschieden werden.
3. Die verfahrensmäßige Behandlung anderer in der Satzung und den Ordnungen vorgesehener Beschwerden richtet sich gleichermaßen nach den Bestimmungen über die Berufung.

§ 31

Legt ein Betroffener ein Rechtsmittel nicht oder nicht rechtzeitig ein, so gilt dies als Unterwerfung unter die erstinstanzliche Entscheidung.

§ 32

**Wiederaufnahme von Verfahren**

1. Ein Rechtsorgan kann ein von ihm durchgeführtes und durch rechtskräftige Entscheidung abgeschlossenes Verfahren wieder aufnehmen, wenn neue, bisher unbekannte Tatsachen oder Beweismittel vorgebracht oder bei Offizialverfahren dem Rechtsorgan bekannt werden. Ein Antrag auf Wiederaufnahme des Verfahrens kann von einer Partei, einem Bestraften, dem Kontrollausschuss oder dem Präsidium des DFB gestellt werden. Über den Antrag entscheidet

das Rechtsorgan, das über den Fall rechtskräftig entschieden hat, durch Beschluss.

2. Der Antrag kann nur innerhalb von zwei Wochen nach Kenntnis der Wiederaufnahmegründe, höchstens jedoch zwei Jahre nach Rechtskraft der betreffenden Entscheidung, gestellt werden. Im Falle des § 17 Nr. 2., Buchstabe e) ist eine Wiederaufnahme mit dem Ziel der Spielwiederholung nur bis zum Vortag des viertletzten Spieltages und eine Wiederaufnahme mit dem Ziel der Spielwertung nur bis zum Ablauf des letzten Spieltages der Spielzeit, in der das betreffende Spiel stattgefunden hat, zulässig.

§ 33

**Vorsitzender**

Vorsitzender im Sinne dieser Ordnung ist der Vorsitzende des zuständigen Rechtsorgans, im Falle seiner Verhinderung der stellvertretende Vorsitzende. Sind beide an der Wahrnehmung ihrer Aufgaben nach dieser Ordnung verhindert, so bestimmt der Vorsitzende bzw. der stellvertretende Vorsitzende ein anderes Mitglied seines Rechtsorgans zur Wahrnehmung dieser Aufgaben.

§ 34

**Verwendung der Geldstrafen**

Die verhängten Geldstrafen werden für gemeinnützige Zwecke des DFB oder seiner Mitgliedsverbände verwendet.

§ 35

**Gebühren und Kosten**

Jede Entscheidung, die eine Instanz abschließt, muss einen Ausspruch über die Kosten enthalten und, wenn Gebühren zu erheben waren, auch hierüber.

§ 36

**Gebühren**

1. Wird ein Verfahren vor den Rechtsorganen anhängig gemacht, so sind an den DFB Gebühren zu zahlen. Der Zahlungsnachweis ist innerhalb einer Frist von zwei Wochen zu führen. Erfolgt die Zahlung nicht innerhalb dieser Frist und einer vom Vorsitzenden zu bestimmenden Nachfrist, so wird das erstinstanzliche Verfahren durch unanfechtbaren Beschluss eingestellt oder das Rechtsmittel verworfen. Der DFB ist von der Gebührenpflicht befreit.
2. Die Gebühren betragen:
   b) in Verfahren der Lizenzligen und des DFB-Vereinspokals der Herren
      vor dem Sportgericht € 300,00
      vor dem Bundesgericht € 500,00
   c) in den übrigen Verfahren
      vor dem Sportgericht € 150,00
      vor dem Bundesgericht € 300,00

3. Unterliegt die gebührenpflichtige Partei, so sind die Gebühren verfallen; obsiegt sie ganz oder teilweise, so sind die Gebühren entsprechend zu erstatten. Eine Verrechnung mit den Kosten findet nicht statt.

§ 37

**Kosten**

1. Die Kosten eines Verfahrens trägt in der Regel die bestrafte oder unterliegende Partei.
2. Ist ein Verfahren von einer DFB- oder Verbandsinstanz eingeleitet, so trägt im Falle der Einstellung oder des Freispruchs der DFB bzw. der Verband die Kosten.
3. Die Rechtsorgane können nach ihrem Ermessen eine andere Kostenentscheidung fällen.
4. § 5 Nr. 3. Abs. 1 und Nr. 4. gelten sinngemäß.

§ 38

1. Geladene Zeugen und Sachverständige jeder Partei haben Anspruch auf Kostenerstattung für Fahrt und andere Auslagen nach den Bestimmungen der Finanzordnung des DFB.
2. Die von den Rechtsinstanzen geladenen Zeugen und Sachverständigen haben Anspruch auf Erstattung des nachgewiesenen Verdienstausfalls. Es gelten die Obergrenzen des Gesetzes über die Entschädigung von Zeugen und Sachverständigen. Über die Höhe entscheidet der Vorsitzende der damit befassten Instanz.
3. Auslagen der Parteien (insbesondere Anwaltsgebühren) werden nicht erstattet.

§ 39

**Vollziehung von Entscheidungen**

1. Entscheidungen der Rechtsorgane werden von der DFB-Zentralverwaltung vollzogen. § 10 Nr. 2. gilt entsprechend, wenn der Betroffene nicht zivilrechtlich in Anspruch genommen wird.
2. Entscheidungen der Rechtsorgane des Deutschen Fußball-Bundes und seiner Mitgliedsverbände sind für letztere und deren Mitgliedsvereine sowie deren Tochtergesellschaften verbindlich.

§ 40

**Zeitpunkt der Wirksamkeit**

Die vorstehende Fassung der Rechts- und Verfahrensordnung ist am 30. April 2001 in Kraft getreten.
Änderungen und Ergänzungen dieser Rechts- und Verfahrensordnung sind in den Offiziellen Mitteilungen des DFB zu veröffentlichen, um von diesem Zeitpunkt an wirksam zu werden.

## Kapitel 3: Satzung des Ligaverbandes (Stand: August 2006)

### I. Allgemeine Bestimmungen

§ 1

**Name, Rechtsform und Sitz**

1. Der Ligaverband ist der Zusammenschluss der lizenzierten Vereine und Kapitalgesellschaften der Fußball-Lizenzligen Bundesliga und 2. Bundesliga. Er führt den Namen „Die Liga-Fußballverband" (Ligaverband) und nach der Eintragung in das Vereinsregister den Namenszusatz „eingetragener Verein" in der abgekürzten Form „e.V.".
2. Der Ligaverband hat seinen Sitz in Frankfurt/Main.

§ 2

**Allgemeine Grundsätze**

1. Der Ligaverband ist parteipolitisch und konfessionell neutral.
2. Er verurteilt verfassungs- und fremdenfeindliche Bestrebungen.
3. Der Ligaverband fühlt sich mit dem Fair-Play-Gedanken in hohem Maße verbunden.
4. Satzungen, Ligastatut und Ordnungen des Ligaverbandes gelten in ihrer sprachlichen Fassung für Frauen und Männer gleichermaßen.

§ 3

**Mitgliedschaften, Sportschiedsgericht**

1. Der Ligaverband ist ordentliches Mitglied des DFB mit Sitz in Frankfurt/Main.
2. Aufgrund dieser Mitgliedschaft ist der Ligaverband der Satzung und den Ordnungen des DFB sowie den Regelungen im Grundlagenvertrag mit dem DFB unterworfen. Sie sind in ihrer jeweiligen Fassung für den Ligaverband und seine Mitglieder unmittelbar verbindlich. Dies gilt insbesondere für die DFB-Satzung, DFB-Spielordnung, DFB-Rechts- und Verfahrensordnung, DFB-Schiedsrichterordnung, DFB-Jugendordnung, DFB-Ausbildungsordnung und die Anti-Doping-Richtlinien des DFB mit den dazu erlassenen Aus- und Durchführungsbestimmungen.
3. Der DFB ist Mitglied der FIFA mit Sitz in Zürich. Aufgrund dieser Mitgliedschaft ist der DFB den Bestimmungen dieses Verbandes unterworfen. Sie sind damit auch für den Ligaverband und seine Mitglieder in ihrer jeweiligen Fassung verbindlich. Es handelt sich insbesondere um nachgenannte Vorschriften der FIFA:
   Statuten, Reglement betreffend Status und Transfer von Fußballspielern, Reglemente für die internationalen Wettbewerbe und Spielregeln, Disziplinarkodex, Reglement für die Dopingkontrollen bei FIFA-Wettbewerben und außerhalb von Wettbewerben.

4. Der DFB ist auch Mitglied der UEFA mit Sitz in Nyon. Aufgrund dieser Mitgliedschaft ist der DFB den Bestimmungen dieses Verbandes unterworfen. Sie sind damit auch für den Ligaverband und seine Mitglieder in ihrer jeweiligen Fassung verbindlich. Es handelt sich insbesondere um nachgenannte Vorschriften der UEFA:
   Statuten, Grundsätze einer Zusammenarbeit zwischen den UEFA-Mitgliedsverbänden und ihren Vereinen, Rechtspflegeordnung, Reglement der Dopingkontrollen für UEFA-Wettbewerbsspiele und die Reglemente für die europäischen Wettbewerbsspiele. Insbesondere anerkennen der DFB, seine Mitglieder, Spieler und Offiziellen die UEFA-Statuten. Auf Artikel 57 bis 61 der UEFA-Statuten wird verwiesen.
5. Über weitere Mitgliedschaften entscheidet der Vorstand des Ligaverbandes. Die Rechte der FIFA, UEFA und des DFB und seiner anderen Mitgliedsverbände dürfen dadurch nicht berührt werden.
6. Der Ligaverband und seine Mitglieder erkennen das Internationale Schiedsgericht für Sport TAS/CAS (Tribunal Arbitral du Sport/Court of Arbitration for Sport) mit Sitz in Lausanne als unabhängige schiedsgerichtliche Instanz an. Der Ligaverband und seine Mitglieder verpflichten sich, unter Ausschluss des ordentlichen Rechtsweges sämtliche den Bereich des DFB überschreitende Auseinandersetzungen den zuständigen Instanzen der UEFA und FIFA und dem TAS zu unterbreiten, sofern nicht zwingende gesetzliche Bestimmungen entgegenstehen. Auf die Art. 59 bis 63 der FIFA-Statuten wird verwiesen.

...

§ 6

**Verhältnis zum DFB**

1. Das Verhältnis des Ligaverbandes und seiner Mitglieder zum DFB bestimmt sich nach den einschlägigen Bestimmungen der Satzungen und Ordnungen beider Verbände und dem Grundlagenvertrag.
2. Der Ligaverband nimmt neben den in § 4 aufgeführten Aufgaben insbesondere nachstehende Rechte wahr:

...

§ 7

**Mitglieder**

Die Mitglieder des Ligaverbandes sind die lizenzierten Vereine und Kapitalgesellschaften der Lizenzligen Bundesliga und 2. Bundesliga als ordentliche Mitglieder.

...

§ 20

**Sportrechtsprechung**

Die Sportrechtsprechung des Ligaverbandes obliegt den Rechtsorganen des DFB unter Mitwirkung des Kontrollausschusses des DFB gemäß §§ 4j), 16a) Abs. 1 Nr. 1, 38–44 und 50 der DFB-Satzung in Verbindung mit den Bestimmungen der Rechts- und Verfahrensordnung und den Anti-Doping-Richtlinien des DFB.

§ 21

**Schiedsrichterwesen**

Für das Schiedsrichterwesen bedient sich der Ligaverband des DFB-Schiedsrichterausschusses gemäß §§ 16a) Abs. 1 Nr. 1 und 51 der DFB-Satzung. Es gelten die Bestimmungen der DFB-Schiedsrichterordnung.

## Kapitel 4: Satzung eines Landesverbandes [Saarländischer Fußballverband e.V (SFV)]

(Stand: 1. August 2006)

...

§ 1

**Sitz**

Der SFV hat seinen Sitz in Saarbrücken und ist in das Vereinsregister des dortigen Amtsgerichts eingetragen. Seine Farben sind blau-weiß.

§ 2

**Zweck und Aufgabe**

Zweck und Aufgabe des SFV ist es:
1. die Entwicklung des Fußballsportes zu fördern,
2. den Fußballspielbetrieb in seinem Verbandsgebiet durchzuführen,
3. den saarländischen Fußballsport im In- und Ausland zu vertreten und alle damit in Zusammenhang stehenden Fragen zum gemeinsamen Wohl aller Mitglieder in sportlichem Geist zu regeln,
4. die Interessen seiner Vereine und ihrer Mitglieder gegenüber Behörden, sonstigen Körperschaften und anderen Verbänden zu vertreten, sowie die Vereine bei der Wahrnehmung ihrer Aufgaben zu unterstützen,
5. dafür Sorge zu tragen, dass die Fußballspiele innerhalb des Verbandsgebietes nach den internationalen Fußballregeln ausgetragen werden und die internationalen Regeln für seinen Verbandsbereich verbindlich auszulegen,
6. die Ausbildung und Zulassung von Schiedsrichtern und Übungsleitern zu regeln,
7. Pflege und Erhaltung des Ehrenamts sicherzustellen.

...

§ 6a

**Strafgewalt des Verbandes und Strafarten**

(1) Alle Formen unsportlichen Verhaltens sowie unter Strafe gestellte Verstöße gegen die Satzung und die Ordnungen des SFV werden verfolgt. Das Nähere regeln die Rechts- und Strafordnung des SFV.

(2) Bei einem Feldverweis ist der Spieler bis zur Entscheidung durch das zuständige Rechtsorgan vorläufig gesperrt.

(3) Zur Aufrechterhaltung der sportlichen Disziplin oder eines geordneten Rechtswesens kann durch das zuständige Rechtsorgan bei Verstößen gegen die Satzung und Ordnungen des SFV eine vorläufige Maßnahme ausgesprochen werden.

(4) Als Strafen sind zulässig:

1. Verwarnung,
2. Verweis,
3. Geldstrafe,
4. Verhängung eines Platzverbotes für einzelne Personen,
5. Verbot auf Zeit oder auf Dauer ein Amt im SFV und seinen Mitgliedsvereinen zu bekleiden,
6. Sperre auf Zeit oder Dauer,
7. Ausschluss auf Zeit oder Dauer,
8. Entzug der Zulassung als Trainer mit B-Lizenz auf Zeit oder Dauer,
9. Platzsperre,
10. Aberkennung von Punkten,
11. Versetzung in eine tiefere Spielklasse.

Die Strafen können auch nebeneinander verhängt werden. Außerdem sind erzieherische Maßnahmen zulässig.

(5) Strafen können, auch wenn sie noch nicht rechtskräftig sind, in den Mitteilungsblättern des SFV veröffentlicht werden oder durch schriftliche Mitteilung erfolgen.

(6) Die Kosten des Verfahrens können den Beteiligten ganz oder teilweise auferlegt werden.

...

§ 12

**Mitgliedschaft**

(1) Mitglieder des SFV sind die ihm angeschlossenen Vereine sowie deren Einzelmitglieder.

(2) Jeder Verein, der die satzungsmäßigen Voraussetzungen erfüllt, kann Mitglied des SFV werden.

(3) Die Aufnahme hat nachstehende Rechtsfolgen, worauf die Vereinssatzung hinweisen muss:

1. Die Vereinsmitglieder erwerben auch die Einzelmitgliedschaft im SFV.
2. Durch die Aufnahme des Vereines in den SFV unterwerfen sich der Verein und seine Mitglieder der Satzung, den Ordnungen sowie den Entscheidungen, die der SFV und seine Organe treffen, und den Weisungen, die der SFV erteilt. Alle Vereinsmitglieder unterwerfen sich auch der Satzung, den Ordnungen und Entscheidungen der Verbände, denen der SFV angehört.

§ 19

**Verbandsorgane**

(1) Die Organe des SFV sind:
  1. auf Verbandsebene:
  ...
  das Verbandsgericht
  die Verbandsspruchkammern

...

§ 33

**Aufgaben der übrigen Verbandsorgane**

(1) Die Aufgaben des Verbandsspielausschusses, des Verbandsjugendausschusses, des Verbandsschiedsrichterausschusses und der Rechtsorgane ergeben sich aus der Satzung und den Ordnungen des SFV.
(2) Bei Meinungsverschiedenheiten zwischen Verbandsorganen über ihre Zuständigkeit entscheidet der Verbandsvorstand.

§ 34

**Schiedsgericht**

(1) Streitigkeiten zwischen dem SFV und seinen Mitgliedern werden unter Ausschluss des Rechtsweges durch ein Schiedsgericht entschieden.
(2) Das Schiedsgericht darf erst dann angerufen werden, wenn alle Rechts- und Verwaltungsorgane, die nach der Satzung und den Ordnungen zur Entscheidung des Streitfalles berufen sind, in der Sache endgültig entschieden haben und dem Betroffenen nach der Satzung und den Ordnungen keine andere Abhilfemöglichkeit mehr zur Verfügung steht.
(3) Das Schiedsgericht besteht aus drei Mitgliedern, von denen mindestens der Vorsitzende die Befähigung zum Richteramt haben muss. Als Mitglieder des Schiedsgerichts können nur solche Personen ernannt werden, die zu dem Zeitpunkt, in dem eine Partei durch schriftliche Mitteilung gegenüber der anderen Partei auf Anrufung des Schiedsgerichts besteht, bereits seit mindestens sechs Monaten Mitglied in einem Verein des DFB sind. Jede Partei ernennt ein Mitglied des Schiedsgerichts. Binnen zehn Tagen nach der Ernennung des zweiten Mitglieds des Schiedsgerichts haben sich beide Mitglieder auf einen Vorsitzenden zu einigen. Kommt eine Einigung nicht innerhalb dieser Frist zustande und einigen sich die beiden Ernannten auch nicht auf eine angemessene Frist, binnen der sie die Wahl des Vorsitzenden vornehmen werden, so wird der Vorsitzende auf Antrag einer Partei von dem Präsidenten des Oberlandesgerichts in Saarbrücken ernannt.
(4) Die Partei, die das Schiedsgericht anrufen will, hat dies der anderen Partei unter kurzer Angabe des Sachverhaltes durch eingeschriebenen Brief mitzuteilen und gleichzeitig ein Mitglied des Schiedsgerichts zu benennen. Die andere Partei hat spätestens zehn Tage nach Erhalt der Mitteilung ihrerseits ein Mitglied des Schiedsgerichts zu benennen. Erfolgt diese Benennung nicht, hat die anrufende Partei eine nochmalige Frist von weiteren zehn Tagen zu

setzen, nach deren Ablauf sie die Benennung des zweiten Mitglieds durch den Präsidenten des Oberlandesgerichts beantragen kann.
Bei Wegfall oder Verhinderung eines Mitgliedes des Schiedsgerichts wird der Nachfolger ebenso berufen.

(5) In Eilfällen kann das Schiedsgericht eine einstweilige Anordnung erlassen. Behauptet eine Partei das Vorliegen eines Eilfalles, so sind die Mitglieder des Schiedsgerichts unverzüglich zu benennen. Die Frist zur Einigung der beiden Mitglieder auf einen Vorsitzenden beträgt 24 Stunden.

(6) Das Schiedsgericht kann die einstweilige Anordnung längstens bis zu seiner endgültigen Entscheidung in der Sache befristen und kann sie auch vor Erlass der endgültigen Entscheidung wieder aufheben.

(7) Eine einstweilige Anordnung kann auch vor Rechtskraft der Entscheidung der Rechtsorgane des SFV beantragt und erlassen werden, wenn glaubhaft gemacht wird, dass eine solche Anordnung zur Vermeidung wesentlicher Beeinträchtigungen der Rechte der Partei oder zur Verhinderung wesentlicher Nachteile für die Partei erforderlich ist.

(8) Vorstehender einstweiliger Rechtsschutz im Schiedsverfahren schließt die Anrufung der ordentlichen Gerichte zwecks Erlass einer einstweiligen Verfügung aus.

(9) Die Mitglieder des Schiedsgerichts sind in ihrer Entscheidung an die Satzung und Ordnungen des SFV und die Vorschriften des materiellen Rechts gebunden. Soweit in der Satzung und in den Ordnungen des SFV nichts anderes bestimmt ist, gelten für das Schiedsverfahren die allgemeinen Vorschriften der Zivilprozessordnung. Die Mitglieder des Schiedsgerichts haben in jeder Lage des Verfahrens auf eine gütliche Einigung der Parteien hinzuwirken.

...

§ 36

**Rechtsnatur der Satzung**

Vorstehende Satzung gilt als Verfassung des SFV im Sinne des § 25 BGB. Alle übrigen Ordnungen sind Anhänge zur Satzung.

## Kapitel 5: Satzungen eines großen und eines kleinen Mitgliedsvereins des DFB

### A: Vereinssatzung des FC Bayern München
(Stand: 11. Februar 2003)

#### I. Allgemeine Bestimmungen

§ 1

**Name, Sitz, Rechtsform**

Der Club führt den Namen „Fußball-Club Bayern München e.V.“, hat seinen Sitz in München und ist in dem Vereinsregister des Amtsgerichts München eingetragen. Die Clubfarben sind Rot und Weiß.

§ 2

**Zweck und Aufgaben**

1. Der Club verfolgt ausschließlich und unmittelbar gemeinnützige Zwecke im Sinne des Abschnitts „steuerbegünstigte Zwecke" der Abgabenordnung. Zweck und Aufgabe des Clubs ist die Förderung des Sports. Der Club ist frei von politischen, rassischen und konfessionellen Bindungen.
2. Der Satzungszweck wird insbesondere verwirklicht durch die Förderung sportlicher Übungen, Schulungen und Leistungen und die Errichtung von Sportanlagen; daneben ist die körperliche und charakterliche Bildung der jugendlichen Mitglieder ein besonderes Anliegen. Der Club unterhält außer der Fußball-Abteilung noch folgende Abteilungen: Basketball, Handball, Kegeln, Schach, Tischtennis, Turnen.
3. Der Club ist selbstlos tätig, er verfolgt nicht in erster Linie eigenwirtschaftliche Zwecke.

...

§ 7

**Aufnahme**

Als Mitglieder können nur unbescholtene Personen aufgenommen werden.

...

§ 9

**Pflichten der Mitglieder**

1. Jedem Mitglied muss in seinem Verhalten zum Club und dessen Mitgliedern Ehre und Ansehen des Clubs oberstes Gebot sein. Den Anordnungen des Präsidiums und der von ihm bestellten Ausführungsorgane und Ausschüsse in allen Vereinsangelegenheiten, den Anordnungen der Abteilungsleiter in den betreffenden Sportangelegenheiten haben die Mitglieder Folge zu leisten.

...

§ 10

**Austritt, Ausschluss und Erlöschen der Mitgliedschaft**

...

3. Der Ausschluss aus dem Club erfolgt durch das Präsidium
   a) bei unehrenhaftem Verhalten innerhalb oder außerhalb des Clubs
   b) bei groben Verstößen gegen die Vereinssatzung
   c) bei vereinsschädigendem Verhalten
   d) wenn ein Mitglied länger als ein Jahr mit seinen Zahlungen im Rückstand und trotz zweimaliger schriftlicher Mahnung seinen Zahlungsverpflichtungen nicht nachgekommen ist.

Gegen den Ausschluss kann der Ausgeschlossene innerhalb von 14 Tagen nach Zustellung Einspruch beim Ehrenrat einlegen. Über den Einspruch entscheiden das Präsidium und der Ehrenrat gemeinsam.

## III. ORGANE

### § 11

**Die Organe des Clubs sind**

a) die Mitgliederversammlung
b) das Präsidium
c) der Abteilungsvorstand
d) der Verwaltungsbeirat und
e) der Ehrenrat

Ihre Tätigkeit regelt sich nach der Satzung und den Ordnungsvorschriften.

...

### § 18

**Ehrenrat**

Der Ehrenrat besteht aus fünf über 40 Jahre alten Mitgliedern, von denen mindestens eines die Befähigung zum Richteramt haben soll. Nach Möglichkeit sollen für dieses Amt Ehrenvorsitzende, Ehrenmitglieder oder Mitglieder, die mindestens 20 Jahre dem Club angehören, gewählt werden. Der Ehrenrat wird von der Mitgliederversammlung für jeweils drei Jahre aus den Reihen der Mitglieder gewählt. Die Mitglieder des Ehrenrates dürfen keinem anderen Vereinsorgan angehören.

Das Präsidium soll der Mitgliederversammlung Vorschläge für die Wahl des Ehrenrates unterbreiten. Die Tätigkeit ist ehrenamtlich. Seine Mitglieder sind unabhängig und unterliegen keinen Weisungen anderer Cluborgane. Der Ehrenrat wählt aus seiner Mitte den Vorsitzenden. Der Ehrenrat ist beschlussfähig, wenn mindestens zwei Mitglieder und der Vorsitzende erschienen sind. Die Verhandlungen des Ehrenrats sind streng vertraulich.

Aufgaben des Ehrenrats sind:

a) Schlichtung und Entscheidung von Ehrenstreitigkeiten zwischen Mitgliedern soweit Vereinsinteressen hiervon berührt werden.
b) Entscheidungen über Einsprüche der durch Präsidiumsbeschluss ausgeschlossenen Mitglieder gemeinsam mit dem Präsidium gemäß § 10 der Satzung.
c) Disziplinarmaßnahmen gegen Mitglieder der Cluborgane bei Verletzung der Schweigepflicht.

Der Ehrenrat kann von jedem Mitglied oder dem Präsidium angerufen werden. Seine Beschlüsse sind den Beteiligten und dem Präsidium mitzuteilen. Die Clubmitglieder sind verpflichtet, einer Ladung des Ehrenrates Folge zu leisten.

Anmerkung: Der Verein FC Bayern München hatte Ende 2006 125.000 Mitglieder.

## B: Vereinssatzung des Sportvereins 1911 Bexbach e.V.

[rund 300 Mitglieder, spielt in der Bezirksliga Ost im Saarland (7. Klasse im DFB)]

### § 1

Der Verein führt den Namen: Sportverein 1911 Bexbach e.V.
Der Verein hat seinen Sitz in Bexbach/Saar.

Der Verein ist in das Vereinsregister des zuständigen Amtsgerichtes Homburg/ Saar eingetragen.
Der Verein gehört dem Saarländischen Fußballverband e.V. Saarbrücken an.

§ 2

1. Der Zweck des Vereins ist die Leibestüchtigkeit seiner Mitglieder durch sportliche Betätigung, die Hebung der geistigen und sittlichen Kräfte, die Pflege und Förderung sportlicher und kultureller Freizeitgestaltung, die Erziehung zu Freundschaft und Kameradschaft, sowie zur freiwilligen Anerkennung der Sportgesetze und die Förderung und Erziehung der Jugend.
   Der Verein dient ausschließlich gemeinnützigen, sportlichen Zwecken.
2. Der Verein ist politisch und konfessionell neutral. Eine Betätigung auf einem sonstigen, außerhalb seines satzungsgemäßen Zweckes liegenden Gebietes steht ihm nicht zu.

...

[Es folgen weitere Aufgaben.]

§ 3

Die Mitgliedschaft zum Verein ist freiwillig.

...

1. Mitglieder des Vereins können Personen beiderlei Geschlechts werden. Bei Minderjährigen ist die schriftliche Zustimmung des Erziehungsberechtigten oder gesetzlichen Vertreters erforderlich.
   Die Mitglieder müssen bereit sein, die Zwecke des Vereins zu fördern, die Satzung anzuerkennen und die Anordnungen des Vorstandes sowie Beschlüsse der Mitgliederversammlungen zu respektieren.

...

10. Der Ausschluß eines Mitgliedes aus dem Verein wird durch den Vorstand mit einfacher Stimmenmehrheit beschlossen und dem betreffenden Mitglied unter Angabe der Gründe schriftlich mitgeteilt, wenn
    - das Mitglied trotz wiederholter schriftlicher Mahnungen länger als drei Monate mit seiner fälligen Beitragszahlung im Rückstand ist, ohne daß soziale Notlage vorliegt. (Bei sozialer Notlage kann der Vorstand die Beitragszahlungen stunden oder aufheben).
    - Verweigerung der Beitragszahlungen vorliegt,
    - das Mitglied seine Mitgliedschaft mißbraucht, das Ansehen und die Interessen des Vereins schädigt, die Sportdisziplin gröblich verletzt und gegen die Anordnungen des Vorstandes und die Beschlüsse der Generalversammlung verstößt,
    - es sich unehrenhaften Handlungen innerhalb und außerhalb des Vereins zuschulden kommen läßt.
11. Dem Ausgeschlossenen steht innerhalb einer Frist von 14 Tagen nach Zustellung des Ausschlußschreibens das Recht des Einspruches zu. Dieser Einspruch muß schriftlich begründet an den Vorstand gerichtet sein. Über den

Einspruch entscheidet der Ehrenrat. Der Einspruch hat aufschiebende Wirkung.

12. Der Verein und die Mitglieder unterwerfen sich mit der Fußballabteilung der Satzung, den Ordnungen, sowie den Entscheidungen und Weisungen, die der SFV und seine Organe treffen. Dasselbe gilt für Satzungen, Ordnungen, Entscheidungen und Weisungen der Verbände, denen der SFV angehört.

§ 4

[Es folgen Detail-Regelungen über Mitgliedsbeiträge, über Pflichten der Mitglieder und die Organe des Vereins – Abdruck unterbleibt.]

...

§ 7

...

Die Generalversammlung ist das oberste Organ des Vereins. Ihre Beschlüsse sind für alle Mitglieder bindend. Sie hat das Recht, gefaßte Beschlüsse wieder aufzuheben.

Der Vorstand beruft die nächste Generalversammlung nach 2 Jahren, spätestens jedoch nach 3 Jahren seit der letzten Generalversammlung ein.

...

[Einzelheiten der Regelungen für die Generalversammlung und für Ehrungen werden nicht abgedruckt.]

# IV. Teil
# Anti-Doping-Regelwerk der Nationalen Anti-Doping-Agentur (NADA)

(Stand: 1. Janaur 2006)

**Artikel 1 Definition des Begriffs Doping**

Doping wird definiert als das Vorliegen eines oder mehrerer der nachfolgend in Artikel 2.1 bis Artikel 2.9 festgelegten Verstöße gegen Anti-Doping-Bestimmungen.

**[Artikel 2 bis 2.9. nicht abgedruckt]**

**Artikel 3 Nachweis eines Verstoßes gegen Anti-Doping-Bestimmungen**

**3.1 Darlegungs-, Beweislast und Beweismaß**

**3.1.1 Der Anti-Doping-Organisation**

Die für die Ergebnisverwaltung und Sanktionierung zuständige Organisation (vgl. Art. 9) trägt die Darlegungs- und Beweislast für das Vorliegen eines Verstoßes gegen Anti-Doping-Bestimmungen. Der Beweis hierfür ist erbracht, wenn der Verstoß gegen Anti-Doping-Bestimmungen mit hinreichender Sicherheit feststeht.

**3.1.2 Des Athleten**

Wenn nach diesem Regelwerk die Darlegungs- und Beweislast dem Athleten oder einer anderen Person, dem/der ein Verstoß gegen Anti-Doping-Bestimmungen vorgeworfen wird, auferlegt wird, um eine Vermutung (vgl. z. B. 3.2.1) zu widerlegen oder das Vorliegen bestimmter Tatsachen oder Umstände nachzuweisen, ist das Beweismaß die überwiegende Wahrscheinlichkeit.

**3.2 Beweismittel und Beweisregeln**

Der Beweis eines Verstoßes gegen Anti-Doping-Bestimmungen kann durch jedes nach der Zivilprozessordnung zulässige Beweismittel, einschließlich Geständnis, geführt werden.

TEIL III:
Ergebnismanagement, Sanktionen und Rechtsmittel

**a) Artikel 9 Ergebnismanagement**

Von dem Zeitpunkt der Meldung eines positiven Analyseergebnisses oder dem Vorliegen eines begründeten Verdachts eines anderen Verstoßes gegen eine Anti-Doping-Bestimmung bis zur Durchführung einer Anhörung ist nach den folgenden Grundsätzen zu verfahren:

Regelwerke nationaler Sportorganisationen
NADA Anti-Doping-Code

...

**9.5 Suspendierung (vorläufige Wettkampfsperre)**
**9.5.1 Suspendierung bei Verstößen gegen Anti-Doping-Bestimmungen**

Nach Ablauf der Frist zur Stellungnahme gem. Ziff. 9.4 können der Athlet bzw. andere beteiligte Personen bei Verstößen gegen Anti-Doping-Bestimmungen bis zu einer endgültigen Entscheidung gem. Ziff. 10.3 von jedweder Teilnahme an Wettkampfveranstaltungen und Wettkämpfen, die unter der Ägide eines nationalen Sportfachverbandes durchgeführt werden, ausgeschlossen werden (Suspendierung). Bei der Entscheidung über die Suspendierung sind die zu erwartenden Sanktionen, die verletzte Anti-Doping-Bestimmung sowie ein mögliches Verschulden des Athleten oder der anderen beteiligten Person entsprechend zu berücksichtigen.

**9.5.2 Suspendierung bei Vorliegen eines positiven Analyseergebnisses**

Liegt ein positives Analyseergebnis vor, das weder aufgrund einer vorhandenen Medizinischen Ausnahmegenehmigung noch aufgrund anderer gem. Ziff. 9.2.1 festzustellender Ausnahmen gerechtfertigt ist, ist der Athlet in Ausnahme zu Ziff. 9.5.1 zwingend zu suspendieren, sofern der Verdacht eines schuldhaften Verstoßes gegen Anti-Doping-Bestimmungen besteht.

...

**9.5.4 Zuständigkeit für eine Suspendierung (vorläufige Wettkampfsperre)**

Für die Suspendierung (vorläufige Sperre) ist der Vorsitzende des Disziplinarorgans des jeweiligen Sportverbandes bzw. der NADA zuständig.

9.5.5 Die Suspendierung ist dem Athleten und seinem nationalen Sportfachverband schriftlich mitzuteilen.

**9.6 Disqualifikation aufgrund eines Verstoßes gegen Anti-Doping-Bestimmungen während eines Wettkampfes**

Ein Verstoß gegen Anti-Doping-Bestimmungen im Zusammenhang mit einer Wettkampfkontrolle, insbesondere ein positives Analyseergebnis, führt automa-

tisch zur Disqualifikation und zur Annullierung des in diesem Wettkampf erzielten Einzelergebnisses, mit allen daraus entstehenden Konsequenzen, einschließlich der Aberkennung von Medaillen, Punkten und Preisen.
Für den Ausspruch der Disqualifikation ist der Veranstalter des Wettkampfes bzw. die für das Ergebnismanagement bei diesem Wettkampf zuständige Organisation zuständig.

**Artikel 10 Verhandlung und endgültige Entscheidung**

**10.1 Zuständigkeit für das Sanktionsverfahren**

**10.1.1 Verstöße im Zusammenhang mit Wettkämpfen**

Bei Verstößen gegen Anti-Doping-Bestimmungen in Zusammenhang mit Wettkämpfen oder Wettkampfveranstaltungen ist der veranstaltende nationale oder internationale Sportfachverband nach seinen eigenen Bestimmungen für die Sanktionierung zuständig.

**10.1.3 Übertragung der Sanktionsbefugnis und des Ergebnismanagements auf die NADA**

Die Sanktionsbefugnis und das Ergebnismanagement können mittels einer gesonderten Vereinbarung vom Sportfachverband auf die NADA übertragen werden.
Die nationalen Sportfachverbände haben ihre Regelwerke und Disziplinarverfahren entsprechend den unten aufgeführten Bestimmungen auszugestalten bzw. entsprechend anzupassen. Anstelle des für die Sanktionierung zuständigen Disziplinarorgans (vgl. Ziff. 10.7) des nationalen Sportfachverbandes kann der Verband auch ein Schiedsgericht für die Sanktionierung vorsehen.
Die nationalen Sportfachverbände sind verpflichtet, bei jedem festgestellten Verstoß gegen Anti-Doping-Bestimmungen ein Sanktionsverfahren durchzuführen.

**10.3 Verfahrensgrundsätze**

**10.3.1 Verfahrenssprache ist Deutsch.**

**10.3.2** Der Athlet oder die Person, dem/der ein Verstoß gegen Anti-Doping-Bestimmungen vorgeworfen wird, hat das Recht, sich auf eigene Kosten durch einen in Deutschland zugelassenen Rechtsanwalt vertreten zu lassen.

**10.3.3** Der Athlet oder die Person, dem/der ein Verstoß gegen Anti-Doping-Bestimmungen vorgeworfen wird, hat das Recht, sich auf eigene Kosten eines Dolmetschers zu bedienen, wenn er/sie der deutschen Sprache nicht ausreichend mächtig ist.

**10.3.4 Rechtliches Gehör**

Dem Athleten oder der Person, dem/der ein Verstoß gegen Anti-Doping-Bestimmungen vorgeworfen wird, ist in jedem Stand des Verfahrens rechtliches Gehör zu gewähren. Gutachten und andere schriftliche Beweismittel, auf die sich das Disziplinarorgan bei seiner Entscheidung stützen kann, sind dem Athleten oder der Person rechtzeitig zur Kenntnis zu bringen.

**10.3.5 Beibringungsgrundsatz – Sachverhaltsermittlung**

Das Disziplinarorgan hat den zugrunde liegenden Sachverhalt zu ermitteln, soweit es hierzu gemäß Art. 3 und 9.2 verpflichtet ist. Im Übrigen ist es Aufgabe des Athleten oder der Person, dem/der ein Verstoß gegen Anti-Doping Bestimmungen vorgeworfen wird, den zu seiner/ihrer Entlastung erforderlichen Sachverhalt vorzutragen und zu beweisen (vgl. Art. 3).

**Artikel 11 Sanktionen gegen einzelne Personen**

**11.1 Verschuldensvermutung**

Das Vorhandensein eines verbotenen Wirkstoffs oder seiner Metaboliten oder Marker in einer Körpergewebe- oder Körperflüssigkeitsprobe des Athleten begründet die widerlegbare Vermutung, dass der Athlet den Verstoß mindestens fahrlässig begangen hat.
Der Athlet kann diese Vermutung widerlegen, indem er nachweist, dass dieser Verstoß ohne sein Verschulden verursacht wurde, und er nachweist, wie der verbotene Wirkstoff in seinen Organismus gelangt ist (zum Beweismaß vgl. Art. 3).

**11.2 Annullierung der Ergebnisse von Wettkämpfen und Wettkampfveranstaltungen**

**11.2.1** Ein Verstoß gegen Anti-Doping-Bestimmungen während oder in Verbindung mit einem bestimmten Wettkampf führt zur Disqualifikation und Annullierung gem. Ziff. 9.6. Entsprechendes gilt grundsätzlich für **alle** Wettkampfergebnisse, die in dem Zeitraum von der Entnahme einer positiven Probe oder der Begehung eines anderen Verstoßes gegen Anti-Doping-Bestimmungen bis zum Beginn einer Suspendierung oder Sperre erzielt wurden.

**11.2.2** Darüber hinaus ist der Athlet grundsätzlich ebenfalls für **alle Wettkämpfe der Wettkampfveranstaltung**, in deren Rahmen der Athlet gegen Anti-Doping-Bestimmungen verstoßen hat, zu disqualifizieren und die Ergebnisse zu annullieren.

**11.2.3** Hat der Athlet keinen schuldhaften Verstoß gegen Anti-Doping-Bestimmungen begangen, werden die Wettkampfergebnisse aus den **nachfolgenden** Wettkämpfen nicht annulliert, es sei denn, es besteht die Wahrscheinlichkeit, dass die in diesen Wettkämpfen erzielten Ergebnisse von dem Verstoß gegen Anti-Doping-Bestimmungen beeinflusst worden sind.

**11.3 Sperre im Falle eines positiven Analyseergebnisses**

**11.3.1** Für die folgenden Verstöße gegen Anti-Doping-Bestimmungen:
- Vorhandensein eines verbotenen Wirkstoffs oder seiner Metaboliten oder Marker in einer Körpergewebe- bzw. Körperflüssigkeitsprobe;
- Anwendung oder Versuch der Anwendung eines verbotenen Wirkstoffs oder einer verbotenen Methode;

- Besitz eines verbotenen Wirkstoffs oder einer verbotenen Methode;
beträgt die Sanktion

| | |
|---|---|
| Erster Verstoß: | eine zweijährige (2-jährige) Sperre |
| Zweiter Verstoß: | eine lebenslange Sperre. |

Beim Ausmaß der Sperre sind im Übrigen die konkreten Umstände des Einzelfalles, das Maß des Verschuldens und die Angemessenheit der Sperre im Verhältnis zum Verstoß gemäß den nachstehenden Bestimmungen zu berücksichtigen.

**11.3.2** Wenn der Athlet in einem Einzelfall, bei dem es um einen Verstoß gegen Anti-Doping-Bestimmungen nach Artikel 2.1 oder um die Anwendung eines verbotenen Wirkstoffs oder einer verbotenen Methode nach Artikel 2.2 geht, nachweist, dass dieser Verstoß **ohne sein Verschulden** verursacht wurde, so kann die ansonsten geltende Sperre aufgehoben werden. Liegt ein Verstoß gegen Artikel 2.1 aufgrund des Nachweises eines verbotenen Wirkstoffs oder seiner Marker oder Metaboliten vor, muss der Athlet zu seiner Entlastung ebenfalls nachweisen, wie der verbotene Wirkstoff in seinen Organismus gelangte.

**11.3.3** Wenn der Athlet in einem Einzelfall nachweist, dass er **weder vorsätzlich noch grob fahrlässig** gehandelt hat, kann die Dauer der Sperre reduziert werden. Allerdings darf die reduzierte Dauer der Sperre nicht weniger als die Hälfte der ansonsten anwendbaren Mindestdauer der Sperre betragen. Wenn die ansonsten geltende Dauer der Sperre eine lebenslange Sperre ist, darf die reduzierte Dauer der Sperre nicht unter acht (8) Jahren liegen. Werden in Körpergewebe- oder Körperflüssigkeitsproben des Athleten ein verbotener Wirkstoff oder dessen Marker oder Metaboliten nachgewiesen, was einen Verstoß gegen Artikel 2.1 bedeutet, muss der Athlet für eine Reduzierung der Dauer der Sperre darüber hinaus darlegen, wie der verbotene Wirkstoff in seinen Organismus gelangte.

### 11.4 Sperre im Falle eines positiven Analyseergebnisses bei sog. „speziellen" Wirkstoffen

Die „Liste verbotener Wirkstoffe und verbotener Methoden" enthält spezielle Wirkstoffe (specified substances), die aufgrund ihrer großen Verbreitung in medizinischen und anderen Produkten besonders leicht zu unbeabsichtigten Verstößen gegen Anti-Doping-Bestimmungen führen können oder deren wirksamer Missbrauch als Dopingmittel weniger wahrscheinlich ist.
Kann ein Athlet nachweisen, dass die Anwendung eines speziellen Wirkstoffs nicht der Steigerung der sportlichen Leistung diente, so findet anstelle der Sperre gemäß Artikel 11.3.1 folgendes Strafmaß Anwendung:

| | |
|---|---|
| Erster Verstoß: | Mindestens eine öffentliche Verwarnung bis zu höchstens einer einjährigen (1-jährige) Sperre. |
| Zweiter Verstoß: | eine zweijährige (2-jährige) Sperre. |
| Dritter Verstoß: | eine lebenslange Sperre. |

Im Übrigen finden die Bestimmungen des Abschnittes 11.3 entsprechend Anwendung.

**11.5 Sperre bei anderen (als in Ziff. 11.3. und 11.4. genannten) Verstößen gegen Anti-Doping-Bestimmungen**

Die Dauer der Sperre beträgt bei:

**11.5.1 Verweigerung einer Kontrolle und Einflussnahme**

Bei Verstößen gegen Artikel 2.3 oder Artikel 2.5 findet die in Artikel 11.3.1 jeweils genannte Sperre Anwendung. Im Übrigen finden die Bestimmungen Ziff. 11.3.3 entsprechend Anwendung.

**11.5.2 Handel, Verabreichung und sonstige Tatbeteiligung**

Bei Verstößen gegen Artikel 2.7 oder Artikel 2.8 kann eine Sperre von mindestens vier Jahren bis zu lebenslang auferlegt werden.

**11.6 Kronzeugenregelung**

Wenn der Athlet die NADA oder einen nationalen Sportfachverband maßgeblich bei der Aufdeckung oder dem Nachweis eines Verstoßes gegen Anti-Doping-Bestimmungen durch Athletenbetreuer und andere Personen unterstützt hat und die NADA oder ein nationaler Sportfachverband dadurch einen Verstoß gegen Anti-Doping-Bestimmungen durch eine andere Person im Sinne von Artikel 2.6.2 oder Artikel 2.7 oder Artikel 2.8 aufdeckt oder nachweist, kann die Dauer der Sperre reduziert werden. Die reduzierte Dauer der Sperre darf allerdings nicht weniger als die Hälfte der ansonsten anwendbaren Mindestdauer der Sperre betragen. Wenn die ansonsten geltende Dauer der Sperre eine lebenslange Sperre ist, darf die nach diesem Unterartikel reduzierte Dauer der Sperre nicht unter acht (8) Jahren liegen.

**11.7 Maßregeln außerhalb des Sports**

Bei hinreichendem Verdacht auf einen Verstoß gegen § 6a Arzneimittelgesetz (AMG) hat der Verband die jeweilige Person zur Anzeige bei der zuständigen Staatsanwaltschaft zu bringen.
Bei hinreichendem Verdacht auf einen Verstoß gegen das Betäubungsmittelgesetz (BtMG) hat der Verband die jeweilige Person ebenfalls zur Anzeige bei der zuständigen Staatsanwaltschaft zu bringen. Für den Fall des § 31a Abs. 1 BtMG steht die Strafanzeige jedoch im pflichtgemäßen Ermessen des Verbandes. Dabei ist davon auszugehen, dass ein **Eigenverbrauch in geringer Menge** bei maximal **drei (3) Konsumeinheiten** des Betäubungsmittels vorliegen kann.

...

**11.11 Kontrollen nach Ablauf der Sperre**

Als Voraussetzung dafür, dass der Athlet nach Ablauf einer bestimmten Sperre wieder an Wettkämpfen teilnehmen kann, muss der Athlet während der Zeit einer vorläufigen Suspendierung oder Sperre für Trainingskontrollen durch die NADA zur Verfügung stehen und weiterhin seine aktuellen und genauen Angaben zum

Aufenthaltsort und zur Erreichbarkeit entsprechend seiner Zugehörigkeit zu einem Testpool oder Kader gem. Art. 6 machen. Athleten, die keinem Kader angehören, werden im Hinblick auf ihre Meldepflichten für den Zeitraum ihrer Sperre so behandelt, als ob sie einem Kader angehören würden.

**Artikel 12 Konsequenzen für Mannschaften**

Liegen bei mehr als einem Mitglied einer Mannschaft die Voraussetzungen für eine vorläufige Suspendierung gem. Art. 9.5 bzw. für eine Disqualifikation gem. Art. 9.6 vor, kann die Mannschaft disqualifiziert werden oder gegen sie andere disziplinarische Maßnahmen verhängt werden, soweit die Regelwerke des entsprechenden nationalen Sportfachverbandes eine solche Maßnahme vorsehen. Für die Anordnung der Maßnahme ist der jeweilige nationale Sportfachverband zuständig.

**Artikel 13 Rechtsbehelfe**

Für Rechtsbehelfe gemäß diesem Abschnitt ist das nationale Sportschiedsgericht zuständig. Bis zur Errichtung des nationalen Sportschiedsgerichts tritt an seine Stelle das ad-hoc-Schiedsgericht des Deutschen Sportbundes. Auf das Verfahren finden die Schiedsordnungen des jeweiligen Schiedsgerichts Anwendung.

**13.1 Anfechtbare Entscheidungen**

Entscheidungen, die auf der Grundlage des NADA-Code oder eines dem NADA-Code angepassten Regelwerks eines Verbandes ergehen, können nur nach den Vorschriften dieses Artikels in Verbindung mit der anwendbaren Verfahrensordnung angefochten werden.
Rechtsbehelfe hemmen die Vollziehung der angegriffenen Maßnahme nicht, es sei denn, die zuständige Rechtsbehelfsinstanz entscheidet anders.
Bevor ein Rechtsbehelf eingelegt wird, sind die verbandsinternen Rechtsbehelfe auszuschöpfen. Dies gilt nicht, wenn dem Betroffenen eine Durchführung des verbandsinternen Verfahrens nicht zumutbar ist, insbesondere dieses verzögert wird oder rechtsstaatlichen Anforderungen an ein faires Verfahren offensichtlich nicht genügt.

**13.2 Anfechtung von Entscheidungen aufgrund von Verstößen gegen Anti-Doping- Bestimmungen**

**13.2.1 Zuständigkeit**

Für Rechtsbehelfe gegen abschließende Entscheidungen eines nationalen Sportfachverbandes oder der NADA ist unabhängig von der Einordnung des Athleten in einen internationalen oder nationalen Testpool das nationale Sportschiedsgericht zuständig, wenn der Athlet eine Schiedsvereinbarung mit dem nationalen Verband oder der NADA abgeschlossen hat. Auf das Verfahren findet die Schieds- und Verfahrensordnung des nationalen Sportschiedsgerichts Anwendung.

Hat der Athlet gleichzeitig Schiedsvereinbarungen abgeschlossen, die die Zuständigkeit des Court of Arbitration for Sport (CAS) und des nationalen Sportschiedsgerichts begründen, so ist zunächst das nationale Sportschiedsgericht anzurufen.
Die Parteien der Schiedsvereinbarung, die die Zuständigkeit des nationalen Sportschiedsgerichts begründet, können die sofortige Anrufung des CAS vereinbaren.
Entscheidungen des nationalen Sportschiedsgerichts können vor dem CAS angefochten werden. Die Anrufung ordentlicher Gerichte ist unzulässig.

# Personenregister

## Veröffentlichungen des Verfassers zum Sportrecht

- ***Organisation und Tätigkeit von Verbandsgerichten,***
  in: Bayerische Verwaltungsblätter 1988, S. 161 ff. und S. 198 ff.

- ***Notwendigkeit einer Anklageinstanz,***
  in: Schriftenreihe Württembergischer Fußballverband, Heft 38, S. 43–49; ferner abgedruckt in SpuRt 1996, S. 50 ff.

- ***Sport und Arbeitsrecht,***
  in: Recht der Arbeit 1997, S. 92 ff.

- ***Tatsachenentscheidung und Fernsehbeweis in Sportgerichtsverfahren,***
  in: Schriftenreihe Württembergischer Fußballverband, Heft 38, S. 25 ff.

- ***Tatsachenentscheidung und Regelverstoß im Fußball – Neuere Entwicklungen und Tendenzen,***
  in: SpuRt 1999, S. 49 ff.

www.ingramcontent.com/pod-product-compliance
Lightning Source LLC
LaVergne TN
LVHW010654300926
849161LV00005B/1124